3., überarbeitete Auflage

Christine De Vreese

TRINIDAD & TOBAGO

GRENADA
mit Carriacou

W0192350

STEFAN LOOSE
TRAVEL HANDBÜCHER

Trinidad und Tobago
Grenada mit Carriacou

1 Karneval

Trinidad ist Karneval und Karneval ist
Trinidad – schrill, energiegeladen,
exzentrisch, obszön. S. 114

Die Highlights

2 Panyards

Die „Proberäume" der Steelbands sind Treffpunkt für Lime und Party. Echte Panjumbies verbringen ihr halbes Leben hier. S. 125

3 **Maracas Bay**

Der Lieblingsstrand der Trinis:
Abhängen, Bake & Shark essen – oder
wochentags allein sein. S. 154

4 **Blanchisseuse**

Ausgangspunkt für unvergessliche Trekkingtouren ins Innere der Northern Range. S. 157

5 **Asa Wright Nature Centre**

Das Naturschutzgebiet ist einzigartig in der Karibik und ein Paradies nicht nur für Vogelfreunde. S. 164

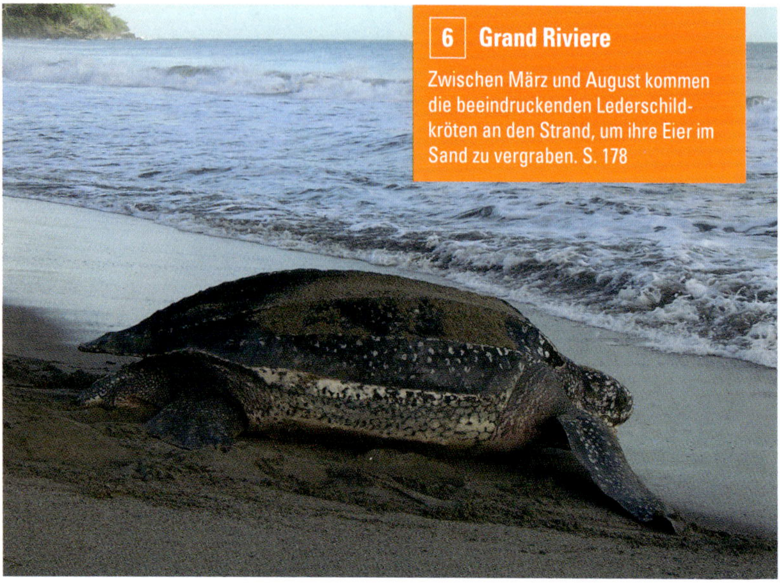

6 Grand Riviere

Zwischen März und August kommen die beeindruckenden Lederschildkröten an den Strand, um ihre Eier im Sand zu vergraben. S. 178

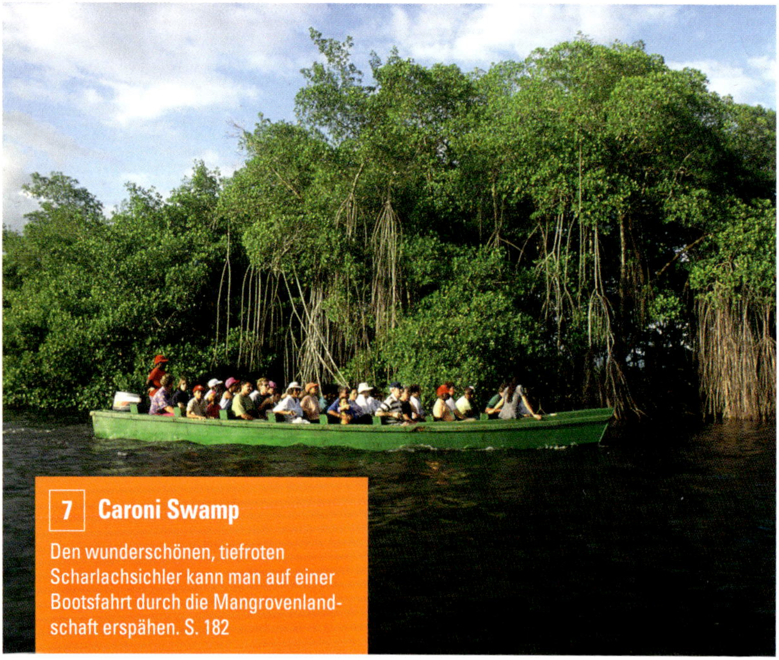

7 Caroni Swamp

Den wunderschönen, tiefroten Scharlachsichler kann man auf einer Bootsfahrt durch die Mangrovenlandschaft erspähen. S. 182

8 | Nariva Swamp

Auf einer Kajaktour exotische Flora und Fauna entdecken, Manatis und Anakondas inbegriffen. S. 198

9 | **Pigeon Point**

Fast zu schön, um wahr zu sein: Pigeon Point ist unbestritten einer der Traumstrände der Karibik. S. 230

10 **Englishman's Bay**

Die Bucht ist wundervoll eingebettet in die Ausläufer der Main Ridge. S. 268

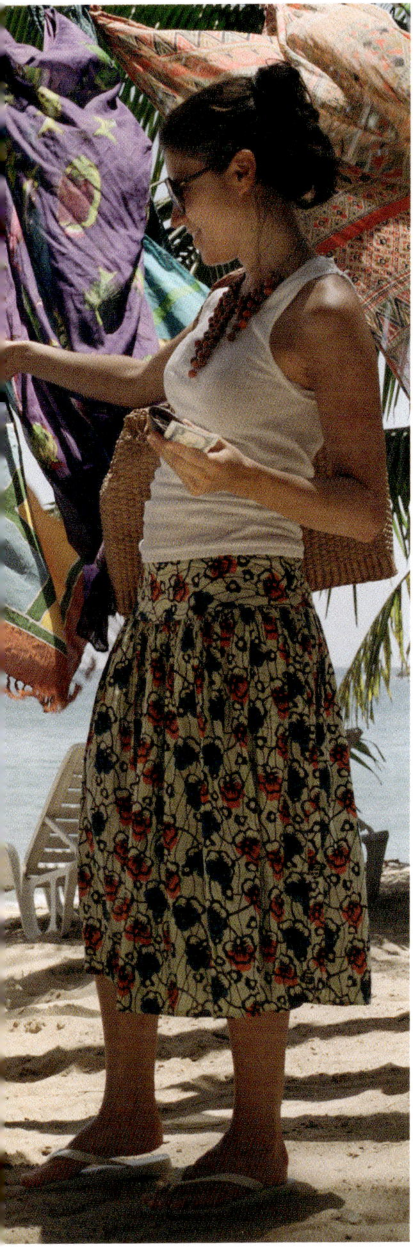

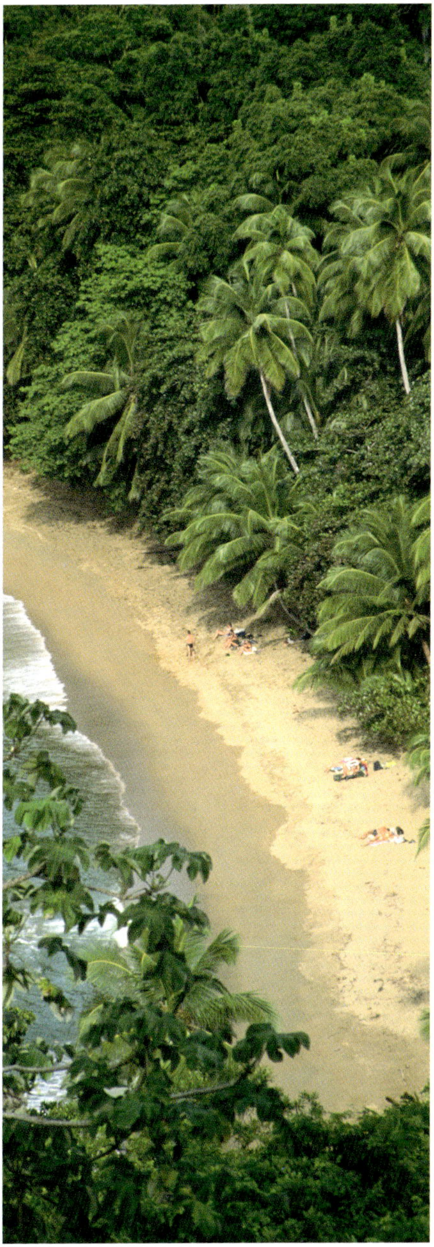

11 Tobago Forest Reserve

Mit einem Guide durch den tropischen Regenwald – im ältesten Naturschutzgebiet der westlichen Welt. S. 270

12 Charlotteville

Malerisch und abgeschieden thront
Charlotteville über der Man of War Bay –
hier lässt sich die Zeit vergessen. S. 279

13 | Muskatnussfabrik

Die Muskatnuss ist das Wahrzeichen der „Gewürzinsel" Grenada. In Gouyave kann man zusehen, wie die Nuss geknackt und verarbeitet wird. S. 298

14 | Gouyave Fish Friday

Ein kulinarisches Straßenfest, das man keinesfalls verpassen sollte. S. 300

15 **Grand Anse**

Langeweile ausgeschlossen:
An Grenadas Vorzeigestrand ist für
Abwechslung gesorgt. S. 306

16 River Antoine Distillery

Eine Besichtigung der ältesten Rumbrennerei der Karibik – natürlich mit Kostprobe! S. 333

17 Carriacou

Tauchen und Schnorcheln im „Land der Riffe" – oder mit dem Segelboot durch die Grenadinenwelt. S. 336

Inhalt

TRINIDAD

Port of Spain

San Fernando

TRINIDAD

Port of
Spain

San Fernando

Themen	
Der Brotfruchtbaum und die Meuterei auf der Bounty	73
Muskat	78
Schildkröten	81
Die Nationalvögel der Inseln	82
Berühmte Trinis und Grenadier	85
Einfach nur ein Trini	86/87
Die Herstellung einer Steelpan	106
Karneval – wo man hingeht	114/115
Der Putschversuch 1990	121
Mas Camps	131
Der berühmteste Mas-Designer?	132
Cricket	137
Fabelhafter Mike Cipriani	138
The Portuguese Man-O-War	275
Little Tobago (Bird of Paradise Island)	276
Kakaoverarbeitung	329
Schokoladenherstellung	332
Rumherstellung	334

Reiseziele und Routen

Trinidad

Am südlichen Ende des Antillenbogens, nur 11 km vom venezolanischen Festland entfernt, liegt das durchschnittlich 70 km lange und 50 km breite Trinidad. Trinidad ist eine kleine Rarität, ein winziger Flecken auf dem Globus und doch vielleicht kosmopolitischer als der Rest der Welt.

Kaum einem Reich der Alten Welt war Trinidad zu gering, um nicht sein Banner darauf zu hissen. Im Laufe der Jahrhunderte kamen Einwanderungswillige verschiedenster Nationen, die bereit waren, hart auf den Zuckerrohrfeldern zu arbeiten, und weniger Freiwillige: Sklaven aus vielen Teilen Afrikas und der Karibik, deportierte Kriminelle und politische Gefangene. Aus all diesen Identitäten, Rassen, Nationen und Kulturen setzt sich das heutige einzigartige Kulturgemisch zusammen. Auch wenn die Trinidader verschiedensten Glaubensrichtungen anhängen und die unterschiedlichsten Hautfarben und Gesichtszüge aufweisen, so haben sie doch viele Gemeinsamkeiten entwickelt – sie lieben ihre Musik, ihre Festtage, ihren Karneval, das kreolische Essen, Cricket und amerikanische Seifenopern; sie sprechen eine Sprache, sind humorvoll und voller Lebensfreude.

Strände

Trinidads Vorzeigestrand ist zweifelsohne die palmengesäumte **Maracas Bay** (S. 154). Eingebettet in die Northern Range pilgern selbst Trini-Familien aus dem äußersten Süden an diesen Strand um zu limen, Bake & Shark zu essen und Spaß zu haben. Die North Coast Road bietet jedoch noch weitere schöne palmengesäumte Strände wie die **Tyrico Bay** (S. 156), die **Las Cuevas Bay** (S. 156), den Strand in **La Filette** (S. 156) und den wundervollen **Marianne Beach** (S. 158) im idyllischen Blanchisseuse. Hinter Blanchisseuse markiert die Silver Suspension Bridge den Anfang einer 32 km langen, nur zu Fuß erkundbaren jungfräulichen Küstenlandschaft mit einsamen Buchten und Stränden (**Paria Bay**, **Murphy Bay**, **Petit Tacarib Bay**, **Madamas Bay** (S. 162 ff.) und unberührter Natur.

Nicht minder schön sind die Strände der Nord- und Nordostküste, angefangen mit der 11 km langen **Matura Bay** (S. 173), der **Saline Bay** (S. 174), **Balandra Bay** (S. 176) und **Cumana Bay** (S. 176). Die meisten Strände hier sind wild-romantisch, durchsetzt von allerlei Treibgut das der Orinoko freigibt, sie sind ein-

Inselhüpfen

Die Inseln lassen sich völlig problemlos miteinander kombinieren. Zwischen Trinidad und Tobago (S. 56) und Grenada und Carriacou (S. 56) verkehren regelmäßig und mehrmals täglich Flugzeuge und Fähren. Zwischen Grenada und Trinidad fliegt die LIAT 3x täglich und zwischen Grenada und Tobago (S. 60) zumindest 1x täglich. Und wer Zeit und Muße hat, findet eventuell auch einen Frachtschiffkapitän, der einen freundlicherweise von Grenada nach Trinidad (S. 295) oder umgekehrt von Trinidad nach Grenada (S. 128) mitnimmt.

sam und Baden ist, wie fast überall, nur mit Vorsicht zu genießen aufgrund der starken Strömungen. Tief geneigte Kokospalmen säumen auch die **Salybia Bay** (S. 177) in Toco und die **Big Bay** (S. 177) in Sans Souci ist ein beliebter Surfertreff. Wer schließlich bis **Grand Riviere** (S. 178) vorgedrungen ist, der teilt den **Strand** am Tag eventuell mit einigen Schildkrötenbabys, und die Mündungen des **Shark River** (S. 178) und **Matelot River** (S. 180) sind ebenfalls sehr beliebte Badebuchten.

Die Ostküste dominieren zwei kilometerlange Strände, nämlich der in der **Manzanilla Bay** (S. 196) und der in der **Mayaro Bay** (S. 219) mit einigen bewachten Strandabschnitten. Die **Indian Bay** (S. 219) mit ihrer Flussmündung ist sehr beliebt bei den Einheimischen, da hier gefahrlos gebadet werden kann. Ein ebenso beliebtes Ziel der Einheimischen ist die **Guayaguayare Bay** (S. 219), wo es zwei Bars gibt, die mit heißen Soca-Rhythmen das Wochenende perfekt machen.

Wirklich schön ist im äußersten Nordwesten lediglich die **Maqueripe Bay** (S. 149). Dagegen weist der äußerste Südwesten und Süden viele einsame, zum Teil sehr idyllische Strände auf. Mit Umkleidekabinen ausgestattet und am Wochenende oft Partyschauplatz ist der **Vessigny Beach** (S. 210), 3 km südlich vom Asphaltsee. Den kilometerlangen **Granville Beach** (S. 212) dagegen dominieren Fischerboote. Auch an der **Cedros Bay** (S. 212) finden Besucher am **Bonasse** oder **Fullarton Beach** Schatten spendende Palmen. Lediglich in der Regenzeit zeigt sich das Meer hier stürmisch und aufgewühlt. Am Wochenende auch sehr beliebt ist die 4 km lange palmengesäumte **Columbus Bay** (S. 212). Am **Icacos Beach** (S. 212) findet man eventuell einen Shrimpverkäufer und wirklich noch unberührt scheinen der **Balieau** und **Galfa Beach** (S. 212) zu sein. Die **Erin Bay** (S. 213) ist der meistfotografierte Strand des Südens und die konstante Brise an der Südküste nutzen Surfer am **Los Iros Beach** (S. 213).

Trinis campen auch gerne am 1,6 km langen **Quinam Beach** (S. 214), und wer im abgelegenen **Moruga** (S. 217) einen Strand sucht, wird auch fündig.

Trinidadische Lebensweise kennenlernen

Es gibt keinen besseren Ort als **Port of Spain**, um die trinidadische Lebensweise kennenzulernen – hier finden sich geschäftige **Einkaufsstraßen** wie die Frederick, Henry oder Queen Street, beschauliche **Parks** wie der Queen's Park Savannah (S. 121), majestätische **Herrschaftshäuser** wie The Magnificent Seven (S. 122), das Knowsley Building (S. 122) und noch etliche mehr, außerdem authentische **Speisen**, z. B. im Patraj (S. 134) und Breakfast Shed S. 124), unzählige **Bars** wie Sweet Lime (S. 133) und Crobar S. 134), in denen ausgiebig gelimt wird, und natürlich ein ausgeprägtes **Kultur- und Nachtleben**, z. B. Zen S. 135, Sabor Latino S. 144, Little Carib Theatre (S. 135). Aktiv am Trini-Life teilzunehmen bedeutet aber auch, ein **Cricketspiel** (S. 137) gesehen zu haben, den Klängen der Panjumbies in den **Panyards** (S. 125) zu lauschen und in einem **Mas Camp** (S. 131) die spektakulären Kostüm-Kreationen der Mas-Designer mit großen Augen zu bewundern, natürlich den

---

unvergleichlichen **Karneval** (S. 103) mitzuerleben, aber auch all die anderen **Festivitäten** (S. 36, Feste und Feiertage). Mehr über Trinidad erfährt man auch in den kleinen Museen.

Museen

In Port of Spain findet man das **National Museum & Art Gallery** (S. 120), das **Port of Spain Museum** (S. 117), das **Central Bank Money Museum** (S. 116) und das **Museum of the T & T Police Service** (S. 103, 107). In Chaguaramas das **Chaguaramas Military History & Aerospace Museum** (S. 150), in Diego Martin das kleine **River Estate Museum** (S. 147) und im **Lopinot Komplex** (S. 169) ist ebenfalls ein kleines Museum untergebracht. Das **Cleaver Woods Museum** (S. 170) befindet sich in Arima, das **Toco Folk Museum** (S. 177) in Toco und das **Indian Caribbean Museum** (S. 186) in Carapichaima.

Tiere

Auf Trinidad leben etwa 100 **Säugetierarten** (S. 78) und zahlreiche **Amphibien** und **Reptilien** (S. 79). Brüllaffen und die Karibischen Manatis sind beispielsweise im **Nariva Swamp** (S. 198) beheimatet. Das Naturschauspiel der Eiablage der riesigen **Lederschildkröten**, die sich hierfür mühsam aus dem Meer schleppen, erleben Besucher zwischen März und August, an manchen Stränden auch nur bis Juni, entlang der Nord- und Nordwestküste, u. a. am **Marianne Beach** (S. 158), an der **Paria Bay** (S. 162), an der **Tacarib Bay** (S. 161), vor allem aber in **Grand Riviere** (S. 178) und an der **Matura Bay** (S. 173).

Nicht nur die interessanten geologischen Formationen der Höhlen, beispielsweise die der **Gasparee Caves** (S. 152), locken Besucher an, sondern auch ihre Bewohner. In der Abenddämmerung über eine Million Fledermäuse ihre Höhlen verlassen zu sehen, erlebt man in den **Mount Tamana Bat Caves** (S. 195), und wer sich für die sehr seltenen Fettschwalme *(oil birds)* interessiert, sollte die **Dunston Caves** (S. 165), die **Aripo Caves** (S. 171) oder die **Oropuche Caves** (S. 173) aufsuchen.

Routentipps Trinidad

Port of Spain eignet sich hervorragend als Ausgangsbasis für Tagesausflüge. Neben der Erkundung der Stadt sind selbst die Ausflugsziele im Süden der Insel und entlang der Eastern Main Road in einem Tag zu bewältigen. Um das Innere der Northern Range zu erkunden, quartiert man sich am besten einige Tage in **Blanchisseuse** ein und ein weiteres Highlight ist sicherlich einige Tage in **Grand Riviere** zu verbringen, vor allem wenn die Lederschildkröten den Strand aufsuchen.

Vögel

Was die Artenvielfalt von Vögeln angeht, zählt Trinidad zu den Topdestinationen der Welt. Selbst wer sich weniger für Vögel interessiert, wird begeistert sein vom Besuch des **Asa Wright Nature Centres** (S. 164) und der **Caroni Swamps** (S. 182). Aber auch andere Gegenden und Naturschutzgebiete (**Nariva Swamp**, S. 198, **Pointe-à-Pierre Wildfowl Trust**, S. 188, **Trinity Hills Wildlife Sanctuary**, S. 224, **Aripo Savanna**, S. 172 und **Mount St. Benedict**, S. 167) sind hervorragende Orte, um der schillernden Vogelwelt näher zu kommen. Echte Vogelliebhaber werden auch ihre Freude haben in der Umgebung von **Brasso Seco** (S. 163) und **Blanchisseuse** (S. 157), die Heimat einer endemischen Vogelart , nämlich des Pawi (Pipin Guan), ist.

Trekken, Kajaken und Mountainbiken

Trekking-, Kajak- und Mountainbike-Freaks (S. 52, Sport und Aktivitäten), die den Regenwald lieben, kommen auf Trinidad voll auf ihre Kosten. Die gesamte Northern Range mit ihrer höchsten Erhebung, dem El Tucuche (937 m), ist Ausgangspunkt für unzählige Trails entlang zahlreicher Flüsse, z. B. dem **Marianne River** (S. 158), die zumeist vorbei- oder hinführen zu herrlichen Wasserfällen und eiskalten glasklaren Pools wie die **Maracas Falls** (S. 166), **Angel Falls** (S. 156), **Sobo** und **Twin Falls** (S. 163), **Madamas Falls**

Naturwunder

Trinidads geologische Zusammensetzung hat unter anderem zwei kleine Naturwunder hervorgebracht. Zum einen den größten Asphaltsee der Welt, den **Pitch Lake** (S. 206) und zum anderen jede Menge Schlammvulkane *(mud vulcanoes)*. Am meistfrequentierten ist **Devil's Woodyard** (S. 218) im Süden der Insel.

(S. 163), **Paria Waterfall** (S. 163), **Matura Waterfall** (S. 174) und **Rio Seco Falls** (S. 174).

Ein ganz besonderes Highlight ist ohne Zweifel, die 32 km lange Strecke **von Blanchisseuse nach Paria oder Matelot** zu Fuß zurückzulegen (S. 162). Am besten quartiert man sich in **Brasso Seco** (S. 163), **Blanchisseuse** (S. 157) oder **Grand Riviere** (S. 178) ein. Und wer den Nordwesten der Insel als Ausgangsbasis wählt, kann sich zu den **Edith Falls** (S. 150) oder den **Blue Basin Falls** (S. 148) aufmachen und den **Chaguaramas National Park** (S. 149) erkunden.

Tobago

Wenn bestimmte Klischees wie palmengesäumte weiße Sandstrände, kristallklares Wasser, hervorragende Tauchreviere, unberührter tropischer Regenwald und eine relaxte, freundliche Atmosphäre Urlaubsträume wecken, dann sollte man schnellstmöglich austräumen, seine sieben Sachen packen und den Traum vom Inselparadies auf Tobago Realität werden lassen.

Tobago ist etwa 41 km lang, 12 km breit und liegt knapp 34 km nordöstlich von Trinidad. Das wundervolle Landschaftsbild der Insel ist geprägt von der Main Ridge, die von Südwesten nach Nordosten verläuft. Die von Regenwald bedeckte Gebirgskette umfasst das älteste Naturschutzgebiet der westlichen Hemisphäre und eignet sich hervorragend für Wanderungen und Vogelbeobachtungen.

Zu den schönsten Erlebnissen gehören mit Sicherheit nicht nur die Erkundung der Insel und deren Natur, sondern auch die Begeiste-

rung der Kinder, die man auf ihrem Nachhauseweg von der Schule mitnimmt, der Dank eines Fischers, dem man hilft das Netz einzuziehen, gemeinsam mit den Einheimischen zu limen, oder einfach nur irgendwo in der karibischen Sonne gemütlich dösend die Zeit zu vergessen.

Strände

Tobagos am meisten fotografierter und karibischster Strand, der **Pigeon Point** (S. 230) mit seinem wundervollen vorgelagerten Korallengarten, dem Buccoo Reef, liegt im touristisch erschlossenen Südwesten auf einer Landzunge. Weit weniger exotisch, dafür aber super zum Schwimmen sind die **Store Bay** (S. 228) und die **Canoe Bay** (S. 243), und am **Sandy Beach** (S. 228) trifft man meist keine Menschenseele.

Die Leeward Coast Tobagos ist eine Aneinanderreihung wundervoller Buchten und Strände. Um den idyllischsten vorweg zu nehmen: das ist die **Englishman's Bay** (S. 268), herrlich eingebettet in die Ausläufer der Main Ridge. Während sich die lang gezogene **Buccoo Bay** (S. 253) nur bedingt zum Sonnenbaden eignet, lieben Einheimische vvor allem den **Grange Beach** (S. 256). Touristisch erschlossen und von den Gästen der umliegenden Hotels frequentiert sind die palmengesäumten **Mt. Irvine Bay** (S. 256) und die **Stone Haven Bay** (S. 258). Toll auch die 2 km lange **Great Courland Bay** (S. 259), und wer kleine einsame Buchten liebt, sollte – am besten in Begleitung – die beiden **Back Bays** (S. 257) aufsuchen.

An der **Arnos Vale Bay** (S. 262) und der **Culoddon Bay** (S. 263) dominiert jeweils ein Resort mit guten Schnorchelmöglichkeiten. Die **King's Peter Bay** (S. 264) ist eher wild und einsam und die **Castara Bay** (S. 264) mit ihren beiden Stränden, dem **Castara Beach** und der **Little Bay**, ist für viele Urlauber ein Traum. Herrlich anzusehen und eher von Fischern der Dörfer frequentiert werden die **Parlatuvier Bay** (S. 269) und die **Bloody Bay** (S. 269). Die Strände der Windward Coast – **Little Rockly**

Bay (S. 248), **Hillsborough Bay** (S. 271), **Pinfold Bay** (S. 272), **Goldsborough Bay** (S. 272), **Queen's Bay** (S. 273) und **King's Bay** (S. 274) sind etwas wilder, naturbelassener, alle palmengesäumt und wenig frequentiert.

In Speyside eignet sich das südliche Ende der **Tyrell's Bay** (S. 276) zum Baden. Die meisten Besucher suchen jedoch die **Batteaux Bay** (S. 276), einige auch die **Belmont** oder **Starwood Bay** (S. 276) auf.

Charlottevilles Dorfleben spielt sich an der **Man of War Bay** (S. 279) ab, so dass Strandhungrige eher den südwestlichen Strandabschnitt der Man of War Bay aufsuchen, sich von einem Einheimischen in die Lover's, Hermitage, Cambleton oder Waterfall Bay übersetzen lassen und natürlich einen von Tobagos malerischsten Stränden, die **Pirate's Bay** (S. 279), auch ein hervorragendes Schnorchelrevier, aufsuchen.

Natur und Trekking

Die **Main Ridge** (S. 270) ist das älteste Naturschutzgebiet der westlichen Hemisphäre. Von hier aus führen zahlreiche Trails, darunter der **Gilpin Trace** (S. 270), ins Innere des tropischen Regenwaldes. Während die Herzen der Vogelliebhaber hier höher schlagen werden, finden sich auf Tobago jedoch noch einige andere, leichter zugängliche Gegenden, in denen man die schillernde Vogelwelt zu Gesicht bekommt, beispielsweise der **Grafton Caledonia Wildlife Estate** (S. 258) und das **Adventure Farm & Nature Reserve** (S. 262). Die wohl besten Aussichten, zahlreiche Seevögel vor die Kamera zu bekommen, besteht auf **Little Tobago** (S. 276).

Wer gern kleine Trekking-Abenteuer auf sich nimmt, hat oft Gelegenheit, anschließend in die erfrischenden Pools der zahlreichen Wasserfälle zu springen. Wenig besucht sind der **Highland Waterfall** (S. 263), der **Craig Hall Waterfall** (S. 264), die **Twin Falls** (S. 163) und der **Green Hill Waterfall** (S. 271). Die **Gold & Silver Waterfalls** (S. 270) liegen am Ende des Gilpin Trace, der **King's Bay Waterfall** (S. 274) ist nur noch sehenswert bei starken Regen-

fällen, der **Argyle Waterfall** (S. 273) wird touristisch am stärksten vermarktet, der **Rainbow Waterfall** (S. 272) ist wirklich sehenswert, und wer in **Castara** (S. 264) wohnt, folgt einfach dem Castara River und trifft auf das ersehnte Nass.

Wunderbare Aussichtspunkte sind der **Flagstaff Hill** (S. 279), **The Hut–Main Ridge Creation Side** (S. 270), der **Speyside Lookout** (S. 275) und einige Eckchen in der Umgebung von **Bethel** (S. 256). Tolle Ausblicke auf den flachen Südwesten hat man in der Umgebung von **Carnbee** (S. 245), aber auch von **Fort King George** (S. 249).

Eines der Highlights Tobagos ist eine Tour im Glasbodenboot zum **Buccoo Reef & Nylon Pool** (S. 230) und nach **Little Tobago** (S. 276). Echte Taucher wird diese Tour natürlich eher kalt lassen, denn auf sie warten fantastische **Tauchgründe** (S. 276), vor allem vor der Küste Speysides. Angeboten werden auch Segeltörns rund um die Insel, oder beispielsweise ein Ausflug in das Feuchtbiotop **Bon Accord Lagoon** (S. 238) mit anschließendem BBQ auf **No Man's Land**.

Ebenfalls sehr nett ist ein Ausflug zur **Arnos Vale Waterwheel** (S. 262), einem Relikt aus der Plantagen-Ära. Und was natürlich unbedingt dazugehört, ist ein Bummel durch **Scarboroughs** Straßen (S. 246).

Spektakulär auch auf Tobago ist die Eiablage der **Lederschildkröten**. Den nötigen Schub, der ihnen den Landgang ermöglicht, erhalten die imposanten Urtiere an der Leeward Coast; vor allem die **Great Courland Bay** (S. 259) hat es ihnen angetan.

Routentipps Tobago

Die Insel lässt sich problemlos in einem Tag umrunden, vorausgesetzt man limt dann doch nicht an jeder Ecke. Viel schöner ist es aber mehrere Tage einzuplanen und den Standort eventuell zu wechseln, beispielsweise einige Tage in **Crown Point** oder Umgebung, **Castara** und **Charlotteville** zu übernachten.

Keinesfalls verpassen

Unbedingt sollte man an einem Sonntag Luise **Kimme's Sculpture Museum** (S. 256) besuchen und sich anschließend in das Getümmel der **Sunday School** (S. 254), eines Steelband-Party-spektakels, zu stürzen. Wer auf Nachtleben steht, dem sei der heißeste Nightspot ans Herz gelegt: **The Shade** (S. 236), und auf gar keinen Fall sollte man Tobago verlassen, ohne z. B. an der Store Bay **Real Tobago Food** (S. 234) getestet zu haben und, was das Allerwichtigste ist, ohne ausgiebig gelimt zu haben.

Grenada

Das südliche Ende der vulkanischen Gebirgs-rücken, die aus der Tiefsee emporgestiegen sind, bildet das kleine Grenada – ein touristischer Nachzügler, der 1983 für kurze Zeit im Mittelpunkt des politischen Weltinteresses stand, als US-amerikanische Streitkräfte nach einem Militärputsch und der Ermordung des Premierministers Bishop auf der Insel intervenierten. Das heute demokratische Grenada hat seither alle Hebel in Bewegung gesetzt, um den Träumen eines Devisen bringenden Touristen gerecht zu werden.

Hohe, steile Vulkanberge, bedeckt von dichter tropischer Vegetation, herrliche Kraterseen, eiskalte Wasserfälle, einsame Buchten, weiße Sandstrände und eine Hauptstadt, deren Kulisse immer wieder als eine der schönsten der Karibik bezeichnet wird, tragen ebenso zum Charme der Insel bei wie die von afrikanischen wie europäischen Einflüssen geprägte Gesellschaft liebenswerter, aufgeschlossener Menschen. Zu Recht trägt die Insel den Namen „Spice Island", Gewürzinsel: Der wundervolle Duft von Vanille, Muskatnuss, Zimt, Nelken, Safran oder Ingwer begegnet einem allerorts.

Strände

Mittelpunkt der touristischen Szene und ohne Zweifel ein Highlight Grenadas ist der **Grand Anse Beach** (S. 306) nahe der Hauptstadt. Nicht minder attraktiv sind die weniger erschlossenen Strände der Südwestküste (S. 316), die meist nur ein oder zwei Resorts oder Restaurants beherbergen, wie die **Morne Rouge Bay** (S. 316), der **Portici Beach** (S. 316), **Dr. Ball's** und **Dr. Groom's Beach** (S. 316), der **Magazin Beach** (S. 318), der **Aquarium Beach** (S. 316) und der **Pink Gin Beach** (S. 317).

Die Süd-/Südostküste dagegen ist sehr zerklüftet. Trotzdem findet man auch hier zum Teil traumhaft schöne palmengesäumte Strände, u. a. die **Prickly Bay** (S. 322), die **Petit Bacaye Bay** (S. 326), die Strände um den **La Sagesse Nature Centre** (S. 227) oder den **Cabier Beach** (S. 327).

Während die Strände der Westküste eher Fischerdomizile sind, bieten die zum Teil kilometerlangen Strände der Nord-/Nordostküste wie die **Duquesne Bay** (S. 301), die **Sauteurs Bay** (S. 302) und der wilde, palmenbestandene **Pearls Beach** (S. 331), aber vor allem der **Bathway** (S. 335) und **Levara Beach** (S. 335) Sonnen- und Badehungrigen einen idealen Ankerplatz. Echte Strandfreaks werden es schon ahnen, dass auch Carriacou einige spektakuläre Strände aufweist, allen voran den **Paradise Beach** (S. 343), außerdem die **Anse La Roche Bay** (S. 349) und den **Turtle Beach** (S. 259, 349). Und wen es nach Robinson-Feeling dürstet, der findet dies auf **Sandy Island** (S. 351), **White Island** (S. 348) oder auch einigen anderen Grenadineninseln (S. 351).

Ausflugsziele

So wie die Muskatnuss Grenadas Flagge ziert, so untrennbar ist das Gewürz auch mit der Insel verbunden. Deshalb sollte man keinesfalls den Besuch einer Muskatnussverarbeitungsanlage (**Nutmeg Processing Station**, S. 298) in Grenville oder Gouyave auslassen. Interessante Einblicke in die grenadische Plantagen-Historie geben der **Douglaston** (S. 300) oder der **Belmont Estate** (S. 331). Näheres über exotische Pflanzen, Gewürze, Früchte etc. erfahren Besucher auch in den herrlichen Gärten **Bay Gardens** (S. 325), **Laura Spice Garden** (S. 326) oder dem **Gem Rose Eden** (S. 326).

Umgeben von tropischem Wald laden die Concorde Falls auf Grenada zu einem erfrischenden Bad ein.

Buchstäblich megasüß ist der Besuch der **Grenada Chocolate Factory** (S. 333), der vielleicht kleinsten Schokoladenfabrik der Welt, und wer sich für die Herstellung von Rum interessiert, sollte die **River Antoine Rum Distillery** (S. 333) aufsuchen, die völlig intakt und nach fast unveränderten Herstellungsverfahren das hochprozentige Lebenselixier produziert. Lohnenswert ist auch ein Abstecher in die **Westerhall Rum Distillery** (S. 326), die außerdem ein kleines Museum beherbergt – Rumtasting gehört natürlich dazu! Nippen darf man auch an einem Gläschen des beliebten Clark's Court Rums auf dem Gelände der **Sugar Factory** (S. 325).

Wie Kakao fermentiert, getrocknet und letztlich exportfertig verarbeitet wird, erfahren Besucher in der **Carlton St. Andrews Cocoastation** (S. 329) in Grenville, und freitags heißt es nichts wie ab nach Gouyave, um den **Fish Friday** (S. 300) – ein Straßenfest – nicht zu verpassen, bei dem es kulinarische Leckereien zu verspeisen gilt.

Ausflugsziele im Norden der Insel sind der berühmte Felsvorsprung **Caribs' Leap** (S. 301), das Herrschaftshaus der Mascolls: das **Morne Fendue Plantation House** (S. 302) und das **Helvellyn House** (S. 303).

St. George's (S. 286), noch sehr in Mitleidenschaft gezogen durch Hurrikan Ivan, erobert Stück für Stück sein beschauliches Stadtbild

---

Routentipps Grenada

Die Insel lässt sich ähnlich wie Tobago sowohl mit dem Mietwagen als auch mit den Minibussen in wenigen Tagen problemlos erkunden. **Grand Anse** bietet sich, vor allem aufgrund der touristischen Infrastruktur, als idealer Ausgangspunkt zur Erkundung der Insel an. Trotzdem lohnt es sich auch hier, den Standort eventuell zu wechseln und beispielsweise einige Tage in **Sauteurs** im Norden oder in **Crochu** an der Westküste zu verbringen. Ansonsten sollte man unbedingt noch einen Abstecher nach **Carriacou** einplanen.

zurück, und daher gehört ein Bummel durch die Hauptstadt einfach dazu.

Natur

Einzutauchen in die tropische Vegetation der steilen Vulkanberge ist auf Grenada ein Muss. Ausgangspunkt ist der **Grand Étang National Park** (S. 304). Trekkingfans können sich hier entlang der Trails **Shore Line Trail**, (S. 304), **Mt. Qua Qua Trail** (S. 304) und **Fedon's Camp** (S. 305) richtig austoben. Fußfaule dagegen wählen den **Morne La Baye Trail** (S. 304) oder genießen die Stimmung am Kratersee, dem **Grand Étang Lake**. Wunderbar auch, den zum Teil morastigen Pfaden zu einer Reihe herrlicher Wasserfälle (**Seven Sisters** und **Honeymoon Falls** (S. 306), **Fontainblue** und **Au Coin Falls** (S. 297), **Concord Falls** (S. 297), **Annandale Falls** (S. 303), **Tufton Hall Waterfall** (S. 301) oder **Mt. Carmel Waterfall** (S. 328) zu folgen – und Hartgesottene erklimmen einfach den 804 m hohen **Mt. St. Catherine** (S. 330). Ein weiterer Vulkankratersee, der sich vor vielen Jahren gebildet hat, ist der **Lake Antoine** (S. 333), und wer noch nie heiße Quellen gesehen, gefühlt oder gerochen hat, sucht die **River Sallee Boiling Springs** (S. 333) oder die **Clabony Hot Springs** (S. 330) auf.

Neben einer beeindruckenden Küstenlandschaft beherbergt der **Levera National Park** (S. 335) ebenfalls einen Kratersee, den mangrovengesäumten **Levera Pond**, sowie einen wunderbaren Aussichtspunkt, den **Levera Hill**. Wer solche Anhöhen, ob auf Grenada, Carriacou oder Petit Martinique erklimmt, sei es zu Fuß oder mit dem Auto, wird fast immer belohnt mit spektakulären Panoramablicken.

Auch an einigen Stränden Grenadas (Levara Beach) und Carriacous (Anse La Roche, Turtle Beach) lässt sich die Eiablage der **Schildkröten** (S. 81) hautnah erleben und natürlich werden Unterwasserfreunde auch reichlich belohnt. Außergewöhnlich ist vielleicht ein Tauchgang zum Unterwasservulkan **Kick'em Jenny** (S. 343) oder zur **Unterwasserskulpturenwelt** des englischen Bildhauers Jason Taylor (S. 314).

Reisezeit

Das tropische Klima beschert den Inseln ganzjährig **hohe Temperaturen**, nur die Tageszeiten sorgen für Schwankungen. Zum Sonnenaufgang (stets gegen 6 Uhr) ist es am kühlsten (20–22 °C). Steht die Sonne am höchsten, ist es mit 30–32 °C auch am heißesten. Schon nachmittags gehen die Temperaturen leicht zurück, aber auch während der Nacht ist man noch dankbar für Abkühlung durch einen Ventilator. Die Wassertemperaturen sinken ebenfalls nie unter 25 °C. Während die aus östlicher Richtung wehenden Passatwinde meist für eine angenehme Brise sorgen, kann die ganzjährig **hohe Luftfeuchtigkeit** vor allem bei Windstille ganz schön zu schaffen machen und zu Kreislaufbeschwerden führen.

Die karibischen Inseln kennen nur zwei Jahreszeiten: die **Trockenzeit** von Mitte/Ende Dezember–Mitte/Ende Mai und die **Regenzeit** in den verbleibenden Monaten. In der Trockenzeit regnet es, wie zu erwarten, ausgesprochen selten, was man vor allem Carriacou und dem Süden Grenadas ansieht. In der Regenzeit platscht des Öfteren ein tropischer Schauer auf die Inseln, der oft nur wenige Minuten anhält, Straßen blitzschnell überflutet und Bäche in reißende Flüsse verwandelt. Schnell verdampft die Nässe anschließend wieder und die Sonne scheint, als sei nichts gewesen. Ziemlich unvorhersehbar und je nach Wetterlage kann schon fünf Minuten oder erst einige Stunden oder Tage später der nächste Schauer herunterprasseln. Relativ untypisch ist eine mehrere Tage anhaltende Schlechtwetterfront, doch auch damit ist zu rechnen. Trotzdem ist ein Besuch der Inseln in der Regenzeit aufgrund der üppigen Vegetation fast am schönsten.

In den Sommer- und Herbstmonaten ist im karibischen Raum **Hurrikanzeit**. Nur Trinidad ist wirklich sicher vor diesen tropischen Zyklonen. Tobago, Grenada und ihre Schwesterinseln sind jedoch auch weniger davon betroffen als die nördlicher gelegenen Inseln. Nach vielen Jahren Ruhe erwischte es Grenada und Carriacou mit Hurrikan Ivan und Emily 2004 und 2005 bitterböse (s. Kasten S. 63); Tobagos Schaden hielt sich in Grenzen.

In der **Karnevalszeit** (Anfang Februar) ist Trinidad fast völlig ausgebucht. Wer vorhat in dieser Zeit zu reisen, sollte die erheblichen Preissteigerungen für Unterkünfte in das Budget einplanen und sich frühzeitig um eine Reservierung kümmern. Auf allen anderen Inseln ist Hochsaison vom 16. Dezember–15. April. In dieser Zeit muss zwar nicht mit überfüllten Hotels, jedoch mit Preissteigerungen gerechnet werden.

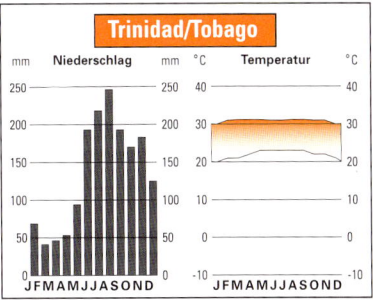

Reisekosten

Trinidad und Tobago zählen zu den günstigeren Reisezielen der Karibik. Auf Grenada liegt das Preisniveau etwas höher. Für eine passable **Unterkunft** sollten auf den Inseln US$50–70 pro DZ eingeplant werden. Es gibt natürlich auch akzeptable, preiswertere Unterkünfte und nach oben sind keine Grenzen gesetzt. Zur Karnevalszeit steigen die Preise in Trinidad für eine Unterkunft um 10–100 %. Zudem wird meist nur für mindestens 5 Tage vermietet. Die **Hochsaison** auf Tobago und Grenada dauert vom 16.12.–15.04. Außerhalb dieser Monate sinken die Übernachtungspreise.

Am günstigsten isst man in Trinidad in den Selbstbedienungsrestaurants der Food Courts, die mit sämtlichen kulinarischen Spezialitäten des Landes aufwarten. Ein **Essen** kostet nicht mehr als TT$20–30. Die Restaurantpreise dagegen entsprechen zum Teil dem Preisniveau, das man von zu Hause gewohnt ist. Natürlich gibt es auch preiswertere Restaurants und Take aways, und die Fastfood-Ketten sind eine weitere Alternative. Da die meisten Unterkünfte (vor allem in Tobago und Grenada) eine Küche oder Küchenzeile haben, kann man auch ab und zu selbst kochen.

Was kostet wie viel?	
Getränke	
Mineralwasser (1l)	US$1–1,50
Softdrink	US$1–1,50
Bier	US$1–2,50
Mahlzeiten	
Snacks/Lunch	US$2,50–12
Dinner preiswert	US$8–12
Dinner moderat	US$12–20
Dinner gehoben	ab US$20
Unterkunft	
Einfach	US$30–70
Mittel	US$50–180
Gehoben	ab US$200
Unterwegs	
Mietwagen	US$35–60
Tagestour (organisiert)	US$70–100
Bus	ab US$0,40

Steuern und Trinkgeld

In **Trinidad und Tobago** werden auf Hotelrechnungen 10 % Steuern (Tax) und evtl. 10 % Bedienungszuschlag (Service Charge) aufgeschlagen. Im Restaurant sind es 15 % Tax und 10 % S/C.

In **Grenada** werden in Hotels 8 % Tax und 10 % Service Charge berechnet, im Restaurant 10 % Tax und 10 % S/C.

Wird ein Bedienungszuschlag erhoben, erübrigt sich das Trinkgeld. Ist auf der Rechnung keine Service Charge ausgewiesen, was meist bei kleineren Restaurants und Unterkünften der Fall sein kann, sollte man nicht kleinlich sein und gutes Essen und guten Service honorieren.

Die im Buch genannten Preise beinhalten Tax und Service Charge, falls nicht anders angegeben.

Traveltipps von A bis Z

Anreise

Traveltipps von A bis Z

Die internationalen **Flughäfen** der Region sind in Piarco (Trinidad), Crown Point (Tobago) und Point Salines (Grenada) angesiedelt.

British Airways, 🖳 www.britishairways.com, fliegt mittwochs und samstags (im Winter zusätzlich sonntags) von mehreren deutschen Flughäfen über London nach Tobago und montags via London nach Grenada. Leider muss für diese Verbindung eine Übernachtung in London eingeplant werden.

Condor, 🖳 www.condor.de, fliegt im Sommer mittwochs und im Winter sonntags direkt nach Tobago, Rückflug über Porlamar (Isla Margarita); nach Grenada geht's mittwochs nonstop hin und zurück ebenfalls über Porlamar.

Martin Air, 🖳 www.martinair.de, fliegt mittwochs von mehreren deutschen Flughäfen nach Tobago, zurück am gleichen Tag.

American Airlines, 🖳 www.aa.com, ist eine Alternative für Leute, die in den USA einen Stopover einlegen möchten. AA fliegt täglich von Frankfurt über London oder Dallas und Miami nach Trinidad und nach Grenada über Dallas, Orlando/Miami/Ford Lauderdale und San Juan nach Port of Spain.

Rückbestätigung und Ausreisesteuer

Derzeit verlangen weder Condor noch British Airways und Martin Air eine Rückbestätigung der Flüge. Dagegen sollten innerkaribische Flüge und Flüge mit American Airlines (Trinidad ✆ 669-4661, Grenada ✆ 444-2222) 2–3 Tage vor Abflug rückbestätigt werden. Am besten erkundigt man sich bei Ticketkauf nach den diesbezüglichen aktuellen Bestimmungen.

Wer Grenada mit dem Flugzeug verlässt, zahlt eine **Ausreisesteuer** in Höhe von EC$50. Kinder im Alter von 2–12 Jahren zahlen EC$25. In Trinidad & Tobago ist eine Ausreisesteuer in Höhe von TT$100 zu zahlen. Bei Flügen zwischen Trinidad und Tobago wird keine Gebühr erhoben. Die Ausreisesteuer war 2007 noch im Ticketpreis der Condor enthalten. Ob dies weiterhin so bleibt, ist nachzufragen.

Folgende Airlines fliegen **ab London**, d. h. das Anschlussticket nach London muss extra gezahlt werden:

Caribbean Airlines (früher BWIA), 🖳 www.caribbean-airlines.com, fliegt fast täglich von London über Barbados, samstags und sonntags direkt und mittwochs und donnerstags über New York nach Trinidad.

Virgin Atlantic, 🖳 www.virgin-atlantic.com, fliegt donnerstags von London über Grenada nach Tobago und den gleichen Weg zurück.

Und **Excel Airways**, 🖳 www.xl.com, fliegt donnerstags und samstags von London nach Tobago. Am günstigsten ist hier Excel Airways, die auch sehr oft Specials anbieten.

Anschlussflüge nach Trinidad bzw. Grenada s. S. 56, Transport.

Flugtickets

Flüge können über ein Reisebüro, über einen der zahlreichen Internet-Fluganbieter oder direkt bei der Fluggesellschaft gebucht werden. Während Reisebüros die Tickets etwa 10 Tage vor Reiseantritt ausstellen, verlangt die Condor z. B. bei Direktbuchung sofortige Zahlung und die Tickets werden auch sofort ausgestellt. Vermehrt stellen Fluggesellschaften auch E-Tickets aus. Hier ist nur noch ein Ausdruck nötig, es gibt keine Tickets mehr.

Flüge online buchen

Um Flüge online zu buchen, muss man kein Reiseexperte sein. Am besten beschränkt man sich bei der Suche auf einige der etablierten Reiseportale. In verschiedenen Tests 2006 schnitten die folgenden Reiseportale gut ab:

🖳 www.weg.de
🖳 www.opodo.de
🖳 www.travelchannel.de
🖳 www.expedia.de
🖳 www.flyloco.de

Flugpreise

Offizielle Ticketpreise: ab etwa 800 €. Natürlich haben alle Fluggesellschaften auch **Specials** im Programm. Vor allem bei der Condor lohnt es sich öfter zu schauen, insbesondere, wenn sie ihre „Eintagsfliegen" anbietet.

Der Klimawandel ist eine ernste Bedrohung der Ökosysteme, von denen der Mensch abhängt, und Flugreisen sind in zunehmendem Maß für eine Verschärfung des Problems verantwortlich. Obwohl wir das Reisen insgesamt positiv sehen und der Überzeugung sind, dass es einen bedeutenden Beitrag sowohl für sich entwickelnde Ökonomien als auch für die Völkerverständigung leistet, ist jeder einzelne dazu aufgerufen, sich seiner Verantwortung bewusst zu werden und die Einflüsse auf die globale Erwärmung so gering wie möglich zu halten. Dazu gehört darüber nachzudenken, wie oft wir fliegen und was wir tun können, um die Umweltschäden auszugleichen, die wir mit unseren Reisen verursachen.

Fliegen und Klimawandel

Praktisch jede Form des motorisierten Reisens ist mit dem Ausstoß von Kohlendioxid (CO_2) verbunden, das der Hauptgrund für den vom Menschen verursachten Klimawandel ist. Die weitaus größte Belastung geht dabei von Flugzeugen aus, nicht weil sie ihre Schadstoffe über weite Strecken verteilen, sondern vor allem weil sie Treibhausgase weit oben in der Atmosphäre abgeben. Die Statistiken lesen sich erschreckend: Zwei Personen, die von Europa in die USA und wieder zurück fliegen, tragen zum Klimawandel so viel bei wie der gesamte Jahresverbrauch an Gas und Strom eines durchschnittlichen Haushalts. Zwar wird es irgendwann Flugzeuge mit Brennstoffzellen oder anderen weniger umweltschädigenden Antriebssystemen geben. Aber bis es soweit ist, haben verantwortungsbewusste Traveller nur zwei Möglichkeiten: entweder die Zahl der Flüge zu reduzieren (also weniger zu fliegen und länger zu bleiben) oder die unternommenen Flüge durch ein Ausgleichsprogramm für das Klima zu „neutralisieren".

Ausgleichsprogramme

Kompensationsprogramme von Organisationen wie 🖳 www.climatecare.org, www.carbonneutral.com und www.atmosfair.de bieten die Möglichkeit, eine sinnvolle Entschädigung zumindest für einen Teil der Treibhausgase zu leisten, die man durch das eigene Reisen verursacht. Dabei wird zunächst anhand eines CO_2-Rechners der Anteil eines bestimmten Fluges an der globalen Erwärmung ermittelt, anschließend werden Optionen aufgezeigt, wie mit einem zusätzlichen Beitrag ausgleichende umwelterhaltende Projekte unterstützt werden können. Dazu gehören die Aufforstung des Regenwalds und anderer ursprünglicher Wälder sowie Initiativen zur Senkung des Energiebedarfs in der Zukunft. Häufig sind diese Projekte an Maßnahmen für eine nachhaltige Entwicklung gekoppelt.

Botschaften und Konsulate

Vertretungen in Europa

Botschaften

Botschaft (High Commisson) von Trinidad und Tobago
SW1X 8NT, 42, Belgrave Sq, London, GB
📞 0044-207-245-9351, ✉ tthc@btconnect.com
Botschaft von Grenada
123 Rue de Laeken, 1000 Brüssel, Belgien
📞 0032-2-2237303, 📠 223-7307

Konsulate von Trinidad und Tobago

Hamburg, Honorarkonsul, Raboisen 3, 20097 Hamburg, 📞 040-2200396, 📠 2206756, ⏰ Mo–Do 9–13 Uhr.
Bonn, Honorarkonsul, Ubierstraße 92, 53173 Bonn, 📞 0228-854690, 📠 8546929, ⏰ Mo–Fr 9–17 Uhr.
Unterhaching, Honorarkonsul, Leipziger Str. 16, 82008 Unterhaching, 📞 089-61566636, 📠 61566630, ⏰ Mo, Di, Do 9–12, Mi 14–16 Uhr.
Genf, Ständige Vertretung von Trinidad & Tobago, 37-39 Rue de Vermont, CH-1202 Genf 20, 📞 022-9180380, 📠 7349138, 🖳 www.3.itu.int/MISSIONS/Trinidad-Tobago.

Ausländische Vertretungen vor Ort

Deutsche Botschaft
7-9 Marli Street, P.O. Box 828, Port of Spain, Trinidad, ℡ 628-1630/-31/-32, ℻ 628-5278, in Notfällen: 687-7953, 🖳 www.port-of-spain.diplo.de, ⏱ Mo–Fr 8–12 Uhr; auch für Grenada zuständig.

Die für Trinidad, Tobago und Grenada zuständigen Botschaften für **Österreich** und die **Schweiz** befinden sich in Venezuela:
Botschaft der Republik Österreich
Avenida La Estancia, Edificio Torre Las Mercedes,
4 Piso, Chuao, Officina 408, VE-Caracas,
℡ +58-212-9913863, ✉ caracas-ob@bmaa.gv.at.
Botschaft der Schweizerischen Eidgenossenschaft
Avenida Eugenio Mendoza y San Felipe, Centro Letonia, Torre Ing-Bank, Piso, VE-La Castellana-Caracas, ℡ +58-212-2679585, ✉ vertretung@car.rep.admin.ch.
Honorarkonsulat für Österreich
Honorary Consul, 13 Woodlands Rd. Valsayn Park, Valsayn North, Port of Spain,
℡ 662-2961, ℻ 645-9863, ⏱ Mo–Fr 9–14 Uhr.
Honorarkonsulat für die Schweiz
70 Dundonald St, Port of Spain,
℡ 623-7816, ✉ swisscon@tstt.net.tt.
Honorarkonsulat für Deutschland
Frau Biebel-Potgieter, Fontenoy, St. George's, Grenada, ℡/℻ 440-7260, ✉ bluebeard@spiceisle.com.

Einkaufen

Während Trinidad ein kleines Einkaufsparadies ist, vor allem für benachbarte Karibikinseln, mit ultramodernen Einkaufszentren und von Designerkleidung bis zu Bose Boxen fast alles zu finden ist, sollte man auf Tobago und Grenada shoppen eher klein schreiben. Nette Souvenirs von Grenada sind beispielsweise die hübschen Gewürzkörbchen, Kakao oder eine Tafel grenadische Schokolode. Lohnenswert ist auch ein Abstecher in die Galerien der Inseln. Natürlich gibt's auch Batiksachen oder handgeschnitzte Döschen, Vasen etc. aus Bambus und Kalebassen und handgefertigten Schmuck. Ansonsten sind nette Mitbringsel eine Flasche echter karibischer Rum, ganz klar Musik-CDs für alle, denen der karibische Rhythmus ins Blut übergegangen ist, oder vielleicht eine Steelpan.

Essen und Trinken

Die kosmopolitische Zusammensetzung der karibischen Bevölkerung spiegelt sich wieder in der außerordentlich schmackhaften Melange aus indianischen, afrikanischen, indischen, europäischen, asiatischen und südamerikanischen Gaumenfreuden. Für die Insulaner bedeutet Essen Lebensfreunde und es ist ihnen wahrlich anzusehen.

Kreolische Küche umfasst Gerichte afrikanischen Ursprungs, die im Laufe der Jahrhunderte durch verschiedene andere Landesküchen beeinflusst und abgewandelt wurden. **Pelau** ist eine Art Eintopf aus karamellisierten Hühnerfleisch, das mit Reis, Bohnen oder Erbsen, Gemüse und allerlei Gewürzen in Kokosnussmilch gegart wird. **Coocoo** ist eine Art Püree aus Maismehl und Okra, in Kokosnussmilch gedünstet. **Callaloo**, als Gemüse oder Suppe zubereitet, ist eine ganz besondere Leckerei, die an Sonntagen vor allem in Trinidad auf keiner Speisetafel fehlen darf. Hauptbestandteile sind die spinatähnlichen *dasheen*-Blätter und Okra. Hinzu kommen Gewürze, Zwiebeln, Knoblauch, Kürbis, Kokosnussmilch und manchmal Krabbenfleisch.

Das Nationalgericht Grenadas ist **Oil Down**. Gesalzenes Fleisch wird etwa 15 Min. gekocht, dann werden Zwiebeln, Sellerie, Schnittlauch, Thymian, Paprikaschoten, eine große Brotfrucht, Karotten, *dumpling*, sowie *dasheen*-Blätter hinzugefügt, das Ganze mit Kokosnussmilch abgelöscht und mit Safran gewürzt. Das Gericht wird so lange gegart, bis die Kokosnussmilch ölig ist.

Auf dem Speiseplan stehen zahlreiche **Currygerichte** – *curry goat* und *curry mutton* (mit Ziegen- und Hammelfleisch) oder *curry crab* (Krabbenfleisch) – die mit **Dumpling**, das ähnlich unserem Nudelteig schmeckt, serviert werden. Zu allen Gerichten wird natürlich die scharfe *hot* pepper sauce gereicht. Verschiedene **Chutneys** sind wichtiger Bestandteil der karibischen Küche, z. B. Mango-Chutney – in Zucker Essig, Salz, Ingwer, Chili und Knoblauch eingelegte Mangofrüchte – die als Gewürz oder Beilage serviert werden. Als **Beilagen** dienen auch Reis, Brotfrucht *(breadfruit),* Kochbananen *(plantain),* Süßkartoffel *(batate),* Maniok *(cassava)* und Chayote *(christophine).*

Dickflüssig, süß, sättigend und lecker sind die **Suppen**, z. B. eine Kürbis- *(pumpkin soup)* oder Maissuppe *(corn soup)* und sehr stärkend ist die *cow heel soup* (Rinderfußsuppe). Außerordentlich beliebt bei den Insulanern, allerdings eher selten zu bekommen, ist **Wildfleisch** (*bush meat*) vom *tattoo* (Gürteltier), *quenk* (Wildschwein) oder *lappe* (Wildkaninchen). Leguane landen auch schon mal im Kochtopf.

Wer **Fisch** liebt, kommt natürlich auch auf seine Kosten. Frisch und in allen erdenklichen Variationen zubereitet werden *kingfish* (eine Art Schwertfisch), Roter Schnapper *(red snapper),* Haifisch *(shark),* fliegender Fisch (*flying fish*), Goldmakrele *(dolphin),* Thunfisch *(tuna)* usw. Wem ein *cascadura*, ein öliger Flussfisch angeboten wird, der sollte keinesfalls ablehnen. Feinschmecker müssen auch nicht auf Hummer oder Austern verzichten. Die Austern bekommt man an vielen Straßenständen, vor allem in Trinidad, eingelegt in verschiedene Soßen. Fast auf jeder Speisekarte Carriacous steht **Lambie** oder **Conch**, das Fleisch der riesigen Meeresschnecken.

Black Pudding, eine scharf gewürzte Blutwurst, ist nicht für jeden Magen das Richtige – ganz im Gegensatz zu dem leckeren Früchtekuchen mit sehr viel Rum, dem **Black Cake**. Nicht zu vergessen ist der **Pepperpot**, der legendäre karibische Eintopf, bestehend aus Fleisch, Gemüse, Maniok, Zwiebeln, Chilischoten und allerlei weiteren geheimen Zutaten. Preiswert und schmackhaft sind die Gerichte der **chinesischen Küche**, z. B. *pepper shrimps,* lecker gewürzte Shrimps, *fried rice* (gebratener Reis) oder verschiedene *chow meins* (pfannengerührte Gerichte). Es gibt noch viele weitere Leckereien, die nur darauf warten entdeckt zu werden!

Am besten und preiswertesten isst man in den **Food Courts** (kleine Selbstbedienungs-Restaurants) in Trinidad. Für US$4–5 ist der Teller wirklich randvoll mit allem, was das Auge und den Gaumen erfreut. Leider findet man in den Touristenhochburgen Crown Point und Grand Anse fast nur noch Restaurants gehobenen Standards, die internationale Küche anbieten und zudem recht teuer sind. Eine Alternative stellt natürlich das **Selbstkochen** dar. Auf jedem Markt bekommt man frischen Fisch und frisches Gemüse. Sehr lecker schmeckt z. B. ein in Alufolie eingewickelter *red snapper*, gewürzt mit Öl, Salz, Pfeffer, Zwiebeln und Knoblauch und über einem offenen Feuer gegrillt. Wer absolut keine Lust hat selbst zu kochen, kann auch überall nach jemandem fragen, der für einen kocht. Viele Frauen sind froh, sich etwas dazuverdienen zu können und verlangen wirklich nicht viel. Wird man nicht gerade eingeladen, ist dies wohl die beste Möglichkeit, einheimische Küche kennen zu lernen.

Fastfood-Fans kommen natürlich auch nicht zu kurz. Kentucky Fried Chicken, Church's Chicken und einige Pizzaketten haben sich auf den Inseln wahrlich durchgesetzt.

Snacks

Roti ist ein Beitrag der indischen Einwanderer. Gefüllt mit Kartoffeln, Fisch-, Fleisch- oder Gemüsecurry zählt das Fladenbrot zu den sättigenden Lieblingssnacks der Einheimischen. Eine Variante ist *dhalpouri* mit gemahlenen Erbsen im Brotteig. **Buss Up Shots** sind ähnlich den Rotis, der Teig jedoch ist öliger – zergeht auf der Zunge. Lecker schmeckt auch **Buljol**, eine Art herzhaft gewürzter Fischsalat aus gesalzenem Fisch, Tomaten, Zwiebeln und Zitrone, der schon zum Frühstück verspeist wird. **Pies** sind würzig gefüllte Teigtaschen und **Doubles** frittierte Sauerteigfladen, gefüllt mit schmackhaften Currys.

Für zwischendurch oder am Morgen sollte man Ausschau halten nach einem köstlichen **Kokosnussbrot** oder leckeren **Coconut Drops**. Delikat und süß sind die kleinen, dunkelbraunen harten **Benay Balls**, zubereitet aus Zucker, Sesam und Melasse. **Shark & Bake**, fettige aber sehr leckere Haifischbrötchen, werden oft am Strand verkauft. Die gesündeste Variante sollte natürlich auch nicht unerwähnt werden, nämlich die unzähligen köstlichen **Früchte** wie Mangos, Papayas, Wassermelonen, Orangen, Mandarinen, Passionsfrüchte, Bananen usw.

Spanischen Ursprungs sind die **Pastelles**, eigentlich eine Weihnachtsspezialität, aus einem mit Hackfleisch, Kapern, Oliven und Rosinen gefüllten Teig, der in Bananen- oder Feigenblätter eingewickelt gegart wird. **Arepas** sind die frittierte Variante. Gegrillte Hähnchenteile werden vor allem am Wochenende am Straßenrand verkauft.

Getränke

Bei den nichtalkoholischen Getränken hat man die Qual der Wahl unter unzähligen **Softdrinks**. Probieren sollte man auch einmal selbst gemachten **Sorrel**. Die reifen roten Früchte der Sorrel-Pflanze werden zur Weihnachtszeit gepflückt und zusammen mit verschiedenen Gewürzen (Nelken, Zimt) einige Tage in Wasser eingeweicht. Der Sud wird eiskalt serviert.

Mauby ist ein leicht bitteres Extrakt aus der Rinde des gleichnamigen Baumes und **Seamoos** eine Art Algen-Vanille-Milchmixgetränk. **Ginger Beer** ist kein Bier, sondern eine mit Ingwer hergestellte Limonade, und ein erfrischendes, nährstoffreiches Getränk stellt außerdem das **Kokosnusswasser** dar. Biertrinker werden sich an einen **Carib**, **Stag**, **Heineken**, **Guinness**, **Royal Extra** oder **Mackeson** erfreuen.

Während viele Speisen in Grenada mit Muskat gewürzt werden, ist der **Nutmeg Syrup** (Muskatnuss-Sirup) unerlässlich bei der Herstellung eines echten **Rum Punches**, der auch selbst zubereitet werden kann: 1 Teil Limettensaft, 2 Teile Muskatnuss-Sirup, 3 Teile Rum, 4 Teile Wasser und Eis und fertig ist der echte Grenada Rum Punch! In Trinidad dagegen fehlt in keiner Rumbowle ein Spritzer des weltberühmten **Angostura** Bitter.

Neben den Rum-Mixgetränken lieben die Einheimischen Rum pur oder mit Wasser verdünnt. Trinis schwören auf **Old Oak** oder **VAT 19**. Auf Grenada kann man den **Westerhall Rum** oder ein Schlückchen des fast 80 %igen Teufelstöters der *River Antoine Rum Distillery* testen.

Feste und Feiertage

Festivals

Die Bevölkerung Trinidads und Tobagos ist ein lebenslustiges, aber vor allem feierfreudiges Volk. Jeder der 13 Feiertage wird mit ausgiebigen Strandtagen und Festivitäten begangen. Vor allem die Wochen vor Karneval sind vollgepackt mit Party-Events (s. auch S.149, Chaguaramas), Konzerten, Wettbewerben, und in den Panyards laufen die Steelpan-Player zu Höchstform auf, denn im Januar heißt es Vorrunden-Ausscheidungen gewinnen, um am gigantischen **Panorama Festival** im Februar teilnehmen zu dürfen.

Unzählige große und kleine Steelpan-Festivals folgen, u. a. das im Mai stattfindende **Pan Ramajay** Festival, ein Pan/Jazz-Wettbewerb, der von kleineren Ensembles bestimmt wird, das **Junior Festival**, ein Steelpan Schulwettbewerb, dessen Finale im Oktober im Jean Pierre Komplex stattfindet, das **World Steelband Music Festival** (alle 2 Jahre), an dem Steelbands aller Nationen teilnehmen und für das sich die T&T-Steelbands im Sep/Okt im Jean Pierre Complex erst einmal qualifizieren müssen.

Nicht zu vergessen das **T & T Steelpan & Jazz Festival** im Oktober, über eine Woche voller Pan-Musik, Workshops und Jazz-Größen aus aller Welt. Auch auf Tobago ist das im April stattfindende **Plymouth Jazz Festival** mit internationalen Stars mittlerweile eine Institution. Einen Festivalkalender findet man unter 🖥 www.tntisland.com oder 🖥 www.pantrinbago.co.tt.

Feste und Feiertage in Trinidad & Tobago

Januar
New Year's Day

Der Neujahrstag ist ein gesetzlicher Feiertag und beginnt ebenso gemächlich wie bei uns. Schließlich muss man sich auch hier von der Party der **Old Year's Night** erholen.

Hosay

Seit der Ankunft der ersten indischen Moslems auf Trinidad (1845) wird in Curepe, Tunapuna, Couva, Cedros, aber vor allem in St. James Hosay gefeiert. Der Rhythmus der Tasso-Trommeln und die ausgelassene Stimmung lassen heute nicht mehr darauf schließen, dass Hosay eigentlich eine Trauerprozession darstellt. Schiitische Moslems gedenken dabei des Martyriums Husseins und seines Bruders Hassan während des „Heiligen Krieges" *(jihad)* in Persien. Die beiden Enkel des Propheten Mohammed und ihr Gefolge wurden im Jahre 680, am 10. Tag des Muharram-Monats bei dem Massaker von Kerbela ermordet.

Heute wird das farbenfrohe Fest über 4 Tage (19.1.2008, 7.1. und 27.12.2009, 16.12.2010) gefeiert. Es beginnt nach einer Fastenzeit von 40 Tagen damit, dass hunderte von Fahnenträger durch die Straßen marschieren. Die bunten Fahnen symbolisieren dabei den Beginn der Schlacht von Kerbela. Am zweiten Abend werden zwei kleine *tadjahs*, Miniaturen der Grabmäler der Märtyrer, handgearbeitet aus Bambus, farbigen Stoffen, Seide, funkelnden Spiegeln und Glimmer, auf den Köpfen von Tänzern durch die Straßen getragen. Tassa-Trommeln geben dabei den Rhythmus an.

Höhepunkt ist jedoch der dritte Abend. Alle Blicke richten sich dabei auf die etwa 2 m hohen *tadjahs*, wahre Meisterstücke, die zwischen wilden Tänzern und rhythmischen Trommlern in einer karnevalartigen Prozession durch die Straßen getragen oder gezogen werden. Zwei der Tänzer tragen außerdem große sichelförmige Monde. Der rote Mond symbolisiert die Enthauptung Husseins, während der grüne und blaue Mond an Hassans Vergiftung erinnert. Das Küssen der Monde an Mitternacht ist ein Ritual, das die Umarmung der Brüder darstellt – und die Feiernden in eine wild jubelnde Menge verwandelt. Am darauf folgenden Tag trägt man die sichelförmigen Monde und die *tadjahs* in einer letzten Prozession zum Meer. Begleitet von Gebeten und Opfergaben werden die Monde und *tadjahs* feierlich dem Meer übergeben.

Während Hosay vor einigen Jahrzehnten noch eine wahre Trauerprozession mit strengen Ritualen war, hat sich das Fest in den letzten Jahren zunehmend verselbständigt. Der karnevalartige Charakter des Festes, der alle ethnischen und religiösen Gruppen Trinidads anspricht, stößt bei streng gläubigen Moslems auf Ablehnung.

Februar
Carnival Monday und Carnival Tuesday
Das exzentrischste Fest, dem die ganze Nation entgegenfiebert, ist der Karneval (S. 103). Termine für die nächsten Jahre: 4./5. Februar 2008, 23./24. Februar 2009, 15./16. Februar 2010.

März
Ostern
Karfreitag (Good Friday) und Ostermontag (Easter Monday) sind gesetzliche Feiertage. Während Ostern in Trinidad eher gemächlich mit Gottesdiensten, Besuch der Verwandten, Festessen oder einem gemütlichen Strandtag gefeiert wird, zelebrieren die Tobagonier Ostern mit einem Enthusiasmus, der selbst Trinidader auf die Insel strömen lässt.

Neben Strandpartys finden am Dienstag nach Ostern die **Goat and Crab Races** in Buccoo statt. Die **Ziegenrennen** haben schon seit den 20er-Jahren Tradition. Am Ostermontag kann man sich während der Mt. Pleasant Family Fun Days schon mal einen Eindruck über die Verfassung der Tiere und ihrer Herrchen verschaffen, um eventuell auch auf eine der Ziegen zu wetten. Geht es dann endlich los, legen sich die Jockeys mächtig ins Zeug, um die Sperenzchen der hartnäckigen, hörnerstoßenden Tiere mit Leine und Stock zu unterbinden. Das Rennen ist in jedem Fall ein Heidenspaß für Kinder und ein Besuch Buccoos lohnt sich allemal, denn die größte **Sunday School** (S. 253, Buccoo) findet nach dem Rennen statt und endet erst in den frühen Morgenstunden.

Auch das **Krabbenrennen** ist Gegenstand von Wetten. Herrlich anzusehen ist der Einfallsreichtum der Krabbenbesitzer, die alle möglichen Tricks auf Lager haben, um die leidenschaftslosen Krabben in die korrekte Richtung zu dirigieren. Erwähnenswert bleibt noch der Ostermontag als der beliebteste Hochzeitstermin.

Phagwa
Das in Trinidad Phagwa genannte **Holi**-Fest wird in allen indischen Gemeinden Trinidads mit Be-

ginn des Monats Phagun, bei Eintreten des ersten Vollmondes gefeiert. Das fröhliche Neujahrsfest markiert das Ende des zwölften Monats Phaglun im hinduistischen Kalender und feiert den Beginn des Frühlings. Am ausgelassensten wird in San Juan und Chaguanas gefeiert.

Der Mythologie zufolge versuchte König Hiranya Kashipus mit allen Mitteln, seinen Sohn Prahalad zu töten, da dieser statt seines Vaters den Gott Vishnu anbetete. Nachdem verschiedene Versuche fehlgeschlagen waren, besann sich der König auf die Kräfte seiner Schwester Holika, der Feuer nichts anhaben konnte. Sie setzte sich mit Prahalad auf ihrem Schoß inmitten eines brennenden Scheiterhaufens. Doch auch diesmal kamen die Götter Prahalad zu Hilfe und er blieb unversehrt, während Holika in den Flammen umkam. Freudenfeuer *(hawan)* symbolisieren heute Holikas Zerstörung und den Sieg des Guten über das Böse.

Hauptbestandteil der Festivitäten sind traditionelle *chowtal,* Gesänge religiösen und weltlichen Inhalts, begleitet von *dholaks* (Ziegenfelltrommeln) und *karrals, mageeras* und *janjs* (Becken). Schon in den Wochen vor Phagwa finden *chowtal*-Wettbewerbe statt und die besten Gruppen treten am Festtag auf.

Der Name Prahalad bedeutet Freude und genau diesem Motto frönen an Phagwa nicht nur die Hindus. Festwagen, Calypso–Rhythmen und Kostümierungen erinnern an Karneval. Den größten Spaß haben die meist weiß gekleideten Feiernden jedoch am Verspritzen einer knallrosa Flüssigkeit, angerührt aus *abeer*-Pulver und Wasser. Übrigens wird beim Verspritzen der Farbe keine Rücksicht auf Touristen genommen.

Shouter Baptist Liberation Day
Der traditionelle Feiertag der Baptisten am 30. März wird etwas gediegener gefeiert und ist seit kurzem auch ein gesetzlicher Feiertag.

April
La Divina Pastora
Das freudige Fest findet alljährlich am 2. Sonntag nach Ostern in Siparia statt. In einer feierlichen, von Trommeln begleiteten Prozession tragen die Gläubigen die kleine Holzfigur der schwarzen Jungfrau durch die Straßen Siparias (S. 213).

Point Fortin Borough Day
Ein 14-tätiges Spektakel, das als Mini-Karneval zu bezeichnen ist, mit Musikwettbewerben, Straßenparaden, Partys und anderen Festivitäten.

Mai
Indian Arrival Day
An die Ankunft der ersten 225 indischen Kontraktarbeiter aus Kalkutta im Jahre 1845 wird alljährlich am 30. Mai erinnert. Den öffentlichen Feiertag begleiten, ebenso wie den Emancipation Day, Festivitäten in Port of Spain und anderen Städten und Dörfern.

Angostura Sail Week
Segler aus der gesamten Karibik treffen sich im Mai zur legendären Angostura Sail Week Regatta. Die Regatta findet in den Gewässern um den Pigeon Point und die Mt. Irvine Bay in Tobago statt.

Festival of Rapso and the Oral Traditions
Ein Newcomer der Musikszene Trinidads und Tobagos ist der Rapso, nicht unpolitisch und eine Mixtur aus US-Rap, Soca-Melodien, Calypso und afrikanischen Trommelrhythmen. Wer die Stars und Nachwuchskünstler live erleben möchte, sollte die Veranstaltung Breaking New Ground in Port of Spain (Little Carib Theatre) besuchen oder am National Day of Rapso den Umzug vom Woodford Square zum Central Bank Plaza verfolgen. Höhepunkt des Festivals ist das Rapso Nite Concert, an dem auch internationale Stars auftreten.

Pfingsten
Pfingstmontag (Whit Monday) ist ein gesetzlicher Feiertag.

Corpus Christi
Der katholische Feiertag **Fronleichnam** wird in einigen kleinen Dörfern mit Prozessionen begangen.

Juni
Labour Day
Der 19. Juni ist der **Tag der Arbeit** und ein gesetzlicher Feiertag. Vor allem in Fyzabad, im Südwesten Trinidads, wo die Gewerkschaft der

Ölarbeiter ihren Sitz hat, wird der Labour Day angemessen gefeiert (S. 214, Fyzabad).

St. Peter's Day

Vor allem in Gemeinden, in denen der Fischfang noch eine große Bedeutung hat, finden Ende Juni traditionelle Fischerfeste an den Stränden statt. Hier herrscht meist ausgelassene Partystimmung, für die der Sound aus den Rekordern sorgt.

WeBeat Festival

Ein Fest über 9 Tage in St. James mit Steelband-Parade, Steelband-, Kaiso- und Jazz Beat, Groovy Soca und Chutney Nights und vielem mehr.

Juli

Charlotteville Fishermen's Fete

Mitte Juni findet in Charlotteville an der Man of War Bay eines der größten Fischerfeste Tobagos statt. Das sonst so beschauliche Dorf ist an diesem Tag nicht wieder zu erkennen. Die Menschen strömen aus allen Teilen der Insel in den Ort und feiern recht heftig bis in die Morgenstunden.

Tobago Heritage Festival

In den letzten beiden Juliwochen gräbt Tobago tief in seiner kulturellen Vergangenheit. Zur Aufrechterhaltung des afrikanischen und kolonialen Erbes tragen unzählige Dörfer bei. Das Festival beginnt mit der *Opening Night*, wo meist auch der Präsident von T&T gegenwärtig ist, und endet mit der *Closing Night „Best of Heritage"* im Shaw Park in Scarborough. In den vergangenen Jahren wurden u. a. in Moriah eine traditionelle Hochzeitszeremonie gezeigt, in Plymouth frühere Ausprägungen des Karnevals, als die *tamboo bamboos* noch den Rhythmus bestimmten, und ein Kaiso-Wettbewerb. Nie fehlt ein Buccoo Day mit dem traditionellen Ziegen- und Krabbenrennen, und Mr & Ms Heritage werden schließlich auch jedes Jahr gewählt. Daneben werden Bühnenstücke und Volkstänze aufgeführt und vielerorts Kunst und Handwerk ausgestellt.

August

Emancipation Day

Der Emancipation Day (1. August) erinnert an die **Freilassung der Sklaven** im Jahre 1834. Der gesetzliche Feiertag wurde 1985 eingeführt und hat

für die Menschen afrikanischen Ursprungs eine große Bedeutung. Die Herkunft, das Leid und die Errungenschaften der afrikanischen Vorfahren werden an diesem Tag gewürdigt. Die Menschen kleiden sich traditionell afrikanisch und neben Gottesdiensten und Fackelzügen finden an diesem Tag Reden, Diskussionen und Aufführungen im Queen's Park Savannah statt.

Columbus Discovery Day

Bis 1984 feierte man am 1. August die Entdeckung Trinidads durch Kolumbus im Jahre 1498. Die Regierung ersetzte diesen gesetzlichen Feiertag durch den Emancipation Day. Lediglich in Moruga, ganz im Süden Trinidads, wo Kolumbus an Land ging, hält man an der Tradition fest und feiert bis heute den Columbus Discovery Day (S. 217, Moruga).

Great Race

Anfang August findet alljährlich ein Speedbootrennen statt – **The Carib Great Race**. Die Speedboote starten in Chaguaramas, passieren Dragon's Mouth und die Nordküste Trinidads. Sieger ist, wer als Erster die Store Bay erreicht. Wer an diesem Tag noch kein Zimmer in Tobago gefunden hat, wird es schwer haben, denn die feierfreudigen Trinis lassen sich die Party, die hauptsächlich an der Store Bay stattfindet, nicht entgehen. Dieses Great Race-Rennen ist nicht das einzige im Jahr. Weitere Termine ⌧ www. ttpba.com.

Independence Day

Am 31. August 1962 wurde Trinidad und Tobago von Großbritannien die Unabhängigkeit zuerkannt. Gefeiert wird der Unabhängigkeitstag mit Straßenfesten, Konzerten und Sportveranstaltungen. Öffentliche Gebäude werden mit Flaggen und Transparenten geschmückt. Im Queen's Park Savannah findet morgens eine Militärparade statt und am Abend werden den Personen, die sich um das Land in besonderer Weise verdient gemacht haben, die **National Awards of T & T** verliehen, u. a. die höchste Auszeichnung, das Trinity Cross (Trinity-Kreuz).

Feast of Santa Rosa de Lima

In der letzten Augustwoche feiern die Bewohner Arimas zu Ehren ihrer indianischen Vorfahren das Fest von Santa Rosa de Lima. Eine kleine Heiligenstatue wird dabei in einer Prozession durch die Straßen Arimas getragen und ein Carib King (Häuptling der Karibindianer) und eine Carib Queen werden gekrönt. Die Stimmung ist ausgelassen und wird angeheizt durch Musik, Rum und die eine oder andere Darbietung. Daneben gibt's leckere indianische Spezialitäten wie Cassava-Brot (S. 170 Arima).

September

Republic Day

Seit 1976 gedenkt man am 24. September der Ausrufung der Republik. Der Feiertag wird ebenso wie der Independence Day begleitet von vielerlei Festivitäten und Paraden.

Food and Folk Fair

In der ersten Septemberwoche findet in Port of Spain ein Volksfest statt, zu dem die Dörfer mit Volkstänzen und Volksliedern beitragen. Unzählige Stände verkaufen neben selbst gemachten Leckereien und Getränken auch Kleidung und Kunsthandwerk.

Oktober

Eid-ul-Fitr (Zuckerfest)

Der moslemische Feiertag markiert das Ende des Fastenmonats Ramadan und findet jedes Jahr zu einem anderen Termin statt, da es sich nach dem Neumond richtet (1.10.2008, 20.9.2009, 10.9.2010). In den Moscheen *(masjids)* werden rituelle Lieder gesungen und zu Allah gebetet. Danach feiert man ruhig und privat, lädt Freunde, Verwandte und Bekannte ein, tauscht Geschenke aus und spendet an die Armen. Die Moslems kleiden sich traditionell mit edlen Stoffen und verspeisen – auch zusammen mit Andersgläubigen – ihre aufwendig zubereiteten Mahlzeiten. Traditionell wird *sawine* gereicht, ein Gericht aus Fadennudeln, die mit Rosinen und Zucker in Milch gekocht werden.

Divali

Das wundervolle hinduistische Lichterfest feiert den Triumph des Guten über das Böse und findet statt zu Ehren der Göttin Lakshmi, der Göttin des Lichtes, des Glücks, der Gesundheit, der Schönheit, des Reichtums und der Liebe. Bei Einbruch der Dunkelheit werden kleine Öllämpchen, sogenannte *deyas*, im ganzen Land auf Fensterbänken, Mauern oder in den Gärten angezündet – ein unbeschreiblich schöner Anblick. Während des Tages werden Gottesdienste abgehalten und später laden die Hindus Freunde und Nachbarn, auch Andersgläubige, zu einem traditionellen Festessen ein. *Persad*, einen süßen Teig aus Mehl, Zucker, Milch und Rosinen opfern die Hindus den Göttern und teilen ihn mit ihren Gästen.

Das National Council of Indian Culture, ℡ 656-6733, nördlich von Chaguanas, auch bekannt als Divali Nagar Site, feiert Divali am ausgiebigsten. Neun Tage lang finden hier Veranstaltungen statt. Unzählige Stände verkaufen leckere indische Köstlichkeiten, indische Starmusiker treten auf und Theaterstücke werden gezeigt. Außerdem wird in einem Wettbewerb die Divali-Königin gekürt. Divali beginnt immer am fünfzehnten Tag des Hindumonats Kartik, 20 Tage nach Dasahra, zu Neumond (28.10.2008, 17.10.2009, 5.11.2010).

Best Village Competition

An diesem Wettbewerb nehmen unzählige Dörfer und Städte Trinidads teil, die durch hunderte von Akteuren vertreten werden. Etwa 32 Dörfer erreichen das Finale. Sie zeigen ihre Tanz-, Theater- und Gesangsaufführungen in Port of Spain. Etwa 20 Beiträge bringt jedes Dorf, darunter seine Version der Sklavengeschichte, des französischen (Kotillon) und spanischen Tanzes, Calypso, Sketche, Einakter usw. Der Gewinner wird im November durch den Premierminister bekannt gegeben.

Blue Food Festival

Wird in L'Anse Fourmi und der Bloody Bay zur Eröffnung der Jagdsaison gefeiert mit Musik und vielen einheimischen Leckereien.

November

Parang-Festivals

Von der letzten Novemberwoche bis zur ersten Januarwoche finden überall in Trinidad Parang-Feste (S. 105) statt.

T & T Musik Awards

2008 werden zum 10. Mal die Grammy's der T&T-Musikszene vergeben. Ein Spektakel, bei dem

u. a. Pan-, Chutney-, Parang-, Ragga Soca-, Rap-
so- und Calypso Song of the Year und noch einige weitere Auszeichnungen verliehen werden.

Dezember

Weihnachten

(Christmas Day 25.12., Boxing Day 26.12.) Das
Weihnachtsfest wird traditionell mit der Familie
begangen. Gefeiert wird jedoch auch am Abend
in Clubs und Bars.

Feste und Feiertage in Grenada

Januar

New Year's Day

Der **Neujahrstag** ist wie fast überall auf der Welt
ein Feiertag, in den kräftig hineingefeiert wird.
Gottesdienste heißen das neue Jahr willkommen.

Spice Island Billfish Tournament

Angler aus aller Welt liefern sich hier über 3 Tage
einen Wettstreit. Infos ⌨ www.sibtgrenada.com.

Grenada La Source Sailing Festival

Eine über mehrere Tage stattfindende Segelre-
gatta mit vielfältigem Rahmenprogramm, Partys
und Live-Musik am Grand Anse Beach. Infos unter ⌨ www.grenadasailingfestival.com.

Februar

Independence Day

Am 7. Februar feiern die Bewohner Grenadas
ihren Unabhängigkeitstag mit Paraden u. a. im
Queen's Park in St. George's.

Carriacou Carnival

Im Gegensatz zu Grenada feiern die Bewohner
Carriacous den Karneval im traditionellen Zeitraum, nämlich zu Beginn der Fastenzeit. Wie auf
allen karibischen Inseln ist auch hier der Karneval eine ausgelassene Straßenparty, die sich
über mehrere Tage hinzieht und weder Calypsowettbewerbe noch Kostümumzüge oder prächtige Stimmung vermissen lässt.

März

St. Patrick's Day Festival

Den Tag des heiligen Patrick feiern die Bewoh-

ner Sauteurs mit einem kleinen Straßenfest, kulturellen Beiträgen und einer Ausstellung einheimischer Kunstgegenstände und Handar-
beiten. Für das leibliche Wohl wird bestens gesorgt.

April

Ostern

Karfreitag (Good Friday) und Ostermontag (Easter Monday) sind gesetzliche Feiertage mit zahlreichen kirchlichen Festivitäten.

Round the Island Easter Regatta

Eine Regatta, die nicht nur segeln verspricht,
sondern auch viele Events in der Prickly Bay und
entlang der Südwestküste. Infos unter ⌨ www.
aroundgrenada.com.

St. Mark's Day Fiesta

Ähnlich wie den St. Patrick's Day in Sauteurs
feiern die Bewohner Victorias den St. Mark's Day
in Form eines kleinen Straßenfestes mit Ausstellungen und kulturellen Beiträgen.

Carriacou Maroon Music Festival

Eine Art Erntedankfest, das die Bewohner aller
Dörfer im Belair Park zusammenführt, um ge-
meinsam über dem offenen Feuer traditionelle
Gerichte zuzubereiten. Nightshows wie der Big
Drum Dance oder die Quadrille gehören ebenso
dazu wie Soca, Calypso, Soul und Blues.

Mai

Labour Day

Am 1. Mai feiern die Arbeiter im Queen's Park in
St. George's ihren Tag der Arbeit.

Grenada International Triathlon

Internationale Triathleten schwimmen 1,5 km, ra-
deln 25 km und laufen die restlichen 5 km. Wer fit
ist, kann daran teilnehmen. Infos unter ⌨ www.
grenadatriathlon.com.

Grenada Drum Festival

Moonlight City in La Poterie verwandelt sich für
3 Tage zu einem Ort traditioneller Tänze und unter die Haut gehender Trommelrhythmen. Neben
der Traditionellen Nacht gibt's noch eine Internationale und eine Friendship Night mit vielen

Gästen, Rumpunch und leckeren Speisen. Infos unter ⌨ www.spiceisle.com/drumkrumah.

Pfingsten

Auch auf Grenada ist Pfingstmontag (Whit Monday) ein öffentlicher Feiertag.

Juni

Corpus Christi

Kennzeichnend an Fronleichnam sind religiöse Prozessionen in St. George's.

Fishermen's Birthday

Am ausgiebigsten wird das Fest in Gouyave gefeiert. Neben der Segnung der Boote und Netze wird gerne das eine oder andere Bier konsumiert. Höhepunkt ist eine Art Mini-Karneval, Infos unter ⌨ www.gogouyave.com.

August

Carriacou Regatta

Am 1. Wochenende im August freuen sich alle auf die Carriacou Regatta, deren Rahmenprogramm neben dem Rennen auch Straßenfeste, andere sportliche Wettbewerbe wie Gewichtheben, Wrestling, Fußball sowie kulturelle Veranstaltungen (z. B. den Big Drum Dance) und viel Spaß verspricht.

Emancipation Day

Auf Grenada wird jedes Jahr am ersten Montag im August der Abschaffung der Sklaverei mit zahlreichen kulturellen Veranstaltungen gedacht.

Rainbow City Festival – La Baye

Beginnt mit dem Emancipation Day und läutet den eine Woche später stattfindenden Karneval ein, mit 3 Tagen Party, Musik, ausgelassener Stimmung, Ausstellungs- und Verkaufsständen in den Straßen von Grenville.

Grenada Carnival – Spice Mas

Aufgrund der übermächtigen Konkurrenz des berühmten Karnevals in Trinidad haben die Grenadier ihren Karneval auf das 2. Wochenende im August verlegt. Der Enthusiasmus ist jedoch ungebrochen. Bereits im Vorfeld bejubeln die Grenadier frenetisch zahllose Steelband- und Calypsowettbewerbe. Die Wettbewerbe gipfeln in der

Wahl der besten Steelbands und der Kings und Queens des Calypso und des Karnevals. Höhepunkt des Spektakels ist Rosenmontag *(J'ouvert)*, an dem die *bands* wundervoll kostümiert über die Bühne des Queen's Park und durch die Straßen von St. George ziehen, begleitet von pulsierenden Steelbandklängen und heißen Calypsorhythmen. An diesen Tagen gibt es wirklich nur zwei Dinge: Tanzen und Spaß (S. 103, Karneval), Infos unter ⌨ www.spicemasgrenada.com.

Oktober

Thanksgiving Day

Der Feiertag wird mit Gottesdiensten, Umzügen und familiären Festessen begangen und gedenkt dem Jahrestag der Intervention der Amerikaner 1983.

Dezember

Carriacou Parang Festival

S. S. 105, Parang.

Weihnachten

(Christmas Day 25.12., Boxing Day 26.12.) Im Mittelpunkt der Weihnachtszeit steht die Familie.

Die Touristenbüros informieren über das jeweils aktuelle Veranstaltungsprogramm.

Frauen unterwegs

Frauen sollten sich auf die eine oder andere massive Anmache gefasst machen. Beliebtestes Operationsfeld der (nicht immer) ungebetenen Verehrer ist sicherlich Crown Point auf Tobago. Angeblich positionieren sich die hübschen süßholzraspelnden Jungs mit ihren Rastalöckchen schon kurz vor Ankunft der Ferienflieger im Flughafenbereich, um potenzielle Urlaubsbekanntschaften in Augenschein zu nehmen.

Unwillkommene Annäherungen sollte frau bestimmt und freundlich zurückweisen, und wenn das Hinterherpfeifen einfach nicht enden mag, so bewirkt Gleichgültigkeit manchmal wahre Wunder. Im Bewusstsein sollte nicht nur stets die hohe Aidsrate sein, auch warnt das Auswärtige Amt insbesondere alleinreisende Frauen vor der Gefahr einer Vergewaltigung.

Ansonsten werden Frauen natürlich ständig neugierig betrachtet – auch das weibliche Inselvolk interessiert sich sehr dafür, wie sich Ausländerinnen kleiden, wie sie auftreten oder wie sie sich schminken. Wie weit sich Frauen am Strand entblättern, bleibt letztendlich ihnen selbst überlassen. Es sei jedoch darauf hingewiesen, dass ein Sonnenbad „oben ohne" in jedem Falle nicht nur lüsterne Blicke, sondern auch Anstoß erregen wird – karibische Frauen haben für derlei Freizügigkeiten kein Verständnis.

Geld

Währung

Die Landeswährung in Trinidad und Tobago ist der **Trinidad & Tobago Dollar** (**TT$**), der sich aus 100 Cents zusammensetzt. Im Umlauf sind Münzen zu 1, 5, 10 und 25 Cents. TT$-Scheine gibt es im Wert von 1, 5, 10, 20 und 100 TT$. Die Landeswährung in Grenada ist der **East Caribbean Dollar** (**EC$**), der sich ebenfalls aus 100 Cents zusammensetzt. Im Umlauf sind Münzen zu 1, 2, 5, 25 Cents und 1 EC$. Banknoten gibt es im Wert von 5, 10, 20 und 100 EC$. Der US$ ist auf Grenada neben dem EC$ zweites Zahlungsmittel.

Bargeld

Größere Mengen Bargeld mitzunehmen birgt in jedem Fall das größte Risiko, da bei Diebstahl alles weg ist. Mit ein paar US$ dagegen kann man bei Ankunft sowohl in Trinidad und Tobago als auch in Grenada erst einmal das Taxi bezahlen. In Grenada ist der US$ neben dem EC$ zweites Zahlungsmittel. EC$ und TT$ können in Deutschland weder gekauft noch verkauft werden. Restwährungen sollten also auf den Inseln zurückgetauscht werden. Manche Banken verlangen dafür den Tauschbeleg. Ein Schwarzmarkt existiert nicht.

Reiseschecks

Die größte Sicherheit bieten Reiseschecks (Traveller's Cheques), die gegen 1 % Provision bei je-

der Bank erhältlich sind. Weltweite Akzeptanz genießt z. B. American Express. Am praktischsten sind Schecks in US-Dollar, da die meisten Hotel- und Guesthouse-Besitzer die Schecks als Zahlungsmittel akzeptieren. Wichtig ist, dass die Kaufabrechnung an einer anderen Stelle aufbewahrt wird als die eigentlichen Schecks, denn damit wird bei Verlust nachgewiesen, welche Schecks eingekauft wurden.

Folgende Rufnummern sind **bei Verlust** der American Express Reiseschecks zu wählen: USA ++1-800-8773060 (aus T&T), USA ++1-800-4520761 (aus Grenada). R-Gespräche werden angenommen. Den Verlust von einem öffentlichen Telefon aus zu regeln ist sinnlos. Am besten sucht man eine Bank auf. Die Mitarbeiter helfen garantiert beim Anruf und sind anschließend im Stande den Verlust zu ersetzen, d. h. die neuen Schecks wieder auszustellen.

Maestro-Karten

Besitzt man eine Maestro-oder EC-Karte mit Cirrus-Symbol plus Geheimzahl, kann man damit an vielen Geldautomaten mit dem entsprechenden Symbol Bargeld abheben. Die Auszahlung erfolgt in TT$ bzw. in EC$. Umgerechnet wird zum Briefkurs, die Gebühr beträgt pro Transaktion etwa 4,50 €. Der Maximalbetrag kann bei der Hausbank erfragt werden und beträgt meist 500 € pro Tag. Bei einigen Automaten ist der Maximalbetrag aus technischen Gründen geringer.

Wechselkurse	
1 € = 7,51 TT$	1 TT$ = 0,13 €
1 € = 3,26 EC$	1 EC$ = 0,31 €
1 sF = 4,84 TT$	1 TT$ = 0,20 sF
1 sF = 2,10 EC$	1 EC$ = 0,48 sF
1 US$ = 6,15 TT$	1 TT$ = 0,16 US$
1 US$ = 2,67 EC$	1 EC$ = 0,37 US$

Aktuelle Wechselkurse unter
🖥 www.oanda.com

Empfehlenswert ist es, neben Bankkarten stets auch andere Geldmittel mit auf die Reise zu nehmen. Kreditkartennummern und Telefonnummern der Ausgabeorganisation sollte man getrennt voneinander aufbewahren, um im Falle eines Kartenverlustes schnell handeln zu können. Ist die Karte einmal verloren oder gestohlen, gilt: Sofort sperren!

Informationen und Notrufnummern zu Bankkarten:

American Express: ✆ ++49-069-97971000 (auch bei Verlust für Ersatzkarten zuständig), 🖥 www. americanexpress.com/germany.

Visa: ✆ ++49-69-920110, Standorte der Geldautomaten: 🖥 www.visa.de/service/atm_locator. htm, Karte sperren: ✆ +1-410-5813836 (international gebührenfrei).

MasterCard: ✆ ++49-069-79330, Standorte: 🖥 www.mastercard.com/atmlocator, Karte sperren: ✆ +1-314-2756690 (international gebührenfrei).

Bankkarten mit Maestro-Logo: Informationen über die Hausbank, Standorte unter 🖥 www. maestrocard.com/wheretouse oder 🖥 www. mastercard.com/atmlocator, Karte sperren: ++49-1805-021021.

Kreditkarten

Mit einer Kreditkarte kann man nicht nur Flugtickets, Mietwagen, Einkäufe, Hotel- und Restaurantrechnungen im mittleren und oberen Preisniveau bargeldlos bezahlen, sondern auch Bargeld abheben. Am weitesten verbreitet sind VISA- und Master Card. Auszahlungs- und Akzeptanzstellen sowie Geldautomaten sind in den Touristenzentren weit verbreitet. Einige Hotels schlagen bei Kreditkartenzahlung zusätzlich 5 % Gebühren auf. Wer ein Auto mieten möchte, muss eine Kreditkarte vorlegen!

Geldüberweisungen

Bei Überweisungen von Geld aus Europa schickt die Bank aus Trinidad, Tobago oder Grenada ein Fax an die Heimatbank und fordert den entsprechenden Betrag an. Der daraufhin überwiesene Betrag wird zum Devisenkurs umgerechnet und bar oder in Traveller's Cheques gegen eine Gebühr ausgezahlt. Für diese Transaktion benötigt man jedoch ein Konto auf den Karibikinseln.

Etwas weniger kompliziert und vor allem schneller erfolgt der Geldtransfer über **Moneygram** oder **Western Union**. Unmittelbar nach Einzahlung bei einer heimatlichen Zweigstelle kann der Begünstigte das Geld in der Karibik in Empfang nehmen. Die Transfergebühren richten sich nach der Höhe der überwiesenen Summe. Weitere Informationen unter:

Moneygram, ✆ 069-6897010, 🖥 www.money gram.de.

Western Union, ✆ 0180-3030330, 🖥 www. westernunion.com. Wird in Deutschland von allen Zweigstellen der Postbank angeboten.

Gepäck

Für eine Reise in die hier beschriebenen karibischen Staaten ist keine spezielle Ausrüstung vonnöten. Denken sollte man an dünne Baumwollhosen / -röcke, T-Shirts, Badesachen inklusive Taucherbrille und Schnorchel, festes, gut eingelaufenes Schuhwerk für Wanderungen und einen Pullover oder eine dünne Jacke für kühleres Terrain. Beschichtete Regenjacken sind aufgrund des entstehenden Wärmestaus für die Tropen nicht geeignet, d. h. lieber einen Regenschirm einpacken. Unverzichtbar ist der Sonnenschutz, d. h. Hut, Brille und Sonnencreme.

Wer unter Allergien leidet oder bestimmte Medikamente ständig einnehmen muss, sollte einen Vorrat im Gepäck haben. Brillen- und Kontaktlinsenträger bringen am besten Ersatz mit. Praktisch ist auf jeden Fall ein kleiner Reisewecker, ein kleines Fernglas (für Vogelbeobachtungen) und für elektrische Geräte ein Adapter, s. S. 49, Elektrizität. Am wichtigsten sind natürlich die Dokumente (Reisepass, Führerschein, Flugtickets, Impfpass), die Reisekasse (Bargeld,

Reisechecks mit Kaufbeleg, Kreditkarte) – und der Reiseführer. Ein englisches Wörterbuch empfiehlt sich für alle, die ihren Sprachkenntnissen nicht ganz trauen.

Gesundheit

Impfungen

Impfungen sind zurzeit für Europäer nicht vorgeschrieben. Lediglich bei der Einreise aus einem Gelbfieberinfektionsgebiet (z. B. Venezuela), ist ein Gelbfieberimpfnachweis vorzulegen. Die aktuellen Impfbestimmungen sind im Tropeninstitut zu erfragen (s. u.).

Neben den Standardimpfungen (Kinderlähmung, Diphterie, Tetanus) empfehlen die meisten Ärzte außerdem einen Schutz vor Typhus, Tollwut und eine Hepatitis-Prophylaxe. Tropenkrankheiten sind auf den Inseln keine zu erwarten.

Da die Impfungen bis zu acht Wochen vor Abflug erfolgen müssen, empfiehlt es sich, frühzeitig den Hausarzt oder ein tropenmedizinisches Institut zu konsultieren.

Tropeninstitute
Deutschland
Berlin, Institut für Tropenmedizin, Spandauer Damm 130, Haus 10, 14050, ✆ 030-301166, 🖥 www.bbges.de

---

Reisemedizin im Internet

🖥 **www.crm.de**
Centrum für Reisemedizin
🖥 **www.die-reisemedizin.de**
In Verbindung mit dem betriebsärztlichen Dienst der LTU
🖥 **www.dtg.org**
Deutsche Gesellschaft für Tropenmedizin
🖥 **www.fitfortravel.de**
Neben Gesundheitstipps auch Länderinfos, Botschaftsadressen etc.
🖥 **www.gesundes-reisen.de**
Reisemedizinisches Zentrum des Tropeninstitutes Hamburg

Dresden, Institut für Reisemedizin und Gelbfieberimpfung, Friedrichstr. 41, 01067, ✆ 0351-4803800, 🖥 www.khdf.de
Düsseldorf, Tropenmedizinische Ambulanz, Heinrich-Heine-Universität, Moorenstr. 5, Gebäude 11.31, 40225, ✆ 0211-8117031, 🖥 www.uniklinik- duesseldorf.de/gastroenterologie
Göttingen, Tropenmedizinisches Beratungszentrum, Werner-von-Siemens-Str. 10, 37077, ✆ 0551-307500
Hamburg, Reisemedizinisches Zentrum Hamburg, Seewartenstr. 10, 20459, ✆ 040-42818800, 🖥 www.gesundes-reisen.de
Hamburg, Bernhard-Nocht-Institut, Bernhard-Nocht-Str. 74, 20359, ✆ 040-428180, 🖥 www.bni.uni-hamburg.de
Heidelberg, Inst. für Tropenhygiene, Im Neuenheimer Feld 324, 69120, ✆ 06221-562999, 🖥 www. tropenmedizin-heidelberg.de
München, Abt. für Infektion und Tropenmedizin, Leopoldstr. 5, 80802, ✆ 089-218013500, 🖥 www.tropinst.med.uni-muenchen.de
Rostock, Abt. für Tropenmedizin und Infektionskrankheiten, Ernst-Heydemann-Str. 6, 18057, ✆ 0381-4947583, 🖥 www.tropen.med. uni-rostock.de
Tübingen, Institut für Tropenmedizin, Kepplerstr. 15, 72074, ✆ 07071-2982365, 🖥 www.uni-tuebingen.de/tropenmedizin

Schweiz
Basel, Schweizerisches Tropeninstitut (STI), Socinstr. 57, 4051, ✆ 061-2848111, 🖥 www. sti.ch, telefonische Auskunft vom Band unter ✆ 0900-573010 (1,49 sFr./Min.)

Österreich
Wien, Zentrum für Reisemedizin, Zimmermanngasse 1a, 1090, ✆ 01-4038343, 🖥 www.reisemed.at

Gesundheitstipps für die Reise

Bedingt durch das feucht-heiße Tropenklima, klingen kleinere Verletzungen deutlich langsamer ab und Tropenerreger, die wir zu Hause einfach nicht kennen, können Infektionskrankheiten wie Reisedurchfall auslösen. Durch **umsichtiges Verhalten** lassen sich solche Infektionen jedoch in den meisten Fällen vermeiden, d. h. möglichst nur geschältes Obst und Gemüse essen und auf Salate sowie Eiswürfel/-creme ganz verzichten.

Grundsätzlich ist das **Leitungswasser** in den meisten Regionen der Karibikinseln trinkbar. Urlauber sollten jedoch auf Flaschenwasser zurückgreifen.

Weitere Infos über Gesundheitsrisiken s. S. 357, Reisemedizin zum Nachschlagen.

Medizinische Versorgung

Jede Hauptstadt hat ein Krankenhaus, das jedoch bei weitem nicht europäischem Standard genügt. Es ist kostenfrei und die Warteschlangen sind lang. Wer eine Auslandskrankenversicherung hat, sollte sich daher in eine der privaten Kliniken begeben (s. Kasten). Apotheken sind weit verbreitet und Medikamente werden meist lose, ohne Beipackzettel und Verpackung verkauft. Wichtige Medikamente sollten daher immer von zu Hause mitgebracht werden.

✂ Vorschlag für eine Reiseapotheke

Von allen regelmäßig benötigten Medikamenten sollte man einen ausreichenden Vorrat mitnehmen.
Nicht zu empfehlen sind Zäpfchen oder andere hitzeempfindliche Medikamente.

Basisausstattung
☐ Verbandzeug (Heftpflaster, Leukoplast, Blasenpflaster, Mullbinden, elastische Binde, sterile Kompressen, Verbandpäckchen, Dreiecktuch, Pinzette)
☐ Alkoholtupfer
☐ Desinfektionsmittel (Betaisadona Lösung, Kodan Tinktur)
☐ Mückenschutz (für Kinder: Zanzarin)
☐ Sonnenschutz mit UVA- und UVB-Filter

Schmerzen und Fieber
☐ Fieberthermometer
☐ Paracetamol, Dolormin (keine acetylsalicylsäurehaltigen Medikamente)
☐ Buscopan (gegen krampfartige Schmerzen)

Magen- und Darmerkrankungen
☐ Perenterol
☐ Elotrans (zur Rückführung von Mineralien)
☐ Imodium (bei Durchfall v. a. bei längeren Fahrten)
☐ Talcid, Riopan (gegen Sodbrennen)

Hauterkrankungen
☐ Antibiotische Salbe für infizierte oder infektionsgefährdete Wunden (Nebacetin RP)
☐ Mittel gegen Juckreiz nach Insektenstichen und Allergien (Soventol Gel, Azaron Stift, Fenistil Tropfen, Teldane Tabletten)
☐ Cortison-Creme für starken Juckreiz oder stärkere Entzündung (Soventol Hydrocortison Creme, Ebenol Creme, Systralsalbe)
☐ Wund- & Heilsalbe (Bepanthen)
☐ Fungizid ratio, Canesten (bei Pilzinfektionen)
☐ Augentropfen bei Bindehautentzündungen (Berberil, Yxin)

Reisekrankheit
☐ Superpep Kaugummis, Vomex

Bitte bei den Medikamenten Gegenanzeigen und Wechselwirkungen beachten und sich vom Arzt oder Apotheker beraten lassen.

(* rezeptpflichtig in Deutschland).

Trinidad und Tobago
St. Clair Medical Centre, 18 Elisabeth St, Port of Spain, ℡ 628-1451-2
St. Augustine Private Hospital, 4 Austin St, St. Augustine, ℡ 663-7274

Grenada und Carriacou
St. Augustine's Medical Services, St Paul's, St. George's, ℡ 440-6173-5
Carriacou Health Services, Main St, Hillsborough, ℡ 443-8247

Informationen

In Europa

Recht nettes und umfangreiches Infomaterial ist vorab von den jeweiligen **Fremdenverkehrsämtern** erhältlich.
Fremdenverkehrsamt für Trinidad & Tobago, c/o MSi Marketing Services International, Frankfurter Str. 175, 63263 Neu-Isenburg, ℡06102-202998, 🖳 www.fremdenverkehrsamt.com/reiseinformationen/trinidad-tobago.htm.
Grenada Board of Tourism, Schenkendorfstr. 1, 65187 Wiesbaden, ℡ 0611-26767-20, ✉ grenada@discover-fra.com.
Auswärtiges Amt, Werderscher Markt 1, 10117 Berlin, ℡ 030-5000-0, 🖳 www.auswaertiges-amt.de, erteilt Sicherheitshinweise sowie Infos zur Gesundheitsvorsorge und knappe Landesinformationen.

Auf den Inseln

Die **Fremdenverkehrsämter** in Tobago, Grenada und Carriacou haben ihren Hauptsitz in der jeweiligen Hauptstadt. In Trinidad ist die TDC leider außerhalb Port of Spains. Dafür sind alle Fremdenverkehrsämter (bis auf Carriacou) am Flughafen vertreten. Daneben existieren in beiden Ländern sogenannte **Hotel Associations**, die ebenfalls Broschüren und Preise der Hotels,

Guesthouses und Apartments für Touristen bereithalten.
Trinidad: **TDC** (Tourism Development Company Ldt), Level 1, Maritime Centre, 29 Tenth Ave, Barataria, Trinidad, ℡ 675-7034, 🖳 www.visittnt.com; Piarco International Airport, ℡ 669-5196/ 6044.
Trinidad Restaurant, Hotels und Tourism Association, Airway Rd, Chaguaramas, ℡ 634-1174/75, 🖳 www.tnthotels.com.
Tobago: **Tobago House of Assembly, Department of Tourism**, 197 Doretta's Court, Mt. Marie, Scarborough, ℡ 639-2125/4636, 🖳 www.visit tobago.gov.tt; Crown Point Airport, ℡ 639-0509; Port Authority Complex of T&T, Scarborough, ℡ 639-4333.
Grenada: **Grenada Board of Tourism**, Burns Point, P.O. Box 293, St. George's, ℡ 001-473-440-2001/2279/3377; Cruise Ship Terminal, Esplanade, St. George's ℡ 435-5831, 🖳 www.grenadagrena dines.com; Point Salines International Airport, in der Ankunftshalle (International Flights).
Grenada Hotel & Tourism Association, oder Ocean House, Grand Anse, ℡ 444-1353, 🖳 www.grenadahotelsinfo.com.
Carriacou: **Grenada Board of Tourism**, Main St, Hillsborough, ℡ 443-7948, ✉ carrgbt@spice isle.com.
Die **Touristenbüros** und touristische Einrichtungen wie Hotels halten für Besucher eine ganze Fülle von kostenlosen Infobroschüren zum Teil in Hochglanzformat bereit. Darin enthalten: kleine Geschichten, Berichte und alles rund ums Essen, Übernachten, Shopping, Touren und natürlich Neuigkeiten.
Trinidad und Tobago: *Discover Trinidad & Tobago*, 🖳 www.discovertrinidad.com, *What's on ... in Tobago, Ins & Outs of T & T, Cré Olé*, 🖳 www.cre-ole.com, und die Zeitung *Tobago Today*.
Grenada: *Visitor Magazine, Discover Grenada, Grenada at a Glance* und der *Dining Guide*.

Websites

Über Trinidad und Tobago
🖳 **www.mytobago.info**
Die Internetseite über Tobagos Unterkünfte, Restaurants, Touren; aktuell mit Travellerkommentaren und Bewertungen, englisch.

🖳 www.whatsonintobago.com/daybyday.htm
Was ist los auf Tobago und vieles mehr, englisch.
🖳 www.trinoutdoors.com
Super Internetseite über Outdoor-
Freizeitaktivitäten in Trinidad, englisch.
🖳 www.trinidadandtobagonews.com
Klasse Seite mit neusten Meldung aus T&T,
Onlineradiosender, Kolumnistenseiten und
vielen Links, englisch.
🖳 www.tntisland.com
Tausend Informationen über den Karibikstaat,
englisch.
🖳 www.carnaval.com/trinidad/chag
Klasse Infos über sämtliche Regionen Trinidads,
Musik, Karneval etc., englisch.
🖳 www.triniview.com
Tolle, informative Seite; auch wenn man nach
Events sucht.

Über Grenada

🖳 www.grenadakaribik.com
Super Internetseite über Grenada in Deutsch zu
Unterkünften, Essen, Touren etc.
🖳 www.grenadines.net
Viele Infos über Carriacou, auch Unterkünfte,
englisch.
🖳 www.partygrenada.com
Was ist los auf Grenada, englisch.
🖳 www.carriacoupetitemartinique.com
Viele Infos über Carriacou und Petit Martinique,
englisch.

Travellerseiten und Reiseberichte

🖳 www.dzg.com
Deutsche Zentrale für Globetrotter.
🖳 www.stefan-loose.de/forum.htm
Traveller tauschen sich aus.

Internet und E-Mail

Mittlerweile bieten viele Hotels – vor allem auf
Trinidad – ihren Gästen Internetzugang an, sei es
mit dem eigenen Laptop oder einem hauseige-
nen Computer. **Internet-Cafés** sind gängig, d. h.
vor allem in den Touristenhochburgen hat man
keine Mühe eines zu finden. Die Preise für
eine Stunde online schwanken in T&T zwischen
TT$10–20 und auf Grenada zwischen EC$6–20.

Wer mit **Laptop** reist, braucht theoretisch nur
einen Telefonanschluss und ein Modem, um ins
Internet zu gehen. Auf der Webseite 🖳 www.
kropla.com findet man nützliche Infos zu Pro-
vidern (lokal, global und Roaming), außerdem eine Auflistung aller Landesvorwahlen und Angaben über die jeweiligen elektrischen Systeme.

Wer **HotSpots** für Laptops mit WLAN sucht,
wird sicher auf 🖳 www.hotspot-locations.com
oder 🖳 www.wifinder.com fündig.

Kinder

Die karibischen Inseln sind kinderreiche Länder
und so sind auch ausländische Familien sehr
willkommen. Wer Bedenken hat mit einem Klein-
kind zu reisen, sollte diese Bedenken beiseite
schieben. Die Inseln sind malariafrei, ernsthafte
Krankheiten nicht zu erwarten, Babyutensilien
wie Wegwerfwindeln und Babynahrung (wenn
auch begrenzter) in den Supermärkten erhältlich
und was könnte schöner sein, als Tag für Tag
Sandburgen zu bauen oder im Meer zu plan-

✖ Nicht vergessen

☐ Kinderreisepass
☐ Impfpass
☐ SOS-Anhänger mit allen wichtigen Daten
☐ Kleidung – strapazierfähig, leicht
☐ Wegwerfwindeln (sind aber auch auf den
   Inseln zu kaufen)
☐ Feuchttücher
☐ Babynahrung
☐ Fläschchen für Säuglinge
☐ Spiele, Bücher, CD- oder MP3-Player
☐ Fotos von wichtigen Daheimgebliebenen
   gegen Heimweh
☐ Kuscheltier (muss gehütet werden wie ein
   Augapfel, denn ein verloren gegangener
   Liebling kann allen den Rest der Reise ver-
   derben – reiseerprobte Kinder beugen vor,
   indem sie nur das zweitliebste Kuscheltier
   mitnehmen)
☐ Sonnencreme mit hohem Lichtschutzfaktor
☐ Kopfbedeckung

schen. Lediglich beim Baden sollte man ein wachsames Auge haben, denn viele Strände haben starken Wellengang und Unterwasserströmungen.

Maße und Elektrizität

Neben dem metrischen Maßsystem wird in Grenada, Trinidad und Tobago vorwiegend noch das britische Maßsystem verwendet.

Längenmaße

0,39 inches (in)	=	1 Zentimeter (cm)
1 inch (in)	=	2,54 Zentimeter (cm)
3,28 feet (ft)	=	1 Meter (m)
1 foot (ft)	=	0,31 Meter (m)
1,09 yards (yd)	=	1 Meter (m)
1 yard (yd)	=	0,91 Meter (m)
0,62 miles (mi)	=	1 Kilometer (km)
1 mile (mi)	=	1,61 Kilometer (km)

Hohlmaße

8,45 gills (gl)	=	1 Liter (l)
1 gill (gl)	=	0,12 Liter (l)
2,11 pints (pt)	=	1 Liter (l)
1 pint (pt)	=	0,47 Liter (l)
1,06 quarts (qt)	=	1 Liter (l)
1 quart (qt)	=	0,95 Liter (l)
0,26 gallons (gal)	=	1 Liter (l)
1 gallon (gal)	=	3,79 Liter (l)

Flächenmaße

0,16 square inches	=	1 cm^2
1 square inch	=	6,45 cm^2
10,76 square feet	=	1 m^2
1 square foot	=	0,09 m^2
1,2 square yards	=	1 m^2
1 square yard	=	0,84 m^2
0,25 acres	=	1000 m^2
1 acre	=	4047 m^2

Gewichte

0,04 ounces (oz)	=	1 Gramm (g)
1 ounce (oz)	=	28,35 Gramm (g)
2,20 pounds (lb)	=	1 Kilogramm (kg)
1 pound (lb)	=	0,45 Kilogramm (kg)
0,16 stones (st.)	=	1 Kilogramm (kg)
1 stone (st.)	=	6,35 Kilogramm (kg)

0,08 quarters (qt)	=	1 Kilogramm (kg)
1 quarter (qt)	=	11,4 Kilogramm (kg)

Temperatur

Der Celsius-Nullpunkt liegt bei -32 °Fahrenheit und der Siedepunkt (100 °C) bei +212 °F. Zur genaueren Bestimmung von Temperaturen gilt folgende Formel: (Grad Fahrenheit – 32) : 9 x 5 = Grad Celsius.

Elektrizität

In **Grenada** beträgt die Stromspannung 220 Volt, 50 Hertz Wechselstrom. Für elektrische Geräte muss ein dreipoliger, englischer Zwischenstecker ins Gepäck. In **Trinidad & Tobago** beträgt die Spannung dagegen 110 Volt, 50 Hertz Wechselstrom. Für elektrische Geräte ohne Umschalter benötigt man einen Trafo. Dagegen haben die meisten Ladegeräte für Handy und Digitalkamera einen Input von 100–240V. Hier benötigt man lediglich einen passenden Flachstecker-Adapter.

Medien

Zeitungen

Wer der englischen Sprache mächtig ist und teilhaben möchte am gesellschaftspolitischen Leben der Insulaner, sollte einen Blick in die Zeitungen werfen. Während auf Grenada lediglich Wochenzeitungen (*The Grenadian Voice, The Informer, Grenada Today, Spice Island Review, The Barnacle, The Grenadian Eye*) erscheinen, gibt es auf Trinidad schon etwas mehr zu berichten. Neben *The Trinidad Guardian,* ▭ www.guardian.co.tt, der seit 1917 existiert und sich gerne als „the newspaper that educates" bezeichnet, zählen auch die Boulevard orientierteren *Trinidad & Tobago Express,* ▭ www.trinidadexpress.com, und *Newsday,* ▭ www.newsday.co.tt, zu den meistgelesenen Zeitungen.

Daneben erscheinen noch einige Abendausgaben und die dicken Sonntagszeitungen *Sunday Mirror* und *Sunday Express*. Lokales aus Tobago gibt's jeden Freitag in den *Tobago News,* ▭ www.thetobagonews.com, nachzulesen.

Fernsehen

Es gibt einige lokale Fernsehsender auf **Trinidad & Tobago**. Der größte private ist CCN TV6 auf Kanal 6 und 18. Hier flimmern amerikanische Filme und Seifenopern, Sport, die täglichen News und natürlich viel Werbung über die Mattscheibe. Daneben existieren noch zwei staatliche: CNMG auf Kanal 2 und 13 sowie NCC TV auf Kanal 4 und 16 mit vielen lokalen und kulturellen Beiträgen. Gayelle auf Kanal 23 setzt auf Live-Talk-Shows und ACTS auf Kanal 25 auf religiöse Programmteile.

Außerdem existieren 4 lokale Kabelsender: Tobago Channel 5, nur auf Tobago zu empfangen, mit eigenen News und Berichten rund um die Insel, ein islamischer Sender, Cable News Channel 3, spezialisiert auf die neusten Meldungen, und Synergy TV auf Kanal 28, der erste musikorientierte Sender, mit Video Clips auch einheimischer Künstler. Viele Hotels und Guesthouses verfügen natürlich über Kabel- bzw. Satellitenanschluss.

Auf **Grenada** gibt es zwei lokale Fernsehsender: GBN TV auf Kanal 7 und 11 und der religiöse Lighthouse TV auf Kanal 5 und 13. Kabelfernsehen ist zwar inselweit installiert, die meisten Hotels und Apartments verfügen jedoch über Satellitenempfang.

Radio

Grenada sendet auf 2 MW-Frequenzen (AM 535 kHz und AM 1400 kHz) und mittlerweile auch mehreren UKW-Frequenzen u. a. Klassic, auf AM 535, spielt Calypso und Soca, Sun, FM 98,5, viel Reggae, The Voice of Grenada auf FM 95,7 in Grenada und FM 103,3 auf Carriacou sendet quer- beet.

Deutsche Welle

Mit einem guten Weltempfänger ist die Deutsche Welle über Kurzwelle auf verschiedenen Frequenzen zu empfangen. Die aktuellen Frequenzen sind unter 🖳 www.dw-world.de oder bei Abt. Technische Beratung, 📞 0228-4293208, ✉ tb@dw-world.de, erhältlich.

Musik Musik Musik ...

Wer ein kleines Radio dabeihat, kann teilhaben an der musikalischen Vielfalt der karibischen Inseln. In Trinidad und Tobago gibt es mittlerweile sehr viele FM-Sender und einige AM-Sender.

Sehr beliebt: POWER 102 – NO MORE LIMITS auf 102 FM und Radio Toco auf 106,7 FM. Wack 90,1 FM und Trini Bashment 91.9 FM spielen Soca Soca Soca, Ebony 104 FM R&B und überträgt viele Konzerte, Radio 90,5 FM indische Musik, Radio Trinbago 94,7 FM Calypso, Soca, Chutney, Rapso, Steelpan, Sangeet 106 FM Chutney, The Vibe CT 105 FM Musik, Kultur und Sport, Heritage 101,7 FM Musik, Sport, News, Hindi und Radio Tambrin 92,7 FM ist der Tobago-Sender!

Viele der Radiosender sind online zu empfangen; Informationen unter 🖳 www.trinidadand tobagonews.com.

Die Deutsche Welle strahlt ihr 24-stündiges Fernsehprogramm **DW TV** in Deutsch, Englisch und Spanisch sowie verschiedene Hörfunkprogramme über den Satelliten PAS-9 aus. Einige Hotels speisen das Programm in das hoteleigene Netz ein. Zu jeder vollen Stunde wird ein Nachrichtenjournal ausgestrahlt – im Wechsel auf Deutsch und Englisch, um 21 und 2 Uhr auf Spanisch. Es folgen Features mit deutschlandbezogenen Themen in der jeweiligen Sprache.

Öffnungszeiten

In der Regel haben die Banken in Trinidad und Tobago folgende Öffnungszeiten: Mo–Do 8–14; Fr 8–12 und 15–17 Uhr und in Grenada: Mo–Do 8–14 bzw. 15; Fr 8–17 Uhr.

Geschäfte sind in Trinidad und Tobago in der Regel Mo–Fr 8–16.30, Sa 8–12 Uhr und in Grenada Mo–Fr 8–16, Sa 8–13 Uhr geöffnet. Es gibt natürlich auch Geschäfte, die erst spät am Abend schließen, und Supermärkte, die samstags bis in die Abendstunden und sonntags geöffnet haben.

Post

Fast in jedem Ort findet sich ein kleines Postamt. Geöffnet ist in der Regel Mo–Fr 8–16 Uhr. Briefmarken gibt's jedoch auch in vielen Souvenirgeschäften. Für eine Postkarte von Trinidad und Tobago nach Europa zahlt man TT$3, von Grenada EC$0,45.

Wer keine feste Adresse auf den Inseln hat, kann sich postlagernd Briefe an die jeweiligen Hauptpostämter schicken lassen (Name, General Post Office, Poste restante, Wrightson Road, Port of Spain, Trinidad, W. I.; bzw. Name, General Post Office, Poste restante, Carenage, St. George's, Grenada, W. I.). Gegen Vorlage eines Ausweisdokumentes werden die Briefe ausgehändigt.

Reiseveranstalter

Wer lieber eine Pauschalreise buchen möchte, kann sich an einen der nachfolgend genannten Reiseveranstalter wenden, die Trinidad und Tobago und/oder Grenada in ihrem Programm haben. Ein Preisvergleich lohnt sich.

In Deutschland

Airtours International, im Reisebüro oder unter www.airtours.de.
Carib Consult, Bärenhof 10, 71229 Leonberg, 07152-339767, www.Carib-Consult.de.
DER Tour, im Reisebüro oder unter www.dertour.de.
Karibik Inside, Lockwitztalstr. 20, 01257 Dresden, 0351-2003280, www.karibikinside.de.
Kolibri-Reisen, Emmendingerstr 13, 79106 Freiburg, 0761-2925721, www.kolibri-reisen.de; Spezialveranstalter für T&T.
Mc Flight Holidays, Elisenstr. 13, 63739 Aschaffenburg, 06021-3366-10, www.mcflight.de.
Meiers Weltreisen, im Reisebüro oder unter www.meiers-weltreisen.de.
Miller Reisen, Millerhof 2, 88281 Schlier, 07529-97130, miller-reisen.de.
Reisefieber Voss KG, Lehmweg 42, 20251 Hamburg, 040-48063010, www.reisefieber.de.
TUI, im Reisebüro oder unter www.tui.de.

In der Karibik

Karibik Reisen, P.O.Box 1441, Grand Anse, Grenada, 001-473-4444717, www.karibikreisen. com; deutschsprachig.
Yes Tourism, Crown Point Shopping Plaza, Crown Point, Tobago, 631-0286, www.yes-tourism. com; ebenfalls deutschsprachig.

Schwule und Lesben

Offiziell per Gesetz auf Trinidad und Tobago sowie Grenada immer noch illegal. Schwul sein auf diesen Inseln bedeutet für die meisten ein Doppelleben zu führen, d. h. viele sind verheiratet und haben Kinder. Natürlich existiert auch eine Szene, aber Events werden nicht beworben, nur durch Mund-Propaganda erfährt man etwas. Allgemein sollten sich homosexuelle Paare einfach etwas diskreter auf den Inseln verhalten, um keine negativen Erfahrungen zu machen.

Sicherheit

Während man auf Grenada und Carriacou kaum etwas zu befürchten hat, ist die Kriminalitätsrate auf Trinidad und leider auch auf Tobago in den letzten Jahren gestiegen. Fast täglich stürzen sich die Zeitungen auf kriminelle Ereignisse und schlachten diese boulevardmäßig auf ihren Titelblättern aus. Es scheint jedoch bedrohlicher, als es in Wirklichkeit ist. Sicher ist, dass man bestimmte Stadtteile Port of Spains auf jeden Fall

Notrufnummern

Trinidad & Tobago

Polizei		999
Feuerwehr und Ambulanz		990

Grenada

Polizei		911
Feuerwehr		911
Ambulanz	St. George's	434
	Carriacou	774

meiden sollte, dazu gehört alles östlich der Charlotte Street, Laventille und die Gegend um den East Dry River. Der gegenwärtige Trend, was kriminelle Machenschaften angeht, ist das Kidnapping mit Lösegeldforderung mit über 20 Fällen jährlich. Involviert hierbei sind Geschäftsleute und prominente Trinidads. Touristen blieben bisher verschont. Gewaltverbrechen stehen in Trinidad auch auf der Tagesordnung, meist steckt hier jedoch organisierte Bandenkriminalität, d. h. vor allem Rauschgifthandel, dahinter.

Auch auf Tobago wurde in letzter Zeit von Einbrüchen und Diebstählen in Buccoo, der Mt. Irvine-Gegend und Lambeau berichtet.

Taschendiebe sind vor allem in Port of Spain präsent. In den wuseligen Einkaufsstraßen, Bars und auf Partys sollte man besser seine Wertsachen zu Hause lassen.

Wer sicher Port of Spains Nachleben und den Karneval erleben oder sich über die aktuelle Lage ein Bild machen möchte, kann kostenlose Infos bei **Gunda Harewood** einholen oder mit ihr eine individuelle Tour unternehmen (S. 126).

Grundsätzlich gilt: Wer seine sieben Sinne aktiviert und einige Vorsichtsmaßnahmen trifft, wird einen sorgenfreien Urlaub verbringen.

• Nie nachts alleine ziellos in der Gegend herumstreunen.
• Wertvolle Gegenstände nicht unnötig offen herumtragen. Schmuck am besten zu Hause lassen und so wenig Bargeld wie nötig mit sich führen.
• Wertsachen im Hotelsafe unterbringen und vor allem nicht unbeaufsichtigt im Auto oder am Strand zurücklassen.
• Bei Besuchen des Stadtzentrums sowie öffentlicher Veranstaltungen Geld am besten in den BH oder die Socken und Taschen zu Hause lassen.
• Nicht jedem auf die Nase binden, wo man wohnt.
• Nachts Fenster und Türen verschließen.
• Einsame Strände meiden.
• Weder Anhalter mitnehmen noch selbst als Anhalter reisen.

In Trinidad werden gerne Horrorgeschichten von Überfällen berichtet. Nicht selten versuchen

Hände weg von Drogen!

Auf den karibischen Inseln wird Drogenhandel und -konsum hart bestraft – also Hände weg! 1999 erwischten OCNU-Angestellte (Officers of the Organised Crime and Narcotics Unit) einen 39-jährigen Deutschen mit 2,35 kg Kokain am Flughafen in Crown Point. Im Januar 2000 verurteilte ihn das Gericht zu einer Freiheitsstrafe von 7 Jahren und einer Geldstrafe von satten 2,1 Mill. TT$. Kommt der Verurteilte der Geldforderung nicht nach, wird er insgesamt 17 Jahre hinter Gittern verbringen.

Hotelangestellte Neuankömmlingen damit Angst einzuflößen, um sich dann selbst als persönlicher Guide zur Verfügung zu stellen und ordentlich abzukassieren. In den ländlichen, eher untouristischen Gegenden aller Inseln hat man unserer Erfahrung nach am wenigsten zu befürchten. Sollte es dennoch zu einem Diebstahl kommen, ist die Polizei zu kontaktieren, vor allem da die Versicherungen zwecks Schadensregulierung einen Polizeibericht benötigen.

Sport und Aktivitäten

Nicht immer sind es „nur" die traumhaften karibischen Strände, die Sonne, die Cocktails und die entspannte Atmosphäre, auf die sich der Urlauber freut. Es gibt noch eine Vielzahl anderer Aktivitäten, welche den lang ersehnten Besuch zu einem spannenden Erlebnis werden lassen.

Cricket

Am Leben der Inseln teilzunehmen bedeutet auch, einmal ein Cricketspiel gesehen zu haben (Regeln S. 137), denn Cricket ist der Nationalsport auf Trinidad & Tobago. Die großen Meisterschaften, an denen auch andere karibische Mannschaften teilnehmen, finden hauptsächlich zwischen Februar und Mai im **Queen's Park Oval** in Port of Spain statt. Tickets und Termine sind erhältlich im **Queen's Park Cricket Club**, 94 Tragarete Road, Port of Spain, ☎ 622-2295, 🖥 www. qpcc.com. Auch die Grenadier lieben dieses Spiel. Ob live im Queen's Park in St. George's, vor dem Fernseher oder mit dem Ohr am Radio – wenn die Cricketspieler der West Indies auflaufen, sind sie mit Leib und Seele dabei und feiern für ihre Teams mit.

Fußball

Fußball zählt natürlich ebenfalls zu den Sportarten Nummer eins mit Dwight Yorke, dem ehemaligen Manchester United Star, und natürlich den Soca Warriors, die bei der Fußball-WM 2006 in Deutschland mächtig für Wirbel sorgten. Meisterschaftsspiele finden im Hasely Crawford National Stadium in Port of Spain, im Ato Boldon Stadium in Couva und auf Tobago im Shaw Park und dem Dwight Yorke Stadium in Bacolet statt; Termine sind der Presse zu entnehmen.

Golf

Wer schon immer einmal vorhatte Golf zu spielen, bisher aber nicht die passende Gelegenheit dazu fand, der sollte es auf den karibischen Inseln in Angriff nehmen. Auf Trinidad gibt es insgesamt vier größere Golfplätze. Die beiden schönsten sind sicherlich der 18-Loch St. Andrew's Golf Course in Maraval, 🖥 www.golftrinidad.com, unweit von Port of Spain, und der Chaguaramas Golf Course in Chaguaramas (S. 149, Tucker Valley Road). Über das Jahr hinweg finden verschiedene nationale und internationale Turniere statt; über Termine informiert die **T & T Golf Association**, 🖥 www.trinidadandtobago-golfassociation.com.

Auf Tobago offeriert das Mt Irvine Bay Hotel (S. 256) auch Nicht-Hotelgästen und Nichtmitgliedern ein Golfspiel auf dem dazugehörigen, wundervollen Mt. Irvine Golf Course. Ein weiterer wundervoller Golfplatz gehört zum Tobago Plantations Beach & Golf Resort (S. 243). Auf Grenada sucht man den Grenada Country Club and Golf Course (S. 312) unweit des Grand Anse Beaches auf.

Hashing und Running

Freunde ausgefallenerer Sportarten, die sich gerne auspowern und danach auch ein kühles Bierchen lieben, können sich nach den sogenannten Hashing Clubs auf Trinidad und Tobago erkundigen, deren Mitglieder Gefallen daran finden, nach Unterweisung durch einen Hash Master querfeldein in den Busch zu verschwinden, „On On" zu schreien und Schnipseln oder Mehl folgend dem Ziel entgegen zu rennen. Kontakt: **Hash House Harriers Port of Spain**, 🖥 www. poshashhouse.tripod.com.

Auch existieren sogenannte Road Runner Clubs, die für den Trinidad & Tobago Marathon im April trainieren. Kontakt: **Trinidad & Tobago Road Runners Club**, 🖥 www.ttroadrunners.org.

Kajak fahren und River Tubing

Trinidad ist wahrlich ein Paradies für Kajak-Enthusiasten. Unzählige Flüsse bieten in der Regenzeit optimale Bedingungen: der Nariva und Ortoire Riber in Manzanilla, der Rio Seco, Tompei und Sally Bay River an der Nordostküste und der Yarra und Marianne River in Blanchisseuse. Viele Tourveranstalter (S. 126 Port of Spain) haben Kajaktouren im Programm. Außerdem ist es möglich in Blanchisseuse ein Kajak zu mieten oder vom Kajak Center in Chaguaramas (S. 161).

Auf Tobago hat sich **Tobago Sea Kayak Experience**, 🖥 www.seakayaktobago.com, in Charlotteville auf Kayaking spezialisiert. Und auf Grenada verspricht **Adventure Jeep Tours**, 🖥 www. adventuregrenada.com, viel Spaß beim River Tubing, bei dem Abenteurer per Gummischlauch von der Größe eines Traktorreifens, stromabwärts gewirbelt werden.

Motorsport

Motorsport, sogenannte Drag Races oder das Car Rallying, finden auf Trinidad regelmäßig auf dem Wallerfield Race Track in Arima statt, Kontakt: **Trinidad & Tobago Rally Club & Karting Associaton**, c/o Keverne McShine, ☎ 633-7737. Auf Grenada nutzen die Einheimischen den alten

Pearls Airport gelegentlich für Kartrennen, Kontakt: **Grenada Motor Club**, ⌨ www.motorsports grenada.com.

Mountainbiking

Trinidads Gebirgszüge sind ideal für Mountainbike-Fans. Viele Tourveranstalter (S. 126, Tourveranstalter POS) haben moderate, aber auch anstrengende Touren im Programm. Empfohlen sei hier **Ivan Charles**, ✆ 667-5636, ✉ charlo74@ hotmail.com, ein passionierter Mountainbiker, oder man kontaktiert die **T&T Mountain Bike Association**, ✆ 622-2453.

Pferderennen und Reiten

Pferderennen werden auf Trinidad im Santa Rosa Race Track in Arima veranstaltet; Termine unter ✆ 646-7223/2450. Eines der wichtigsten Rennen, das Royal Oak Derby, findet im September statt. Wer dagegen gerne selbst reitet, kann auf Tobago **Looking out Stables**, ✆ 639-4008, oder **Friendship Riding Stables**, ✆ 660-8563, ⌨ www. friendshipridingstables.com, kontaktieren.

Segeln

Zu den schönsten Dingen, die man in der Karibik unternehmen kann, gehört sicherlich auch aufs Wasser zu gehen. Vor allem auf Carriacou lohnt sich ein Abstecher mit dem Segelboot, um die wundervolle umliegende Grenadinenwelt zu erkunden. Anbieter von Ganztagessegeltörns oder einer Sunset-Cruise findet man natürlich auch in den Touristenzentren Grenadas und Tobagos.

Sportfischen

Wer dem Big Game Angeln frönt und zwischen US$400 und 700 ausgeben kann, auf den warten kampfstarke Tarpone, Königs- und Goldmakrelen oder Segelfische, die unter Anglern zu den ausgesprochen zähen Kämpfern zählen. Kontakt auf Tobago: **Hard Play Fishing Charters**, ⌨ www.

hardplay.net; auf Grenada: **True Blue Sportfishing Grenada**, ⌨ www.worldwidefishing.com. In Trinidad findet man entsprechende Anbieter in Chaguaramas, oder man kontaktiert **T&T Game Fishing Association**, ✆ 624-5304.

Tauchen, Schnorcheln, Glasbodenboote

Besucher, deren Leidenschaft eher die Unterwasserwelt ist, werden auf Tobago, Grenada und rund um Carriacou wundervolle **Schnorchel**- und **Tauchreviere** vorfinden. Trinidad eignet sich weniger zum Tauchen, es sei denn man interessiert sich für den Anblick einer Bohrinsel. Wer das Wasser nicht so liebt, kann auf Tobago die Unterwasserwelt auch mit dem Glasbodenboot entdecken.

Erlebnistauchgänge durch außergewöhnliche Strömungsverhältnisse erwarten Taucher im Süden Tobagos, wo atlantisches und karibisches Meer aufeinanderprallen. Die schönsten Tauchgründe Tobagos liegen jedoch im Nordosten der Insel zwischen Speyside und Charlotteville sowie rund um Goat Island, Little Tobago und St. Giles Island. Gute Sichtweiten, unzählige Rifffische, Barrakudaschwärme, Haie, Schildkröten, verschiedene Rochen und darüber hinaus bizarre Korallentürme und die angeblich größte Hirnkoralle der Welt lassen Taucherherzen höher schlagen.

Nacht-, Strömungs- und Wracktauchen stehen auch auf dem Programm der Tauchanbieter Grenadas, die sich am Grand Anse Beach niedergelassen haben. Aber es sind vor allem die Tauchgründe rund um Carriacou – dem Land der Riffe, die ausgezeichnete Tauchmöglichkeiten bieten. Von allen Inseln bietet sicherlich Carriacou die besten Schnorchelmöglichkeiten, aber auch für die anderen Inseln gehört die Taucherbrille in jedem Fall ins Gepäck.

Aufgrund der **starken Strömungen** rund um alle Inseln ist besondere Vorsicht angebracht, d. h. nie alleine zum Schwimmen oder Schnorcheln losziehen und sich immer vorher nach möglichen Gefahren erkundigen. Ausführliche Informationen über Tauchanbieter stehen in den jeweiligen Landeskapiteln.

Tierbeobachtungen

Neben einer Reihe riesiger **Meeresschildkröten** (S. 81 Schildkröten), die sich zwischen März und August nachts die sanften Sandhöhen verschiedenster Strände Trinidads, Tobagos und Grenadas hinaufwälzen um für Nachwuchs zu sorgen, weist Trinidad & Tobago insgesamt 433 dokumentierte **Vogelarten** auf, womit der Inselstaat in Sachen Artenvielfalt pro km² unter den ersten 10 Ländern der Erde rangiert. Zu den beliebtesten und interessantesten Orten, um eine Vielzahl von Vögel zu Gesicht zu bekommen, zählt das Asa Wright Nature Centre inmitten des tropischen Idylls der Northern Range, das Caroni Naturschutzgebiet südöstlich von Port of Spain und der Pointe-à-Pierre Wildfowl Trust nördlich von San Fernando. Natürlich begegnet man der schillernden Vogelwelt auch in vielen weiteren Landstrichen Trinidads, z. B. Mount St. Benedict, Heights of Guanapo, Aripo Caves, Aripo Savanna, Hollis Dam & Reservoir, Oropuche Caves, Navet Dam & Reservoir, Arena Dam & Reservoir oder in den beiden Feuchtbiotopen Oropuche Lagoon und Nariva Swamp.

Tobagos Hauptanziehungspunkt für Vogelfreunde ist Little Tobago, auch Bird of Paradise Island genannt, das die Heimat vieler Seevögel ist. Ob mit oder ohne geschultem Führer entdeckt man aber auch im restlichen Tobago jede Menge gefiederte Gesellen, z. B. im Tobago Forest Reserve, Grafton Caledonia Wildlife Estate, Adventure Farm & Nature Reserve, Arnos Vale, Hillsborough Dam sowie auf **Grenada** im Grand Étang National Park oder Levera National Park.

Trekking

Es ist mit Sicherheit ein kleines Abenteuer, zu Fuß Teile der Inseln zu erkunden, vorausgesetzt man ist bereit sich möglichen Widrigkeiten (oft morastiges Gelände, Durchquerung von Flüssen ...) zu stellen. Zu den besten Wandergebieten zählt die Northern Range in Trinidad, das Tobago Forest Reserve in Tobago und der Grand Étang National Park in Grenada. Keinesfalls sollte man sich alleine auf den Weg machen. Wem **organisierte Wanderungen** durch Tourveranstalter zu

teuer sind, kann auch in den kleinen Dörfern nach einer Begleitperson fragen, oder sich einer sogenannten Hiking Group anschließen.

Zu empfehlen ist außerdem das Buch *Nature Trails of Trinidad,* das 32 Naturlehrpfade skizziert und Schwierigkeitsgrad, Anfahrt, Wanderstrecke etc. exakt beschreibt, und The Trinidad and Tobago Field Naturalist Club Trail Guide, erhältlich in diversen Buchläden in Trinidad.

Windsurfen und Surfen

Windsurfer und Surfer finden an vielen Küstenabschnitten der Inseln geeignete Bedingungen. Windsurfen lernen kann man z. B. auf Tobago am Pigeon Point bei **World of Watersports**, 🖥 www.worldofwatersports.com. Da Surfer und Windsurfer auf Trinidad und Tobago in Verbänden organisiert sind, kontaktiert man diese am besten: **Windsurfing Association of T & T**, ✆ 628-8908; **Surfing Association of T & T**, ✆ 625-6463.

Telefon

Telefonieren ins In- und Ausland ist grundsätzlich von jedem öffentlichen Kartentelefon per Direktwahl möglich und völlig problemlos. Telefonkarten werden in Postämtern, in einigen Super-märkten und Läden, Apotheken und Souvenir-geschäften verkauft. Auf **Grenada** bekommt man Telefonkarten im Wert von 10, 20, 40 und 75 EC$, in **T & T** im Wert von 30, 60 und 100 TT$.

Mobiltelefone

Wer sein Mobiltelefon in die Karibik mitnehmen möchte, sollte sich vor der Reise bei seiner Tele-fongesellschaft erkundigen, ob der Handy-Ver-trag das sogenannte „International Roaming" einschließt und über welches Netz das Mobil-telefon vor Ort betrieben werden kann. Für Han-dys mit Prepaid-Karten gelten Sonderrege-lungen. Beim **Roaming** bucht sich das Handy automatisch ins Netz des ausländischen Mobil-funk-Anbieters ein, mit der die heimische Handy-Gesellschaft zusammenarbeitet und man ist im Ausland unter seiner regulären Handy-Nummer erreichbar. Da dies eine sehr teure Angelegen-heit ist, lohnt sich dies nur für Wenig-Telefonierer.

Wer dagegen viel telefonieren möchte, nimmt sein Handy mit, geht auf den Karibikinseln zu **Bmobile**, 🖳 www.bmobile.co.tt, 🖳 http://mobi le.candw.gd/bMobile_index.htm, oder **Digicel**, 🖳 www.digiceltt.com, 🖳 www.digicelgrenada. com), kauft sich eine SIM-Karte (Ausweis nicht vergessen), die in T&T etwa TT$100 und auf Gre-nada EC$30 kostet, plus gewünschtem Guthaben. Auf T&T zahlt man derzeit für ein Gespräch nach Hause mit BMobile/Digicel: 7–18 Uhr TT$2,50/3, 18–7 Uhr TT$2/2,10, Wochenende TT$1,50/2 pro Minute. Auf Grenada: Digicel EC$1,30 pro Minu-te Tag und Nacht.

Nationale Gespräche kosten entsprechend weniger; in T&T z. B. zwischen TT$0,50 und 1,30.

Transport

Mit öffentlichen Verkehrsmitteln die Inseln zu er-kunden erfordert Zeit und Geduld, denn die entle-gensten Winkel Trinidads erreicht man oftmals nur durch mehrmaliges Umsteigen. Da auf den In-seln bei weitem nicht jede Familie ein Auto besitzt, sind öffentliche Verkehrsmittel stark frequentiert.

Auf Trinidad und Tobago wird unterschieden zwischen **Bussen**, **Maxi Taxis**, **Route Taxis** und **privaten Taxis**. Auf Grenada und Carriacou ver-kehren **Minibusse**, die den Maxi Taxis auf T&T gleichen und natürlich private Taxis.

Neben dem Stressfaktor, den öffentliche Ver-kehrsmittel manchmal mit sich bringen, bietet ei-ne Fahrt mit Bus, Maxi Taxi oder Route Taxi auch einen Spaßfaktor, der sich aus der Nähe zu den Einheimischen entwickeln kann. Wer dagegen schneller vorankommen möchte, es sich leisten kann und anhalten will, wo öffentliche Verkehrs-mittel vorbeirauschen, ist mit einem **Mietwagen** besser dran.

Busse

Die Stilllegung des staatlichen trinidadischen Eisenbahnnetzes in den 60er-Jahren wurde kompensiert durch die Einführung eines staat-lichen Omnibusnetzes (Public Transport Service Cooperation, kurz PTSC), das von Port of Spain aus Strecken nach Arima, San Fernando, Cha-guaramas und Piarco bedient. In Tobago wer-den die staatlichen Busse zwischen Scarbo-rough und Crown Point sowie Scarborough und Plymouth eingesetzt.

Es gibt zwei Typen von Bussen – die komfor-tableren, klimatisierten **ECS-Busse** und die etwas langsameren, günstigeren **Blue-Transit-Busse** (auch Super Express genannt), die man auch als Busse 2. Klasse bezeichnen könnte.

Alle Busse verlassen Port of Spain vom **City Gate (South Quay) Bus Terminus** und Scarborough vom vorübergehenden (wegen Umbaumaßnahmen) **Bus Terminal** in der Sangster Hill Road. Eventuell kehrt der Busbahnhof aber wieder in die Greenside Street zurück. Die Fahrkarten müssen auf jeden Fall im Voraus gekauft werden, sonst bleibt man stehen. Preisbeispiele: Port of Spain–San Fernando TT$6 und Scarborough–Crown Point TT$2.

Maxi Taxis und Minibusse

Maxi Taxis auf Trinidad & Tobago und Minibusse auf Grenada & Carriacou sind in privater Hand, so dass jeder Kleinbus die individuelle Handschrift seines Besitzers trägt, halten sich jedoch an vorgegebene Strecken und feste Fahrpreise. Die Busse sind gekennzeichnet mit einem „H" (für *to hire* = mieten) auf ihrem Nummernschild.

In Trinidad sind die Maxi Taxis nach bestimmten Regionen organisiert, erkennbar an den Farben. So fahren die **Yellow Band Maxi Taxis** (gelb) von Port of Spain nach Westen (Chaguaramas, Petit Valley, Diego Martin), die **Red Band Maxi Taxis** (rot) bedienen den Ost-West-Korridor (Arima), die **Green Band Maxi Taxis** (grün) fahren in Richtung San Fernando, die **Black Band Maxi Taxis** (schwarz) fahren von San Fernando in Richtung Princess Town, Manzanilla, Mayaro und die **Brown Band Maxi Taxis** (braun) sieht man im äußersten Südwesten. Auf Tobago verkehren **Blue Band Maxi Taxis** (blau) entlang der Windward Road von Scarborough nach Charlotteville.

Die Maxi Taxis / Minibusse fahren von bestimmten Sammelplätzen ab, beispielsweise in Port of Spain vom South Quay, der Charlotte Street, Ecke Oxford Street usw. (S. 127) und in St. George's von der Esplanade.

Berührungsängste kennt im Minibus keiner. Normalerweise ist Platz für 10–12 Personen, aber oft wird nochmals gerutscht und gequetscht und man kann nur staunen, wie viele Menschen in solch einem kleinen Bus Platz finden. Losgefahren wird in der Regel erst, wenn das Fahrzeug voll ist. Stellt man sich die Busfahrt so gemächlich vor wie das Leben auf den Inseln, so irrt man gewaltig. Die Fahrer sehen sich allesamt als kleine Rennfahrer. Ständig wird gehupt und zum Teil

auch recht riskant überholt. Offizielle Haltestellen gibt es nur wenige, d. h. man kann fast überall auf den Inseln per Handzeichen einen Bus stoppen. Das Gleiche gilt fürs Aussteigen. Entweder man gibt dem Kassierer oder dem Fahrer beim Einsteigen Bescheid oder man klopft einfach an die Fahrzeugdecke. Manche Busse sind auch mit einer Klingelleiste ober- oder unterhalb der Fenster ausgestattet. Wer sich unsicher ist was zu tun ist, beobachtet am besten die einheimischen Fahrgäste.

Die Maxi Taxis / Minibusse haben keine festen **Abfahrtszeiten**. Vor allem in Port of Spain, San Fernando und zwischen St. George's und Grand Anse verkehren die Kleinbusse am Tage alle 5–10 Minuten. Abends muss man Wartezeiten zwischen 20 und 30 Minuten in Kauf nehmen und nachts tauchen nur noch sporadisch Minibusse / Maxi Taxis auf. In entlegenen Gegenden sollte man sich frühzeitig um den Rücktransport kümmern: Der Minibusverkehr vom Norden Grenadas zurück nach St. George's wird beispielsweise schon am späten Nachmittag eingestellt. Am besten man fragt die Fahrer, wann die letzten Busse zurückfahren.

Auf Grenada erklären manche Fahrer die reguläre Busfahrt des Abends gerne zur Sonder-Taxifahrt, so dass man, am Ziel angekommen, plötzlich das Vierfache zahlen soll. Zu beachten ist ferner, dass auch sonntags weniger Maxi Taxis / Minibusse unterwegs sind.

Die **Fahrpreise** sind festgelegt, auch wenn ab und zu den Touristen ein paar Cents mehr abgenommen werden. Die Fahrt von Port of Spain nach Maraval kostet z. B. TT$2, nach San Fernando TT$8, von St. George's nach Grand Anse zahlt man EC$2 und nach Sauteurs EC$6. Oft wird man „in der Nähe" des gewünschten Fahrziels abgesetzt, wenn dieses abseits der Fahrstrecke liegt. Gegen einen kleinen Aufpreis fährt der Fahrer manchmal auch einen Umweg.

Route Taxis

Route Taxis gibt es nur in Trinidad & Tobago. Auch sie sind mit einem „H" auf dem Nummernschild gekennzeichnet und folgen den gleichen Regeln wie die Maxi Taxis, d. h. sie verkehren auf vorgegebenen Strecken und halten sich an feste Fahrpreise. Der einzige Unterschied: Route Taxis sind Pkws (jeden Baujahrs), die in der Regel von ihren Sammelplätzen erst dann abfahren, wenn 5 Leute Platz genommen haben. Strecken, die in Trinidad & Tobago nicht von Maxi Taxis bedient werden, füllen die Route Taxis aus. Man stoppt sie an jeder beliebigen Stelle per Handzeichen und sagt Bescheid, wo man aussteigen möchte.

Route Taxis sind ein klein wenig teurer als Maxi Taxis und die Fahrer sind meist gegen eine kleine Extragebühr bereit, die Fahrgäste vor der Haustüre abzusetzen.

Private Taxis

Lizenzierte Taxis (auch mit einem „H" auf dem Nummernschild gekennzeichnet) ordert man auf den karibischen Inseln wie überall auf der Welt. Man lässt sich von A nach B chauffieren und zahlt dafür horrende Preise.

Taxameter sind unüblich, doch für eine ganze Reihe von Strecken sind die Preise festgelegt (Preisbeispiele s. im Regionalteil unter den jeweiligen Flughäfen.) Trotzdem sollte man auf jeden Fall vor Abfahrt nochmals den Preis abklären. Abends und nachts ist ein beträchtlicher Aufpreis zu zahlen.

Führerschein

Um ein Auto zu mieten, ist auf beiden Inseln ein Mindestalter von 25 Jahren erforderlich. Für deutsche Staatsbürger genügt die Vorlage des nationalen Führerscheins. Von Schweizern und Österreichern wird ein internationaler Führerschein verlangt. Auf Trinidad & Tobago ist nach 3 Monaten zusätzlich eine Driving Permit beim Licence Department (Wrightson Rd, Port of Spain, ℡ 625-1031) zu beantragen. Auf Grenada dagegen muss auch bei kürzerem Aufenthalt eine lokale Fahrerlaubnis im Traffic Department (The Carenage, St. George's) US$12 erworben werden. Manche Mietwagenfirmen übernehmen diese Formalität für ihre Kunden.

Neben den lizenzierten Taxis gibt es noch jede Menge **Piratentaxis**, die ein „P" (für privat) auf dem Nummernschild tragen. Eigentlich sind diese „Taxis" illegal, werden jedoch toleriert.

Mietwagen

Von den großen weltweiten Autoverleihfirmen sind auf Trinidad & Tobago Thrifty ⌨ www.thrifty.com, Budget, ⌨ www.budget.com, Dollar Rent-a-Car ⌨ www.dollar.com und AVIS, ⌨ www.avis.com, und auf Grenada AVIS und Dollar Rent-a-Car vertreten. Daneben existieren noch jede Menge einheimischer Verleihfirmen, die günstiger sind.

Viele Verleihfirmen verlangen die Hinterlegung einer Kaution (deposit) in Höhe der obligatorischen Haftpflichtselbstbeteiligung. Hierfür benötigt man eine Kreditkarte. Zusätzlich wird eine CDW-Versicherung (Collision Damage Waiver) angeboten, welche die Selbstbeteiligung bei einem Unfall auf einen Maximumbetrag beschränkt. Ohne CDW ist man bei einem Unfall voll haftbar.

Das Auto sollte vor Übergabe genauestens gecheckt werden, um nicht für eine Beule geradestehen zu müssen, für die man nicht verantwortlich ist. Bei einem Unfall ist unbedingt die Polizei zu rufen. Wer eine Kamera dabei hat, sollte den Unfallort fotografieren. In jedem Fall auch das Kennzeichen des Unfallgegners notieren und die Verleihfirma kontaktieren.

Die Preise für einen Mietwagen sind abhängig von der Saison, dem Angebot, dem Zustand der Autos, dem Verhandlungsgeschick, der Mietdauer und variieren zwischen den einzelnen Anbietern oftmals gewaltig. Auf Trinidad sind die Mietwagen ab etwa US$35/Tag aufgrund des großen Angebots am günstigsten. Auf Tobago und Grenada ist für einen Wagen der kleinsten Kategorie mit US$40–55/Tag zu rechnen.

Fähren

Zwischen Trinidad und Tobago verkehren täglich die Schnellfähre **T & T** Express sowie 2 weitere Fähren die **Panorama** und die **Warrior Spirit**.

Auf Trinidad, Tobago, Grenada und Carriacou herrscht im Gegensatz zum defensiven britischen, ein karibisch temperamentvoller **Linksverkehr**. Wer noch nie links gefahren ist, wird feststellen, dass es zwar gewöhnungsbedürftig ist, aber schneller verinnerlicht als das Einsteigen auf der Fahrerseite (nämlich rechts!) – aber auch das bekommt man in den Griff.

Richtig chaotisch ist der Verkehr, auch aufgrund des Einbahnstraßensystems, eigentlich nur in und um das Zentrum Port of Spains. Hier heißt es zurückhaltend fahren – jedoch nicht zu defensiv, sonst kommt man nicht vom Fleck. Auf der anderen Seite herrscht seit einigen Jahren zum Teil völliges Verkehrschaos in den Stosszeiten von 6–9 und 17–20 Uhr auch auf den Highways und der Eastern Main Road. Hier wäre man froh vom Fleck zu kommen.

Das **Tempolimit** auf den Highways auf Trinidad und Tobago beträgt 80 km/h; ansonsten gelten 50–55 km/h. Auf Grenada kommt man dagegen (außer auf dem kleinen Maurice Bishop Highway) nur selten in den Genuss in den 4. Gang zu schalten. Die Höchstgeschwindigkeit liegt bei 40 Meilen pro Stunde (65 km/h).

Insgesamt sind die **Straßenverhältnisse** auf den Inseln akzeptabel – jedoch nicht gut. Immer wieder tauchen mehr oder weniger große Schlaglöcher auf, die vor allem nachts leicht zu übersehen sind. Enge und kurvige Straßenverhältnisse erfordern einen geduldigen, aufmerksamen Fahrstil, und man sollte sich nicht scheuen in uneinsehbaren Kurven die Hupe zu benutzen. Defekte Bremslichter und fehlende Blinklichter ersetzen die Einheimischen ohne Probleme durch ihren aus dem Fenster heraushängenden rechten Arm, mit dem sie den anderen Verkehrsteilnehmern Zeichen geben. Ein häufiges Problem auf der North Coast Road in Trinidad und der Windward Road Richtung Charlotteville in Tobago sind Erdrutsche, verursacht durch heftige Regenschauer. Innerhalb von Minuten ist die Straße vor lauter Wasser nicht mehr zu sehen. Hier heißt es Ruhe bewahren, am besten am Straßenrand anhalten und das Ende des Regenschauers abwarten. Tropische Regenschauer können bei Dunkelheit sehr gefährlich werden, vor allem dann, wenn sich der Vordermann entschließt einfach mitten auf der Straße anzuhalten, weil er wegen defekter Scheibenwischer nicht mal mehr den Straßenrand sieht. Nachtfahrten sind auch deshalb gefährlich und anstrengend, weil die Scheinwerfer von 90 % aller Fahrzeuge nicht die Straße ausleuchten, sondern lediglich entgegenkommende Verkehrsteilnehmer blenden. Hinzu kommt, dass in der Regel sowieso ausschließlich mit Fernlicht gefahren wird. Aber auch Fahrzeuge gänzlich ohne Licht trauen sich nachts auf die Straße. Wer es vermeiden kann, sollte nach Einbruch der Dunkelheit keine längeren, vor allem keine unbekannten Strecken fahren.

Zu guter Letzt sollten sich vor allem Touristen die Devise **Don't Drink and Drive – Stay Alive** zu Herzen nehmen, auch wenn so mancher Einheimische mit Alkohol am Steuer leichtfertig umgeht. Tankstellen sind in abgelegenen Gegenden rar gesät und haben vor allem am Wochenende nicht immer geöffnet. Daher ist es ratsam, Tankmöglichkeiten rechtzeitig zu nutzen.

Fahrplan und Tarife S. 128, Port of Spain, sowie S. 253, Scarborough.

Leider existiert zwischen Trinidad und Grenada keine Fährverbindung. Es besteht lediglich die Möglichkeit der Vermittlung einer Passage auf einem Frachtschiff, S. 128, IFCL.

Zwischen Trinidad und Venezuela (Guiria) verkehrt jeden Mittwoch ein Fährschiff vom Pier 1 in Chaguaramas, S.128, Port of Spain.

Zwischen Grenada, Carriacou und Petite Martinique operiert täglich das Schnellboot der **Osprey Lines**. Auch besteht die Möglichkeit einer Passage mit einem der drei kleinen Frachtschiffe: **Adelaide B**, **Amelia A. I.** und **Alexia III**. Preise und Fahrpläne S. 295, St. George's, und Hillsborough.

Flüge

Trinidad–Tobago

Als Alternative zur Fährüberfahrt bietet sich der 20–30-minütige Flug zwischen Trinidad und Tobago an. **Tobago Express** fliegt die Strecke 12x täglich; Rückflugticket TT$300.

Grenada–Carriacou

Zwischen Grenada und Carriacou fliegt mehrmals täglich **SVG AIR**, 🖥 www.svgair.com, mit zwei kleinen Propellermaschinen, s. S. 317, Point Salines. Der Flug dauert knapp 20 Minuten und ist ein wirklich tolles Erlebnis.

Trinidad & Tobago–Grenada

Die **LIAT** (Leeward Island Air Transportation), 🖥 www.liat.com, mittlerweile fusioniert mit **Caribbean Star**, fliegt einmal täglich direkt die Strecke Tobago–Grenada–Tobago (US$150–300) und dreimal täglich die Strecke Trinidad–Grenada–Trinidad (US$150–300). Die Flugzeit beträgt etwa 40 Minuten.

Flugzeiten- und preise ändern sich ständig, so dass man sich vor Ort oder per Internet nochmals erkundigen sollte. Onlinebuchungen sind möglich.

Übernachtung

Alle Inseln bieten eine breite Palette an Unterkunftsmöglichkeiten – vom einfachen Guesthouse bis zum Luxushotel. In allen Kapiteln wird ausführlich über Ausstattung, Preisniveau, Lage und eventuelle Besonderheiten der einzelnen Guesthouses, Bed & Breakfast-Unterkünfte, Apartments, Cottages und Hotels informiert. Falls nicht anders angegeben, beinhalten die angegebenen Preise die **Steuern** (Tax), die sich in Trinidad & Tobago auf 10 % und in Grenada auf 8 % belaufen, und den **Service-Zuschlag** (**Service Charge**) in Höhe von 10 %.

Die im Buch angegebenen Preise beziehen sich für Tobago und Grenada auf die Hochsaison (16.12.–15.04.). Außerhalb dieser Monate sind die Übernachtungspreise etwas günstiger. Auf Trinidad gibt es keine Saisonunterschiede. Einzige Ausnahme ist Grand Riviere an Trinidads Nord-

küste. Hier ist Hochsaison, wenn die Lederschildkröten zur Eiablage an die Strände kommen (März–August). Preisaufschläge von 10–100 %, die hinzugerechnet werden müssen, sind in ganz Trinidad üblich während der Karnevalszeit. Einige Hotels, die mit deutschen Reiseveranstaltern zusammenarbeiten, erhöhen ihre Preise auch schon mal während der deutschen Ferienzeit, an Ostern und Weihnachten. Es gibt jedoch auch Unterkünfte, deren Preise das ganze Jahr über gleich bleiben.

Durchschnittlich sollte man US$50–70 pro DZ an Übernachtungskosten einplanen. Wer gezielt sucht, findet auch preiswertere Unterkünfte, während nach oben keine Grenzen gesetzt sind. Wer vorhat, mindestens 3–4 Tage oder gar länger an einem Ort zu bleiben, sollte auf jeden Fall versuchen einen Preisnachlass auszuhandeln. Meist hat man Glück, denn die Konkurrenz ist groß.

Hotels

Bei den meisten Hotels auf den karibischen Inseln handelt es sich um größere Anlagen, die sich um die bekannten Strände oder in den Hauptstädten konzentrieren (Tobago: Crown Point, Mt. Irvine, Stone Haven Bay, Great Courland Bay; Trinidad: Port of Spain; Grenada: Grand Anse, True Blue, L'Anse aux Épines). Sie verfügen über unterschiedliche Zimmerkategorien (Standard, Deluxe usw.), Swimming Pool, Restaurants, eigene Tourveranstalter und bieten ihren Gästen verschiedene Sportmöglichkeiten (Fitness, Wassersport, Tennis usw.) an. Natürlich gibt es auch Hotels, die diesem Standard nicht entsprechen.

Viele Hotels arbeiten mit deutschen Reiseveranstaltern (S. 51) zusammen, so dass sich ein Preisvergleich zwischen einem Pauschalangebot eines deutschen Reiseveranstalters und der individuellen Buchung sicherlich lohnt.

Das All-Inclusive-Konzept, das andere karibische Inseln vorwiegend praktizieren, hat zwar auf Tobago Einzug genommen, sich aber bisher auf Trinidad, Grenada und Carriacou noch nicht durchgesetzt.

Die meisten Hotels überlassen die Wahl des *meal plan* ihren Gästen, d. h. die Zimmer sind mit kontinentalem Frühstück (CP – Continental), mit amerikanischen Frühstück (AP – American), mit Frühstück und Abendessen (MAP – Modified American) oder inklusive aller Mahlzeiten (FAP – Full American) buchbar.

Guesthouses, Apartments und Cottages

Die überwiegende Anzahl der Übernachtungsmöglichkeiten besteht aus Guesthouses und Apartments. Ein Guesthouse kann sowohl ein umgestaltetes Wohnhaus sein, in dem der Besitzer selbst lebt und einige Zimmer mit eigenem Bad oder Badbenutzung, eigener Küche oder Gemeinschaftsküche, Balkon/Terrasse oder Gemeinschaftsterrasse vermietet, aber auch ein 1- oder 2-stöckiges Gebäude, das aus unterschiedlich ausgestatteten Zimmern mit oder ohne Klimaanlage, Küche, Bad und Balkon besteht. Apartments verfügen über einen Wohn- und Schlafbereich, eine eigene Küche bzw. Küchenzeile, ein Bad und Balkon bzw. Terrasse.

Die Bezeichnung Cottage steht meist (nicht immer) für ein kleines (Holz-)Häuschen mit Schlaf- und Wohnbereich, Küche oder Küchenzeile, Bad und Terrasse oder Balkon.

Viele Host Homes, B&Bs, Hotels etc. werden von der TDC (Tourism Development Company) jährlich inspiziert und erscheinen dann auf deren Webseite 🖥 www.visittnt.com. Allerdings nur, wenn sie registriert sind. Da dies nicht kostenfrei ist und Unterkunftseigentümer andere Werbequellen entdeckt haben, ist die Anzahl der Registrierungen in den letzten Jahren zurückgegangen. Das heißt aber nicht, dass nicht registrierte Unterkünfte in irgendeiner Weise schlechter wären, was wiederum die Mitarbeiter der TDC gerne behaupten.

Host Homes und Bed & Breakfast

Die meisten Host Homes und B&Bs findet man auf Trinidad, nicht ganz so viele auf Tobago, und auf Grenada ist diese Art der Unterkunft weitgehend unbekannt. Beiden Varianten gemeinsam ist die Unterbringung im Haus des Vermieters mit Familienanschluss, d. h. Unterhaltung oder gemeinsames Fernsehen in Wohnzimmer oder Küche. Die Ausstattung des Zimmers kann dabei sehr unterschiedlich ausfallen (mit/ohne AC, TV, eigenes Bad). Manchmal ist Küchenbenutzung möglich, zumindest aber die Nutzung eines Kühlschranks.

Bed & Breakfast bedeutet darüber hinaus, dass ein oft sehr leckeres Frühstück im Preis inbegriffen ist. Die Vermieter verlangen in der Regel US$20–35 pro Person. Wer einen längeren Aufenthalt plant, sollte sich nicht scheuen über den Preis zu verhandeln. Für Leute, die den Kontakt zu den Insulanern suchen, ist diese Form der Übernachtung sicher ein erster Schritt.

Campen

Auf Grenada ist Campen nicht gänzlich verboten. Ohne Erlaubnis darf man zwar im Grand Étang Nationalpark nicht campen, aber es spricht nichts dagegen, sein Zelt für 1–2 Tage beispielsweise auf White Island aufzustellen. Checken kann man außerdem eine Campsite in Beausejour, ☎ 440-8826, 🖥 www.staygrenada.com. Auf Tobago ist campen grundsätzlich verboten. Dagegen lieben es Trinidader – vor allem an Ostern – ihre Zelte an Stränden und Flussmündungen aufzustellen und zu feiern. An Trinidads populärstem Strand, der Maracas Bay, ist campen erlaubt. Allerdings muss man sich eine Genehmigung bei der TDC, ☎ 675-7034, einholen und eine Gebühr entrichten. Viele andere tolle Buchten und Strände, an denen Trinidader kampieren und limen, findet man unter 🖥 www.trinoutdoors. com.

Verhaltenstipps

Die karibischen Inseln sind sehr gastfreundlich. Die Menschen sind hilfsbereit und freundlich und das Gleiche wird auch von uns Ausländern erwartet. Bevor man eine Frage stellt, sollte man zuerst einmal grüßen; auch ist es üblich, vor allem in ländlicheren Gegenden jedermann/frau Aufmerksamkeit zu schenken. Ein kurzes Nicken oder einfach nur ein *alright* zu sagen, gehört einfach dazu. Nackt- oder Oben-ohne-Badestände gibt es keine. Respekt zollend, sollte also der Bikini und die Badehose an bleiben.

Auf den Inseln ticken die Uhren etwas langsamer, Busse fahren später, kommen gar nicht, das Essen lässt auf sich warten, die Verabredung lässt sich eine halbe Stunde später blicken, keiner bedient einen und niemand entschuldigt sich. So ist es eben hier! Wer stressfrei Urlaub machen möchte, sollte dies akzeptieren und tolerant darüber hinwegschauen.

Viele Häuser sind nicht an die zentrale Wasserversorgung angeschlossen, d. h. das Regenwasser wird aufgefangen und eine elektrische Pumpe sorgt für fließendes Wasser. Wer in solch einem Haus wohnt, sollte darauf achten kein Wasser zu verschwenden, vor allem nicht in der Trockenzeit!

Seine Wertschätzung bei einer Einladung, sollte man mit einem kleinen Gastgeschenk zum Ausdruck bringen. Und last but not least, Hühnergeschrei und Hahnengegockel ist überall gegenwärtig, d. h. am besten man stellt sich darauf ein.

Versicherung
Reisekrankenversicherung

Wichtig ist eine ausreichende Reisekrankenversicherung. Nur wenige private Krankenkassen bieten weltweiten Schutz im Krankheitsfall, d. h. jeder muss für seine Reise in die Karibik eine Auslandskrankenversicherung abschließen. Die meisten Reisebüros und einige Kreditkartenorganisationen bieten solche Versicherungen an. Bei Krankheit – speziell Krankenhausaufenthalten – kann sehr schnell eine erhebliche Summe zusammenkommen, die aus eigener Tasche bezahlt werden müsste. Ist man versichert, kann man die Kosten gegen Vorlage der Rechnungen zu Hause geltend machen. Einschränkungen gibt es natürlich auch hier, besonders bezüglich Zahnbehandlungen (nur Notfallbehandlung) und chronischen Krankheiten (Bedingungen durchlesen).

Die später bei der Versicherung einzureichende Rechnung sollte folgende Angaben enthalten:
- Name, Vorname, Geburtsdatum
- Behandlungsort und -datum
- Diagnose
- erbrachte Leistungen in detaillierter Aufstellung (Beratung, Untersuchungen, Behandlungen, Medikamente, Injektionen, Laborkosten, Krankenhausaufenthalt)
- Unterschrift des behandelnden Arztes, Stempel

Wer im Ausland schwer erkrankt, wird zu Lasten der Versicherung heimgeholt, wenn er darlegen kann, dass am Urlaubsort keine ausreichende Versorgung gewährleistet ist. Dann geht es mit Linienmaschinen oder auch mit eigens losgeschickten Ambulanzflugzeugen nach Hause.

Reiserücktrittsversicherung

Bei einer pauschal gebuchten Reise ist die Reiserücktrittsversicherung meist im Preis inbegriffen. Es empfiehlt sich zur Sicherheit abernachzufragen. Eine individuelle Reise kann ebenfalls versichert werden. Manche Reisebüros vermitteln derartige Versicherungen. Eine Reiserücktrittsversicherung muss kurz nach Buchung

Ivan und Emily fegten über Grenada

Die Meteorologen sprachen von der härtesten Hurrikansaison aller Zeiten. Wirbelsturm Ivan, einer von vier Hurrikanen innerhalb von sechs Wochen, verschonte Trinidad und Carriacou, streifte Tobago und fegte mit Windgeschwindigkeiten von über 220 km/h im September 2004 über Grenada, eine Insel, die sich fast ein halbes Jahrhundert lang jenseits des Hurrikan-Belts in Sicherheit wähnte. Der Karibikstaat beklagte 35 Tote sowie große Sachschäden. Ob Gefängnis oder Polizeihauptquartier – nahezu jedes Gebäude der Hauptstadt und unglaubliche 80 % aller Häuser der Insel wurden mehr oder minder beschädigt oder zerstört. Die Landwirtschaft kam zum Erliegen und es wird noch einige Jahre dauern, bis die neu gepflanzten Muskatnussbäume wieder Früchte tragen. Einige Hotels, vor allem im Süden der Insel, traf es so schwer, dass sie mehrere Monate schließen mussten. Was Ivan übrig ließ, holte sich Hurrikan Emily im Juli 2005. Emily forderte einen Toten und fegte über den Norden der Insel und schädigte Carriacou. Die Sorglosigkeit ist natürlich passé – ein Hurrikan-Warnsystem wurde eingeführt:

Phase 1: Hurricane Alert: Der Hurrikan ist noch viele 100 Meilen entfernt, scheint auf Grenada zuzusteuern, kann aber noch abdrehen.

Phase 2: Hurricane Watch: Wird angekündigt, wenn der Hurrikan noch etwa 36 Stunden entfernt ist.

Phase 3: Hurricane Warning: Wird angekündigt, wenn erwartet wird, dass der Hurrikan binnen 24 Stunden die Inseln erreicht. Jetzt wird die Bevölkerung aufgerufen, sich in Sicherheit zu bringen (Go to Hurricane Shelter).

Phase 4: Emergency Phase: STRIKE! Der Hurrikan trifft ein.

(in der Regel spätestens 14 Tage danach) abgeschlossen werden. Bei Krankheit oder Tod eines Familienmitglieds oder Reisepartners ersetzt die Versicherung in der Regel die anfallenden Stornokosten der Reise. Bei einer Reiseunfähigkeit wegen Krankheit ist ein ärztliches Attest vorzuweisen. Die Kosten der Versicherung richten sich nach dem Preis der Reise und der damit verbundenen Höhe der Stornogebühren, meist zwischen 15 und 90 € p. P., z. T. mit Selbstbeteiligung.

Reisegepäckversicherung

Viele Versicherungen bieten auch eine Absicherung des Gepäcks. Die Bedingungen für den Ersatz der verlorenen Gegenstände sind immer sehr eng gefasst. Daher sollten die Versicherungsbedingungen genau gelesen werden und das eigene Verhalten den Bedingungen angepasst werden. Gepäck darf z. B. nicht unbewacht in abgestellten Kraftfahrzeugen zurückgelassen werden und Kameras und Fotoapparate müssen, um vor Straßenräubern sicher zu sein, quer über der Brust und nicht nur über der Schulter getragen werden. Bargeld ist nie versichert und auch bei Schmuck und Foto- und Videogeräten wird meist nur ein Bruchteil des Wertes ersetzt.

Wer sich für eine Reisegepäckversicherung entscheidet, sollte darauf achten, dass diese Weltgeltung besitzt und die Reisedauer in ausreichender Höhe absichert. Bei einem Schadensfall muss der Verlust bei der Polizei gemeldet werden.

Hilfreich ist hierbei eine vorher angefertigte **Checkliste**, auf der alle Wertgegenstände verzeichnet und beschrieben sind. Alle wichtigen Gegenstände im Handgepäck befördern. Eine Reisegepäckversicherung mit einer Deckung von etwa 2000 € kostet für 24 Tage ca. 30 €, ein Jahresvertrag 60–70 €.

Fotoversicherung

Da Foto- und Videogeräte selten ganz abgesichert sind, bietet sich bei der Mitnahme einer guten Kamera eine zusätzliche Fotoapparate-Versicherung an. Diese ist relativ teuer, die Gebühr richtet sich nach dem Wert der Ausrüstung oder der angesetzten Versicherungssumme.

Visa

Urlauber aus Deutschland, der Schweiz und Österreich benötigen für die Einreise nach Trinidad & Tobago sowie nach Grenada einen Reisepass, der bei Ankunft noch mindestens sechs Monate gültig ist. Für Kinder sollte ein eigener Kinderreisepass beantragt werden. Außerdem muss man im Besitz eines gültigen Rück- oder Weiterflugtickets sein. Bei einem Aufenthalt bis zu drei Monaten besteht **keine Visumpflicht**.

Wer länger als drei Monate bleiben möchte, muss vor Ort die Einwanderungsbehörde (**Immigration**) kontaktieren. Auf Trinidad befindet sich das Immigration Office in Port of Spain, 6 Frederick Street, ✆ 625-3571, auf Tobago in Scarborough im Port Authority Complex of T&T, ✆ 639-2681, und das Immigration Office Grenadas befindet sich in der Melville Street in St. George's, ✆ 440-2456.

Trotz der unendlich vielen Fragen, die man bei einer Visumverlängerung zu beantworten hat, heißt es freundlich bleiben und die Geduld nicht verlieren, denn ob man bleiben darf oder nicht, liegt ganz im Ermessen des jeweiligen Beamten.

Bereits im Flugzeug werden außerdem Einreiseformulare verteilt, die korrekt ausgefüllt werden müssen. Neben den persönlichen Angaben (Name, Adresse, Wohnort, Nationalität,

Passnummer usw.) muss auch das Hotel oder Guesthouse oder ein anderer Aufenthaltsort angeben werden.

Wer noch keine Anlaufstelle hat, schreibt einfach den Namen irgendeines Guesthouses oder Apartments in das Formular - überprüft wird dies in der Regel nicht. Da manchmal auch nach vorhandenen finanziellen Mitteln gefragt wird, sollte keinesfalls eine Luxusvilla angegeben werden, deren Preis weit über den vorhandenen Mitteln liegen könnte.

Zeit

In Grenada, Trinidad und Tobago gilt Atlantic Standard Time (AST). Der Zeitunterschied zur Mitteleuropäischen Zeit beträgt im Winter 5 Stunden, während unserer Sommerzeit 6 Stunden. Wenn es also in Port of Spain 12 Uhr ist, ist es in Berlin 17 Uhr bzw. im Sommer 18 Uhr.

Zoll

Zollfrei eingeführt werden dürfen persönliche Gegenstände (Fotoausrüstung, diverse Sportartikel), 1,5 l alkoholische Getränke, 250 g Tabak oder 200 Zigaretten oder 50 Zigarren und Geschenke im Wert von US$200.

Zollfrei ausführen darf man 200 Zigaretten oder 100 Zigarillos/50 Zigarren, 1 l alkoholische Getränke über 22 % oder 2 l Spirituosen mit einem Alkoholgehalt unter 22 %, 250 g Kaffee, 50 ml Parfüm oder 250 ml Eau de Toilette.

Strengstens verboten ist die Ausfuhr von geschützten und bedrohten Tierarten und daraus hergestellten Produkten (Schwarze Koralle, Schildpatt, Schildkrötenpanzer).

Land und Leute

Geografie

Die unzähligen karibischen Inseln bilden einen weit geschwungenen Bogen von knapp 4000 km Länge, der vom nordamerikanischen bis zum südamerikanischen Kontinent reicht und den Atlantischen Ozean vom Karibischen Meer und dem Golf von Mexiko trennt. Um der Gesamtheit der karibischen Inselwelt einen Namen zu geben, benutzt man noch heute den Begriff der **Westindischen Inseln** *(West Indies)*, der den Lageunterschied zu den von den Portugiesen entdeckten Ländern im Osten, die man als Ostindien bezeichnete, deutlich machen sollte.

Lage und Größe gaben den Spaniern Anlass, die Westindischen Inseln weiter zu untergliedern. Dabei stand der Name der sagenumwobenen Insel Antilia, die präkolumbische Seefahrer westlich der Azoren vermuteten, Pate für den Begriff der Antillen. Die Spanier unterschieden zwischen den **Großen Antillen** (Hispaniola, Jamaika, Kuba und Puerto Rico), den nördlich davon liegenden Bahamas und der sich östlich der Großen Antillen anschließenden Inselkette der **Kleinen Antillen**.

Die kleinen Antillen gliederte man weiter entsprechend ihrer Lage zum vorherrschenden Wind, dem Passat, in **Inseln über dem Winde** (von den Jungferninseln im Norden bis Trinidad im Süden) und **Inseln unter dem Winde** (von Aruba im Westen bis Margarita im Osten). Die Inseln über dem Winde sind dem Passat ausgesetzt, der ihnen Niederschlag bringt, während die Inseln unter dem Winde vor dem Passat geschützt liegen und kaum Niederschläge bekommen.

Trinidad

Trinidad ist mit 4828 km^2 (zum Vergleich Berlin: 889 km^2) die größte Insel der Kleinen Antillen und liegt an ihrer schmalsten Passage nur 11 km vom venezolanischen Festland entfernt, getrennt durch den nur maximal 27 m tiefen Golf von Paria. Vor etwa 5 Mill. Jahren verursachte ein Anstieg des Meeresspiegels eine Trennung Trinidads (Tobago löste sich noch früher) vom heutigen Venezuela, d. h. die Inseln stellen in ihrem geologischen Aufbau und ihrer Oberflächen-

gestalt eine direkte Fortsetzung des südamerikanischen Festlands dar.

Die Northern Range mit ihren höchsten Erhebungen El Cerro del Aripo (941 m) und El Tucuche (937 m) ist eine der drei parallelen, von West nach Ost verlaufenden Gebirgsketten, die eine Fortsetzung der venezolanischen Küstenkordilleren darstellen.

Die steilen Ausläufer der mit tropischem Regenwald überzogenen Northern Range säumen die Nordküste Trinidads, vereinzelt unterbrochen durch schmale, palmengesäumte Buchten (z. B. Maracas Bay, Las Cuevas Bay, Marianne Beach, Paria Bay, Madamas Bay, Matelot Bay, Grand Riviere oder Salybia Bay).

Die von Südwest nach Nordost verlaufende Central Range und die sich im Süden erhebende Southern Range erreichen lediglich Höhen von etwa 300 m. Zwischen der Northern Range und der Central Range erstrecken sich weites Flachland, Savannen und fruchtbares Kulturland.

Weite Teile der West- und Ostküste nehmen Mangroven- und Sumpflandschaften ein, unter anderem die Caroni Swamps im Nordwesten, die Oropuche Lagoon im Südwesten und die Nariva Swamps im Osten. An der Ostküste sind die Sumpfgebiete durch kilometerlange, von Kokospalmen gesäumte Sandstrände vom Atlantischen Ozean getrennt. Die Westküste hingegen ist südlich der Caroni Swamps bis San Fernando geprägt von Industrieansiedlungen insbesondere der Erdölraffinerie Pointe-à-Pierres.

Die südlich San Fernandos weit nach Westen vorspringende, relativ flache Halbinsel weist ausgedehnte Kokospalmenwälder, einige Strände sowie den größten Asphaltsee der Welt auf und ist Standort einer weiteren Erdölraffinerie.

Während die Northern Range, die Southern Range, die Süd- und Ostküste sehr spärlich besiedelt sind, drängt sich die Bevölkerung in den flachen westlichen Küstengebieten. Hier liegen u. a. auch die Hauptstadt Port of Spain (im Norden) und die zweitgrößte Stadt San Fernando (im Süden).

Insgesamt ist Trinidad noch stark bewaldet durch regengrüne Feuchtwälder im Westen und Süden der Insel, immergrünen Regenwald im Osten und Südosten und dichten Regen- und Bergwald im Norden.

Tobago

Tobago ist gerade mal 300 km² groß und liegt knapp 34 km nordöstlich von Trinidad. Auf fast zwei Dritteln der gesamten Insellänge überzieht die immergrüne Bergkette – The Main Ridge – mit ihrer höchsten Erhebung, dem Pigeon Hill (572 m), das paradiesische Eiland. Das Tobago Forest Reserve gilt als das älteste Naturschutzgebiet der westlichen Hemisphäre.

Die Ausläufer der Main Ridge fallen nicht überall steil ins Meer ab, so dass sich vor allem im östlichen Teil der Insel wundervolle, in Regenwald eingebettete Badebuchten gebildet haben. Der flache südwestliche Teil der Inseln ist am dichtesten besiedelt. Hier liegen die Touristenhochburg Crown Point und die Hauptstadt Scarborough. Das bezaubernde Buccoo Reef, eine ausgedehnte Korallenbank, stellt zusammen mit dem schneeweißen, von tief geneigten Palmen gesäumten Strand Pigeon Point zweifellos eines der schönsten Fleckchen Karibik dar.

Grenada

Grenada ist 305 km² groß und liegt etwa 130 km nördlich von Trinidad und ca. 120 km südwestlich von St. Vincent. Während Trinidad und Tobago ursprünglich Bestandteil des südamerikanischen Festlands waren, ist Grenada vulkanischen Ursprungs. Mit Grenada endet im Süden der vulkanische Antillenbogen. Doch der aktive Vulkanismus, dem die Insel ihr Dasein verdankt, gehört der Vergangenheit an. Zeugnis der Naturgewalten liegen heute einzig die beiden Kraterseen – der küstennahe Lake Antoine und der im Zentrum auf 550 m Höhe liegende See Grand Étang, sowie einige heiße Quellen ab.

Im Norden der Insel thront der alte Vulkan Mt. St. Catherine, der mit 841 m die höchste Erhebung der Insel darstellt. Weiter südlich runden zum Teil über 700 m hohe Gipfel (Mt. Granby, Fedon's Camp, Mt. Lebanon, Mt. Sinai), die herrliche immergrüne Gebirgskulisse ab. Tief eingeschnittene Täler durchziehen das Landesinnere und steil abfallende Klippen und einige Sandstrände prägen vor allem die nördlichere Küstenlinie.

Grenadas Süden flacht treppenförmig ab. Die zwischen den zahlreichen Tälern liegenden Geländerücken, die sich kilometerweit ins Meer hinausgedrängt haben und idyllische Naturhäfen und kleine Sandstrände hervorgebracht haben, prägen das Bild der über viele Kilometer zerklüfteten Südküste. Im Südwesten der Insel liegt die Hauptstadt St. George's und nur 5 km südlich der zweifellos schönste Strand Grenadas – der Grand Anse Beach.

Grenada ist ein Drei-Insel-Staat, der die Inseln Carriacou und Petite Martinique einschließt. Weitere kleine, meist unbewohnte Inselchen sind diesen drei Inseln vorgelagert, beispielsweise Hog Island, Calivigny Island, Marquis Island, Sandy Island, Green Island, Sugar Loaf Island, Isle des Ronde, White Island, Saline Island, Frigate Island und einige andere.

Carriacou und Petite Martinique

Carriacou ist 34 km² groß, liegt 32 km nördlich von Grenada und ist Teil der Grenadinen – einer Schar winziger Inseln, die sich zwischen St. Vincent und Grenada erstrecken und zum größten Teil durch vulkanische Tätigkeit vom Meeresboden emporgestiegen sind (s. S. 343, Kick'em Jenny). Andere Inselchen wurden durch Korallenriffformationen gebildet oder sind einfach nur herrliche Sandbänke.

High North und Chapeau Carré sind mit gut 300 m die höchsten Erhebungen auf Carriacou. Neben geringen Niederschlagsmengen bedingt auch die ungünstige Oberflächengestalt der Insel das Auftreten von Dürren, so dass Carriacou im Gegensatz zu Grenadas dicht bewaldetem Inneren relativ karg ist. Gesegnet mit herrlichen Stränden und umgeben von atemberaubenden Korallenriffen und vorgelagerten Inseln ist Carriacou jedoch unbestritten eine kleine Perle in der Karibik.

Petit Martinique – die dritte Insel im Bunde – ist nur 2 km² groß, nahezu kreisrund und liegt etwa 5 km nordöstlich von Carriacou. Ihr Vulkankegel, der mit knapp 230 m über dem Meeresspiegel liegt, erlaubt eine herrliche Aussicht auf die umliegende Inselwelt.

Flora und Fauna

Verglichen mit der Artenvielfalt des übrigen Mittelamerikas nimmt sich die Tierwelt des Westindischen Inselarchipels eher bescheiden aus. Dass Trinidad eine Sonderstellung einnimmt, verdankt die Insel der Landbrücke, die sie noch vor 8000–10 000 Jahren mit dem Festland verband. Ähnliches gilt für die Pflanzenwelt. Mit 2300 prächtig blühenden Sträuchern und Pflanzen (darunter 700 Orchideenarten) ist Trinidad mit einem Überfluss an tropischer Flora gesegnet, der von keiner anderen karibischen Insel übertroffen wird.

Natürlich hat der Mensch vor allem in der Kolonialzeit erheblich in die Bewachsung der Inseln eingegriffen. Ehemalige Waldlandschaften wichen riesigen Zuckerrohr-, Kakao- oder Bananenplantagen, und wo sich heute Kokospalmen im Winde wiegen, scheinen vor wenigen Jahrhunderten noch Zedernbäume der Küstenbrise getrotzt zu haben. Dank des außerordentlich fruchtbaren Bodens konnten sich unzählige eingeführte Nutz- und Zierpflanzen prächtig entwickeln. Es ist eine wahre Freude, den uns nur aus botanischen Gärten bekannten Gewächsen in ihrer vollen Pracht in der Natur zu begegnen. Am meisten Spaß macht es jedoch, dem Duft frischer Gewürze zu folgen oder die herrlich exotischen Früchte zu naschen, in deren Genuss wir nur in den fernen tropischen Ländern kommen.

Flora

Blumen, Sträucher und Ziergräser

Eindrucksvoll und farbenfroh präsentiert sich die 3–4 m hohe, aus Brasilien stammende **Bougainvillea** (engl. *bougainvillea, paper flower),* benannt nach dem ersten Franzosen, der den Pazifik überquerte, Admiral Louis Antoine de Bougainville (1729–1811). Die immergrünen Klettersträucher verdanken ihre Wirkung den leuchtend gefärbten Hochblättern, welche die unscheinbaren kleinen Blüten umgeben und deren Farbenpalette von Purpurrot über fliederfarben, Rosa und leuchtendes Orange bis Weiß reicht.

Die **Nationalblume Trinidads**, die **Chaconia** (engl. *chaconia oder wild poinsettia)* wächst als Strauch in eine Höhe von 2,50–3 m und trägt farbenprächtige, scharlachrote Kelchblätter. In jüngster Zeit haben sich einige Formen herausgebildet, die gerne mit dem Weihnachtsstern verwechselt werden.

Unter den etwa 200 **Hibiskusarten** ist der **Chinesische Roseneibisch** (engl. *Chinese hibiscus),* der wiederum zahllose Sorten ausbildet, wohl das bekannteste und überall in den Tropen anzutreffen. Der prachtvolle Zierstrauch erreicht eine Höhe von 2–5 m, ziert unzählige Hecken und blüht fast das ganze Jahr knallig gelb, rot oder rosafarben.

Der aus Brasilien stammenden **Goldtrompete** (engl. *allamanda, golden trumpet)* begegnet man in der Karibik zumeist als prächtigem Strauch mit wunderschönen, trichterförmigen goldgelben Blüten, die am Rachen 5 weiße Flecken aufweisen.

Der uns wohl bekannte **Weihnachtsstern** (engl. *poinsettia, fire plant)* erreicht wild wachsend eine Höhe von etwa 4 m. An dem aus Mexiko stammenden Strauch fallen nicht die grünlich gelben, kleinen Blüten ins Auge, sondern die großen, feuerroten, die Blüten umhüllenden Hochblätter.

In voller Blütenpracht steht die **Orangeblühende Stephanotis** (engl. *orange trumpet vine)* von Januar–April. Die aus Brasilien stammende, exotische Kletterpflanze hat hängende, orangefarbene, trompetenförmige Blüten, deren Staubblätter und Stempel aus den Blumenkronen hervortreten.

Die oft riesigen **Heliconia**-Pflanzen (engl. *lobster claw, wild banana)* sind mit die auffälligsten des Dschungels. Die Heliconia zählt zu den Bananengewächsen, und ihre unverzweigten Stämme sind oft von bananenähnlich breiten Blättern umhüllt. Mit bis zu 5,40 m ist die Heliconia biahi eine der größten Heliconia-Pflanzen. Ihre Tragblätter sind scharlachrot mit gelblichen Spitzen und umhüllen essbare Früchte.

Der eindrucksvolle, 20 cm lange horizontale Blütenstand der **Paradiesvogelblume** (engl. *bird of paradise flower)* gleicht einem Vogelkopf. Das Hüllblatt an dem etwa einen Meter hohen, kräftigen Stängel enthält mehrere Blüten. Jede Blüte besteht aus 3 leuchtend orangefarbenen Kelchblättern, 2 blauen Blütenblättern, die einen Schnabel bilden und einem dritten Kelchblatt in gleicher Farbe.

Die oft riesigen Heliconia-Pflanzen (engl. *lobster claw, wild banana*) sind mit die auffälligsten des Dschungels.

Engelstrompete (engl. *angel's trumpet*) heißt der 3–5 m hohe Strauch oder Baum, dessen wunderschöne, 25 cm lange, nach unten hängende, weiße Blüten die Form einer Trompete haben. In den Abendstunden duftet die Engelstrompete wunderbar nach Moschus.

Zu den schönsten, dekorativsten und zugleich nützlichsten Ziergräsern gehören unumstritten die verschiedenen **Bambusarten** (engl. *bamboo*). Hunderte von Rohren und Halmen entstehen oft aus einer einzigen Pflanze. Unglaublich schnell schießen sie auf eine Höhe von 10–30 m. Weht ein Lüftchen, so hört man den knarrenden, quietschenden Bambuswald schon von weitem. Aus den Trieben lässt sich ein schmackhaftes Gemüse zubereiten.

Bäume

Der 12–18 m hohe **Afrikanische Tulpenbaum** (engl. *african tulip tree, flame of the forest*) mit seinen 30–40 cm langen Blättern ist ein Blickfang des Dschungels. Einheimische glauben an eine gewisse Magie des Baumes. Die feuerroten, trompetenförmigen Blüten wachsen rings um eine Ansammlung von braunen, spitz zulaufenden, gebogenen Knospen. Die ungeöffneten Knospen enthalten reichlich Wasser, das durch Zusammendrücken entnommen und unbedenklich getrunken werden kann.

Zu den fantastischsten Pflanzen der Tropen zählt der etwa 15 m hohe **Baum der Reisenden** (engl. *traveller's tree*). Die Anordnung der großen, langstieligen Blätter gleicht einem riesigen

Flora und Fauna   69

Fächer. Seinen hübschen Namen verdankt der Baum der Speicherfähigkeit von 1–2 l Wasser, das sich in den verschachtelten, dicht abgeschlossenen Blattgründen sammelt und von durstigen Reisenden abgezapft werden kann.

Die 5 m hohen **Frangipani- oder Pagodenbäume** (engl. *pagoda tree, temple tree)* mit ihren dicken kurzen Ästen, ovalen Blättern und herrlich duftenden weißen, gelblichen, rosa oder rötlichen Blüten zählen zu den beliebtesten Pflanzen der Tropen.

Der **Farnbaum** (engl. *jacaranda, fern tree)* ist eine von etwa 40 Jacaranda-Arten, die in Mittel- und Südamerika beheimatet sind. Die Bäume erreichen eine Höhe von 10–18 m und ihr Laubwerk ähnelt dem des Farns. Die eindrucksvollen Blütenstände bestehen aus vielen blauvioletten, glockenförmigen Blüten.

Ein junger **Indischer Mandelbaum** (engl. *almond tree)* ist an der strengen etagenförmigen Anordnung seiner Zweige zu erkennen. Man hat das Gefühl, er sei extra für Schattensuchende zugeschnitten worden. Aufgrund seiner Salztoleranz ist er oft in Strandnähe zu finden. Im Alter erreicht er eine Höhe von 10 m und die Krone verliert ihren etagenförmigen Aufbau. Der Baum trägt 5–6 cm große, grüne Früchte, deren Samen einen mandelartigen Geschmack aufweisen.

Der mächtige **Kanonenkugelbaum** (engl. *cannonball tree)* ist eine echte Kuriosität. Aus den eng am Stamm stehenden rosaroten Blüten reifen nach etwa einem Jahr kanonenkugelgroße, braune, derbe Früchte. Ihr käseartiges Fruchtmus hat einen seltsamen, unangenehmen Geruch und ist durchsetzt mit zahlreichen Samen. Wenn der Baum in voller Blüte steht, gleicht er einer geschmückten Säule. Weitaus kurioser sieht er aus, wenn er sein Laub abwirft und Früchte trägt, so dass er von der Stammbasis bis zur Krone überfüllt ist mit dicken, braunen Kanonenkugeln.

Nicht nur bei den älteren Indianerkulturen Mittelamerikas besitzt der mächtige **Kapokbaum** (engl. *silk cotton tree)* mythologische Bedeutung. Davon kann man sich in Tobago auf dem Weg zur Culloden Bay überzeugen. Die Bewohner erzählen gerne von den Geistern, die in den gigantischen Brettwurzeln ihren Spuk treiben. Aus den weißen bzw. rosafarbenen Blütenbüscheln bil-

den sich 15 cm lange Kapseln, deren braune Samen eingebettet sind in gelblich weiße, seidig weiche Haarfasern. Diese Zellulosefasern sind etwa 1–3,5 cm lang, aufgrund eines Wachsüberzugs wasserabweisend, sehr elastisch und eignen sich als Isoliermaterial beispielsweise für Schwimmwesten.

Der immergrüne **Kalebassenbaum** (engl. *calabash tree)* bringt kürbisähnliche Früchte hervor, aus deren holziger Schale Trinkgefäße (Kalebassen), Handtaschen oder geschnitzte Souvenirdöschen gefertigt werden. Das Fruchtfleisch ist ungenießbar, einzig die Samen isst man gekocht als Gemüse.

Der Schatten spendende, aus Indien stammende 12–15 m hohe **Manna** (engl. *cassia, golden shower tree, pudding pipe tree)* glänzt mit seinen kanariengelben, herrlich duftenden Blütentrauben. Die heranwachsenden, anfangs grünen, dann schwarzen Fruchthülsen von 30–60 cm Länge hängen wie fette Zigarren vom Baum herab. Die rotbraunen Samen darin sind eingebettet in ein klebrig süßes Fruchtmark, das als kleine Schleckerei bei Kindern sehr beliebt ist.

Im März und April sind die knallgelben Blüten des 35–40 m hohen **Gelbe Poui** (engl. *yellow*

Achtung – sehr verbreitet und giftig!

Der **Mancinelle-Baum** oder **Strandapfelbaum** (engl. manchineel tree) zählt zu den giftigsten Bäumen der Welt. Vorsicht ist vor allem in Strandnähe geboten, wo er auf dem kargen Boden besonders gut gedeiht, als Schattenspender aber tunlichst zu meiden ist. Zu erkennen ist der Baum an seinen relativ kleinen, elliptischen grünen Blättern, den kleinen grünen, apfelähnlichen Früchten und dem grauen Stamm, dessen Zweige nicht sehr weit über dem Boden ansetzen. Ein Tropfen des Milchsaftes auf der Haut führt zu Brennen, Juckreiz, Bläschenbildung und Schwellungen. In Bereich der Augen kann dies zu vorübergehender Erblindung führen und der Genuss einer der kleinen Früchte verursacht schmerzhafte Darmkoliken. Selbst herabfallende Tau- oder Regentropfen können Hautentzündungen verursachen.

poui) ein Blickfang der Tropen. Aufgrund der Resistenz gegen Termiten und Verwitterung wird das Holz häufig zu Nutzholz verarbeitet. Der **Rosa Poui** (engl. *pink poui, pink trumpet, trumpet tree)* ist etwas kleiner als der Gelbe Poui und blüht mehrmals im Jahr. Ein Sprichwort besagt, dass die Regenzeit erst beginnt, wenn der Poui dreimal geblüht hat.

Der etwa 12–15 m hohe, aus Madagaskar stammende, Laub abwerfende **Madagaskar-Flamboyant** (engl. *flamboyant, flame tree)* wird häufig als Schattenspender angepflanzt. Am Straßenrand sprengen die kräftigen Wurzeln des Öfteren den Straßenbelag. In der Blütezeit gleicht der Baum einem einzigartigen scharlachroten Farbenmeer. Die reifen Fruchthülsen können

eine Länge von bis zu 60 cm erreichen. *Woman's tongue* (Frauenzunge) werden diese samengefüllten Fruchthülsen von den Einheimischen auch genannt, da die Samen so hübsch klappern, wenn der Wind die Hülsen bewegt.

Die aus Mittelamerika stammende, beeindruckende **Riesenpalmlilie** (engl. *elephant yucca)* erreicht eine Höhe von etwa 8 m. Ihr im unteren Teil verbreiterter holziger Stamm trägt im Endabschnitt 60–100 cm lange, schmale, schwertförmige Blätter. In ihrer Blüte erkennt man bis zu 90 cm lange Blütenrispen, mit unzähligen gelbweißen, hängenden Blüten.

Eine der schönsten Anblicke in tropischen Gefilden ist die sich majestätisch im Wind wiegende **Königspalme** (engl. *royal palm).* Der schlanke, glatte Stamm ist gekrönt von mächtigen, bis zu 8 m langen Fiederblättern. An den Blattbasen entwickeln sind die Blütenstände zunächst als 1–1,50 m lange, steil aufragende Kolben. Öffnet sich das Hüllblatt des Kolbens, entfalten sich die zahlreichen weißgelben Blüten. Die in reifem Zustand dunkelbraun bis schwarz gefärbten, öl- und stärkehaltigen Früchte dienen als Viehfutter.

Der aus Ostasien stammende, sehr wuchtige und bis zu 40 m hohe **Teak(holz)baum** (engl. *teak tree*) besitzt eine tief längsrissige Borke und etwa 30 cm lange, elliptisch zugespitzte Blätter. Von großer Bedeutung für die Herstellung von Möbeln und den Schiffsbau ist das harte, leicht spaltbare Holz des Baumes. Es enthält Kieselsäure und Öl, so dass es sich kaum verzieht. Teakholz hat einen sehr intensiven Geruch und ist außerordentlich widerstandsfähig.

Früchte und Gemüse

Der bis zu 15 m große **Aki-Baum** (engl. *akee*) wurde zu Zeiten des Sklavenhandels aus Westafrika auf die karibischen Inseln gebracht. Der Samenmantel, in den drei große leuchtend schwarze Samen eingebettet sind, ist das einzig Genießbare an der mandarinengroßen Frucht – jedoch nur, wenn sie ihre rötliche Farbe angenommen hat und aufplatzt. Die übrigen Teile sind giftig. Auch die überreife Frucht sollte nicht verzehrt werden.

Aus den kleinen hellgrünen Blüten des immergrünen **Avocadobaumes** (engl. *avocado, midshipman's butter*) reifen die meist birnenförmigen Steinfrüchte heran. Das leicht gelbliche Fruchtfleisch der grünen, manchmal auch bräunlichen Avocado ist sehr weich und umhüllt einen etwa walnussgroßen Stein. Die Avocado ist sehr vitaminreich und wird vor Ihrer Reife gepflückt, da sie sonst aufplatzt.

Die **Obstbanane** (engl. *banana*) wächst an bis zu 6 m hohen Stauden. Aus der Mitte des Scheinstammes schieben sich die Blütenstände mit ihren leuchtend purpurfarbenen Hüllblättern hervor. Sind die Bananen reif, sterben die oberirdischen Teile der Bananenstaude ab. Aus dem Wurzelstock wachsen jedoch sofort wieder neue Scheinstämme nach. Die kohlehydratreichen **Mehl-** oder **Gemüsebananen** (auch Kochbananen oder Planten, engl. *plantain, green*

banana) sind etwas größer und weniger süß und werden meist gekocht, als Eintopf oder als Beilage zu Fisch- und Fleischgerichten verzehrt. Sehr lecker schmecken sie auch frittiert.

Der sehr langsam wachsende **Sapodillbaum** (engl. *naseberry, sapodilla*) weist ledrige, dunkelgrüne, ovale Blätter auf und bringt den rotbraunen **Breiapfel** hervor. Das gelbe, duftende, süße Fruchtfleisch ist durchsetzt mit schwarzen Samen und wird zu Eiscreme und einer Art Vanillesoße verarbeitet. Durch Anritzen des Stammes erhält man einen milchigen Saft, den sogenannten *chicle*, der – fest geworden – schon von den Azteken gekaut wurde. Heute ist der milchige Saft Hauptbestandteil des industriell hergestellten Kaugummis.

Der sehr verzweigte **Guavenbaum** (auch Guajave, engl. *guava*) erreicht eine Höhe von 3–6 m. Das rosarote Fruchtfleisch der apfelgroßen, gelbgrünen Früchte besitzt einen strengen, aromatischen Geschmack. Guaven isst man roh, gekocht oder zu Marmelade verarbeitet. Köstlich ist auch der aus den Früchten gewonnene Saft.

Die Heimat des mit dem Brotfruchtbaum verwandten, ebenso mächtigen **Jackfruchtbaumes** (engl. *jackfruit*) ist Ostasien. Beide Früchte ähneln sich sehr, die Jackfrucht kann jedoch ein Gewicht von 15–18 kg erreichen. Sie ist etwas aromatischer als die Brotfrucht und wird daher nicht nur gekocht oder zu Gelee verarbeitet, sondern auch roh gegessen. Die Samen werden ähnlich wie Kastanien geröstet verzehrt.

Der immergrüne, aus Äthiopien stammende **Kaffeebaum** oder **Kaffeestrauch** (engl. *coffee*) erreicht eine Höhe von bis zu 5 m, kultiviert wird er auf etwa 3 m gehalten. Er bildet beerengroße, rote Steinfrüchte aus, die Kaffeekirschen. Das süßsäuerlich schmeckende Fruchtfleisch enthält zwei zusammengesetzte hornartige Samenfächer, in denen die von einer Silberhaut umgebenen Samen, die Kaffeebohnen, liegen. Die Kaffeebauern trocknen die Frucht entweder in der Sonne, was etwas länger dauert, oder das frische Fruchtfleisch wird maschinell von der Hornschale gelöst und Reste durch Fermentation beseitigt. Die noch umhüllten Kaffeebohnen werden gewaschen und anschließend durch Heißluft oder durch die Sonne getrocknet. Nach dem Entfernen von Hornschale und Silberhaut

Der Brotfruchtbaum und die Meuterei auf der Bounty

Was hat der Brotfruchtbaum (engl. *breadfruit*) mit der Meuterei auf der Bounty zu tun? Er war schlichtweg der Anlass der Expedition von Kapitän Bligh und seiner Mannschaft. Einige Jahre zuvor hatte James Cook auf seiner ersten Reise (1768–1771) im südpazifischen Raum den Baum entdeckt. Botaniker rühmten im fernen Europa den hohen Nährwert der Früchte, den Ertragsreichtum des Baumes sowie seine Resistenz gegen Schädlinge. In den englischen Karibik-Kolonien galt es, die auf den Zuckerrohrfeldern schwerst arbeitenden Sklaven bei Kräften zu halten. Was lag also näher, als hunderte Setzlinge von Tahiti dorthin zu verschiffen? Wie man weiß, wurde die Unternehmung durch die Meuterei vereitelt. Das süße, tahitianische Leben war zu verlockend. Kapitän Bligh wurde entmachtet, mit 18 seiner Getreuen auf einem kleinen Boot ausgesetzt und die Setzlinge des Brotfruchtbaums dem Meer übergeben. Nachfahren der Meuterer leben noch heute auf Pitcairn inmitten des südpazifischen Ozeans, der kleinsten noch bestehenden britischen Kolonie. Im Jahre 1792 gelang es Bligh mit seinem Schiff, der Providence, schließlich doch noch, die Pflanze zu den Karibikinseln zu bringen, wofür ihm vor allem die Bewohner Grenadas heute noch dankbar sind. Die kopfgroßen Früchte des Brotfruchtbaums mit ihrer genoppten Haut erreichen ein Gewicht von 1–2,5 kg und werden in geschältem oder ungeschältem Zustand gekocht, gebraten oder frittiert.

werden die Bohnen abschließend poliert. Das Aroma der blaugrau bis blaugrünen Samen entfaltet sich erst durch den Röstvorgang bei einer Hitze von ungefähr 200–220 °C. Dabei entwickeln die Bohnen auch ihre hellbraune bis dunkelbraune Farbe.

Der kultiviert auf einer Höhe von 4–5 m gehaltene **Kakaobaum** (engl. *cocoa*) war schon im Aztekenreich als Nahrungsquelle von Bedeutung. Mexikanische Indianer stellten aus dem Mehl der zermahlenen Kakaobohnen eine Paste her, die mit Wasser verdünnt und Pfeffer gewürzt das erste Kakaogetränk ergab. Das Fruchtinnere der 10–20 cm langen, gelblichen, rötlichen oder bräunlichen Schoten besteht aus 30–50 Samen, im allgemeinen Sprachgebrauch auch als Kakaobohnen bezeichnet, die eingebettet sind in ein weißes, angenehm süß-säuerlich schmeckendes Fruchtmus. Der Kakaobaum fruchtet zwischen seinem 5. und 30. Lebensjahr und bringt jährlich etwa 20–40 Schoten hervor, die jedoch lediglich zur Herstellung von 500 g Schokolade ausreichen. Haupterntezeit ist Januar–Februar (s. S. 329 Kakaoverarbeitung).

Der etwa 7–15 m hohe, nicht sehr eindrucksvolle **Kaschubaum** (engl. *cashew)* ist vermutlich in Südamerika und auf den westindischen Inseln beheimatet. Der circa 5–10 cm lange, aufgeblähte Fruchtstiel, der Kaschuapfel, weist einen säuerlich aromatischen Geschmack auf. Er wird roh und gekocht als Gemüse gegessen oder zu Wein oder Likör fermentiert. Die eigentliche Frucht ist jedoch die Kaschunuss oder Cashewnuss, die am Ende des Fruchtstieles sitzt. Die Steinfrucht ist eingebettet in ein ätzendes Öl, das von einer Fruchtwand oder Schale umhüllt ist. Die giftige ölige Flüssigkeit löst Hautreizungen

aus und führt zu Bläschenbildung. Vorsicht ist also geboten sowohl beim Pflücken als auch beim Trennen der Frucht vom Apfel.

Sinnbild für Sonne, Sommer, Strand und Urlaub ist die majestätische, bis zu 20 m hohe **Kokospalme** (engl. *coconut palm).* Unter der äußeren, glattgrünen Schicht der Kokosnuss liegt eine dicke Faserhülle und darunter eine durch Nähte dreigeteilte, harte Steinschale. Unter der Steinschale folgt die ölhaltige Kopraschicht, der Keimling und im inneren Hohlraum das kohlensäurehaltige, sehr erfrischende Kokoswasser. Das zähe Holz der Kokospalme wird zu Mobiliar verarbeitet und dient als Baumaterial. Die Palmblätter werden zu Matten geflochten oder dienen als Material zum Dachdecken. Die Fasern verarbeitet man zu Tauen und Seilen und aus der

Der Kaschubaum (engl. *cashew)* – Lieferant der herrlich süßlich-nussig schmeckenden Cashew-Nüsse.

Steinschale werden Souvenirs oder Gefäße geschnitzt. Am wertvollsten ist jedoch die ölhaltige Kopraschicht, die man auch frisch verzehrt. Kokosmilch entsteht durch Ausdrücken der frisch geraspelten Kopraschicht in Wasser. Das durch Auspressen der getrockneten Kopraschicht gewonnene Öl ist Grundstoff der Margarineherstellung. Beim Anschneiden der Blütenstände tritt ein süßer trinkbarer Saft aus, der zur Herstellung von Palmzucker verwendet oder zu Palmwein vergoren wird. Essbar sind außerdem die Spitzentriebe ganz junger Kokosnüsse, die man Palmkohl nennt und das Palmherz, ein bei der Keimung entstehendes Organ der Kokosnuss, das unter Feinschmeckern sehr beliebt ist.

Der **Kürbis** (engl. *pumpkin)* ist eine der ältesten Kulturpflanzen Süd- und Mittelamerikas. Die Früchte der Rankenpflanzen mit ihren großen gelappten Blättern zählen zu den größten des Pflanzenreichs. Ihr leicht geripptes Äußeres ist gelblich braun bis orange und das karotinhaltige, süßlich schmeckende, fasrige Fruchtfleisch gelb. In der Karibik begegnet man dem sehr nahrhaften, zuckerreichen Kürbis meist in Form einer leckeren süßen Suppe.

Der etwa 15 m hohe **Mangobaum** (engl. *mango tree)* ist sehr leicht erkennbar an seiner kuppelförmigen Krone und den dunkelgrünen, ledrigen Blättern. Das gelblich bis orangefarbene Fruchtfleisch der Mango ist nicht nur saftig und süß, sondern auch reich an Vitamin C. Die Früchte werden frisch verzehrt, zu Marmelade oder Getränken verarbeitet, gekocht und als Beilage serviert.

Die **Maniok**- oder **Cassavapflanze** (engl. *cassava, manioc)* ist an ihrem wenig verzweigten holzigen Stängel zu erkennen, der 2–3 m Höhe erreichen kann, sowie an den langstieligen, palmartigen, gelappten Blättern. Die stärkehaltigen Maniokknollen entwickeln sich unter der Erde und können eine Länge von bis zu einem Meter erreichen. Die gesamte Pflanze enthält die äußerst giftige Blausäure. Daher muss der Maniok vor dem Verzehr mehrfach gewässert und anschließend gekocht werden. Der auf den karibischen Inseln sehr beliebte Pepperpot enthält das mit Zimt, Nelken und braunem Zucker gewürzte, stärkehaltige Wasser der Knollen, das man beim Zerreiben der Knollen zu Brei gewinnt.

Okra (engl. *okra, lady's finger)* ist eine der Pflanzen, die während des Sklavenhandels in die Karibik gebracht wurden. Man erkennt sie an ihren herzförmigen Blättern und den gelben, innen karmesinrot gezeichneten Blüten. Das Innere der etwa 15 cm großen Schoten, die Bestandteil vieler karibischer Gerichte sind, ist weich und gefüllt mit einer klebrigen, sämigen Masse. Den Samen nutzen mache Insulaner als Kaffee-Ersatz. Die Schoten dienen auch der Behandlung von Augenleiden und Entzündungen.

Der **Papaya**- oder **Melonenbaum** (engl. *pawpaw, papaya)* ist eigentlich kein Baum, sondern eine etwa 3–6, manchmal 8 m hohe Staude. Die gelbgrünen Papayas können eine Länge von 60–70 cm und ein Gewicht von bis zu 7 kg erreichen. Das leckere Fruchtfleisch ist gelblich bis rotorange, durchsetzt von schwarzen Samen und reich an Vitamin A und C. Sowohl Blätter als auch Fruchtfleisch sind angereichert mit dem eiweißspaltenden Enzym Papain, das als Weichmacher von Fleisch gilt. Daher wickeln die Insulaner Fleisch häufig in Papayablätter ein, bevor sie es garen.

Etwa 400 Arten der **Purpurgranadille** (engl. *passion fruit)*, davon 50–60 mit essbaren Früchten, kommen vom südamerikanischen Kontinent. Die Purpurgranadille, bei uns besser bekannt als **Maracuja** oder **Passionsfrucht**, ist eine Art Kletterpflanze mit langen grünen Ranken und großen farbenfrohen, einzigartig geformten Blüten. Das gelbe süßsäuerlich und sehr lecker schmeckende Fruchtfleisch der purpurfarbenen Früchte wird roh gegessen, meist jedoch zu einem sehr erfrischenden Fruchtsaft verarbeitet.

Die ovale dunkelgrüne Frucht des **Sauersackbaums** (engl. *soursop)* kann ein Gewicht von 2–3 kg erreichen und ist leicht zu erkennen an ihrer stachligen Haut. Das Fruchtfleisch ist leicht rosa und schmeckt süßsäuerlich. Meist wird es durch ein Sieb gedrückt und als Creme serviert oder zu Eiscreme verarbeitet.

An unzähligen karibischen Stränden trifft man auf die **Seetraube** (engl. *sea grape)*. Während sie in geschützten Gegenden eine Höhe von bis zu 15 m erreichen kann, wächst sie an der Küste eher als Strauch. Man erkennt sie an ihren ledrigen Blättern, die durchzogen sind von rötlichen Adern. Aus den rosafarbenen Blüten wachsen anfangs grüne, in der Reife violette Traubenbüschel. Die reifen Trauben sind ziemlich sauer und werden daher meist zu Gelee oder Marmelade verarbeitet.

Der gelb blühende **Sorrel** (engl. *sorrel)* ist eine einjährige Pflanze, die eine Höhe von etwa 1,80 m erreicht. Die reifen roten Früchte können zur Weihnachtszeit gepflückt werden. Zusammen mit verschiedenen Gewürzen weicht man sie einige Tage in Wasser ein. Das dunkelrote, aromatische Getränk hat einen ziemlich scharfen Geschmack. In Trinidad werden die vergorenen Früchte zur Herstellung eines sehr starken Likörs verwendet oder dem Rum beigemischt. Aus den reifen Samen werden Marmelade und Gelee zubereitet.

Die **Süßkartoffel** oder **Batate** (engl. *sweet potato)* fühlt sich in tropischen Gegenden heimisch, kommt aber vermutlich aus Ostasien. Die jungen Blätter werden ähnlich wie Spinat zubereitet. Die Knollen werden gekocht, in Öl gebraten oder dienen zur Herstellung von Mehl, Sirup, Stärke und auch Alkohol.

Die Heimat des circa 15 m hohen **Tamarindenbaumes** (engl. *tamarind)* ist Südafrika. Der große, anmutige Baum wird auf einigen karibischen Inseln als Windbrecher zum Schutz vor Wirbelstürmen gepflanzt. Das Innere der reifen braunen Hülsen besteht aus einem süß-säuerlichen Fruchtmark, das zu erfrischender Limonade, Marmelade oder Sirup verarbeitet wird, und relativ großen Samen, die gemeinsam mit den Fruchtmark wie ein leckeres Bonbon gelutscht werden können. Mit dem Fruchtmark von unreifen Tamarinden werden Fisch und Fleisch gewürzt.

Die aus Ostasien und Polynesien stammende **Taropflanze** (engl. *dasheen, taro)* ist in der Karibik sehr beliebt. Aus den etwa 1,50 m hohen Blättern wird Callaloo gekocht, das als Suppe oder Gemüse vor allem in Trinidad und Tobago jeden Sonntag auf dem Tisch steht. Der Geschmack der stärkehaltigen Knollen ähnelt dem der Kartoffel.

Die **Taubenerbse** (engl. *pigeon pea, congo pea)* ist eine entfernte Verwandte der Gartenbohne und wächst an einer circa 3 m hohen Staude. Die Farbe der reifen Hülsen reicht von hellgrün bis dunkelbraun und die der reifen Samen von weißlich über grau, gelb bis hin zu rötlich braun.

In getrocknetem Zustand landen die Samen oft im Curry oder in der Suppe. Junge grüne Samen stellen auch ein beliebtes Frischgemüse dar.

Die Europäer pflanzten das aus Neuguinea stammende **Zuckerrohr** (engl. *sugar cane)* bereits im 15. Jahrhundert auf den Kanarischen Inseln und Kolumbus brachte es auf die westindischen Inseln. Die gewaltigen Halme der zur Familie der Süßgräser zählenden Pflanze erreichen eine Höhe von 4–7 m und werden von 2–7 cm dick. Die durch Assimilation in den 1–2 m langen Blättern entstehenden Kohlenhydrate werden in Form von Saccharose in Zellen des halminneren Grundgewebes, einem weißen Mark, eingelagert. In der Zuckermühle wird das Zuckerrohr mit Hilfe von Walzen, die durch Wasserkraft angetrieben werden, ausgepresst. Die Halmrückstände, die sogenannte Bagasse, dienen als Brennstoff und werden zur Papier- und Faserplattenherstellung genutzt. Der in riesigen Bottichen gesammelte Saft wird zur Zuckergewinnung gereinigt und eingekocht. Durch Zentrifugieren werden die entstehenden Zuckerkristalle von anhaftendem Sirup und der Mutterlauge getrennt. Aus dem Zuckerrohrsaft gewinnt man nicht nur Zucker, sondern auch den überaus beliebten karibischen Rum (S. 334, Rumherstellung).

Gewürze

Die in Asien beheimatete, feuchtwarmes Klima liebende, 60–120 cm hohe **Ingwer**-Pflanze (engl. *ginger)* weist beblätterte Stängel und grünlich gelbe Blüten auf. Die im fleischigen Wurzelstock reich enthaltenen ätherischen Öle nutzt man für medizinische Zwecke, aber auch für bestimmte Parfüms. Daneben gilt kandierter Ingwer als leckere Süßigkeit. Als Gewürz verfeinert er Tee, Kuchen, Wein und auch Bier.

Auch der bis zu 20 m hohe, immergrüne **Nelkenbaum** (engl. *clove tree)* stammt von den Molukken. Die hellroten Knospen des Baumes werden gepflückt und in der Sonne getrocknet, wobei sie sich dunkelbraun färben. Das Wissen um die antibakterielle Wirkung der Nelken liegt schon einige Jahrhunderte zurück. Daneben wirkt die Nelke durchblutungs- und verdauungsfördernd und hilft bei Koliken, Blähungen, Zahnschmerzen und Mundgeruch. Hauptwirkstoff der Gewürznelke sind ätherische Öle.

Die Rhizome der Ingwer-Pflanze (engl. *ginger*) werden als Gewürz und Heilmittel verwendet.

Der **Pfeffer** (engl. *pepper)* ist angeblich das älteste Handelsgut zwischen Europa und dem Orient. Aus den unscheinbaren, grünlichen Blüten der Kletterpflanze reifen etwa 5 mm große, anfangs grüne, später rote beerenartige Früchte heran. Erntet man die Früchte vor ihrer Reife und trocknet sie in der Sonne, erhält man schwarze Pfefferkörner. Weiße Pfefferkörner werden aus den schwarzen Pfefferkörnern gewonnen, indem man diese einweicht und die Außenseite entfernt, oder die reifen Früchte mit feuchten Tüchern bedeckt und diese 3 Tage gären lässt. Das Fruchtfleisch lässt sich auf diese Weise leicht lösen und man erhält so die etwas milder schmeckenden weißen Pfefferkörner.

Der immergrüne **Zimtbaum** bzw. Zimtstrauch (engl. *cinnamon tree)* gehört zur Familie der Lorbeergewächse. Der Zimt gedeiht in mehreren Variationen, wobei lediglich Kaneel (Ceylonzimt), das aus der Innenrinde der 6 Monate bis 1 Jahr alten Triebe des Zimtstrauches gewonnen wird und Cassia (Chinazimt), das aus den Ästen und dem Stamm des Zimtbaumes gewonnen wird, von Bedeutung sind.

Nach Ablösen der Rindenstücke vom Holz färben sich diese recht schnell braun.

Die Enden rollen sich beim Trocknen ein und es entstehen die uns bekannten Zimtstangen, deren Qualität umso höher ist, je dünner und feiner sie sind.

Die Heimat des ganzjährig dicht belaubten, im Wildwuchs 15–20 m hohen Muskatnussbaums (engl. *nutmeg tree)* sind die Molukken. Unter der Kolonialherrschaft, Mitte des 19. Jahrhunderts, pflanzte man die Bäume erstmals in Belvidere. Vor Hurrikan Ivan war Grenada neben Indonesien weltweit zweitgrößter Lieferant des Gewürzes mit einem Exportanteil von 25–30 % und behauptete von sich, die qualitativ besten Muskatnüsse zu besitzen.

Grenada besucht zu haben, ohne über die Früchte zu fallen oder sie zu riechen, ist unmöglich. Sind die gelb-orangefarbenen, aprikosenähnlichen Früchte reif, platzt die Fruchthülse auf und der rote Samenmantel, die Muskatblüte, kommt zum Vorschein. Die Fruchthülse wird zu Marmelade oder Gelee verarbeitet. Auch der in allen Geschäften angebotene Muskatnuss-Sirup *(nutmeg syrup),* der dem Rumpunch seinen Geschmack verleiht, wird aus der Fruchthülse gewonnen.

Die wertvolle Muskatblüte (auch Macis genannt), die als wachsiges Geflecht um die Schale der Muskatnuss liegt, wird vorsichtig abgelöst, getrocknet und gelagert. Danach werden drei Qualitäten unterschieden: Die 1. Wahl hat sich gelb gefärbt und wird als Gewürz verkauft. Die Macisstückchen werden erst kurz vor dem Gebrauch zerkleinert oder man kocht sie mit und entfernt sie vor dem Verzehr. Die 2. Wahl hat eine gelblich rote Farbe. Diese Blüten werden gemahlen und zu Konservierungsstoffen verarbeitet. Angeblich sind sie Bestandteil aller Würste der Welt, selbst der Münchner Weißwürste. Die 3. Wahl ist eher schwärzlich und wird in der Kosmetikindustrie zur Herstellung von Lippenstift verwendet.

Unter dem Samenmantel liegt die Schale der Nuss. Überall auf Grenada läuft man über diese Schalen, die als Straßenbelag dienen. Auch nutzt man sie als Brennstoff. Der Teil der Frucht, der uns Europäern am besten bekannt ist – die Muskatnuss – liegt als Kern in der Schale. Die Muskatnuss würzt in Grenada fast alles, Gemüse, Fleisch, Gebäck oder Milchspeisen und bedeckt frisch geraspelt den Rumpunsch.

Grenadier schwören auf die Heilkräfte der Muskatnuss. Sie lutschen eine ungelagerte, ungetrocknete Muskatnuss in der Schale etwa 4 Tage oder legen sie unter die Zunge, um Lähmungen nach einem Schlaganfall zu beseitigen. Völlig unbedenklich ist der Verzehr von Muskat allerdings nicht: In höherer Dosierung (5–10 g) wirkt er als Rauschmittel und kann Krämpfe, Schwindel und Übelkeit verursachen – eine Überdosis der giftigen Substanzen kann sogar zum Tode führen.

Fauna

Säugetiere

Auf Trinidad leben etwa 100 verschiedene Säugetierarten. Zu den 62 insekten-, frucht- und fischfressenden **Fledermausarten** (engl. *bats)* zählen die echten Vampir-Fledermäuse, durch die das gesamte Geschlecht der Fledermäuse zu Unrecht in Verruf geriet, da sie keine Blutsauger, sondern Blutschlecker sind. Der schmerzlose Biss verursacht eine höchstens 3 mm große Wunde, die meist unbemerkt bleibt. Die eigentliche Gefahr dabei ist die Möglichkeit der Seuchenübertragung. Auf Trinidad starben in den 1930er-Jahren fast 90 Menschen durch tollwutinfizierte Vampir-Fledermäuse.

Zu den schönsten Säugetieren der Neuen Welt zählt der **Ozelot** (engl. *ocelot).* Die sehr scheue Waldkatze misst knapp einen Meter bei einer Schulterhöhe von etwa 45–50 cm. Restlos verzehrt sie ihre Beute u. a. Mäuse, Ratten, auch Pakas und junge Schweine. Ihr glänzend dichter Pelz ist an der Oberseite rötlich gelbgrau, die Unterseite eher gelblich weiß. Am ganzen Körper ist sie dunkel gefleckt, der Schwanz geringelt. Oberhalb der Augen überzieht ein schwarzer Gesichtsstreifen den Oberkopf.

Etwa 11 Arten der Gattung Dasyprocta leben auf den Kleinen Antillen, darunter auch das **Goldaguti** (engl. *agouti).* Die kleinen Nager sind sehr scheu, ausgezeichnete Läufer und Springer, sitzen beim Fressen wie Eichhörnchen aufrecht und benutzen ihre Vorderpfoten enorm geschickt. Die zierlichen, langbeinigen, etwa 30–40 cm Länge und einen Stummelschwanz aufweisenden Agutis werden wegen ihres schmackhaften Fleisches gejagt.

Ist das **Neunbindengürteltier** (engl. *armadillo* oder *tattoo)* nicht auf der Hut, landet es im Kochtopf der Insulaner. Stets auf der Suche nach leckeren Ameisen, Termiten, Würmern oder Echsen durchforstet es geschäftig die Urwälder und verschwindet bei Gefahr innerhalb kürzester Zeit in den trockensten Boden. Das gepanzerte Gürteltier hat eine Länge von etwa 40 cm (Schwanz ca. 35 cm), große Ohren, eine spitze rüsselartige Schnauze und einen Panzer, der wie der Name schon sagt, meist 9 Gürtelbinden aufweist. Auch das **Halsbandpekari** (engl. *quenk)* ist vor den Jägern nicht sicher. Dieses etwa 90 cm lange und 35–40 cm hohe, sehr wendige Wildschwein verdankt seinen Namen seiner gelblich weißen Schulterbinde. Ansonsten ist das borstige Fell dunkelbraun, an den Seiten und am Bauch etwas heller. Charakteristisch ist auch der kurze Kopf, die stumpfe Schnauze und der nur etwa 2 cm kurze Stummelschwanz. Die Halsbandpekaris leben in Rudeln, sind Tagtiere, Erdwühler und Kleintiervertilger. Sie greifen schon mal unvermittelt einen im Weg stehenden Menschen an, der dann schleunigst das Weite suchen sollte.

Zu den Beuteltieren zählt das **Südopossum** (engl. *manicou)*. Die etwa katzengroßen Beutelratten wagen sich erst nach Einbruch der Dunkelheit aus ihren Schlupfwinkeln. Sie sind typische Allesfresser (selbst Aas verschmähen sie nicht), besitzen einen Greifschwanz und etwas verlängerte Hinterbeine mit fünfzehigen Pfoten, die an Greifhände erinnern. Bei Bedrohung zeigen sie ihr raubtierähnliches Gebiss. Meist verfallen die Opossums jedoch in eine Schreckstarre, rollen sich zusammen und stellen sich meisterhaft tot.

Ein weiterer Nager ist der drollig anzusehende **Greifstachler** oder Cuandu (engl. *porcupine)* mit einer Länge von etwa 60–65 cm. Der Schwanz, der gleichzeitig Greiforgan ist, erreicht eine zusätzliche Länge von 40-45 cm. Charakteristisch sind die kurzen gelblich weißen Stacheln, die vom Gesicht bis zum oberen Schwanzende den gesamten Körper überziehen und am Hinterrücken bis zu 12 cm lang werden. Die Lieblingsruhestellung des friedliebenden Nagers ist auf seinem Schwanz sitzend, wobei er sein Gesicht in seinen „Händen" verbirgt. Wird er bedrängt, droht er witzigerweise erst mit den Fäusten, ehe er seine Stacheln zeigt. Greifstachler wohnen zumeist paarweise in Baumhöhlen und lieben Früchte, Blätter und Triebe.

Etwas häufiger zu Gesicht bekommt man einen **Kapuzineraffen** (engl. *capuchin monkeys)*. Die kleinen lebhaften Neuweltaffen sind sehr gesellig, haben eine gerunzelte, nackte Stirn und eine dunkle Kopfbedeckung. Sie sind anhänglich und fröhlich, aber auch nachtragend. Geschickt öffnen sie Früchte mit Steinen und zählen zu den wenigen Tieren, die sowohl lächeln als auch weinen können. Eine weitere Affenart stellen die in kleinen Familienverbänden lebenden Roten Brüllaffen (engl. red howlers) dar. Die Brüllaffen sind etwa 60–65 cm groß und der als selbstständiges Greiforgan fungierende Schwanz misst weitere 65–70 cm. Der Pelz ist meist rötlich bis kupferbraun, die Stirn fliehend und die vorgestreckte Schnauze von einem dunklen Vollbart umgeben. Männchen, Weibchen und Kinder beteiligen sich gleichermaßen an dem grunzenden, brüllenden, oft stundenlang andauernden Geheule. Warum die Blattfresser diesen Gesang veranstalten ist unklar. Vermutlich drücken sie damit ihre Lebensfreude aus.

Auf Trinidad leben vereinzelt, u.a. in den Nariva Swamps, die trotz ihres gewaltigen Körperumfangs wahrlich liebenswerten **Karibischen Manatis** (engl. *mantees)*. Die Seekühe werden etwa 2,50–3,50 m lang, haben eine rundliche Schwanzflosse und wiegen stolze 300–400 kg. Damit die Meeressäuger ihr Gewicht halten, vertilgen sie täglich etwa 20 kg Wasserpflanzen.

Reptilien und Amphibien

Auf Trinidad leben circa 70 Arten von Reptilien, darunter etwa 45 verschiedene Schlangen, von denen lediglich 4 giftig sind. In den allerseltensten Fällen wird man eine Giftschlange jedoch zu Gesicht bekommen, denn sie sind scheue, flüchtige Nachttiere und schon geringste Erschütterungen des Bodens lassen sie sofort ihre Schlupfwinkel aufsuchen. Auf Tobago, Grenada und Carriacou sucht man Giftschlangen vergeblich.

Zur Familie der Grubenottern zählen die angriffslustigen, spitzschnäuzigen **Amerikanischen Lanzenottern** (engl. *fer-de-lance*). Ein Biss ruft bei einem Menschen innere Blutungen hervor, färbt Haut und Fleisch schwarz und führt oft zum Tode. Ihr Schuppenkleid ist an der Unterseite gelblich und die Oberseite bestimmt eine orangebraune dreieckige Musterung.

Der **Buschmeister** (engl. *bushmaster)* ist die größte (3,75 m) und gefährlichste Grubenotter der Welt. Das Schuppenkleid ist oben rötlichgelb, schwarzbraun gefleckt und auf der Unterseite gelblich.

Auf Trinidad leben schließlich noch 2 weitere Giftnattern – die farbenprächtigen, auffällig geringelten **Korallenottern** (engl. *coral snakes)*. Die bekannteste ist die **Gewöhnliche Korallenotter**, die etwa 75 cm Länge aufweist. Ihr fein schwarz punktiertes Schuppenkleid ist breit schwarz geringelt, wobei jeder schwarze Ring durch schmalere grünlichweiße Säume begrenzt wird. Neben diesen Giftschlangen leben auf Trinidad – bevorzugt in Ufernähe – auch einige Boaschlangen, unter anderem die stattliche 8–9 m lange **Anakonda** (engl. *anaconda)*. Das Schuppenkleid der Riesenschlange ist olivbraun bis hell olivgrau mit großen runden schwarzen Flecken. Sie verspeist mit Vorliebe Vögel, Nager und kleine Kaimane. In der Regel flüchtet sie vor dem Menschen.

Einen **Gecko** (engl. *gecko)* wird hingegen jeder Besucher zu Gesicht bekommen. Die eifrigen Insektenjäger bewohnen gerne die Räumlichkeiten der Menschen und beginnen ihre Jagd mit kurzen, schrillen, zirpenden Schreien. Ihre etwa 2 Mill. feinste Borsten an den Haftlappen der Zehen ermöglichen es den Geckos Wände hinaufzuhuschen und sich an den winzigen Unebenheiten der Decken festzukrallen.

Eine weitere Echsenart, die auf den Antillen heimisch ist, ist der **Grüne Leguan** (engl. *iguana)*. Sein Rückenkamm reicht vom Nacken bis zum Ende des langen Kielschwanzes. Grüne Leguane sind seltener geworden. Trotzdem werden sie immer noch von den Einheimischen aufgrund ihres wohlschmeckenden Fleisches gejagt.

Mit das größte Reptil der Inseln ist der **Brillenkaiman** (engl. *spectacled cayman)*, der bis zu 3 m Länge aufweisen kann und auffällt durch seine schmale lang gestreckte Schnauze. Der Bril-

lenkaiman ernährt sich überwiegend von Fischen und Wasservögeln.

Allen Inseln gemeinsam sind die laubfroschähnlichen, schreifreudigen Antillenfrösche. Sie sind Baumbewohner und kleben ihren Laich an Blätter. Ein endemischer Vertreter dieser Art ist der **Goldene Baumfrosch** *(golden tree frog)*.

Insekten und Tausendfüßer

Lebhafte Lichterspiele bieten nach Sonnenuntergang auf den Inseln die **Leuchtkäfer** oder **Glühwürmchen** (engl. *glow-worm)*. Das Glühen, das aus Leuchtstrahlen besteht, senden zwei in Fett gehüllte und reichlich mit Nerven und Luftröhren versorgte Leuchtorgane am Hinterleib aus – ein herrlicher Anblick. Weniger lieblich ist der Anblick züngelnder Fühler einer **Kakerlake** (engl. *cockroach),* die sich nur Zentimeter neben dem nackten Fuß befindet, wenn man nachts schlaftrunken am Kühlschrank seinen Durst stillen will. In der nächsten Sekunde ist die Kakerlake auch schon wieder in eine dunkle Ritze verschwunden und passiert ist eigentlich gar nichts. Unangenehmer sind da schon die Stiche der **Moskitos** (engl. *mosquito)* und der etwa 1 mm großen **Sandflöhe.** Während die männlichen Sandflöhe unangenehm stechen und saugen, bohrt sich ein befruchtetes Weibchen auch fester ins Gewebe und wird zum Dauersauger, was natürlich heftigen Juckreiz auslöst.

Die tropischen **Hundertfüßer** sind sozusagen die Räuber unter den Tausendfüßern. Sie besitzen giftdrüsendurchsetzte Klauen, mit deren Hilfe sie ihr Beutetier lähmen. Der Biss kann auch beim Menschen zu unangenehmen Schwellungen und allergischen Reaktionen führen. Nicht zu vergessen sind die wundervollen **Schmetterlinge**, von denen auf Trinidad und Tobago über 600 verschiedene Arten beheimatet sind.

Vögel

In großer Mannigfaltigkeit, schillernd und bunt präsentiert sich die Vogelwelt der karibischen Inseln. Mit 433 dokumentierten Arten rangiert Trinidad & Tobago in Sachen Artenvielfalt unter den Top Ten der Welt. Vor allem Trinidad weist wundervolle, einzigartige Naturräume auf, welche die Herzen der Vogelliebhaber höher schlagen lassen (S. 55, Tierbeobachtungen).

Die lieblichsten Geschöpfe sind zweifelsohne die **Kolibris** (engl. *hummingbirds*). Schon die indianischen Ureinwohner gaben Trinidad & Tobago den Namen *Ieri* – das Land der Kolibris. In ihrer wundervollen Gestalt und den metallisch glänzenden Färbungen schwirren sie von Blüte zu Blüte und faszinieren jedermann. Sowohl ihre Fähigkeit, anmutig in der Luft zu „stehen", als auch ihre Schnelligkeit, der man oft nicht zu folgen vermag, verlangen den Vögeln enorme Kraftreserven ab. Pro Sekunde können unvorstellbare 50–200 Flügelschläge erreicht werden. Ohne

Schildkröten

Wer die Eiablage der in den tropischen und subtropischen Meeren heimischen Lederschildkröten (engl. *leatherback turtle*) erleben möchte, sollte auf Trinidad die Nord- oder Nordostküste aufsuchen, auf Tobago die Stone Haven Bay, die Great Courland Bay, Parlatuvier oder die Bloody Bay, auf Grenada den Levera Beach und auf Carriacou die Turtle oder Anse La Roche Bay.

Die gewaltigsten Schildkröten der Welt wiegen im Durchschnitt etwa 500 kg und messen circa 2 m. Ihr flacher, stromlinienförmiger Panzer besteht aus einer glatten lederartigen Haut. Über den Rücken verlaufen 7, über den Bauch 5 Längskiele. Die Lederschildkröten suchen wahrscheinlich lediglich zur Eiablage den Strand auf. Ein unbeschreiblicher Anblick, wie sich die Kolosse unter größter Anstrengung im Mondschein mit ihren Vorderflossen durch den Sand schieben, um einen Nistplatz oberhalb der Gezeitengrenze des Strandes zu suchen. Mehrmals halten sie inne, stöhnen und pumpen die Lungen voll mit Luft. Dieses Schauspiel sollte man lediglich aus der Distanz beobachten und keinesfalls mit der Taschenlampe herumfuchteln. Die Schildkröte könnte ihre Orientierung verlieren. Hat sie einen geeigneten Nistplatz gefunden, gräbt sie mit den Hinterflossen ein etwa 1 m tiefes Loch. Während des Ablegens der etwa 80–100 weißen, tennisballgroßen Eier hat man das Gefühl, die Schildkröte befände sich in einer Art Trancezustand. Ist sie fertig, schaufelt sie das Loch zu und schleppt sich wieder langsam zum Wasser.

Nach ungefähr 6 Wochen schlüpfen die Jungtiere, verharren noch einen Moment in den Schalen, brechen anschließend in Massen aus dem Nest hervor und rennen den Strand hinunter, dem schimmernden Meer entgegen. Ein großer Teil erliegt früher oder später den Räubern des Strandes und des Meeres. Die wunderbaren, geheimnisvollen Geschöpfe sind ebenso wie viele andere Tiere vom Aussterben bedroht. Auch deshalb ist unbedingt darauf zu achten, die Schildkröten während ihres Landgangs keinesfalls zu stören. Wer einen kleinen Beitrag zum Schutz dieser Urtiere leisten möchte, sei es in Form einer kleinen Spende oder durch das Patrouillieren des Strandes in den Monaten März–August, kann sich mit folgendem Verein in Verbindung setzen: Nature Seekers, ⌨ www.natureseekers.org; S. 174.

Neben der Lederschildkröte suchen auch Meeresschildkröten die karibischen Inseln zur Eiablage auf, unter anderem die Unechte Karettschildkröte (engl. *loggerhead turtle*), die Suppenschildkröte (engl. *green turtle*), die Bastardschildkröte (engl. *olive ridley turtle*) und die Echte Karettschildkröte (engl. *hawksbill turtle*).

Die Nationalvögel der Inseln

Der **Nationalvogel Tobagos** ist der **Chachalaca** (engl. *rufous-vented chachalaca* oder *cocrico*). Er steht den fasanartigen Vögeln sehr nahe, hat eine Größe von etwa 55 cm, lebt an Waldrändern und im Gebüsch und sucht auf dem Boden nach Nahrung. Er liebt kleine Früchte, Beeren und die jungen Triebe verschiedener Pflanzen – sehr zum Ärger vieler Farmer. Sein Name leitet sich in lautmalerischer Weise von den lauten, heiseren Rufen ab, die der Vogel ausstößt.

Der berühmteste Vogel Trinidads ist der **Scharlachsichler** oder **Rote Ibis** (engl. *scarlet ibis*). Seit der Unabhängigkeit 1962 steht er unter Schutz und wurde gleichzeitig **Nationalvogel** der Insel. Er ist etwa 57 cm lang, strahlend scharlachrot, weist ein nacktes rotes Gesicht und einen langen horngelben Schnabel auf. Er liebt Flussniederungen und Sümpfe und nistet in großen Kolonien in den Mangroven. In der Caroni Swamps schätzt man seine Zahl in der Regenzeit auf etwa 12 000. Er ernährt sich von Krebsen, Shrimps und kleinen Fischen. Jeden Abend, kurz bevor die Sonne untergeht, fliegen die roten Vögel in Scharen aus allen Himmelsrichtungen kommend auf die Zweige ihrer Mangroveninsel – ein unbeschreiblich schöner Anblick.

Grenadas Nationalvogel ist die unter Naturschutz stehende, endemische **Grenadataube** (engl. *grenada dove*). Ein Großteil des nur noch geringen Bestandes lebt in der Gegend um den Mt. Hartman im Süden Grenadas. Wenn man sie auch nur sehr selten zu Gesicht bekommt, so ist doch von Zeit zu Zeit der Kuckuckslaut zu hören, den das Männchen in gleichmäßigen Abständen ausstößt.

ein großes Herz, stählerne Flügelmuskulatur, eine leistungsstarke Lunge und permanente Nahrungsaufnahme könnten sie solche Leistungen nicht vollbringen. Sie lieben den Nektar, können jedoch ohne reichlich Insekten- oder Spinnenkost nicht überleben.

Die **Blautangaren** (engl. *blue-gray tanagers*) zählen zu den farbenfrohesten Vögeln der Neuen Welt. Sie messen etwa 15 cm und ihr Gefieder ist hell graublau bis blau. Die Tangaren lieben die Nähe menschlicher Siedlungen und kommen gerne auf den Boden herab.

Angesichts seiner Geselligkeit ist es schwierig, dem nur 10 cm großen **Gelbbrustzuckervogel** (engl. *bananaquit*) nicht zu begegnen. Die Oberseite ist schwarz bis grau, mit einem weißen Überaugenstreif, die Brust leuchtend gelb. Mit seinem kurzen Schnabel erbeutet er den süßen Nektar aus den tiefen Blütenkelchen, indem er diese am Grunde anstich. Der Bananaquit lässt sich gerne von Hotelbesitzern und Vogelfreunden mit bereitgestellten Leckereien wie Zucker, Sirup oder überreifen Bananen verwöhnen.

Die etwa 45 cm große **Diademsägeracke** (engl. *blue-crowned motmot*) wird auf Trinidad & Tobago aufgrund ihrer Schönheit auch **King of the Woods** genannt. Der Rücken ist grün, die Unterseite braun, Scheitel und Wangen schwarz umsäumt von strahlend blauen Federn. Wundervoll heben sich das prachtvolle Blau und das kastanienbraune Band im Nacken voneinander ab. Charakteristisch sind die beiden langen Steuerfedern des Schwanzes.

Häufiger zu Gesicht bekommt man auch den **Schwarzkehltrupial** (engl. *yellow oriole*). Der etwa 20 cm große Vogel ist ein baumbewohnender Insekten- und Fruchtfresser. Er ist auffällig leuchtend gelb; schwarz sind der spitze Schnabel, Kehle, Schwanz und die weiß geränderten Flügel.

Hoch oben in den Bäumen des Urwalds haben die Männchen der **Flechtenglockenvögel** (engl. *bearded bellbirds*) meist ein oder mehrere Rufplätze. Mit weit geöffnetem Schnabel lassen sie tagein tagaus ihre klangvollen, weit tönenden, glockenähnlichen Rufe erschallen. Das Männchen hat einen braunen Kopf, schwarze Flügel und weißlich graues Gefieder. Seine nackte Kehle trägt eine Art zerzausten Kinnbart. Das Weibchen dagegen ist olivgrün mit gelblichen Strähnen.

Im feuchten Regenwald des Asa Wright Nature Centre kann man hervorragend die **Säbelpipras** (engl. *white bearded manakins*) beobachten. Während das Weibchen unauffällig olivgrün ist, zeichnet sich beim etwa 11 cm großen Männchen der schneeweiße, nach vorne gesträubte Kinnbart kontrastreich gegen seinen tiefschwarzen Scheitel, Rücken und Schwanz ab. Säbel-

König des Waldes nennen die Einheimischen die schillernden Diademsägeracken.

pipras vermögen nicht nur mit Hilfe ihres Kehlkopfes allerlei Stimmlaute zu produzieren, sondern auch etliche Geräusche, die von ihren Flügeln und Gelenkknochen ausgehen. Wenn die Männchen also in ihren bevorzugten Gebüschen gemeinschaftlich balzen, fliegen und springen sie wild durcheinander unter ständigem Knattern, Rufen, Brummen, Flügelklappern, Schnarren und Fußaufschlagen.

Alexander von Humboldt entdeckte 1799 den einzigartigen, sehr selten vorkommenden **Fettschwalm** (engl. *oilbird*). Auf Trinidad ist der Nachtvogel in dunklen Höhlen und Felsgrotten zu finden, in denen er sich ähnlich wie die Fledermäuse per Echolotpeilung orientiert. Der rotbraune, 45 cm lange Fettschwalm begibt sich in der Abenddämmerung krächzend und schnabelklappernd auf Nahrungssuche. Da auch die Jungvögel mit ölhaltigen Palmfrüchten gefüttert werden, wiegen sie im Alter von 2–3 Monaten fast doppelt so viel wie ihre Eltern.

Das widrige Aussehen des **Rabengeiers** (engl. *black vulture*) und seine Art, sich hemmungslos auf Kadaver zu stürzen, machen ihn für viele zu einem unsympathischen Zeitgenossen. Doch mit dieser Eigenheit sorgt er für hygienische Verhältnisse und steht in Trinidad unter Schutz. Sowohl das Gefieder als auch der nackte Kopf sind rabenschwarz bis auf einen weißen Fleck an seiner Unterseite, der sich im Flug zeigt.

Unter den Seevögeln ist der **Fregattvogel** (engl. *magnificent frigatebird*) der König der

Segler. Den fantastischen Flugspezialisten, dessen Flügel eine Spannweite von bis zu 2,20 m erreichen, kann man überall an der Küste bewundern. Das schwarze kleinere Männchen übernimmt den Bau des Nestes wie auch das Ausbrüten des einen Eies. Die Fregattvögel sind Piraten. Sie streichen majestätisch über die Wellen und setzen den mit Beute zurückkehrenden Komoranen und Tölpeln so lange zu, bis die Beute fällt und sie danach schnappen können.

Wer einen dahinwackelnden **Meerespelikan** (engl. *brown pelican*) erblickt, kann sich nur schwer vorstellen, dass er ein meisterlicher Flieger ist. Er hat eine Länge von ca. 1,20 m und ist graubraun, bis auf den strohgelben Scheitel, den riesigen Schnabel, den kastanienbraunen Hinterhals und weiße Streifen an den Halsseiten. Erspäht er im Wasser seine Beute, so streckt er den im Flug nach hinten gebogenen Hals weit nach vorn und taucht hinab ins Meer. Mit eleganter Leichtigkeit schießt er wieder aus dem Wasser, den dehnbaren Kehlsack gefüllt mit leckerem Fisch. Er entfernt sich nie von der Küste und es macht unwahrscheinlich Spaß ihm beim Fischen zuzuschauen.

Von den zahlreichen weiteren Vogelarten seien noch die keinen Pfeffer fressenden Pfefferfresser – also die wundervollen **Tukane** – und auch die **Papageien** erwähnt. Wem es nicht vergönnt ist, diese in freier Natur zu beobachten, der kann die farbenprächtigen Tukane und Papageien im Emperor Valley Zoo in Port of Spain betrachten.

Bevölkerung

Die ursprünglich von den **Arawak**- und **Karibindianern** spärlich besiedelten karibischen Inseln waren bereits wenige Jahrzehnte nach ihrer Entdeckung durch Kolumbus ein Schmelztiegel – zumeist unfreiwilliger – Immigranten aus so vielen Ländern der Erde, dass deren Zahl inzwischen kaum mehr nachvollziehbar erscheint. Heute ist es gerade dieses kunterbunte Kulturgemisch, das vor allem die Faszination Trinidads, aber auch der anderen Inseln ausmacht.

Die Indios, die heute praktisch ausgestorben sind, wurden zu den ersten Opfern der rücksichtslosen Ausbeutung und Versklavung durch die Kolonialherren. Während man auf Grenada schon 1653 keinen einzigen Indianer mehr zählte, schätzte man die Zahl in **Trinidad** Anfang des 19. Jahrhunderts auf wenige Hundert, die in kleinen Siedlungen (Arima, Savana Grande, Toco) ihr Dasein fristeten. Neben den Krankheiten des weißen Mannes, der extremen Arbeitsbelastung, schlechter Ernährung und körperlicher Züchtigung führte vor allem die Unvereinbarkeit ihrer Riten und Gebräuche mit der auferlegten neuen Lebensform der Sklaverei zu dieser ungeheuer raschen Dezimierung bis hin zur Ausrottung.

Die ersten wenigen **spanischen Kolonisten**, die auf Trinidad anfänglich recht erfolgreich Kakaokulturen züchteten, deckten ihren Arbeitskräftebedarf durch die Indianer, religiöse Flüchtlinge, deportierte Kriminelle, politisch Gefangene und vertraglich gedungene Arbeiter, bis ein Schädlingsbefall im frühen 18. Jahrhundert die Pflanzungen derart verwüstete, dass die Mehrzahl der Kolonisten die Insel wieder verließen. Erst Ende des 18. Jahrhunderts setzte mit dem Zuzug **französischer Kolonisten**, vor allem Flüchtlinge aus Haiti und anderen französisch verwalteten Inseln, die sich dem Zuckerrohranbau zuwandten, eine neue Entwicklung ein.

Konnte der Anbau von Kakao und Tabak noch mit wenigen Arbeitern bewältigt werden, bedeutete der Anbau von Zuckerrohr einen ständig steigenden Bedarf an Arbeitskräften, welcher durch aus Afrika importierte Sklaven gedeckt werden musste. Bald wurden die **Afrikaner** die stärkste ethnische Gruppe. Um eine mögliche Rebellion der Schwarzen gegen die weiße Minderheit von vornherein einzudämmen, strebten die Kolonialherren eine völlige Desintegration der Schwarzen an. Einzelne Familienmitglieder wurden an unterschiedliche Sklavenhändler und schließlich in unterschiedliche Länder verkauft. So fanden sich Sklaven mit unterschiedlicher Sprache und den verschiedensten Kulturmustern auf den Plantagen wieder.

Nach der Abschaffung der Sklaverei im Jahre 1834 wurden die ehemaligen Sklaven noch weitere vier Jahre gesetzlich an die Plantagen gebunden, allerdings konnten die Ex-Sklaven nicht mehr gezwungen werden 18 Stunden zu arbeiten, womit die Erträge der Pflanzer rückläufig wurden.

1838 verließen schließlich viele der befreiten Sklaven die Plantagen und ließen sich in küstenfernen Waldgebieten als Kleinbauern nieder.

Für die Pflanzer bedeutete dies, dass neue billige Arbeitskräfte gewonnen werden mussten. Obwohl viele Schiffe aus unterschiedlichen Ländern, die hunderte von Arbeitern mitbrachten, den Hafen von Trinidad anliefen, konnte der Bedarf nicht gedeckt werden. Vergleichbare Probleme hatte die britische Zuckerrohrinsel Mauritius, die bereits erfolgreich ungelernte indische Arbeiter anwarb. Für Trinidad begann die Zeit der indischen Einwanderung mit der Ankunft des ersten Schiffes aus Kalkutta im Jahre 1845. Bis zum gesetzlichen Verbot der Verschiffung indischer Kontraktarbeiter im Jahre 1917 erreichten über 140 000 **Inder** Trinidad. Seither hat es, was die Bevölkerungszusammensetzung angeht, keine gravierenden Umschichtungen mehr gegeben.

Wurden die deportierten afrikanischen Sklaven wirklich vollkommen ihrem sozio-kulturellen Erbe entfremdet, so führte die 5-jährige indische Kontraktarbeit doch zu einem tief greifenden Verlust religiöser und sozialer Werte. Vor allem das Kastensystem, von zentraler gesellschaftlicher Bedeutung, wurde durch die Nichtbeachtung der räumlichen Trennung verschiedener Kastenmitglieder auf den Plantagen missachtet, so dass es heute für die trinidadischen Hindus, die neben Moslems und Christen fast 70 % der trinidadischen Inder ausmachen, im Alltag eine weitaus weniger zentrale Rolle spielt. Priester gehen immer noch aus der Kaste der Brahmanen hervor. Doch wäre in Indien undenkbar wäre, die Heirat von Angehörigen zweier unterschiedlicher Kasten, ist in Trinidad kein Tabu mehr. Zwar arrangieren Hindueltern nach wie vor die Hochzeit, d. h. sie suchen möglichst einen Partner der gleichen Kaste. Tochter bzw. Sohn haben jedoch nach dem ersten Kennen lernen noch ein Vetorecht, womit die Suche der Eltern erneut beginnt.

Auch hinduistische Essenstabus werden in Trinidad nicht mehr so streng befolgt. Zwar wird Schweinefleisch keinesfalls gegessen und Rindfleisch gemieden, aber über den Genuss von Hühnerfleisch, das in Indien nur weniger unrein ist als Schweinefleisch, denkt man anders. Nach wie vor kennzeichnend für die indischen Familien Trinidads ist auch der niedrige Status der Frau,

Berühmte Trinis und Grenadier

Die karibischen Inseln haben nicht nur herrliche Strände und einen famosen Karneval zu bieten, sondern auch echte Promis, mit denen die kleinen Inselstaaten weit über die Grenzen der Karibik hinaus auf sich aufmerksam gemacht haben. Vor allem mit Schönheitsköniginnen sind die Inseln reich gesegnet. 1977 wurde **Janelle Penny Commissiong** zur ersten schwarzen Miss Universum gekrönt. Einige Jahre später wählte die Jury **Giselle LaRonde** zur Miss World. Tage- und nächtelang flimmerte schließlich Miss Universum 1998, **Wendy Fitzwilliam**, über die Bildschirme. Und **Jennifer Hosten** gewann den Titel zur Miss World 1970 für Grenada.

Hasley Crawford repräsentierte T&T bei vier Olympischen Spielen und gewann 1976 bei den Spielen in Montréal Gold im 100 m Sprint. In seine Fußstapfen trat **Ato Boldon**, die bis dahin jüngste lebende Sportlegende Trinidads und Tobagos. Er errang bei den Olympischen Spielen 1996 in Atlanta zwei Bronzemedaillen über 100 und 200 m, und 2000 in Sydney wurde er Olympia-Zweiter über 100 m und Dritter über 200 m. Für Furore sorgten die letzten Jahre jedoch der Junioren-Weltrekordler **Darrel Brown**, der bei der WM in Paris 2003 Zweiter über 100 m wurde, und **Marc Burns**, Siebter im 100-Meterlauf 2005 in Helsinki. Grenadas Star ist 400-Meterläufer **Alleyne Francique**, Vierter der Olympischen Spiele 2004. Absoluter Superstar jedoch ist Weltrekordler **Brian Lara**, bester Cricketspieler bis zum heutigen Tage.

Dwight Yorke ist das große Vorbild aller Nachwuchskicker. Der hoch dotierte Fußballspieler gehörte zu den Superstars von Manchester United, dem englischen Meister, Pokalsieger und Gewinner der Champions League 1999.

Wer kennt ihn nicht, den Song *You Sexy Thing* von Hot Chocolate, Bandmitglied **Pat Olive** – ein Grenadier. Und neben unzähligen *famous Calypsonians* sei Slinger Francisco – The **Migthy Sparrow** erwähnt, der unübertroffene *Calypso King of The World*. In kultureller Hinsicht ist **V. S. Naipaul**, der Literaturnobelpreisträger von 2001, das Aushängeschild der Trinis, S. 183.

die geringe Anzahl von Ehescheidungen und das gemeinschaftliche Eigentum. Dagegen sind die Familienstrukturen der Afrikaner weniger patriarchalisch, eheähnliche Gemeinschaften – wie das *Friending* oder *Living* – sind die häufigste Form des Zusammenlebens und Frauen haben innerhalb der Familie oft das Sagen. Trotz zunehmenden internationalen Einflusses lässt sich feststellen, dass von allen ethnischen Gruppen, die sich in Trinidad angesiedelt haben, die Inder ihre kulturelle Eigenständigkeit am stärksten bewahrt haben.

Während den Indern die im Herzen des Zuckerrohranbaugebietes gelegenen Sumpfgebiete für den Reisanbau ideal schienen und bis heute die Hauptansiedlungsgebiete geblieben sind, vermuten Ethnologen, dass Feldarbeit in der Vorstellung der Afrikaner und Mischlinge immer noch mit dem Stigma der Sklaverei behaftet ist, so dass sie die Stadt als Wohnsitz und Arbeitsort vorziehen.

Dem Ruf, auf Trinidad zu siedeln, folgten auch andere Nationen. **Schwarzen amerikanischen** Soldaten, die Großbritannien 1812 im Krieg gegen die USA um den Besitz Kanadas unterstützt hatten, gewährte man Land und Ex-Sklaven anderer karibischer Inseln lockten die hohen Löhne. Projekte wie beispielsweise **Chinesen** ins Land zu

Einfach nur ein Trini

Von Dennis Tayé

Bist du jemals gefragt worden: „Was bist du?", und du wusstest genau, es ging nicht etwa darum, ob du ein Junge oder ein Mädchen bist. Es ging um deine Abstammung. Für einige von uns ist die Antwort denkbar einfach: schwarz oder weiß oder indisch. Aber für andere wie mich führt diese Frage durch eine Geografiestunde. Es gibt eine lange und eine kurze Antwort auf diese häufig gestellte Frage. Die ausführliche lautet wie folgt: Die Eltern meiner Mutter sind syrisch/spanischer und afrikanisch/indischer Herkunft. Die Eltern meines Vaters dagegen sind afrikanisch/unbekannter sowie spanisch/afrikanisch/venezolanisch-indianischer Abstammung. Das alles macht mich, und das ist die kurze Antwort, zu einem Trini.

Trini deshalb, weil dies die einzige Insel ist, die so etwas wie mich hervorbringen konnte. Die einzige Insel mit so tief verwurzelter Integration, dass sich vor 66 Jahren (meine Eltern sind beide 1931 geboren) vier Menschen derart unterschiedlicher Herkunft entschließen konnten, Kinder zu bekommen.

Meine Kindheit verbrachte ich in dem Glauben, ich sei schwarz. Aber irgendwie hatte ich schon immer das Gefühl, dass da noch mehr dahinter steckte. Die Witze über Schwarze fand ich nicht lustig, denn ich hatte einen Bruder, der richtig schwarz war. Auch über die Inderwitze konnte ich nicht lachen, da meine zweitälteste Schwester sehr indisch aussah. Und all die Witze über Weiße und Hellhäutige waren auch nicht witzig, da sie indirekt meine geliebte Großmutter trafen. Meine Verwirrung war groß und endete manchmal in Selbstzweifel und Selbsthass, als ich über die Bürgerrechtskämpfe der 50er- und 60er-Jahre zu lesen begann. Ich war noch ein Teenager und damals misstraute die schwarze Bevölkerung Amerikas jedem Hellhäutigen. Schließlich könnte dieser Hellhäutige Nachkomme eines Sklavenhalters sein, der ein unschuldiges schwarzes Sklavenmädchen vergewaltigt hatte. Ich sah dies alles vor Augen, brachte jedoch nicht den Mut auf, meine Großmutter zu fragen, wer ihr Vergewaltiger war. Und selbst das hätte mich nicht weitergebracht, denn gehörte sie nicht auch zu diesen hellhäutigen Teufeln? Als ich feststellte, dass es keine einfachen Antworten gab auf meine komplizierten Fragen, kehrte ich zu der Person zurück, der ich vertraute und von der ich eine aufrichtige, unvoreingenommene Antwort erwarten konnte – zu mir selbst. Ich musste mich fragen, wer ich war und warum ich so aussah wie ich aussah. Ich begann in meiner Familiengeschichte zu wühlen.

Mein Vater erzählte mir, dass er seinem Vater, nach dem ich benannt bin, sehr ähnelte. Leider holen stellten sich aufgrund hoher Transportkosten und erschreckender Sterblichkeitsraten als Fehlschlag heraus. Diejenigen die blieben, begannen sich bald als Ladenbesitzer zu betätigen. Die Einwanderungswelle siedlungswilliger **Portugiesen** stoppte man, da Europäer der Arbeiterschicht das etablierte Gesellschaftsgefüge ins Wanken gebracht hätten. Anfang des 19. Jahrhunderts suchten religiös verfolgte **Syrer** Zuflucht auf Trinidad und während des Zweiten Weltkrieges wählten einige **Juden** die Insel zu ihrer neuen Heimat.

Heute machen Bewohner indischer und afrikanischer Abstammung je 40 % der Bevölkerung Trinidads aus, die Mulatten stellen mit etwa 15 % die drittgrößte Bevölkerungsgruppe dar. Je 1 % machen Chinesen und Libanesen aus und mit 2 % stellen Weiße – englischer, portugiesischer, französischer und spanischer Abstammung – immer noch eine privilegierte Minderheit dar, die in wohlhabenden Vorstadtsiedlungen oder Landgütern über das ganze Land hinweg leben.

Da sich **Tobago** bis Ende des 19. Jahrhunderts unabhängig von Trinidad entwickelte, ist die Bevölkerung fast ausschließlich afrikanischer Herkunft. Auch **Grenada** wird zu 85 % von Afrokariben bewohnt, 11 % sind Mischlinge und der Rest Inder und Europäer.

waren beide nie sonderlich gesprächig gewesen. So überraschte es mich nicht, dass Pops nie fragte und mein Opa nie von sich aus erzählt hatte. So ging vieles verloren. Von meiner Tante erfuhr ich, dass meine älteste Schwester sehr unserer Großmutter ähnelte, aber auch Großmutter war nicht sehr mitteilungsbedürftig gewesen, so dass mir meine Tante auch nicht mehr erzählen konnte.

Meine Großeltern mütterlicherseits stammen aus Syrien und Venezuela/Spanien. Der Vater meiner Mutter, vermutlich afrikanischen und indischen Ursprungs, ließ sich aus irgendwelchen unbekannten Gründen nie in unserer Familie blicken. Deshalb habe ich, was mich betrifft, nur einen Großvater.

Soll ich nun jedes Mal so weit ausholen, wenn mir jemand die einfache Frage stellt: „Was bist du?" Wohl kaum. Ich ziehe es vor ohne jeden Zweifel auf diese Frage antworten zu können: „Ich bin ein Trini." Wo sonst auf diesem Planeten könnten sich Syrer und Europäer begegnen und sich verlieben? Wo sonst könnte ein Afrikaner auf eine indische Frau zugehen, seine Gefühle in Reim verpacken und damit auch noch durchkommen?

Die Bezeichnungen für Rassenvermischungen, mit denen wir aufgewachsen sind, sind samt und sonders Schimpfnamen. Von „mulatto" über „dougla" (indisch-afrikanisch, Anm. d. Übers.) bis „reds" stellen all diese Namen entweder einen Teil der Herkunft über den anderen oder setzten das Individuum wegen seiner gemischten Herkunft herab. Zum Beispiel bedeutet „mulatto" Maultier und „dougla" ist von dem Hindi-Wort für Bastard abgeleitet. Seien wir realistisch – kann ich mich tatsächlich als schwarz bezeichnen? Warum kann ich mich nicht einfach mediterran nennen hinsichtlich meiner syrisch/spanischen Vorfahren? Warum kann ich nicht mit meinen indischen Freunden, den „Coolies", samstagabends Musikbox schauen, in der gleichen Weise, in der ich mit meinen „Niggas" zusammensitze und die Raps von *Yo MTV* höre? Der Grund ist, dass ich wirklich nicht nur ein Teil von mir sein kann auf Kosten eines anderen.

Also werde ich ein Trini sein. Ich werde zu meinen indischen Nachbarn gehen und zu Diwali Deyas anzünden und Curry essen und mit meinen muslimischen Freunden an Eid-ul-Fitr Sawine trinken. Oder noch besser, ich werde alle zum Wochenende zum Curry einladen, weil meine Mum den besten Rumpunch macht. Und zu Weihnachten bekommen alle einen Vorschuss für ihre Karnevalskostüme.

Abdruck mit freundlicher Genehmigung des Autors – Übersetzung Christine De Vreese

Innerhalb dieses kunterbunten Völkergemischs, das vielleicht einzigartig in der Welt ist, hat es zwischen den einzelnen Ethnien bis heute nie bedeutendere Verbindungen gegeben. Zwar spricht man immer wieder von Toleranz, Koexistenz und Annäherung und es werden von Seiten der Regierung beständig Versuche unternommen, die Isolation der Ethnien zu durchbrechen, um ein gemeinschaftliches Nationalgefühl zu schaffen, aber der Traum, eine vollständige Integration der Bevölkerungsgruppen zu erreichen, ist von der Realität weit entfernt. Misstrauen und Konkurrenzdenken zwischen Indern und Afrikanern sowie tief verwurzeltes Hierarchiedenken erschweren die Integrationsbemühungen. In den Augen der Afrikaner, die bis zur Sklavenbefreiung den unterprivilegiertesten Status eingenommen hatten, besetzten die neu ankommenden Inder nun diesen Status. Die Inder hingegen fühlten sich den Afrikanern kulturell schon immer weit überlegen und erkannten die niedrige Stellung nie an.

Trotzdem der Umgang der verschiedenen Rassen miteinander nicht immer als beispielhaft bezeichnet werden kann, sind die Trinis doch ein wenig stolz auf das Image der Regenbogengesellschaft, mit dem die Tourismusbehörde in ihren Hochglanzprospekten wirbt. Sicherlich ist **Toleranz** der richtige Begriff für das Zusammenleben auf den Inseln und Rassenkonflikte sind weitaus weniger ausgeprägt als in anderen Ländern. Uns Touristen bleiben Reibereien gänzlich verborgen. Wir begegnen einem Volk, das selbstbewusst, aufgeschlossen, ausgesprochen freundlich, humorvoll und hilfsbereit ist. Jeder Gruß unserseits wird erwidert mit einer lässigen Handbewegung und einem – im ersten Moment unverständlichen – *all right!*

Das Leben auf den Inseln verläuft zudem ausgesprochen genussorientiert. Zum täglichen Leben zählt das *liming* – Menschen treffen, reden, ein Carib trinken, lachen, beobachten, genießen und einfach Zeit verstreichen lassen. Es ist ein süßes Nichtstun, das im europäischen Alltag eines Europäers kaum mehr Platz findet oder das wir verlernt haben. Bemerkenswert ist auch die Feierfreudigkeit der Trinis, die euphorisch ihrem explosiven Karneval entgegenfiebern, der nicht selten in einem Atemzug mit dem Karneval in Rio

genannt wird. Auch andere Feste wie Phagwa werden ausgiebig gefeiert und Musik gehört zum Leben wie das tägliche Brot.

Sprache

Offizielle Amtssprache ist Englisch. Bedingt durch das Erbe von Kolonisten und Immigranten aus unterschiedlichen Ländern fand ein Prozess sprachlicher Verschmelzung statt, der zur Entstehung einer kreolischen Variante des Englischen führte. Diese Mischsprache, die sowohl im Vokabular als auch im Satzbau französische, spanische und afrikanische Einflüsse vereinigt, wird überwiegend im Alltag gesprochen. Vereinzelt spricht man auch Hindi-Dialekte, Spanisch und französisches Kreolisch (Patois).

Geschichte
Trinidad & Tobago

Die Anfänge

Trinidad gilt als die erste von Arawak besiedelte Insel des karibischen Archipels. Die friedliebenden, Ackerbau treibenden Fischer und Jäger wurden um 1000 n. Chr. von den vom südamerikanischen Festland kommenden Kariben unterjocht – einem kriegerischen Volk mit dem Brauch sich das Herz eines mutigen Gegners einzuverleiben, um sich an dessen Stärke zu bereichern. Die indianische Urbevölkerung nannte das Land Ieri – Insel der Kolibris – und als **Christoph Kolumbus** die Insel 1498 entdeckte, betrug die Bevölkerungszahl etwa 35 000. Hauptsächlich bewohnten die Indianer küstennahe Gebiete, bauten Maniok an und betrieben regen Handel mit anderen Stämmen des südamerikanischen Festlandes.

Kolumbus, der sich der Südostküste näherte, nahm als Erstes die drei Hügel der Trinity Hills wahr und gab der Insel den Namen Trinidad (spanisch: Dreifaltigkeit). Trinkwasserknappheit bewog ihn vor Moruga zu ankern und die Insel zu betreten. Während er an Land nur auf Spuren menschlicher Existenz stieß, näherten sich ihm in der Nähe des Icacos Point Indianer in einem Einbaum. Die Begegnung endete jedoch mit deren Flucht.

Kolumbus kreuzte anschließend im Gulf of Paria und sichtete auf seiner Weiterfahrt Richtung Santo Domingo zwei weitere Inseln, die er Concepcion (Grenada) und Assumpcion (Tobago) taufte.

1580 machte sich der Spanier **Don Antonio de Berrio y Oruña** auf die Suche nach dem sagenumwobenen El Dorado. Der Versuch scheiterte, aber die Überzeugung, das Goldland müsse Trinidad sehr nahe sein, veranlasste die Spanier Trinidad zu besiedeln und de Berrio zum Gouverneur zu ernennen. Im Namen de Berrios landete Domingo de Vera 1592 mit 60 Soldaten auf Trinidad und errichtete eine Siedlung, die er San José de Oruña (heute St. Joseph) nannte.

Schon drei Jahre nach seiner Errichtung wurde San José von Sir Walter Raleigh, der sich gleichfalls der Suche nach El Dorado verschrieben hatte, geplündert und dem Erdboden gleichgemacht, bald aber wieder aufgebaut.

Die Spanier zeigten ansonsten wenig Interesse an der Insel, einige wenige privilegierte spanische Kolonisten hatten sich niedergelassen und ließen ihre Plantagen von Indianern bewirtschaften. Kapuzinermönche errichteten Missionen, widmeten sich der Christianisierung und zogen die Ureinwohner zum Bau weiterer Kirchen heran. Wer rebellierte, bezahlte dies mit seinem Leben. Wer von den spanischen Soldaten verschont blieb, erlag den von Europäern eingeschleppten Krankheiten, so dass innerhalb von drei Jahrhunderten die einheimische Bevölkerung so gut wie ausgelöscht war.

Das Zeitalter der Sklaverei

Fortgesetzte Angriffe holländischer, französischer und britischer Piraten führten zur erneuten Zerstörung San Josés. 1757 verlegte der Gouverneur **Pedro de la Moneda** seinen Sitz nach Puerto de España (Port of Spain) und die Spanier beschlossen schließlich doch, sich der Entwicklung Trinidads zu widmen. Die Initialzündung gab ein Franzose namens Roumé de Saint-Laurent. 1783 erwirkte er die Verkündung der Cedula de Populacion, die investitionsbereiten Pflanzern Unterstützung in Form von Land und Steuerfreiheit versprach, soweit sie sich der spanischen Krone gegenüber loyal zeigten und römisch-katholischen Glaubens waren.

Es kamen vor allem Franzosen. Pflanzer aus dem britisch verwalteten Grenada, die dort als Katholiken diskriminiert wurden und die ihre schwarzen Sklaven mitbrachten, und Royalisten aus dem Mutterland, die die Zeichen der Zeit erkannt hatten und es vorzogen, das Land zu verlassen. Auch Mulatten, die Sklaven mitbrachten, wurde Land zugesprochen. Das Konzept fruchtete, wenige Jahre später hatte sich die Bevölkerungszahl schon fast verzehnfacht und die Wirtschaft blühte.

Die Französische Revolution 1789 ließ Trinidad zu einem Zufluchtsort und Nährboden der unterschiedlichsten Ideologien werden. Zu den Königstreuen gesellten sich bald auch Republikaner und der neue spanische Gouverneur **José Maria Chacón** befürchtete nicht grundlos, dass nun auch die Schwarzen Freiheit und Gleichheit einfordern könnten.

Den Engländern war das Aufstreben Trinidads nicht entgangen und die Zeichen der Zeit standen günstig. Den Angriffen unter Sir **Ralf Abercromby** 1797 hatte die desolate Verteidigungsmaschinerie der Spanier wenig entgegenzusetzen. Auch sah Chacón, ein treuer Royalist, Trinidad lieber in den Händen großzügiger britischer Feinde als unter der Macht verräterischer Republikaner aus dem verbündeten Frankreich. Die Spanier ergaben sich praktisch wehrlos und setzten ihre eigenen Schiffe in Brand. Abercromby ernannte seinen Offizier **Thomas Picton** zum Gouverneur, ließ die spanischen Gesetze unverändert, schickte die Soldaten zurück nach Spanien und garantierte jedem Pflanzer seinen Besitz, der bereit war, den britischen Treueeid zu schwören.

Picton betrachtete Mulatten und Sklaven als potenzielle Aufwiegler. Unter seiner 6-jährigen Schreckensherrschaft waren farbige Pflanzer wie Sklaven unerbittlichen Repressalien ausgesetzt. Als mit den gedanklichen Strömungen der Aufklärung der Abolitionismus immer mehr Zuspruch fand, war Picton als Gouverneur schließlich nicht mehr tragbar und wurde 1802 von **Thomas Hislop** abgelöst.

Gegen den Protest der Pflanzer verbot England zu Anfang des 19. Jahrhunderts den Sklavenhandel im gesamten Kolonialreich. 1834 wurde schließlich die Sklaverei in allen englischen Kolonien endgültig abgeschafft.

Die Regierung entschädigte die Sklavenhalter für ihre Verluste und verpflichtete die Sklaven für weitere 6 Jahre als Kontraktarbeiter tätig zu sein. Die schon 1838 endende Kontraktarbeit bedeutete für die Sklaven endlich Freiheit. Die meisten verließen die Plantagen so schnell es ging, was für viele Plantagenbesitzer, die sich mittlerweile auf den Anbau von Zuckerrohr konzentriert hatten, verheerende Folgen hatten.

Anwerbung indischer Kontraktarbeiter

Der anhaltende Arbeitskräftemangel bewog die Regierung dazu, nach dem Vorbild der Insel Mauritius indische Kontraktarbeiter anzuwerben. Aufgrund schlechter Lebensbedingungen in Indien waren viele bereit ihr Land zu verlassen. Schließlich legte im Mai 1845 das erste Schiff mit 225 Einwanderern aus Kalkutta im Hafen Port of Spains an und bis zur Abschaffung des Systems im Jahre 1917 hatten sich fast 150 000 Inder für ein Leben auf Trinidad entschieden. Per Vertrag wurden sie zu fünf Jahren Plantagenarbeit verpflichtet, ab 1854 wurden die Verträge auf zehn Jahre abgeschlossen. Die Rahmenbedingungen wie Mindestlohn und Arbeitszeiten wurden jedoch von den Pflanzern oft missachtet, die Lebensbedingungen der in Baracken zusammengepferchten Inder waren erbärmlich. Nach Ablauf der zehn Jahre stand ihnen eine kostenlose Schiffspassage in die Heimat zu. Viele akzeptierten Land anstelle des Rückreisetickets und betätigten sich als Kleinbauern, andere blieben auf den Plantagen oder gingen ihrem erlernten Handwerk nach.

Bis dahin auf Tobago

Der niederländische Kapitän Joachim Gijsz, unterwegs von Brasilien in Richtung Heimat, ankerte 1627 vor Tobago. Was er vorfand, war ein von Europäern noch unberührtes Land. Zurück in den Niederlanden berichtete Gijsz dem reichen Handelsabenteurer Jan de Moor, damals Bürgermeister der niederländischen Stadt Flushing, von der günstigen Möglichkeit, Kolonialbesitz zu etablieren. Entschlossen die Insel zu besiedeln, stellte Jan de Moor einen Transport mit 61 Personen unter das Kommando von Jacob Maerz.

Die Siedler erreichten Tobago Ende April 1628 und wählten die nähere Umgebung von Plymouth

als ihre neue Heimat. Sie gaben der Insel und auch der Siedlung den Namen Niew Walcheren. Etwa ein Jahr später erfuhr der spanische Gouverneur von Trinidad, Don Luis de Monsalves, von der niederländischen Siedlung auf Tobago und stiftete listig die Kariben der Nachbarinseln Grenada und St. Vincent an, ihre Brüder auf Tobago im Kampf gegen die Eindringlinge zu unterstützen, so dass die niederländischen Siedler sich schon Anfang 1630 ständigen Angriffen der Kariben ausgesetzt sahen und entmutigt nach Guayana flohen.

Zahlreiche weitere Versuche der Niederländer wie auch der Engländer, die Insel in Besitz zu nehmen, waren zum Scheitern verurteilt oder nur von kurzzeitigem Erfolg gekrönt. Im Jahr 1639 machte der englische König Charles I. seinem Patenkind Jacobus, dem Herzog von Kurland, im südlichen Teil des heutigen Lettlands, die Besitzung zum Geschenk. Entschlossen Tobago zu besiedeln und dort ein Zentrum für den Verkauf afrikanischer Sklaven in die westindische Welt zu schaffen, schickte Jacobus 212 Männer aus dem kleinen baltischen Herzogtum auf die Reise. Sie landeten in der Nähe der früheren niederländischen Siedlung und gaben ihr den Namen Jacobus. Aufbau und Zerfall der Stadt Jacobus lagen im gleichen Jahr. Unbehelligt von den Kariben fielen die meisten Kurländer Krankheiten zum Opfer.

1654 entsandte der Herzog von Kurland eine weitere Expedition unter dem Kommando von Molleyns in die Jacobus Bay. Molleyns errichtete Fort Jacobus und man pflanzte Zuckerrohr, Ingwer und Tabak. Kurland schickte weitere Familien an die Jacobus Bay und schon 1655 kam das erste Schiff, beladen mit der reichhaltigen Ernte nach Europa zurück.

1654 landeten die niederländischen Brüder Cornelius und Adrian Lampsins auf der gegenüberliegenden Seite Tobagos, im heutigen Scarborough. Die Neutralität zwischen Kurland und den Niederlanden in Europa bedeutete gleichzeitig Friede zwischen den Lampsins und Molleyn auf Tobago. 1658 jedoch intervenierten die Schweden im Herzogtum Kurland und inhaftieren den Herzog, was die Niederländer zum Anlass nahmen die Siedlung der Kurländer auf Tobago einzunehmen. Bis zur endgültigen Vormachtstellung der Briten auf Tobago im Jahre 1814, sollte die Flagge auf Tobago noch unzählige Male wechseln (S. 246, Scarborough, Geschichte).

Tobagos Plantagenwirtschaft florierte bis zur Abschaffung der Sklaverei. Man produzierte Zucker, Rum, Baumwolle und Indigo und Engländer und Franzosen sorgten für eine zunehmende Besiedelung der Insel. Die Abschaffung der Sklaverei traf Tobagos Plantagengesellschaft hart. Die Anwerbung billiger Arbeitskräfte aus den unterschiedlichsten Ländern war auf Tobago aufgrund der niedrigen Löhne weniger erfolgreich als auf Trinidad. Zudem zerstörte ein Hurrikan im Jahre 1847 große Landstriche und der Verfall der Zuckerpreise ließ Tobagos Bemühungen, wieder auf die Beine zu kommen aussichtslos erscheinen.

Die anhaltend miserablen Arbeitsbedingungen und der schlechte Verdienst auf den Plantagen führten zu massiven Spannungen zwischen den Plantagenbesitzern und den Arbeitern, die 1876 in einem Aufstand mündeten (s. S. 273, Belmanna-Aufstand). Die Rebellion versetzte die Pflanzer in Angst und Schrecken, so dass sie sich freiwillig unter den Schutz der britischen Krone stellten. Tobago wurde zu einer Kronkolonie. Die verwaltungsmäßige Vereinigung Trinidads und Tobagos vollzog die britische Kolonialmacht schließlich im Jahre 1889.

Der Beginn des 20. Jahrhunderts

Die Gesellschaftsstruktur Trinidads begann sich am Ende des 19. Jahrhunderts zu wandeln. Die Oberschicht bildeten nach wie vor die wenigen Weißen – reiche Pflanzer, überwiegend katholische Franzosen, und die meist in staatlichen Einrichtungen tätigen, protestantischen Engländer. Am unteren Ende der Skala stand noch immer die breite Masse der schwarzen Arbeiterklasse. Die Verbesserung des Schulsystems unter Gouverneur Lord Harris, in dessen Genuss auch die hellhäutigeren unter den Schwarzen kamen, brachte nun jedoch auch eine Mittelschicht hervor. Auch viele Inder, um deren Kinder sich zwar nicht der Staat, jedoch kanadische Missionsschulen kümmerten, schafften den Aufstieg in eine Mittelstandsgesellschaft.

Die Zeit politisch-gesellschaftlicher Interessengemeinschaften war gekommen. 1897 gründete Walter Mills die Arbeitervereinigung Trini-

dad Workingmen's Association (TWA). Im gleichen Jahr entstand die East Indian National Association, 1901 folgten die Pan African Association und die Rate Payers Association (RPA). Der schon vollzogenen administrativen Vereinigung von Trinidad und Tobago im Jahre 1889 folgte die staatsrechtliche Umwandlung Tobagos zur Kronkolonie Trinidad & Tobago.

Im Jahre 1903 fand in Port of Spain als Antwort auf eine geplante Erhöhung der Trinkwassergebühren eine der spektakulärsten Protestversammlungen statt. Die aufgebrachte Menge, unter ihnen RPA-Anhänger, eine Gruppierung von Mitgliedern, die zum größten Teil der Mittelund Oberschicht angehörten, verschafften sich gewaltsam Einlass in das Red House, dem Sitz der Kolonialverwaltung. Die Bilanz des Protests waren 18 Tote, das Red House wurde vollkommen niedergebrannt.

Aus diesem Protest heraus befürwortete Chamberlain, der englische Minister für Kolonialangelegenheiten, die Wiedereinführung des 1898 abgeschafften Borough Council. 1913 fand die Wahl des ersten Rates statt.

Stürmische Zeiten

1857 bohrte die Merrimac Oil Company die erste Ölquelle der Welt in La Brea an und 1914 errichtete die Trinidad Leaseholds Limited die erste Erdölraffinerie in Pointe-à-Pierre. Die Inflation der Kriegs- und Nachkriegsjahre verteuerte Grundnahrungsmittel und die stagnierenden Löhne führten zu ersten Streiks in der Asphalt- und Ölindustrie.

Schwarze westindische Soldaten, die sich bereit erklärt hatten, für das Empire zu kämpfen, waren gerade einmal gut genug um Schützengräben auszuheben und Latrinen zu säubern. Statt Dankbarkeit ernteten sie das übersteigerte Rassenbewusstsein der Briten. Hasserfüllt kehrten sie in ihre Heimat zurück.

1919 lösten Demonstrationen eine Streikwelle für höhere Löhne aus, unterstützt von der TWA. Außer Kontrolle geriet schließlich ein Streik der Hafenarbeiter. Was anfänglich nach Schlichtung aussah, endete mit einer Verhaftungswelle seitens der von ankommenden britischen Truppen unterstützten Regierung. Einige TWA-Führer verwies man des Landes, Streiks wurden verboten und ein Gesetz gegen Aufwiegelei verbot die Verbreitung sozialistischer Schriften.

Nachdem **Arthur Cipriani**, Sohn eines weißen Pflanzers korsischer Abstammung, im Westindischen Regiments gedient hatte, wurde er 1919 Mitglied der TWA und 1923 deren Vorsitzender. Zwei Jahre später erhielt er einen Sitz bei der ersten Wahl zum Legislative Council (Vorläufer des heutigen Parlaments). Er kämpfte vehement für höhere Löhne, bessere Arbeitsbedingungen, die allgemeine Schulpflicht und gilt als einer der Wegbereiter der Unabhängigkeit. 1934 ging auf sein Engagement aus der Gewerkschaft TWA die Trinidad Labour Party (TLP) hervor, eine Arbeiterpartei, deren Vorsitz er bis zu seinem Tode 1945 innehatte.

Die Weltwirtschaftskrise brachte eine hohe Arbeitslosigkeit und immer schlechtere Arbeitsbedingungen. Hungermärsche und Ausschreitungen waren die Folge. 1935 legten Arbeiter der Apex-Ölfelder die Arbeit nieder und marschierten nach Port of Spain, angeführt von **Uriah Butler**. Butler, der nach einem Arbeitsunfall auf den Ölfeldern gelähmt war, trat 1929 als Gewerkschaftsaktivist in Erscheinung. Desillusioniert von Ciprianis Trinidad Labour Party (TLP), welche den Apex-Streik nicht unterstützt hatte, gründete er die British Empire Workers (BEW), welche sich voll auf die Belange der Ölarbeiter konzentrierte. 1937 kam es zum Sitzstreik. Am 19. Juni griff die Polizei ein, worauf die Aufständischen zwei Ölquellen auf dem Apex-Gelände in Brand setzten. Schließlich wurde Butler festgenommen, die britische Marine stellte die Ordnung wieder her und die Arbeiter erhielten Zugeständnisse, unter anderem einen Mindestlohn und den 8-Stunden-Tag. Seither wird der Labour Day am 19. Juni begangen.

Die Position Butlers, der zu zwei Jahren Haft verurteilt wurde, nahm der Rechtsanwalt Adrian **Cola Rienzi** ein, der mit eigentlichem Namen Krishna Deonarine hieß. In Butlers Abwesenheit traten schwarze Arbeiter der Erdölindustrie an ihn heran und baten um Mithilfe bei der Bildung einer Organisation. Er half und wurde der erste Vorsitzende der Oilfield Workers Trade Union (OWTU) und wenig später der Zuckergewerkschaft. Inder und Schwarze rückten näher zusammen.

Der Zweite Weltkrieg und die Nachkriegsjahre

1941 verpachtete die Regierung dem US-Militär das Gebiet um Chaguaramas und Waller Field. Die Amerikaner errichteten riesige Militärstützpunkte, schufen tausende von Arbeitsplätzen und bezahlten gut. Die Trinidader begriffen dies als Chance, verließen ihre Plantagen und stellten sich ganz in den Dienst der Amerikaner. Unzählige Nachtlokale und Bars entstanden. Die Schattenseiten kamen schnell ans Licht. Der Rassismus der Amerikaner und die Tatsache, dass sich viele trinidadische Frauen mit den Yankees einließen, schürte Neid und Hass gegen die Eindringlinge.

Nach Einführung des allgemeinen Wahlrechts 1945 stellten sich unzählige auch parteilose Kandidaten zur Wahl, die die Rassen- und Klassendifferenzen zum Wahlkampfthema machten. 1946 und 1950 setzte sich Albert Gomes, ein Portugiese, der 1937 die Federated Workers Union gegründet hatte, durch.

Trinidads Wirtschaftsstruktur konzentrierte sich mittlerweile auf den Erdölsektor. Hohen Exporterlösen standen wenige Erwerbstätige gegenüber. Hauptexportgut neben Öl war der subventionsbedürftige Zucker. Um dieser einseitigen Abhängigkeit entgegenzuwirken, strebte man eine Agrarreform und die *industrialization by invitation an*, die ausländische Unternehmen durch Investitionsanreize (niedrige Löhne, Steuer- und Zollfreiheit) anlocken und somit neue Märkte erschließen sollten.

Unter der Führung **Eric Williams'** formte sich 1954 eine Partei der Schwarzen, People's National Movement (PNM). Eric Williams, der in Oxford Geschichte studiert und mit einer Arbeit über Kapitalismus und Sklaverei promoviert hatte, löste mit seinen wortgewaltigen Reden am Woodford Square eine überschwängliche Begeisterung unter der schwarzen Mittelschicht und der besitzlosen Arbeiterklasse aus, die immer wieder mit der Forderung nach staatlicher Unabhängigkeit endeten. Sein Gegner war Bhadase Maraj, dessen People's Democratic Party (PDP) eine ebenso große Bedeutung für die indische Arbeiterklasse hatte wie die PNM für die Schwarzen. Im September 1956 gewann die PNM die Wahlen und blieb für die nächsten 30 Jahre an der Macht mit Williams (bis zu seinem Tode 1981) als Premierminister.

Die 60er-Jahre und die Unabhängigkeit

Wie viele andere Politiker der Region war auch Williams begeistert von der Idee einer politischen und wirtschaftlichen Allianz der britischen Karibikinseln. 1958 wurde die Föderation der Westindischen Inseln ins Leben gerufen, mit Trinidad als Regierungssitz. Premierminister wurde der Barbadier Grantly Adams. Politische Rivalitäten, der Unwille die schwächeren Staaten zu subventionieren und der Austritt Jamaikas 1961 veranlassten Williams für die Unabhängigkeit Trinidads und Tobagos einzutreten. 1962 fiel die Föderation auseinander. Ein Protestmarsch tausender Trinidader am 22. April 1960, an dessen Spitze Eric Williams stand, bewog die Amerikaner im darauf folgenden Jahr aus den besetzten Gebieten abzuziehen.

Anfang der 60er-Jahre bildete sich gegen die radikaler werdende PNM eine starke Opposition, die Democratic Labour Party (DLP), die sich aus Weißen und Indern zusammensetzte. Politische Konflikte der beiden Parteien verlagerten sich auf die Straße, so dass die Regierung gezwungen war, den Ausnahmezustand auszurufen. Nachdem die PNM eigenständig eine Verfassung für einen unabhängigen Staat entworfen hatte, ohne der Opposition Gehör zu schenken, verhinderte ein Einlenken der PNM in letzter Sekunde einen Bürgerkrieg. Am 31. August 1962 erlangte Trinidad und Tobago die Unabhängigkeit, der Union Jack wurde eingeholt und die Flagge des neuen Staates gehisst.

Die *industrialization by invitation* führte bis 1966 zur Ansiedlung von 169 Industriefirmen. Die Folge war, dass die Ölindustrie mit Texaco Shell, Amoco usw., sowie die Zuckerindustrie mit Tate & Lyle fest in ausländischer Hand waren. Proteste gegen eine erneute Kolonisation der einheimischen Wirtschaft durch das Auslandskapital wurden laut.

Die 70er-Jahre

Im März 1970 initiierte das National Joint Action Committee (NJAC) am Jahrestag eines früheren Protests gegen Rassendiskriminierung in Kanada einen Protestmarsch. Auslöser waren 12 in Mont-

réal wegen Vandalismus vor Gericht stehende Trinidader. Schnell kam es zu Auseinandersetzungen mit der Polizei, begleitet von dem Ruf „Power to the people"! Nach der Inhaftierung der Anführer solidarisierten sich tausende mit der Bewegung. Als Basil Davis, ein Black-Power-Mitglied, von einem Polizisten erschossen wurde, kamen 60 000 Menschen zur Beerdigung. Die Black-Power-Bewegung hatte schon lange die gesamte Insel erfasst, wilde Streiks waren an der Tagesordnung. Am 20. April rief die Regierung den Ausnahmezustand aus, verhaftete die Anführer der NJAC, schaltete das Militär ein und zwang die Arbeiter der Zuckerindustrie ihre Arbeit wieder aufzunehmen.

Die Preisbeschlüsse der OPEC 1973 waren für das wirtschaftlich sehr angeschlagene Trinidad ein Segen. Die Preissteigerungen verdreifachten schlagartig die Deviseneinnahmen, verzehnfachten sie sogar nach der zweiten Ölpreisexplosion der Jahre 79 und 80. Mit dem Geldsegen kaufte Williams die Kapitalmehrheit bei Shell und BP, verstaatlichte die Zuckerfabriken, die Fluglinie BWIA, Telefon- und Fernsehgesellschaften, konnte vor allem den Einfluss auf die von Auslandskapital kontrollierten Industrien ausweiten und ließ sich nicht vom Bau eines 460 Mill. US-Dollar teuren Stahlwerkes, ohne gesicherte Marktchancen, abbringen.

Das Land erlebte einen noch nie da gewesenen Boom und eine Aufbruchsstimmung – im Volksmund „Fête" genannt – machte sich breit. Die Entwicklungen verstärkten jedoch das Lohngefälle zwischen Industrie- und Landarbeitern, so dass viele Bauern ihre Felder verließen. Während nur wenige wirklich reich wurden, lebten 1983 knapp 40 % der ländlichen Bevölkerung unter der Armutsgrenze.

Die 80er-Jahre

Nach dem Ölboom waren die beginnenden 80er-Jahre geprägt von Rezession, fallenden Ölpreisen, Arbeitslosigkeit und Inflation. Desillusioniert starb Williams 1981. Nachfolger wurde der frühere Finanzminister George Chambers, der 1982 verkünden musste: „The Fête is over".

Mit sinkenden Erdölpreisen ging auch die Fördermenge zurück, die Förderkosten stiegen und der Anreiz für Bohrungen ging verloren.

1985 verkaufte Texaco seine Raffinerie an den Staat. Trotz Ausgabenkürzungen, der Abwertung des TT-Dollar um ein Drittel und weiterer Importbeschränkungen konnte die Regierung Preissteigerungen der Nahrungsmittel, immer höher werdende Zahlungsbilanzdefizite und Auslandsschulden nicht verhindern. Die Arbeitslosigkeit sollte bis zum Jahr 1990 auf 27 % steigen.

Nachdem die PNM 30 Jahre regiert hatte, gewann 1986 die National Alliance for Reconstruction (NAR) die Wahlen mit einer überwältigenden Mehrheit. Der neue Premierminister **A.N.R. Robinson** erbte jedoch mit der herrschenden Wirtschaftskrise eine hohe Last. Um die Verschuldung in den Griff zu bekommen, musste sich Robinson einigen Auflagen des IWF unterwerfen – weitere Währungsabwertung, Entlassungen im Staatsdienst, Privatisierung unrentabler Staatsbetriebe usw.

Außerdem setzte Robinson wieder verstärkt auf Auslandskapital und initiierte die Erschließung neuer Erdölfunde, indem internationale Ölgesellschaften mit Steuernachlässen angelockt wurden.

Die Stabilisierungsbemühungen erlitten einen herben Rückschlag durch einen Putschversuch der fundamentalistisch-revolutionären Gruppe Jamaat-al-Muslimeen im Jahre 1990. Die Putschisten sprengten das Polizeigebäude, besetzten den staatliche Fernsehsender, stürmten das Red House und nahmen Robinson und weitere Regierungsmitglieder als Geiseln. Sie forderten Neuwahlen, den Rücktritt Robinsons und Straffreiheit. Sie wollten aufräumen mit Korruption, Drogen und Gewalt auf der Insel. Die Putschisten, die gehofft hatten, aus der allgemeinen Unzufriedenheit im Lande Kapital zu schlagen, fanden keine Mehrheit in der Bevölkerung und gaben nach sechs Tagen auf.

Die 90er-Jahre

Der Putschversuch hemmte ausländische Investoren und die Auflagen des IWF erhöhten die Arbeitslosigkeit und führten zu Reallohnsenkungen. Die Menschen verloren das Vertrauen in die NAR und 1991 kam die PNM mit ihrem neuen Premierminister **Patrick Manning** wieder an die Macht. Ein wenig Luft verschaffte der PNM der Golfkrieg, der einen kurzen Ölboom auslöste.

Bei den Wahlen 1995 erreichte die PNM 17 Mandate ebenso wie die zur United National Congress (UNC) umbenannte ULF. Die beiden verbleibenden Sitze errang die NAR. **Basdeo Panday** (UNC) und Robinson (NAR) einigten sich auf ein Regierungsbündnis und Panday wurde zum Premierminister gewählt. Mit Panday, Rechtsanwalt und früherer Marxist, 86–88 Außenminister unter Robinson und 88 aus der NAR ausgeschlossen, war erstmals ein indischstämmiger Politiker an der Macht. Viele Schwarze befürchteten, dass der Sieg Pandays eine neue Hegemonie signalisiere, so dass die Wahl zu neuen Rassenspannungen führen könnte.

Das 21. Jahrhundert

Bei der Parlamentswahl im Dezember 2000 erzielte die UNC des amtierenden Premierministers Panday 19 Sitze und die PNM von Manning 16 Sitze. Diese stabile Mehrheit wurde zerstört, als drei Minister das Kabinett Panday wegen Korruptionsvorwürfen gegen ihre eigene Partei verließen. Die Neuwahl am 10. Dezember 2001 ergab wieder eine Pattsituation. Panday errang ebenso wie Manning 18 Mandate des 36 Sitze umfassenden Parlaments. Während Manning durch Votum des Staatspräsidenten zum Regierungschef erklärt wurde, erklärte Panday die neue Regierung als illegal und verkündete, man werde die Parlamentsarbeit solange blockieren, bis dem UNC eine gleiche Anzahl Ministerien zugesprochen oder Neuwahlen angesetzt würden. Innenpolitisch brodelte es. Die Abgeordneten beider Parteien konnten sich im April 2002 auf keinen Vorsitzenden einigen, so dass kein neuer Haushalt verabschiedet werden konnte. Patrick Manning sah sich gezwungen am 29. August das Parlament aufzulösen. Die Neuwahlen am 7. Oktober 2002 brachte endlich eine Mehrheit von 20 Mandaten für die PNM und Patrick Manning. Die UNC erhielt die restlichen 16 Sitze.

Für die Neuwahlen Ende 2007 prognostiziert man einen Wahlsieg der PNM unter Manning, nicht nur aufgrund der guten gesamtwirtschaftlichen Entwicklung, sondern auch da ehemalige UNC-Mitglieder jüngst eine neue Partei, die Congress of The People (COP) gegründet haben und Panday 2006 aufgrund von verschwiegenen Bankguthaben verurteilt wurde. Panday, der sein

Amt niederlegen musste, kehrte 2007 wieder zurück, nachdem die Anschuldigungen verworfen wurden, und wird trotz Wiederaufnahmeverfahren die UNC zur Wahl führen. Wahlprogramme sind weiterhin die Verbesserung des Gesundheits- und Bildungswesens sowie der inneren Sicherung, d. h. vor allem auch Bekämpfung von Kriminalität, Drogen und Korruption.

Im internationalen Vergleich kooperiert die Regenbogengesellschaft in einer akzeptablen Harmonie und profitiert sicherlich auch von ihrer ethnisch-kulturellen Vielfalt. Die gesamtwirtschaftliche Entwicklung von T&T hat sich dank gestiegener Energiepreise in den vergangenen Jahren stark verbessert. Die Regierung verzeichnet starkes Wirtschaftswachstum, sinkende Arbeitslosenzahlen, solide Staatsfinanzen und unproblematische Auslandsschulden (S. 100).

Die wirtschaftliche und politische Stabilität der Ölinsel wird weiterhin von vielen Faktoren abhängen, derzeit vom verstärkten Preisauftrieb und den immerwährenden Unwägbarkeiten des Weltölmarktes. Mit dem Ausbau alternativer Wirtschaftszweige wird jedoch weiter langfristig eine Verringerung der Abhängigkeit vom Energiesektor angestrebt.

Grenada

Die Anfänge

Kolumbus sichtete die anfangs von Arawak und später von Kariben bewohnte Insel am 15. August 1498, gab ihr den Namen Concepcion und segelte weiter Richtung Santo Domingo, ohne das Eiland je betreten zu haben. Später erst tauften die Spanier die Insel Granada, die Franzosen machten daraus La Grenade und die Engländer schließlich Grenada.

Während die ersten formalen Herrschaftsansprüche die Spanier erhoben, erfolgte 1609 der erste Besiedlungsversuch von 200 Londoner Kaufleuten, der jedoch durch Angriffe der Kariben und Krankheiten vereitelt wurde. 1650 gelang es dem aus Martinique stammenden Franzosen Compte du Parquet auf Grenada Fuß zu fassen. Durch windige Tauschgeschäfte erschlich er sich Land, erhob Besitzansprüche und binnen drei Jahren hatte er die Kariben so gut

wie ausgerottet. Die letzten Kariben, in den Norden zurückgedrängt und nicht bereit versklavt zu werden, sprangen gemeinsam von einer Klippe aus etwa 40 m in den Tod. Der französische Ortsname Sauteurs (Springer) erinnert noch heute an das Ereignis.

Das 18. Jahrhundert

Die Franzosen begannen Tabak und später Zuckerrohr anzubauen. Schnell wuchs der Bedarf an Arbeitskräften und man versuchte Europäer nach Grenada zu holen, indem man ihnen nach drei Jahren Arbeit Land in Aussicht stellte. Später bediente man sich der Deportation von Straffälligen und schließlich kam die Sklaverei.

Mit dem Vertrag von Paris, der den Siebenjährigen Krieg zwischen Großbritannien und Frankreich beendete, fiel Grenada 1763 an die britische Krone. Ein Überfall bescherte den Franzosen 1779 erneut die Vormachtstellung auf der Insel, die sie jedoch nach Ende des Unabhängigkeitskrieges mit dem Vertrag von Versailles 1783 endgültig an Großbritannien verlor.

Aus der Zweiklassengesellschaft entwickelte sich eine spannungsgeladene Dreiklassengesellschaft mit einer kleinen britischen Pflanzerelite an der Spitze, deren Politik sich gegen den Katholizismus und damit gegen die größte Gesellschaftsschicht, die französischen Pflanzer richtete. Auf der untersten Stufe standen die Sklaven.

Unter dem Einfluss eines neu entfachten britisch-französischen Krieges im Jahre 1794 kam es auch auf Grenada 1795, unter der Führung des farbigen Pflanzers **Julien Fedon** zu einer Rebellion. Der Aufstand, dem sich viele Farbige und Schwarze angeschlossen hatten, konnte erst nach über 15 Monaten blutiger Kämpfe von den Briten niedergeschlagen werden.

Während die französischen Pflanzer schon 1792 per Gesetz vom politischen Leben ausgeschlossen wurden, fiel ihr Besitz nun auch noch an die britische Krone. Ausmanövriert folgten sie dem Ruf Trinidads und wanderten aus.

Die Abschaffung der Sklaverei

1838 schaffte man die Sklaverei endgültig ab. Die Ex-Sklaven verließen die Plantagen und begannen Kakao anzubauen. Während man den

Arbeitskräftemangel mit afrikanischen, indischen und auch aus Malta und Madeira stammenden Kontraktarbeitern zu beheben versuchte, bedeutete das 1846 von Großbritannien verabschiedete Zuckergesetz, welches die Einfuhr von billigerem ausländischem Zucker ins Mutterland genehmigte, einen Verfall der Zuckerpreise. Grenada erlitt einen wirtschaftlichen Einbruch.

1834 wurde die Muskatnuss aus Indien eingeführt, und Kakao begann langsam aber sicher das Zuckerrohr zu verdrängen. Aufgrund einer Rebellion auf Jamaika und der Sorge, dass irgendwann die kleine weiße Pflanzerelite nicht mehr fähig sein könnte, den schwarzen Bevölkerungsanteil zu kontrollieren, erklärte man Grenada 1877 zur Kronkolonie.

Anfang des 20. Jahrhunderts

Ende des 19. Jahrhunderts hatte sich ein Mittelstand gebildet und angeführt von dem Journalisten **T. A. Marryshow** kamen erste Proteste gegen das System auf. Die Briten reagierten auf die geforderten Reformen im Jahre 1925 mit einer neuen Verfassung, welche die Wahl einer Minderheit von Abgeordneten im (von der Krone eingesetzten) Gesetzgebenden Rat zugestand. Gleichzeitig räumte man dem Gouverneur ein Vetorecht gegen alle Beschlüsse des Rates ein, was letztendlich die Macht der Abgeordneten wieder untergrub.

Die 20er-Jahre waren geprägt von einem Verfall der Kakaopreise und sozialen Unruhen. Auslöser war unter anderem ein Mann namens Marcus Garvey, ein Jamaikaner, dessen Kritik an Kolonialismus und Rassismus bis nach Grenada drang.

Auch T. A. Marryshow forderte Sozialreformen und gründete die Organisation Grenada Workingmen's and Woman Association, die jedoch den Schritt zu einer handlungsfähigen Gewerkschaft nie schaffte. Große Streikbewegungen wie z. B. auf Trinidad kamen hier zu keiner Zeit zustande.

1941 erkannten die Briten in der gemeinsam mit den USA unterzeichneten Atlantikcharta das Recht auf freie Wahl und das Prinzip der Selbstverwaltung überall dort an, wo es bisher verweigert wurde. Trotz der neuen Freiheiten wurde die soziale Unzufriedenheit größer.

Der Aufstieg Eric Gairys

1950 trat der schwarze Grenadier **Eric Gairy** auf die politische Bühne. Er gründete die Manual and Mental Workers Union (GMMWU) und forderte drastische Lohnerhöhungen für die Arbeiter der Zucker-, Kakao- und Muskatnussbetriebe. Unzufrieden mit einer Kompromisslösung von Seiten der Regierung rief er erfolgreich zum ersten inselweiten Streik auf. Die Regierung lenkte ein, gewährte die Lohnerhöhungen und „Uncle" Gairy wurde zum Helden.

Gairy setzte seinen Einfluss rasch in politische Macht um, gründete die Grenada People's Party (GPP) und gewann 1951 überlegen die Wahlen. In den folgenden Jahren fehlte es dem egozentrischen Gairy und seiner Partei an einer einheitlichen politischen Strategie, was Streik- und Wahlniederlagen zur Folge hatte. Die an die Macht gekommene Grenada National Party (GNP), eine Partei der Oberschicht, verfolgte in den nächsten Jahren eine Politik der Steuersenkungen und der Steigerung der landwirtschaftlichen Produkte. Nutznießer waren lediglich die Pflanzer, was in Verbindung mit einer 42-prozentigen Arbeitslosigkeit größere soziale Unzufriedenheit schuf und Gairy 1961 sowie 1967 mit seiner inzwischen umbenannten Partei, der Grenada United Labour Party (GULP), den erneuten Wahlsieg bescherte.

Der einstige Arbeiterfreund entpuppte sich in den folgenden zwölf Jahren als gieriger Diktator, der keiner gesellschaftlichen Schicht mehr die Hand reichte, sondern seine Position einzig zur persönlichen Bereicherung nutzte. Seine Macht stützte er auf eine neue Klasse von ihm abhängiger Kapitalisten, die er mit Steuervorteilen und Importgenehmigungen köderte und dafür politische Loyalität erhielt.

Er steckte Gewerkschaftsgelder ein, erwarb Hotels und Nachtclubs, ließ neben seiner autoritär geführten GMMWU keine andere Gewerkschaft zu und wirtschaftete so das Land noch weiter herunter. Preissteigerungen, immer höhere Arbeitslosenzahlen, schlechte medizinische Versorgung, fehlende Förderung des Bildungswesens usw. waren die Folgen.

Ein Streik der Krankenschwestern weitete sich 1970 zu einem Protest gegen die Regierung aus. Gairys Antwort hieß Gewalt. Es kam zu

Verhaftungen. Die Wahl 1972 gewann die GULP aufgrund fehlender Strategien der Opposition. Nach der Wahl entstanden zwei politische Organisationen, die sich zum New Jewel Movement (NJM) zusammenschlossen.

Die Unabhängigkeit und der Fall Eric Gairys

Als 1973 die Unabhängigkeit Grenadas in Sicht war, befürchtete die neue linke Opposition, Gairy könne noch mächtiger werden. Das NJM diskutierte öffentlich den Machtmissbrauch Gairys und die Unabhängigkeitsfrage, was dazu führte, dass am 4. November der Volkskongress den Rücktritt Gairys forderte. Auf diese Forderung und die Androhung eines Generalstreiks reagierte Gairy mit einer überfallartigen, brutalen Verhaftung einiger Köpfe des New Jewel Movement.

Unter ihnen befanden sich **Maurice Bishop** und Kenrick Radix, zwei im Ausland ausgebildete Anwälte sowie der Ökonom Whiteman. Am 1. Januar 1974 begann der Streik. Die Konflikte, die das Land drei Monate lahm legten, gipfelten in der Ermordung Rupert Bishops, des Vaters von Maurice Bishop, auf offener Straße. Nun konnte es nur noch eins geben: Gairy musste gestürzt werden.

Kurz vor dem Tag der Unabhängigkeit (7. Februar 1974) stand Gairy am Abgrund. Die Finanzierung seiner Beamten und Schläger war gefährdet. Unabhängigkeitsgeschenke in Höhe von mehreren 100 000 Dollar von Seiten der britischen Regierung und der Regierung Trinidads retteten ihn jedoch. Gairy frönte weiter dem Kult um seine Person, bereicherte sich auf Kosten des Landes und führte neue Kontrollen ein. Mitte der 70er-Jahre betrug die Arbeitslosenzahl 50 %.

Bei den Wahlen 1976 erreichte das NJM trotz massiver Manipulationen 48 %. Der Terror verschärfte sich. 1978 verschwanden fünf Oppositionelle und am 19. März 1979 kam der New-Jewel-Führung zu Ohren, dass ihre wichtigsten Mitglieder während einer US-Reise Gairys ermordet werden sollten. Das NJM handelte.

Am 13. März 1979 stürmten sie die Armeekaserne von True Blue, besetzten den Radiosender und verkündeten den Sturz Gairys. Die Diktatur war beendet.

Die Machtübernahme des New Jewel Movement

Das Manifest des anti-imperialistischen New Jewel Movement sah anstelle eines Parteiensystems eine Rätedemokratie vor. In den Dörfern und Gemeinden richtete man daraufhin Räte ein, in denen sowohl Probleme der Bürger als auch der Staatshaushalt diskutiert wurden. Die Revolutionsregierung unter Maurice Bishop schaffte es, innerhalb von drei Jahren die Wirtschaft so erfolgreich zu sanieren, dass selbst die Weltbank der grenadischen Wirtschaftspolitik Anerkennung zollte. Die USA unterdessen beklagte von Anfang fehlende Demokratie auf Grenada und beargwöhnte den Sieg des Kommunismus.

Bishops Versuche, die USA zur Erneuerung der Kredite zu bewegen, wurden negativ beantwortet. Die USA setzten sich sogar innerhalb der Weltbank für eine Blockierung der Kredite an Grenada ein. Die Destabilisierungsbemühungen der USA auf der einen Seite und die Notwendigkeit Grenadas einen neuen Staatsapparat aufzubauen auf der anderen Seite forcierten schließlich die Aufnahme der Beziehungen des NJM zu Kuba und anderen kommunistischen Parteien.

Innerhalb des NJM kam es schließlich auch zu Spannungen. **Bernard Coard**, Marxist, Finanzminister und stellvertretender Parteivorsitzender des NJM gründete schon bald eine eigene Organisation, die sich langsam zu einer Partei in der Partei entwickelte.

Die Spannungen innerhalb des NJM verschärfen sich

1982 wurde unter dem Einfluss von Coard ein 15-köpfiges Zentralkomitee gebildet, dem neben Bishop vier weitere Regierungsmitglieder angehörten. Dem normalen Bürger war es nicht mehr möglich, Mitglied dieser Partei zu werden. Die Spannungen zwischen Coard, der eine immer radikalere sozialistische Linie einschlug, und dem gemäßigteren Bishop gingen so weit, dass Bishop am 12. Oktober 1983 von einer Gruppe um Coard unter Hausarrest gestellt wurde. Am 19. Oktober folgte die gewaltlose Befreiung Bishops durch mehrere tausend Menschen.

Der Triumph war nur von kurzer Dauer. Der Zug endete im Hauptquartier der inzwischen eingesetzten Militärregierung (Fort George), wo

Angehörige der Armee Außenminister Whiteman, Bildungsministerin Creft, Wohnungsbauminister Norris Bain, die beiden Gewerkschaftsführer Noel und Fitzroy Bain und Maurice Bishop erschossen. Es wurde von einer regelrechten Hinrichtung gesprochen. Mit ihnen starben etwa 150 Zivilisten.

Die Invasion der US-Streitkräfte

Am 25. Oktober intervenierten schließlich die US-Streitkräfte und kämpften noch einige Tage gegen die Militärs. Die Mörder Bishops inhaftierte man und die Kubaner wurden des Landes verwiesen.

Die US-Invasion unter Ronald Reagan wurde in der ganzen Welt sehr zwiespältig diskutiert. Während die UNO mit großer Mehrheit die Invasion als Völkerrechtsbruch verurteilte, hielten andere dagegen, die USA habe schließlich eingegriffen, als Grenada in Händen von Mördern war. Nun gibt es unzählige Hintergrundinformationen, Meinungen und Theorien, die zur Revolution und schließlich zur Invasion führten, die hier nur sehr oberflächlich angesprochen werden konnten. Daher sei auf die Literatur im Anhang verwiesen. Sicher ist, dass die Grenadier um Maurice Bishop getrauert haben und dass Bishop in den Augen der Bevölkerung immer ein Volksheld bleiben wird.

Im Gefolge der Invasionstruppen tauchte die alte Politikergarde wieder auf. Unter ihnen der aus dem Exil zurückgekehrte Eric Gairy. Er rief die GULP wieder ins Leben. Auch das NJM formierte sich neu zum Maurice Bishop Patriotic Movement (MBPM). Unter dem Einfluss des US-Außenministeriums entstand die New National Party (NNP), welche die Wahlen Ende 1984 gewann, mit **Herbert Blaize** als Premierminister. Die Auflösung der Armee, Schließung der Staatsbetriebe und die Misserfolge in den Privatisierungsbemühungen ließen die Arbeitslosigkeit ansteigen und viele Grenadier wanderten aus.

Die 90er-Jahre

1990 gelang es keiner Partei eine regierungsfähige Mehrheit zu gewinnen. **Nicholas Brathwaite** wurde Premierminister einer brüchigen Koalitionsregierung, des National Democratic Congress. 10 Jahre nach der Invasion sah die traurige Bilanz so aus, dass kein einziger Wirtschaftssektor (bis auf den Tourismus) einen Zuwachs verzeichnen konnte.

Unter zunehmender Kritik an seinem Wirtschaftskurs beschloss Brathwaite 1995 seinen Rückzug aus der Politik. Ihm folgte **George Brizan** als neuer Regierungschef. Am 20. Juni 1995 gewann die NNP unter der Führung des früheren Außenministers **Dr. Keith Claudius Mitchell** die Parlamentswahl. Der erneute Versuch Gairys, die Wahl für sich zu entscheiden, scheiterte – die GULP gewann lediglich zwei Sitze. 1997 starb der erblindete „Uncle" Gairy.

Durch den Rücktritt von Außenminister Raphael Fletcher im November 1998 und dessen Übertritt zur oppositionellen United Labour Front (einer Koalition aus Grenada United Labour Party und Democratic Labour Party) und der Entscheidung einer weiteren NNP-Abgeordneten zur Opposition zu wechseln, wurden vorgezogene Parlamentswahlen erzwungen. Die Wahlen am 18. Januar 1999 konnte die NNP trotz Korruptionsvorwürfen mit 62,2 % der Stimmen und mit 15 von 15 Mandaten eindeutig für sich entscheiden.

Das 21. Jahrhundert

Am 30. November 2003 wurde Mitchell für seine dritte Amtszeit vereidigt, nachdem seine New National Party mit knappen acht der 15 Sitze die Parlamentswahl vom 27. November gewann. Sieben Sitze gingen an den National Democratic Congress. In den 90er-Jahren, ebenso wie in diesem Jahrzehnt, setzten fast alle Parteien weiterhin auf den Ausbau der exportorientierten Landwirtschaft, der Enklaveindustrie mit Hilfe von Auslandsinvestoren und des Tourismus.

Während Ende des 20. Jahrhunderts ein Aufwärtstrend zu spüren war, litt der mittlerweile als wichtigster Arbeitgeber geltende Tourismussektor unter den Auswirkungen des 11. September 2001 und der wirtschaftlichen Flaute in Europa und den USA. Drei Jahre später, am 7. September 2004, brachte Hurrikan Ivan Grenadas Wirtschaft praktisch völlig zum Erliegen. Es entstand ein wirtschaftlicher Schaden von 900 Mill. US$. Einen weiteren Rückschlag erlitten die Grenadier ein Jahr später mit Hurrikan Emily. Internationale Hilfe gewährleistete den Wiederaufbau von etwa 60 % der durch Ivan in Mitleidenschaft gezogenen Häuser und 85 % der Hotelkapazitäten. Den Muskatnuss- und Kakaobauern blieb nichts anderes übrig, als neue Bäume zu pflanzen, die erst in einigen Jahren wieder Früchte tragen werden.

Weiterhin wird die Abwanderung junger Menschen, die positiv betrachtet den Arbeitsmarkt entlastet und die zurückbleibenden Familien mit Devisen unterstützt, nicht aufzuhalten sein.

Regierung und Politik

Trinidad & Tobago

1889 wurde Trinidad und Tobago von der britischen Kolonialherrschaft zu einer Verwaltungseinheit vereint, erlangte am 31. August 1962 die Unabhängigkeit mit Dr. Eric Williams (1962–1981) als erstem Premierminister und dem Generalgouverneur Sir Solomon Hochhoy (1962–1972) als ranghöchstem Mann im Staat, der als offizieller Vertreter der englischen Königin – dem Staatsoberhaupt – fungierte. Am 1. August 1976 wurde Trinidad und Tobago zur Republik innerhalb des Commonwealth ausgerufen und der Präsident Sir Ellis Clarke (1976–1987) übernahm die Position des Staatsoberhauptes.

Die Regierungsform ist eine parlamentarische Demokratie, an deren Spitze der 2002 von einem Wahlkollegium von Senatoren und Abgeordneten auf fünf Jahre gewählte Präsident **Prof. George Maxwell Richards** steht. Es regieren der Premierminister **Patrick A. Manning** (seit 2001) und das Parlament, das aus zwei Kammern besteht – dem Repräsentantenhaus und dem Senat.

Das Repräsentantenhaus – die dem britischen Unterhaus entsprechende Abgeordnetenkammer – setzt sich aus 36 Abgeordneten (34 Trinidad, 2 Tobago) zusammen, die für eine Wahlperiode von fünf Jahren nach relativer Mehrheitswahl gewählt werden. Wahlberechtigt ist jeder Bürger ab 18 Jahren. Die letzte Wahl am 7. Oktober 2002 ergab folgendes Ergebnis: People's National Movement (PNM, Patrick Manning) 20 Sitze United National Congress (UNC, Basdeo Panday) 16 Sitze.

Der Senat besteht aus 31 Mitgliedern, die mehrheitlich (16) auf Vorschlag des Premierministers ernannt werden, sechs auf Empfehlung des Oppositionsführers und neun aus gesellschaftlichen und wirtschaftlichen Verbänden auf Vorschlag des Staatspräsidenten.

Seit 1980 verfügt Tobago über ein unabhängiges gesetzgebendes Organ (House of Assembly) mit zwölf auf maximal vier Jahre gewählten und drei von der Mehrheitspartei ernannten Mitgliedern, das die Innenpolitik der Insel bestimmt.

Die im Jahr 1955 von Eric Williams gegründete People's National Movement (PNM) stellt gegenwärtig die Regierung. Bereits von 1956–86 und 1991–95 alleinige Regierungspartei, gilt die PNM, geführt von Patrick A. Manning, als eine gemäßige Linkspartei mit starker Basis in der schwarzen Bevölkerung und marktwirtschaftlicher Orientierung.

Die stärkste Oppositionspartei ist die 1989 von ehemaligen Mitgliedern des Gewerkschaftsverbandes United Labour Front (ULF) und ehemaligen Mitgliedern der National Alliance for Reconstruction (NAR) gegründete United National Congress (UNC). Die Partei ist linksorientiert, mit einer großen Anhängerschaft in der indischstämmigen Bevölkerung und in der Gewerkschaftsbewegung. Jüngst ins Leben gerufen: die Congress of The People (COP), gegründet von geschassten und abgewanderten Mitgliedern der UNC.

Die National Alliance for Reconstruction (NAR) konnte bei der letzten Wahl keine Sitze mehr erringen. Das Parteienbündnis vereint die 1970 gegründete United Labour Front (ULF), den 1971 gegründeten Democratic Action Congress (DAC) mit starker Basis auf Tobago, das Tapia House Movement und die 1980 gegründete Organisation for National Reconstruction (ONR), eine sozialdemokratischen Organisation, die als Partei der Großunternehmer bezeichnet wurde.

Grenada

Grenada mit den dazugehörigen Inseln Carriacou und Petit Martinique wurde am 7. Februar 1974 ein unabhängiger Staat im Commonwealth. Die in Kraft getretene Verfassung wurde nach dem von Maurice Bishop angeführten Putsch gegen das diktatorische Regime von Sir Eric Gairy am 13. März 1979 suspendiert, jedoch nach der Ermordung Bishops am 19. Oktober 1983 durch die

People's Revolutionary Army (PRA) und der Intervention der US-Streitkräfte am 25. Oktober 1983 wieder – modifiziert – in Kraft gesetzt.

Offizielles Staatsoberhaupt ist die britische Königin, vertreten durch den 1996 von ihr ernannten Generalgouverneur **Sir Daniel Williams**. Der Premierminister Dr. **Keith Claudius Mitchell** führt seit 1995 die Regierungsgeschäfte. Das Parlament besteht aus zwei gesetzgebenden Instanzen – dem Repräsentantenhaus und dem Senat.

Die Zahl der auf fünf Jahre nach dem Mehrheitswahlrecht gewählten Mitglieder des Repräsentantenhauses richtet sich nach der Anzahl der Wahlbezirke, gegenwärtig 15. Die Zahl der Abgeordneten des Senats als zweiter Kammer beträgt 13, wobei zehn Mitglieder auf Vorschlag des Premierministers und drei auf Empfehlung des Oppositionsführers ernannt werden. Wahlberechtigt ist jeder Bürger ab 18 Jahren.

Die Regierung stellt die 1984 unter US-Einfluss durch Vereinigung von Grenada Democratic Movement, Grenada National Party und National Democratic Party als liberal-konservativ zu bezeichnende New National Party (NNP). Bei den letzten Parlamentswahlen am 27. November 2003 errang die NNP unter ihrem Führer Dr. Keith Mitchell acht von 15 Mandaten.

Stärkste Oppositionspartei ist der 1987 durch frühere NNP-Mitglieder und durch Vereinigung von Democratic Labour Congress und Grenada Democratic Labour Party gegründete National Democratic Congress (NDC), der 1995 fünf Mandate erhalten hatte, 1999 leer ausging und bei der letzten Parlamentswahlen 2003 knapp mit sieben Sitzen die Wahl verlor. Die rechtsgerichtete Grenada United Labour Party (GULP) konnte weder 1999 noch 2003 ein Mandat im Parlament erringen.

Wirtschaft

Trinidad & Tobago

Nachdem Kolumbus Trinidad und Tobago entdeckt hatte, beschränkten sich die ersten Siedler auf den Anbau von **Tabak** und Indigo. Im 18. Jahrhundert – Kakao hatte inzwischen den Tabak verdrängt – entwickelte sich langsam ein dreikontinentales Verbundsystem, mit Afrika als Sklavenlieferanten, den karibischen Inseln als Rohstoffproduzenten und Europa als Hersteller von Manufakturwaren. Dem Anbau von Kakao folgte die Kultivierung von **Zuckerrohr**. Mit der Sklavenbefreiung und der späteren Entlassung der asiatischen Immigranten aus der Kontraktarbeit entstanden kleinbetriebliche Pflanzungen für Gewürze, Tabak, Reis und Kokosnüsse.

Die nach der Jahrhundertwende aufgrund einer weltweiten Überproduktion auftretende Krise der Zuckerindustrie wurde aufgefangen durch die Erschließung der schon Mitte des 19. Jahrhunderts entdeckten **Erdölvorkommen** durch US-amerikanische Erdölgesellschaften. Bis Ende der 1930er-Jahre produzierte Trinidad und Tobago über die Hälfte des im gesamten britischen Empires geförderten Erdöls. Vier Jahre nach der Machtübernahme durch Eric Williams im Jahre 1960 erwirtschaftete der Erdölsektor 80 % der Exporterlöse, beschäftigte jedoch nur 4–5 % der meist schwarzen Arbeiter des Landes. Williams suchte einen Weg aus der einseitig auf die krisenanfällige Zucker- und Erdölindustrie ausgerichteten Wirtschaftsstruktur des Landes, indem er einerseits durch Investitionsanreize versuchte, ausländische Investoren, vor allem der Konsumgüterindustrie, ins Land zu holen und andererseits durch Förderung der Nahrungsmittelproduktion, d. h. Schaffung einer bäuerlichen Mittelklasse durch Zuteilung staatlichen Grundbesitzes, eine Diversifizierung der subventionsbedürftigen Zuckerindustrie zu schaffen und damit auch eine Verringerung der Nahrungsmittelimporte zu erreichen.

Die sogenannte Agrarreform brachte wenig ein und die Ansiedlung ausländischer Unternehmen *(industrialization by invitation)* führte zu scharfen Protesten der einheimischen Bevölkerung gegen die erneute Kolonisierung durch das Auslandskapital, zumal der Großteil der Zuckerrohrplantagen der Caroni Ltd., einer Tochterfirma des britischen Konzerns Tate & Lyle gehörte und auch die Ölgesellschaften in ausländischem Besitz waren. Williams reagierte und schlug einen neuen „dritten Weg" ein, nämlich die weitgehende Nationalisierung der ausländischen Unternehmen und die Förderung eines mittelständischen Unternehmertums. Zu Hilfe kam ihm der

Ölboom. Die Jahre 73 und 79/80 bescherten Trinidad und Tobago enorme Devisenerlöse durch die von der OPEC eingeleiteten Preisbeschlüsse, so dass Trinidad & Tobago endlich über genügend finanzielle Mittel verfügten, um sich in die von Auslandskapital kontrollierten Schlüsselindustrien einzukaufen. Die PNM-Regierung verstaatlichte die Zuckerindustrie, Banken, Telefon- und Fernsehgesellschaften, erwarben die Kapitalmehrheit bei Shell und BP und gründeten Staatsbetriebe für die Petrochemie, Zement und die Schwerindustrie.

In der Folge stiegen die Industrielöhne, die öffentlichen und privaten Ausgaben, die Nachfrage nach Arbeitskräften, die Inflation, die Importe, die Preise explodierten und das Lohngefälle zwischen Land- und Industriearbeitern klaffte immer weiter auseinander, so dass viele Bauern ihr Land verließen oder immer weiter in Richtung Armutsgrenze abrutschten. Bereits in den beiden darauf folgenden Jahren 80/81 musste die Regierung eingestehen: „The fête is over".

Der Ölpreis fiel zunächst langsam, dann rapide. Mit ihm sank die Fördermenge und die Staatskassen leerten sich in gleichem Maße. Zu hohe Förderkosten und die Prognose der zu Ende gehenden Erdölreserven führten zum Rückzug ausländischer Ölgesellschaften. Die Regierung leitete daraufhin Ausgabenkürzungen, eine Abwertung des TT-Dollars und Import- und Devisenkontrollen ein, konnte jedoch die Verdopplung der Auslandsschulden innerhalb kürzester Zeit nicht verhindern. Betriebe meldeten Konkurs an. Die Sanierungspolitik ging einher mit Auflagen des IWF (Privatisierung von Staatsbetrieben, Entlassungen aus dem Staatssektor, weitere Währungsabwertungen), die zu einem weiteren Anstieg der Arbeitslosenquote und zu Lohnsenkungen führte.

Anfang der 90er-Jahre stellte die Regierung ein Konjunkturprogramm zur Modernisierung des Erdölsektors vor. Die Exploration neuer Lagerstätten wurde ausländischen Firmen wieder schmackhaft gemacht, was zu einer langsamen Erholung des Sektors führte. Im Hinblick auf ein zweites Standbein trieb die Regierung außerdem die Erschließung von Off-shore-Erdgasvorkommen voran. Nach jüngsten Berechnungen reichen die Vorkommen für mehr als vier Jahr-zehnte. Das Erdgas wird zum großen Teil petrochemisch verarbeitet und zur Stahl- und Stromerzeugung eingesetzt. Ende 2005 weihte die Regierung den Bau der weltweit größten Flüssiggasanlage ein und zählt seither zu den größten Flüssiggasproduzenten. Trinidad & Tobago zählt außerdem zu den weltgrößten Exporteuren von Ammoniak, Stickstoffdünger, Harnstoffen und Methanol. Auch deutsche Anlagenbauer sind an der Produktion beteiligt (z. B. die Ferrostaal AG in Essen). Einen kleinen Beitrag zum Export leistet auch der Asphaltsee in La Brea. Weitere Unternehmen sind in der Nahrungs- und Genussmittelverarbeitung (Zucker, Rum, Bier, Zigaretten, Fruchtsäfte) und in der Herstellung von Baumwolltextilien tätig.

Nach wie vor hängt Trinidads Wirtschaft langfristig von dem erfolgreichen Aufbau von Alternativen zum Erdöl ab, das mit vorrausichtlich einer Milliarde Barrel noch eine Reichweite von etwa 20 Jahren besitzt, und kurzfristig von der Fördermenge und der Entwicklung des Ölpreises und den marktwirtschaftlichen Gegebenheiten der anderen Exportgüter. Das reale BIP expandierte in den vergangenen Jahren mit Jahresraten zwischen 6 und 13 % dank der gestiegenen Rohstoffpreise, der Expansion im Öl- und Gassektor, verbunden mit der stetig hohen Nachfrage des Hauptimporteurs, der USA. Der Energiesektor, allen voran die petrochemische Industrie, verzeichnete ein Wachstum von 20 %. Schwierig bleibt der Sektor Landwirtschaft, der während des Ölbooms völlig vernachlässigt wurde. Zucker ist seit Jahrzehnten subventionsbedürftig und nur unter dem Schutz des Zucker-Protokolls der EG wettbewerbsfähig. Neben Zuckerrohr werden auch Kokosnüsse, Zitrusfrüchte, Reis, Bananen, Kaffee und Kakao angebaut.

Hauptimportgüter sind Kapitalgüter, Rohstoffe und Zwischenprodukte sowie Konsumgüter. Importiert wurde 2005 überwiegend aus den USA und Lateinamerika (jeweils 30 %), der EU, Kanada und den CARICOM-Ländern. Export betrieb T&T 2005 in die USA (65 %), daneben in die CARICOM-Länder (17,6 %), die EU, nach Lateinamerika sowie Kanada.

Vom kräftigen Wirtschaftswachstum profitierte der Arbeitsmarkt. Die Arbeitslosenquote sank kontinuierlich von 14 % (1999) auf 11,5 % (2001)

und 2006 im Jahresdurchschnitt sogar von 8 auf 6,6 %, eine Quote, die aufgrund der karibischen Mañana-Mentalität, häufiger Gelegenheitsarbeit, der klimatischen Verhältnisse sowie des Naturangebotes an Früchten, Gemüse und Fisch, das bessere Versorgungsmöglichkeiten bietet, weit weniger gravierende Auswirkungen hat als in den Industriestaaten.

Das im Sog der wirtschaftlichen Expansion stark angestiegene Preisniveau (20 % bei Nahrungsmitteln) und die hohe Inflationsrate vom 8,5 % (2006) ist momentan ökonomische Schwachstelle, welche die Regierung seit 2005 mit einer restriktiven Geldpolitik, die eventuell für die kommenden Jahre die Konjunktur etwas bremsen wird, bekämpft. Trotzdem erwartet man 2007 noch eine Wachstumsrate von 6–7 %. Die Staatsverschuldung konnte ebenfalls spürbar abgebaut werden: von über 50 % des BIP (2002) auf inzwischen weniger als 30 % des BIP. Die Einnahmen aus dem Öl- und Gasgeschäft betragen mittlerweile 60 % der gesamten Staatseinnahmen, verglichen mit 35 % im Jahr 2001. Ohne diese Einnahmen wäre der Staatshaushalt sicher defizitär. Auch die Exporteinnahmen (Öl- und Gaslieferungen, die inzwischen 70 % der Gesamtexporte bestreiten) wurden verdoppelt.

Eine zweifelsohne wachsende Einnahmequelle ist der **Tourismus**. Der Ausbau des Cruise Ship Complex in Port of Spain und die Erweiterung des Hafens in Scarborough trugen dazu bei, dass beide Inseln hochfrequentierte Anlaufhäfen für Kreuzfahrtschiffe sind. Ansonsten erwirtschaftet Trinidad seine Devisenerlöse aus dieser Branche hauptsächlich während der Karnevalszeit. Für Tobago spielt der Tourismus eine weitaus bedeutendere Rolle ist neben der Landwirtschaft und dem Fischfang Haupteinnahmequelle. Trotzdem T&T Jahr für Jahr eine Zunahme der Hotelbetten verzeichnet, steckt der Tourismus – verglichen mit anderen karibischen Eilanden – noch in den Kinderschuhen, was aus Sicht der Besucher sicherlich noch etwas ganz Besonderes ist.

Grenada

Die Fruchtbarkeit der Insel nutzten Ende des 17. Jahrhunderts erstmals französische Siedler,

um **Tabak** und Indigo anzubauen. Bald folgte der lukrativere **Zuckerrohranbau**. Mitte des 18. Jahrhunderts mussten die Plantagen bedingt durch die Abschaffung der Sklaverei große wirtschaftliche Verluste hinnehmen. Man wich aus auf tropische, an Topografie und Klima besser angepasste Baumkulturen – anfangs Kakao, später Muskatnuss, aber auch Bananen, Kaffee, Zitrusfrüchte und Nahrungsmittel für den Eigenbedarf.

Nachdem 1955 Hurrikan Janet einen Großteil der wertvollen Baumkulturen zerstört hatte, erwies sich die schnell wachsende **Banane** als Retter in der Not. Während 1964 die Exportquote der Bananen 27 % betrug, ließen die Produktionsanreize in den 70er-Jahren aufgrund von sinkenden Preisen und Pflanzenkrankheiten schnell nach.

Größtes Hindernis der ländlichen Entwicklung war jedoch die Landverteilung – wenigen mittelständischen Pflanzern und Großgrundbesitzern stand die Masse der Kleinbauern gegenüber, die aufgrund zu kleiner Parzellen nur geringe Erträge erwirtschaften konnten, was zu Landflucht und Emigration führte. Eric Gairys angekündigtes Landverteilungsprogramm im Jahre 1967 reduzierte sich auf die Enteignung seiner Gegner und die Aufteilung dieses Landes unter seinen Anhängern und innerhalb seiner Familie.

Einen kurzzeitigen Aufschwung erlebten die Grenadier unter der Regierung von Maurice Bishop in den Jahren 79–83. Dem Einmarsch der US-Amerikaner folgten hunderte von US-Beratern mit unzähligen Richtlinien in der Tasche, die bis 1988 die Entwicklungspolitik der Insel bestimmten. Die USA steckten viel Geld in die Neuordnung der Inselökonomie. Günstige Preise für Banane und Muskat, ein durch infrastrukturelle Maßnahmen ausgelöster Bauboom und der Aufschwung des Tourismus waren die Folge und bescherten Grenada bis zur zweiten Hälfte der 80er-Jahre respektable Wachstumsraten. Durch das Zurückfahren der US-Finanzhilfen wurde Grenada Anfang der 90er-Jahre wieder zum Problemfall.

Wichtigstes Exportgut von Grenada war – bis Hurrikan Ivan 2004 den größten Teil der Muskatnusspflanzungen zerstörte – die **Muskatnuss**, die auch die Nationalflagge ziert. Grenadas Muskatnüsse beherrschten vorübergehend den Weltmarkt und deckten nach Indonesien als

Land und Leute

Hauptproduzent 25–30 % des weltweiten Bedarfs. Bis 1990 war das Gewürz mit 43 % wichtigster Devisenbringer des Landes. Durch die Überproduktion Indonesiens und Grenadas in den darauf folgenden Jahren sanken die Weltmarktpreise erheblich, so dass Grenada 1991 mit Indonesien ein Stabilisierungsabkommen und drei Jahre später ein Kooperationsabkommen schloss, wobei der Preis wesentlich davon abhing, wie die Ernten in Indonesien ausfielen.

Neben der Muskatnuss war es vor allem der **Kakao**, der einen Großteil der Exporterlöse erwirtschaftete. Der Beitrag, den die Landwirtschaft vor Hurrikan Ivan zum BIP beitrug (etwa 10 %) wird, bis die neu gepflanzten Bäume wieder Früchte tragen, noch einige Jahre weit weniger betragen. Einen etwas größeren Beitrag zum BIP leistet die verarbeitende Industrie. Produziert werden u. a. Nahrungs- und Genussmittel wie Zigaretten, Rum, Bier, Muskatnussöl und elektronische Komponenten. Dass der Dienstleistungssektor zwischen 70 und 80 % des BIP ausmacht ist u. a. das Ergebnis der seit den 90er-Jahren stark expandierenden **Tourismusbranche**.

2004 ging infolge der Naturkatastrophe das Wirtschaftswachstum um 3 % zurück. Den Zuwachs 2005 und 2006 immerhin um 2,1 % initiierte u. a. auch der Wiederaufbau des Landes. Das Hauptproblem besteht weiterhin in der hohen Auslandsverschuldung, die im Verlauf der letzten 20 Jahre ungefähr um das Achtfache angestiegen ist. Im November 2005 wurde mit den Gläubigerbanken ein Schuldenrestrukturierungs-Programm vereinbart. Die Wirtschaft belastet zusätzlich der starke Ölpreisanstieg und die hohe Arbeitslosigkeit (25 % 2005).

Grenadas Wirtschaft bleibt abhängig von den Unwägbarkeiten, welche die Haupteinnahmequellen Tourismus und Landwirtschaft treffen können. Auch fließt ein Großteil der erwirtschafteten Gelder der Tourismusbranche leider an ausländische Investoren zurück. Und die Kreuzfahrttouristen, die Grenada überfallartig für wenige Stunden bevölkern, lassen auch nur wenig Geld auf der Insel. Indirekt ließe sich nach wie vor ein positiver Beschäftigungseffekt erzielen, wenn sich Fischer und Bauern auf die Nachfrage der Hotels einstellen würden und diese auf teure Importe aus Übersee verzichten würden.

Haupthandelspartner Grenadas sind die USA, die EU, Trinidad und Tobago und Barbados. Importiert werden überwiegend Nahrungsmittel, lebende Tiere, Getränke und Tabak, Maschinen und Transportausrüstungen, Industriegüter und Brennstoffe.

Karneval

… the greatest show on earth

Der Karneval auf Trinidad ist das explosivste, farbenfrohste, flippigste und extravaganteste Fest im gesamten karibischen Raum und vielleicht auch *on earth*. Er ist die Hauptattraktion für jeden Besucher – mehr noch für alle Trinbagonier gleich welcher Hautfarbe, Rasse, Klasse oder welchen Alters.

Bereits Monate vor den eigentlichen Festivitäten beginnen die Steelbands in ihren Panyards für das große **Panorama Festival** zu proben. Im Januar finden die ersten Vorausscheidungen statt. Wer sich qualifiziert hat, darf Samstag vor Aschermittwoch am Finale – einem der Höhepunkte des Karnevals – teilnehmen. Hier geben die Steelbands alles, entfalten ihre gigantische Klangmaschinerie vor einem tobenden Publikum, und die Jury entscheidet über die Vergabe des heiß begehrten ersten Preises.

Auch die Calypsonians wetteifern schon im Januar in den Calypso Tents um die Finalplätze, und TV-Kameras und Radiostationen transportieren die neuesten Songs in das ganze Land. An Karnevalssonntag kürt die Jury dann den **Calypso Monarch**. Die Titelträger avancieren zu wahren Volkshelden; das ganze Land liebt und verehrt sie. Daneben treten die Calypso-Junioren in den **Junior Calypso Finals** gegeneinander an.

Die schlagfertigsten aller Calypsonians sind die **Extempo-Calypsonians** (von „extemporieren"), die für die Krone des Monarchen u. a. zu einem Thema aus dem Stegreif vier Strophen à vier Zeilen improvisieren müssen – teuflisch gut wird dabei gereimt. Nicht weniger spektakulär sind die Ausscheidungen und letztlich das Finale, in dem der **Soca Monarch** und seit 1996 auch der **Chutney Soca Monarch** gekürt wird.

Der erste öffentliche Auftritt der **Masquerade** *(mas)* **Bands** findet ebenfalls in der Woche vor

Panorama Champion
Trinidad All Stars „Pan Lamentation" – DeFosto
Band of the Year
Brian Mac Farlane „India – The Story of Boyie"
Road March of the Year
Machel Montano „Jumbie"
Calypso Monarch
Cro Cro „Nobody Ain't Guh Know"
Soca Monarch
Iwer George „Fete after Fete"
Chutney Soca Monarch
Rooplal Girdharie „Meeray Peeya"
Extempo Calypso Monarch
Joseph „Lingo" Vautor-La Placeliere

Karneval statt. Endlich dürfen sie sich zeigen, die manchmal über 1000 Mitglieder umfassenden Karnevalsgruppen, nach einem gut 360 Tage währenden Countdown, in dem sich die führenden Köpfe der Bands ein Thema überlegt, die Designer ihre Zeichenbretter malträtiert und die Näherinnen das Ergebnis in ein Gesamtkunstwerk umgesetzt haben (S. 131, Mas Camps). Oft geben die Trinis ihren letzten Dollar aus, um eines dieser wundervollen, oft extrem knappen Kostüme zu erwerben und dabei zu sein, um beim Umzug ihrer Königin und ihrem König ein gebührendes Volk zu sein. Im Publikum herrscht Hochspannung und es wird heiß diskutiert über die möglichen Finalisten. Das Motto für jedes Ensemble heißt *dance the costume, dance the theme* und so bewegen sich die strahlenden Schönheiten zu den heißesten Calypso-Klängen.

Dimanche Gras, Karnevalssonntag: der **King** und die **Queen of Carnival** werden gekrönt, der wahre König aber ist der Designer. Viele dieser Designer wie Peter Minshall, Wayne Berkley oder Gerald Hart haben es zu internationalem Ruhm gebracht. Die Kinder feiern ihren **Kiddies Carnival** nicht weniger enthusiastisch als ihre Eltern. Höhepunkt für die Kids ist die **Junior Parade of the Bands**, Samstag vor Aschermittwoch im Queen's Park Savannah.

Montagmorgen 4 Uhr früh – der eigentliche Karneval beginnt. **J'ouvert** (von *jour ouvert)* wie

dieser Tag genannt wird, ist der zügelloseste Ausbruch des Karnevalfiebers. Das Volk strömt auf die Straßen, Rum fließt in Strömen und alles tanzt zu den ohrenbetäubenden Klängen, die von den fahrenden, meist eher kriechenden Wagen ertönen. Steelbands heizen dem Volk ein – **jump up** lautet die Devise! Zu dieser Stunde heißt es *Ole Mas* – **Old Masquerade**, die kunstvollen Kostüme bleiben zu Hause. Stattdessen ist Obszönität angesagt, Promis werden karikiert, die schreckenerregendsten Kostüme getragen und keiner ist vor einem Angriff aus Öl, Schlamm, Farbe oder Ketchup sicher – insbesondere kein Tourist.

Während heute alle Rassen und Klassen an diesem wilden Montagmorgen teilnehmen, waren es vor eineinhalb Jahrhunderten noch die befreiten Sklaven, die den Karneval als Ventil gegen Rassismus und Unterdrückung nutzten und die Obrigkeit durch lärmendes, unmoralisches Auftreten provozierten (S. 105, Musik).

Gegen Mittag wird J'ouvert ausgeläutet. Zeit für ein, zwei Stunden Schlaf, ehe die ersten Masquerade Bands, Steelbands, Soca-Artists, Calypsonians, Tanzenden und nicht zu vergessen die schrillen Karnevals-Charaktere wie beispielsweise die **Jab Jab's** (Teufel) und die grandiosen **Moko Jumbies** (Hochstelzenläufer) die Straße in Besitz nehmen, die Zuschauer ihre Band bewundern, anheizen, begleiten, die Bürgersteige bevölkern und Männer sich von herausgestreckten, sich im Rhythmus wiegenden, mehr oder weniger umfangreichen Hintern der schweißgebadeten, leicht bekleideten Frauen gleich welchen Alters bezirzen lassen. Sie tanzen den *wine*! Keine Angst – alles bleibt keusch! Gefeiert wird bis in die frühen Morgenstunden, und wer es nicht nach Hause schafft, bleibt der Länge nach auf dem Bürgersteig liegen.

Mardi Gras, Karnevalsdienstag: Gegen 11 Uhr steigt die größte Kostümparade – der **Road March**. In voller Pracht ziehen die Mas Bands in die Schlacht um den Titel **Band of the Year** und wälzen sich in einer schier endlosen Parade durch die Innenstadt, begleitet, berauscht, getrieben von überdimensionalen Soundmaschinen und Steelbands, die enthusiastisch die funkelnden Ölfässern malträtieren und den Pans die heißesten Soca- und Calypso-Rhythmen entlocken.

Insgesamt vier über die Marschroute verteilt Jurystände entscheiden, welche Karnevalsgruppe ihr Thema und ihre Kostüme im Einklang mit Rhythmus, Farbe und Tanz am eindrucksvollsten verkörpert. Sind alle Karnevalsgruppen durch, erreicht die Spannung im Publikum ihren Höhepunkt: Unter rauschendem Beifall erfolgt die Vergabe des Titels **Band of the Year**. Der Soca- oder Calypsosong, der die Massen während des Road March am meisten bewegte und am häufigsten gespielt wurde, wird von den Juroren zum **Road March Tune** erklärt und der Interpret wird mit dem Titel des **Road March King** ausgezeichnet. Der Rausch von Musik und Feiernden endet um Mitternacht – der Karneval ist zu Ende.

An **Aschermittwoch** zieht es die nicht müde werdenden Trinis an die Strände der Nord- und Ostküste – vor allem an die Maracas Bay – wo die Party im kühlen Nass und unter der karibischen Sonne einfach weitergeht. Am wochenende nach Karneval treten nochmals alle Sieger unter dem Motto **Champs in Concert** auf.

Unvergleichlich ist mit Sicherheit der Karneval in Port of Spain, aber auch in San Fernando, Arima, Scarborough und einigen anderen Städten wird kräftig gefeiert.

Auch auf Grenada ist der Höhepunkt aller Feste der Karneval, der aufgrund des alle Dimensionen sprengenden Trinidad-Karnevals auf das 2. Wochenende im August verlegt wurde. Ähnlich wie die Trinis feiern die Grenadier ihren Karneval laut, bunt, schillernd, mit Steelband– und Calypsowettbewerben, J'ouvert, Karnevalsgruppen, Paraden und den King's und Queen's des Carnival.

Wer an diesen grandiosen Festivitäten teilhaben möchte, sollte sich frühzeitig um eine Bleibe bemühen. Auf Trinidad sind die meisten Unterkünfte, trotz erheblicher Preisansteige, schon Monate vor dem Ereignis ausgebucht. Tolle Kar-

nevalspakete mit Hotel, Transfers, Kostümen, Tickets für Soca Monarch, Panorama Finals, Dimanche Gras, einem Briefing, d. h. Infos über *do's and dont's*, Insider-Tipps sowie Infos über die besten Bands, wo die Jury-Stände stehen etc., findet man unter 🖥 www.islandexperiences trinidad.com; Gunda Harewood, 11 East Hill Cascade, Port of Spain, ✆ 756-9677.

Musik

Wer hat beim Gedanken an die Karibik nicht die pulsierenden Klänge von Steeldrums im Ohr – und tatsächlich wird im Inselleben der Musik in ihren unterschiedlichsten Ausprägungen ein hoher Stellenwert beigemessen. So wie der Reggae nicht mehr aus Jamaika wegzudenken ist, sind Calypso und Soca eng mit Trinidad und dem Rest der Kleinen Antillen verbunden. Viele Touristen, die auf den karibischen Inseln ihren Urlaub verbringen, werden erstmals mit einer derart leidenschaftlichen Musik konfrontiert, Spiegelbild einer bunten Mischung europäischer, indischer, aber vor allem afrikanischer Einflüsse.

Parang

Die traditionelle Weihnachtsmusik der Trinbagonier ist der **Parang**. Das Vermächtnis der spanischen Eroberer wird, wenn auch in einer etwas abgewandelten Form, von den Volkssängern noch heute bewahrt. Das Instrument, das den Gesang hauptsächlich begleitet, ist das **Cuatro**. Der Überlieferung zufolge kommt diese kleine viersaitige Gitarre aus Venezuela, genauer aus Cumaná, der ersten Ansiedlung spanischer Eroberer auf dem Kontinent. Die Indianer bauten die spanischen Mandolinen nach, kreierten damit jedoch ihre ganz eigene Volksmusik. Während der Parang-Saison, die in der letzten Novemberwoche beginnt und Anfang Januar endet, spielen die **Paranderos** spontan bei Freunden, unter freiem Himmel, aber auch auf großen Veranstaltungen.

Traditionell haben die Texte religiösen Inhalt. Besungen werden jedoch auch die Liebe und

Karnevalstermine auf Trinidad

04./05. Februar **2008**   15./16. Februar **2010**
23./24. Februar **2009**   07./08. März **2011**
Weitere Infos unter
🖥 www.tntisland.com/carnival.html oder
🖥 www.carnaval.com/trinidad/chag

das Alltägliche. Es ist keine traurige Musik, ganz im Gegenteil, freudiges Feiern ist ebenso Bestandteil der Feste wie typisch spanische Leckereien. Sehr verbreitet ist der Parang noch in Städten und Dörfern, deren Bewohner spanische Vorfahren haben, so in Arima, Santa Cruz, Rio Claro oder Lopinot.

Im Parang findet man oft Gesangsdialoge, wobei entweder die Sänger Frage und Antwort improvisieren, oder die Antwort aus dem von umstehenden Personen zusammengewürfelten Chor gegeben wird. Wer in der Weihnachtszeit in Trinidad ist, sollte sich diese fröhlichen Feierlichkeiten nicht entgehen lassen.

Vom Tamboo Bamboo zur Steeldrum

Die Kalenda-Musik, in deren Melodien der Ursprung des Calypso zu suchen ist, erzählt begleitet von Trommeln und wilden Stockkämpfen vom Kampf zwischen Weißen und Schwarzen, Herren und Sklaven, und vom Widerstand. Kein Wunder, dass dieser Ausdruck sozialer Identität den Kolonialherren immer schon ein Dorn im Auge war.

Nach der Freilassung der Sklaven in Trinidad und Tobago im Jahre 1838 verwandelten die Schwarzen den Karneval in ein Tollhaus. Unbändige, fast schon kriegerische Auseinandersetzungen rivalisierender Kalenda-Bands prägten den Karneval, wobei auch blutige Zusammenstöße mit der Obrigkeit nicht ausblieben. Die Engländer, deren oberstes Ziel die Anglisierung war, begannen Mitte des 19. Jahrhunderts, den Calypso und den Karneval öffentlich anzugreifen, was bei den Trinidadern natürlich zur Empörung stieß. Kurzerhand verboten die Engländer 1884 das Trommeln, Kalenda-Kämpfe und provozierende Masken.

Der unerschöpflichen Kreativität der Trinidader entsprang nun eine weitere Percussion-Gruppe – die **Tamboo-Bamboo-Band**. In den Tamboo-Bamboo-Zelten wurde der Rhythmus, der die Tanzenden nahezu in Trance versetzte, nun mit Hilfe von Bambusrohren erzeugt. Es gab drei Typen von Instrumenten, die aus Bambusrohren hergestellt wurden. Die **Foule** hatte eine Länge von etwa 30 cm. Der etwa 60 cm lange

Cutter wurde mit einem Stock geschlagen und der **Boom**, mit einer Länge von circa 1,30 m, wurde auf den Boden gestoßen. Das kraftvolle Pulsieren der Trommeln vermochten die Bambusrohre jedoch nicht zu ersetzen.

Nun gibt es verschiedene Versionen, was die Geburtsstunde der **Steeldrum** („Stahltrommel") angeht. Die folgende hält sich an die Ausführun-

Die Herstellung einer Steelpan

Um die verschiedenen Pans herzustellen, werden die Fässer auf unterschiedliche Längen geschnitten und die Oberfläche anschließend eingedrückt und in eine konkave Form gebracht. Sektionen unterschiedlicher Größe, welche verschiedene Tonhöhen erzeugen sollen, werden mit dem Zirkel eingezeichnet. Die **Bass Pans** oder auch **Booms**, wie sie genannt werden, verfügen über 5–7 Töne. Den zweiten Schritt nennt man *grooving*. Hier werden die einzelnen Sektionen mit Hilfe von Stahlgriffel und Hammer herausgearbeitet. Der dritte Schritt ist das *burning*. Etwa 4 Minuten wird die konkave Form über ein Holzfeuer gelegt und danach mit einem Eimer Wasser abgelöscht, was man *tempering* nennt. Ist die Trommel abgekühlt, wird sie gewaschen. Anschließend folgt das *tapping up*. Die einzelnen Sektionen werden wiederum in eine konkave Form gebracht. Abschließend erfolgt der schwierige Prozess des Stimmens, wobei von innen und außen kunstvoll gehämmert wird, bis die gewünschte Tonhöhe erreicht ist.

Während die Bass Pans auf eine Länge von etwa 7,5 cm geschnitten werden, bleiben die **Cello Pans** auf einer Länge von etwa 35 cm. Sie verfügen über 10 Töne und werden meist als Paar gespielt (Double Cello Pans). Die wichtigsten Instrumente eines Orchesters, die die Melodie bestimmen, sind jedoch die **Tenor Pans** (**Ping Pongs**). Sie werden auf eine Länge von 15–18 cm geschnitten und verfügen über 26–32 Töne. Die Akkordschläge einer Gitarre werden von den **Guitar Pans** imitiert, die meist über 14 Töne verfügen und bei denen das Ölfass auf eine Länge von 35 cm geschnitten wird.

gen von Sylvia Gonzales, einer Trinidaderin, die unermüdlich um die Pflege des heimischen Kulturguts bemüht ist.

Es begann am Faschingsdienstag im Jahre 1934. Die Newton Tamboo Bamboo Band feierte ausgelassen. Ihre Bambusrohre schlagend bogen die Musiker von der Nelson in die Prince Street ein. Einer der Spieler wollte einem Freund einen Schluck aus seiner Rumflasche anbieten, als diese zu Boden fiel und zerbrach. Da Straßenkämpfe zu dieser Zeit nicht unüblich waren, ergriffen einige Feiernde sofort die Flucht und es entwickelte sich ein heftiger Tumult, der sich jedoch schnell wieder auflöste. Victor Wilson alias „Mando", einer der Spieler, verlor in der Aufregung seinen Cutter und fischte kurzerhand ein grün bemaltes Blechtablett vom Straßenrand. Mando schlug begeistert diese *pan* und gewann innerhalb seiner Band eine faszinierte Zuhörerschaft. Am Aschermittwoch diskutierte die Band in ihrem Panyard an der Tragarete Road Ecke Woodford Street über Mandos Entdeckung und kam überein, dass die **Pan** melodischer sei und ein stärkeres Volumen habe als die Foule.

Ein neues Instrument war geboren. Man nannte es schlicht **Ping Pong** aufgrund der beiden unterschiedlichen Töne, die erzeugt werden konnten. Mit weiteren Dosen und Kanistern, welche die übrigen Bambus-Instrumente ersetzen konnten, war die **Steelband** komplett und ihre Gründer bereit, dem Publikum eine große Überraschung zu bereiten.

Am Karnevalsmontag 1935 stürmte die Alexander Ragtime Band von Newton die Straßen und löste mit ihren Pans in der Tat Erstaunen und Faszination aus. Schon Faschingsdienstag legten die Bamboo-Bands ihre Bambusrohre beiseite und tauschten sie aus gegen Töpfe, Pfannen und Mülltonnen.

Um ein Instrument heutiger Qualität herzustellen, bedurfte es noch einiger Jahre und besonders des außerordentlichen Geschicks der Stimmer. Musiker wie die Schlagzeuger Ellie Manette, Winston „Spree" Simon und Neville Jules, die alle aus Trinidad stammen, trugen einiges zur Entwicklung der Instrumente bei. Das Wechseln auf Ölfässer, aus dem alle Pans gefertigt werden, war einer der ersten entscheidenden Schritte, wodurch das Ensemble nicht

nur einen homogenen Klang erhielt, sondern auch einen größeren Tonumfang.

1941 hatten sich schon einige Steelbands etabliert. Die Konkurrenz wuchs und Rivalitäten trugen die Bands mit Kämpfen aus. Auf Bitten des Trinidad & Tobago Youth Council berief die Regierung 1948 einen Ausschuss zur Eindämmung der Gewalt zwischen den Bands ein. Der Ausschuss rief die T&T Steelbandmen's Association (heute **Pan Trinbago**) ins Leben, die wesentlich dazu beitrug, Ansehen, Kommunikationsbereitschaft und musikalische Fähigkeiten der Steelband-Mitglieder zu verbessern. Die Vereinigung, der mittlerweile 76 Bands beigetreten waren, gründete 1951 das **Trinidad All Steel Percussion Orchestra** (**T.A.S.P.O.**), das die besten Pan-Spieler Trinidads versammelte. Unter ihnen waren Ellie Manette, Winston „Spree" Simon, Dudley Smith, Orman „Patsy" Haynes und viele mehr. Zum musikalischen Leiter ernannte man Joe Griffith.

Die T.A.S.P.O. brachte ihre Musik 1951 nach Großbritannien. Sie spielten neben der eigens für diesen Anlass komponierten Melodie *March of the Allies* auch Calypso, Rumba bis hin zur klassischen Musik – wohl bemerkt unter großem Beifall und Anerkennung. Der internationale Durchbruch war geschafft und führte gleichzeitig zu einer gesteigerten Reputation im eigenen Land.

1963 fand erstmals ein landesweiter Wettbewerb statt – das **Panorama Festival**. Meisterhafte Ensembles wie die **Desperadoes** und etwas später die **Amoco Renegades** bestimmten die Steelband-Szene. Die Desperadoes unter der Leitung des charismatischen Rudolf Charles, der die Band bis zu seinem Tode 1985 leitete, gewannen den Panorama-Titel erstmals 1966. Es folgten unzählige weitere Titel.

Noch heute ist einer der Höhepunkte an Karneval das Panorama Festival. Die Steelbands treten in regionalen Vorausscheidungen schon einige Wochen vor Karneval gegeneinander an. In Tobago spielen die Bands im Shaw Park in Scarborough, der Norden Trinidads konkurriert in Port of Spain, die östlichen Teilnehmer in Tacarigua und die Steelbands des Südens in San Fernando. Es gibt Bands mit 100–400 Musikern und es ist ein Erlebnis, sie in ihren **Panyards** (S. 125), in den Vorausscheidungen oder während des Panorama Festivals live zu erleben.

Eine ganze Reihe weiterer großer und kleiner Steelband-Festivals folgen (S. 36, Festivals).

Wer Interesse hat, eine Steeldrum zu kaufen, muss mit etwa US$400–1000 ziemlich tief in die Tasche greifen. Kontaktadressen: **Lincoln Enterprices**, 19 Gallus St, POS, ✆ 628-7267, **Panland – Trinidad & Tobago Limited**, Ecke EMR und Dorata St, Laventille, POS, ✆ 627-0185, ▭ www.panlandtt.com. Weitere Infos unter ▭ www.steeldrum.de, ▭ www.pan-kultur. de, ▭ www.pantrinbago.co.tt, ▭ www.panon thenet.com.

Calypso

Die französische Pflanzerelite, die den Karneval 1783 nach Trinidad gebracht hatte, untersagte es den schwarzen Sklaven daran teilzunehmen. Das Singen auf den Feldern ihrer Herren konnte man ihnen jedoch nicht verbieten und so bedienten sich die Sklaven verschiedener Liedtypen als Protest gegen soziale Ungerechtigkeit und als Ausdruck ihrer eigenen Identität. Ein solcher Liedtypus war beispielsweise der **Cariso** oder **Caiso**, ein satirischer Wechselgesang des späten 18. Jahrhunderts, deren Sänger man Mait Caiso oder Master Caiso bzw. **Chantwell** oder Chantuel nannte und der in Beziehung stand zum **Kalenda** mit seinen rituellen Stockkämpfen. Der Kalenda-Gesang, dessen Texte spöttisch, oft beleidigend die Pflanzerelite aufs Korn nahmen, aber auch humorvoll bestimmte Ereignisse beschrieben, wurden vor dem Stockkampfspiel durch einen Chantwell (einen Vorsänger) an ein gegnerisches Team gerichtet gesungen. Dabei kam es nicht selten zu aggressiven Zusammenstößen rivalisierender Kalenda-Bands und in der Folge zu blutigen Auseinandersetzungen mit der Obrigkeit.

Sicher ist, dass der Ursprung des Calypsos in diesen frühen Wortgefechtsgesängen liegt und dass die Chantwells die ersten Calypsosänger waren. Widersprüche bestehen jedoch noch heute bezüglich des Begriffs Calypso, der sich am wahrscheinlichsten aus dem Wort *caiso* ableitete.

Nach der Sklavenbefreiung wirkten die Schwarzen kräftig am Karneval mit. Sie verwandelten das Fest in ein ungezügeltes, libertäres Straßenfest und provozierten die Bourgeoisie mit entblößten Brüsten und derben Obszönitäten wie blutigen Menstruationsbinden. Die Schwarzen nannten ihren Karneval *jammete*, was auf die Unterschicht oder das Unterweltliche hindeutete. Die herrschende Klasse reagierte mit Erlassen und Verboten, was die Schwarzen in Aufruhr versetzte. Zum Sprachrohr des Widerstandes gegen den Rassismus und die Verbote wurden Mitte des 19. Jahrhunderts die Calypsosänger, die mittlerweile die *mas*- (Maskerade-) Gruppen des Karnevals anführten. Die Calypsosänger zogen mit ihren Bands durch die Straßen und lieferten sich heiße Frage-Antwort-Gesänge. Sie prangerten Ungerechtigkeiten an, vertraten die Gefühle des Volkes, trugen aber auch wesentlich zur soliden Berichterstattung des 19. Jahrhunderts bei.

Mitte des 19. Jahrhunderts verlegte man das Canboulay-Fest vom August in die Karnevalszeit. Die erzürnte Obrigkeit erließ wiederum Gesetze zur Unterdrückung der Festivitäten, was Unruhen geradezu provozierte. 1881 wurde der Canboulay schließlich für illegal erklärt, nachdem einige *bands* das Polizeirevier gestürmt hatten.

Die Calypsosänger, die sich vor allem durch ihre Fähigkeit zur Textimprovisation auszeichneten, besonders in Picong-Duellen (vom franz. *piquant* = würzig) oder den Calypso-Kriegen zum Abschluss von Zelt-Vorführungen, waren jedoch nicht mehr wegzudenken. Die ständig wiederkehrende, gleichbleibend in Strophen geteilte Form des Calypsos ließ ihnen Freiraum für ihre Stegreifdarbietungen. Lediglich die Zusammensetzung des den Calypso begleitenden Ensembles veränderte sich im Laufe dieser Zeit: Schon kurz nach dem Trommelverbot im Jahre 1884 begleiteten die Tamboo Bamboos die Calypsosänger und Mitte der 1930er-Jahre waren es dann die Steeldrums.

Zu Anfang des 20. Jahrhunderts durchlief der Calypso eine ganze Reihe einschneidender Veränderungen. Nach über 100 Jahren britischer Herrschaft sang der Weiße Norman Le Blanc erstmals einen Calypso in englischer Sprache, Wettbewerbe und Calypso-Zelte wurden kommerzialisiert. Die berühmtesten Calypsosänger schmückten sich (ein Quäntchen Selbstironie war wohl immer dabei) mit englischen Adelstiteln oder legten sich martialische Namen zu wie Atilla the Hun, Roaring Lion, Growling Tiger, Lord Invader, Lord Pretender, Chieftain Douglas oder Mighty Dictator.

Die Texte wurden anspruchsvoller, die lokalen, internationalen, sozialen, politischen und sexistischen Themen blieben jedoch gewagt und umstritten. Die Internationalisierung des Calypsos begann in den 20er-Jahren, als Paul Whiteman, ein amerikanischer Bandleader mit Sly Mongoose in den Staaten einen Hit landete. Umjubelt kamen wenig später Atilla the Hun und Roaring Lion von Plattenaufnahmen aus den USA zurück. Calypso hatte den internationalen Durchbruch geschafft. Unterdessen sah die Kolonialregierung Trinidads im Calypso eine Gefahr, so dass sie Mitte der 30er-Jahre besonders aufwieglerische Texte verbot.

Mit dem Einzug amerikanischer Soldaten während des Zweiten Weltkrieges veränderte sich die Akzeptanz des Calypsos in zweierlei Hinsicht. Tausende vergnügungswilliger US-Soldaten strömten in die Calypso-Zelte und die unzähligen neu eröffneten Nachtclubs. Die Begeisterung der Amerikaner untergrub nun die Restriktionen der britischen Regierung und sorgte gleichzeitig für eine internationale neue Zuhörerschaft.

Das neue Publikum war jedoch wenig an den sozialen und politischen Konflikten des Landes interessiert. In der Folge gerieten politische und satirische Liedtexte immer mehr in den Hintergrund und triviale, zeitlose Texte entstanden. Zudem passte man sich aktuellen Musikrichtungen an, so dass unter amerikanischem Einfluss Elemente des Jazz und der Popmusik integriert wurden.

Die Amerikaner frönten natürlich nicht nur der Musik, sondern auch dem Vergnügen mit trinidadischen Frauen, die dem leicht zu verdienenden Yankee-Dollar auch nicht widerstehen konnten. **Lord Invader** drückte 1943 seinen Unmut über die Verhältnisse in seinem Calypso **Rum and Coca Cola** aus, der zu einem der berühmtesten Calypsos aller Zeiten werden sollte.

Rum and Coca Cola,
Go down to Point Cumana,
Both mother and daughter,
Working for the Yankee Dollar.

Während der Hit in allen Radiostationen Trinidads zu hören war, coverten die **Andrew Sisters** den Song in den Staaten und verdienten sich eine goldene Nase. Invader, der kein Copyright hatte, wäre um ein Haar leer ausgegangen, hätten Lion und Atilla den Liedtext nicht in einem urheberrechtlich geschützten Calypso-Buch veröffentlicht, bevor die gecoverte Version auf dem Markt war.

In den 50er-Jahren wählte man Atilla the Hun, der seinen politischen Liedtexten stets die Treue gehalten hatte, ins Parlament und während der nächsten beiden Jahrzehnte dominierten **Lord Kitchener**, der nach Großbritannien ausgewandert war, und der auf Grenada geborene **Mighty Sparrow** die Calypso-Szene.

Die neu gewählte PNM-Regierung unter Eric Williams begründete 1956 einen eigenständigen Wettbewerb. Die Calypsonians kämpften an Karneval nun um den Titel des **Calypso King**. Sparrow, mit bürgerlichem Namen Slinger Francisco, gerade mal 21 Jahre, gewann den Wettbewerb auf Anhieb mit seinem Titel Jean and Dinah und steckte die stolze Gewinnsumme von US\$40 ein. Sparrows Calypso beschrieb auf zynische Weise die Situation unzähliger trinidadischer Frauen, die sich die Freiheit genommen hatten, mit einem Yankee eine Beziehung einzugehen, und nun bei Abzug der US-Soldaten zurückgelassen wurden.

In den kommenden Jahren verlieh die Jury Mighty Sparrow unzählige Male den Titel des Calypso King. Er gewann mindestens ebenso oft den Titel des Road March King, sang in New York in der Carnegie Hall, trat mit Nat King Cole auf und die University of the West Indies verlieh ihm die Ehrendoktorwürde. Sparrow avancierte zum **Calypso King of the World**. Bis heute wurde Sparrows Erfolgsbilanz von keinem anderen Calypsonian erreicht. Stets bezog er kritisch Stellung zu politischen Themen und unter vielen Kennern der Szene besteht Einigkeit darüber, dass ohne Sparrows Unterstützung die PNM und Eric Williams keineswegs die Macht 30 Jahre hätten halten können.

Die schwierigen 70er-Jahre dominierte eine neue Generation von Calypsosängern wie **Mighty Chalkdust**, **Valentino** oder **Black Stalin**, die kein Blatt vor den Mund nahmen und den Menschen die post-kolonialen gesellschaftlichen und politischen Verhältnisse vor Augen führten. Im Zuge der Frauenbewegung schenkte man auch Calypsosängerinnen mehr Aufmerksamkeit und 1978 wurde **Calypso Rose** zum ersten weiblichen Calypso King gekürt. In der Folge benannte man den Wettbewerb um und titulierte fortan die Sieger als **Calypso Monarch**.

In den 80er- und 90er-Jahren bestimmte u. a. **David Rudder** die Calypso-Szene. Seinen internationalen Durchbruch schaffte er 1986 mit seinem Album The Hammer. Der Titel The Hammer erzählte die Geschichte des 1985 verstorbenen trinidadischen Pan-Spielers und Kopf der Desperados Rudolf Charles.

Der Januar ist der beste Monat, um die Calypsonians um die Finalplätze wetteifern zu sehen und vor allem zu hören. Zu den bekanntesten Austragungsorten zählt u. a. das **Calypso Spektakula Forum**, 111-117 Henry St, **Kitchener's Calypso Revue**, SWWTU Hall, 1d Wrightson Rd und das **Kaiso House**, Strand Cinema Tragarete Rd, die man alle in Port of Spain findet. Weitere Tents unter 🖳www.tntisland.com/tents2007.html.

Soca und Chutney-Soca

Als in den 70er-Jahren die halbe Welt nach den Rhythmen der Diskomusik ihre Hüften schwang und die Elektronik Einzug in die Musikszene hielt, gingen die neuen Trends natürlich auch nicht spurlos an den Calypsosängern vorbei. In der Folge trat Ende der 70er-Jahre der **Soca** (wahrscheinlich von Soul-Calypso) in Erscheinung.

Popularisiert wurde der Soca durch **Lord Shorty**, der nach seiner Bekehrung zur Rastafari-Bewegung als **Rasta Shorty I** bekannt wurde. Er zog das Tempo an und verarbeitete moderne Popmusik, Elemente des Funk und Soul aber auch Shango-Kultmusik und andere karibische Rhythmen wie beispielsweise Merengue oder Rumba. Andere Musiker nahmen Elemente aus dem Jazz oder Rhythm & Blues auf und in den 90er-Jahren blieb auch Techno nicht ohne Einfluss.

Im Gegensatz zu den politischen und sozialen Texten des Calypsos, war Soca anfangs hauptsächlich Musik zum Tanzen mit eher trivialen Texten, die zum Teil kaum noch etwas mit der Calypso-Dichtung gemeinsam hatten. Natürlich

waren die Calypso-Sänger gefordert, ihrer Kreativität auch im Soca freien Lauf zu lassen. Also griff man die Elemente des Calypsos im Soca auf und schrieb über politische und soziale Themen, über Sex und Skandale. Sparrow besang beispielsweise in seinem Lied Vanessa die erste schwarze Miss Amerika, die sich nackt für eine Zeitschrift ablichten ließ.

Nachdem 1980 erstmals ein Soca den Road March an Karneval gewann, ist er vor allem für die Trinis nicht mehr wegzudenken. Seit 1994 bestreiten die Soca-Stars im Rahmen des Karnevals einen eigenständigen Wettbewerb. Dem Gewinner verleihen die Trinis den angesehenen Titel des **Soca Monarch**. Einer der berühmtesten Soca-Könige ist **Ronnie McIntosh** mit seiner Band **Blue Ventures**, und wenn sich Superstar und Soca Monarch Winner **Machel Montano** mit seiner Band **Xtatik** ankündigt, bebt die Erde auf den Karibikinseln.

Es ist ein einmaliges Erlebnis, eines dieser riesigen Soca-Freiluft-Events mitzuerleben. Zwischen Bläser- oder Schlagzeugsoli folgt immer mal wieder die Aufforderung, den Tanzschritten zu folgen, deren rasantes Tempo einen ganz schön außer Atem bringen kann.

Auch die karibischen Inder fanden Gefallen am Soca und legten kurzerhand Hinditexte auf den funkigen Rhythmus, womit der **Chutney-Soca** geboren war. Im Mittelpunkt der Chutney-Soca-Szene steht der 1996 ins Leben gerufene **National Chutney-Soca Monarch** Wettbewerb. Durch die Verwendung des Calypsos als Liedtypus im Soca lebt der Calypso also im Soca weiter und wird sicherlich immer ein fester Bestandteil des Lebens in der Karibik bleiben.

Rapso

Rapso ist ein noch sehr junges Genre. Vor etwa 30 Jahren stellte **Lancelot Layne**, auch bekannt als **Kebu**, den musikalischen und literarischen Status quo der Karibik infrage und machte in seiner Musik Gebrauch von afrikanischen Traditionen, nämlich dem Geschichtenerzählen. Layne verstand Rapso als eine Art Straßen-Lyrik. Er erzählte Geschichten von Dingen, die die einfachen Menschen bewegten.

Doch erst mit dem Auftauchen der **Network Riddum Band** mit **Brother Shortman** und dem großartigen **Brother Resistance** Anfang der 80er-Jahre wurde die Musik als Rapso definiert: *Rapso is de power of de word in de riddum of de word.*

Die Jugend jedenfalls liebt Brother Resistance, den Shootingstar Ataklan und wie sie alle heißen. Kenner der Szene vermuten, dass die Musik mit ihrer positiven Message, ihrer karibischen Einzigartigkeit und dem Tanzrhythmus die musikalische Kraft des 21. Jahrhunderts werden wird. Wer Lust hat Rapso einmal live zu erleben, sollte das im Mai in Trinidad stattfindende **Festival of Rapso and the Oral Traditions** aufsuchen.

Religionen

Bedingt durch den heterogenen Charakter der karibischen Bevölkerung ist ein religiöser Pluralismus, der sich als Sammelsurium etablierter christlicher Kirchen, protestantischer Sekten, einer Vielzahl afroamerikanischer Kulte, hinduistischer und islamischer Weltanschauungen darstellt, auf den Inseln zu finden.

Nach Beginn der ersten ernsthaften Missionierungsversuche unter der schwarzen Sklavenbevölkerung gewann das **Christentum** nach der Abschaffung der Sklaverei stark an Bedeutung, so dass im 20. Jahrhundert die Mehrheit der schwarzen Bevölkerung auf den karibischen Inseln einer der beiden Hauptrichtungen des Christentums zugerechnet wird. Auf Trinidad und Tobago leben heute 29,4 % Katholiken und 10,9 % Anglikaner, auf Grenada sind es 53 % bzw. 14 %.

Daneben gehören viele Schwarze einer der zahlreichen afrikanischen bzw. afroamerikanischen Religionen an – beispielsweise den **Spiritual Baptists** und dem **Shango**-Kult in Trinidad und Grenada oder dem **Big Drum Dance** in Carriacou an. Bei diesen Kulten steht immer wieder der fest verwurzelte Glaube an die Wichtigkeit der Verstorbenen und deren Einfluss auf die Lebenden im Vordergrund. So können die Toten in Form von Geistern *(spirits)* auf die Erde zurückkehren und dort ihr Unwesen treiben, oder von den Lebenden für ihre Zwecke manipuliert

werden. Obeah-Männer und -Frauen wissen mit der Welt der Geister zu kommunizieren. Sie vermögen Geister auszuschicken, um bestimmten Personen Leid, Armut oder den Verlust eines Lebensgefährten zuzufügen, aber auch übel wollende Geister zurückzurufen. Außerdem verfügen sie über eine umfassende Kenntnis giftiger und heilender Pflanzen und Kräuter.

Im Big Drum Dance werden zum größten Teil Ahnengeister verehrt, dagegen verehren Anhänger des Shango-Kults nicht nur afrikanische Gottheiten, die mit katholischen Gottheiten gleichgesetzt werden, sondern auch vergöttlichte Ahnen. Die Spiritual Baptists, deren Religion eine Verquickung traditioneller afrikanischer Vorstellungen und christlicher Elemente darstellt, richten neben der Anbetung der Ahnen ihre Aufmerksamkeit auch auf den Heiligen Geist.

Der Glaube an die Wiederkehr der Toten in Form von Geistern ist noch sehr lebendig. In der englischsprachigen Karibik werden sie als **Jumbies** bezeichnet. Jumbies leben in riesigen Kapokbäumen, streifen vorzugsweise nachts in einsamen Gegenden umher, verweilen in der Nähe ihres Grabes, suchen gerne ihr altes Zuhause auf und sind schnell verärgert, wenn sie bei ihren Streifzügen keine bereitgestellten Speisen und Getränke vorfinden.

Zu den Jumbies zählen auch zahlreiche mysteriöse Wesen, darunter der weibliche Vampir **Soucouyant**, der tagsüber ein zurückgezogenes Leben als alte Frau führt. Bei Anbruch der Dunkelheit entledigt er sich seiner Haut, lässt sie am Kapokbaum zurück und verwandelt sich auf dem Weg zu seinen blutdurstigen Streifzügen in einen Feuerball. Fühlt sich ein Insulaner morgens völlig erschlagen, führt er dies auf eine nächtliche Attacke eines Soucouyants zurück. Schützen kann man sich, indem man Reis um das Bett streut. Der Soucouyant muss Korn für Korn aufpicken, was ihn so viel Zeit kosten wird, dass ihn die Morgendämmerung unverrichteter Dinge zurückschickt. Außerdem kann man die zurückgelassene Haut mit Salz und Pfeffer einreiben. Kommt er am Morgen zurück, um sich wieder in einen Menschen zu verwandeln, wird er in großes Wehklagen ausbrechen und sterben.

Ein anderer geheimnisvoller mächtiger Geist ist **Papa Bois** – der Hüter des Waldes und der

Tiere. Er erscheint in Gestalt eines großen starken Mannes, dessen Bart und Haare verschlungen sind mit Blättern und Wurzeln. Er lebt im Wald, ahmt Tierstimmen nach und führt Jäger tief ins Innere des Waldes, so dass sie sich hoffnungslos verirren.

Auf Trinidad, Tobago und Grenada finden sich auch viele **Methodisten** und **Presbyterianer**. Daneben haben sich zahlreiche nordamerikanische protestantische Sekten auf den karibischen Inseln ausgebreitet, z. B. die Church of God in Trinidad. Andere US-Kirchen, die sich im ersten Drittel des 20. Jahrhunderts etabliert haben, sind beispielsweise die Adventisten und die Pfingstgemeinden.

Neben dem Katholizismus stellt der **Hinduismus** mit 23 % die zweitgrößte Religionsgemeinschaft in Trinidad dar. Der Hinduismus kennt keine in sich geschlossene Lehre, verfügt weder über eine etablierte Kirche noch über nur einen Gott bzw. Propheten. Er kann als Gemeinschaft der unterschiedlichsten Sekten und Glaubensrichtungen angesehen werden, die vor allem eines gemeinsam haben, nämlich die Lehre vom Karma, welches das Schicksal des Menschen im gegenwärtigen Leben und in zukünftigen Geburten bestimmt, und die Lehre von der Wiedergeburt. Der endlosen Kette von Wiedergeburten – dem Samsara – zu entrinnen ist Ziel der Erlösung. Das System der sozialen Gliederung in die vier Kasten der Brahmanen (Priester), der Kshatrigas (Krieger), der Vaishiyas (Händler und Bauern) und der Shudras (Knechte), die wiederum in zahlreiche Kasten zerfallen, spielen in den meisten Sekten eine bedeutende Rolle. Aus der Vielzahl der Götter des Hinduismus ragt die Dreiheit Brahma (der Schöpfer der Welt), Shiva (Zerstörer der Welt) und Vishnu (Erhalter der Welt) heraus.

Die Ausübung des Hinduismus in Trinidad, vor allem des Kastenwesens, war von dem Moment an in Frage gestellt, als die indischen Kontraktarbeiter von Bord gingen und auf Trinidad Wohn- und Arbeitsverhältnisse vorfanden, die ihren traditionellen Gesetzen nur noch in sehr beschränktem Maße gerecht wurden. Was mit dem Kastenwesen unvereinbar gewesen war – nämlich die gemeinsame, für alle immigrierten Hindus gleiche Arbeit, das Teilen des Trinkwassers oder die gemeinsamen Wasch- und Badeplätze waren auf den Plantagen nicht mehr zu umgehen. So entwickelte sich auf Trinidad eine eigenständige Form des Hinduismus, in dem das Kastenwesen nur noch eine untergeordnete Rolle spielt.

Im Gegensatz zum Hinduismus hat der **Islam** mit 5,8 % der trinidadischen Bevölkerung eine wesentlich kleinere, aber doch signifikante Anhängerschaft. Trotzdem sich manche islamische Praktiken auf Trinidad verselbstständigt haben (s. S. 36, Hosay im Kap. Feste und Feiertage), befolgen auch hier die Moslems die 5 Hauptpflichten (Säulen des Islam): Das Glaubensbekenntnis, das Gebet, das Almosenvergeben, das Fasten während des Ramadan und die Pilgerfahrt nach Mekka, die einmal im Leben durchgeführt werden sollte.

Sicherlich deckt sich auch auf den karibischen Inseln die Trennungslinie zwischen den Religionen mit der der ethnischen Herkunft, sodass sich in den christlichen Religionen mit Ausnahme der Presbyterianer fast ausschließlich Afrikaner finden, während der schwarze Bevölkerungsteil in der hinduistischen, moslemischen oder presbyterianischen Religion fast völlig fehlt. Trotz dieser Trennung ist es üblich, dass Christen an den religiösen Feierlichkeiten der Hindus und Moslems teilnehmen, trinidadische Hindus Weihnachten feiern und die römisch-katholische Kirche neben dem Gebetshaus der Anglikaner oder einem Hindutempel steht.

Port of Spain

San Fernando

Port of Spain

Stefan Loose Traveltipps

1 **Karneval** Die absolut beste Zeit in Port of Spain – explosiv, extravagant, schrill. S. 114

Queen's Park Savannah In der Oase der Stadt mit den Trinis limen, Sport treiben und The Magnificent Seven bewundern. S. 121

2 **Panyard** Die musikalische Vielfalt eines Steelpan-Orchesters erleben, und das nicht nur während des Panorama-Festivals. S. 125

Limen und Essen Authentisch trinidadische Lebensweise in einer der zahllosen Bars praktizieren und die Vielfalt der trinidadischen Küche testen. S. 129

Mas Camps Den Karnevalskünstlern bei der kreativen Arbeit in ihren Werkstätten über die Schulter schauen. S. 131

Queen's Park Oval Mitfiebern während eines Cricketspiels und sich anschließend ins Nachtleben der tosenden Clubszene stürzen. S. 135

Port of Spain liegt am Gulf of Paria im Nordwesten der Insel, ist wirtschaftliches, politisches und vor allem kulturelles Zentrum beider Inseln und Hochburg des explosiven, kreativen und berauschenden Karnevals. Hier findet man unzählige Mas Camps, Panyards, Theater, Kinos und Kunstgalerien. In Port of Spains Zentrum leben etwa 50 000 Einwohner auf; rechnet man sämtliche Außenbezirke mit ein, beträgt die Einwohnerzahl etwa eine halbe Million. Der Flughafen liegt 25 km entfernt und die Hauptstadt, mit ihren vielen Unterkünften, Geschäften und Restaurants, bietet sich als Ausgangspunkt für die Erkundung der Insel an. Architektonisch ist Port of Spain ein buntes Gemisch aus prächtigen Kolonialgebäuden des 19. Jhs., schlichten Betonbauten, behelfsmäßigen Bretterbuden und hübsch verzierten Holzhäuschen. Viele Erholungsparks durchsetzen die Stadt, die eingebettet ist in die üppig grünen Ausläufer der Northern Range.

Bis zur Ankunft des spanischen Gouverneurs Pedro de la Moneda im Jahre 1757 war **Puerto de**

1 HIGHLIGHT

Karneval – wo man hingeht

Trinidads Karneval zählt zu den meist-fotografierten Festen der Welt – er ist schrill, bunt, extravagant, unverwechselbar, immer aufs Neue innovativ und die Kostüm-Kreationen sind spektakulär (siehe S. 131, Mas Camps). Wer jedoch nicht dabei war, kann den Rausch der Begeisterung nicht nachempfinden, spürt weder die pulsierenden Rhythmen noch die Hitze, die schmerzenden Glieder, die sexuelle Energie, ihm bleiben Gerüche verborgen und der *Wine*, von dem die Trinidader behaupten, eine 4-jährige Trini tanze ihn besser als jeder Europäer, bleibt fremd. Trinidads Karneval ist keine 2-Tages-Angelegenheit, nein, er beschäftigt die Trinidader das ganze Jahr hinweg und ist sicherlich ein Spiegelbild ihrer Identität. Mag Brasilien die höheren Besucherzahlen aufweisen, Trinidad jedoch ist das wahre spirituelle Zuhause des Karnevals (siehe auch S. 103).

Seit der Grand Stand im Queen's Park Savannah abgerissen wurde und bis der neue Entertainment Center steht, findet der Karneval in den Straßen Port of Spains statt. Einige Events wie das Panorama Festival werden bis dahin wohl weiterhin im Skinner Park in San Fernando ausgetragen werden.

Pan Events: Anfang Januar wetteifern überall im Land in den sogenannten National Preliminaries die Steelbands in ihren Panyards (S. 125) um den Einzug ins Panorama-Finale (der größte *Lime* des Jahres). Ende Januar finden dann die National Panorama Semi Finals der Small, Medium und Large Bands statt. Etwa 1–2 Wochen vor Karneval fallen auch schon die ersten Entscheidungen in den Junior Panorama Finals, den National Small Band Finals und den National Single Pan Finals. Karnevalssamstag dann *das* Event – die National Panorama Finals, in denen die besten Steelbands (Medium und Large Bands) ab 11 Uhr alles geben für den Titel des Panorama Champs. Tickets ab etwa TT$150. Pan on the Road gibt's dann den restlichen Karneval hindurch.

Calypso Soca und Chutney Soca Events: Im Januar eröffnen auch die Calypso Tents. Hier kämpfen die besten Calypsonians um den Einzug in das Calypso Monarch Final, das am Karnevalssonntag (Dimanche Gras) stattfindet (in den letzten Jahren im Jean Pierre Complex in der Wrightson Road). Auch die Soca-Stars müssen sich in diversen Vorentscheidungen erst einmal qualifizieren. Der prestigeträchtige Titel des Soca-Königs wird Freitag vor Karneval (in den letzten Jahren im Queen's Park Oval) in den International Soca Monarch Finals vergeben. Karnevalssamstag ist auch der Tag der Chutney Soca-Finalisten, die 2007 im Skinner Park in San Fernando um den Titel des Chutney Soca Monarch konkurrierten.

Parade of Bands, **Dimanche Gras**: In der Woche vor Karneval kann man den Semi Finals der los Hispanioles (später Puerto d'España) nichts weiter als ein winziges Dorf umgeben von Hügeln und Sümpfen und in den Augen der Spanier nicht angemessen für die Residenz des Gouverneurs. San José de Oruña (St. Joseph) war die Hauptstadt und sollte es auch bleiben. Moneda jedoch sah dies anders. Bei seiner Ankunft war San José durch fortgesetzte Angriffe von Piraten praktisch zerstört und das Haus des Gouverneurs unbewohnbar. Er entschloss sich, San José de Oruña zu verlassen und in Puerto d'España zu siedeln.

Die Insel entwickelte sich kaum – bis zur Ankunft des französischen Pflanzers Roumé de St. Laurent im Jahre 1777. Er erwirkte die Verkündung der Cedula de Populacion durch die spanische Krone, die den sich hier niederlassenden Pflanzern Unterstützung versprach, soweit sie sich der spanischen Krone gegenüber loyal zeigten und römisch-katholischen Glaubens waren. Das Konzept fruchtete und mit der Ankunft französischer Pflanzer begann der Aufschwung. Mit der Ankunft des spanischen Gou-

Kings and Queens of Carnival und den Junior King's und Queen's Finals beiwohnen. Der Karnevalssonntag Dimanche Gras dann einer der Höhepunkte: die Kings und Queens der Karnevalsbands werden gekrönt (in den letzten Jahren im Jean Pierre Complex, ab 19 Uhr). Am Karnevalssamstag zieht der Nachwuchs in der Junior Parade of Bands durch die Straßen Port of Spains. Montag gegen Mittag dann die erste Parade der Maskeradegruppen, jedoch lediglich ein Warm-up für Dienstag. Die Parade folgt einer festgelegten Route, vorbei an einigen Judging Points, an denen die Gruppen bewertet werden. Dienstags dann ab 8 Uhr die größte Kostümparade. In voller Pracht folgen die Mas Bands erneut der gleichen Route wie montags, konkurrieren um den Titel Band of the Year, begleitet von einer gigantischen Soundmaschinerie und umgeben von einem enthusiastischen Publikum.

J'Ouvert: Für viele das Aufregendste am gesamten Karneval. Es beginnt gegen 4 Uhr morgens. Heiße, immer schneller werdende Soca Vibes und die Dunkelheit versetzen vor allem das abenteuerlustige junge Volk in einer Art Dance-Trance. Auch hier folgt man einer bestimmten Port of Spain Route. Gegen 8 Uhr ist man zurück am Ausgangspunkt, frühstückt und sieht erst jetzt die Menschen, mit denen man die Nacht hindurch getanzt hat. Wer hier mitmachen

möchte, schließt sich am besten einer J'Ouvert Band an. Kostüme (meist ein paar Fetzen Stoff und eine kurze Hose) kosten etwa US$50–70. Silbriger Schlamm mit Babyöl vermischt bedeckt die Körper der Silver Mudders, einer besonders beliebten von zahlreichen Schlammbands. J'Ouvert ist energiegeladen und wer mitmacht, sollte seine Juwelen zu Hause lassen und damit rechnen eine Schlammpackung abzubekommen.

Aschermittwoch: An Aschermittwoch heißt es zwar Cooldown, in Wahrheit aber geht die Party mit den Soca-Stars etc. gerade weiter und zwar an den Stränden der Nordküste, vor allem der Maracas Bay, der Ostküste (Manzanilla und Balandra Bay) und auch im Süden, beispielsweise am Quinam Beach.

Champs in Concert: Und wer noch einmal alle Champions sehen möchte, besorgt sich Karten für dieses Event, das immer samstags nach Karneval steigt.

Einen Karneval-Kalender mit allen Events, auch den vielen Fetes vor Karneval (S. 149, Chaguaramas), findet man im Internet unter 🖳 www.tntisland.com.

Unter der Internetadresse 🖳 www.ncbatt.com der National Carnival Bands Association of Trinidad and Tobago (NCBA) finden Besucher auch die Marschroute der Karnevalsbands sowie die Judging Points.

verneurs José María Chacón war nun auch der Cabildo (Stadtrat) gewillt nach Puerto d'España umzuziehen und die Stadt als Hauptstadt anzuerkennen. Chacón, der bei seiner Ankunft drei Straßen vorfand, nämlich die heutige Duncan, Nelson und George Street, trieb die Entwicklung der Stadt eifrig voran. Er ließ Festungsanlagen bauen und den heutigen St. Ann's River, der ursprünglich mitten durch die Stadt verlief und regelmäßig für Überschwemmungen sorgte, über die Laventille Hills umleiten. Den Briten entging das Aufstreben Trinidads natürlich nicht und so musste Chacón 1797 vor der übermächtigen britischen Flotte kapitulieren. Der neue Gouverneur hieß Sir Thomas Picton und aus Puerto d'España wurde Port of Spain.

Ein verheerendes Feuer im Jahre 1808 veranlasste den britischen Gouverneur Sir Ralph Woodford, einige Verbesserungen in der Stadt vorzunehmen. Woodford wird noch heute mit vielen Plätzen und Gebäuden in Verbindung gebracht, für deren Bau er verantwortlich ist.

Nach der Abschaffung der Sklaverei im Jahre 1834 verließen die befreiten Sklaven die Plantagen und ließen sich u. a. auf den Hügeln Laventilles und in Belmont nieder. Indische Kontraktarbeiter kamen auf die Insel, um auf den Plantagen von St. James zu arbeiten. Es folgten Arbeiter und Unternehmer aus Europa, Syrien, China, Venezuela, die alle ihr Glück auf Trinidad und in Port of Spain suchten. Und so stellt sich Port of Spain heute dar als eine quirlige, lebhafte Haupt- und Hafenstadt, Dreh- und Angelpunkt beider Inseln und einzigartig in ihrem kunterbunten Gemisch unterschiedlicher Kulturen und Menschen.

Die Orientierung kann man in Port of Spain eigentlich nicht verlieren. Im Norden verläuft die Northern Range und im Süden der Gulf of Paria. Die Stadtteile St. Ann's, Cascade, Belmont und Laventille liegen östlich, Maraval nördlich und Newton, St. Clair, Woodbrook und St. James westlich des Stadtzentrums.

Der Stadtkern besteht eigentlich aus zwei Zentren, der fast schachbrettartig angelegten Downtown, deren Mittelpunkt der Independence Square bildet und der Uptown rund um den riesigen Queen's Park Savannah.

Das Zentrum

Independence Square und Umgebung

Der breite, lange Boulevard besteht eigentlich aus zwei Parallelstraßen, Independence Square North und South, getrennt durch einen breiten, begrünten, mit Bänken versehenen Mittelstreifen. Neben dem Namen Independence Square in Gedenken an die Unabhängigkeit 1962, trägt die Straße auch den Namen **Brian Lara Promenade** zu Ehren des gleichnamigen Kricketidols. Sie ist das Zentrum des Geschäfts- und Einkaufslebens der Hauptstadt. Man findet hier sämtliche Banken, Fast-Food-Ketten, kleine Verkaufsstände, fliegende Händler und zum Teil sehr moderne mehrstöckige Einkaufszentren, in denen von Food Courts bis zur Designerboutique alles vertreten ist.

Am westlichen Ende des Independence Square ragen die beiden 92 m hohen **Twin Towers** des 1985 eröffneten **Financial Complex** auf, die auch auf den Banknoten zu finden sind. Die beiden höchsten Gebäude Trinidads beherbergen die Zentralbank, das Finanzministerium, die Büros des Premierministers, ein Theater und das **Central Bank Money Museum**, ⊙ Di–Fr 9.30–14 Uhr.

Etwa auf halber Höhe des Boulevards steht die Statue eines der Nationalhelden Trinidads. **Arthur Cipriani** wurde 1875 als Sohn Albert Ciprianis, eines Pflanzers korsischer Abstammung, geboren. Er kämpfte im Ersten Weltkrieg im britisch-westindischen Regiment, war lange Jahre Bürgermeister und wurde 1919 Mitglied der TWA (Trinidad Workingmen's Association), deren Themen nicht nur gewerkschaftspolitischer Art waren. 1923 wurde er Präsident der TWA und zwei Jahre später gewann er einen Sitz bei den ersten Wahlen zum Legislative Council (Vorläufer des heutigen Parlaments). Er kämpfte vehement für höhere Arbeitslöhne, bessere Arbeitsbedingungen, die allgemeine Schulpflicht und galt als einer der großen Wegbereiter der Unabhängigkeit. 1934 enstand auf Ciprianis Initiative aus der TWA die TLP (Trinidad Labour Party), eine Arbeiterpartei, deren Vorsitz er bis zu seinem Tode 1945 innehatte.

Weiter östlich steht die imposante römisch-katholische Kirche **Cathedral of Immaculate**

Conception, auf Initiative Woodfords von Philip Reinagle in 16-jähriger Bauzeit errichtet (1816–1832). Das Hauptportal der im gotischen Stil erbauten Kirche wird von zwei 40 m hohen Türmen eingerahmt und den einzigen Schmuck der ansonsten schlichten Kirche stellen die 16 von Christoph Bartholomeus bemalten Glasfenster dar, die verschiedene Bevölkerungsgruppen von Trinidad und Tobago und die Erscheinung der Jungfrau im französischen Lourdes zeigen. An den Besuch des Papstes Johannes Paul II. im Jahre 1985 erinnert eine Plakette im Chor. Der Boulevard endet am **Columbus Square** direkt hinter der Kathedrale, den eine Statue von Christoph Kolumbus ziert.

Südlich des Independence Square war bis zur Stilllegung der Eisenbahn Ende der 60er-Jahre der Bahnhof angesiedelt. Im 1924 im viktorianischen Stil errichteten ehemaligen Verwaltungsgebäude der Eisenbahn ist heute die Public Transport Services Corporation (PTSC) angesiedelt und auf den ehemaligen Gleisanlagen befindet sich der zentrale Busbahnhof, der **South Quay Bus Terminus**, kurz **Citygate**. Das Citygate blieb Mittelpunkt des öffentlichen Transportwesens und auch für viele Maxi Taxis ist hier Endstation.

Der alte **Leuchtturm** hinter dem Busbahnhof, in Trini-Farben gestrichen, inmitten der Wrightson Road, wird wegen seiner etwa 5-prozentigen Neigung gerne mit dem schiefen Turm von Pisa verglichen. Sein ungewöhnlicher Standort erklärt sich durch die im 19. Jh. vorgenommene Hafenerweiterung und die damit verbundene Landaufschüttung, die den Leuchtturm weiter ins Landesinnere rücken ließ. Westlich des Busbahnhofs liegt **Fort San Andres**, das 1787 von den Spaniern errichtet wurde und das kleine **Port of Spain Museum** beherbergt, das Geschichte und Berühmtheiten der Stadt bis zum heutigen Tag skizziert, ⊙ Di–Fr 9–17 Uhr.

An der Hafenanlage Port of Spains herrscht vor allem in den frühen Morgenstunden rege Betriebsamkeit. Gesäumt von riesigen Lagerhallen, ist **King's Wharf** der bedeutendste Hafen der südlichen Karibikinseln. Das in den 30er-Jahren ausgebaggerte Hafenbecken ermöglichte Schiffen mit großem Tiefgang die Einfahrt und ließ den Import- und Exporthandel Trinidads florieren. Im

Cruise Ship Complex ist eigentlich nur dann was los, wenn ein Kreuzfahrtschiff naht. Westlich davon legt die Fähre nach Tobago ab.

Woodford Square

Der Initiative des Gouverneurs Ralph Woodford (1813–1828) ist unter anderem der **Woodford Square**, früher Place des Ames (Platz der Seele) und Brunswick Square (wahrscheinlich benannt nach einem deutschen Soldaten) zu verdanken. 1816 beauftragte Woodford den deutschen Botaniker Schack, sich der Bepflanzung des Woodford Square anzunehmen. Exotische Pflanzen und Bäume, auch von den benachbarten Eilanden und aus Venezuela wurden dafür herbeigeschafft.

Der Platz im Herzen Port of Spains galt schon immer als Ort der Kommunikation und Zentrum politischer Aktivitäten. Eine der spektakulärsten Protestversammlungen rund um den Woodford Square geht auf das Jahr 1903 zurück. Die geplante drastische Erhöhung der Wassergebühren brachte das Volk auf die Straße. Die Menge versammelte sich auf dem Brunswick Square und verschaffte sich anschließend gewaltsam Einlass in das Red House, den Sitz der Kolonialregierung. Das Gebäude wurde in Brand gesteckt und völlig zerstört.

Ende der 50er-Jahre hielt Eric Williams, Gründer des People's National Movement und später erster Premierminister nach der Unabhängigkeit, Vorlesungen in der angrenzenden Staatsbibliothek Trinidads. Seine Themen drehten sich vor allem um den Kolonialismus und die Durchsetzung nationaler Interessen. Lautsprecher übertrugen die leidenschaftlichen Worte Williams auf

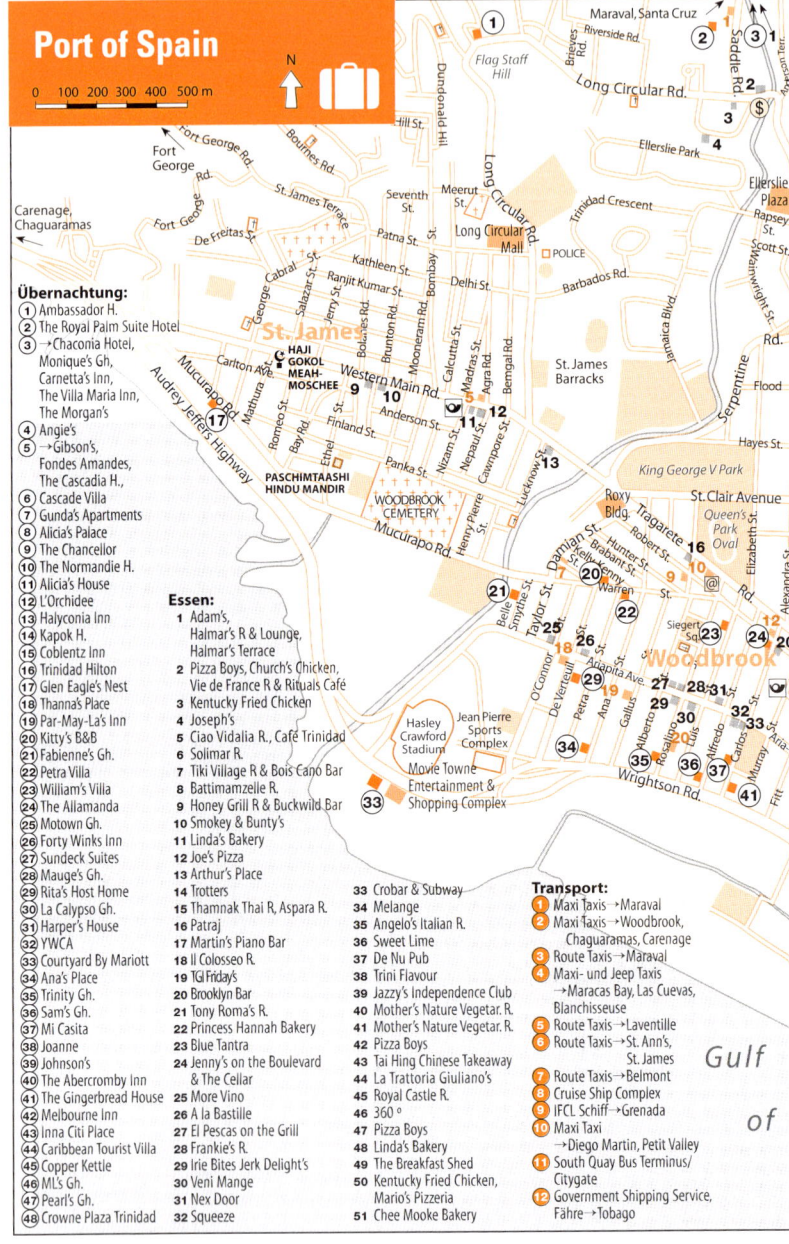

Port of Spain

N

0   100 200 300 400 500 m

Übernachtung:
1. Ambassador H.
2. The Royal Palm Suite Hotel
3. →Chaconia Hotel, Monique's Gh, Carnetta's Inn, The Villa Maria Inn, The Morgan's
4. Angie's
5. →Gibson's, Fondes Amandes, The Cascadia H.,
6. Cascade Villa
7. Gunda's Apartments
8. Alicia's Palace
9. The Chancellor
10. The Normandie H.
11. Alicia's House
12. L'Orchidee
13. Halyconia Inn
14. Kapok H.
15. Coblentz Inn
16. Trinidad Hilton
17. Glen Eagle's Nest
18. Thanna's Place
19. Par-May-La's Inn
20. Kitty's B&B
21. Fabienne's Gh.
22. Petra Villa
23. William's Villa
24. The Ailamanda
25. Motown Gh.
26. Forty Winks Inn
27. Sundeck Suites
28. Mauge's Gh.
29. Rita's Host Home
30. La Calypso Gh.
31. Harper's House
32. YWCA
33. Courtyard By Mariott
34. Ana's Place
35. Trinity Gh.
36. Sam's Gh.
37. Mi Casita
38. Joanne
39. Johnson's
40. The Abercromby Inn
41. The Gingerbread House
42. Melbourne Inn
43. Inna Citi Place
44. Caribbean Tourist Villa
45. Copper Kettle
46. ML's Gh.
47. Pearl's Gh.
48. Crowne Plaza Trinidad

Essen:
1. Adam's, Halmar's R & Lounge, Halmar's Terrace
2. Pizza Boys, Church's Chicken, Vie de France R & Rituals Café
3. Kentucky Fried Chicken
4. Joseph's
5. Ciao Vidalia R., Café Trinidad
6. Solimar R.
7. Tiki Village R & Bois Cano Bar
8. Battimamzelle R.
9. Honey Grill R & Buckwild Bar
10. Smokey & Bunty's
11. Linda's Bakery
12. Joe's Pizza
13. Arthur's Place
14. Trotters
15. Thamnak Thai R, Aspara R.
16. Patraj
17. Martin's Piano Bar
18. Il Colosseo R.
19. TGI Fridays
20. Brooklyn Bar
21. Tony Roma's R.
22. Princess Hannah Bakery
23. Blue Tantra
24. Jenny's on the Boulevard & The Cellar
25. More Vino
26. A la Bastille
27. El Pescas on the Grill
28. Frankie's R.
29. Irie Bites Jerk Delight's
30. Veni Mange
31. Nex Door
32. Squeeze
33. Crobar & Subway
34. Melange
35. Angelo's Italian R.
36. Sweet Lime
37. De Nu Pub
38. Trini Flavour
39. Jazzy's Independence Club
40. Mother's Nature Vegetar. R.
41. Mother's Nature Vegetar. R.
42. Pizza Boys
43. Tai Hing Chinese Takeaway
44. La Trattoria Giuliano's
45. Royal Castle R.
46. 360 º
47. Pizza Boys
48. Linda's Bakery
49. The Breakfast Shed
50. Kentucky Fried Chicken, Mario's Pizzeria
51. Chee Mooke Bakery

Transport:
1. Maxi Taxis →Maraval
2. Maxi Taxis →Woodbrook, Chaguaramas, Carenage
3. Route Taxis →Maraval
4. Maxi- und Jeep Taxis →Maracas Bay, Las Cuevas, Blanchisseuse
5. Route Taxis →Laventille
6. Route Taxis →St. Ann's, St. James
7. Route Taxis →Belmont
8. Cruise Ship Complex
9. IFCL Schiff →Grenada
10. Maxi Taxi →Diego Martin, Petit Valley
11. South Quay Bus Terminus/ Citygate
12. Government Shipping Service, Fähre →Tobago

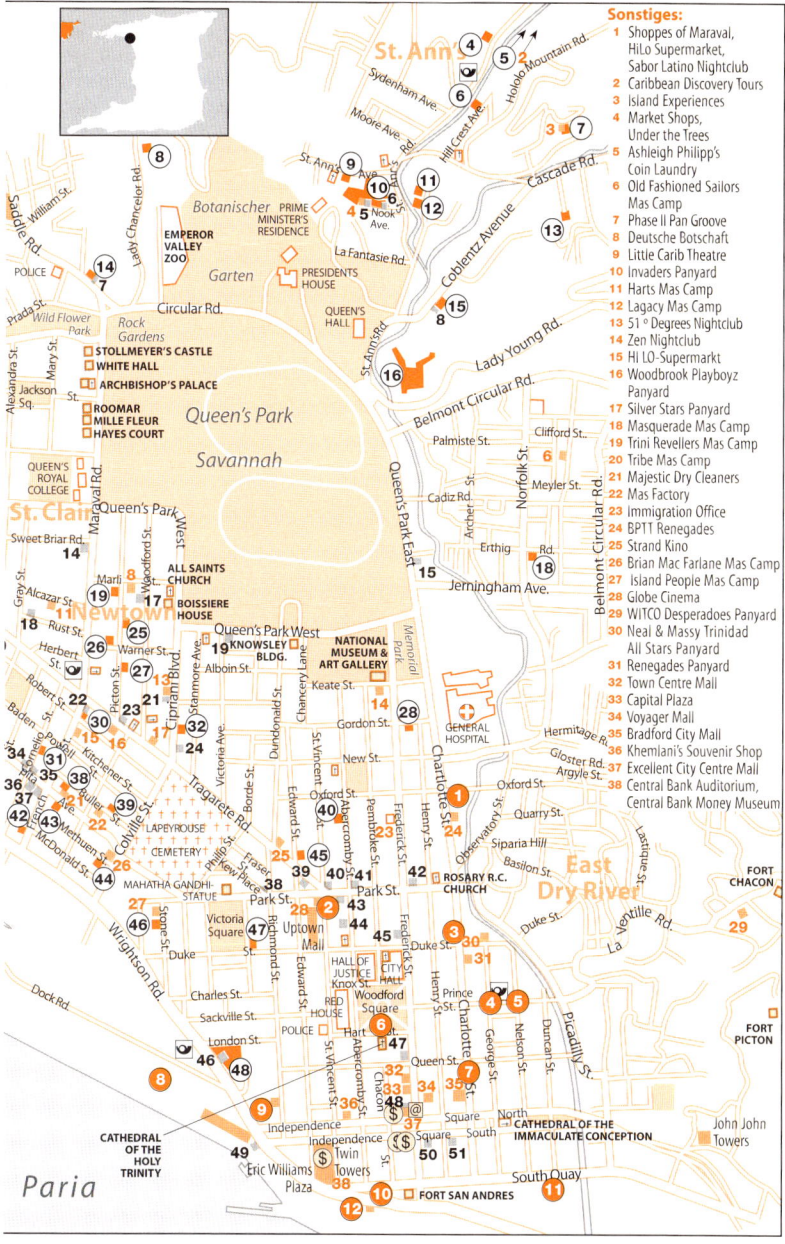

St. Ann's

Sonstiges:
1 Shoppes of Maraval,
  HiLo Supermarket,
  Sabor Latino Nightclub
2 Caribbean Discovery Tours
3 Island Experiences
4 Market Shops,
  Under the Trees
5 Ashleigh Philipp's
  Coin Laundry
6 Old Fashioned Sailors
  Mas Camp
7 Phase II Pan Groove
8 Deutsche Botschaft
9 Little Carib Theatre
10 Invaders Panyard
11 Harts Mas Camp
12 Lagacy Mas Camp
13 51° Degrees Nightclub
14 Zen Nightclub
15 Hi LO-Supermarkt
16 Woodbrook Playboyz
   Panyard
17 Silver Stars Panyard
18 Masquerade Mas Camp
19 Trini Revellers Mas Camp
20 Tribe Mas Camp
21 Majestic Dry Cleaners
22 Mas Factory
23 Immigration Office
24 BPTT Renegades
25 Strand Kino
26 Brian Mac Farlane Mas Camp
27 Island People Mas Camp
28 Globe Cinema
29 WITCO Desperadoes Panyard
30 Neal & Massy Trinidad
   All Stars Panyard
31 Renegades Panyard
32 Town Centre Mall
33 Capital Plaza
34 Voyager Mall
35 Bradford City Mall
36 Khemlani's Souvenir Shop
37 Excellent City Centre Mall
38 Central Bank Auditorium,
   Central Bank Money Museum

den Woodford Square und die schwarzen Massen lauschten fasziniert seinen Ausführungen. Die University Woodford Square war geboren und verkündete lautstark die Forderung nach der Unabhängigkeit.

Heute ist der Woodford Square immer noch ein Forum hitziger nationaler und internationaler, politischer und religiöser Debatten. Der Park ist Treffpunkt vieler ethnischer oder religiöser Gemeinschaften oder Einzelner, die zu jeder Tagesoder Nachtzeit Reden halten, Kundgebungen abhalten oder einfach nur die Aufmerksamkeit von Passanten auf sich ziehen möchten.

An der Nordseite des Woodford Square reihen sich drei repräsentative Bauten. Das älteste Gebäude ist die im 19. Jh. errichtete **Public Library**, die jedermann zugänglich ist. 1979 legte die Regierung den Grundstein für die **Hall of Justice** westlich der Bibliothek, Sitz des Justizministeriums und des Obersten Gerichtshofes. Das 1985 fertig gestellte Gebäude ist eine funktionelle, moderne Konstruktion aus Glas, Beton und Stahl und wurde in Zusammenarbeit mit britischen Architekten entworfen.

Östlich der Bibliothek stößt man auf die **City Hall** (Rathaus) aus dem Jahr 1961. Der Name Conquerabin an der Fassade des Rathauses ist die indianische Übersetzung für Port of Spain. An der Westseite des Woodford Square steht das imposante **Red House**, heute Sitz des Parlaments. Das ursprüngliche Gebäude, 1844–1848 errichtet, war Sitz der Kolonialverwaltung und wurde nach dem charakteristischen Anstrich benannt, den es 1897 zu Ehren des diamantenen Kronjubiläums von Königin Victoria erhielt. Bei den Unruhen von 1903 wurde es von der entrüsteten Bevölkerung, die gegen die Erhöhung der Wassergebühren protestierte, völlig niedergebrannt und zwischen 1904 und 1906 wieder aufgebaut. Öffentliche Parlamentssitzungen beider Kammern finden freitags statt, donnerstags tagt der Senat ebenfalls öffentlich und dienstags das Unterhaus.

Gegenüber dem Red House an der St. Vincent Street steht das ehemalige Polizei-Hauptquartier. Errichtet 1876 beherbergt es heute u. a. das **Museum of the T & T Police Service**, das die Polizeigeschichte von ihrer Entstehung im Jahr 1859 bis heute dokumentiert.

Folgt man der Frederick Street nach Norden, gelangt man an der Ecke Keate Street zu dem 1892 in viktorianischer Bauart errichteten **Royal Victoria Institute**, in dem heute das National Museum and Art Gallery, ✆ 623-5941, untergebracht ist. 1920 durch ein Feuer völlig zerstört, baute man es 1923 originalgetreu wieder auf. Das Museum beherbergt eine umfangreiche Sammlung prähistorischer Funde, indianischer Artefakte, Dokumentationen über die Kolonialzeit und Plantagenwirtschaft, Fotos und Zeitungsausschnitte zu den Unabhängigkeitsbestrebungen, Veranschaulichungen der Erdölgewinnung, Karnevalskostüme, und die Herstellung der Steeldrum wird natürlich auch beleuchtet. Im oberen Stock befinden sich Lithografien des alten Port of Spain von Michael Cazabon, der 1813 in Trinidad geboren wurde, sowie Werke zeitgenössischer Künstler, wie beispielsweise Carlisle Chang, Leroy Clarke, Vera und Ralph Baney, Nina Squires oder Dermot Lousion. ☺ Di–Sa 10–18, So 14–18 Uhr; Eintritt frei.

Die imposante **Holy Trinity Cathedral** steht an der Südseite des Woodford Square. Sie ist die Hauptkirche des anglikanischen Glaubens und wurde von dem englischen Architekten Power im neugotischen Stil erbaut. Das Fundament der Kirche wurde 1816 gelegt. 1823 folgt die feierliche Einsegnung. Das Charakteristikum der mit einem großen Uhrturm versehenen Kathedrale ist ihr von Mahagonibalken getragenes Dach. Das Innere der Kirche ist eher schmucklos. Auffallend sind jedoch die hübschen bleiverglasten Fenster im Altarbereich, das geschnitzte Chorgestühl und eine lebensgroße Marmorstatue von Sir Ralph Woodford, die sein Grabmal ziert. Außerdem erinnern Gedenktafeln an zahlreiche andere Würdenträger der Kolonialzeit.

Die östlich des Woodford Square in Nord-Süd-Richtung verlaufende **Frederick Street** ist mit Abstand die bekannteste und rastloseste Einkaufsstraße Port of Spains, immer verstopft und laut. Neben den Einkaufszentren und unzäh-

ligen Geschäften wimmelt es hier von Stra-
ßenverkäufern, die Obst, Getränke, Zigaretten,
T-Shirts, gebrannte CDs oder Lederwaren anbie-
ten. Wer dem hektischen Treiben einmal zu-
schauen möchte, vielleicht bei einem kleinen
Imbiss, kann den Food Court der Town Centre
Mall aufsuchen, oder die Us one Sports Bar im
Capital Plaza.

Im **Memorial Park** östlich des Museums erinnert ein Ehrendenkmal an die gefallenen Soldaten der beiden Weltkriege.

Queen's Park Savannah

Der Queen's Park Savannah ist der größte Park
im Herzen Port of Spains. Das Gelände gehörte
einst zur St. Ann's Zuckerrohrplantage, ehe es
die Familie Peschier der Regierung 1817 zum
Kauf anbot. Gouverneur Woodford schlug zu,
kaufte 232 Morgen Land für die Stadt und ließ einen öffentlichen Park anlegen. Inmitten des
Parks liegt noch immer der Familienfriedhof der
Peschiers, der unangetastet blieb.

Anfang des 19. Jhs. sorgte eine kleine elektrische Straßenbahn um den Park für eine malerische Tour. Die Fahrt auf der 4 km langen Strecke
kostete 2 Cent. 1950 wurde die Bahn aufgrund
protestierender Einwohner entfernt, die sich
über den unnötigen Lärm beschwerten.

Das Leben im Park beginnt, wenn die Hitze
nachlässt, dann treffen sich Fußballspieler, Cri-
cketmannschaften und Jogger. Familien bummeln durch den Park oder plaudern im Schatten
eines gelb blühenden Poui-Baums. Kinder lassen
ihre Drachen steigen und Imbissverkäufer bieten
erfrischende Kokosnüsse, geröstete Maiskolben
oder eine delikate, sehr sättigende Maissuppe
an. Ein lauschiges Plätzchen, das die Einwohner
schon immer vehement verteidigten, sobald Versuche unternommen wurden, Teile der Savannah
als Bauland freizugeben.

Der **Trinidad Turf Club** und seine Pferderennbahn liegen im südlichen Teil der Savannah und
waren, nachdem der Club sein erstes Rennen
1828 organisierte, lange Jahre Trinidads bedeutendste Pferderennbahn. Heute finden die meisten Rennen auf dem Santa Rosa Race Track in
Arima statt.

Die Savannah als Hauptaustragungsort sämt-
licher Karnevalswettbewerbe, darunter auch das

Panorama Festival, ist Geschichte. Das Gebäude
um den Grand Stand, die Haupttribüne, wurde
abgerissen und der Karneval auf die Straße verlegt, eine Katastrophe für viele Bewohner. Bleibt

Port of Spain

abzuwarten, wann und wo das geplante neue Entertainment Center Wirklichkeit wird.

Entlang der Queen's Park West genannten Straße, die den Park im Süden und Osten begrenzt, verdient das reich verzierte 1904 errichtete **Knowsley Building**, heute Sitz des Auswärtigen Amtes, an der Ecke Chancery Lane einen Blick, ebenso das wunderschöne, **Boissiere House** etwas weiter westlich, wegen seines verschnörkelten Baustils auch „Gingerbread House" genannt. Nördlich davon steht die 1846 errichtete anglikanische Kirche **All Saints Church**, das älteste Bauwerk an der Savannah.

The Magnificent Seven

Die Westseite des Queen's Park Savannah wird dominiert von sieben architektonischen Kuriositäten, die sicherlich jeden in Bewunderung versetzen. Sie führen durch verschiedene europäische Stilepochen und scheinen vorrangig den Zweck zu haben, das benachbarte Herrschaftshaus an Pracht und Schönheit zu übertreffen. Alle Bauten mit Ausnahme des Hayes Court, dessen Errichtung erst 1910 begann, wurden 1904 von wohlhabenden Familien in Auftrag gegeben. Den Reigen der prunkvollen Häuser eröffnet das **Queen's Royal College** an der St. Clair Avenue, Ecke Maraval Road. Das Gebäude beherbergt die renommierteste Schule Trinidads, in der u. a. der Schriftsteller V. S. Naipaul und Trinidads erster Premierminister Eric Williams ihre Schulzeit absolvierten. Das mit zwei Flügeltrakten, herrlichen Arkaden und einem hohen Glockenturm versehene Gebäude wurde von dem deutschen Architekten D. M. Hahn im Stil der Renaissance entworfen.

In einer Mischung aus französischen und englischen architektonischen Elementen wurde der daneben liegende **Hayes Court**, Sitz des anglikanischen Bischofs errichtet. Benannt ist das Gebäude nach Thomas Hayes, dem zweiten Bischof Trinidads und Tobagos. Neben dem Hayes Court erblickt man die wundervolle, verschnörkelte Fassade von **Mille Fleurs**, dem einstigen Wohnhaus des von 1914–1918 amtierenden Bürgermeisters und Arztes Dr. Henrique Prada.

Roomar, erworben 1940 von dem Inder Timothy Roodal und benannt von dessen Enkelin, ist ein wundervolles Beispiel des französischen Barockstils der Kolonialzeit. Entworfen von George Brown und in Auftrag gegeben von dem reichen Pflanzer Lucien F. Ambard, strotzt das Gebäude vor verschwenderischen Details. Er ließ den Marmor aus Italien kommen und die Fliesen aus Frankreich und es ist eine Freude, den Blick über die Türmchen, Kuppeln, Erker, kunstvollen Galerien und prächtigen schmiedeeisernen Geländer wandern zu lassen.

Der nunmehr fünfte mächtige Bau ist der **Archbishop's Palace**, offizieller Sitz des katholischen Erzbischofs von Port of Spain. Der irische Architekt kreierte ein aus irischem Marmor und rotem Granit im neuromanischen Stil erbautes Gebäude. Im Inneren befinden sich Holzvertäfelungen und das Dach wurde mit Kupferblechen und Schieferplatten gedeckt.

Die strahlend weiße **White Hall** beherbergt heute einige Regierungsbüros und war Amtssitz des Premierministers, bevor dieser in die Türme des Financial Complex umzog. In Auftrag gegeben wurde die White Hall im Stil venezianischer Palazzi von dem reichen Kakaoplantagenbesitzer J. L. Agostini, der dafür weißen Korallensandstein aus Barbados verarbeiten ließ. Nach Agostinis Tod erwarb der reiche Geschäftsmann Robert Henderson das Gebäude. Von 1940–1944 beschlagnahmten US-Streitkräfte die White Hall und seit 1954 ist sie im Besitz der Regierung.

Erblickt man das von dem schottischen Architekten Robert Giles für den deutschen Plantagenbesitzer Stollmeyer entworfene **Stollmeyer's Castle**, hat man das Gefühl, sich in einer anderen Welt zu befinden. Vorbild für die verspielte Märchenburg mit ihren Türmchen und Zinnen war Schloss Balmoral, die Sommerresidenz von Queen Victoria. 1979 verkauften die Stollmeyers ihr Schloss an die Regierung, die es seither für besondere Anlässe nutzt.

Emperor Valley Zoo und Botanical Garden

Am Nordrand des Queen's Park Savannah liegt der 1820 von David Lockhart im Auftrag Woodfords angelegte, 40 ha umfassende **Botanische Garten**, ☉ tgl. 6–18 Uhr. Der herrliche Park beherbergt eine Fülle exotischer, einheimischer und importierter Pflanzenarten. Ein kleiner Friedhof inmitten des Gartens wurde zur letzten Ruhestätte Lockharts und des letzten britischen und ersten nicht weißen Gouverneurs, Sir Solomon Hochhoy (1905–1983).

Ebenfalls im Bereich des Botanischen Gartens liegt das **President's House**, dessen Loggien und Erker an Renaissancebauten, die verzierten Geländer und Säulen jedoch an die viktorianische Stilepoche erinnern. Der ehemalige britische Gouverneurssitz wurde 1873–76 errichtet und ist seit 1976 das Wohnhaus des Präsidenten der Republik. Hinter „The House", wie die Trinis das Präsidentenhaus liebevoll nennen, liegt etwas verborgen **The Prime Minister's Residence**, die erst in den 60er-Jahren errichtet wurde.

1947 pachtete die Zoological Society of Trinidad & Tobago 4 ha des Botanischen Gartens und eröffnete fünf Jahre später den **Emperor Valley Zoo**, der benannt wurde nach dem herrlich himmelblauen Emperor-Schmetterling. Der Zoo beherbergt unzählige einheimische und importierte Tierarten, darunter exotische Reptilien, tropische Vögel und viele Säugetierarten, ☉ tgl. 9.30–18 Uhr; TT$4.

Übernachtung

Copper Kettle, 66-68 Edward St, ✆ 625-4381. Insgesamt 18 preiswerte, etwas abgewohnte, einfache Zimmer mit Ventilator oder AC und Bad. Bar und Restaurant. ❶

Mauge's Guesthouse, 15 Gordon St, ✆ 625-2335, ✉ mauges@wow.net. Das Guesthouse liegt nahe dem Queen's Park Savannah. Alle Zimmer mit TV, AC und Ventilator, 3 Zimmer haben ein eigenes Bad. ❶–❷

The Abercromby Inn, 101 Abercromby St, ✆ 623-5259, 🖥 www.abercrombyinn.com. Sehr zentral gelegen, 30 sehr kleine, hellhörige Zimmer mit Ventilator, Bad, TV sowie etwas größere Deluxe-Zimmer zusätzlich mit Kühlschrank, Mikrowelle und eigene AC. Gemeinschaftlich genutzt werden eine Küche und ein Aufenthaltsraum mit TV, Eismaschine und Kühlschrank. Die Economy-Zimmer haben eine zentrale, d. h. nur für das gesamte Stockwerk regulierbare Klimaanlage (kann kühl werden). Die Basic-Zimmer teilen sich Toiletten und Duschen. ❷–❸

Crowne Plaza Trinidad, Wrightson Rd, ✆ 625-3366, 🖥 www.crowneplaza.de. Mit

Das günstigste Guesthouse

Pearl's, 3-4 Victoria Square East, ✆ 625-2158. Pearl's liegt sehr zentral mit Blick auf den Victoria Square. Das Anfang des 20. Jhs. erbaute Kolonialhaus hat 6 einfache Zimmer mit Ventilator. Küche und Bäder werden gemeinschaftlich genutzt. Die umlaufende Veranda, die sich morgendlich streitenden Papageien im Mangobaum und die hilfsbereiten Besitzer Peter und Daphne sprechen sicherlich für das Guesthouse. ❶

seinen 245 Zimmern ist das Crowne Plaza (World Travel Award Winner 2006) eines der größten Gebäude der Stadt. Es bietet jede Menge Komfort (großer Pool, Bars, Souvenirshops, Fitnesscenter), ein schönes Poolside-Restaurant und das tolle, rotierende Restaurant **360 Degrees**. Alle Zimmer mit Bad, AC, TV und Balkon mit wunderbarem Blick auf Port of Spain und den Gulf of Paria. Auch Suiten und Apartments. Frühstück inkl. Ab ❻ Weitere Unterkünfte s. Westliche bzw. Östliche Stadtteile.

Essen

Im Zentrum Port of Spains herrscht Fastfood vor. **KFC** ist am Independence Square, City Gate, Park und Frederick St und an der Duke St, Ecke Charlotte St vertreten. **Mario's Pizzeria** am Independence Square, die **Pizza Boys** in der Frederick St, Ecke Park und Ecke Queen St, das **Royal Castle** am Independence Square, in der Charlotte St und der Frederick St und das **Subway** in der Hart St und der Queen, Ecke Edward St. Wer Lust auf indisches oder kreolisches Fast Food hat, d. h. Rotis oder Buss Up Shots, sollte **Dee Balo's Roti Shop**, 53 Park & 76 Charlotte St, **Hosein's Roti Shop** oder **Roti Supreme**, beide in der Queen St, aufsuchen. Bis etwa 17 Uhr isst man sehr lecker und preiswert in den **Food Courts** der Einkaufszentren **Excellent City Centre**, **Voyager Mall**, **Town Centre Mall** oder dem **Capital Plaza**. TT$20–30 zahlt man hier für eine riesige Portion von einem der chinesischen, kreolischen oder indischen Selbstbedienungsrestaurants. Einzige Möglichkeit, open-air einen Snacks zu sich zu nehmen und dabei die Frederick Street zu überblicken, besteht in der **Us one Sports Bar** (ganz nett gemacht mit kleiner Bambushütte) im 2. Stock des Capital Plaza.

Jede Menge **Street Food** wie Doubles, Rotis, Pies, Bake & Shark, Corn-Soup gibt's rund um den Independence Square. Außerdem existieren einige Restaurants, z. B. **Trini Flavour** am Independence Square und in der Park St, die ebenfalls preiswertes Buffetessen anbieten, u. a. auch die bei Trinis sehr beliebte Cow Heel Soup. Chinesische Take aways sind ebenfalls überall präsent. Typisch ist das **Tai Hing** in der Park St. Hier geht am laufenden Band Essen über die Theke.

Leckeres Brot, gefüllte Pies oder Coconut Bake offerieren die **Chee Mooke Bakery**, 58 South Quay und Independence Square, und **Linda's Bakery** im Excellent City Centre. Empfehlenswert für Vegetarier ist das günstige **Mother Nature Vegetarian Restaurant** in der St. Vincent St und Abercromby, Ecke Park St. Und für Kaffeesüchtige gibt's super leckere und relativ teure Café Lattes, Espresso Macchiatos, Smoothies und Ice Chillers im **Rituals Coffee House** am City Gate und am Independence Square, Ecke Henry St.

Eine Institution in Port of Spain

Nachdem der alte **Breakfast Shed**, der schon seit 1936 die Dockarbeiter mit einer warmen Mahlzeit versorgte, aufgrund neuer Bauvorhaben abgerissen werden musste, gingen die **Femme du Chalet** auf die Straße und 8 Monate später stand The Original Breakfast Shed wieder, natürlich an der Waterfront am westlichen Ende des Independence Square. Zahlreiche Essenstände versorgen die Hungrigen ab 6 Uhr mit Frühstück (z. B. Bake & Salt Fish) und Mittagessen bis etwa 16 Uhr. Randvolle Teller mit Oil Down, Fisch & Callaloo, Curry Crab & Dumpling, gekochtem Fisch und Hähnchen (TT$20–30) darf man erwarten und gemeinsam mit den Trinis an großen Picknicktischen verspeisen.

Empfehlenswert noch ein kleiner und gemütlicher Italiener – **La Trattoria Giuliano's**, 63 Abercromby St, ✆ 624-1236, mit preiswerten Pizza- und Pastagerichten sowie Salaten.

Unterhaltung

Bars

Jazzy's Independence Club, Tragarete, Ecke Edward St. Kleine, schwummrige Bar, in der Calypso gespielt wird, ⊙ tgl. 12 Uhr bis in die Nacht.

Kinos

Globe Cinema, St. Vincent St, ✆ 623-1063; **Movie Town**, Invaders Bay ⌨ www.movie towne.com. Hochmoderner Cineplex mit 10 Leinwänden am Audrey Jeffers Highway; Eintritt TT$45 (Di TT$30).

Einkaufen

In der Frederick, Henry und Queen Street und am Independence Square gibt es unzählige Einkaufszentren, Textil- und Schuhgeschäfte, Boutiquen, Juweliere etc. Die Einkaufszentren **Excellent City Centre**, **Voyager Mall**, **Town Centre Mall** oder **Capital Plaza** (alle mit Eingang am Independence Square bzw. der Frederick Street) haben in der Regel Mo–Do 9–17 bzw. 18, Fr bis 18 bzw. 19 und Sa bis 15 Uhr geöffnet. Außerhalb Downtowns wird man in der recht attraktiven Outdoor Mall, dem **Ellerslie Plaza** (Maraval) und der **Long Circular Mall** (St. James) mit einigen netten Boutiquen fündig. Und wer sich in die **Movie Towne** (Audrey Jeffers Highway) oder **The Falls of West Mall** (Westmoorings) begibt, weiß nicht mehr, in welchem Teil der Welt er sich befindet – hochmoderne Einkaufszentren mit einer bunten Mischung aus tollen Läden. Schön auch die kleinen Boutiquen im **Normandie Hotel**.

Movie Towne am Audrey Jeffers Highway, ⌨ www.movietowne.com, hat nicht nur einen ultramodernen Cineplex zu bieten, sondern auch 28 Geschäfte in mediterranem Ambiente, tolle Cafés, Bäckereien, Cocktailbars und jede Menge Restaurants, die jeden Geschmack bedienen. Toll gemacht ist der Outdoor-Bereich, klasse zum Kaffee trinken, limen und um dem hektischen Stadttreiben zu entrinnen.

Bücher

R.I.K. Services, Chacon, Ecke Queen St, ☎ 623-4316;

 **2 HIGHLIGHT**

Panyards

Die Panyards sind sozusagen die „Proberäume" der einzelnen Steelbands. Die meisten sind open-air und Treffpunkt für Lime und Party. Echte Panjumbies verbringen fast ihr halbes Leben hier. Viele der Musiker können zwar keine Noten lesen, ihre Musikalität und viel Übung lassen die Noten jedoch zur Nebensache werden. Wem es nicht vergönnt ist, auf einer Bühne die gigantische musikalische Vielfalt eines Orchesters zu erleben, sollte einfach in einem Panyard vorbeischauen. Es gibt über hundert in Trinidad und ein Besuch kostet natürlich nichts. In den Wochen vor dem Event des Jahres – dem **Panorama Festival** – kurz vor Karneval, üben die Bands unaufhörlich. Aber auch außerhalb der Karnevalsaison wird tgl. außer Montag für andere Events geprobt; freitags ist Partytag (20.30–22.30 Uhr). An manchen Tagen üben die Senioren, nur die Frauen oder der Nachwuchs. Film- und Tonaufnahmen sind nicht ohne Erlaubnis möglich, Fotos dagegen schon.
Zu den erfolgreichsten Bands, die am einfachsten zu finden sind und in den „sicheren" Gegenden liegen, zählen die **Renegades**, **Silver Stars**, **Playboyz**, **Invaders**, **Starlift** und **Phase II** (siehe entsprechende Stadtteile). **Neal and Massy Trinidad All Stars**, 46-48 Duke St, ☎ 627-2127, 🖥 www.trinidadallstars.org, gewann den 6. Panorama-Titel 2007 mit Pan Lamentation; nettes Panyard, üben fast immer; allerdings ist die Gegend nicht die beste. **BPTT Renegades**, 138 Charlotte St, 🖥 www.renegades.co.tt. Vielfacher Panorama-Gewinner mit einem weiteren kleinen Panyard in Belmont (Oxford St).

Classic Book Services, 7 Saddle Rd, Maraval, ☎ 628-4811.

CDs

Jede Art von Musik bekommt man in den Straßen Port of Spains auf CD gebrannt. Wer das nicht möchte, geht zu **Just CD's**, Long Circular Mall, St. James, ☎ 622-7516, oder Movie Towne, **Crosby's Music Centre**, 54 Western Main Rd, St. James, ☎ 622-7622.

Kleidung

Radical Design, vertreten in The Falls of West Mall, Excellent City Centre, Long Circular Mall, ist eine Art H&M der Karibik.
Samaroo's, 11-13 Abercromy St, ☎ 624-8431. Angeblich bester Laden, wenn's um den Karneval geht – Kostüme, Stoffe, Zubehör etc.

Kunst

101 Art Gallery, 101 Tragarete Rd, ☎ 628-4081, **Art Creators Gallery**, 7 St. Anns Rd, ☎ 624-4369.

Souvenirs

Khemlani's Souvenir Shop, 68 Independence Square, ☎ 623-4518. Hier gibt's alles, was T&T an Souvenirs zu bieten hat – vor allem günstige bedruckte T-Shirts.
Poui Designs, Ellerslie Plaza, Marval, ☎ 622-5597.

Steelpans

Lincoln Enterprices, 19 Gallus St, ☎ 628-7267; **The Music House**, 116 Oxford St, ☎ 627-1914.

Sonstiges

Apotheken

Frederick Street Pharmacy, 102A Frederick St, ☎ 623-4777;
Ross Budget Drugs, 39 Independence Sq, ☎ 623-4617.

Autovermietungen

Es gibt einige Autoverleihfirmen in und um Port of Spain mit sehr unterschiedlichen Tarifen. Man sollte mit etwa US$38–50 pro Tag (Economy) rechnen.

Econo Cars, 191-193 Western Main Rd, Cocorite, ℡ 622-8072/4, 🖳 www.trinidad.net/econocar; günstigster Anbieter.
Kalloo's Auto Rental, 31 French St, ℡ 622-9073, 🖳 www.kalloos.com.
Singh's Auto Rentals, 7-9 Wrightson Rd, ℡ 623-0150, 🖳 www.singhs.com.
Bei allen 3 Anbietern ist die Anmietung am Flughafen und die Abgabe in Port of Spain möglich oder umgekehrt, plus kostenloser Abhol- und Bringservice.

Geld

Republic Bank, 3 Geldautomaten am Independence Square;
First Citizens Bank, 62 Independence Sq, ℡ 625-2893, und 50 St. Vincent St, ℡ 623-2576, Geldautomaten;
Scotiabank, 1 Frederick St und in der Park und Pembroke St, ℡ 627-2684, Geldautomaten;
RBTT, 55 Independence Sq, ℡ 625-3511; 19-21 Park St, ℡ 623-1322, Geldautomaten.

Immigration Office

Die Einwanderungsbehörde befindet sich in der 67 Frederick St, ℡ 625-3571/2.

Nightlife mit Gunda

Gunda Harewood, c/o **Island Experiences**, 11 East Hill, Cascade, ℡ 625-2410, 756-9677, nach 26 Jahren auf Trinidad mittlerweile wohl mehr Trini als Deutsche, tourt mit Besuchern durch die Nachtszene Port of Spains. Ob sie Live-Steelpanbesuch in einem Panyard, Calypsonians on stage, Insider Bars, Pubs, Discos oder Street Food, Restaurants, Theater, Tanzaufführungen, Fashion Shows, Art oder Film, Gundas Abendtouren (US$45 p. P.) führen Besucher in das vibrierende Nachtleben der Hauptstadt ein. Klasse auch – ein Mas Camp-Besuch. Weitere Touren (u. a ein komplettes Karnevalspaket mit Unterkunft, Tickets, Kostümen etc.; Halb- und Ganztagestouren rund um Trinidad (US$35–85) unter 🖳 www.islandexperiencestrinidad.com, oder einfach anrufen – es gibt kostenlose Infos und Beratung!

Informationen

Das Touristenbüro **Tourism Development Company** (**TDC**) befindet sich östlich von Laventille in Barataria, Level 1, Maritime Centre, 29 Tenth Ave, ℡ 675-7034/5/6, 🖳 www.visittnt.com.
Informationen zu Unterkünften erteilt auch die **Trinidad Restaurants, Hotels & Tourism Association**, Airways Rd, Chaguaramas, ℡ 634-1174/5, 🖳 www.tnthotels.com.

Internet

Info@NetCafe und **Intellicom Ltd Internet Cafe**, im Excellent City Centre, 3-5 Frederick St, ⊙ Mo–Fr 8–18, Sa 8–15 Uhr; TT$10/Std.; .

Medizinische Hilfe

General Hospital, 169 Charlotte St, ℡ 623-2951/5; 625-3622.
Die bessere Wahl ist es eine private Klinik aufzusuchen: **St. Clair Medical Centre**, 18 Elisabeth St, ℡ 628-1451/2.

Polizei

Wrightson Rd, ℡ 625-2684. Im **Notfall** ℡ 999.

Post

Die Hauptpost liegt an der Wrightson Rd 92A gegenüber dem Holiday Inn. Weitere Postämter: City Gate, PTSC Compound; 23A Chacon St und 177 Tragarete Rd. ⊙ Mo–Fr 7–17, Sa 8–12 Uhr. Die Post am City Gate hat etwas länger geöffnet.

Theater

Central Bank Auditorium, Twin Towers, Independence Square South, ℡ 623-0845. Modernstes Theater der Stadt.

Touren

Travel Centre, 16 Damian St, Woodbrook, ℡ 622-0112, 🖳 www.the-travel-centre.com. Hier kann man Flüge oder eine Kreuzfahrt buchen, nach Pauschalangeboten auf andere Inseln fragen, aber auch Touren in Trinidad & Tobago buchen (ab 4 Pers.).
The Pathmaster, c/o Andy Whitwell, 13 Idlewild Rd, Knightsbridge, Cascade, ℡ 621-0255, 🖳 www.thepathmaster.com. Hat jede nur

erdenkliche Tour im Programm. Ganztagestouren zu Fuß (US$90–110), mit dem Kajak
(US$100–160) oder dem Mountainbike (US$95–
130); auch kombinierte Touren und 2-Tages-
touren, z. B.: Wanderung von Brasso Seco zum
Paria Beach. Dort wird gecampt. Am nächsten
Tag geht's nochmals baden am Paria Waterfall
und zurück nach Blanchisseuse.

Caribbean Discovery Tours, 9B Fondes Amandes
Rd, St. Ann's, ✆ 624-7281, 🖥 www.caribbean
discoverytours.com. Mr. Broadbridge bietet u. a.
abenteuerliche Trekking-Touren in der Northern
Range, die Nariva Swamps, zum Mount El
Tucuche oder Mount Tamana und zeigt Besuchern die Vogelwelt Trinidads. Touren ab US$85.
Paria Springs, 20 La Seiva, Maraval, ✆ 628-
1525, 🖥 www.pariasprings.com. Auch Courtenay Rooks bietet viele tolle Trekking-Touren
an, z. B. auf den El Cerro del Aripo, aber auch
abenteuerliche Mountainbike-Touren oder
Vogelbeobachtungstouren; Tagestouren kosten
US$65–85.

Individuelle Touren sind für die Veranstalter
auch kein Problem. Am besten checkt man die
tollen Internetseiten der Veranstalter.
Lawrence Pierre, c/o T&T Hike Seekers, Pierre
Felix Drive, Diego Martin, ✆ 632-9746, 🖥 www.
hikeseekers.com. Bietet preiswerte Gruppen-
und Individualtouren an, s. S. 55: Preiswert in
Gruppen touren mit Lawrence „Snake" Pierre.
Auch ein super Guide: **Ivan Charles**, ✆ 667-5636,
✉ charlo74@hotmail.com. Bietet klasse
Mountainbike-Touren an, z. B. von Arima zum
Asa Wright Nature Centre, zu den Avocat Falls,
Marianne River, Maracas Bay und zurück nach
POS (10–11 Std./US$85 p. P.), aber auch von
Matelot via Grand Tacarib (Campen) nach
Blanchisseuse oder Aripo und Tamana Cave
Hike (alles ist möglich!).

Weitere Veranstalter und Tourguides sind in den
jeweiligen Kapiteln zu finden.

Transport

Busse

Die **PTSC**-Busse, 🖥 www.ptsc.co.tt, fahren vom
South Quay Bus Terminus, dem **Citygate**, ab. Die
Tickets müssen noch (soll sich evtl. ändern!) im
Voraus gekauft werden.

Am Busbahnhof befindet sich das **PTSC's
Customer Care Centre**, ✆ 623-7872. Hier werden Mo–Fr von 7–19 Uhr alle Fragen beantwortet. Ansonsten unter ✆ 623-2341.
Aktuelle Infos zu Abfahrtszeiten und Fahrtzielen
von Maxi- und Route Taxis: **Route 2 Maxi Taxi
Association**, South Quay, ✆ 624-3505.

Die **Blue-Transit-Busse** sind etwas langsamer,
nicht klimatisiert und günstiger als die
komfortableren **ESC-Busse**.
PORT OF SPAIN (City Service) via Edward St
und Queen's Park Savannah, Mo–Fr 6–10 und
14–18 Uhr (stdl.); via Wrightson Rd und WMR
und via Abercromby, Queen's Park Savannah,
Belmont Circular Rd, Mo–Fr 6–18 Uhr (stdl.),
TT$1,50;
ARIMA, Mo–Fr 4–21 (alle 15 bzw. 30 Min.),
Sa 5–20 Uhr (alle 30 Min. bzw. stdl.) TT$2,50–4;
SAN FERNANDO, Mo–Fr 5–22 (alle 15 bzw.
30 Min.), Sa 6–21 Uhr (alle 30 Min.), TT$6;
CHAGUARAMAS, Mo–Fr 4.30–20 (alle 30 Min.),
Sa 5–20 Uhr (stdl.), TT$2;
MARAVAL, Mo–Fr 5–21.30 (alle 45 Min.),
Sa 6–20 Uhr (stdl.), TT$3;
PIARCO, Mo–Fr 6.30, 7, 15.15, 17 Uhr, TT$4.

Maxi Taxis

Die **Yellow Band Maxi Taxis** fahren nach:
DIEGO MARTIN/PETIT VALLEY (TT$3) vom South
Quay, Ecke St. Vincent St;
MARAVAL (TT$3) von der Charlotte St, Höhe
Park/Oxford St (manchmal über St. James);
CHAGUARAMAS und in die CARENAGE über die
Ariapita Ave durch WOODBROOK von der
St. Vincent, Ecke Park St (TT$3–4);
MARACAS (TT$10), LAS CUEVAS (TT$12) und
BLANCHISSEUSE (TT$15) von der George, Ecke
Prince St. (**Achtung**: diese Ecke ist sozusagen
nicht die feinste, also etwas aufpassen!). Für
TT$2 extra fahren die Maxis auch einen kleinen
Umweg – einfach dem Fahrer Bescheid sagen.
Die **Green Band Maxi Taxis** fahren vom Citygate
in Richtung SAN FERNANDO, und die **Red Band
Maxi Taxis** bedienen den Ost-West-Korridor.

In SAN FERNANDO kommt man mit den **Black Band Maxi Taxis** nach MANZANILLA und MAYARO und weiter in Richtung Süden fahren die **Brown Band Maxi Taxis**.
Für eine Fahrt mit dem Maxi Taxi nach San Fernando zahlt man etwa TT$8.

Route Taxis

In alle Stadtteile Port of Spains kommt man mit einem Route Taxi, das normalerweise mit einem "H" Nummernschild gekennzeichnet ist. Abfahrt der Route Taxis nach:

BELMONT von der Charlotte St, Ecke Queen St;
LAVENTILLE von der Nelson St, Ecke Prince St;
ST. ANN'S und ST. JAMES von der Hart St (am Woodford Square).

ST. JAMES und WOODBROOK vom Indepen-dence Square;

MARAVAL von der Charlotte St, Ecke Duke St;
DIEGO MARTIN/PETIT VALLEY von der Abercromby St, Ecke Brian Lara Promenade.
Der Fahrpreis beträgt TT$2–5. Möchte man in einer bestimmten Straße abgesetzt werden *(off-route drop)*, zahlt man i. d. R. TT$2 extra.
Wer beispielsweise von der Tragarete Rd ins Zentrum möchte, stellt sich auf die richtige Straßenseite, stoppt ein Route Taxi per Handzeichen und fragt den Fahrer, ob er in die gewünschte Richtung fährt.
Route Taxis in Richtung MARACAS/BLANCHIS-SEUSE sind Jeeps, fahren auch an der George, Ecke Prince St. ab, kosten genauso viel wie Maxis, die Fahrt ist jedoch ein wenig abenteuerlicher.

Fähren

Nach Tobago

Die Fähren nach SCARBOROUGH verlassen den Hafen vom Government Shipping Services Passenger Terminal, Wrightson Rd, gegenüber dem Financial Complex. Da sich die Fahrpläne alle 3 Monate ändern, kann man genaue Abfahrtszeiten nochmals bei der **Port Authority of T & T**, ✆ 625-3055/4906, checken oder im Internet unter ⌨ www.patnt.com nachschauen. Die Schnellfähre **T & T Express** verlässt Port of Spain Mo, Do, Fr 10, 17; Di 17; Mi 12 (manchmal 10, 17), Sa 16, So 14 Uhr. Ticketpreis TT$50 einfach, TT$100 hin und zurück. Die Tickets sind am

Terminal (s. o.) oder am Citygate (TT Post Outlet) erhältlich. Weitere wichtige Infos s. S. 58, Fähre nach Trinidad. Es gibt noch 2 weitere Fähren, die 3 Std. länger unterwegs sind (TT$75 hin und zurück), die wichtige **Warrior Spirit** und die **Panorama**. Abfahrtszeiten: Mo–Fr 14, Sa und So 12, manchmal 14 Uhr oder gar nicht (unregelmäßig).

Nach Grenada

Die einzige Möglichkeit, mit dem Schiff nach Grenada zu gelangen, ist den Kapitän eines Frachtschiffes zu fragen. **IFCL**, 1 Richmond St, ✆ 625-3114/8566, oder **International Shipping Limited**, 7-9 Wrightson Rd, ✆ 623-7023/7919, hilft eventuell ein passendes Schiff zu finden. Letztlich entscheidet der Kapitän, ob er Passagiere mitnimmt. Der Preis ist auszuhandeln (s. auch S. 59, Alexia III).

Nach Venezuela (Guiria)

Die **C/Prowlers** fährt vom **Pier 1** Port in Chaguaramas, ✆ 634-4472, jeden Mi um 9 Uhr nach Guiria. Fahrzeit 3 1/2–4 Std. Zurück geht's ab Guiria am gleichen Tag um 15 Uhr. Check-in ist 2 Std. vorher; Tickets an der Pier 1 Office oder telefonisch reservieren mit Angabe der Passnummer und des Namens. Preise: Einfach US$69 + US$13 Departure Tax; Rückfahrt am gleichen Tag US$103,50; an einem anderen Mittwoch US$138 + US$23 Dep. Tax in Venezuela. Die Fähre ist recht komfortabel, mit einen netten, schattenlosen Sonnendeck und klimatisiertem Unterdeck.

Fluggesellschaften

Caribbean Airlines, 30 Edward St, ✆ 625-7200, ⌨ www.caribbean-airlines.com;
LIAT, 9-11 Edward St, ✆ 627-6274/1248, ⌨ www.liatairline.com;
Tobago Express, 30 Edward St, ✆ 627-5160, ⌨ www.tobagoexpress.com.
Flugverbindungen s. S. 32.

Die westlichen Stadtteile

Newton

Newton grenzt im Norden an den Queen's Park Savannah, im Westen an St. Clair, im Süden an

Woodbrook und im Osten an das Stadtzentrum. Newton ist ebenso wie St. Clair eine ruhige und überaus beliebte Wohngegend, wohl auch aufgrund der zentralen Lage.

Übernachtung

Par-May-La's Inn, 53 Picton St, ✆ 628-2008, 🖳 www. parmaylas.com. 13 geräumige Zimmer mit AC, TV, Telefon und Bad; große Gemeinschaftsterrasse. Preise inkl. kontinentalem Frühstück. ❸

Motown Guest House, 64 Picton St, ✆ 628-3828. Einfaches Guesthouse mit 7 Zimmern, die sich 3 Duschen und 3 Toiletten teilen. Recht nette Gastgeber, die bei Ankunft einen trinidadischen Jägermeister spendieren und auch Jägerschnitzel zubereiten können. Kaffee und Frühstück inkl. ❸

Sundeck Suites, 42-44 Picton St, ✆ 622-9560, 🖳 www.sundecktrinidad.com. Unter gleichem Management wie das Par-May-La's Inn, US$12 teurer, aber sicher die bessere Wahl. 15 recht große, ordentliche Apartments, ausgestattet mit Bad, AC, TV, Küchenzeile und z. T. eigener Veranda. Das Dach des Komplexes dient als Sonnendeck. ❺

YWCA, 8A Cipriani Blv, ✆ 623-5845. 4 Zimmer für Langzeit-Mieterinnen, die in Port of Spain arbeiten oder studieren. Außerdem ein großes, geräumiges Zimmer mit Bad, Ventilator und Balkon, allerdings nur für weibliche Gäste. Das Haus hat viel Platz, eine große Küche und einen Aufenthaltsraum. Für Frauen eine gute Adresse. ❶

Essen und Limen

Jenny's on the Boulevard, 6 Cipriani Blv, ✆ 625-1807. Ein Blickfang ist dieses einst für die Familie Siegbert errichtete Gingerbread House. Große Dining-Area mit Nischen und Bars. Gemischte Kritiken über die chinesische und amerikanische Küche; moderat bis teuer. Unten drin ist **The Cellar** – eine beliebte Freitag- und Samstag-Lime- und Sportsbar. Mo–Sa 11–22/ 23 Uhr.

Tony Roma's, 51 Cipriani Blv, ✆ 627-7427, amerikanische Institution mit 260 „Famous for

Forty Winks Inn, 24 Warner St, ✆ 622-0484, 🖳 www.fortywinkstt.com. Kleines, intimes, kunterbuntes 5-Zimmer-Boutique Hotel. Individuell gestaltete Zimmer mit AC, TV, Bad; Gartenterrasse und süße, lichtdurchflutete Innenterrasse mit Glasdach und hippen Tischen. Frühstück inkl. ❹

Ribs"-Restaurants auf 5 Kontinenten. Schönes Restaurant, dessen Spezialität natürlich Spare Ribs sind, aber auch Seafood und Steaks. Freitags sehr gut besucht, auch die Bar, ⊙ tgl. 11–23/24 Uhr, Happy Hour tgl. 17–19 Uhr.

Martin's Piano Bar, Woodford St. Kleine Bar mit Atmosphäre und Sitzmöglichkeit im Freien. Täglich angeschriebene Menüs und samstags Live-Jazz; ab und an etwas exklusiver, d. h. es kommt nicht jeder rein; ⊙ Mo–Sa ab 11 Uhr.

More Vino, 23 O'Connor St. Richtig nette lilafarbene Location mit Terrasse. Es gibt verschiedene Gerichte zu moderaten Preisen und natürlich eine große Weinauswahl, dazu passt – klar – eine Käseplatte. Wechselnde Themen-Abende: Ladies Night, Kunst etc., So geschlossen.

Sonstiges

Apotheke

Woo's Pharmacy, Warner und Picton St, ✆ 622-2134.

Panyard

Silver Stars, 56 Tragarete Rd. Gute mittelgroße Band in sicherer Gegend.

St. Clair

St. Clair wurde um die Wende zum 20. Jh. angelegt und ist heute eine Enklave reicher Trinis, die ihre luxuriösen Häuser hinter hohen Mauern verstecken. St. Clair ist nicht nur die bevorzugte Wohngegend ausländischer Botschafter, sondern auch das Zuhause des berühmten Mas Camps der Familie Thias, Luis und Gerald Hart.

Übernachtung und Essen

Kapok Hotel, 16-18 Cotton Hill, ☎ 622-5765, 🖥 www.kapokhotel.com. Unweit des Queen's Park Savannah liegt das von vielen Geschäftsleuten frequentierte, elegante Kapok Hotel. Alle 95 Zimmer verfügen über Bad, AC, Telefon, TV und zum größten Teil Balkon. Suiten und Studios auch mit Küchenzeile. Im 8. Stock mit klasse Ausblick und exzellentem Ruf liegt das schöne **Tiki Village Restaurant**, das chinesische und polynesische Küche serviert (teuer). Daneben bietet das Hotel seinen Gästen einen Pool, Fitnessstudio und Sonnendeck und die **Bois Cano Bistro Bar** zum Chillen. Frühstück inkl. Ab US$220.

Il Colosseo, 16 Rust St, ☎ 628-1494, 🖥 www.ilcolosseott.com. Italienischer Chefkoch, schönes Interieur und gepflegte Atmosphäre. Viel gelobte Pasta-Gerichte, Salate, Desserts und einladende Fisch- und Fleischgerichte; recht teuer. ◷ Mo–Fr 11.30–14.30, Mo–Sa 18.30–22.30 Uhr.

Trotters, Maraval Rd, ☎ 627-8768, 🖥 www.trotters.net. Restaurant und Bar für den ganz normalen Sportfanatiker. Über unzählige Bildschirme flimmern hier die neusten Sportevents und Nachrichten. Tolle Kuchentheke und Bar mit Biersorten und Cocktails aus aller Herren Länder. Die Speisekarte ist amerikanisch geprägt: BBQ Ribs, Steaks, Sandwiches, aber auch Veggie Pasta oder Grilled Shrimps; moderat–teuer; ◷ tgl. 11.30–24, Fr und Sa 11.30–2 Uhr.

Unterhaltung und Kultur

Mas Camp

New Generation, Harts, 5 Alcazar St, ☎ 622-8038, 🖥 www.hartscarnival.com. Tolle Internetseite; sehr noble, teure Gruppe mit internationalen Erfolgen. Bandleader: Thias, Luis und Gerald Hart.

Woodbrook

Woodbrook ist eng mit dem Namen J.G.B. Siegert verbunden, der den aromatischen Bitter **Angostura** erstmals 1824 in der venezolanischen Stadt Angostura herstellte und dessen Söhne den Betrieb 1875 am Marina Square, Ecke Charlotte Street ansiedelten. Die Qualität und die weltweite Verbreitung des Bitters erlaubte es der Familie 1899 den Woodbrook Estate zu kaufen.

Die drei Siegert-Brüder Luis, Carlos und Alfredo begannen die 140 Hektar Land zu kultivieren, planten den Bau von insgesamt 11 Straßen und nahmen ein Wohnsiedlungsprojekt in Angriff. Die ersten drei Straßen wurden Carlos, Alfredo und Luis Street benannt. Die übrigen Straßennamen erinnern an ihre Söhne und Töchter sowie an Mitarbeiter des Projekts. Für die Bewohner Woodbrooks konstruierten die Siegert-Brüder anschließend ein kleines Erholungsgebiet, den heutigen **Siegert Square** und auch die Ariapita Avenue, die durch das Herz Woodbrooks führt, entstand.

Als die Stadtväter begannen, billige Barackenwohnungen aus dem Stadtbild Port of Spains zu verbannen, wurde Woodbrook Anfang des 20. Jhs. zum Zufluchtsort der Arbeiterklasse. Dies sollte sich 1911 nach dem Tod der Brüder Carlos und Luis ändern. Alleinerbe Alfredo verkaufte den Woodbrook Estate an die Stadt. Die Stadträte Port of Spains, etwas unglücklich über den Zuzug der Arbeiterklasse, knüpften von nun an Bedingungen an den Bau eines neuen Hauses, das einen bestimmten Minimalwert nicht unterschreiten durfte. Auch entstanden Restriktionen bezüglich des Mietzinses und der Mietdauer. Diese Maßnahmen fruchteten und allmählich wandelte sich Woodbrook zum Wohngebiet der Mittelschicht.

Im Westen wird Woodbrook vom Maraval River begrenzt, im Osten bildet die Phillip Street die Grenze zum Zentrum Port of Spains und im Norden schließt die Tragarete Road das Viertel ab. Woodbrooks Straßen säumen zum Teil wundervolle Kolonialhäuser, deren Fassaden kunstvoll verziert sind.

Am östlichen Ende Woodbrooks befindet sich der **Lapeyrouse Cemetery**, der zur Ruhestätte einiger Persönlichkeiten Trinidads wurde. Hier ruhen u. a. Arthur Cipriani und Charlie King. Die zum Teil reich verzierten Grabsteine zeugen von der unterschiedlichen Herkunft der Einwohner (Libanesen, Chinesen, Afrikaner, Europäer, Inder …) und verschiedensten Glaubensrichtungen.

Die Mas Camps *(mas* von *masquerade)* sind die Werkstätten der etwa 50 Karnevalsgruppen *(Carnival bands)* in Port of Spain, die zum Teil hunderte, manchmal tausende von Mitgliedern aufweisen.

Am Aschermittwoch zerbrechen sich die Bandleader bereits den Kopf darüber, welches Thema den nächsten Karneval bestimmen soll. Dabei spielt es keine Rolle, ob es aus den Bereichen Politik, Kultur oder Geschichte stammt. Ist eine Entscheidung getroffen, wird nach authentischem Material gesucht. Bei der künstlerischen Umsetzung des Themas ist Kreativität und Originalität gefragt, denn die besten Kostüme werden von der Jury prämiert. Wer sich Bilder vergangener Umzüge anschaut, wird schnell feststellen, dass „Verkleidungen" oft nur aus zwei glitzernden Teilchen bestehen, welche die „most privat parts" eines wohl- oder weniger wohlgeformten Körpers verdecken. Über die gezeichneten Entwürfe wird diskutiert und anschließend folgt das Geratter der Nähmaschinen. Eine Unmenge Materialien wie Satin-, Lamé-, Tüll- oder Baumwollstoffe, Perlen, Federn, Flitter, Plastik, Schaumstoffe, Holz, Muscheln, Blätter oder gar Stahl fließen in die Kreationen ein. Sind die ersten Kostüme fertig gestellt, kann man sie im Internet oder den Schaukästen der Clubhäuser bewundern. Die Chefdesigner der Mas Camps, z. B. Peter Minshall, Albert Bailey oder Brian Mac Farlane genießen großen Respekt und Anerkennung. Das Ergebnis wochenlanger Arbeit sind zum Teil atemberaubende, überdimensionale Kostüme, voller Raffinesse und Liebe zum Detail. Manchmal müssen die Designer Rollen in die Kostüme integrieren, damit sie überhaupt vorwärts bewegt werden können.

Es kann nicht nur jeder bei der Entstehung der Kostüme in den Mas Camps zuschauen (vorheriger Anruf genügt), es ist auch möglich, Teil einer **Mas Band** (wörtl. Maskeradegruppe) an **Karneval** (S. 114) zu werden, indem man sich ein Kostüm aussucht, US$50–100 anzahlt (keine Erstattung) und eine Registration Card mit den persönlichen Maßen (BH- und Höschengröße) ausfüllt (Online-Bestellung ist auch möglich). Etwa zwei Wochen vorher kann man sein Kostüm dann abholen und zahlt den Rest. Gute Bands haben Preis ab US$350 all inclusive, d. h. mit Armband für Getränke jeder Art, Essen, Toiletten-Truck. Montags um 11 Uhr geht's dann los bis ungefähr 19 Uhr. Der Treffpunkt wird in einem Infoblatt bekannt gegeben. Dienstags heißt es **play mas** von etwa 7–20 Uhr. Danach geht die Party natürlich weiter.

Viele Mas Camps sind in Woodbrook zu Hause und die beste Zeit für einen Besuch ist zwischen November und Februar. Der ehemalige Mas Camp Pub, heute **De Nu Pub**, an der French St, Ecke Ariapita Ave, war früher die Werkstatt von Peter Minshall's **Callaloo Mas Camp** (S.135). An Karneval trugen oft Tausende die Kostüme dieses Designers.

Die drei zurzeit angesagtesten Designer sind Brian **Mac Farlane**, die **Harts** und **Tribe** um den Bandleader Zainool Mohammed.

Woodbrook ist nicht nur zur Karnevalszeit eine der besten Wohngegenden für Touristen. Es liegt sehr verkehrsgünstig, man kann jedoch die meisten Sehenswürdigkeiten auch zu Fuß erreichen. Entlang der Tragarete Road reihen sich Geschäfte, Büros, Banken und Restaurants aneinander und an Unterkünften mangelt es auch nicht. Da Woodbrook die Hochburg des Karnevals ist, sollte man keinesfalls versäumen ein Mas Camp zu besuchen.

Wer noch nie ein Cricketspiel (S. 137, Cricket) gesehen hat, kann sich vom Enthusiasmus der Trinis, die diesen Sport über alles lieben, anstecken lassen und ein Match im 1896 errichteten **Queen's Park Oval** besuchen.

Übernachtung

Petra Villa, 74 Petra St, ℅ 622-4988.
Mrs. Mannette vermietet in ihrem Haus

Der berühmteste Mas-Designer?

Peter Minshall, in Guyana geboren und in POS aufgewachsen, ist der Meister der großen Performances, des bombastischen Spektakels. Seine Calalloo Company, eine Einheit aus Künstlern, Darstellern und Helfern, gründete sich um seine kreative Imagination zu verwirklichen. Minshalls Karnevalproduktionen sind legendär. Seit über 30 Jahren macht er Mas, kreiert, produziert und präsentiert in ganz großem Stile. Aber er genießt auch Weltruhm. Ihn holte man als Artdirektor u.a. für die Eröffnungs- und Schlussfeiern der Olympischen Spiele in Atlanta und die Olympiade in Barcelona 1992. 2007 hatte er sich ein wenig zurückgezogen. Bleibt abzuwarten, wann er seine Anhänger wieder begeistert. 🖳 www.callaloo.co.tt

5 Zimmer mit Ventilator (1 mit AC), Gemeinschaftsbad, -küche und -wohnraum. Oft auch an Studenten vermietet. ❷ – ❸

Ana's Place, 5 Ana St, 📞 627-2563, ✉ anavilla @carib-link.net. Laila Chung, die außerordentlich nette Besitzerin, vermietet ein kleines Zimmer mit separatem Eingang, ausgestattet mit Bad, AC, TV und Kühlschrank sowie ein Apartment mit Küche, Bad, AC und TV. Ein hübscher Garten mit Sitzmöglichkeiten gehört auch dazu. ❷

Sam's Guesthouse, 5 Alberto St, 📞 627-4865, ✉ callisles@hotmail.com. Ordentliches Guesthouse mit 6 recht netten Zimmern, ausgestattet mit TV, Bad, AC und einige mit Balkon; gemeinsame Küchen- und Wohnraumnutzung. ❸

Trinity Guesthouse, 13 Rosalino St, 📞 487-9221. Lisa, eine ausgesprochen liebenswerte Gastgeberin, offeriert in ihrem Haus 2 Zimmer mit Ventilator und Bad. Klar dürfen Küche und Wohnraum genutzt werden. Frühstück inkl. ❷

William's Villa, 69 Luis St, 📞 628-0824, 🖳 www. williamsvilla.com. Einfache, familiäre B&B-Unterkunft mit 6 Zimmern, die über Bad, TV, AC und Kühlschrank verfügen, außerdem ein Apartment mit Küchenzeile. Wohnraum und Küche dürfen genutzt werden. ❸

Johnson's Bed & Breakfast, 16 Buller St, 📞 628-7553. Familiäres Guesthouse, ruhig und

zentral gelegen. Nicht mehr ganz so tadellos wie früher. DZ mit AC, TV und Bad sowie 4 DZ mit Ventilator, die sich 2 Bäder (getrennt nach Geschlechtern) teilen. Eine große Küche und ein Aufenthaltsraum können genutzt werden. ❷

Joanne, 33 Buller St, 📞 679-3944. Joanne vermietet in ihrem Haus 1 DZ mit Ventilator, AC, TV, Bad, Kühlschrank. Super nette Gastgeberin, Küchennutzung möglich; auch Monatsmiete, ansonsten ❷

Harper's House, 38 Cornelio St, 📞 628-0717, ✉ harper@trinidad.net. Wer sich wie zu Hause fühlen möchte, kann eines der beiden toll eingerichteten und gepflegten Apartments mit 1 bzw. 2 Schlafzimmern mieten. Beide haben AC, Telefon, TV, Bad, eine tolle Küche und einen großen Wohnraum. Mrs. Harper, die Besitzerin, ist sehr nett und wer es sich leisten kann, wird garantiert nicht enttäuscht. Frühstück inkl. ❺

ML's, 25 Stone St, 📞 625-3663, 🖳 www. lyndersaydigital.com. Mona Lyndersay ist die sehr nette, ältere Besitzerin dieses wunderbaren, im viktorianischen Stil erbauten Gingerbread Houses. 3 Zimmer im Haus verfügen über ein eigenes Bad, TV und Ventilator. 2 nicht so attraktive Zimmer außerhalb des Hauses teilen sich eine Küche. Das Wohnzimmer von Mrs. Lyndersay, TV, Kühlschrank und die tolle Veranda können genutzt werden. 1994 zierte die Unterkunft eine TT$3-Briefmarke. Frühstück inkl. ❷ – ❸

Mi Casita, 17 Carlos St, 📞 627-4796, ✉ micas@ wow.net. Einfaches, familiäres und zentral gelegenes Guesthouse. 5 AC-Zimmer, einige mit TV, nutzen gemeinschaftlich Duschen und Toiletten. In der Küche darf gekocht werden. ❷

The Allamanda, 61 Carlos St, 📞 622-1480, 🖳 www.theallamanda.com. Recht neue, tadellose Unterkunft mit 6 DZ (AC, Kühlschrank, TV, Bad) 2 Studio-Apartments mit zusätzlicher Küchenzeile und ein komplett eingerichtetes 1-Bettzimmer-Apartment. Außerdem 2 nette Balkone, ein kleiner gepflegter Garten und eine große Gemeinschaftsküche. ❸ – ❹

Inna Citi Place, 37 Ariapita Ave, 📞 625-5911, 🖳 www.innacitiplace.com. Geniale Lage an Karneval. Ist einfach, sauber und ganz o.k. 3 AC-Zimmer mit TV und Bad sowie 3 DZ/EZ mit Ventilator, TV und Gemeinschaftsbad.

Gemeinschaftsbalkon; Küchennutzung TT$20; Wäsche waschen und trocknen TT$30. Frühstück inkl. ❷–❸
Caribbean Tourist Villa, 7 Methuen St, ✆ 627-5423, 🖥 www.caribbeantouristvilla.com. Keine schlechte Wahl. 12 AC-Zimmer mit Bad, TV, einige mit Kühlschrank. Gemeinschaftlich werden Wohnraum mit TV, schöner Balkon, kleiner netter Pool und Terrasse genutzt. Ansonsten zahlen Gäste für die Nutzung der Küche TT$40 und den gleichen Preis für Wäschewaschen und -trocknen; Internet 24 Std. TT$20. ❷
Fabienne's Guesthouse, 15 Belle Smythe St, ✆ 622-2773. Mrs. Charbonné vermietet insgesamt 11 Zimmer mit Bad und Ventilator oder AC. Gäste dürfen einen Kühlschrank nutzen, ein Wohnzimmer mit TV sowie einen kleinen Garten mit Pool (nicht zu viel erwarten!). Frühstück auf Anfrage US$5; Dinner US$10. ❸
La Calypso, 46 French St, ✆ 622-4077, ✉ lacalypso@tstt.net.tt. Zentral gelegenes Guesthouse. Insgesamt 21 kleine (z. T. renoviert und etwas teurer) Zimmer mit AC und TV, die meisten mit Bad, einige nur mit Ventilator, geteiltem Bad und einige mit kleiner Küchenzeile. Eine Küche und ein Kühlschrank werden gemeinschaftlich genutzt, ebenso ein Aufenthaltsraum sowie ein wenig attraktives Sonnendeck auf dem Dach. ❷–❸
Melbourne Inn, 7 French St, ✆ 623-4006, 🖥 www.melbourneinn.com. 12 DZ mit Bad, TV, AC (3 davon mit Ventilator; 4 DZ mit Ventilator,

Eine kleine Oase

The Gingerbread House, 8 Carlos St, ✆ 627-8170, 🖥 www.trinidadgingerbreadhouse.com. Bezaubernd schön ist dieses 1920 errichtete und stilvoll restaurierte, typisch trinidadische Kolonialhaus der Familie Mackay. Herrliche Holzkonstruktionen und Schnitzereien verleihen dem Haus Charme und Ausstrahlung. Insgesamt stehen 4 attraktiv eingerichtete Zimmer mit AC, TV, Bad, Kühlschrank und hohen Deckenventilatoren zur Verfügung. Eine Augenweide ist auch der kleine Pool. Frühstück inkl. ❹

die sich 4 Duschen und 4 Toiletten teilen, sowie einige DZ mit zusätzlich kleiner Küchenzeile. Gemeinschaftlich nutzt man eine große Outdoor-Küche; Frühstück gibt's auf Anfrage für TT$20; ist einfach, aber in Ordnung; Internet. ❶–❷
Kitty's Bed & Breakfast, 26 Warren St, ✆ 622-2567. Mrs. Kitty Peters vermietet in ihrem Haus 2 saubere, geräumige Zimmer, die sich das Bad teilen. Um Anmeldung wird gebeten. Frühstück inkl. ❷
Rita's Host Home, 18 De Verteuil St, ✆ 627-6308. Rita George vermietet in ihrem Haus einige einfache Zimmer mit Ventilator; Toiletten und Duschen werden gemeinschaftlich genutzt, ebenso TV und Kühlschrank. Außerhalb des Hauses stehen noch 3 unterschiedliche, etwas renovierungsbedürftige Apartments, ausgestattet mit Bad, Ventilator (1 mit AC), Küchenzeile zur Verfügung. ❶–❷
Courtyard By Mariott, Invader's Bay, Audrey Jeffers Hwy, ✆ 627-5555, 🖥 www.mariott.com. Neustes Hotel Port of Spains mit vielen Annehmlichkeiten: Pool, Fitness, Restaurant und Bar und insgesamt 119 modern eingerichteten Zimmern. Liegt direkt neben dem ebenfalls recht neuen Movie Towne Shopping & Entertainment Centre. Frühstück inkl. Ab ❻

Essen, Limen und Nachtleben

Sweet Lime, 19-23 Ariapita Ave, Ecke French St, ✆ 624-9983. Klasse Location, open-air, direkt neben De Nu Pub. Hier isst man oder limt oder tut beides. Leckeres landestypisches Frühstück, das es zu versuchen gilt, z. B. Bake & Fry Hering, tgl. wechselnde Mittagsmenüs und am Abend jede Menge Fisch- und Fleischgerichte (gebraten, gegrillt, frittiert …), Salate, Desserts, Fingerfood und natürlich Cocktails; moderat bis gehoben.
Melange, 40 Ariapita Ave, ✆ 628-8687, 🖥 www.melangetrinidad.com. Schönes Restaurant der gehobenen Preisklasse mit internationalen Gerichten des passionierten Chefkochs Moses Reuben.
A la Bastille, 84A Ariapita Ave, ✆ 622-1789. Schönes Restaurant, in dem alles französisch scheint, mit Ausnahme der Angestellten.

Natürlich im **Veni Mange**, 67a Ariapita St, ✆ 624-4597, ⏱ Mo–Fr 11.30–15, Mi und Fr auch ab 19 Uhr, dem Restaurant der Starfernsehköchin Allyson Hennessy und ihrer Schwester. Richtig nettes Ambiente mit eingetopften Palmen und nettem Dekor aus Werken einheimischer Künstler. Persönlichkeit wird hier großgeschrieben, und die kreolischen Menüs: kreativ, vielleicht mit französischem Einfluss. Es gibt alles, was der morgendliche Markt an frischen Zutaten hergibt – Snapper, Crab, Calalloo, und die Preise: auf jeden Fall bezahlbar.

Schlange stehen für ein Roti oder Buljol (Salzfisch mit Tomaten, Zwiebeln, Avocado), das passiert einem im **Patraj**, 159 Tragarete Rd, Ecke White St, ✆ 622-6219, ⏱ Mo–Sa bis etwa 16 Uhr; preiswert.

Unheimlich populär ist auch das jamaikanische Open-air-Restaurant **Irie Bites**, 71a Ariapita Ave, ✆ 622-7364, ⏱ Mo–Do 11–21, Fr–Sa 11–22 Uhr. Jerk-Fleischgerichte sind hier die Spezialität. Mariniertes Fleisch, eingelegt in die berühmten Walkerswood Seasonings und über Holzkohle gegrillt. Daneben gibt's tgl. Specials wie Curry Goat Jamaican Style, Pelau oder Ackee & Saltfish – lecker und preiswert.

Authentisch französische Drei-Gänge-Menüs, leckeres Brot und Crepes und natürlich französische Weine; moderat–recht teuer. ⏱ Di–Sa 18–23, Di–Do 11–15, Fr 7.30–15, Sa 8.30–15 Uhr.

Preiswertes gutes Mittag- und Abendessen (10–21 Uhr), das am laufenden Band über die Theke geht, gibt's auch im **El Pescas on the Grill**, 68 Ariapita Rd, und direkt daneben in **Frankie's Restaurant**, das BBQ, Indian und Creole Cuisine in Buffetform anbietet.

Angelo's Italian Restaurant, Ariapita, Ecke Cornelio St. Lecker, aber teuer.

Crobar, Ariapita Ave, Ecke Carlos St, ✆ 623-3654. Gute Atmosphäre für einen *Afternoon, Evening* oder *Night lime* herrscht in dieser Open-Air-Bar direkt an der Ariapita Avenue. Für Sandwiches und Salate sorgt das angegliederte **Subway**.

Squeeze, Ariapita Ave. Richtig nette kleine Kneipe mit gemischtem Publikum; beliebt auch bei Venezolanern und Schwulen. Wenn's voll wird, wird auch oft draußen auf Bierkästen gelimt und erzählt, ⏱ Mo–Fr ab 16, Sa ab 18 Uhr.

Princess Hannah Bakery, 69 Tragarete Rd. Klasse für den Snack zwischendurch – leckere süße Teile, Salt Fish Bake, Pies etc.

Brooklyn Bar, Carlos, Ecke Roberts St. Hier gibt's im Vorbeigehen ein kühles Bierchen.

Mas Camps

Legacy, 88 Robert, Ecke Charlos St, ✆ 622-7466, 🖥 www.legacycarnival.com. Bandleader(s): Mike „Big Mike" Antoine und Juliet de la Bastide. Sehr erfolgreiche Bikini Band, gewann einige Male den Titel „Band of the Year". ⏱ Mo–Sa 11–19 Uhr,

Mas Factory, 15 Buller St, ✆ 628-1178.

Trini Revellers, 35 Gallus St, ✆ 625-1881, 🖥 www.trinirevellersmas.com. Erfolgreiche Band, die schon öfter den Titel Band of the Year gewonnen hat; auch etwas für die reifere Generation.

Island People, 11 Stone St, ✆ 625-1386, 🖥 www.islandpeoplemas.com. Neue, sehr hippe Bikini-Band.

Tribe, 20 Rosalino St, ✆ 625-6800, 🖥 www. carnivaltribe.com. Schicke, sehr erfolgreiche neue Bikini-Band; immer schnell ausverkauft; ⏱ Mo–Fr 12–17 Uhr.

Brian Mac Farlane, 7A Ariapita Ave, ✆ 623-0011, 🖥 www.macfarlanecarnival.net. Macht künstlerisch anspruchsvolle Kostüme; Lieblingsband von Künstlern, Intellektuellen, Schwulen.

Masquerade, 19 De Verteuil St, ✆ 623-2161, 🖥 www.masquerade.co.tt. Ist auch eher eine Band für die reifere Generation.

Panyards

Phase II Pan Groove, 13 Hamilton St. Mehrfacher Panorama Gewinner, zuletzt 2005. Für einen Besuch sehr zu empfehlen, nette Atmosphäre.

Starlift, 1a Mucurapo Rd, ✆ 622-9308. Auch empfehlenswert!

Woodbrook Playboyz, 37 Tragarete Rd. Kleine traditionelle Band; sehr nette Atmosphäre. **Invaders**, 147 Tragarete Rd, (gegenüber dem Queen's Park Oval). Ob das legendäre Panyard (besteht seit 1937) hier bleiben darf, ist noch unklar.

Theater

Das **Little Carib Theatre**, White, Ecke Roberts St, ✆ 622-4644, wurde 1948 eröffnet und zeigt vorwiegend kulturelle Darbietungen einheimischer Künstler.

Sportveranstaltungen

Queen's Park Oval. Auch wenn Weltrekordler und Superstar Brian Lara nicht mehr dabei ist, tobt das Cricketstadion, wenn eines der Big Test Matches angesagt ist. Infos und Tickets (TT\$50–200) unter ✆ 622-2295, Queen's Park Cricket Club, 94 Tragarete Rd, ▭ www.qpcc. com (s. auch S. 131, Cricket).

Sonstiges

Apotheken

Kappa Drugs, Roberts St, Ecke Damien St, ✆ 622-2728, ◷ tgl. 8–22.30 Uhr. **Homer's Pharmacy**, Roberts St, Ecke Rosalino St, ✆ 622-3105.

Geld

Republic Bank, 28-30 Murray St, ✆ 627-8062. Geldautomat.

Internet

The Internet Café Inside, c/o Homer's Pharmacy Building, Roberts St, ✆ 628-2494, TT\$10/Std. ◷ Mo–Fr 9–19, Sa 11–19 Uhr.

Wäscherei

Majestic Dry Cleaners, 28 Ariapita Ave, ✆ 622-5326, gegenüber Inna Citi Place.

St. James

St. James, auf dem Gelände der ehemaligen Peru-Zuckerrohrplantage, ist das westlichste Wohnviertel Port of Spains. Straßennamen wie Calcutta Street oder Madras Street weisen deutlich darauf hin, dass es von Anfang an indisch geprägt war.

So where's the party?

Natürlich im ehemaligen **Mas Camp Pub**, jetzt **De Nu Pub**, an der Ariapita, Ecke French St. Hier wird nicht nur gelimt, Sportevents verfolgt oder Billard gespielt, nein, montags ist Karaoke, dienstags Latin, mittwochs Calypso, und vor allem freitags nach dem After Work Lime heißt es tanzen tanzen tanzen auf schummrig dunkler Tanzfläche mit fast ausschließlich schwarzem Publikum, das aber viel Spaß verspricht, und willkommen ist man in jedem Fall.

Vielleicht die heißeste Adresse der kleinen Antillen: **Zen**, 9-11 Keate St, ▭ www.zen.tt, ◷ Mi–Sa ab 22 Uhr, super modern auf 3 Ebenen – The Club, das VIP, und die Roof Terrace und Patio mit jeder Menge Live-Auftritten (beispielsweise der skandalöse Akon-Auftritt 2007), RAH Nights (Reggae, Alternative und Hip Hop), auch Techno, und am Wochenende natürlich Party Party Party. Alles, was hip sein möchte, trifft sich natürlich hier, und die Preise: ab TT\$80–100, begehrtere Tage TT\$150–200 und Live-Auftritte auch mal mehr. Vor 23 Uhr ist es fast immer billiger, und Frauen kommen auch manchmal umsonst rein! Das Gleiche gilt für das **51 Degrees** am Cipriani Boulevard, auch ein toller Nachtclub; Eintritt oft auch TT\$80–100. Dienstags ist Karaoke, Freitag (immer knallvoll) und Samstag Party! Etwas relaxtere Atmosphäre mit gemischterem Publikum.

Und die kleine Tanzfläche im **Blue Tantra**, 72 Tragarete, Ecke Picton St, ist auch immer bepackt; sehr hipper Club mit guter Atmosphäre, angenehmem Publikum und einigen Events; Eintritt TT\$50–80. Der sogenannte **Dress Code** gilt überall, d. h. nur wer wirklich gut gekleidet ist, kommt rein. Für Männer heißt das: keine Hüte, Slipper, T-Shirts, kurze Hosen etc.

Nex Door, Ariapita Ave. Kleiner intimer Pub, in dem in der Tat getanzt wird; montags heißt es Spaß mit Karaoke und freitags ist das Nex Door auch immer eine gute Adresse. **Weitere Partys** S. 151, Chaguaramas.

Als die Briten sich 1797 anschickten, die Insel zu erobern, landeten sie an dieser Stelle. Den Namen verdankt der Vorort wohl den **St. James Barracks**, die 1827 von Gouverneur Woodford als Kaserne für die Streitkräfte seiner Majestät errichtet wurden. Heute ist hier ein Police Trainings College untergebracht. Das Ende Woodbrooks markiert das imposante, 1934 eröffnete **Roxy Building**. Ursprünglich ein Theater und Kino, beherbergt es heute eine Filiale von Pizza Hut. Auf der gegenüberliegenden Straßenseite befindet sich eine Statue der Calypso-legende **Lord Kitchener**.

Eine auffällig verschnörkelte Brücke über den Maraval River kennzeichnet den Beginn des heute sehr kosmopolitischen St. James. Neben der Long Circular Mall, einem modernen Einkaufszentrum, säumen unzählige Läden, Bars, Geschäfte, Banken und Take aways die durch das Zentrum verlaufende Western Main Road. Am westlichen Ende von St. James steht eine der ältesten Moscheen Trinidads, die 1927 errichtete **Haji Gokool Meah Mosque**. Für die Öffentlichkeit ist sie jedoch nicht zugänglich.

Hinter dem Woodbrook Cemetery, wo u. a. der legendäre Mikey Cipriani (s. u.) begraben liegt, erhebt sich der strahlend weiße, moderne Hindutempel **Paschimtaashi Hindu Mandir**. Einen atemberaubenden Blick über Port of Spain und die vorgelagerten Inselchen bis nach Venezuela hat man von **Fort George**, das 1804 von dem britischen Gouverneur Sir Thomas Hislop erbaut wurde. Hinter dem Western Cemetery in St. James führt die St. James Terrace, die übergeht in die Fort King George Road, in steilen Serpentinen hinauf zum Fort. Entweder man handelt mit einem Taxifahrer einen Preis zum Fort aus oder man nimmt den etwa 1-stündigen, in der Mittagshitze sehr anstrengenden Fußmarsch in Kauf.

Traditionell wird in den Straßen von St. James alljährlich das moslemische Fest **Hosay** (S. 36) begangen. Und wer im Juni hier ist, sollte das **WeBeat Festival** mit zahlreichen Musikevents und unzähligen Partys nicht verpassen.

Übernachtung

Ambassador Hotel, 99a Long Circular Rd, ✆ 628-9000, 🖥 www.ambassadortt.com. Entlang der Long Circular Rd geht es hinauf

Was wäre ein guter Lime ohne ein eisgekühltes Carib oder Stag?

Cricket ist Volkssport Nummer eins und sich von der Begeisterung der Trinis anstecken zu lassen ist ein Leichtes. Im Gegensatz zu dem simplen Spielablauf beim Fußball kann man einem Cricketspiel allerdings stundenlang folgen ohne auch nur im Geringsten verstanden zu haben worum es eigentlich geht. Wer also die Absicht hat ein Cricketspiel zu besuchen und nicht nur die wirklich gute Atmosphäre erleben, sondern auch einmal Beifall klatschen möchte, sollte sich mit den Regeln ein wenig vertraut machen.

Eine Mannschaft besteht aus elf Spielern. Ziel des Spiels ist, möglichst viele *runs* zu erzielen. Während keine Regel besagt, wie groß das Spielfeld sein muss, ist die Wurfbahn *(pitch)* mit 20,12 m genau festgelegt. An den beiden Enden der Wurfbahn steht je ein *wicket*: drei ca. 70 cm hohe Pfosten *(stumps)* mit zwei kleinen Querlatten *(bails)*. Zwei Schlagleute *(batsmen)* besetzen je ein Wicket. Ihre Aufgabe besteht erstens darin, die Wickets vor dem gegnerischen Werfer *(bowler)* zu verteidigen, und zweitens *runs* zu erzielen. Während der Werfer versucht das Wicket abzuwerfen, versucht der Schlagmann dies zu verhindern, indem er den Ball möglichst vorbei an den zehn Feldspielern *(fielders)* in das Feld schlägt. Gelingt ihm das und haben beide Schlagleute genug Zeit, an das jeweils andere Ende der Wurfbahn zu laufen, bevor die Feldspieler den Ball wieder zurückwerfen, erhalten sie einen Run. Ein geschlagener Ball, der ohne vorherige Bodenberührung hinter der Spielfeldgrenze landet, bringt automatisch sechs Runs, berührt er vorher den Boden, zählt dies vier Runs. Ein Run wird auch gutgeschrieben, wenn ein Werfer einen Ball so weit vom Schlagmann vorbei wirft, dass dieser den Ball nicht spielen kann *(wides)*. Gelingt es dem Werfer das Wicket zu treffen, d. h. der Schlagmann verfehlt den Ball *(bowled out)*, oder ein Feldspieler fängt den Ball vor Bodenkontakt *(caught out)* oder aber der Schlagmann

erreicht nicht rechtzeitig das andere Ende der Wurfbahn *(run out)*, bekommt der Schlagmann keine Runs mehr und scheidet aus. Der nächste Schlagmann seiner Mannschaft kommt nun zum Zuge. Ein Werfer darf nur 6 Mal werfen – dies nennt man *over*. Für den Sieg einer Mannschaft ist nicht nur die Zahl der Runs, sondern auch die der ausgeschiedenen Schlagmänner entscheidend.

Ein Wort zum *wicket-keeper* – dem Mann hinter dem Wicket. Er muss die Bälle, die ein Schlagmann „vernünftigerweise" durchgelassen hat, auffangen. Kann er den Ball nicht festhalten, können die Schlagmänner Runs erlaufen, die als *byes* bezeichnet werden. Die *byes* werden der Schlagmannschaft gutgeschrieben, nicht dem Schlagmann persönlich. Außerdem muss der Wicket-keeper die aus dem Feld zurückgeworfenen Bälle auffangen. Nur mit dem Ball in der Hand darf er das Wicket zerstören.

Vor jedem Spiel vereinbart man die Spielbedingungen, d. h. man legt eine bestimmte Zeit fest – zum Beispiel schlägt jede Mannschaft drei Stunden oder man vereinbart ein *Limited-Overs Match* – ein Spiel, in dem jede Mannschaft die gleiche Anzahl an *overs* wirft. *Test Matches* (Länderspiele) sind meist *2*-Innings-Spiele, die über fünf Tage laufen. Neben den *2*-Innings-Spielen gibt es auch 4-Innings-Spiele. Innings nennt man also die Durchgänge, die eine Mannschaft spielt, ebenso die Zeit, die ein Schlagmann schlägt, aber auch die Anzahl der Runs, die er dabei erzielt.

Sowie die Grundlagen. Nun gibt es noch unzählige komplizierte Regeln, die Schläge, Würfe, das Ausscheiden eines Schlagmanns, das Verhalten der Feldspieler usw. betreffen. Auch Taktik spielt eine große Rolle.

Wem all dies immer noch zu kompliziert ist, der lässt sich einfach auf die berauschende Atmosphäre im Stadium ein, probiert die Leckereien der Imbiss-Stände, limt mit den Trinis, oder tanzt zu den Socarhythmen.

zum Ambassador Hotel. Wenig einladend, die Rezeption. Auch die insgesamt 54 Zimmer unterschiedlichen Standards haben bestimmt

schon bessere Zeiten erlebt. Alle sind ausgestattet mit Bad, TV, AC und Balkon, der einen wundervollen Ausblick auf die Stadt, das

Fabelhafter Mikey Cipriani

Am 22. Oktober 1933 tauchte das deutsche Luftschiff Graf Zeppelin am Himmel über Port of Spain auf. Auf dem Weg von Südamerika nach Deutschland kreiste es über der Hauptstadt und sank bis auf eine Höhe von 70 m herab. Wie eine dicke silbrige Zigarre schwebte es in den Lüften und die Menschen stürzten aus ihren Häusern, um den Besucher willkommen zu heißen. Cipriani überlegte nicht lange, startete sein zweisitziges Flugzeug „Hummingbird" und eskortierte das macht den Anschein, als kreise der „Kolibri" um den Zeppelin wie ein Moskito um einen Wal.

Mikey Cipriani, ein Cousin Arthur Ciprianis, wurde 1890 geboren. In seiner Jugend war seine Passion das Radrennfahren, und mit 20 wurde er Champion of the West Indies. Er war das Aushängeschild des Sports auf Trinidad – ein guter Kricketspieler, ein exzellenter Fußballspieler, Stabhochspringer und Boxer.

Während des Ersten Weltkriegs kämpfte er in Europa. 1919 kam er nach Hause, sah sich mit 29 Jahren zu alt für den Sport und heiratete. Seine Frau besuchte kurze Zeit später einen Verwandten in England, der für De Havilland Pionierarbeit in Sachen Design und Produktion der Flugzeuge leistete und Ciprianis Frau auf einigen Flügen mitnahm. Sie erzählte ihrem Mann von diesen wundervollen Flugerlebnissen, der daraufhin nach England reiste, Flugstunden nahm und kurzerhand eine 2-sitzige De Havilland bestellte.

Für viel Geld ließ Cipriani die Start- und Landebahn am heutigen Piarco Airport ebnen. Abend für Abend feilte er an seinen Flugkünsten. Bald wagte er einen Flug über Tobago und in den 30er-Jahren sahen ihn Barbadier und Grenadier am Himmel. Die Tobagonier präparierten 1934 am Shirvan Park eine Piste und am 3. Juni des gleichen Jahres startete Cipriani erstmals mit dem Ziel, auf Tobago zu landen. Seine Maschine kam nie an, was ganz Trinidad in Schrecken versetzte. Erst eine Woche später fand man die Wrackteile im tiefen Dschungel der Northern Range.

Meer und die Northern Range bietet. Zum Hotel gehören das Marquis Restaurant, der Club Ambassador und ein Pool. Frühstück inkl. Ab ❻

Glen's Eagle's Nest, 53 Mucurapo Rd, ✆ 628-2132. Mrs. Mayers vermietet in ihrem großen Haus 2 DZ mit AC, TV und Bad, die sich die Küche teilen, und 3 DZ mit AC und TV, die sich 2 Bäder teilen; netter Garten und Terrasse mit Meerblick. Nikotin und Alkohol nicht erwünscht. ❸

Essen, Limen und Nachtleben

Honey Grill R & Buckwild Bar, Western Main Rd, ✆ 622-2556. Über der recht beliebten Buckwild Bar darf man auf einer Terrasse speisen. Gekocht wird meist einheimisch und recht preiswert.

Linda's Bakery, Western Main Rd. Für den Hunger zwischendurch – leckere Pies, süße Teilchen etc.

Irie Bites, 15A Mucarapo Rd, ✆ 622-3822. Zweigstelle in der Ariapita Rd.

Sonstiges

Apotheken
Express Drugs, 102 Western Main Rd, ✆ 628-1527, ◷ tgl. 7.30–22 Uhr;
Western Pharmacy, 111 Western Main Rd, ✆ 622-6478.

Geld
Republic Bank, 51-53 Long Circular Mall, ✆ 623-7234, Geldautomat;
Scotiabank, Western Main Rd und Bengal St, ✆ 622-9277, Geldautomaten.

Wäscherei
Ashleigh Phillip's Coin Laundry, 10 Western Main Rd, ✆ 628-2268. Selbst waschen und trocknen TT$30. Liegt gegenüber Joe's Pizza.

Die östlichen Wohngebiete

St. Ann's
St. Ann's, eine ehemalige Zuckerrohrplantage, liegt etwas erhöht, wunderbar eingebettet in die

Ausläufer der Northern Range. Jenseits des Botanischen Gartens zieht es sich entlang dem St. Ann's River nach Norden.

Übernachtung

L'Orchidee, 3 Coblentz Gardens, ☎ 621-0613, 🖥 www.trinidadhosthomes.com. Kleines, recht teures Boutique Hotel mit 12 schönen, individuell gestalteten Nichtraucher-Zimmern, die über AC, Bad und TV verfügen. Gäste frühstücken und dinieren im AC-Restaurant oder auf der Terrasse. Frühstück inkl. ❻

Alicia's House, 7 Coblentz Gardens, ☎ 623-2802, 🖥 www.aliciashousetrinidad.com. Kleines familiäres Hotel unweit des Botanischen Gartens, das über 17 unterschiedlich große Zimmer mit Bad, AC und TV verfügt. 5 günstigere Zimmer in einem Anbau mit geteilter DU/WC ❷. Außerdem Sonnenterrasse, kleiner Pool und Whirlpool. Frühstück inkl. ❹

Alicia's Palace, Lady Chancellor Rd, ☎ 624-8553, 🖥 www.aliciaspalace.com. Schwester von Alicia's House; klasse Lage mit super Ausblick auf Port of Spain und den Gulf of Paria. Nettes familiäres Hotel mit 32 Zimmern, die über AC, Bad, Kühlschrank, TV und tolle Balkone verfügen; 2 Zimmer auch mit Küchenzeile. Pool, Restaurant und Sonnendeck gibt's natürlich auch. Frühstück inkl. ❸–❺

The Normandie, 10 Nook Ave, ☎ 624-1181, 🖥 www.normandiett.com. Angenehmes Klima herrscht im Normandie Hotel, dessen 54 Zimmer und Lofts mit AC, Bad, TV und Balkon mit Blick über den Swimmingpool nett eingerichtet sind. Toll die kleinen Boutiquen (Market Shops) im Hotel, das Café Trinidad und das italienische Ciao Vidalia Restaurant. Frühstück inkl. Ab ❻

The Chancellor, 5 St. Ann's Ave, ☎ 623-0883, 🖥 www.thechancellorhotel.com. Ansprechendes Hotel der gehobenen Klasse. Moderne, geräumige Zimmer mit AC, TV, Bad, und Balkon. Toller Swimmingpool mit Wasserfall, schöne Bar, Bistro und Restaurant. Ab ❻

Angie's, 41 St. Ann's Rd, ☎ 627-0710. Ungefähr 1,5 km vom nordöstlichen Ende des Queen's Park Savannah entfernt liegt Angie's Guesthouse. Vermietet werden 5 einfache Zimmer mit Bad und Ventilator. ❷

Smokey & Bunty's, 97 Western Main Rd. Die erste Adresse, was *trini-lime* angeht. Hier stehen Minister und Kricketstars Schulter an Schulter mit Normalsterblichen; ⏱ tgl. ab 22 Uhr. **Arthur's Place**, Lucknow St. Ganz kleine Jazz Bar mit salonfähigem Publikum.

Gibson's, 12 Fondes Amandes Rd, ☎ 624-3276, ☏ 628-4422. Wer der steilen Fondes Amandes Rd folgt und „Home Sweet Home" liest, hat das ruhig gelegene Guesthouse gefunden. Mr. und Mrs. Gibson vermieten 3 Zimmer mit Bad und AC. Gäste nutzen eine separate, große offene Küche mit angrenzendem Wohnraum und TV sowie eine herrliche Terrasse mit grandiosem Blick über Port of Spain und das Meer. ❷

Fondes Amandes, 9 B Fondes Amandes Rd, ☎ 624-7281, 🖥 www.caribbeandiscoverytours.com. Wunderbares Haus der Familie Broadbridge, die vor allem Gäste willkommen heißt, die mit Ihnen Trinidad entdecken möchten. Das Haus ist sehr familiär, eine gute Quelle für Infos, hat einen herrlichen Garten und Pool, Veranden, Terrassen und 5 AC-Zimmer mit privatem oder Gemeinschaftsbad und einige mit Balkon. Mrs. Broadbridge weiß gerne vorher Bescheid, wer kommt – also anrufen. ❸

The Cascadia Hotel, 67 Ariapita Rd, ☎ 623-4208, 🖥 www.cascadiahotel.com. Einige Kilometer vom Stadtkern entfernt, entlang dem St. Ann's River, liegt das gut geführte Cascadia Hotel – Maxi und Route Taxis verkehren regelmäßig. Es bietet allen Komfort (Pool, Sauna, Fitness). 68 schöne Zimmer unterschiedlichen Standards verfügen über AC, TV, Bad und Balkon zum Relaxen. Frühstück inkl. Ab ❻

Ciao Vidalia, 10 Nook Ave, c/o Normandie Hotel, ☎ 624-1181. Teurer Italiener in luftig schönem Ambiente. Günstiger und nicht minder gemütlich, das dazugehörige **Café Trinidad**, inmitten der tollen Geschäfte des Normandie Hotels. Hier heißt es relaxt frühstücken, leckeren Kaffee genießen oder gemütlich zu Mittag essen. **Solimar**, 6 Nook Ave, ✆ 624-6267. Frisch renoviert, wird das Solimar seinen guten Ruf hoffentlich fortsetzen. Wechselnde richtig internationale Menüs: deutsch, indisch, afrikanisch, kreolisch, thailändisch usw. Gehobene Preise. ☉ Di–Sa ab 18.30 Uhr.

Unterhaltung und Aktivitäten

Am Wochenende ist das **Cascadia Hotel** (s. o.) ein beliebtes Ausflugsziel der Trinis. Dann öffnen sich die Tore das **Wasserparks** und die Kinder können sich auf den Rutschen tummeln. ☉ Sa, So, Feiertag 10–17.30 Uhr; Eintritt TT$25.

Theater und Konzerte

The Queen's Hall, 1-3 St. Ann's Rd, ✆ 624-1284, ist das größte Theater der Stadt. Neben Theaterauch Comedy, Konzerte, T&T-Music Awards etc. Termine unter ✉ www.patronsof queenshall.com oder aus der Presse.
Under the Trees, c/o Normandie Hotel. Calypsonians wie Sparrow oder Soca-Stars wie Fay-Ann Lyons geben sich an diesem netten Open-Air-Schauplatz gerne die Ehre, vor allem in den Wochen vor Karneval.

Cascade

Unterhalb St. Ann's befindet sich das zu den kleineren Wohngebieten zählende Cascade. Der Vorort war lange Zeit eine Zuckerrohrplantage, die der aus Martinique stammende Royalist Mallevault im Jahre 1794 anlegte. Cascade ist eine recht angenehme Wohngegend und liegt unweit des Stadtkerns und des Queen's Park Savannah.

Übernachtung und Essen

Cascade Villa, 7 Hillcrest Ave, ✆ 624-7481. Liegt gut 1 km nordöstlich des Queen's Park Savannah. Die 7 sehr unterschiedlichen Apartments mit Küchenzeile, Bad, AC sind einfach, aber recht o.k. ❶–❷
Halyconia Inn, 7 First Ave, ✆ 623-0008, ✉ www.halyconiainn.com. Das Halyconia Inn hat etwas von einer Jugendherberge und wird deshalb oft von einheimischen Jugendgruppen

Heiße Quelle lokaler Infos

Gunda's Apartments, 11 East Hill, Cascade, ✆ 625-2410, 756-9677. 2 Studio-Apartments mit Küchenzeile, Ventilator, Bad und kleinem Garten - genau das Richtige für Individualisten die Infos aus erster Hand benötigen. Nette Wohngegend und relaxte, familiäre Atmosphäre. ❶ Auch günstige Monatsmieten (s. auch S. 126 und ✉ www.islandexperiencestrinidad.com).

frequentiert. Die Mehrbettzimmer sind einfach und beherbergen 6–8 Pers. Gemeinschafts-Du/WC, Küchennutzung möglich (US$25 p. P.). Daneben gibt es 10 teure DZ mit Bad, AC, einige mit TV und Kühlschrank; kleiner Pool. ❸
Coblentz Inn, US$215 inkl. Frühstück und kostenloser Mini-Bar, 44 Coblentz Ave, ✆ 621-0541, ✉ www.coblentzinn.com. Kleines, sehr teures Boutique Hotel mit Flair. 9 der 16 Nichtraucher-DZ sind wunderbar individuell gestaltet und künstlerisch thematisiert. So bestimmt ein riesiges Wandgemälde eines Cricketspiels das Zimmer *The Oval*. Andere Zimmer reflektieren trinidadische Lebensweise, Kultur oder Geschichte. Die Zimmer sind mit AC, TV, Bad und Mini-Küchenzeile (Kühlschrank, Mikrowelle, Spülbecken) ausgestattet. Das dazugehörige **Battimamzelle Restaurant** behauptet von sich eines der besten Trinidads zu sein; ☉ tgl. 6.30–22.30 Uhr; nettes Ambiente, ausgefallene Gerichte, teuer.

Belmont

Belmont liegt östlich des Queen's Park Savannah und ist ein Labyrinth enger, kurvenreicher Straßen – das Resultat kleiner Landparzellen und anfänglich willkürlicher Bauweise, ehe Straßen nach Plan gebaut wurden. Belmont ist dicht besiedelt und viele alte Holzhäuser haben bis heute überlebt. Die ehemalige Zuckerrohrplantage wurde in der ersten Hälfte des 19. Jhs. von Afrikanern besiedelt, die der Sklaverei dank der Anti-Sklavenhandels-Patrouillen an der westafrikanischen Küste entkommen konnten. Später folgten freigelassene Sklaven anderer karibischer Inseln. Straßennamen wie Zampty Street oder Maycook Place erinnern an die ersten Siedler.

Der African Rada Community ist es zu verdanken, dass sich in Belmont eine eingeschworene afrikanische Gemeinschaft gebildet hat, die bis heute afrikanische Traditionen und Rituale aufrechterhält.

An der Belmont Circular Road steht die hübsche, neugotische Kirche **St. Francis of Assisi** und wer noch kein Mas Camp gesehen hat, kann dies in dem von Jason Griffith geleiteten **Old Fashioned Sailors Mas Camp** in der Pelham Street nachholen.

Übernachtung und Essen

Trinidad Hilton, Lady Young Rd, ☎ 624-3211, 🖳 www.hiltontrinidad.com. Mächtig thront das mit knapp 400 Zimmern größte Hotel Trinidads auf einem Hügel Belmonts mit herrlicher Aussicht auf die Berge, die Savannah und den Gulf of Paria. Das Hotel verfügt über mehrere Restaurants, Bars, Pools und diverse Sporteinrichtungen. Ab ❻

Thanna's Place, 25 Erthig Rd, Queen's Park East, ☎ 687-2493. Sehr ordentliches, sauberes Guesthouse mit einigen AC-Zimmer, die Bad, TV und Kühlschrank haben. Ansonsten teilen sich jeweils 2 AC-Zimmer ein Bad. Nette Küchenabteilung, in der auch das Frühstück serviert wird. Küche darf genutzt werden; Waschmaschine gegen Gebühr. Die Besitzerin wohnt nebenan. Frühstück inkl. ❷–❸

Zwei sehr schöne, aber auch sehr teure Restaurants findet man an der Ostseite des Queen's Park Savannah (13 Queens Park East). Tolles Flair vor allem auf der begrünten Terrasse des **Tamnak Thai**, ☎ 625-0647, 🖳 www.tamnakthai.co.tt, das Freunde der thailändischen Küche begrüßt. Die Chefköche des **Apsara**, ☎ 623-7659, 🖳 www.apsara.co.tt, dagegen servieren nordindische Spezialitäten wie verschiedenste Tandoori-Gerichte und Currys; ⏱ tgl. außer So 11–15 und 18–23 Uhr.

Unterhaltung und Kultur

Mas Camps

Old Fashioned Sailors, 51 Pelham St, ☎ 624-3692; Bandleader: Jason Griffith.

Theater

Trinidad Theatre Workshop, 23 Jemingham Ave, ☎ 624-8502, 🖳 www.ttw.org.tt. Die traditionsreiche Bühne wurde 1959 von dem Schriftsteller Derek Walcott, der 1992 mit dem Literaturnobelpreis ausgezeichnet wurde, gegründet. Walcott machte Geschichte für T&T, als er mit seinem Musical „Steel" 1991 in den USA Premiere feierte. Erst 14 Jahre später wurde es in Trinidad aufgeführt. Hier wird alles gefördert und gelehrt, was mit Film, Theater, Literatur aber auch traditionellen Darbietungen zu tun hat. Wer Interesse an Workshops, Castings für Film, TV, Bühne, Wettbewerben hat oder wissen möchte, was aufgeführt wird, kann die Webseite checken.

Laventille

Steil winden sich die Straßen durch die Hügel von Laventille, südlich von Belmont und östlich des Stadtzentrums, gesäumt von soliden Steinhäusern und behelfsmäßigen Bretterbuden. Laventille wird oft als das Armenghetto der Hauptstadt bezeichnet. Hohe Arbeitslosigkeit, viele illegale Einwanderer und schlechte hygienische Zustände tragen nicht zu einer Verbesserung des Bildes bei. Und so ist es nicht verwunderlich, dass in Laventille die Kriminalität Einzug genommen hat. Besucher sollten daher vor allem bei Einbruch der Dunkelheit diesem Stadtteil den Rücken kehren. Auch besteht die Möglichkeit zuzusehen, wie eine Steelpan entsteht (nach vorheriger telefonischer Absprache) und zwar bei **Pan-**

In Laventille pulsiert das Leben

... und viele Steelbands wurden hier geboren, u. a. die **Desperadoes**, eine der ältesten Steelbands Trinidads, die viele Panorama Festivals gewann. Ihr legendärer Gründer und Bandleader Rudolph „The Hammer" Charles wurde nach seinem Tode 1985 in einem Sarg aus Steeldrums zum Krematorium getragen. Die **WITCO Desperadoes**, Upper Laventille Rd, ☎ 627-2262, 🖳 www.desperadoestt.com, in ihrem Panyard live spielen zu sehen, ist natürlich klasse und wer daran Interesse hat, sollte Gunda Harewood unter ☎ 625-2410 kontaktieren.

land-Trinidad & Tobago Limited, EMR, Ecke Dorata St, ℰ 627-0185, 🖳 www.panlandtt.com. Hier werden natürlich auch Steeldrums verkauft. Die *panmakers* sind leicht zu erreichen mit einem Red Band Maxi Taxi vom South Quay (TT$2).

Ebenso wie die Steelpan gehören auch Angostura und Oak Rum zu T&T. Natürlich wird das Rezept des Angostura ein ewiges Geheimnis bleiben, wer aber die Geburtsstätte des Trinidad Bitters & Rums besichtigen möchte, kann (ebenfalls nach vorheriger telefonischer Absprache) gegenüber von Panland der Angostura Ltd., EMR, Ecke Trinity Ave, ℰ 623-1841-5, 🖳 www.angostura.com, einen Besuch abstatten.

Mit dem Gedicht The Hills of Laventille von Literaturnobelpreisträger Derek Walcott ging der Stadtteil in die Literatur ein und 1792 machte Laventille Geschichte, als Don Cosmos Damien Churruca, ein spanischer Astronom, ein Observatorium errichtete, in dem erstmals der Meridian bestimmt wurde. Zeugnis militärischer Auseinandersetzungen europäischer Kolonialmächte legen die beiden Forts auf den Laventille Hills ab. Fort Chacon, errichtet 1770 und benannt nach dem letzten spanischen Gouverneur Don José María Chacón, zeigt kaum architektonische Besonderheiten und beherbergt heute die Police Wireless Station. Fort Picton dagegen, ein etwa 13 m hoher kreisrunder Turm, mit dicken Mauern und kleinen Schießschartenfenstern, lohnt einen Ausflug. Vom Fort, das 1797 vom britischen Gouverneur Sir Thomas Picton errichtet wurde, hat man eine tolle Aussicht auf Port of Spain und den Gulf of Paria. Ein imposantes Wahrzeichen Laventilles ist die oberhalb von Fort Picton errichtete katholische Kirche Our Lady of Fatima.

Maraval

Streng genommen liegt Maraval nicht mehr innerhalb der Stadtgrenzen von Port of Spain, grenzt aber im Nordwesten an den Queen's Park Savannah und verläuft einige Kilometer entlang der Saddle Road, bis man auf das eigentliche, winzige Dorf Maraval Village trifft. Das satte Grün der Ausläufer der Northern Range prägt die hübsche Wohngegend Maravals.

Die Einwanderungspolitik des Franzosen Roumé de St. Laurent unter Gouverneur Don José María Chacón lockte viele französische Siedler samt Sklaven auf die Insel. Neben den bis dahin existierenden Siedlungen Puerto d'España (Port of Spain) und San José de Oruña (St. Joseph) wählten die französischstämmigen Siedler das fruchtbare Tal von Maraval, um Bamwoll-, Zuckerrohr und Kaffeeplantagen zu gründen. Roumé de St. Laurent erhielt ebenfalls ein riesiges Stück Land am Taleingang, die spätere Champs Elysées-Plantage, durch deren Gelände heute die Saddle Road führt. Seine Mutter musste die Plantage aufgrund finanzieller Schwierigkeiten verpfänden und schließlich fiel der Besitz an einen Siedler namens de Boissiere. 1849 fasste man die gesamte Region einschließlich der Champs Elysées-Plantage zum Stadtbezirk Maraval zusammen.

Der Mehrheit der hier lebenden Menschen war die englische Sprache fast völlig unbekannt. Patois und der römisch-katholische Glaube herrschten vor. Ein Zensus aus dem Jahre 1881 berichtete von einer Einwohnerzahl von 1480 Personen, davon 88 Plantagenbesitzer und -verwalter, 4 Lehrer und 3 Polizisten. Ende des 19. Jhs. waren schon viele der kleineren Plantagen verschwunden. Reichlich Zuckerrohr, Kaffee, Baumwolle und Muskatnuss lieferten die zu diesem Zeitpunkt sehr bedeutenden Plantagen Champs Elysées, Moka, Haleland Park und Val de Oro. Heute zählen sowohl Maraval als auch Paramin und La Seiva jeweils knapp über 3000 Einwohner, Haleland Park weniger als 1000.

Die Plantagen sind heute Vergangenheit, einzig Paramin, ein herrlicher „Stadtteil" westlich von Maraval, wundervoll eingebettet in die Schönheit der Northern Range, produziert noch heute jede Menge Gewürze und Gemüse wie Thymian, Schnittlauch, Zwiebeln und Blumenkohl. Am zweiten Sonntag im November feiern die Paraminer eine Art Erntedankfest mit Musik, Spielen und dem traditionellen Festessen, zubereitet aus den Spezialitäten der Northern Range, unter anderem werden *agoutis* und *tattoos* zubereitet. Paramin ist und bleibt ein Zentrum spanisch-venezolanischer und französischer Kultur, so gilt Paramin als Hochburg des Parang (S. 105, Musik). Wer Parang hautnah erleben möchte, sollte das Festival in Paramin Montag vor Weihnachten, in The Basement, einem inoffiziellen Gemeindezentrum, besuchen. Ansonsten folgen die Parang-Sänger ihrer Tradition und ziehen in der Weihnachtszeit von Haus zu Haus. Tradition ist in Paramin ebenfalls die Kostümierung als blauer Teufel am Karnevalsmontag.

Während sich die meisten Unterkünfte unweit des Queen's Park Savannah auf den Anfang der Saddle Road konzentrieren, besteht auch die Möglichkeit in **Haleland Park** zu wohnen. Das Viertel erstreckt sich auf dem Gelände einer ehemaligen Muskatnussplantage, Schritte vom St. Andrew's Golfplatz entfernt.

Übernachtung

The Royal Palm Suite Hotel, 7 Saddle Rd, ☎ 628-5086, 🖥 www.royalpalm.co.tt. Liegt 1,5 km nordwestlich des Queen's Park Savannah. Insgesamt 62 Zimmer mit Bad, TV, AC sowie Suiten mit zusätzlicher Küchenzeile, Pool und Konferenzraum inmitten von Restaurants, Fastfood-Ketten, Reinigung, Nachtclub, Supermarkt. Suiten z. T. renoviert; Preis-Leistungs-Verhältnis stimmt nicht. Frühstück inkl. ❼

Chaconia Hotel, 106 Saddle Rd, ☎ 628-0941, 🖥 www.chaconiahotel.com. Hübsches Hotel in mediterranem Stil im Tal von Maraval, direkt an der Saddle Road. Insgesamt 28 nette Zimmer und Suiten mit Bad, AC, TV, Mini-Bar und Veranda. Kleiner Pool zum Sonnenbaden, Bar und Restaurant. Frühstück inkl. ❼

Monique's Guesthouse, 114-116 Saddle Rd, ☎ 628-3334, 🖥 www.moniquestrinidad.com. Auch an der Saddle Road liegt das gepflegte, familiäre Guesthouse steil am Berg. Vom Balkon bekommt man einen Eindruck von der fantastischen Bergwelt der Northern Range. Das Haupthaus beherbergt 10 Zimmer (eines behindertengerecht) mit Bad, AC, TV und Balkon sowie ein kleines Restaurant. Größer, abgeschlossener und mit Küchenzeile sind die 10 Apartments im Nebengebäude, einige Schritte vom Haupthaus entfernt. Monique und ihr Mann sind ausgesprochen nette Gastgeber. ❻

Carnetta's Inn, 99 Saddle Rd und 28 Scotland Terrace, ☎ 628-2732, 🖥 www.carnettasinn.com.

Nicht zu verfehlen an der Saddle Road liegt diese empfehlenswerte familiäre Anlage – geschmackvoll und sehr gastfreundlich. Eine kleine Brücke, über den Maraval River verbindet die Carnetta's Inn mit Carnetta's House. Beide Häuser verfügen über 6 bzw. 8 Zimmer mit Bad, TV, AC und Terrasse oder Balkon, die meisten auch über eine Küchenzeile. Außerdem ein tropischer Garten, Halmar's Restaurant plus Lounge und Halmar's Open-Air Terrace, eine gute Adresse für Frühstück, Lunch oder einen Cocktail am Abend. ❹

The Villa Maria Inn, 48a Perseverance Rd, Haleland Park, ☎ 629-8023. Vom Queen's Park Savannah gelangt man nach 6 km über die Saddle Road in Richtung Maracas, durch Maraval Village hindurch, an eine Abzweigung. Rechts geht's nach Maracas und links in die Perseverance Road. Erst kürzlich verkauft, stehen insgesamt 25 z. T. renovierte Zimmer, alle mit Bad, AC und TV, zur Verfügung. Netter Pool, den viele tropische Pflanzen umgeben. ❷–❸

The Morgan's, 48 Perseverance Rd, Haleland Park, ☎ 629-2587, 🖂 morga@cablenett.net. Neben dem Villa Maria Inn nicht weit vom Golfplatz vermietet Mrs. Morgan in ihrem familiären Haus 5 wenig spektakuläre Zimmer mit Bad, AC und TV. Neben vielen Hinweisschildern, Küche, Kühlschrank, Bar und dem Wohnzimmer steht den Gästen ein schöner Garten mit Pool und Whirlpool zur Verfügung. Frühstück inkl. ❺

Essen und Nachtleben

Die Fastfood-Ketten **KFC**, **Pizza Boys** und **Church's Chicken** sind rund um die belebte Abzweigung Long Circular Rd/Saddle Rd zu finden. Ebenfalls hier, das gemütliche **Vie de France Restaurant** und **Rituals Café**, klasse zum Frühstücken, Kaffeetrinken oder für einen Salat zwischendurch. In den nahen Shoppes of Maraval an der Saddle Road finden Hungrige **Subway**, einige preiswerte Restaurants wie **Joe's Pizza**, **Sadler's** und einen Bäcker – **Baker's Delight**. Auch im Royal Palm Plaza kann man sich preiswert versorgen. Ansonsten isst man zu gehobenen Preisen im **Buccaneer's Cove**

Restaurant, c/o Royal Palm Suite Hotel, dem
Marvilla Restaurant, c/o Chaconia Hotel oder
auch im Gourmet Club im Ellerslie Plaza.
Joseph's, 3A Rookery Nook Ave, ✆ 622-5557.
Schönes Restaurant, es gibt auch Tische im
Freien, mit einer Auswahl an griechischen,
arabischen und französischen Gerichten; eher
gehobene Preise. ⊙ Mo–Sa 18.30–22.30 Uhr.
Adam's, 15 A Saddle Rd, ✆ 622-2435; klasse
Bäckerei und Restaurant. Super zum Früh-
stücken, aber auch große Auswahl an Snacks
(Bagels, Salate, Kebabs etc.) und spezielle
Menüs am Mittag. Sehr lecker: Adam's Thai
Chicken Wrap oder seine mittelöstlichen
Spezialitäten wie Baba Ganough oder Hummus;
preiswert–moderat. ⊙ Mo–Sa 7–18 Uhr.
Halmar's Restaurant and Lounge, c/o Carnetta's
Inn, 99 Saddle Rd, ✆ 712-2399. Nette Atmosphä-
re, in der Chefkoch Francisco seine mediterran,
kreol- und karibisch gewürzten Speisen zube-
reitet. Neben Dragon Lobster oder Salmon in
Lime Sauce gibt's auch Pasta oder Fishy Fingers
mit frischem Gemüse aus dem Garten. Wer
lieber preiswerter, open-air und mittags isst,
sollte Halmar's Terrace mit tgl. wechselndem
Mittagstisch probieren. Abends sind hier
Cocktails angesagt.

Einkaufen

Eine große Auswahl an Lebensmitteln findet
man im HI LO Supermarkt, hinter den Shoppes
of Maraval und dem Triple M Supermarket
(auch an der Saddle Rd). Boutiquen, Souvenir-
läden, Wäscherei usw. sind in den Shoppes of
Maraval, dem Royal Palm Plaza (beide an der
Saddle Rd) und im Ellerslie Plaza in der Long
Circular Rd untergebracht.

Sonstiges

Apotheken

Young's Pharmacy, 26 Saddle Rd, ✆ 622-6478,
⊙ Mo–Sa 8–19, So 9–12 Uhr;
Kappa Drugs, La Seiva, Ecke Saddle Rd,
✆ 628-0545, ⊙ tgl. 8–22.30 Uhr.

Natürlich im Sabor Latino (Shoppes of
Maraval), dem angesagtesten Club, wenn's um
Latino-Musik geht. Klein, intim und der Dance
Floor ist vor allem dienstags, donnerstags, freitags und samstags bepackt. Freitags ab und an
Live-Bands und es wird natürlich nicht nur auf
südamerikanische Rhythmen getanzt, auch Soca Dancehall, Reggae und Rock sind angesagt.
⊙ sb 22 Uhr bis in die frühen Morgenstunden;
gemischtes, nettes Publikum, TT25–80.

Geld

Republic Bank, Ellerslie Plaza,
✆ 622-1502, Geldautomat;
First Citizens Bank, 44-46 Maraval Rd,
✆ 622-5839, Geldautomat.

Internet

Jus' Click Internetcafé, 7 Saddle Rd, Royal Palm
Plaza.

Wäscherei

Professional Dry Cleaners, 15 Saddle Rd,
✆ 628-3310.

Golf

St. Andrew's Golf Course, Moka, Maraval,
✆ 629-0066, 🖥 www.golftrinidad.com.
Anfang des Jahres finden hier die T&T Open
Golf Meisterschaften für Profis und Amateure
statt. Wer's mal probieren will: Green Fee
US$67.

Transport

Von Port of Spain nach MARAVAL (S.127,
Transport Port of Spain). Wer umgekehrt von
Maraval nach Port von Spain möchte, stellt sich
einfach an die Saddle Road. Garantiert kommt
alle 10 Minuten ein Maxi oder Route Taxi vorbei,
das für TT$3 in die Stadt fährt. Nach 20 Uhr ist
die Strecke weniger frequentiert.

Port of
Spain

San Fernando

Der Norden

Stefan Loose Traveltipps

3 **Maracas Bay** Eine Fahrt entlang der traumhaft schönen North Coast Road und unterwegs limen an Trinidads berühmtestem Strand. S. 154

4 **Blanchisseuse** Die spektakuläre Landschaft rund um dieses verträumte Dorf erkunden und eine geführte Tour entlang eines Eselspfads nach Matelot wagen. S. 157

5 **Asa Wright Nature Centre** Vögel beobachten und wandern in einem fantastischen Naturschutzgebiet. S. 164

Mount St. Benedict Monastery Ein Besuch des größten und ältesten Benediktinerkloster der Karibik. S. 167

El Cerro del Aripo Den höchsten Berg Trinidads erklimmen und die Höhlen der äußerst seltenen Fettschwalme (Aripo und Oropuche Caves) aufsuchen. S. 172

6 **Grande Riviere** Abstecher an die malerische Nordostküste, übernachten in dem abgeschiedensten Dorf Trinidads und den riesigen Lederschildkröten bei der Eiablage zusehen. S. 178

Der äußerste Nordwesten

Diego Martin und Petit Valley

Neben Port of Spain und Naparimas waren es die Täler Diego Martins, die Ende des 18. Jhs. die meisten Pflanzer anzogen. Sie ließen sich hier mit ihren Sklaven nieder, um Zucker und vor allem Rum zu produzieren.

Nach der Abschaffung der Sklaverei 1838 und der damit verbundenen Abwanderung der Arbeitskräfte schwand der Wohlstand der Plantagenbesitzer. Für einen neuen Aufschwung sorgte die Ankunft indischer Kontraktarbeiter. 1866 beschäftigte der Green Hill Estate, der sich langsam zum Dorf **Diego Martin** formte, 43 indische Arbeiter, die sich nun auch verstärkt dem Anbau von Kakao widmeten. Zwei Jahrzehnte später zählte Diego Martin schon 764 Einwohner. In dieser Zeit entstanden weitere kleine Siedlungen, u. a. **Petit Valley**, östlich von Diego Martin.

Nachdem die Kakaokrise in den 20er-Jahren einige Kakaobauern an den Rand des Ruins getrieben und die Einwohnerzahl in den 30er-Jahren 1000 nie überschritten hatte, erlebte Diego Martin mit der Ankunft der amerikanischen Soldaten 1941 in Chaguaramas einen erneuten Boom. Das beim Aufbau des amerikanischen

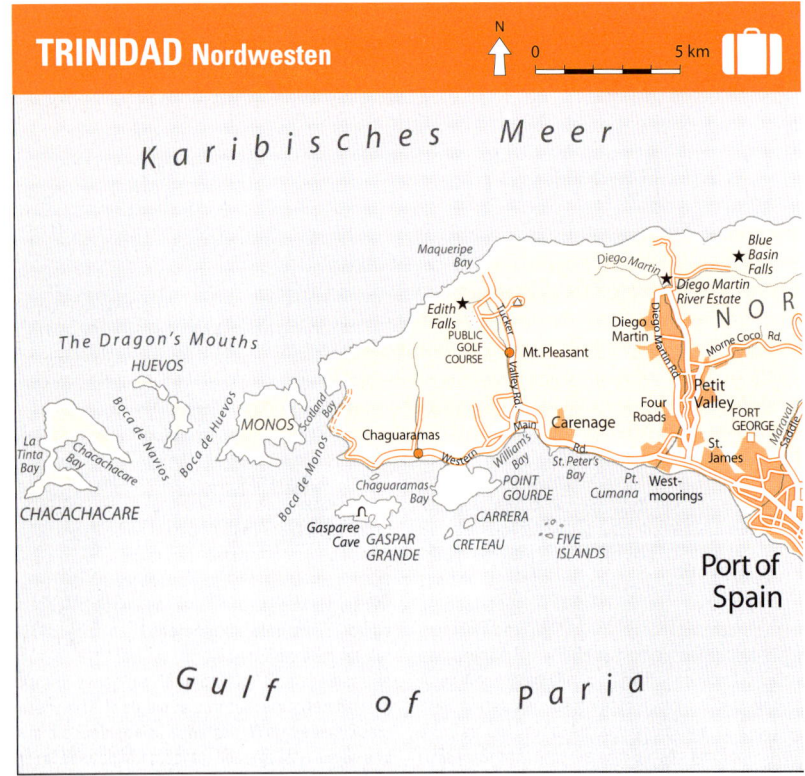

Flottenstützpunkts zu verdienende Geld zog viele Trinidader magisch an.

Heute zählen Diego Martin und Petit Valley zu den attraktiveren Wohngebieten, eingebettet in das satte Grün der Northern Range und in unmittelbarer Nähe zu Port of Spain. Ein Schild an der Western Main Road westlich von Port of Spain weist auf die Abzweigung in beide Ortschaften hin. Wer mit dem Auto unterwegs ist, kann von Petit Valley über die Morne Coco Road nach Maraval und weiter an die Nordküste fahren – eine schöne Strecke.

Wer in Diego Martin unterwegs ist und der Diego Martin Road bis zum Ende folgt, stößt auf Überreste des **Diego Martin River Estate**. Das schlichte Plantagenhaus wurde wieder hergestellt und beinhaltet heute ein kleines Museum, ☉ tgl. 10–18 Uhr; Eintritt frei. Alte Fotos und einige wenige Dokumente veranschaulichen die Arbeit auf der ehemaligen Plantage und geben Einblicke in die Geschichte des Tales. Schräg gegenüber dem Museum befindet sich ein großes, altes, verrostetes Wasserrad. Es stammt aus dem Jahre 1845 und trieb bis Ende des 19. Jhs. die Zuckermühle an.

Eine weitere Sehenswürdigkeit ist der leicht zugängliche **Blue Basin Waterfall**. Vorbei am River Estate muss man rechts in die Blue Basin Road abbiegen und der extrem steil ansteigenden Straße folgen, bis ein Hinweisschild auftaucht.

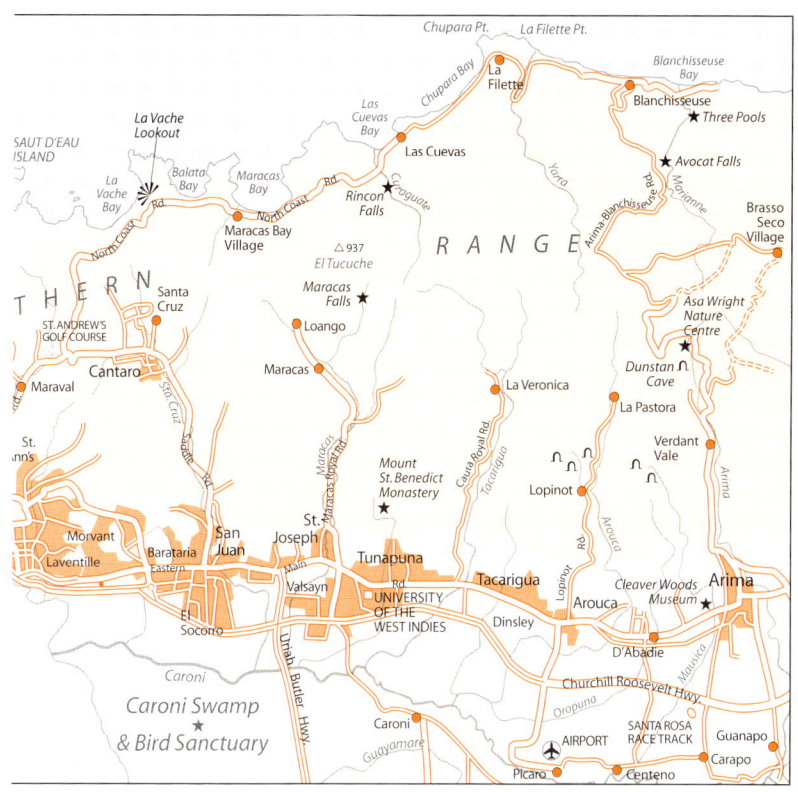

Ein etwa 5-minütiger Fußmarsch führt zu dem aus etwa 8 m Höhe herabstürzenden Wasserfall. Der erhöhte Wasserbedarf in den Tälern lässt ihn zwar nicht mehr so kraftvoll erscheinen, die tropische Vegetation um den Wasserfall und die zwitschernde Vogelwelt machen ihn allemal zu einem lohnenswerten Ausflugsziel. Während sich am Wochenende viele Trini-Familien im Pool, aber auch flussabwärts erfrischen, ist unter der Woche fast gar nichts los. In der Umgebung sollen in der Vergangenheit Überfälle vorgekommen sein, daher sollte man den Ausflug möglichst zu mehreren unternehmen. Der Diego Martin River Estate ist von Port of Spain problemlos mit einem Maxi Taxi erreichbar (TT$4). Weiter zum Wasserfall mit dem Route Taxi (TT$3–4).

Übernachtung und Sonstiges

Brahma Bhuta, Lot 5 Waterbridge Rd, Blue Range Ave Diego Martin, ☎ 749-7553, 🖳 www. brahmabhuta-trinidad.com. Familiäres Haus, das einen guten Ruf genießt. Apartments mit Bad, AC, TV und Küchenzeile. Frühstück inkl. ❸

Teresita's, 20 Pearl Gardens, Petit Valley, ☎ 637-6397. Steil am Hang, mit fantastischem Blick auf Petit Valley und Diego Martin steht Teresitas architektonisch sehr interessantes Haus. Es ist wundervoll offen gehalten, in den Berg integriert, mit breiter Fensterfront und herrlichen Balkonen. Vermietet werden Zimmer mit Ventilator und privatem oder Gemeinschaftsbad. Mrs. Waithe weiß gerne vorher Bescheid, wenn Gäste kommen – also anrufen. Frühstück inkl. ❸–❹

Morgan's Home, 2 Mountain View Drive, Morne Coco Road, Petit Valley, ☎ 633-1188. Gute Maxi Taxi-Verbindung nach Port of Spain. Mrs. Morgan vermietet in ihrem riesigen Haus 4 große DZ und 2 EZ, die sich 2 Badezimmer teilen, sowie 3 DZ mit Bad, TV und AC. Küche, Wohnraum mit TV und Balkon dürfen die Gäste nutzen. Frühstück inkl. ❸

Im **Starlite Shopping Plaza**, Four Roads, Diego Martin, findet man Banken, Supermarkt, Bäckerei, Souvenir- und CD-Läden, Joe's Pizza und einiges mehr.

Nett und eine tolle Quelle lokaler Infos

Sapphire House, 1 Sapphire Drive, Diamond Vale, Diego Martin, ☎ 637-4516, 🖳 www. sapphire-house-bed-and-breakfast.com. Eine wunderbare Adresse für Leute, die sich gerne mit trinidadischer Lebensweise und Kultur auseinander setzen. Mrs. Gonzalez, Lehrerin, Autorin und Kennerin der Steelband-Szene, ist eine wirklich tolle, aufgeschlossene Gesprächspartnerin. Vermietet werden zwei DZ, die sich das Badezimmer teilen, und zwei DZ mit einem eigenem Bad; Kühlschrank, Küche und Waschmaschine dürfen genutzt werden. Frühstück inkl. ❷

Westmoorings und Glencoe

In dem Gebiet zwischen Diego Martin und der Carenage liegen die Wohngebiete Westmoorings und Glencoe. Die Region, ein ehemaliges Sumpfgebiet, wurde in den 40er-Jahren trockengelegt. Westmoorings kennzeichnet den postmodernen architektonischen Wandel unserer Zeit. Moderne Wohnblocks und luxuriöse Domizile prägen das Wohngebiet.

In der **West Mall**, einem ultramodernen, eleganten Einkaufszentrum finden sich Boutiquen, Sportgeschäften, ein Supermarkt, ein **Food Centre**, der preiswerte indische, chinesische und amerikanische Gerichte anbietet, und ein wunderbares Café – **Jardin des Tuileries**, in dem man sich bei einen Apfelstrudel wie zu Hause fühlt. Außerdem gibt's appetitanregende Salate und Pastas. Leckeren Latte Maciatto, Bagels, Smoothies und Ice Chillers warten im **Rituals Café** auf Besucher und der **KFC** ist auch um die Ecke.

In Westmoorings liegt der **Trinidad & Tobago Yacht Club**, Bayshore, WMR, ☎ 637-4260. Verschiedene Jachteinrichtungen und insgesamt etwa 50 Liegeplätze stehen hier zur Verfügung. Wer einige hundert Dollar entbehren kann und am Sportfischen Vergnügen findet, sollte Mr. Sagomes telefonisch unter ☎ 637-8771 kontaktieren.

Carenage

Bevor die Amerikaner 1941 ihren Militärstützpunkt in Chaguaramas errichteten, lebten in Carenage vorwiegend Familien, deren Existenzgrundlage die reichen Fischgründe des Gulf of Paria waren. Mit der Ankunft der Amerikaner änderte sich das Bild schlagartig. Clubs und Bars wurden eröffnet und Carenage wurde zum Vergnügungsviertel für die Soldaten. Nach dem Abzug der Amerikaner versank Carenage wieder in Bedeutungslosigkeit. Höhepunkt eines jeden Jahres ist die Segnung der Fischerboote am St. Peter's Day im Juni.

Tucker Valley Road

Kurz hinter Carenage folgt man der Tucker Valley Road Richtung Norden. Die wundervolle Straße durch üppige Vegetation führt direkt zur **Maqueripe Bay** an der Nordküste Trinidads. Wenige Schritte von dem nicht zu übersehenden Parkplatz (TT$10/Tag) führen einige Stufen hinab in die wundervolle Bucht. An Wochenenden und Feiertagen teilt man den tollen Strand und die rundum tropische Vegetation mit vielen, ebenso von der Maqueripe Bay begeisterten Trinis.

Wer Lust auf ein erschwingliches Golfspiel oder einen imposanten Wasserfall hat, sollte auf der Tucker Valley Road Ausschau halten noch dem Schild „Public Golf Course" und der Abzweigung in die Bellerand Road. Das Ende der Bellerand Road markiert den Parkplatz des für jedermann zugänglichen Golfplatzes. Der **Chaguaramas Golf Course**, ☎ 681-5965, 🖥 www.chaguaramasgolfclub.com, liegt wunderschön, umgeben von herrlichen Bergen und sattem Grün. Gegenüber dem Parkplatz sind das Büro, die Bar, die Duschen und die Toiletten des Golfplatzes. Wer 9 Löcher spielen möchte, zahlt US$10. Möglich sind auch Golfkurse (TT$250/7 Std.). Von der Veranda aus sind die aus 180 m herabstürzenden **Edith Falls** auszumachen.

In der Trockenzeit ist der Wasserfall zwar eher ein Rinnsal, ein Besuch lohnt sich jedoch trotzdem. Lässt man das Auto auf dem Parkplatz stehen und folgt der Straße jenseits des Golfplatzes, zweigt ein kleiner Pfad rechts ab. Ein etwa

30-minütiger Fußmarsch durch wunderschöne, exotische Pflanzenwelt führt hier entlang zum Wasserfall. Angeblich ist dies ein von Liebespaaren gern aufgesuchter Ort. Naturliebhaber und Vogelbeobachter kommen in jedem Fall auf ihre Kosten. Mit etwas Glück sieht man einen Affen oder kann das Spiel der wundervollen Schmetterlinge beobachten. Unheimlich ist vielen der Gedanke, in den Wäldern Trinidads einer Boa, einer giftigen Grubenotter oder Giftnatter zu begegnen. Sicherlich kann man eine Begegnung nicht ausschließen, bisher scheint jedoch noch kein Tourist das Vergnügen gehabt zu haben. Weitaus unangenehmer, vor allem in der Regenzeit, sind dann doch die unzähligen, stechwütigen Moskitos.

Öffentliche Verkehrsmittel befahren leider nur die Western Main Road bis ans westliche Ende.

Chaguaramas

Die Halbinsel Chaguaramas und den gleichnamigen Ort erreicht man über die an der Küste verlaufende Western Main Road. Das mit unberührtem Regenwald überzogene Hinterland wurde 1961 zum Nationalpark erklärt. Die schon immer während militärstrategische Bedeutung Chaguaramas lässt sich aufgrund der Lage und des Naturhafens leicht nachvollziehen. Während des Zweiten Weltkrieges verpachteten die Engländer Chaguaramas an die Amerikaner, die das Gebiet abriegelten und innerhalb weniger Monate ihren Militärstützpunkt aufbauten. Die Bewohner wurden in Richtung Carenage umgesiedelt. Die Trinidader empfingen die Soldaten warmherzig und mit Freude. Aber der Jubel währte nicht lange. Schnell verwandelte sich Carenage in ein Freudenhaus der US-Soldaten, und der Unmut vor allem der männlichen Trinidader wuchs, ließen sich ihre Frauen doch lieber mit den wohlhabenden US-Soldaten ein. **Lord Invader** verewigte die Stimmung im Lande in seinem berühmten Calypso:

Rum and Coca Cola,
Go down to Point Cumana,
Both mother and daughter,
Working for the Yankee Dollar.

Erst im Zuge der Unabhängigkeitsbestrebungen zogen die Amerikaner ab, ein Jahr nach einem Protestmarsch tausender Trinidader am 22. April 1960, an dessen Spitze Eric Williams stand. Während viele der alten Militärgebäude heute ihr baufälliges Dasein fristen, nutzt der eine oder andere Geschäftsmann die alten Hangars als Lagerhallen. Eines der Gebäude wurde zu einem Museum umgestaltet, dem **Chaguaramas Military History & Aerospace Museum**, dessen Gelände eine ausgediente BWIA Tristar L1011 dominiert. Das Museum weist eine beeindruckende Fülle von Fotos, Schriftstücken, Gegenständen, Fahrzeugen und nachgestellten Kriegsszenen auf, welche sämtliche militärischen Aktionen über die Jahrhunderte dokumentieren, ⏰ tgl. 9–17 Uhr; TT$20.

In der Parallelstraße zur Western Main Road in Chaguaramas findet man die CDA – **Chaguaramas Development Authority**, ✆ 634-4227, 🖳 www.ichaguaramas.com. Das Infozentrum ist die richtige Anlaufstation, wenn man eine Tour in die Region plant. ⏰ Mo–Fr 8–15.30 Uhr. Geschulte Führer begleiten Interessierte zu den Bocas, den Gasparee Caves, durch den Chaguaramas National Park, zu den Edith Falls, auf den Mt. Catherine (539 m) oder entlang dem Covigne River. Außerdem ist es möglich ein Zelt zu mieten und im Regenwald zu campen. Touren sind wirklich erschwinglich und kosten ab US$10.

Chaguaramas Town ist eigentlich nur eine kleine Ansammlung öffentlicher Gebäude, Waren- und Lagerhallen mit einem alten Hubschrauberlandeplatz. Niemand wohnt hier, es gibt keine Geschäfte oder Kirchen. Die Strände der Südküste – **Williams Bay**, **Chagville Beach** und die **Welcome Bay** – sind nicht wirklich schön, werden jedoch von den Städtern gerne aufgesucht. Viele Amerikaner und Bewohner anderer Karibikinseln segeln während der Hurrikansaison in die Jachthäfen Chaguaramas (**The Peakes, Crews Inn Marina, Coral Cove** …), um ihre traumhaften Segelboote in Sicherheit zu bringen und um die horrenden Versicherungsbeiträge in ihrer Heimat zu umgehen. Die Jachthäfen sind schön, modern und voll auf die Bedürfnisse der Segler ausgerichtet.

Am westlichen Ende der Western Main Road befindet sich die **Island Property Owner's Asso-**

ciation und **The Cove Beach Hotel & Resort** (s. u.), ein bewachter, nicht wirklich schöner Strandabschnitt mit Umkleidekabinen, Toiletten, Duschen, einem Swimmingpool (zurzeit nicht benutzbar) und einer gemütlichen Snack Bar. ⏰ 7–18 Uhr; TT$20. Jenseits von The Cove ist die Straße für die Zivilbevölkerung gesperrt, hier haben nur Militärs und die Küstenwache Zugang.

Übernachtung, Essen und Unterhaltung

Chaguaramas Hotel & Convention Centre, Airway Rd, ✆ 634-2569, 🖳 www.chagdev.com/Pages/CHACC.htm. Ursprünglich errichtet von den Amerikanern während des 2. Weltkrieges, renoviert für das Miss Universe 1999 Spektakel, beherbergt das schmucklose Hotel nun 72 Zimmer und Suiten mit AC, TV, Bad. ❷–❸

Crews Inn Point Gourde, Chaguaramas Bay, ✆ 634-4384/5, 🖳 www.crewsinn.com. Schönes, von vielen Jachtbesitzern frequentiertes Hotel mit sämtlichen Annehmlichkeiten – Pool, Fitnessraum, Garten, Blick über den Jachthafen. 42 Zimmer und 4 Suiten (mit Whirlpool) mit Bad, AC, TV, Balkon und Kühlschrank. Ab US$220.

Coral Cove Marina Hotel, Stella Maris Drive, Western Main Rd, ✆ 634-2040, 🖳 www.coralcovemarina.com. Angenehmes Hotel mit Pool und Sonnendeck sowie 14 recht netten Apartments, die ausgestattet sind mit Bad, AC, TV, Küchenzeile, Wohn- und Schlafraum.

Rick's Dive World, 🖳 www.ricksdiveworld.com, liegt nebenan und in der angrenzenden kleinen Mall findet man ein italienisches Restaurant – **Joe's Pizza** und eine nette Creperie – das **Café feel oh**. ❹

The Bight, c/o Peake Yacht Services, Chaguaramas Bay, ✆ 634-4839, 🖳 www.peakeyachts.com. Angenehmes kleines Hotel mit 10 hübschen Zimmern (Bad, TV, AC). Der gesamte Komplex mit Einkaufsladen ist ganz auf die Bedürfnisse der Jachtbesitzer ausgerichtet. Nettes Open-Air-Seafront-**Restaurant** (moderate Preise), klasse auch für einen Seaside-Lime und **Sports Bar** mit TV, Billard, Dart und einer Funky Friday Dance Night! ❸

West Palm Hotel, Western Main Rd, Chaguaramas, ✆ 634-2426. Neuer Hotelkomplex mit 23 Zimmern mit AC, TV und Balkon. ❻

The Cove Beach Hotel, Western Main Rd, Chaguaramas, ☎ 634-2683. Weitläufige Anlage mit unzähligen Apartments. Die Studio- (mit Ventilator) und Deluxe-Apartments (mit AC) haben Bad, Kühlschrank und auf Anfrage eine Mikrowelle. Die Kitchenette-Apartments verfügen zusätzlich über TV und Küche. ❷–❸ Am Chagville Beach findet man einen KFC und einige Snack-Buden, die mit preiswerten Mittagsmenüs, Rotis, Bake & Shark und meist am Wochenende dröhnender Musik zu einer Rast einladen.

The Lighthouse, c/o Crews Inn, ☎ 634-4384. Die Beletage eines Leuchtturms bildet dieses wunderschöne Freiluft-Restaurant mit toller Bar und Blick über den Jachthafen. Serviert werden delikate Fisch- und Fleischgerichte; gehobene Preisklasse, ⊙ tgl. 7–11 Uhr.

Sails Rest & Pub, Power Boats, Chaguaramas, ☎ 634-1712. Frequentiert von Yachties. Nettes Open-Air-Restaurant am Wasser mit internationaler Küche; gehobene Preise.

Sonstiges

Geldautomaten und Internet

Sind in den Marinas vertreten: Crews Inn, Point Gourde, und Coral Cove, Western Main Rd in Chaguaramas.

Kajaking und Mountainbiking

Kayak Centre, ☎ 663-7871, nicht zu übersehen, am Anfang der Williams Bay, vermietet Einzel- und Doppelkajaks für TT$25–35/Std.

Bay Sports, direkt daneben, bietet Mountainbikes für TT$20/Std.; geführte Touren TT$30/Std.

Transport

Zu den Inseln

Ansprechpartner für Touren zu den Inseln ist die Chaguaramas Development Authority, Airway Rd, ☎ 634-4227, 🖥 www.ichaguaramas.com, ⊙ Mo–Fr 8–15.30 Uhr. Eine Tour zu den GASPAREE CAVES kostet je nach Transportmittel US$20–30; die CHACACHACARE LIGHTHOUSE TOUR US$40–45. Tiefer in die Tasche greifen muss man für Touren des Trinidad Yacht Club, Western Main Rd,

☎ 637-4260, durch die BOCAS. Tauchen und Sportfischen stehen auch auf den Veranstalterprogrammen, sind jedoch sehr kostspielig.

Nach Venezuela (Guiria)

Die C/Prowlers, ☎ 634-4472, fährt vom Pier 1 Port in Chaguaramas in der Williams Bay mittwochs um 9 Uhr nach Guiria. Weitere Infos S. 59.

Weitere Infos S. 59.

Für Nachtschwärmer – Fetes

Vor allem in den Wochen vor Karneval und an Karneval finden in den Clubs von Chaguaramas unzählige Events (fetes) statt, manchmal in allen Clubs gleichzeitig. Ob Live-Konzerte von Soca Bands oder Themen-Party's – Termine erfährt man aus der Tageszeitung. Eintrittspreise ab etwa TT$250 (all-inclusive Essen, Trinken, Spaß). Pier One ist einer der beliebtesten Open-Air-Clubs direkt am Ufer der Willimas Bay. The Base, an der Airways, Ecke Maqueripe Road, ein anderer Party-Themen-Club, der wohl eher das jüngere Publikum anzieht; auch mal mit rockigen Klängen. Mobs II an der Western Main Road ist ebenfalls eine beliebte Open-Air-Location mit Blick über die Welcome Bay und vielen Live Konzerten, genau wie der Tsunami Club an der Point Gourde Road. Neben diesen De Club Fetes, die nicht immer alle all-inclusive sind, gibt es auch an anderen Schauplätzen reine De All-Inclusive Fetes, Partys mit 200–2000 Leuten. Hier heißt es Jumping and Wining, und selbst Trinidads High Society liebt diese Partys. Tickets sind schnell ausverkauft. De Big Bram Fetes sind Mega Outdoor Partys mit 2000–20 000 Leuten, vielen Livebands, riesigen Bars und viel Spaß. De House Fetes finden privat statt und De Breakfast Fetes starten um Mitternacht und keiner verlässt die Party vor 10–11 Uhr morgens. In den letzten Jahren ein echter Knüller: die Wet Fetes, bei denen man sich überlegen sollte, was man trägt – ein ziemlich nasses Vergnügen. Fetes finden ab Januar wirklich fast täglich statt und wer Partys liebt, kann den aktuellen Event-Kalender checken unter 🖥 www.tntisland.com/ events2007.html.

Gaspar Grande

Unweit des Festlandes (etwa 15 Minuten mit dem Boot), liegt die Insel Gaspar Grande, die nach dem früheren Besitzer Don Gaspar de Percin benannt wurde. Im 19. Jh. nutzte man die Insel für den Anbau von Baumwolle. Später wurden in Pointe Baleine zwei Walfangstationen errichtet. Heute ist die Insel vorwiegend ein Urlaubsdomizil reicher Trinis mit einigen auch zu mietenden Ferienhäusern.

Eine herrliche Aussicht genießt man von einem ehemaligen Fort auf dem Bombshell Hill. Die Attraktion der Insel sind jedoch die **Gasparee Caves** in Point Baleine, bizarre, 35 m tiefe Tropfsteinhöhlen, die kreischenden Fledermäusen Unterschlupf bieten und deren Stalaktiten und Stalagmiten sich in einem glasklaren, türkisfarbenen Pool – der **Blue Grotto** – spiegeln. ⊙ 9–15 Uhr; Touren.

Östlich von Gaspar Grande liegen die beiden Inseln **Creteau** und **Carrera**. Carrera ist seit 1877 eine Gefängnisinsel, die angeblich so ausbruchsicher ist wie Alcatraz. Noch weiter östlich liegen die **Five** (eigentlich sechs) **Islands** – **Caledonia, Craig, Lenagan, Nelson, Pelican** und **Rock**.

Monos, Huevos und Chacachacare

Als das Maul des Drachen („Bocas del Dragon", heute **Dragon's Mouths**) bezeichnete schon Kolumbus die Kanäle, die zwischen den im äußersten Westen vorgelagerten, felsigen Inselchen verlaufen, und das karibische Meer und den Gulf of Paria miteinander verbinden. Felsige Klippen, die peitschenden Wellen und starke Unterwasserströmungen machen eine Bootsfahrt durch die **Bocas** an manchen Tagen zu einem abenteuerlichen Vergnügen.

Auf der Fahrt nach Monos passiert man die **Staubles Bay**. Während der Black-Power-Unruhen in den 70er-Jahren hatte das im Nordwestzipfel des Landes stationierte Militär rebelliert und begann Richtung Port of Spain zu marschieren, wo es bereits brodelte. Von der Staubles Bay aus nahm die Küstenwache die Rebellen

unter Beschuss und verhinderte somit weitere blutige Auseinandersetzungen, eventuell auch einen Umsturz. Der weiße Sandstrand der nahe gelegenen und noch zum Festland gehörenden **Scotland Bay** zieht Jachtbesitzer und Bootsausflügler gleichermaßen an.

Die **Boca de Monos** trennt das Festland von der im Inneren dicht bewaldeten Insel **Monos**. Bis auf einige Ferienhäuser reicher Trinidader, die auf Monos ab und zu ihre Ruhe suchen, ist die Insel unbewohnt. Die Überreste eines Kupferkessels an der **Turtle's Bay** erinnern an die Tage des Walfangs, in denen auf Monos das Walfett zur Gewinnung von Tran gekocht wurde. Zwischen den steil ins Meer abfallenden Klippen im Westen von Monos und Huevos liegt die **Boca de Huevos**. Die Insel **Huevos** ist zwar in Privatbesitz, die Strände dürfen jedoch besucht werden.

Die **Boca de Navios** trennt Huevos von der größten Insel des Archipels – **Chacachacare**, von den Trinis kurz Chaca genannt. Chaca besteht aus zwei Halbinseln, die durch eine schmale Landzunge miteinander verbunden sind. Wer die ruhige, idyllische Insel besuchen möchte, ist rund 1 Stunde mit dem Boot unterwegs. Vom Anleger führt ein Weg zum 1896 errichteten Leuchtturm, der auf den Klippen der Westküste thront. Im Südwesten der Insel liegt die **La Tinta Bay**, eine schwarze grobkörnige Sandbucht, die in der Vergangenheit ein beliebter Umschlagplatz für Schmuggelware aus dem nahe gelegenen Venezuela war. Unweit gibt es auch einen Salzteich (Salt Pond).

Unter spanischer Flagge baute der Ire Carry auf Chaca Baumwolle und Zimtäpfel an, unter den Briten wurde die Insel zu einer bedeutenden Walfangstation. Im Jahre 1877 erklärte man Chaca zu einer Kolonie für Leprakranke, die unter der Obhut dominikanischer Nonnen, abgeschieden vom Rest der Welt, ihr Dasein fristeten. 1984 verließen die letzten 30 Patienten die Insel. Heute ist die Insel unbewohnt – bis auf die Geister, die in der ehemaligen Leprakolonie ihr Unwesen treiben sollen – und wer Glück hat, kann in völliger Einsamkeit ein erfrischendes Bad nehmen. Am Strand sollte man darauf achten, sich nicht unter einen der giftigen Strandapfelbäume zu legen.

Die North Coast Road

Die Saddle Road ins Santa Cruz Valley

Von Port of Spain führt die Saddle Road durch Maraval (Achtung: letzte Möglichkeit zum **Tanken**) in Richtung Norden. Hat man den St. Andrew's Golfplatz passiert, sind es nur noch wenige Kilometer bis zu einer Kreuzung. 1 m hohe Pfosten markieren zu beiden Seiten den Anfang der **North Coast Road**. Biegt man dagegen rechts ab, windet sich die Saddle Road schluchtartig weiter in eines der fünf fruchtbarsten Täler Trinidads, das herrliche **Santa Cruz Valley**, bis sie ihr Ende im geschäftigen San Juan (S.165) findet.

Für die Fahrt nach San Juan benötigt man eine gute halbe Stunde, wobei Haarnadelkurven den Rhythmus der Fahrt bestimmen. Eine tolle **Übernachtungsmöglichkeit** im Santa Cruz Valley ist auf dem Waterville Estate, Santa Cruz Perico Rd, La Sagesse, ☎ 676-7057, 🖥 www.watervillee state.com, in exotischem Ambiente. Wählen kann man zwischen zwei voll ausgestatteten 1- bzw. 2-Bettzimmer-Cottages. ❸

Die Umgebung von **Cantaro**, das Zentrum des Tales, ist von Ackerland geprägt. Hier verbrachte der Kricketstar Brian Lara seine Kindheit. Einige Rumshops und Hot Roti Shops beleben die Hauptstraße und imposant erhebt sich die 1925 fertig gestellte, wunderschöne **Church of the Holy Cross**. Alte koloniale Plantagenhäuser wie das der Stollmeyers verleihen dem Dorf seinen Charme. Trekking-Freunde können dem 2–3-stündigen, sich bergauf und bergab windenden **La Sagesse Trail** folgen, der durch herrliche Vegetation zur Maracas Bay führt. Wer sich die Tour nicht alleine zutraut, fragt in Cantaro nach einem ortskundigen Führer oder ruft unter ☎ 676-7057 beim Waterville Estate an.

Die North Coast Road zur Maracas Bay

Würde es einen Wettbewerb der schönsten Küstenstraßen der Welt geben, so hätte die North Coast Road eine realistische Chance den Wettbewerb zu gewinnen. Vor der spektakulären Kulisse dicht mit Regenwald überzogener Berge, bizarrer Gipfel und schroffer, wundervoll zerklüfteter Klippen, an denen sich das karibische Meer austobt, windet sich die **North Coast Road** serpentinenreich auf und ab. In die Berghänge gehauen wurde die Straße 1944 von den US-Soldaten. Der Bau der Straße war sozusagen ein Geschenk, eine Wiedergutmachung vor allem an die Bewohner Port of Spains, denen durch die Besetzung Chaguaramas' durch die US-Armee einige beliebte Strandabschnitte der Halbinsel

Grandiose Aussicht

Kurz hinter der La Vache Bay erreicht man den **La Vache Lookout**, den höchsten Punkt der North Coast Road, der eine atemberaubende Aussicht über die Nordküste Trinidads bietet. Neben kleinen Verkaufsständen, die Süßigkeiten und allerlei eigentümliche eingelegte Früchte verkaufen, tummeln sich auf dem Parkplatz vor allem am Wochenende Calypso-Sänger, die Touristen freudestrahlend ein Liedchen über deren Schönheit, die Liebe oder den bevorstehenden Lottogewinn trällern – und sich über ein paar TT-Dollar freuen. Die Aussicht ist ein Genuss und erweckt Vorfreude auf die im Osten zu sehende Maracas Bay.

nicht mehr zugänglich waren. Entlang der North Coast Road plätschert an einigen Felswänden herrlich erfrischendes Quellwasser herab, das man bedenkenlos trinken kann.

Die Küstenstraße weist eine ganze Reihe wundervoller Aussichtspunkte auf und es fällt schwer nicht überall anzuhalten. Ziemlich am Anfang blickt man von einer grandiosen Aussichtsplattform auf das Maraval Valley und den malerischen St. Andrew's Golfplatz. Ist die kleine gelbe Hütte geöffnet, sollte man bei Hendrix einen Energizer mitnehmen – frisches Zuckerrohr. Einige Kilometer weiter gibt der Dschungel erstmals den Blick frei auf das karibische Meer und die vor der Küste liegenden Eilande. Die größte ist **Saut D'Eau Island**, auf der hunderte brauner Meerespelikane nisten.

Die erste Bucht, die man passiert, ist die **La Vache Bay** (oder **Cyril's Bay**). Orientieren sollte man sich an einem grauweißen Holzhaus, danach folgt ein Schild *slow sharp bend ahead* und wenige Kurven weiter führt ein kleiner, von der Straße aus kaum sichtbarer Pfad hinunter zu einem Kieselsteinstrand. Der Fußmarsch hinunter zur Bucht dauert etwa 20 Minuten.

Links vom Parkplatz führt eine sehr steile Straße hinunter zu einem ehemaligen Plantagenhaus, das eventuell irgendwann einmal ein kleines Resort aufweisen wird.

Wenige Kurven östlich des La Vache Lookouts lädt **The Maracas Bamboo Hut** mit kühlen Getränken, Pies, leckeren Bonbons und Souvenirs zu einer kurzen Pause ein. Der Besitzer verrät vielleicht auch, wie man einen der prachtvollen Tukane zu Gesicht bekommt.

3 **HIGHLIGHT**

Maracas Bay

Die Maracas Bay ist unbestritten der Vorzeigestrand der Trinis. Üppig bewachsene Berghänge säumen die tief eingeschnittene, wundervolle Bucht. Tief geneigte Palmen spenden am knapp 2 km langen, sehr breiten Sandstrand Schatten und sorgen für ein exotisches Flair. Kein Wunder, dass die Trinis diesen Strand lieben und am

Wochenende zu Hunderten hierher pilgern. An Wochentagen teilt man den Strand jedoch nur mit wenigen Menschen.

Am westlichen Ende der Maracas Bay liegt an einer Flussmündung das winzige, verschlafene Fischerdorf **Maracas Village**. Meist kehren die Fischer am späten Nachmittag von ihrer Arbeit zurück – eine gute Gelegenheit frischen Fisch zu kaufen. Gelbe und rote Flaggen sowie Rettungsschwimmer (tgl. 10–18 Uhr) markieren den Bereich des Strandes, an dem man unbedenklich schwimmen kann. Trotzdem sollte niemand zu weit hinaus schwimmen. Mit bloßem Auge erkennbar sind zwar an manchen Tagen die hohen Wellen, nicht jedoch die starken Unterwasserströmungen.

Die Strandeinrichtungen ebenso wie das Maracas Bay Hotel sind zwar etwas in die Jahre gekommen, der Strand selbst aber ist super und voll auf die Bedürfnisse der Sonnenhungrigen und Badefreudigen ausgerichtet. Ein riesiger Parkplatz (TT$10), unzählige palmgedeckte Imbissbuden, Toiletten, Duschen und Umkleidekabinen (TT$1) stehen den Besuchern zur Verfügung.

Wer schon mal hier ist, sollte bei **Richard's Hot Bake & Shark**, Natalie's, Patsy's, Myrtle's oder in der **Uncle Sam and Son Beach Bar** am östlichen Ende der Strandes ein leckeres Bake & Shark probieren. Wer nicht gerne Haifisch isst, kann auch Roti oder Kingfish bestellen. Ein kühles Carib, preiswerte kreolische Küche und die neusten Soca-Rhytmen gibt's ebenfalls in Uncle Sam's Bar, und wer gepflegter essen möchte, geht ins **Bandanya Restaurant** im Maracas Bay Hotel, ☉ tgl. 10–22 Uhr; moderat. Eine fantastische Aussicht genießt man von der **Bay View Bar** oberhalb der Bucht. und wer Surfbretter, Boogie Boards, Liegestühle oder Hängematten mieten möchte. wird auch fündig.

Übernachtung

Maracas Bay Hotel, ☎ 669-1914, 🖥 www. maracasbay.com. Am westlichen Ende der Maracas Bay steht das einzige und leider auch relativ teure Hotel. Den Preis rechtfertigt einzig die Lage. Ansonsten ist das Gebäude ein etwas lieblos hingesetzter, doppelstöckiger Betonklotz

Die Maracas Bay ist unbestritten der Vorzeigestrand der Trinis.

und die insgesamt 32 Zimmer sind schlicht, mit AC, einige TV, Bad und Balkon; Restaurant und Bar. ❸–❹

Noch einfacher wohnt man in Maracas Villlage. Am Ende der Straße stößt man auf **Ahyee's Beach House**, ☎ 776-1200. Es verfügt über 2 spärlich eingerichtete DZ, die sich Toilette und Dusche teilen, und 1 DZ mit Bad. ❶

Nebenan steht **Bab's Guesthouse**, ☎ 669-4064, dessen Besitzer ein großes einfaches Apartment (2 Schlafzimmer, Aufenthaltsraum, Bad, Küche) vermietet. Wer Komfort klein schreibt, hält's hier bestimmt aus. ❷

Im Dorf existieren weitere einfache private Unterkunftsmöglichkeiten (einfach nachfragen). Außerdem ist es möglich an der Maracas Bay zu **campen**, auf dem sogenannten Camp Ground. Die Gebühren dafür erhebt die TDC (S. 47), d. h. erst mal anrufen unter ☎ 675-7034-7 und fragen.

Transport

Maxi Taxis und **Route Taxis** (Jeeps) fahren täglich von der George, Ecke Prince St in PORT OF SPAIN nach MARACAS (TT$10), LAS CUEVAS (TT$12), LA FILETTE und BLANCHISSEUSE (TT$15).

Die **Tankstelle** wurde leider **geschlossen**, so dass nur weiterfahren sollte, wer genug Benzin im Tank hat.

Ansonsten beträgt die reine Fahrtzeit POS–Maracas Bay etwa 45 Min. und POS–Blanchisseuse etwa 1 1/4 Std.

Maracas Bay   155

Tyrico Bay

Eine Landzunge trennt die Maracas Bay von der knapp 1 km östlich liegenden, weit weniger belebten Tyrico Bay. Auch das Meer ist hier etwas ruhiger. Trotzdem sollte nur im Bereich der von den Rettungsschwimmern aufgestellten Flaggen gebadet werden (tgl. 10–18 Uhr).

Las Cuevas Bay

Wer die Küste in Richtung Osten verlässt und die Augen offen hält, erblickt den zweithöchsten Berg Trinidads, **El Tucuche** (937 m), der majestätisch über der Northern Range thront. Ein Hinweisschild an der Straße führt direkt zur **Oropendola Bar & Cottage**, Diamier Bay, ✆ 731-1571, ⌨ www.oropendolacottage.com – benannt nach einem Vogel, dessen Nester man sich unbedingt zeigen lassen sollte. Mr. Dookharan vermietet ein tolles. aber einfaches Cottage mit 2 Zimmern, Küche, Bad und super Veranda mit Blick auf die Maracas Bay für TT$350 pro Tag. Ganz schön originell ist die in freier Natur, inmitten eines tropischen Gartens eingelassene Badewanne – ein fantastisches Fleckchen Erde. Die Bar ist auch klasse und lohnt einen Stopp. Unter palmgedeckten Schirmen oder an zu Tischen umfunktionierten Nähmaschinen lässt es sich aushalten.

Nach etwa 5–6 km erreicht man die **Las Cuevas Bay**, wo sich im Winde wiegende Kokospalmen und das grün schimmernde Meer zu einem angenehmen Bad verführen. Vom kostenlosen Parkplatz führen wenige Stufen inmitten üppiger Vegetation hinunter zum herrlichen Sandstrand mit Duschen, Toiletten, Umkleidekabinen (TT$1) und Rettungsschwimmern, welche die sicheren Badeabschnitte abstecken. Den Hunger stillt man in **Mc Lean's Bar** oder man mischt sich im **Las Cuevas Rec. Club** unter die Dorfbewohner. Von Las Cuevas führt die Rincon Road zu den **Rincon Falls** und den nahe gelegenen **Angel Falls** (siehe La Filette) und etwa 1 km östlich des Strandes weist ein Schild zum **Ford Abercromby**, erbaut 1797 von Gouverneur Sir Thomas Picton. Man parkt an der Schule und spaziert durch ein kleines Wäldchen. Die beiden Kanonen sind eher

enttäuschend, doch führen einige Stufen hinunter auf einen Felsvorsprung. Hier donnert das Meer gegen die Klippen – ein Plätzchen zum Verweilen.

Übernachtung und Essen

Las Cuevas Beach Lodge, ✆ 669-6945, ⌨ www.lascuevasbeachlodge.com. Recht neue, behagliche Lodge mit 7 nicht allzu großen, aber ordentlichen Zimmern mit AC, Bad und Terrasse oder Balkon mit Ausblick. Die unteren Zimmer sind etwas größer und teurer. Auch eine Bar und ein nettes Open-air Seafood-Restaurant mit fantastischem Blick über die Las Cuevas Bay gehören dazu. Nicht billig, aber Lage und Ambiente stimmen in jedem Fall. ❸
Casa Bellomonte, ⌨ www.casabellomonte.com. Liegt isoliert in den Ausläufern der Northern Range, rund 800 m vom Strand entfernt. Tolle 2-Bettzimmer-Wohnung mit Terrasse in einem doppelstöckigen Haus, dessen Besitzer jedoch vorher via E-Mail kontaktiert werden müssen; US$60/Tag, US$300/Woche.

La Filette

Zwecks Erkundung der überaus interessanten Umgebung zwischen Las Cuevas und La Filette sollte man sich einem ortskundigen Führer anvertrauen. Auch wird davor gewarnt, in dieser Gegend das Auto völlig unbewacht stehen zu lassen. Angeblich ist hier nicht ganz auszuschließen, dass sich Einheimische an den Habseligkeiten der Touristen bereichern möchten. Bei Bedarf findet sich immer ein Dorfbewohner, der gegen ein geringes Entgelt auf den Wagen aufpasst.

Kurz vor La Filette führt Mitchell's Trace zum **One Thousand Steps Beach**, benannt nach den unzähligen Stufen, die zu dem einsamen, von Indischen Mandelbäumen und giftigen Strandapfelbäumen gesäumten Strand führen. Spektakulärer ist jedoch die anstrengende 2–3-stündige Tour durch dichten Dschungel zu den **Rincon Falls** oder den **Angel Falls** (genau gegenüber von Mitchell's Trace). Wer eine solche Tour plant, kann sich mit Ivan Charles, ✆ 667-5636, oder Andy Whitwell, ✆ 621-0255, in Verbindung setzen.

Ansonsten freuen sich auch Dorfbewohner über einen kleinen Nebenverdienst.

Hübsche Häuschen, ein oder zwei Rumshops und das nette kleine **Village R & B** der Familie Medina begrenzen zu beiden Seiten der North Coast Road das idyllische Fischerdorf La Filette. Diese Idylle haben auch einige Investoren erkannt und einen Zufluchtsort für zahlungskräftige Städter gebaut – das nicht zu übersehende Chupara Resort. Wie auch immer, klasse ist der Strand. Nur von wenigen Fischern frequentiert hat das tosende Meer hier einen wundervollen steinernen Torbogen geformt. Zu tun gibt es hier wenig, ebenso wie im nahe gelegenen **Yarra**.

Wer einmal **im Busch übernachten** möchte, ohne jeglichen Komfort, kann in La Filette nach Jamal fragen. Er ist ein ganz netter Rasta, Gundas Sohn (S. 126), spricht Deutsch, lebt überwiegend von allem, was der Dschungel hergibt und überlässt Besuchern ein Zimmer in seiner Cottage – garantiert ein außergewöhnliches Erlebnis.

Hinter La Filette sind insgesamt sechs kleine, mittlerweile asphaltierte Brücken zu überqueren, ehe man Blanchisseuse erreicht. Exotische Bambuswäldchen, herrliche Indische Mandelbäume, in der Trockenzeit blühende Pouis, Farne und Philodendren machen die Fahrt zu einem tollen Erlebnis.

Blanchisseuse

Als man am Ende des 18. Jhs. begann, Plantagen und Ansiedlungen in den Landkarten zu verzeichnen, hatten sich in Blanchisseuse die ersten Siedler niedergelassen. Die Ansiedlung hatte keinen Namen und die Offiziellen registrierten lediglich Frauen, die ihre Wäsche im Fluss wuschen. Daraufhin benannte man den Fluss „Ladies River" (heute Marianne River), das Dorf erhielt aufgrund der später überwiegend französischen Siedler den Namen „Blanchisseuse" (Wäscherin).

Die Isoliertheit des Dorfes dauerte noch bis weit ins 20. Jh. an. Von 1868–1928 ankerte hier einmal pro Woche das die Insel umrundende Dampfschiff, nahm Passagiere auf und brachte die Post. Nach Einstellung des Dampfschiffverkehrs begann der Bau der Arima–Blanchisseuse Road, die 1931 eröffnet wurde. Die Anbindung an die Maracas Bay erfolgte jedoch erst in den späten 70er-Jahren und der immer mal wieder angesprochene Bau der Straße, die Blanchisseuse mit Matelot verbinden soll, ist insbesondere Naturschützern ein Dorn im Auge. Schon einige

Der Norden

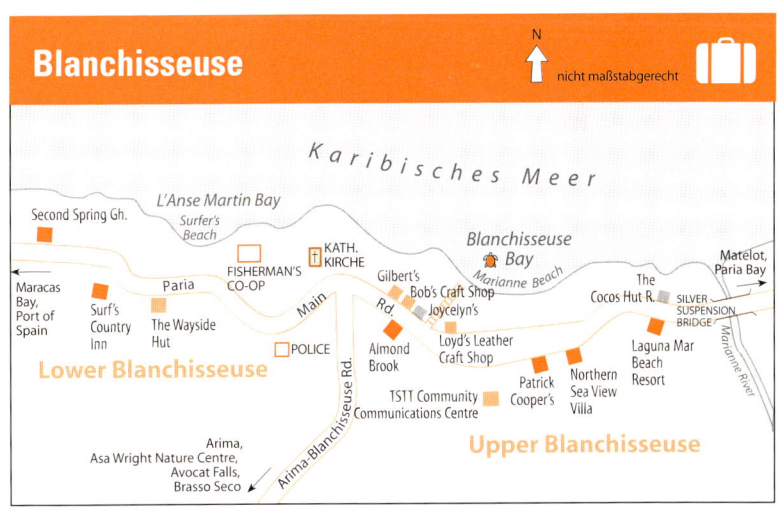

Kilometer vor dem Dorf fallen zum Teil prächtige, umzäunte Häuser auf. Die Besitzer sind zumeist reiche Städter, die hier an der zerklüfteten Nordküste ihren Zufluchtsort gefunden haben.

Blanchisseuse hat bis heute nichts von seiner Idylle und Schönheit verloren und viele Bewohner wissen ihr Paradies zu schätzen. Auch Sir Solomon Hochhoy, erster nicht weißer und letzter, 1960 ernannter britischer Gouverneur wuchs hier auf und kehrte nach seiner Pensionierung nach Blanchisseuse zurück, wo er seinen Lebensabend verbrachte.

Wer über die North Coast Road kommt, trifft zuerst auf **Lower Blanchisseuse**, den wahrscheinlich älteren Dorfteil. Gegenüber dem Surf's Country Inn Guesthouse liegt die wundervolle **L'Anse Martin Bay**, besser bekannt als **Surfer's Beach**. Einige Stufen führen hinunter in die durch schroffe Klippen und üppige Vegetation begrenzte Bucht. Ab und zu tummeln sich hier ein paar Surfer oder die Bewohner halten im Schatten der Bäume ein kleines Schwätzchen. Ansonsten ist die Bucht fast immer menschenleer.

Ein Stück weiter zweigt gegenüber der über den Klippen thronenden katholischen Kirche die Arima–Blanchisseuse Road nach rechts ab. Weiter geradeaus gelangt man nach **Upper Blanchisseuse**, sozusagen das Dorfzentrum. Während unbefestigte Straßen in die tief grünen, bebauten Berghänge führen, beleben Rumshops, kleine Einkaufsläden, auch Gilbert's und der Cabah Rec. Club die Straße nahe den Klippen. Hier befinden sich auch die Schule und das Community Centre. Klar gehen die Bewohner auch hier am liebsten dem Liming nach, dem wunderbaren Nichtstun. Die Atmosphäre ist ausgesprochen freundlich, Kinder spielen an der Straße, und neugierig wird jeder Neuankömmling begutachtet.

Die Straße führt weiter direkt zum **Marianne Beach**, einem etwa 2 km langen, wunderschönen palmengesäumten Sandstrand. Mächtig rollen die Wellen in der Regenzeit an den Strand und branden gegen die umgebenden Klippen. Am besten fragt man die Einheimischen, wann und wo unbedenklich gebadet werden kann. Regnet es sehr stark, so führt der Marianne River ausgeschwemmte Erde mit sich, die den Fluss und das Meer für kurze Zeit in eine braune Brühe verwandeln. Am Strand ist meist kaum

etwas los. Lediglich die Seevögel gehen täglich ihrem Fang nach. Und wer zwischen März und Juni in Blanchisseuse verweilt, der teilt das Schauspiel der gewaltigen, aus der Tiefsee emporsteigenden, Eier ablegenden Schildkröten vielleicht mit keinem Menschen (S. 81, Lederschildkröten).

Das Ende des Dorfes bildet das Laguna Mar Resort und das Cocos Hut Restaurant und einige Meter dahinter die **Silver Suspension Bridge**, eine wundervolle, etwa 100 Jahre alte Hängebrücke, die den **Marianne River** überspannt und das Ende der North Coast Road markiert. Mit dem Auto kann man die Brücke zwar überqueren und der unbefestigten Straße in der Trockenzeit noch etwa 1–2 km folgen, danach ist man jedoch auf seine Füße angewiesen. Ist das Meer zu rau, bietet die Mündung des Marianne River eine wunderbare Alternative, um ein kühles Bad zu nehmen.

In Blanchisseuse fällt es nicht schwer, mehrere Tage zu verbringen. Wundervolle Ausflugsmöglichkeiten (Avocat Falls, S. 162, Paria Bay, S. 162), aber auch das geruhsame Dorfleben ziehen einen magisch in den Bann. Wer ein offizielles Nachtleben sucht, der ist natürlich fehl am Platz. Für eine Lightshow sorgen hier allenfalls tausende von Glühwürmchen. Für diejenigen jedoch, die sich gerne unters Volk mischen, heißt es *follow your ears* – folge deinen Ohren, denn irgendwo an einem Auto, in einer Bar, einem Platz wird vor allem am Wochenende zu den Vibes des Soca oder was gerade angesagt ist, ausgiebig gelimt.

Marianne River und die Three Pools

Irgendwo zwischen Arima und Blanchisseuse, tief im Innern der Northern Range, entspringt der **Marianne River**, fließt und strömt stetig bergab und schafft wundervoll tiefe Pools und herrliche Wasserfälle. Mit dem Kanu den von Farnen, riesigen Bäumen und Kletter- und Schlingpflanzen gesäumten Ufern flussaufwärts zu folgen und den Geräuschen des Dschungels zu lauschen ist ein einzigartiges Erlebnis. Am besten man kontaktiert Eric Blackman (S. 160, Northern Sea View Villa), der diesen Fluss liebt und kennt wie kein anderer und die Aufmerksamkeit auf Tiere und Pflanzen lenkt, die sonst gar nicht wahrgenommen würden.

Der Marianne Beach – ein knapp 2 km langer, wunderschön palmengesäumter Sandstrand

Die **Three Pools** liegen etwa 45 Minuten Fußmarsch von der Mündung des Marianne River entfernt. Man watet einfach den – bisweilen taillentiefen Fluss – entlang und sollte demzufolge nichts mitnehmen, was nicht nass werden darf, oder man hält sich vor der Brücke rechts, ignoriert das Schild „Private Property – No Trespassing" und folgt kurze Zeit später dem Pfad über einen kleinen Berg. Am Ende erwarten den Besucher bizarre Felsformationen, Kanäle, kleine Wasserfälle und drei herrliche, natürliche Pools. Es macht Spaß gegen den herabrauschenden Wasserstrom den dritten Pool zu erobern und anschließend per natürlicher Wasserrutsche dieses schöne Fleckchen wieder zu verlassen.

Im Juni feiern hier gläubige Hindus das **Ganga Dashara Festival** und huldigen der Halbgöttin Ganga.

Übernachtung

Second Spring Guesthouse, Paria Main Rd, ☎ 669-3909, 🖥 www.secondspringtnt.com. Das erste Guesthouse, das man in Blanchisseuse passiert, bietet 3 schöne, individuell und sehr gemütlich gestaltete Apartments mit Ventilator, Bad und Terrasse, wo sich auch die Küchenzeile befindet, sowie ein tolles Cottage (US$100) inmitten des tollen Gartens mit Bad, Ventilator, Küche und einer wunderbaren Terrasse.

Mrs. Holder's Guesthouse (sie ist Französin) liegt idyllisch über der zerklüfteten Nordküste und kleine Pfade durch den Garten führen zu herrlichen Terrassen mit Sitzmöglichkeit über den Klippen. In der Trockenzeit gelangt man über einige Stufen zu einem winzigen Strand. Das Guesthouse liegt zwar ein wenig vom Dorf entfernt, die beiden „Restaurants" Surf's Pavillion (falls geöffnet) und The Wayside Hut (nach Voranmeldung) sind jedoch leicht zu Fuß erreichbar. ❸

Surf's Country Inn, Paria Main Rd, ✆ 669-2475, ✆ 669-3016. Oberhalb der L'Anse Martin Bay vermietet Mr. Hermandez 4 Zimmer (eines etwas größer) mit Bad, Ventilator, Kühlschrank und Balkon. Leider macht das Guesthouse den Eindruck, als ob hier schon lange nichts mehr getan wurde, so dass auch das Restaurant Surf's Pavillion & Gazebo nur sporadisch offen hat. Frühstück inkl. ❷ – ❸

Patrick Cooper's, Paria Main Rd, ✆ 669-3228. Mr. Cooper vermietet in seinem Haus ein etwas dunkles, einfaches 2-Bettzimmer-Apartment mit Küchenzeile, Bad, Ventilator und kleinem Balkon. Auch für 4 Personen ❷

Northern Sea View Villa, Paria Main Rd, ✆ 669-3995. Eric Blackman ist zwar in Port of Spain

Almond Brook, Paria Main Rd, ✆ 758-0481, 312-1764. Eine Unterkunft, die schon viele zum Bleiben veranlasst hat und das nicht nur aufgrund des Gastgebers Horace Brathwaite, einem ehemaligen Musiker, der für seine Gäste jede nur erdenkliche Tour, ein Auto und wenn nötig ein Essen organisiert. Er vermietet 3 gemütliche, luftige DZ mit Holzfußboden, Moskitonetz, Du/WC und einer wundervollen Veranda mit super Blick auf das karibische Meer und, was fast noch schöner ist, über das Dorfleben. Unter den Zimmern steht den Gästen eine Küche zur Verfügung und limen kann man auch in einer Hängematte auf einer weiteren Terrasse. Horace besitzt einen Tourbus, d. h., wer auch noch etwas anderes sehen möchte, handelt mit ihm einen guten Preis aus. Frühstück inkl. ❷

geboren, hat jedoch sein Herz schon als kleiner Junge an Blanchisseuse verloren. Gegenüber dem Marianne Beach vermietet er 2 einfache, saubere Apartments mit jeweils 2 Schlafräumen, Ventilator, kleinem Wohnraum, Bad, Küche und Veranda sowie ein gemütlicheres, geräumiges 1-Bettzimmer-Apartment mit obiger Ausstattung. Netter kleiner Garten, nette Besitzer, **Kajakverleih** TT100$/2 Std. ❷

Laguna Mar Beach Resort, Paria Main Rd, ✆ 669-2963, 🖥 www.lagunamar.com. Kurz vor der Silver Suspension Bridge, befindet sich in tropischem Ambiente das Resort des Deutschen Fred Zollna und sein Cocos Hut Restaurant. In den beiden doppelstöckigen Lodges vermietet er 12 Zimmer, ausgestattet mit Ventilator, Bad und großer Gemeinschaftsterrasse bzw. -balkon. Außerdem existiert ein tolles Apartment mit mehreren Schlafräumen und Kochmöglichkeit. Preise gibt's auf Anfrage. Durch die Plantage führt ein klasse Weg direkt zum Marianne Beach. ❸

Campen ist auch möglich am Marianne Beach. Für TT$25 p. P. darf man sein Zelt aufschlagen, Duschen und Toiletten nutzen und wenn man touren möchte, wird das Gepäck auf Anfrage auch weggeschlossen.

Surf's Pavillion & Gazebo, Paria Main Rd. Eigentlich ein sehr lauschiges Plätzchen in den Zweigen eines Silk Cotton Trees, um sein Abendessen zu sich zu nehmen, v. a. in einer sternklaren Nacht. Leider nicht mehr ständig geöffnet. Kreolische Küche zu mittleren Preisen.

The Wayside Hut, Paria Main Rd. Empfehlenswert, authentisch, viel und preiswert isst man bei Tanty's, Sie ist mittlerweile über 80, sehr unterhaltsam und kocht (manchmal hilft ihr Sohn) immer noch Fisch- oder Huhngerichte mit allerlei leckeren kreolischen Beilagen und Salat. Oft hat sie auch leckere Drops und Eis, Kaffee und hausgemachten Cashew- oder Guavawein. Wer hier essen will, sollte am Abend vorher Bescheid geben.

Gilbert's, Paria Main Rd. In einer scharfen Kurve des Upper Village steht Gilbert's grünes Bretterhüttchen über den Klippen, das geöffnet mittels Kantholz eine nette Sitzmöglichkeit bietet. Auch er bereitet auf Vorbestellung Frühstück, Mittag- und Abendessen zu: preiswerte leckere Hähnchen, Fisch „creole" oder auch Hamburger.

Gilbert und Tanty haben keine Lizenz zum Bierverkauf – also selbst mitbringen!

Auch **Joycelyn** kocht fast täglich und zwar in einem orangefarbenen Haus schräg gegenüber vom Almond Brook. Hier klopft man einfach an und fragt, was es gibt oder bestellt etwas. Sie verkauft, bis die Töpfe leer sind, d. h. nicht zu spät kommen.

Ab und an verkauft auch eine Dame am Fishermen's Co-op Gebäude, wenn der erste Fang an Land gebracht wird, d. h. gegen 11 Uhr, leckere Rotis. Ist die Dame nicht anzutreffen, kauft man eben einen leckeren Fisch, lässt ihn säubern und bereitet ihn selbst zu.

Cocos Hut Restaurant, c/o Laguna Mar. Gemütliches Open-Air-Restaurant & Bar. Fred, der schon einige Jahrzehnte in Trinidad lebt, steht zu seiner Herkunft und legt schon mal seine geliebten deutschen Schlager auf. Kreolische Gerichte, etwa teurer, aber Nachschlag gibt's – hoffentlich noch – gratis. Wer einfach nur limen, ein kühles Carib trinken oder eine Partie Billard spielen möchte, geht am besten in den **Cabah Rec. Club** oder den **Butterfly Rec Club** gegenüber dem TSTT Community Centre. Vor allem am Wochenende wird die Leistungskraft der Musikanlage mächtig strapaziert.

Sonstiges

Einkaufen

Es gibt eine Hand voll kleiner **Lebensmittelläden** und einen allerdings nicht immer geöffneten Gemüsestand.

Es lohnt sich, einmal in **Bob's Craft Shop** (Holzschnitzereien) und **Lloyd's Leather Craft Shop** (Ledergürtel, Sandalen usw.) vorbeizuschauen. Bob kennt sich übrigens sehr gut mit allen möglichen Pflanzen aus und Lloyd ist ein wunderbarer Gesprächspartner, wenn's um Cricket, Fußball oder einfach um Trini-Life geht.

Internet

Wer seine E-Mails checken möchte, geht in den **Tstt Community Communications Centre**, ⏰ Mo–Sa 10–18/19 Uhr. Kosten: lediglich TT$4/Std. Außerdem telefonieren ins Festnetz nach Hause für TT$2/Min.

Post

Das Postamt befindet sich in Lower Blanchisseuse, ⏰ Mo–Fr 8–16 Uhr.

Touren und Aktivitäten

Mit einem **Kajak** (zu mieten bei Eric Blackman, c/o Northern Sea View Villa, TT$100/2 Std.) den Marianne River flussaufwärts zu paddeln ist ein tolles Erlebnis. **Boogie Boards** gibt's im Laguna Mar (TT$20/Std.).

Wer eine Tour durch den Regenwald nach Brasso Seco (S. 163), zu den Wasserfällen (Avocat Falls, S.162), zur Paria Bay, Tacarib Bay oder nach Matelot (S. 162) plant, kann entweder im Dorf nach einem ortskundigen Führer fragen oder die folgenden Veranstalter kontaktieren: **Ivan Charles**, ✆ 667-5636. Seine Tour (Jan–Ende Mai): Matelot–Grand Tacarib Bay (campen)–Paria Bay und Waterfall–Blanchisseuse (oder umgekehrt; US$290 (inkl. 2 Guides, Transport von POS, alle Mahlzeiten, Zelt und Isomatte). Auch aufregend: seine Paria Bay/Waterfall Mt. Bike Tour ab Brasso Seco (6–7 Std.), inkl. Lunch US$100.

Empfehlenswert auch **Caribbean Discovery Tours**, ✆ 624-7281, 🖥 www.caribbeandiscovery tours.com. Preise für Mr. Broadbridges Blanchisseuse–Matelot-Tour mit Übernachtung im Majani House auf Anfrage.

Courtenay Rooks, c/o Paria Springs, ✆ 628-1525, 🖥 www.pariasprings.com, hat obige Tour auch im Programm, aber auch z. B. die Brasso Seco–Paria Bay Tour (Start 7 Uhr, 4 Std. einfach) US$75.

Andy Whitwell, c/o **The Pathmaster**, ✆ 621-0255, 🖥 www.thepathmaster.com, offeriert u. a. folgende 2-Tagestour: Brasso Seco–Paria Beach (campen)–Paria Waterfall–Blanchisseuse. Fußfaule können auch einen Ausflug mit einem Fischerboot unternehmen. Ansprechen sollte man die Fischer am **Fishermen's Co-op Centre**.

Ein Trip beispielsweise an die herrliche Paria Bay kostet etwa TT$400 pro Boot.

Transport

Maxi Taxis fahren von der George, Ecke Prince St (TT$15) nach Blanchisseuse. Auf Anfrage fährt auch **Horace**, c/o Almond Brook, ✆ 758-0481, nach POS, zum FLUGHAFEN oder ASA WRIGHT NATURE CENTRE.

Die Arima – Blanchisseuse Road

Avocat Falls

Folgt man von Blanchisseuse der Arima–Blanchisseuse Road knapp 5 km ins Landesinnere, führt 20–30 m vor der ersten Brücke links ein kleiner, in der Regenzeit ziemlich schlammiger Pfad zu einem Nebenfluss des Marianne River. Weni-

---

Zu Fuß von Blanchisseuse zur Paria Bay oder nach Matelot

Gute Kondition und Spaß am Abenteuer sollten all diejenigen mitbringen, die vorhaben, die unberührte Nordküste östlich von Blanchisseuse zu erkunden. Wo die North Coast Road endet, jenseits der Silver Suspension Bridge, führt ein alter donkey track, ein Eselspfad, zum etwa 32 km entfernten Matelot. Der donkey track diente im 19. Jh. als Handelspfad für die hier ansässigen Kakaopflanzer. Heute passiert man noch die eine oder andere verlassene Kakaoplantage. Wer den Ausflug wagt, wird belohnt mit einer einzigartigen Szenerie. Herrliche Strände, wundervolle Ausblicke, dichte und lichte Wälder durchsetzt von herrlichen Palmen, Farnen, wundervollen Indischen Mandelbäumen, bizarren Kanonenkugelbäumen und vielen anderen tropischen Pflanzen. Mit einigen steilen Passagen und zu durchquerenden Flüssen ist auch zu rechnen, daher empfiehlt sich die Trockenzeit (Ende Jan–Ende Mai) und wer Schildkröten sehen möchte, die Monate März–Mai.

Die Strecke von Blanchisseuse bis zur **Paria Bay** und wieder zurück kann man gut als Tagesausflug unternehmen. Je nach Kondition erreicht man den idyllischen, etwa 1 km langen, palmengesäumten Strand in etwa 2–3 Stunden. Unvorstellbar schön liegt die Bucht eingebettet in das satte Grün des Dschungels. Am westlichen Ende stößt man auf einen zu einem wundervollen Torbogen erodierten Felsen. Um ein erfrischendes Bad in einem herrlichen, kristallklaren, eiskalten Pool zu nehmen, folgt man dem Paria River öst-

lich des Strandes flussaufwärts oder einem kleinen Pfad oberhalb des Strandes und erreicht nach etwa 15 Minuten den herrlichen etwa 5 m hohen **Paria Waterfall**. Östlich der Landzunge des Paria Point, die die Bucht begrenzt, befindet sich ein weiterer hübscher Strand in der **Murphy Bay**.

Weiter entlang der Küste Richtung Matelot erreicht man nach 1 1/2 Stunden auf dem donkey track **Petit Tacarib**. Die meisten Tourveranstalter schlagen hier ihre Zelte auf. Wer dagegen eine Tour mit Mr. Broadbridge, c/o Caribbean Discovery Tours, ✆ 624-7281, bucht, hat ein einfaches Bett im Majani House. Wie auch immer, die Buchten Tacaribs sind klasse und die Kulisse einmalig.

Obwohl besonders Hartgesottene die gesamte Strecke bis Matelot angeblich auch schon an einem Tag geschafft haben sollen, ist es unbedingt empfehlenswert, einen Aufenthalt in Petit Tacarib einzulegen.

Eine halbe Stunde östlich von Petit Tacarib liegt **Grand Tacarib** und nach weiteren 1 1/2 Stunden taucht die herrliche Madamas Bay auf. Auch entlang dem Madamas River gibt es herrliche Pools und Wasserfälle zu erkunden. Von hier sind es noch etwa 15 km, ehe das wundervolle Dorf Matelot (S. 180) in Sichtweite kommt.

Alleine sollte der Trip nicht unternommen werden, denn die Gegend ist einfach zu verlassen, als dass sofort mit Hilfe zu rechnen wäre und ausgerutscht ist man schnell einmal.

ge Meter nach der Abzweigung trifft man auf diesem Pfad auf die Häuser von Judy Harricharan, ✆ 478-5056, und Mrs. Samdei, ✆ 710-8371. Bei beiden kann man parken, bekommt eventuell eine Mahlzeit und zahlt für die geführte Tour zu den Fällen TT$100. Von Judys Haus sind es nur wenige Minuten zu dem glasklaren, von tropischer Vegetation umgebenen Fluss. Selbst nur dem Fluss zu lauschen und die farbenprächtigen Schmetterlinge und Vögel zu beobachten ist herrlich.

Eine etwa 20-minütige Wanderung entlang dem Flussbett (links ab) führt zu den Avocat Falls. Am besten bringt man nichts mit, was nicht nass werden darf. Am Ende heißt es noch ein wenig klettern, ehe man in den kleinen, tiefen Pool, umgeben von Farnen und Seerosen, springen kann, in den sich der etwa 15 m hohe Wasserfall ergießt. Ein berauschend schönes Fleckchen Erde.

Brasso Seco

Hinter Avocat steigt die enge, kurvige Arima–Blanchisseuse Road stetig an und gelangt bald in merklich kühleres Terrain. Winzige Ansiedlungen wie **Morne La Croix** und vereinzelte Häuser zieren die Straße. Einige Familien leben hier lediglich von dem, was der Dschungel und die fruchtbare Erde hergeben. Nach einigen Kilometern erreicht man eine Kreuzung mit einem großen Hinweisschild Brasso Seco Paria Visitors Facilities. Links ab führt die Brasso Seco Road (6,4 km) in das kleine Dorf Brasso Seco, ein verschlafenes, freundliches Dorf mit einer Schule, einer Kirche und ein Rumshop fehlt natürlich auch nicht.

Wer hier ausgiebiger die einzigartige Umgebung erkunden möchte, kann vorab Mr. Shaw, ✆ 680-3229, 657-1118, kontaktieren. Er vermietet ein komplett eingerichtetes 3-Bettzimmer-Haus mit AC, Bad, TV, Küche, umlaufender Veranda und großem Garten (TT$350), das er oft selbst nutzt, und etwas oberhalb ein weiteres, nicht klimatisiertes 3-Bettzimmer-Haus (TT$300) mit nicht wirklich einladendem Pool. Beide Häuser nennen sich **Paria Bay Nature Resort** (ein Schild weist den Weg), es liegt sehr idyllisch, abgeschieden, und Mr. Shaw organisiert auch alles, was man sonst so benötigt.

Brasso Seco ist ein Paradies für Vogelfreunde und Naturliebhaber, aber vor allem für Trekkingfreunde. Einige Schilder (Welcome to **Madamas Falls** – 6 Std., oder **Paria Bay Falls** – 8 Meilen) weisen darauf hin. Weniger weit entfernt sind die **Sobo Falls** und die **Twin Falls**, und wer immer noch nicht genug hat, kann sich auf die Suche nach den restlichen sieben Wasserfällen

Der Norden

Ein Idyll – der Mount Brasso Estate

Lässt man die beiden Häuser rechts liegen und folgt der ungeteerten Straße etwa eine halbe Meile, endet der Weg im **Mount Brasso Estate**, ✆ 676-7057, 🖥 www.watervilleestate.com, einem fantastisch gepflegten, tropischen Anwesen. Übernachten kann man in einem einfachen ehemaligen Kakaohaus. Ein ausgedienter Kupferkessel, in dem früher der Zuckerrohrsaft gärte, dient als Minipool, und ein alter Lehmofen und eine Open-air-Küche für die Zubereitung der Speisen. Unterhalb wohnt Kenny, ✆ 474-3380 von 18–20 Uhr (mehr gibt die Telefonleitung nicht her), der sich um alles kümmert. Für Leute, die auf Komfort und Trubel verzichten können und die Natur lieben. Frühstück inkl. ❷

machen. Am besten man kontaktiert Courtenay Rooks, c/o Paria Springs Eco-Community, ☏ 628-1525, 🖥 www.pariasprings.com, der diese Gegend nur wie kein anderer und jede nur erdenkliche Tour anbietet. Die **Paria Bay Tour** (Start 7 Uhr) z. B. ist eine 4-stündige (einfach) nicht ganz leichte, abenteuerliche und zum Teil auch in der Trockenzeit recht matschige Angelegenheit – gutes Schuhwerk also ein Muss; US$75. Wer ein wenig herumfragt, findet natürlich auch einen ortsansässigen Guide.

5 HIGHLIGHT

Asa Wright Nature Centre

Schon die Fahrt zum Asa Wright Nature Centre, ob über Arima oder Blanchisseuse, ist eine Augenweide und zählt zu einer der schönsten Strecken des gesamten Landes. Sie führt mitten durch den Regenwald, dessen 30–45 m hohe Baumriesen ein geschlossenes Kronendach bilden und deren Stämme Bromelien und Kletterpflanzen zieren. Das Asa Wright Nature Centre ist wirklich *die* Attraktion auf Trinidad. Er ist nicht nur das erste seiner Art, sondern auch einzigartig in der gesamten Karibik.

Ursprünglich eine Kaffee-, Kakao- und Zitrusplantage, erwarben 1947 Dr. Newcombe Wright und seine isländische Frau Asa, beide leidenschaftliche Naturfreunde, das damals 74 ha umfassende Gut. Als drei Jahre später der Naturforscher Dr. William Beebe die tropische Forschungsstation Simla der New York Zoological Society ganz in der Nähe von Wrights Besitzungen eröffnete, begannen die Wrights, Beebe als Freund zu schätzen und gewährten Forschern und Besuchern der Station Unterkunft. Nachdem Asa Wrights Mann starb, riet ihr Donald Eckelberry, ein amerikanischer Künstler, dessen Leidenschaft die bildliche Darstellung der Vogelwelt des Arima Valley war, ihr Besitztum in eine gemeinnützige Stiftung, ein Naturschutzgebiet zu verwandeln. So wurde 1967 das Asa Wright Nature Centre ins Leben gerufen. Als die Simla Tropical Research Station 1970 aufgelöst wurde, wurden dem Nature Centre auch deren Einrich-

tungen mitsamt dem Gelände geschenkt und heute forschen hier Botaniker und Ornithologen aus aller Welt.

Besucher nächtigen in dem fast 100 Jahre alten, wundervollen kolonialen Gutshaus oder einer der Lodges. Das Nature Centre liegt auf 340 m Höhe und der Ausblick über das Arima Valley ist grandios. Was Mrs. Wright vor 50 Jahren einführte, nämlich das Füttern der Vögel auf ihrer Veranda, hat sich bis heute fortgesetzt, so dass man wundervoll metallisch glänzende **Kolibris**, **Rotschwanzjakamare** *(rufous-tailed jacamar)*, **Blautangare** *(blue-gray tanager)*, **Schwarzkehltrupiale** *(yellow oriole)* **Diademsägeracken** *(blue-crowned motmot)*, **Gelbbrustzuckervögel** *(bananaquit)* und viele weitere Vögel an den Futterstellen beobachten kann. Vielleicht sieht der eine oder andere auch einen vorbeifliegenden **Tukan** oder einen **Papagei**. ☉ tgl. 9–17 Uhr. Eintritt US$10.

Wer sich um 10.30 oder um 13.30 Uhr auf der Veranda einfindet, kann eine nicht weiter kostenpflichtige, von humorvollen Fachleuten geführte Exkursion mitmachen. Für alle anderen gibt es acht Wanderwege (1–5 Std.) mit unterschiedlichen Schwierigkeitsgraden, bsw. den **Bellbird Trail** (schwierig; 1 Std.), oder den 5-stündigen **Mot-Mot Trail**, der relativ leicht zu bewältigen ist. Gutes Schuhwerk und ein Tourguide sind für alle Wege unerlässlich. Rutschig und matschig ist es fast zu jeder Jahreszeit.

Auf der Veranda des Nature Centre kann man nicht nur Vögel beobachten, sondern sich auch für TT$100/Mo–Sa, TT$140/So an einem Mittagsbuffet sättigen (bitte vorher reservieren) oder Sandwiches (TT$20–40) und ein kühles oder heißes Getränk zu sich nehmen. Kurz vor dem Gutshaus ist ein kleiner hübscher Wasserfall, der zum Baden einlädt. Die Führungen sind nicht nur für Vogelfreunde von Interesse, auch die Pflanzenwelt wird erläutert. Neben Kaffeesträuchern, Kakao-, Mango-, Cashew-, oder Farnbäumen *(jacarandas),* Calliandra-Sträuchern *(red powder)* oder Gelben Pouis und Bromelien, die eine Fülle von Wasser speichern, gibt es auch recht eigentümliche Pflanzen, z. B. die „Wait-a-while"-Pflanze, die an der Unterseite ihrer Blätter einen Stachel aufweist und von der wohl schon viele Wanderer aufgehalten wurden.

Die geführten Touren führen fast immer vorbei an den hoch in den Urwaldbäumen befindlichen Rufplätzen der **Flechtenglockenvögel** *(bearded bellbird)*, die ständig weit tönende, glockenähnliche Rufe von sich geben und den Balzplätzen der **Säbelpipras** *(white-bearded manakin)*. Wer länger als drei Tage im Asa Wright Nature Centre übernachtet, bekommt gratis eine geführte Tour zu den **Dunston Caves**, in denen Kolonien von **Fettschwalmen** (S. 83) den Tag verbringen.

Asa Wright Nature Centre and Lodge, ☎ 667-4655, 🖥 www.asawright.org. Insgesamt 24 DZ in 8 Lodges mit Ventilator (einige AC), Bad und Veranda (einige überdacht und vergittert oder ganz geschlossen) inmitten tropischer Vegetation. Wer im Kolonialstil wohnen möchte, nimmt Zimmer 1 oder 2 des Haupthauses. 3 Mahlzeiten, Nachmittagstee und abendlicher Rumpunsch inkl. ❺–❻
Alta Vista Rainforest Resort, ☎ 629-8030, 🖥 www.come.to/alta-vista. Inmitten des tropischen Regenwaldes, kurz vor dem Asa Wright Nature Centre, stehen 6 einfache, aber urige Holz-Cabañas mit Toilette, Dusche und Moskitonetz. Kochen darf man in einer Outdoor-Küche. Naturfreaks werden sich hier sicherlich wohlfühlen, können Flora und Fauna erkunden und in einen natürlichen Pool springen. Besucher zahlen TT$10. Wer spontan vorbeikommt: Samuel ist meist da, er wohnt in einer der Cabañas – ansonsten vorher anrufen. Für Nichtkocher: Frühstück TT$15, Mittag- bzw. Abendessen TT$40. ❷

Die West-Ost-Route

San Juan

Wenige Kilometer östlich von Port of Spain erstreckt sich San Juan. Um 1790 gegründet von Gouverneur José María Chacón, zählte das Dorf 1811 17 Weiße, 145 freie Schwarze und 71 Sklaven. Über die Jahrhunderte entwickelte sich das Dorf zu einer Geschäftsstadt, deren Mittelpunkt die pulsierende, immer verstopfte **Croisee** (französisch Patois für „Kreuzung"). San Juan ist für Touristen eigentlich nur eine Durchgangsstation an der Eastern Main Road nach Port of Spain im Westen, Arima im Osten oder über die Saddle Road nach Maraval und an die herrliche Nordküste. Entlang der Eastern Main Road befinden sich sämtliche Banken, Fastfood-Ketten und die üblichen chinesischen und indischen Takeaways. Wer an die Nordküste Trinidads möchte, biegt am Kentucky Fried Chicken von der Eastern Main Road in Richtung Norden ab.

St. Joseph

Im Jahre 1580 machte sich Don Antonio de Berrio y Oruña mit einer königlich spanischen Konzession auf die Suche nach dem sagenumwobenen El Dorado. Er unternahm drei vergebliche Versuche das Goldland zu finden, war jedoch davon überzeugt, dass Trinidad El Dorado sehr nahe war. So kam es, dass die Spanier die Insel in Besitz nahmen und de Berrio zum Gouverneur Trinidads machten. Domingo de Vera, ein weiterer Spanier traf am 15. Mai 1592 mit 60 Soldaten auf Trinidad ein und errichtete im Namen de Berrios ein Regierungsgebäude, einen Cabildo (Stadtrat), eine Kirche und ein Gefängnis und benannte diesen Ort **San José de Oruña**.

Als erste Hauptstadt Trinidads deklariert, niedergebrannt von Engländern und Holländern und immer wieder neu errichtet von den Spaniern, verlor San José de Oruña den Status der Hauptstadt im Jahre 1784 unter dem Gouverneur José María Chacón. Mit der Machtübernahme der Briten änderte sich schließlich auch der Name, aus San José de Oruña wurde St. Joseph. 1797 wies St. Joseph 13 Zuckermühlen, 2 Rumbrennereien, 7 Kaffee- und 4 Baumwollfabriken auf.

Ein von dem Ex-Sklaven Daaga angeführter Aufstand 1837, der sich gegen die Verpflichtung ehemaliger Sklaven zu 6-jähriger Kontraktarbeit richtete, endete mit der Hinrichtung Daagas und zahlreichen weiteren Toten. Seither wuchs die Stadt stetig und für Ortsfremde sind die Stadtgrenzen nicht mehr auszumachen. Heute prägen alte Kolonialhäuser ebenso wie gesichtslose Betongebäude das Bild der historischen Stadt. In der Abercromby Street steht die im Jahre 1815 errichtete katholische Kirche. Inschriften auf Gedenktafeln und den Grabmälern des Friedhofs erinnern an vergangene Tage. Gegenüber der **ältesten Polizeistation** Trinidads, deren Grundmauern noch aus den Zeiten der Spanier stammen, liegt die nicht zu übersehende, imposante, grünweiß gestrichene **Mohammed Al Jinnah Memorial Moschee**, die 1947 von reichen muslimischen Kaufleuten errichtet wurde.

Maracas Valley

Fast gegenüber der Moschee in St. Joseph biegt man links in die Abercromby Street ein, die in die Maracas Royal Road übergeht und sich wundervoll Richtung Norden durch das Maracas Valley bis nach **Loango** windet. In nordöstlicher Richtung ist unterwegs der imposante, mit dichtem Regenwald überzogene, zweithöchste Berg Trinidads, **El Tucuche** (937 m), zu sehen. Während die Täler um Caura, Santa Cruz, Diego Martin und Maraval erst mit der Ankunft französischer Pflanzer um 1785 besiedelt wurden, ließen sich im Maraval Valley schon 200 Jahre zuvor die ersten Bewohner nieder. Zu damaliger Zeit spielte die Kultivierung des Bodens eine noch untergeordnete Rolle. Die Bedeutung des Tales und vor allem seiner Berge, war eher von militärstrategischer Art. Von einigen Gipfeln, Plateaus und Hügeln, so auch vom obersten Punkt der Maracas-Wasserfälle, konnte man rechtzeitig die sich von der Nordküste nähernden Feinde erspähen.

Heute zählt das kleine hübsche Dorf **Maracas** einige hundert Einwohner. Wer hier in dieser fantastischen Lage wohnen möchte, kann sich bei Merle Lynch einmieten, s. u. Der 4-stündige Aufstieg zum **El Tucuche** erfordert ein gewisses Maß an Kondition. Der Weg führt immer entlang dem Acono River, den es zigmal zu überqueren gilt, durch die Mannigfaltigkeit einer faszinierenden Tier- und Pflanzenwelt. Alternativ bietet sich eine Tour zur **Las Cuevas Bay** oder zur **Maracas Bay** (2–3 Std.) an die Nordküste Trinidads an. Außerdem führen verschlungene Wege auch ins **Caura Valley** (rund 5 Std.). Merle Lynch ist allen Besuchern gerne bei der Suche nach einem ortskundigen Führer behilflich.

Übernachtung

La Belle Maison, 108 A Juniper Road, Valley View, Maracas, ✆ 663-4413, ⌨ www.la-belle maison-tt.com. Das Wohngebiet Valley View ist nicht zu verfehlen. Folgt man der Valley View Road und hält Ausschau nach der Juniper Road, stößt man direkt auf das von Regenwald umgebene Guesthouse. Ein wundervoller Balkon lädt zum Relaxen und zur Vogelbeobachtung ein. Mrs. Lynch vermietet 2 sehr schöne Zimmer mit AC und Ventilator, die sich das Bad teilen (privates Bad möglich). Ein Paradies für Naturliebhaber und Trekking-Freunde. Zum Wasserfall sind es etwa 6 km. Super Frühstück inkl. ❸

Transport

Von ST. JOSEPH fahren **Route Taxis** für TT$4 ins Maracas Valley.

Maracas Falls

Etwa 3–4 km nordöstlich des Wohngebietes Valley View passiert man die im Jahre 1901 fertig gestellte, hübsche Kirche St. Michael. Die zweite Straße hinter der Kirche ist die Waterfall Road, die zu den Wasserfällen führt. Vorbei an Kakao- und Bananenplantagen folgt man der Straße etwa 1,5 km, bis einige wenige Häuser auftauchen. Das Auto kann man bei Susan abstellen, die für ihren „security parking place" lediglich ein Trinkgeld verlangt. Einer ihrer Söhne stellt sich gern als Begleitpersonen zu den Wasserfällen zur Verfügung. Die Bezahlung liegt im eigenen Ermessen. Um Missverständnisse zu vermeiden ist es jedoch besser, vorab einen Preis auszuhandeln.

Anfangs recht steil, führt der gut erkennbare Weg vorbei an kleinen Bambuswäldchen und herrlichen Heliconia-Pflanzen nach etwa 30 Minuten zu einem der höchsten Wasserfälle Trinidads – den **Maracas Falls**. Aus 95 m fällt das Wasser an einer steilen Felswand hinab in einen felsigen Flusslauf. Ein herrlicher Anblick, vor allem, wenn ein Sonnenstrahl auf die feine Gischt trifft und ein bunter Regenbogen entsteht. Ein toller Ort um zu picknicken, die Füße ins Wasser zu stecken und den Geräuschen des Dschungels zu lauschen. In der Regenzeit ist der Wasserfall natürlich viel imposanter, der Weg jedoch auch schlüpfrig und matschig. Gutes Schuhwerk ist zu jeder Jahreszeit empfehlenswert.

Möglich sind auch Touren nach oben zur Stufe des Wasserfalls, von wo aus man fantastische Ausblicke hat und einige tiefere eiskalte Pools und kleinere Wasserfälle vorfindet. Der schwierige, etwa 2-stündige Aufstieg führt über den rechts vom Wasserfall verlaufenden Bergkamm. Eine zum Teil sehr rutschige und nicht ganz ungefährliche Angelegenheit. Oben kann man campen und seinen Kaffee mit herrlich frischem Quellwasser über dem Lagerfeuer zubereiten. Ein sicherlich tolles Abenteuer, jedoch sollte jeder seine Kletterkünste realistisch einschätzen.

Curepe, St. Augustine und Tunapuna

1,5 km östlich von St. Joseph gelangt man nach Curepe, St. Augustine und Tunapuna. Die Städte gruppieren sich um die Eastern Main Road und die Stadtgrenzen sind für Nichtansässige kaum auszumachen. Der **St. Augustine Campus** ist der Sitz der **University of the West Indies** (UWI). Die gesamtkaribische Universität wurde 1948 auf Jamaika gegründet. Der Universität angegliedert wurde der Cave Hill Campus auf Barbados und 1960 die landwirtschaftliche Fakultät Imperial College of Tropical Agriculture in St. Augustine. Heute besteht der St. Augustine Campus aus 8 Fakultäten mit etwa 1500 Studenten. Der Campus erstreckt sich auf dem Gelände einer ehemaligen Zuckerrohrplantage, deren Plantagenhaus zu einem Verwaltungsgebäude umfunktioniert wurde. Ein Besuch der Bibliotheken ist möglich und gibt u. a. wunderbare Einblicke in die einheimische Flora und Fauna.

Tunapuna liegt etwas weiter östlich und wurde 1898 zur Stadt deklariert. Der Ort ist Ausgangspunkt für einen Besuch des größten Benediktinerklosters in der Karibik (Mt St. Benedict).

Übernachtung und Sonstiges

Hosanna Hotel, Santa Margarita Circular Rd, St. Augustine, ℡ 662-5449, 🖳 www.hosanna

hotel. com. Biegt man in St. Augustine an Mario's Pizzeria in Richtung Norden ab und hält sich rechts, gelangt man auf die Santa Margarita Circular Road, die sich mit herrlichen Ausblicken den Berg entlangschlängelt. Genauso schön liegt das Hosanna Hotel. Die aus dem Radio ertönende sanfte Musik weist bereits auf den christlichen Rahmen des Hotels hin. Insgesamt stehen 3 hübsche Suiten und 15 DZ mit AC und Bad sowie ein schöner Pool und ein Restaurant zur Verfügung. Das Hotel ist leider nichts für Unverheiratete oder Raucher. ❸

The Caribbean Lodge, 32 St. Augustine Circular Rd, Tunapuna, ℡ 663-1396. Liegt östlich, unweit der Universität (UWI), daher sehr frequentiert von Gasthörern. Funktionelle, saubere DZ mit geteiltem/privatem Bad; einige mit AC, Gemeinschaftsküche, Wohnraum mit TV. ❶

Banken und die üblichen Fastfood-Ketten, chinesischen Take aways, Roti-Stände, Rumshops, Apotheken, Geschäfte und Supermärkte sind vor allem in Tunapuna reichlich vertreten.

Mount St. Benedict

In Tunapuna biegt man vor der Scotiabank links in die St. John Road ein und folgt der herrlich bergauf führenden Straße etwa 3–4 km. Vor einem liegt das **Mount St. Benedict Monastery**, das größte und älteste Benediktinerkloster der Karibik. Mächtig thront die Abtei in etwa 250 m Höhe über der zentralen Ebene Trinidads, umgeben vom herrlichen Grün der Northern Range. Die Geschichte des Klosters geht auf das Jahr 1912 zurück, als drei holländische Benediktinermönche nach ihrer Vertreibung aus Brasilien auf Trinidad landeten und auf dem **Mount Tabor** erste primitive Hütten errichteten. Heute führt ein halbstündiger Wanderweg zum Mount Tabor, wo lediglich Überreste der aus luftgetrockneten Lehmziegeln errichteten Kirche und des Glockenturms an vergangene Zeiten erinnern.

Der heutige Komplex, errichtet im Jahre 1916, wurde in den 40er-Jahren vollständig umgebaut und die Weihung der imposanten Kirche zur Abtei erfolgte 1947. Aus dem Jahre 1918 stammt nur noch ein Gebäude (neben der Abtei). Das Priesterseminar des Klosters, das Geistliche des gesamtkaribischen Raums ausbildet, ist als Theologische Fakultät der University of the West Indies angeschlossen. Getreu der Maxime *Ora et Labora* sind die Mönche des Klosters eine produktive Gemeinschaft, die nicht nur beten, sondern in ihren Handwerksbetrieben lehren, Landwirtschaft betreiben und Joghurt und Honig herstellen, den man probieren kann! Das Spektakulärste des gesamten Komplexes ist die Lage und der grandiose Ausblick über die Central Plains bis in den Süden Trinidads.

Östlich des Mount Tabor (1/2 Stunde; stellenweise muss man etwas klettern) gibt es einen tollen Aussichtspunkt in 450 m Höhe. Im Norden erscheint der El Tucuche (937 m), im Westen das Maracas und St. Joseph Valley, im Süden die Caroni Plains und der Mount Tamana (303 m).

Übernachtung

Die Ordensregel der Gastfreundschaft verlangte nach einem Gästehaus, das bis heute erhalten blieb. Das **Pax Guesthouse**, ✆ 662-4084, 🖳 www.paxguesthouse.com, etwas unterhalb des Klosters ist ein Paradies für Naturfreunde, Vogelbeobachter, Liebhaber gepflegter *afternoon teas* und Erholungsbedürftiger. Mit sehr viel Liebe und antikem Mobiliar haben Gerard und Oda Ramsawak das Guesthouse hergerichtet. Ein toller Teegarten offeriert leckeren selbst gemachten Kuchen und verschiedene Tee- und Kaffeesorten. Noch schöner ist die luftige Veranda, auf der man stundenlang die wundervollsten Vögel an ihren Futterstellen beobachten kann. Das Guesthouse hat 17 individuell gestaltete, funktionale Zimmer mit oder ohne Bad. Inklusive ist ein reichhaltiges Frühstück, ein Buffet-Abendessen, zu dem ein traditioneller Gongschlag Punkt 19.30 Uhr ruft, und ein abendlicher Rumpunsch. Mr. Ramsawak ist ein exzellenter Vogelkenner und Naturfreund und weist Gästen gerne auf die verschiedenen Wanderwege (1/2–2 Std.) durch Regenwälder und karibische Kiefernwälder hin. ❹–❺

Transport

Von der Eastern Main Road, Ecke St. John Road, in TUNAPUNA fahren bis 18 Uhr alle halbe Stunde **Route Taxis** zum Kloster und dem Guesthouse.

Caura Valley

Etwa 2 km östlich von Tunapuna entlang der Eastern Main Road zweigt kurz vor Tacarigua links die Caura Royal Road ab. Folgt man der Straße entlang dem Tacarigua River, finden sich herrliche Picknick- und Badeplätze sowie zahlreiche Feldwege, die zu einem Spaziergang einladen. Trekking-Fans können bis ins Maracas Valley laufen (5–6 Std.) oder den El Tucuche besteigen.

Das Dorf **Caura** oder auch **La Veronica**, benannt nach der Schutzheiligen der 1894 errichteten katholischen Kirche Santa Veronica, existieren schon lange nicht mehr. Nachdem die Regierung 1943 beschloss, an dieser Stelle einen Damm zu errichten, siedelte man drei Jahre später die Bewohner nach Lopinot und Arouca um, sprengte die Kirche und die Schule und begann mit den Arbeiten an dem Damm. Der Staudamm wurde jedoch nie fertig gestellt. Querelen unter den Verantwortlichen, Bestechung, Korruption und der sandige Boden sorgten für einen der größten finanziellen Skandale des Landes.

Trincity

Trincity liegt 2,5 km östlich von Tacarigua und 1,6 km westlich von Arouca. Trincity selbst bietet wenig Interessantes. Durch die zentrale Lage, die ruhige Wohngegend und die Nähe zum Einkaufszentrum, der **Trincity Mall**, stellt die Ortschaft jedoch zur Erkundung der Gegend zwischen Arima und St. Joseph eine ideale Ausgangsbasis dar.

Übernachtung

Leo's Place, De Lamarre Ave, 6th Street West, No. 11, ✆ 640-0117, 🖳 www.geocoties.com/leosplace_tt. Vom Churchill Roosevelt Highway kommend, fährt man an der Trincity Mall links ab, biegt die 1. Straße links in den Trincity Boulevard ein und wieder links in die De

Lamarre Avenue. Hier hält man Ausschau nach der 6. Straße. Ruhige Wohngegend, wenige Minuten zu Fuß vom Einkaufszentrum entfernt und unweit des Flughafens. Leo vermietet 2 DZ mit Ventilator und Gemeinschaftsbad sowie 3 DZ mit AC, TV und privatem Bad und ein DZ mit zusätzlicher Küchenzeile. Nette Familie; zufriedene Gäste; Flughafentransfer: US$25 hin und zurück. ❷

Arouca und Lopinot

Arouca, noch vor zwei Jahrhunderten umgeben von Kakao-, Zuckerrohr- und Mehlbananenplantagen, stellt sich heute als eine geschäftige, kleine, kompakte Stadt dar, in der man nicht unbedingt das Gefühl hat verweilen zu müssen.

Um das wundervolle, historische **Lopinot** zu besuchen, biegt man in Arouca nördlich in die Lopinot Road ein. Knapp 10 km windet sich diese Straße, umgeben von fantastischem Regenwald und den zerklüfteten, tief grünen Bergen der Northern Range, in das herrliche Tal. Der sehenswerte **Lopinot Komplex** ist eine etwa 200 Jahre alte und damals 200 ha große Kakaoplantage, die der in Frankreich geborene **Comte de Lopinot** bzw. seine Sklaven bewirtschafteten. Lopinot hatte Frankreich in den 60er-Jahren des 18. Jhs. verlassen, um in den französischen Kolonien Arkadien (heute New Brunswick und Nova Scotia in Kanada) Fuß zu fassen. Nachdem diese jedoch an England abgetreten wurden und das anschließend von ihm zum Ziel auserkorene Louisiana an Amerika zu fallen drohte, segelte er nach Santo Domingo.

In der zur damaligen Zeit reichsten Zuckerkolonie Frankreichs errichtete er riesige Zuckerrohrplantagen. Sein Einfluss, Ruf und vor allem sein Vermögen wuchsen Jahr für Jahr. In der Folge der Französischen Revolution brach 1791 ein Aufstand der farbigen Bevölkerung unter Toussaint l'Ouverture gegen die weiße Oberschicht in Santo Domingo aus. Lopinot floh nach Jamaika und ersuchte die Briten um Wiedergutmachung seines in Santo Domingo erlittenen Verlustes.

Erst 1797, nach der Eroberung Trinidads durch die Briten, stellte der Minister Lopinot Land in Aussicht. Nach seiner Ernennung zum Brigadegeneral ließ man ihn an eine Parzelle Land auswählen. Lopinots Sklaven kämpften sich entlang des Arouca River bis in das heutige Dorf Lopinot und errichteten eine etwa 200 ha große Kakaoplantage, der Lopinot den Namen La Reconnaisance (der Beobachtungsposten) gab. Daneben ließ er ein Gutshaus, einige Kakaohäuser und ein Gefängnis errichten. Gefürchteter als das Gefängnis war ein Kaschubaum, direkt vor Lopinots Eingangstür, an dem er ungehorsame Sklaven aufhängen ließ. Nach seinem Tode 1819 begrub man ihn auf seiner Plantage unweit des Arouca River.

In den 40er-Jahren des 20. Jhs. gab es Pläne, in Caura (nordwestlich von Lopinot) einen Staudamm zu errichten, der die Wasserversorgung sichern sollte. Die meist spanischstämmigen Bewohner Cauras wurden nach Lopinot umgesiedelt und brachten ihre Sprache und Kultur mit. Der Damm jedoch wurde nie errichtet.

Lopinot zählt heute einige hundert Einwohner, die sich der Landwirtschaft und dem Parang widmen (S. 105, Musik). Über eine malerische Holzbrücke gelangt man zu dem hübschen Gutshaus des Grafen, das liebevoll restauriert wurde und heute ein kleines Museum beherbergt. Picknicktische in der wundervoll gepflegten Anlage laden zum Verweilen ein. Erhalten ist außerdem das ehemalige Gefängnis. Der berüchtigte Kaschubaum steht jedoch nicht mehr. An der Straße sieht man noch die alte katholische **Church of La Veronica**, die im Zuge der Umsiedlung abgetragene und wieder aufgebaute Kirche Cauras. ☉ Lopinot Komplex tgl. 6–18 Uhr; Eintritt frei.

Eine Weiterfahrt nach **La Pastora** lohnt ebenfalls. Das Lopinot und das Arima Valley sind durch alte Pfade verbunden. Von La Pastora, als auch von Lopinot führt ein solcher Pfad bergauf an die Arima-Blanchisseuse Road, oberhalb des Asa Wright Nature Centre. Unterwegs durchquert man Flüsse, hat herrliche Ausblicke, eine einzigartige Vegetation, benötigt aber einen ortskundigen Führer. Außerdem kann man insgesamt neun verschiedene Höhlen besuchen, z. B. die **Colonado**, **El-Duendo** oder die **Coldado Cave** mit einem natürlichen Altar und Tropfsteingebilden. Das **Lopinot Tour Office** arrangiert Touren zu den Höhlen und in die Umgebung. ☉ Mo, Mi, Fr 10.30–15 Uhr.

Übernachtung

Sadila House, Waterpipe Rd, ☎ 640-3659,
🖥 www.sadilahouse.com. 2 Straßen westlich
der Five River Junction auf der Eastern Main
Road in Arouca biegt man Richtung Norden in
die Sahatie Street ein, dann die 2. Straße rechts
und gleich wieder links. Das 3. oder 4. weiße
Haus auf der rechten Seite ist das Zuhause von
Mr. und Mrs. Bohla, die 3 Zimmer mit AC, TV und
Bad vermieten. Wohnraum, Küche und Balkon
können genutzt werden. Frühstück inkl. ❸

Transport

Von AROUCA fahren zwischen 6 und 18 Uhr
unregelmäßig Route Taxis nach Lopinot (TT$4).

Arima

Lange vor der Ankunft der spanischen Kapuzinermönche in Arima (indianisches Wort für
„Wasser") im Jahre 1757 siedelten in der Region
die indianische Ureinwohner. Die Mönche errichteten eine Mission und eine Kirche, die später der Heiligen Santa Rosa de Lima gewidmet
wurde. Erst mit dem Tod des Gouverneurs Woodford im Jahre 1828, der eifrig für die Erhaltung
der Mission eingetreten war, versank diese in
Bedeutungslosigkeit. Übrig geblieben ist das
schon zu Woodfords Zeiten gefeierte Feast of
Santa Rosa de Lima (S. 39) in der letzten Augustwoche, zu Ehren der indianischen Vorfahren.

Einer Legende zufolge fanden drei indianische Jäger die junge Rosa in den Wäldern. Sie
brachten sie zur Siedlung am Calvary Hill, von
wo sie verschwand. Danach erschien sie den
Jägern noch ein zweites und drittes Mal. Ein
Priester erzählte den Kariben, dass dies kein ge-
wöhnliches Mädchen gewesen sein könne, das
ihnen erschienen war, sondern der Geist von
Santa Rosa de Lima. So schufen sie nach ihrem
Bildnis eine Statue und Santa Rosa wurde zur
Schutzheiligen der Karibindianer.

Arima wuchs im 19. Jh. sehr schnell zum bedeutendsten Landwirtschaftszentrum des West-
Ost-Korridors. Die Kakaoindustrie boomte und
die Rufe der Pflanzer nach einer geeigneten

Transportmöglichkeit ihrer Ernte wurden von der
Regierung erhört. Am Santa-Rosa-Tag, dem
31. August 1876, folgte die Einweihung der Eisenbahnstrecke Port of Spain–Arima.

Im Jahre 1881 wurde Arima eine ganz besondere Ehre zuteil. Königin Victoria verlieh Arima
als erster Ansiedlung der britischen Kolonien
den Status einer britisch-königlichen Stadt. Arima hat seine besondere Rolle als Tor zum Osten
bis heute beibehalten. Knapp 30 km östlich von
Port of Spain gelegen, stellt sich Arima als sehr
geschäftige Stadt dar. Ihr besonderer Reiz liegt
jedoch in der wunderbaren landschaftlichen Umgebung.

Zur Aufrechterhaltung der hier noch immer
präsenten indianischen Kultur gründete man
1974 die **Santa Rosa Carib Community**, Paul Mitchell Street, und wer die Menschen der Stadt
aufmerksam ansieht, entdeckt vielleicht den einen oder anderen indianischen Gesichtszug.

Östlich des Stadtzentrums führt eine Abzweigung von der Eastern Main Road in die Cleaver
Road zu dem kleinen hübschen **Cleaver Woods
Museum**. Das interessante Museum ist untergebracht in einem typisch indianischen, strohgedeckten **Ajoupa House**. Bilder dokumentieren die
Verarbeitung der Cassavapflanze (S. 75), Haupt-
nahrungsmittel der Indianer, und die Geschichte
des Volkes über die Jahrhunderte. Daneben
kann man Töpfereiprodukte, ein Kanu, einen
Ofen und viele kleine Artefakte bewundern. Ein
kurzer, aber herrlicher Rundweg durch einen
Bambuswald lädt abschließend zum Picknick
ein. ⊙ Tgl. 7–18 Uhr; Eintritt frei.

In den Straßen um die Hauptkreuzung Arimas, deren Mittelpunkt die 1898 errichtete Uhrturm **The Arima Dial** bildet (1985 ersetzte man
die Uhr durch ein Schweizer Fabrikat), herrscht
stets hektischer Verkehr. Geschäfte, Banken und
Fastfood-Läden versorgen die etwa 30 000 Einwohner mit dem Nötigsten.

In der Hollis Avenue befinden sich nicht nur
der geschäftige **Open-air Markt** und das **Windsor Kino**, ☎ 667-3274, sondern auch eine Büste
der Calypso–Legende **Lord Kitchener**.

Südlich der Stadt finden auf dem **Santa Rosa Race Track** am Churchill Roosevelt Highway
regelmäßig Pferderennen statt; Termine unter
🖥 www.santarosapark.com.

Ansonsten ist Arima eher eine Durchgangsstation auf dem Weg zur Ostküste, zum Asa Wright Nature Centre, oder in die wundervolle Umgebung.

Übernachtung, Essen und Nachtleben

Es ist schwierig in Arima zu verhungern. Sämtliche Fastfood-Ketten wie **Royal Castle**, die **Pizza Boys**, **Mario's Pizzeria** und der **KFC** sind nicht zu übersehen, viele Straßenverkäufer bieten leckere **Doubles** an, in den beiden **Home Restaurants** am Broadway bekommt man u. a. leckere Rotis und es gibt eine ganze Anzahl preiswerte chinesische Restaurants wie das **Friendship Chinese Restaurant**, 24 Queen St, ✆ 667-5567, **The Chinese Wok**, 17 Woodford St, ✆ 667-2250, oder **Chee Chinese Cuisine**, 10 Broadway, ✆ 667-3405, das auch kreolische Gerichte anbietet.

Und wer sich ins Nachtleben stürzen möchte, geht in den **5th Element Club**, Sorzano, Ecke Queen St, ✆ 754-4442, mit Party und Livemusik an jedem Wochenende.

Von Travellern gelobt

Ixora Place, 217 Barbara St, ✆ 642-8739. Vorbei am Cleaver Woods Museum, rechts in die Pedro Alfonso St und links in die Barbara St einbiegen. Hier steht Mrs. Gumbs wunderbares Haus. Sie vermietet 2 schöne Zimmer mit AC und TV. Richtig toll das größere von beiden. Gäste dürfen das gesamte Haus und den netten Garten nutzen. Wer ein Souvenir sucht, Mrs. Gumbs macht authentisch trinidadische Puppen. z. B. einen Soca Warrior. 3-Gänge-Menü auf Anfrage (US$20). Frühstück inkl. ❷–❸

Chateau Guillaume, 3 Rawle Circular, ✆ 667-6670, 🖥 www.caribsurf.net/cguillaumme. Sehr gelobt die Unterkunft von Joan und Matthew William, wo Gastfreundschaft groß geschrieben wird. Saubere, schöne Zimmer mit Ventilator (eines mit AC), TV, Du/WC; schöner Garten. Großartige lokale Infos von Matthew, der seine Gäste überall hin begleitet. Frühstück und Flughafentransfer bei mind. 2 Nächten inkl. ❷–❸

Apotheke
Hometown Pharmacy, 15A Queen St, ✆ 667-2000, ◷ Mo-Sa 8.30-20 Uhr.

Geld
Republic Bank, 20-22 Broadway, ✆ 667-3594, Geldautomat.
First Citizen Bank, Hollis Av, Ecke Woodford St, ✆ 667-4245, Geldautomat.

Blue Transit Busse und **ESC Busse** fahren von der Hollis Avenue nach PORT OF SPAIN (mind. alle 30 Min. bis 21 Uhr; TT$2,50–4); nach SANGRE GRANDE (etwa alle 20 Min; TT$3). **Maxi Taxis** fahren vom Broadway, Ecke Raglan St nach SANGRE GRANDE (TT$3), TOCO (TT$7), GRAND RIVIERE (unregelmäßig; TT$15), MANZANILLA (TT$3), MAYARO (TT$7) und nach POS (TT$4) vom nördlichen Ende der St. Joseph St. Ein **Route Taxi** (TT$5) nach POS erwischt man am Broadway und in Richtung SANGRE GRANDE (TT$4) an The Arima Dial.

Heights of Guanapo

Wenige Kilometer östlich von Arima führt die Guanapo Road entlang dem gleichnamigen Fluss in die Wälder, Täler und Schluchten der Northern Range. Ein Paradies für Abenteurer und echte Trekking-Fans. Ohne Führer sollte man sich jedoch nicht auf den Weg machen. Es gibt zahlreiche Routen, die allesamt sehr anstrengend sind. 2–3-stündige Touren führen durch Täler und über Gebirgskämme vom **Guanapo Tal** nach **La Laja** oder in das **Aripo Valley**. Herrliche Wasserfälle (La Laja oder Sombasson) und eine atemberaubende Natur sind der Lohn für die Strapazen.

Aripo Caves

Etwa 5 km östlich von Arima auf der Eastern Main Road biegt man links in die Aripo Road ein und folgt dieser wundervollen, engen, von dichtem

Regenwald gesäumten, sich bergauf schlängeln-
den, leider auch mit einigen Schlaglöchern versehenen Straße. Nach einigen Kilometern zweigt
eine Straße, die über eine Brücke führt, rechts
ab. Folgt man der Straße erreicht man nach kurzer Fahrt das herrlich kleine verschlafene Dorf
Aripo. Wer Lust hat zu baden, sollte auf einen
eisernen Torbogen mit der Inschrift Holysararipu
Data Ganga achten. Viele Stufen führen hier hinunter zu einem beliebten Badeplatz am Fluss.

Nach insgesamt 13 km gelangt man zum Ausgangspunkt der 2 1/2-stündigen, nicht ganz einfachen Trekkingtour zu Trinidads größtem Höhlensystem. Die eigentliche Attraktion sind die in
den Höhlen in Kolonien lebenden und sehr selten
vorkommenden **Fettschwalme** *(oilbirds,* S. 83).
Die 5 km lange Tour zu den Höhlen sollte nicht
auf eigene Faust unternommen werden, denn
der Weg ist nicht immer klar ersichtlich, es gibt
viele Gabelungen und zudem muss man ab und
zu durchs Wasser.

Wer sich auf den Weg gemacht hat und trotz
der Anstrengungen seine Blicke schweifen lässt,
der erhascht ab und zu wundervolle Ausblicke
über die Central Plains. Kurz vor den Höhlen führt
so manchen die eigene Nase zum Eingang, denn
in den Felsvorsprüngen der Höhlen bauen die
Fettschwalme aus ihrem Kot und den ausge-
würgten Fruchtkernen ihre Nester. Man muss
nicht sehr weit in die feuchte Kalksteinhöhle hi-
neingehen, um die Fettschwalme zu sehen.

Wer jedoch vor hat, tiefer in das Höhlensystem einzudringen, sollte sich auf ein ohrenbetäu-
bendes Gekreische der Vögel einstellen, ein Seil
und eine Taschenlampe mitbringen und am besten alte Kleidung anziehen – ab und an kriecht
man für einen besseren Blick. In der Regenzeit
steigt der Fluss, der durch das Höhlensystem
verläuft, deutlich an und macht einen „trocke-
nen" Besuch unmöglich. Auch die unterwegs zu
durchquerenden Flüsse werden tiefer und die
Pfade matschig.

Von Aripo Village besteht auch die Möglichkeit, mit einem erfahrenen Tourführer auf Trinidads höchsten Berg, den **El Cerro del Aripo**
(941 m) zu steigen oder aber auf den **Chaguara-
mal** (859 m). Wer ohne Mietwagen unterwegs ist,
sollte in Arima mit einem Taxifahrer den Preis
nach Aripo aushandeln.

Übernachten kann man in Aripo auf einer ehemaligen Kakaoplantage, deren Plantagenhaus
nunmehr das Office der **Aripo Cottage**, ✆ 645-
6604, 🖥 www.aripocottage.com, darstellt. Das
Resort besteht aus vier hübschen Cabañas (ein
oder zwei Schlafräume), ausgestattet mit Küche,
Bad und Balkon mit herrlicher Aussicht, einen
schönen Swimmingpool und jeder Menge Tiere –
Agoutis, Aras, Fettschwalme und Affen. ➌
Vom Resort führt ein 30-minütiger Pfad zu einem
unberührten, 12 m hohen Wasserfall, dem ein
herrlich erfrischender Pool zu Füßen liegt.

Tourveranstalter

Adressen S. 126, Touren Port of Spain.
Andy Whitwell, c/o The Pathmaster, verlangt
für die Aripo Caves Tour US$90; **Ivan Charles**
US$80 und **Courtenay Rooks**, c/o Paria Springs,
für die El Cerro del Aripo-Besteigung (6–20 Uhr;
schwierig) US$85.

Aripo Savanna

Weniger anstrengend ist ein Ausflug in die Aripo
Savanna, ein Naturschutzgebiet südöstlich von
Arima, in dem Vogelbeobachter auf ihre Kosten
kommen. Für einen Besuch benötigt man ein Permit des Forestry Departments in St. Joseph, Farm
Road, ✆ 662-5114. Vom Churchill Roosevelt Highway biegt man einige Kilometer hinter Arima links

in die Cumuto Road ein, folgt dieser etwa 2,5 km und biegt wiederum links ab. Nach etwa 1,5 km überquert man den Caroni River (einfach den WASA-Schildern folgen). Kurz hinter einem großen Betongebäude führt links eine kleine Straße zum Eingang. In dem Naturschutzgebiet leben etwa 70 Vogelarten, darunter Savannahabichte, Stärlinge, Tyrannen und Wasserläufer.

Der Nordosten

Hollis Dam & Reservoir

Von Port of Spain fährt man den Churchill Roosevelt Highway bis zu seinem Ende, biegt links ab und stößt direkt auf die Eastern Main Road. Nach wenigen Kilometern verlässt man die EMR wieder und fährt links ab Richtung Valencia. 1,5 km hinter der Abzweigung biegt man in Valencia hinter einer kleinen Kirche in die Quare Road ein und gelangt nach etwa 400–500 m zur Pumpanlage der WASA (S. 194, Arena Dam). Entweder betritt man hier das Gelände der WASA mit dem erforderlichen Permit und wandert flussaufwärts zum Damm, oder aber man fährt die herrliche Straße entlang des Quare Rivers weitere 3–4 km und besucht von hier aus den Stausee. Der Quare River weist einige hübsche Badeplätze auf.

Was den Besucher erwartet, ist eine hübsche Szenerie, eine bezaubernde Vogelwelt, eventuell ein Brüllaffe, ein Kaiman und viel Ruhe. Das kostenlose Permit gibt's bei der WASA, Farm Road, St. Joseph, ✆ 662-2302. In Valencia besteht die Möglichkeit, in **Noel's Home**, 112 CYP Crescent Gardens, ✆ 668-4267, in einem der 4 DZ (eines mit eigenem Bad), Küchen- und Wohnraumnutzung zu übernachten. ❶–❷

Oropuche Caves

Wer sich für Höhlen und deren Bewohner (Fledermäuse und die sehr seltenen Fettschwalme) begeistert, kann die Oropuche Caves aufsuchen. Man erreicht die Höhlen über die 3,5 km östlich von Valencia liegende, sich wundervoll bergauf windende Cumaca Road und einem anschließenden 1- oder 2-stündigen Fußmarsch. Die Höhlen

liegen jedoch auf privatem Terrain und ein Besuch ist nur in der Trockenzeit anzuraten. Es gibt zwei Pfade zu den Höhlen, von 4 bzw. 8 km Länge. Entweder fragt man in Cumaca nach einem ortskundigen Führer oder wendet sich an Ivan Charles, ✆ 667-5636. Er veranstaltet einen empfehlenswerten, tollen Mt. Bike & Hike Trip; US$75.

Matura

Von Valencia führt die Valencia Road Richtung Osten durch eine herrliche, hügelige Landschaft. Nach 12,5 km biegt man an einer Gabelung links ab und erreicht nach 7 km Matura. Die dichten Wälder der Umgebung, vor der Eroberung der Briten Heimat einiger Indianerstämme, dienten im 19. Jh. der Gewinnung von Nutzholz. Wenig beachtet in der Vergangenheit, zählt Matura heute 1445 Einwohner. Erst Ende der 70er-Jahre baute die Regierung annehmbare Straßen westlich nach Valencia sowie südlich und nördlich entlang der Küste.

Ein Grund für den Besuch des wundervollen kleinen Dorfes ist der Strand der Matura Bay. Es führen viele Wege zum Strand, am besten fährt man weitere 4 km in nordwestliche Richtung, bis an der **Rincon Bay** erstmals das Meer in Sichtweite kommt. Hier sieht man die ersten Aas fressenden Geier. Der wilde, mit Treibholz, Muscheln, Palmblättern und Kokosnussschalen durchsetzte Strand hat eine Länge von 11 km. Einheimische nehmen hier schon mal ein kühles Bad. Nicht Ortskundige sollten dies aufgrund der sehr starken Strömungen besser unterlassen. Wer Lust hat, kann jedoch einen ausgiebigen Spaziergang machen. Die Mündung des Matura River, 5 km südlich der Rincon Bay, wird in der Regenzeit zu breit um sie zu überqueren.

Die Hauptattraktion des Matura Beaches sind jedoch die riesigen **Lederschildkröten** (S. 81), die jedes Jahr zwischen März und August den Strand aufsuchen, sich mühsam an Land schaffen und ihre Eier ablegen. In dieser Zeit ist der Strand Sperrgebiet und darf nur mit einer Genehmigung betreten werden. Die beste Zeit die Eiablage zu beobachten ist von April bis Juli von 20–24 Uhr. Wer hier ohne Führer herkommt, sollte eine Taschenlampe mitbringen, diese am

Bevor die Turtle Season losgeht, d. h. im Februar, wird der Strand der Matura Bay gesäubert. Anschließend gibt's einen riesen Familientag mit einem Wettbewerb: Prämiert wird die schönste aus Sand geformte Schildkröte.

Der Norden

Strand jedoch so wenig wie möglich benutzen, da die Schildkröten den Weg zurück ins Meer mit Hilfe der Lichtreflexe auf dem Wasser finden.

Die Schildkröten sind leicht ausfindig zu machen, nicht nur weil sie aufgrund ihres Gewichtes dicke Spuren hinterlassen, sondern auch weil in manchen Nächten hunderte an Land kommen. Erspäht man eine Schildkröte, so sollte man sich nur vorsichtig nähern, sich ruhig verhalten und die Schildkröte keinesfalls bei der Eiablage stören. Sucht die Schildkröte erst noch eine geeignete Brutstelle, sollte ein großer Abstand eingehalten werden.

Die erforderliche Genehmigung (Permit) für den Besuch kostet TT$5 und ist erhältlich von der Forestry Division, Long Circular Road, POS, ✆ 622-7476/3217, oder von der Revenue Office, Sangre Grande, ✆ 668-2518.

Außerdem erhält man das Permit inklusive Tour (TT$65) auch im Büro der **Nature Seekers**, 10 1/4 mm Toco Main Rd, Matura, ✆ 668-7337, 🖳 www.natureseekers.org. Ein Schild, aber auch das blaue Turtle-Haus machen auf den 1990 ins Leben gerufenen Naturschutzverein aufmerksam, der sich dem Schutz der Lederschildkröten verschrieben hat. Geschäftszeiten sind 8–16 Uhr, aber meist ist Anderson hier, oder man fragt im nebenan liegenden Guesthouse. Im Büro der Nature Seekers gibt's Toiletten, Infomaterial und eine kleine Bücherei. Die Mitglieder betreiben Aufklärung, patrouillieren die Strände und finanzieren sich aus Spenden und Mitgliedsbeiträgen.

Wer etwas für die Schildkröten tun will, kann eine adoptieren (US$35/Jahr). Außerdem bietet der Verein unterschiedliche Touren an, darunter zum grandiosen **Matura Waterfall**, eine **Turtle Tagging** (Kennzeichnung) **Tour** oder **Howler Monkey Tour**.

Übernachten kann man bei den Nature Seekers natürlich auch, nämlich nebenan in Susan's Guesthouse. Sie vermietet zehn Zimmer, die sich auf drei Etagen sechs Duschen und Toiletten teilen. Die Zimmer im Erdgeschoss sind leider etwas muffig. Frühstück inkl. ❷

Salybia

Etwa 3 km nordwestlich der Rincon Bay erreicht man das unscheinbare Dorf Salybia, das schräg gegenüber dem **Silver Gates Recreating Club** mittlerweile ein Spa Resort aufweist. Wellness, Abgeschiedenheit und Luxus zeichnen das **Salybia Nature Resort & Spa**, ✆ 691-3210, 🖳 www.salybiaresort.com, mit tollem Blick über die Salybia Bay aus. 21 Meerblick-Zimmer mit sämtlichen Annehmlichkeiten, eine Penthouse Suite und eine 7-Zimmer-Villa; ein klasse Pool mit Wasserfall und versunkener Poolbar, schönes Restaurant, gepflegter Garten und jede Menge Wellness-Angebote. ❺–❻

Kurz vor der Brücke, die den Rio Seco/Salybia River überspannt, führt ein kleiner Weg hinunter zur hübschen **Saline Bay**. Unter der Woche völlig verlassen, teilt man am Wochenende den Strand mit einheimischen Familien und Musikanlagen, welche die neusten Soco-Hits spielen. Den Strand nutzen jedoch auch die Fischer und die schwarzen Rabengeier. Kein schöner Anblick, wie sich die Geier, hauptsächlich an der Mündung des Flusses, über die kleinen, süßen Schildkröten hermachen.

Wer die wundervollen **Salybia Falls** (auch **Rio Seco Falls**) erkunden möchte, überquert die Brücke und folgt dem Matura National Park Schild (links ab) „Trail to Rio Seco Waterfall 2 km". Die Strecke ist schlecht, mit Schlaglöchern durchsetzt und nach Regen äußerst matschig – dann lässt man das Auto besser unten stehen. Ansonsten folgt man der Strecke etwa 10–15 Minuten mit dem Auto. Hat man einige wenige Häuser passiert, Ausschau nach dem Schild „Take only pictures – Leave only footprints" halten. Von nun an sind die Füße gefragt.

Nach etwa 10 Minuten nimmt man an einer Gabelung die linke Abzweigung (die rechte führt auch zum Wasserfall), folgt dem Pfad (ziemlich

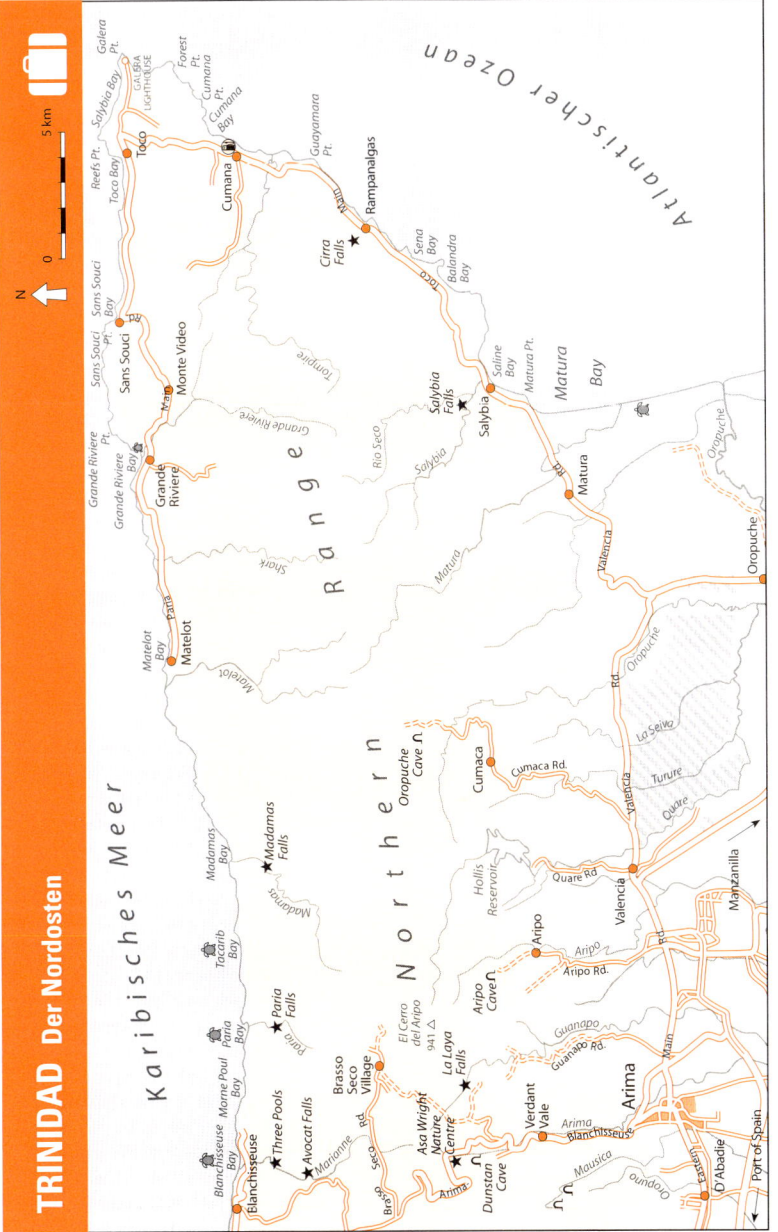

Atlantischer Ozean

Karibisches Meer

Northern Range

Bays and Points:
Galera Pt.
Salybia Bay
Reefs Pt.
Toco Bay
Forest Pt.
Cumana Pt.
Cumana Bay
Guayamara Pt.
Sena Bay
Balandra Bay
Matura Pt.
Matura Bay
Saline Bay
Sans Souci Pt.
Grande Riviere Bay
Matelot Bay
Madamas Bay
Tacarib Bay
Paria Bay
Morne Poui Bay
Blanchisseuse Bay

Places:
Galera Lighthouse
Toco
Cumana
Rampanalgas
Cirra Falls
Monte Video
Sans Souci
Salybia Falls
Salybia
Matura
Grande Riviere
Oropuche
Matelot
Madamas Falls
Cumaca
Cumaca Rd.
Oropuche Cave
Quare Rd.
Valencia
Aripo
Aripo Rd.
Aripo Cave
Turure
Quare
Manzanilla
Hollis Reservoir
El Cerro del Aripo 941 △
La Laya Falls
Guanapo
Guanapo Rd.
Brasso Seco Village
Paria Falls
Three Pools
Avocat Falls
Blanchisseuse
Asa Wright Nature Centre
Dunstan Cave
Verdant Vale
Arima
Blanchisseuse
Port of Spain
D'Abadie

Rivers:
Tompire
Grande Riviere
Rio Seco
Salybia
Shark
Matura
Morelot
Madamas
Marianne
Seco
Brasso
Arima
Mausica
Caroni
Oropuche
La Seiva
Valencia

N
0   5 km

steil bergab!) und hält sich rechts. Man folgt sozusagen dem Rio Seco, der links des Pfads dahinplätschert. Durchquert man weiter den Wald, taucht nach etwa 30 Minuten ein kleiner Bach auf, der überquert werden muss. Weitere 100 m geradeaus stößt man auf einen größeren Fluss, der ebenfalls durchwatet werden will. Nach etwa 10 Minuten sieht man sich dem Rio Seco gegenüber, dem man flussaufwärts nochmals 10 Minuten folgt. Hier gilt es den besten Weg im oder entlang dem Flussbett zu suchen.

Der Weg ist sicherlich ein wenig abenteuerlich und wer sich nicht zutraut den richtigen Pfad zu finden, fragt am besten in Salybia nach einem Führer. Hier verdient sich jeder gerne ein wenig Taschengeld dazu. Der Wasserfall stürzt aus etwa 8 m in einen ungefähr 7 m tiefen und 12 m breiten, blaugrün schimmernden Pool. Ein hübscher Anblick und eine erfrischende Abkühlung, wagt man den Sprung ins eiskalte Wasser. Den Picknickkorb dabeizuhaben ist ein Muss!

Balandra, Rampanalgas und Cumana

Knappe 4 km weiter entlang der Toco Road liegt **Balandra**, ein hübsches Fischerdorf. Hinter dem vielversprechenden Schild „Balandra Beach Resort" verbirgt sich mittlerweile leider Privatgelände. Der von Palmen gesäumte Balandra Beach, weiter in Richtung Nordosten, lädt zum Schwimmen ein. Fischerboote dümpeln in der Bucht und die Rabengeier tun sich an den Innereien der ausgenommenen Fische gütlich. In **Kay's Pot & Jenny's Country Kitchen** gibt's eventuell ein leckeres Mahl.

Die Toco Road führt weiter entlang der Küste. Die Vegetation wird zunehmend dichter. **Rampanalgas** ist ebenfalls ein freundliches Dorf. **Arther's Grocery & Bar & Post** verlockt zum Limen, einem kühlen Getränk, einer Partie Pool oder einem leckeren Crab Cake, und wer Lust verspürt, kann sich nach dem Weg zu den kleinen **Cirra Waterfalls** erkundigen.

Nach weiteren 9 km, vorbei an hübschen Buchten und dem wilden Atlantik, erreicht man das idyllische **Cumana**. Hier gibt es eine **Tankstelle**, ◷ Mo–Fr bis 18, Sa bis 12 Uhr – die **letzte**

auf dem Weg Richtung Matelot, seit Toco's Tankstelle geschlossen wurde.

Übernachtung und Essen

D Arthur's Hotel, Toco Main Rd, ✆ 670-4384, 🖳 www.darthurhotel-balandra.com. Nicht wirklich charmant und viel zu teuer, auch wenn die Besitzer recht nett sind. Insgesamt 10 Zimmer mit AC, TV und Bad. Es gibt kleinere Zimmer ohne Balkon, mit Balkon und 2 Suiten. Anbei ein klimatisiertes, nettes aber recht teures Restaurant; Internet (TT$10/Std.). ❹–❺

Hill House & Cafe, ✆ 760-0768. Liegt kurz hinter Balandra steil am Berg. Mrs. Doulos vermietet eine B&B-Unterkunft und serviert (nicht täglich) preiswerte kreolische Gerichte und Snacks. ❷

J&J Big Yard Bar, Apartments & Seaview Guesthouse, Toco Main Rd, Cumana, ✆ 670-2117. Rechts oberhalb der Bar liegt das etwas ältere Seaview Guesthouse mit 3 großen 1-Bettzimmer-Apartments, die über Küche, Bad und Ventilator verfügen. Über der Bar werden nochmals einige 1- und 2-Bettzimmer-Apartments vermietet, wobei nur eines eine große Küche besitzt. Ansonsten sind alle ausgestattet mit AC, TV, Balkon, sind relativ neu und nett eingerichtet, aber auch recht teuer. ❸–❺.

Die J&J Big Yard Bar ist vor allem am Wochenende belebter Treffpunkt, wenn aus den Big Speakers Radio Toco einheizt. Nebenan serviert **Carol's Kitchen** tgl. wechselnde Mittagsmenüs und Frühstück ab 6.30 Uhr.

Agro Tourism Centre, Anglais Rd, ✆ 670-0068, 🖳 www.tocofoundation.org. Wer vor der Tankstelle in die Anglais Rd abbiegt, dieser etwa 1 km folgt und am Fußballplatz rechts abbiegt, erblickt linker Hand das nette, offen gehaltene Haus mit schönem Garten. King, der Hausmeister, ist meist da. Vermietet werden 8 einfache, saubere DZ mit Ventilator und Bad (einige AC) und ein Mehrbettzimmer. Hier werden auch **Touren** angeboten z. B. von Sans Souci nach Grand Riviere (3 Std.) oder von Salybia zum Rio Seco-Wasserfall und einigen Sulphur Springs (Schwefelquellen).

AJ's Guesthouse, ✆ 670-0664, 🖳 www.ajs guesthouse.net. Kurz vor dem Agro Tourism Centre fällt dieses nette orangefarbene Haus ins Auge. Vermietet werden hier 2 komplette, schöne 2-Bettzimmer-Wohnungen mit Balkon und Garten. ❺ – ❻

Toco und der Galera Point

Nachdem Port of Spain nun schon knapp 90 km entfernt liegt und man 2 1/2 Stunden reine, gemütliche Fahrzeit hinter sich hat, erwartet einen das malerische und gleichzeitig mit 800 Einwohnern größte Dorf des Nordostens – Toco. Im Jahre 1633 errichteten einige Holländer, unterstützt von den äußerst friedvollen Nepuja-Indianern, eine kleine Siedlung, die jedoch schon drei Jahre später vom spanischen Gouverneur Don Lopez de Escobar zerstört wurde.

Toco blieb über die Jahrhundert spärlich besiedelt. Ende des 18. Jhs. widmeten sich französische Siedler dem Anbau von Baumwolle und ein Jahrhundert später zählte man in der Region Toco 64 Kaffee- und Kakaoplantagen. Die Menschen des heutigen Toco leben zum überwiegenden Teil von ein wenig Landwirtschaft, der Fischerei und Gelegenheitsjobs der Regierung.

Dem Hinweisschild zum Galera Point – dem nordöstlichsten Punkt Trinidads – folgend, passiert man entlang der Galera Road einen der schönsten Strände des Nordostens: die malerische **Salybia Bay**. Tief geneigte Kokospalmen säumen die Bucht und den herrlich goldgelben Sandstrand. Während die Schulkinder am frühen Morgen eher anstrebend ihre Leibesübungen am Strand absolvieren, treffen sich am Wochenende die Surfer hinter dem vorgelagerten Riff, und so mancher Einheimische grillt einen frischen Fisch am Strand. Ein herrliches Fleckchen Erde.

Etwa 2 km östlich des Strandes thront am Galera Point über der fantastischen Steilküste ein **Leuchtturm**. Er wurde 1897 errichtet und gewährt einen der wundervollsten Ausblicke (falls geöffnet). Tief unten branden schaumgekrönte Wellen an die Küste und weiter draußen ist an der unterschiedlichen Schattierung des Meeres wunderbar zu erkennen, wo sich Atlantischer Ozean und Karibisches Meer begegnen. Ist die Sicht klar, erblickt man Tobago. Anhänger des Orisha-Kults pilgern jedes Jahr am 21. Februar vom

Leuchtturm Port of Spains hier her und zelebrieren das **Olukun-Fest**, das Fest des Ozeans.

Entlang der Galera Road passiert man **Radio Toco 106,7 FM** – einen der beliebtesten Radiosender vor allem Tobagos. Besucher dürfen ruhig mal reinschauen wie ein DJ hier auflegt. Wer in alten Calypso-Platten stöbern, Muscheln, Insekten oder amerindische Artefakte sehen möchte, kann im **Toco Folk Museum**, ☎ 670-8261, vorbeischauen, das sich auf dem Gelände der Composide School befindet. Hier gibt's auch lokale Infos und Auskunft über das Agro Tourism Centre (s. Cumana). ☉ Mo–Fr 8–15.30 Uhr, TT$3.

Hungrige können sich ganz preiswert satt essen in **Annifar's Cuisine**. Gegenüber Annifar's befindet sich **Nixon's Supermarkt**. Mr. Nixon, ☎ 670-8209, vermietet in Grande Riviere zwei Ferienhäuser für 4 und 6 Personen. ❷ – ❸ **Übernachtungsmöglichkeiten** sind ansonsten vorab im *Daily Express* unter der Rubrik „Resorts Local" zu finden oder über Hinweisschilder am Straßenrand. Die Beach Houses sind günstig, jedoch auch sehr einfach. Bettzeug und Geschirr sind meist selbst mitzubringen. **E-Mails** checken darf man im **Toco Bitts Centre** (TT$10/Std.), ebenfalls an der Toco Main Road.

Wer mit öffentlichen Verkehrsmitteln unterwegs ist, nimmt den Bus von Port of Spain nach Arima (TT$2,50–4), fährt anschließend mit dem Maxi Taxi nach Sangre Grande (TT$3) und weiter mit dem Maxi und/oder Route Taxi über Matura nach Toco. Maxis befahren auch die Strecke Arima–Toco (TT$7), jedoch seltener. In jedem Fall ein sehr beschwerlicher Weg. Ein Mietwagen ist wirklich empfehlenswert, schließlich herrscht hier kaum Verkehr.

Sans Souci

Hinter Toco fährt man auf der Paria Main Road etwa 8 km entlang der zerklüfteten Nordküste. Der extreme Wellengang macht vor allem Sans Souci zu einem der beliebtesten Surfertreffs. Es ist ein verschlafenes, hübsches Dorf. Den Strand nennen die Einheimischen einfach nur **Big Bay**.

Wer hier **übernachten** möchte, fragt in der sehr frequentierten D'Abreo Grocery & Bar nach Conrad Peters, ☎ 670-8327. Sein kleines, und auch nur für völlig Anspruchslose geeignetes Häuschen (zwei Zimmer, Küchenzeile, Bad, Veranda; TT$200) liegt nur wenige Meter von der Bar entfernt am Strand. Richtig nett, mit wundervollem Pool und Blick übers Meer, wohnt man dagegen im Anise Resort & Spa. Insgesamt 10 Zimmer mit AC, TV, Bad, Gemeinschaftsterrasse oder Balkon, Sonnendeck, Bar und Whirlpool. Mittlerweile eröffnet, sind die Preise zu erfragen.

In **L'Anse Noire**, unweit von Sans Souci, kann man sich ebenfalls einmieten in das Violet Holiday Resort, ☏ 637-3973, oder das Sharp Point Beach Resort, ☏ 670-8345, beides Ferienhäuser, deren Verfügbarkeit vorab telefonisch zu erfragen ist. Verlässt man Sans Souci in Richtung Westen, taucht man ein in den fantastischen, üppigen Regenwald. Die folgenden 8 km bis Grande Riviere über Monte Video entschädigen einmal mehr für die Strapazen der Fahrt.

6 HIGHLIGHT

Grande Riviere

Grande Riviere ist eines der unberührtesten, idyllischsten Dörfer Trinidads. In abgeschiedener Lage locken drei wundervolle Resorts, kleine Shops, freundliche Menschen und einsame Pfade durch den Dschungel und entlang der Flüsse sowie versteckte Badebuchten. Der Strand ist gesäumt vom üppigen Hinterland und in östlicher Richtung begrenzt durch die Mündung des tief im Regenwald entspringenden Grande Riviere River. Sind die Wellen zu stark, bietet der Fluss eine Alternative für ein kühles Bad. Nicht entgehen lassen sollte man sich den Anblick der Geier, die allmorgendlich am Strand ihre Flügel zum Trocknen ausbreiten.

Den Strand suchen von Anfang März bis Ende August die **Lederschildkröten** zur Eiablage auf (S. 81, Matura). In diesem Zeitraum ist der Strand zwischen 18 und 6 Uhr Sperrgebiet und lizenzierte Tourguides patrouillieren den Strand, um die Eiablage zu schützen. Wer diesem Spektakel beiwohnen möchte, besorgt sich am Strand das Permit (TT$5), das allerdings nur in Verbindung mit einer geführten Tour (TT$60) angeboten wird. Die beste Jahreszeit, um die Schildkröten oder die schlüpfenden Babys zu beobachten, ist von Mai bis Juli/August (S. 81, Lederschildkröten). Dann kann es vorkommen, dass hundert Schildkröten gleichzeitig legen und man am Tag tausende schlüpfender Babys sieht.

Vogelbeobachter kommen in Grande Riviere auch auf ihre Kosten. Ansprechpartner hierfür ist z. B. der im Dorf lebende Cyril James, c/o Le Grande Almandier. Unter anderem zeigt er Besuchern gerne den **Pawi** (Pipin Guan), einen vom Aussterben bedrohten Truthahn, der nur noch in der Northern Range von Trinidad zu finden ist. Abenteurer können mit Mr. James auch eine Nacht im Dschungel verbringen, den **Grande Riviere Wasserfall** besuchen, im Shark River baden oder vom Wipfel eines tief im Busch liegenden Baumes dem Treiben im Unterholz lauschen.

Touren organisiert auch **Jakatan**, der im Dschungel nach seinen eigenen Gesetzen lebt und den Busch kennt wie kein zweiter. In der Turtle Season betreibt er mit seiner Familie einen netten Craft Shop am Eingang zum Strand. Er ist ein Unikat, eine heiße Quelle lokaler Infos, führt Besucher an herrliche Wasserfälle (TT$120) oder übernachtet mit ihnen im Bush (TT$300). Sein Sohn David hat ebenfalls einen netten Craft Shop am Strand. Auch im Infocenter **Grand Riviere Nature Tour Guidung Association** am Eingang zum Strand erhält man Infos über Trails, Schildkröten etc. Zu entdecken gibt es unendlich viel, den Gordon Trace, Esperanza Trace, Paria Branch Trail, The Gorge usw.

Wer lieber aufs Wasser geht, fragt nach Nigel. Sein Boot bringt Besucher zur nahe gelegenen **Langosta Cove**, an einsame Buchten, zur **Matelot**, **Madamas** oder **Paria Bay** (bis zur Paria Bay zahlt man TT$1500, 1–7 Pers.). Wer Schildkröten auf dem Wasser erleben möchte (sie verspeisen Quallen), macht mit Nigel eine 1-stündige Bootstour (TT$60). Außerdem kann man mit den Floß oder dem Kanu den Shark River oder den Grande Riviere River flussaufwärts paddeln. Auch Andy Whitwell, c/o The Pathmaster, ☏ 632-9746, bietet bzw. Campingtouren am Shark River an. Das Le Grand Almandier vermietet **Kajaks** (US$15/Std.), organisiert einen **Fishing Trip** (US$100), oder einen Übernachtungstrip an der

Paria Bay (mit dem Boot; US$200) und in Kürze gibt's auch **Quad-Bikes** zu mieten (US$100; 3 Std.). Touren von Matelot nach Blanchisseuse s. auch S. 162.

Übernachtung und Essen

Mt. Plaisir Estate Hotel, ☎ 670-2218, 💻 www. mtplaisir.com. Wunderbares Resort direkt am Strand Grande Rivieres. Die insgesamt 7 Suiten für 4 Pers. und Beach Lofts für 6 Pers. sind individuell mit lokalem Kunsthandwerk gestaltet, die Zimmer zum Teil verbunden mit einer Schwingtür, die Bäder aus Naturstein. Alle Zimmer sind luftig und haben Holzböden. Von der Terrasse bzw. der Veranda hat man einen herrlichen Blick auf den Strand, das Meer und vielleicht auch die eine oder andere Schildkröte. Das Open-air-Restaurant unter dem Haupthaus ist gemütlich, serviert indische, kreolische und italienische Gerichte, leider ziemlich teuer. Einen Sundowner trinkt man natürlich in der Beach Bar. Frühstück inkl. ❺

Le Grand Almandier, ☎ 670-2294, 💻 www. legrandealmandier.com. Das ebenso hübsche, direkt am Strand liegende Hotel gehört Cyril James. Er vermietet 3 schöne Suiten mit 2 Schlafzimmern, Bad und Veranda mit Hängematten, sowie 9 individuell gestaltete, schön dekorierte DZ mit Bad, Moskitonetz, AC, Balkon und riesiger Sonnenterrasse (Zimmer 6–8 mit Meerblick). Das gemütliche Restaurant und die Bar (leider auch ziemlich teuer) sind das Reich von Jason, Cyrils Neffen und Chefkoch, der u. a. tolle Fischgerichte zaubert, leckeres Kokosnussbrot backt und immer ein offenes Ohr für seine Gäste hat. Frühstück inkl. ❺

Mc Eachnie's Haven, Bristol, Ecke Thomas St, ☎ 670-1014, 💻 www.mchaventt.com. Ein Hinweisschild führt zu Ingrids und Erics familiärem Guesthouse in Hanglage. Sie vermieten 6 große Zimmer mit Moskitonetz, Bad und Gemeinschaftsveranda. Erics Band Roots & Branches spielt oft Live-Musik und Ingrid kocht in ihrem Restaurant leckere kreolische, bezahlbare Gerichte (evtl. vorher anmelden). Frühstück sollte man vielleicht mit aushandeln; gute Adresse für lokale Infos, Touren und den Evening-Lime. AC-Zimmer etwas teurer. ❷–❸

Super romantisch – zum Wohlfühlen

Acajou Hotel, ☎ 670-3771, 💻 www.acajoutrini dad.com. 5 zauberhafte, offen gehaltene, asiatisch-polynesisch inspirierte Holz-Cottages mit tollen Betten, klasse gemachten Bädern und absolut wundervoller Veranda mit Hängematte. Restaurant, Bar und Garten sind auch eine Augenweide. Liegt am Fluss mit Meerblick und sehr privat. Kontinentales Frühstück inkl. ❺

Übersteigt der Luxus der Hotels das Budget, kann man sich im Dorf nach einer Übernachtungsmöglichkeit umschauen. Kontaktpersonen sind Mr. Charles oder Mr. Roseman. Der Besitzer des nicht zu überhörenden **Guy's Rec Club**, ☎ 670-0048, vermietet über der Bar und einem Laden die gesamte Etage (3 DZ, Küche Wohnraum, Bad), ❷, oder lediglich ein DZ, ❶. Komfort sollte man jedoch nicht erwarten.

Richtig nett ist es bei **Cynthia & Irvine James**, ☎ 670-2779 (einfach im Dorf fragen). Sie vermieten neben ihrem Haus ein kleines Zimmer mit kleiner Terrasse und Bad. Die Unterkunft ist zwar einfach, aber sauber und liebevoll mit TV, Ventilator, Blumen, Handtüchern, Kaffeeutensilien und Moskitonetz vollgestopft. ❷

Es gibt 2 Einkaufsläden, u. a. **Guy's Grocery**, die auch Snacks anbieten. Ansonsten sucht man **Pam Antoine** in ihrer kleinen orangefarbenen Hütte an der Hauptstraße auf. Sie offeriert tgl. wechselndes, preiswertes Frühstück und Mittagessen wie Bake & Shark, Bus-up-shots oder Pelau.

Was Liming und Nachtleben angeht, so sind **Jamesey's Stonewall Bar** und **Guy's** vor allem am Wochenende sehr frequentiert, und wenn Erics Band Roots & Branches wieder mal spielt, ist das nicht zu überhören, d.h. folge einfach dem Beat.

Transport

Von SANGRE GRANDE fahren **Maxi** (TT$9) und vereinzelt **Route Taxis** (etwas teurer) nach

GRAND RIVIERE (beide 2007 leider sehr unregelmäßig).

Matelot

Hinter Grande Riviere beginnt der Regenwald noch dichter zu werden. Purpurrot blühende Heliconia-Pflanzen, Bananenstauden, Kakao- und Bambuswäldchen und von Schlingpflanzen umfangene Baumriesen säumen den Straßenrand. Entlang der Paria Main Road überquert man zahlreiche Flüsse über nicht immer Vertrauen erweckende Holzbrücken. Ein Zwischenstopp lohnt sich am herrlichen Shark River. Flussaufwärts gibt es einige tiefe Pools, die zum Baden einladen, allerdings ist der Weg mitunter etwas beschwerlich. Nach etwa 10 km, mit grandiosen Ausblicken auf die Steilküste und vereinzelte Strände, erreicht man das wunderschöne Dorf Matelot, wo die Paria Main Road endet.

Im Dorf kann man Raymond Charles, c/o Sea Breeze Rec. Club, ℡ 670-1724, nach einer **Über-** nachtungsmöglichkeit fragen. Er vermietet zwei einfache Cottages (TT$250).

Matelot ist ein Fischerdorf mit einer schlichten katholischen Kirche und einigen wenigen Läden. Beliebtester Spielplatz der Kinder ist der Matelot River. Die Bewohner leben neben dem Fischfang auch von der Jagd. Vom Dorf aus führt ein herrlicher Treck (Madamas River Nature Walk) nach Blanchisseuse (S. 162). Die etwa 32 km lange Strecke durch unberührten Regenwald, entlang der zerklüfteten Nordküste schaffen aber nur die wirklich Durchtrainierten in einem Tag.

Wen solch eine Tour reizt, der sollte sich in Matelot an den Pawi Culture & Eco Club, ℡ 670-1816, wenden, der lizenzierte Tour Guides vermittelt. Es ist mit Sicherheit ein unvergessliches Erlebnis. Eine andere herrliche Strapaze ist die Ganztagestour (3 Std./einfach) entlang des Matelot River zum bemerkenswerten **Matelot Wasserfall**. Weniger anstrengend dagegen ist es, mit einem Fischer die Küste zur **Madamas** oder **Paria Bay** zu schippern.

Limen und erfrischen mit den Trinis am Matelot River

Der Norden

Port of
Spain

San
Fernando

Westküste, Central Plains und Ostküste

Stefan Loose Traveltipps

7 **Caroni Swamp** Bootstour durch
das Naturschutzgebiet in die Abenddämmerung und Trinidads Nationalvogel
bei der Heimkehr beobachten. S. 182

Hanuman Murti und Waterloo Temple
Indische Kultur erleben und die größte
Hindu-Statue der westlichen Hemisphäre
bestaunen. S. 183

Pointe-à-Pierre Wildfowl Trust Relaxte
Atmosphäre genießen und inmitten üppiger
Flora und Fauna viel Wissenswertes
erfahren. S. 188

Mount Tamana Bat Caves Beobachten
einer Heerschar Fledermäuse, die in der
Dämmerung ihre Höhlen verlassen, um auf
Beutezug zu gehen. S. 195

Manzanilla Bay Fahrt entlang der
18 km langen, von windschiefen
Kokospalmen gesäumten Bucht. S. 196

8 **Nariva Swamp** Bootstour durch das
Naturschutzgebiet mit der Aussicht
einen Manati oder eine Anakonda zu
erspähen. S. 198

Die Westküste

Caroni Swamp

Ein Besuch dieses etwa 6 km² umfassenden Naturschutzgebietes, das unmittelbar südlich von Port of Spain am Gulf of Paria liegt, ist neben dem Asa Wright Nationalpark *die* Attraktion auf Trinidad. Die Mangroven-Sumpflandschaft ist den Gezeiten unterworfen und Heimat von etwa 180 Vogelarten. Täglich um 16 Uhr beginnt eine etwa 2 1/2-stündige Bootstour (US$10 p. P.) entlang wundervoll verschlungenen Wasserwegen durch eine bizarren Mangrovenlandschaft. Die Stelzwurzeln der Mangroven bilden undurchdringliche Dickichte und die Atemwurzeln einer anderen Mangrovenart, die unter der Schlickoberfläche entspringen, ragen wie Spargel dicht gedrängt aus der Erdoberfläche. Baumaustern *(tree oyster),* die von Einheimischen mit Vorliebe roh und mit allerlei Pfeffersoßen gegessen werden, klammern an den Wurzeln.

Einen Spaß erlauben sich die Bootsführer mit den etwa 15–20 cm langen **Vieraugen** *(foureyed fish),* die meist so dicht unter der Wasseroberfläche schwimmen, dass die obere Hälfte ihrer Doppelaugen aus dem Wasser ragt. Versucht man die Fische bei Tageslicht zu fangen, springen sie wie eine Rakete aus dem Wasser. Die Augen der Fische sind durch ein Epithelband zweigeteilt, so dass sie gleichzeitig über und unter Wasser nach Beute Ausschau halten können. Fast immer sichtet der Bootsführer auch eine in den Bäumen zusammengerollte **Cook'sche Boaschlange** *(cook's tree boa),* einige Vogelarten und Winkerkrabben. Wer Glück hat, sieht einen Kaiman. Der Höhepunkt der Tour und ein wirklich spektakuläres Erlebnis sind die im Abendlicht vom venezolanischen Festland zu ihren Schlaf- und Nistplätzen zurückkehrenden **Scharlachsichler** *(scarlet ibis).* Der atemberaubend schöne knallrote Vogel ist der Nationalvogel Trinidads. In Scharen von manchmal bis zu 100 Exemplaren steuern sie immer zur gleichen Uhrzeit die Insel an und lassen sich in den Zweigen nieder.

Auch weiße Sichler nisten auf der Mangroveninsel. Sie bevorzugen jedoch das Dickicht im Innern der Insel. Wer das Schauspiel genauestens beobachten oder bildlich festhalten möchte, sollte ein Fernglas und eine Kamera mit großem Zoombereich mitbringen. In Port of Spains Zoo kann man einen Scharlachsichler aus der Nähe betrachten. Leider verblasst die eindrucksvolle Farbe des Vogels in Gefangenschaft. Die abschließende Rückfahrt durch die in der Dunkelheit unheimlich wirkenden Dschungelsümpfe runden die Tour auf eine geheimnisvolle Weise ab.

Transport

Der Weg zum Naturschutzgebiet ist vom Uriah Butler Highway sehr gut beschildert. Wer ohne Mietwagen unterwegs ist, nimmt ein **Maxi** oder **Route Taxi** von Port of Spain in Richtung Chaguanas und bittet den Fahrer, an der Ausfahrt Caroni Swamp zu halten. Von hier aus sind es zum Bootsanleger etwa 5–10 Minuten Fußmarsch.
Eine bequeme, etwas teurere Alternative ist ein Komplettpaket inkl. Transfer. vom Veranstalter der Bootstouren **Nanan's Tours**, Bamboo Grove Settlement, No 1, Uriah Butler Highway, Valsayn 645-1305, www.nananecotours.com.

Chaguanas

Chaguanas, von den Spaniern wahrscheinlich benannt nach dem bei ihrer Ankunft dort lebenden Volk der Chaguanes, zählt zu einer der ältesten Siedlungen Trinidads. Mitte bis Ende des 19. Jahrhunderts wurde Chaguanas zur neuen Heimat indischer Kontraktarbeiter, die ihr Brot auf den Zuckerrohr- und Kakaoplantagen verdienten. Die Anbindung an die Eisenbahnlinie im Jahre 1876 verwandelte Chaguanas in einen der wichtigsten Umschlagplätze für Kakao, Kaffee und Zuckerrohr. Die wirtschaftliche Bedeutung dieser Gegend bestimmten noch weit in die 40er- und 50er-Jahre des 20. Jhs. die Zuckerrohrfelder. Vor allem in der Zeit des Ölbooms galt Chaguanas als attraktives Wohngebiet. Der Uriah Butler Highway (ehemals Princess Margaret Highway) traf in Chaguanas auf die Southern Main Road, die Chaguanas mit den reichen Öl- und Industriestädten des Südens verband. Erst Mitte der 70er-Jahre vollendete man den Solomon Hochhoy Highway.

25 km südöstlich von Port of Spain und 35 km nördlich von San Fernando gelegen, ist Chaguanas heute die drittwichtigste Stadt Trinidads und stark indisch geprägt. Das geschäftige Zentrum ist eine Mischung aus Banken, Buden, Büros, Straßenverkäufern, Fastfood-Läden, Street-Food-Ständen, Kinos, unzähligen Geschäften und den beiden riesigen Einkaufszentren, der **Mid Centre Mall** und der **Centre Point Mall** (auch Ramsaran Plaza), die ihren Kunden eine breite Palette amerikanischer, fernöstlicher und europäischer Importprodukte bieten. Ein völlig anderes Gesicht zeigt der altmodische Markt südlich der Main Road. Unzählige Holzbuden, zum Teil zugekleistert mit Bollywood-Reklame, verkaufen Gemüse, Obst, handgearbeitete Lederwaren, Kleidung und jede Menge brauchbarer und unbrauchbarer Dinge.

Richtig ausgiebig wird in Chaguanas natürlich auch gefeiert und zwar im März das **Kendra Phagwa Festival** (S. 37) und im Monat Oktober das hinduistische Lichterfest **Divali** (S. 40), zu dessen Anlass tausende *deyas,* kleine irdene Schalen getöpfert, mit Kokosnussöl gefüllt und mit einem Baumwolldocht versehen werden. Ein wunderbarer Anblick, wie die deyas die ganze Divali-Nacht hindurch brennen. Wer der Southern Main Road in Richtung Süden folgt, wird in Edingburgh und Chase Village viele Stände und Shops passieren, die diese *deyas* und andere **Töpferwaren** zum Kauf anbieten, u. a. Gedenktafeln, Töpfe, Figuren, Ornamente oder Windspiele, die auf traditionelle indische Weise hergestellt werden.

Die 12 m hohe Statue von Swami Vivekananda, der als erster großer Hindu-Gelehrter 1893 die Botschaft des mystischen Ostens in die westliche Welt brachte, hält ein wachsames Auge auf den große Komplex des **National Council of Indian Culture** (auch **Divali Nagar**) nördlich von Chaguanas, Schauplatz zahlreicher, großartiger traditioneller indischer Festivitäten; Termine unter ☎ 656-6733.

Das ehemalige Zuhause des V. S. Naipaul

In der Chaguanas Main Road befindet sich auch das imposante Lion House, das ehemalige Zuhause des Schriftstellers V. S. Naipaul, der am 17. August 1932 in Chaguanas geboren wurde und heute in England lebt. Die Regierung Trinidads gewährte Naipaul nach dessen Abschluss am Queen's Royal College in Port of Spain ein Stipendium, das ihm das Studium der Philologie in Oxford ermöglichte. Seine Romane wurden mit Literaturpreisen bedacht, 2001 erhielt er den Literaturnobelpreis. Er gilt als der bedeutendste englischsprachige Autor des karibischen Raums. Wer seinen Roman **Ein Haus für Mr. Biswas** gelesen hat, kennt die Geschichte des doppelstöckigen, weiß gestrichenen, mit steinernen Löwen verzierten Hauses, das 1926 von Pundit Capildeo, Naipauls Großvater, erbaut wurde. Für die Öffentlichkeit ist es nicht zugänglich, kann aber zumindest von der Straße aus bewundert werden.

Transport

Vom Citygate in PORT OF SPAIN fahren die **Busse** nach CHAGUANAS zwischen 5.30 und 20.30 Uhr mind. alle 30 Minuten; TT$4. **Maxi Taxis** verkehren vom Citygate in Port of Spain, **Route Taxis** vom Broadway zur Mid Centre Mall in Chaguanas; TT$6.
Wer weiter Richtung SAN FERNANDO möchte, nimmt den Bus, ein Maxi Taxi oder ein Route Taxi von der Chaguanas Main Road.

Dattatreya Yoga Centre, Hanuman Murti und der Waterloo Temple

Einige Kilometer südlich von Chaguanas entlang der Southern Main Road oder dem Solomon Hochhoy Highway führt die Abfahrt Chase Village auf die von unzähligen Zuckerrohrfeldern gesäumte Orange Field Road vorbei an Carapichaima bis ins Dorf Waterloo. Die in den Vorgärten der hinduistischen Familien an Bambusstangen flatternden Fahnentücher, genannt *jhandy* oder *prayer flags*, symbolisieren mit ihren Farben die hinduistischen Gottheiten (schwarz = Kali;

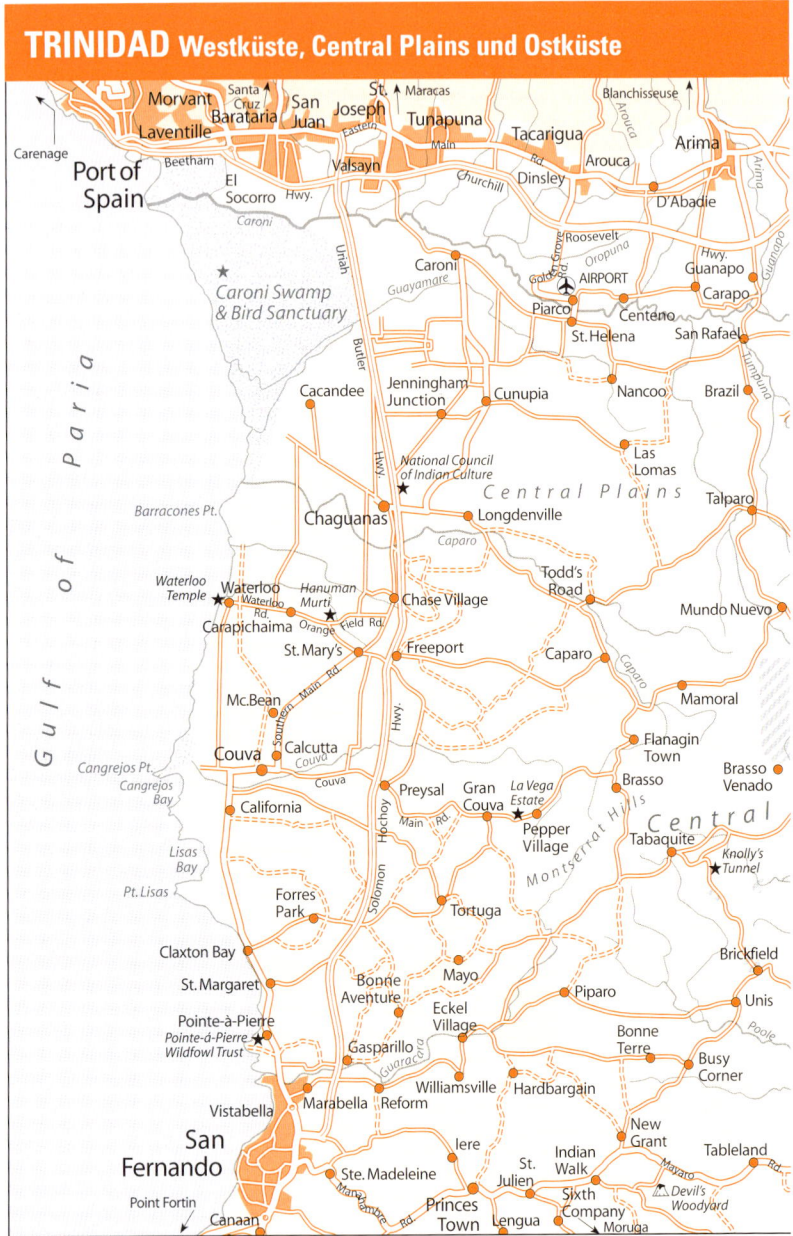

TRINIDAD Westküste, Central Plains und Ostküste

Carenage
Port of Spain
Morvant
Laventille
Beetham
El Socorro
Santa Cruz
Barataria
San Juan
St. Joseph
Eastern Main
Maracas
Valsayn
Churchill
Dinsley
Tunapuna
Tacarigua
Arouca
Arima
D'Abadie
Blanchisseuse
Aroca

Caroni
Uriah
Guayamare
Caroni Swamp & Bird Sanctuary
Roosevelt
Oropuna
Gold
AIRPORT
Piarco
St. Helena
Guanapo
Carapo
Centeno
San Rafael

Barracones Pt.
Butler
Cacandee
Jenningham Junction
Cunupia
Nancoo
Brazil
National Council of Indian Culture
Chaguanas
Longdenville
Caparo
Central Plains
Las Lomas
Talparo

Waterloo Temple
Waterloo
Carapichaima
Waterloo Rd.
Hanuman Murti
Orange Field Rd.
Chase Village
St. Mary's
Freeport
Todd's Road
Caparo
Mundo Nuevo
Mamoral
Caparo

Mc.Bean
Calcutta
Couva
Couvo
Couva
California
Preysal
Gran Couva
La Vega Estate
Pepper Village
Flanagin Town
Brasso
Brasso Venado
Tabaquite
Central
Montserrat Hills
Knolly's Tunnel

Cangrejos Pt.
Cangrejos Bay
Lisas Bay
Pt. Lisas
Forres Park
Tortuga
Claxton Bay
St. Margaret
Bonne Aventure
Mayo
Eckel Village
Piparo
Bonne Terre
Busy Corner
Brickfield
Unis
Poole

Pointe-à-Pierre
Pointe-á-Pierre Wildfowl Trust
Vistabella
San Fernando
Point Fortin
Marabella
Gasparillo
Reform
Williamsville
Hardbargain
Iere
Ste. Madeleine
St. Julien
Indian Walk
Sixth Company
New Grant
Tableland
Mayaro Rd.
Devil's Woodyard
Canaan
Princes Town
Lengua
Moruga

Gulf of Paria

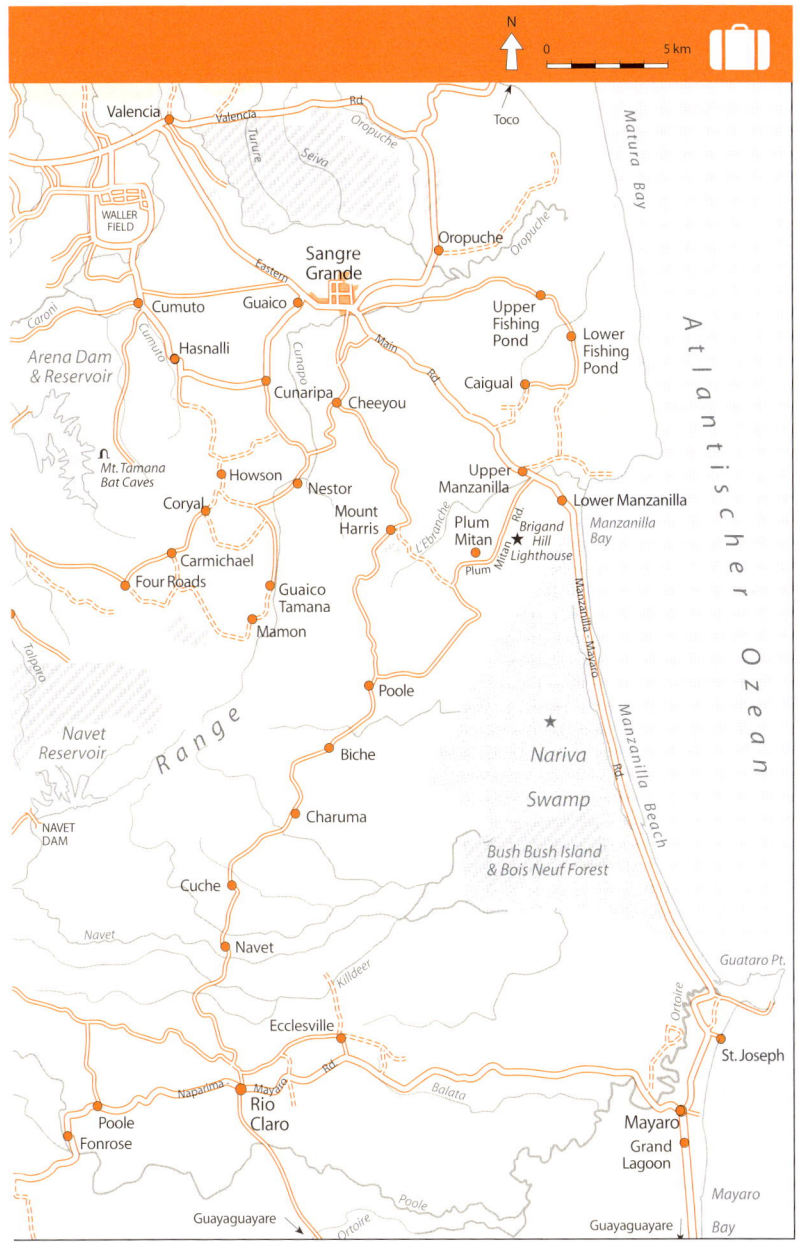

Pilgerstätte der Hindus – der Waterloo Temple

gelb = Lakshmi; rot = Hanuman; rosa = Krishna). Die Hindus „hissen" ihre Flaggen zu einer sogenannten puja, einer Andacht, bei familiären oder religiösen Anlässen.

In Carapichaima erblickt das Auge die größte hinduistische Gottesstatue der westlichen Hemisphäre, die 24 m hohe, farbenfrohe **Hanuman Murti**, als Affe manifestiert und Inbegriff von Weisheit, Rechtschaffenheit und Stärke. Die von 15 südindischen Tempelarchitekten im Jahr 2003 fertiggestellte Statue steht in nächster Nähe zum ebenfalls interessanten pinkfarbenen **Dattatreya Yoga Centre & Ashram**, einem klosterähnlichen Meditationszentrum. Besucher sind willkommen, dürfen im Tempel die Murtis bestaunen und werden die friedvolle Aura bemerken. Fotografieren

ist allerdings nicht erlaubt und die Schuhe müssen auch draußen bleiben; ⏰ tgl. 6–12 und 17–20 Uhr.

Auch ein lohnenswerter Stopp ist das zwischen der Tempelanlage und dem Waterloo Temple liegende **Indian Caribbean Museum**, das die Geschichte der 100 000 indischen Kontraktarbeiter, die zwischen 1837 und 1917 auf den westindischen Inseln an Land gingen, widerspiegelt, ⏰ Mi–So 10–17 Uhr, Eintritt frei.

Weiter in Richtung Küste, über die von Königspalmen gesäumte Waterloo Road, erreicht man den sehenswerten **Waterloo Temple**. Die Statue, die Besucher auf dem Platz willkommen heißt, ist die des indischen Arbeiters **Sewdass Sadhu Shiv Mandir**, dem die Existenz dieses

Tempels zu verdanken ist. Im Jahre 1947 errichtete er an der Küste den ursprünglichen Hindutempel. Da das Land, auf dem der Tempel stand, im Besitz des heute staatlichen Zuckerriesen Caroni war, wurde der Tempel niedergerissen und Sewdass Sadhu für 14 Tage ins Gefängnis gesperrt. Sadhu beschloss den Tempel erneut zu errichten und zwar an einer Stelle, für die er keine Genehmigung benötigte. Diese Stelle lag im Meer. In einer wahren Sisyphusarbeit begann er bei Ebbe die Fundamente zu legen und führte über zwei Jahrzehnte einen einsamen, aussichtslosen Kampf gegen das zerstörerische Meer, das seine Arbeit nie enden ließ.

Erst der 150. Jahrestag der Ankunft der indischen Kontraktarbeiter auf Trinidad bewog die Regierung 1994, den Tempel im Sinne Sewdass Sadhus fertig zu stellen. Ein mit Blumen verzierter Pier erlaubt Besuchern heute, den hübschen Tempel auch bei Flut zu besuchen. Die Hindus feiern hier ihre Hochzeiten, familiäre und religiöse Feste und opfern ihren Göttern Blumen und Geschenke. Den Tempel kann man auch ohne ihn zu betreten wunderbar besichtigen. Wer hinein möchte, sollte an einem Samstag oder Sonntag vorbeischauen und nicht vergessen vor dem Betreten die Schuhe auszuziehen.

Wer auf öffentliche Verkehrsmittel angewiesen ist, findet in Chaguanas oder Chase Village sicherlich einen Taxifahrer, der bereit ist für ein paar TT$ extra zum Waterloo Temple zu fahren.

Couva

Im Süden des Verwaltungsbezirks Caroni, etwa 12 km südwestlich von Chaguanas, liegt das von der umliegenden Industrie geprägte Couva, zu erreichen über die Abfahrt Couva / Point Lisas vom Solomon Hochhoy Highway. Schwer vorstellbar, dass Couva noch vor nicht allzu langer Zeit umgeben war von ausgedehnten Zuckerrohrplantagen. Namen wie Exchange oder Alexander erinnern an die Plantagen, die der Industrialisierung weichen mussten.

In einem engen Radius um den ausgedienten Bahnhof gruppieren sich Geschäfte, Supermärkte, die Catholic Church of St. Paul's, die Presbyterian Church, das Krankenhaus, die Polizei und das Holy Faith Convent, eine in einem alten Kolonialhaus untergebrachte Klostergemeinschaft. Wer die Augen offen hält, erkennt noch einige alte Kolonialgebäude, die jedoch nach und nach modernen Bauten weichen müssen.

Point Lisas

Die Southern Main Road führt nun südlich von Couva vorbei an **California**. Schon von hier aus erkennt man die rauchenden Schornsteine des mächtigen Industriekomplexes von Point Lisas. Das viele Milliarden Trini-Dollars teure Projekt wurde initiiert von Eric Williams zu Zeiten des Ölbooms in der 70er-Jahren. Stickstoffdünger, Ammoniak, Harnstoffe und Methanol sind nur einige Exportschlager. Daneben haben sich die Eisen- und Stahlgesellschaft, die staatliche Energiegesellschaft, die staatliche Erdgasgesellschaft, aber auch andere Betriebe niedergelassen.

Point Lisas Tierwelt bestimmen die blue crabs, blaue Winkerkrabben, die zwischen Dezember und Juni aus den sumpfigen Gebieten um den Industriekomplex herauskriechen und versuchen die Straße zu überqueren, um ihre schlüpfreifen Eier zum Meer zu tragen. Unmittelbar nach dem Schlüpfen übergeben die weiblichen Krabben die Larven dem Meer, wo sie wie andere Krebslarven im Plankton leben. Nach ihrer Metamorphose gehen sie wie ihre Eltern an Land. Also – nicht wundern, wenn unterm Auto einmal ein knirschendes Geräusch zu hören ist. Die blue crabs werden von den Trinis gerne in die Callaloo-Suppe gerührt.

Pointe-à-Pierre

Wenige Kilometer südlich von Claxton Bay, das in den grauen Staubwolken des staatlichen Zementwerks zu ersticken droht, gelangt man auf der Southern Main Road nach Pointe-à-Pierre. Der ursprüngliche Name Punta de Piedras wurde dem Ort von den Spaniern verliehen, deren Augenmerk wohl auf eine steinige Landzunge fiel. Die Region um Pointe-à-Pierre bewirtschafteten Ende des 18. Jhs. sieben Plantagenbesitzer mit etwas mehr als 200 Sklaven. Im Jahre 1797 wurden 6 Zuckermühlen, 1 Rumbrennerei und 3 Baumwollfabriken gezählt. 15 Jahre nach der ersten Zählung hatte sich die Bevölkerung schon verdreifacht. Die Ernte mehrere Hektar großer Zuckerrohrfelder verarbeiteten 23 Zuckermühlen,

die zum Teil mit Maultieren, aber auch mit Dampfkraft betrieben wurden und 24 Brennereien, die 7650 Gallonen Rum produzierten.

Größere wirtschaftliche Bedeutung erhielt Pointe-à-Pierre im Jahre 1882 mit der Eröffnung

Ein kleines Paradies inmitten der Ölindustrie

Unzählige Öltanks prägen bis heute das Landschaftsbild von Pointe-à-Pierre. Die Mehrzahl der Einwohner, zumeist Ölarbeiter, leben in Plaisance Park, einer Wohngegend im Norden, auf der früheren Plaisance-Plantage. Umso erstaunlicher ist die Tatsache, dass inmitten dieses Industriegebietes das kleine tropische Paradies des **Pointe-à-Pierre Wildfowl Trust** gegründet wurde. Ins Leben gerufen wurde das Projekt 1966, nachdem ein aufmerksamer Ölarbeiter und Jäger den Bestand der dort beheimateten Vögel schwinden sah und sich auf dem Gelände der Ölgesellschaft der Aufzucht und dem Schutz gefährdeter Vogelarten widmete. Die Ölgesellschaft unterstützte das Ansinnen und so entstand das Vogelschutzgebiet des Wildfowl Trust. Wer den Wildfowl Trust besuchen möchte, nimmt die Abfahrt Pointe-à-Pierre vom Solomon Hochhoy Highway, biegt rechts ab und fährt immer geradeaus. Automatisch stößt man auf das riesige, abgegrenzte Gelände der **Petrotrin Oil Company**. Man passiert eine Schranke und befindet sich inmitten des sogenannten „Camps". Das Camp, gleichzeitig Arbeitsplatz, Wohnort und auch Freizeitgelände vieler Ölarbeiter gleicht einer gepflegten Parkanlage. Man möchte sagen, es wurde sich sehr viel Mühe gegeben den unzähligen Öltanks und Raffinerien ein hübsches Drumherum zu verpassen. Sogar einen Golfplatz beherbergt das Gelände. Schon am ersten Kreisverkehr weist ein Schild den Weg zum Wildfowl Trust.

Das herrliche Schutzgebiet umfasst 26 000 m², zwei von Seerosen bedeckte Seen, unzählige tropische Pflanzen und viele teils sehr seltene Vögel. Zu sehen sind neben dem Nationalvogel Trinidads, dem Scharlachsichler *(scarlet ibis)*, u. a. Tukane, Blauflügelenten *(blue-winged teals)*,

Herbstenten *(black-bellied whistling-ducks)*, Witwenenten *(white-faced tree-duck)* amerikanische Zwergsultanshühner *(purple gallinule)* oder auch *Blatthühnchen (wattled jacana)*.

Ein wundervoller Rundweg um den See weist auch auf die herrliche Pflanzenwelt hin. Man sieht u. a. Kalebassenbäume *(calabash trees)*, Mangobäume *(mango trees)*, Afrikanische Tulpenbäume *(African tulip trees)*, Kaschubäume *(cashew trees)*, Frangipani *(temple trees)*, Heliconia *(wild bananas)* und den prachtvollen Baum der Reisenden *(traveller's tree)*.

Das hübsche Besucherzentrum am Eingang hält reichlich Informationsmaterial bereit. Neben Fotografien und einer kleinen Sammlung indianischer Artefakte existiert auch Videomaterial über Flora und Fauna. Außerdem kann man englischsprachige Tier- und Pflanzenbücher erwerben. Die Mitarbeiter des Wildfowl Trust sind außerordentlich gut geschult und keine Frage – sie lieben ihre Arbeit. Übrigens darf und soll gefragt werden, der Wildfowl Trust versteht sich vor allem auch als Lehrstätte.

Um Tiere und Pflanzen vor übermäßig vielen Besuchern zu schützen, wird um eine telefonische Anmeldung des Besuchstermins gebeten, entweder direkt beim Wildfowl Trust, (🖳 www.trin wetlands.org) unter ✆ 658-4200/2512 oder bei Molly R. Gaskin, ✆ 628-4145. Am Besucherzentrum ist dann eine Eintrittsgebühr in Höhe von TT$10 zu zahlen, die eine geführte Tour beinhaltet; ⏱ Mo–Fr 8–17, Sa und So 10–22 Uhr.

Die Anfahrt ist auch ohne eigenen Wagen zu bewerkstelligen. Mit dem Bus oder Maxi Taxi von Port of Spain oder San Fernando kommend, steigt man an der Ausfahrt Pointe-à-Pierre aus. Von hier aus ist es zu Fuß noch gut eine halbe Stunde zum Wildfowl Trust.

der Eisenbahnstrecke Port of Spain–San Fernando. Die Zeit der blühenden Zuckerrohrfelder endete 1913 abrupt, als die britische Gesellschaft Trinidad Leaseholds Limited sämtliche Plantagen aufkaufte und ein Jahr später die erste Erdölraffinerie Trinidads eröffnete. 1956 kaufte die amerikanische Ölgesellschaft Texaco die Trinidad Leaseholds auf und profitierte in den folgenden Jahrzehnten kräftig von der einseitig auf den Erdölsektor ausgerichteten Wirtschaftspolitik. 1985 zog sich Texaco zurück und verkaufte bereitwillig ihre Ölraffinerien in Pointe-à-Pierre an den Staat.

Übernachtung

Wer in der Umgebung nächtigen möchte, biegt vom Solomon Hochhoy Highway an der Ausfahrt Claxton Bay rechts ab auf die Cedar Hill Road und stößt nach etwa 5 km auf die Southern Main Road. Links ab und vorbei an dem großen Zementwerk, das unverkennbar der gesamten Umgebung einen unschönen grauen Schleier verpasst, fällt nach einigen 100 m auf der rechten Seite das

Cara Suites Hotel (Claxton Bay, ✆ 659-2272, 🖃 www.carahotels.com, ins Auge. Ein von Geschäftsleuten frequentiertes Hotel mit Lobby, Bar, Restaurant und insgesamt 52 Suiten und Zimmer, ausgestattet mit Bad, AC, TV, Mikrowelle, Minibar und die meisten mit nettem Balkon, der einen Blick zur Northern Range und über die Claxton Bay bis hin nach Venezuela erlaubt. Die Claxton Bay ist nicht zum Schwimmen geeignet, dafür steht ein Pool zur Verfügung. ❻

Marion's Place, 15 Railway Ave, Plaisance Village, ✆ 659-2584, 🖃 www.marions-place.com. Um hierher zu gelangen, fährt man einen weiteren Kilometer auf der SMR, biegt vor der Eisenbahnbrücke links ab und in die erste Straße nach rechts. Das freundliche Hotel hat insgesamt 12 Zimmer mit Bad, TV und AC, einige mit Kühlschrank und Balkon und eines mit Küchenzeile, einen kleinen Swimmingpool zum Relaxen, Restaurant und Bar sowie einen Konferenzraum. Marionette's Catering Service versorgt Gäste mit recht günstigem Frühstücks- Mittags- und Abendbuffet. ❸

Rund um die Montserrat Hills

La Vega Estate

Einen Ausflug lohnt der La Vega Estate, eine ehemalige Kaffee- und Kakaoplantage und heute Baumschule, Gärtnerei und vor allem ein kleines, wundervolles, tropisches Fleckchen Erde. Wer also Lust und Zeit hat, packt seinen Picknickkorb, nimmt die Abfahrt Couva vom Solomon Hochhoy Highway und biegt links ab Richtung Gran Couva. Die Strecke auf der relativ schlechten Couva Main Road entlang der Central Range ist herrlich. Um das etwa 8 km entfernte Gran Couva säumen endlose Zuckerrohrfelder die Straße. Hinter Gran Couva passiert man Kakaoplantagen, vereinzelte kleine Dörfer und zu bestimmten Zeiten Schulkinder, die sonst was drum geben würden, wenn Touristen sie auf dem Heimweg mitnehmen würden. Die Baumschule liegt zwischen Gran Couva und Brasso. Die Einfahrt dominiert ein prächtiger Traveller's Tree – der Baum der Reisenden. In der Gärtnerei haben die Trinis für ihre Gärten u. a. die Qual der Wahl zwischen 30 verschiedenen Arten der farbenfrohen, dekorativen, immergrünen Bougainvilleen. Pflanzenliebhaber können für TT$25 eine geführte Tour mitmachen. Ansonsten sind TT$12 Eintritt zu zahlen. Ein kleiner Rundweg, umgeben von reichhaltiger Flora, herrliche Picknickplätze, einige davon in einem tollen Bambuswäldchen, rechtfertigen die Eintrittsgebühr. Für einige TT$ extra, können Besucher außerdem mit einem Kanu auf dem Teich paddeln oder fischen. Toiletten sind vorhanden und für kühle Getränke sorgt die Gärtnerei, ⊙ tgl. 9–17 Uhr.

Flanagin Town

Vom La Vega Estate Richtung Nordosten windet sich die Straße über 8 km auf und ab bis ins fernab jeglichen Kommerzes gelegene Dorf Flanagin Town. Das Dorf verdankt seine Existenz und den Namen Clifton Flanagin, der zu Beginn des 20. Jhs. bei der Regierung den Bau einer Eisenbahnstation durchsetzte. Die Eisenbahn ermöglichte den zahlreichen Kakaobauern regen

Handel und damit einen gewissen Wohlstand. Der Verfall der Kakaopreise in den 30er-Jahren des 20. Jhs. führte zur Zunahme des nun lukrativer werdenden Anbaus von Kaffee. Viele dieser Kaffee- und Kakaoplantagen hat die unaufhaltsam wachsende tropische Vegetation wieder verschlungen. Doch sieht man entlang der Straße noch immer einige, wenn auch etwas vernachlässigte Kakaowäldchen. Ein Gemeindezentrum steht heute dort, wo früher einmal die Eisenbahnstation war. An die alten Zeiten erinnert das *stationmaster's house*, das einstige Haus des Bahnhofsvorstehers.

Wer nun der Caparo Valley–Brasso Road Richtung Norden ungefähr 17 km folgt, trifft in Chaguanas wieder auf den Uriah Butler Highway.

Tortuga und Mayo

Gegründet wurden diese beiden malerischen Dörfer am Fuße der **Montserrat Hills** im Jahre 1867. Zur Zeit der Sklaverei, vor allem jedoch danach, waren die dichten Wälder der Montserrat-Berge ein idealer Zufluchtsort der afrikanischen Sklaven und Ex-Sklaven. Die anfängliche Verfolgung und Vertreibung aus den Wäldern endete mit der Ernennung Sir Arthur Gordons im Jahre 1866 zum Gouverneur, der den „Besetzern" das Land zum Kauf anbot und damit zwei Fliegen mit einer Klappe schlug. Zum einen forcierte er damit die Entwicklung der Gegend und zum anderen brachte es Steuern ein.

Robert Mitchell, dem der Bezirk Montserrats unterstellt wurde, richtete sein Büro in Tortuga ein. Angesichts einer großen Anzahl Landschildkröten, die in dieser Region beheimatet waren, hatten die Spanier der Gegend den Namen „Las Tortugas" gegeben. Die Engländer ihrerseits fanden Gefallen an dem Namen und aus Las Tortugas wurde **Tortuga**. Die einstigen Sklaven und ihre Nachkommen bauten vor allem Gemüse an, unter anderem Maniok, Süßkartoffeln, Bohnen und *indian corn* (Mais). Dieses *indian corn* nannten die afrikanischen Yorubas *mayo* und so wurde aus der zweiten Siedlung nördlich von Tortuga schlicht **Mayo**.

Die einstmals blühenden Felder Tortugas und Mayos sind heute zum größten Teil verschwunden, geblieben ist jedoch eine einmalige Szenerie, die der Autor Charles Kingsley im Jahre 1870 wie folgt beschrieb: „The panorama from the top of Montserrat is at once the most vast and the most lovely which I have ever seen". In Tortuga befindet sich die hübsche, römisch-katholische **Church of the Black Virgin of Montserrat**, die von dem französischen Priester Jules Dupoux errichtet und 1878 geweiht wurde. Die Aufmerksamkeit der wundervoll verzierten Holzkirche gilt der schwarzen Madonna. An einem Sonntag im September pilgern die Trinidader in die Kirche und huldigen ihr.

Wer Tortuga oder Mayo besuchen möchte, nimmt die Abfahrt Hermitage oder Gasparillo vom Solomon Hochhoy Highway und folgt den wundervollen, engen, gewundenen Straßen.

Tabaquite und der Navet Dam

Etwa 15 km östlich von Mayo liegt die zentralste Ortschaft Trinidads, **Tabaquite**. Entlang der südlichen Ausläufer der Central Range führt die herrliche Strecke vorbei an Zuckerrohrfeldern, Kaffee- und Kakaowäldchen und immer wieder streift der Blick den scheinbar nie enden wollenden, tief grünen tropischen Regenwald, der die Central Range bedeckt.

In der 80er- und 90er-Jahren des 19. Jhs. wurden unzählige Hektar Land an Kakaopflanzer verkauft. Tabaquite begann Form anzunehmen. Das größte Problem der Pflanzer war, wie in vielen Teilen Trinidads, der Transport der Ernte. Während der Handel mit Zuckerrohr an den Küsten blühte, schenkte die Regierung den Klagen der Bauern Tabaquites keine Beachtung. Erst Mitte der 90er-Jahre des 19. Jhs., nachdem sich einflussreichere Pflanzerfamilien wie die de Verteuils, die Angostinis und die D'Abadies hier niederließen, stimmten die Verantwortlichen dem Bau einer Eisenbahnstrecke zu. Die Strecke verlief von der Jerningham Junction nördlich von Chaguanas durch das Caparo Valley über Longdenville und Brasso. Um den Zugang zu Tabaquite zu gewährleisten, musste ein Tunnel her, dessen Konstruktion für die damalige Zeit ein gewaltiges Projekt war. Heute ist der Tunnel südlich von Tabaquite verlassen, nutzlos und lediglich Zeugnis der Geschichte. 1898 jedoch feierten die Menschen begeistert die Eröffnung des **Knolly's Tunnel** und alle waren begierig darauf, die ersten zu sein, die einen Tunnel durchqueren. In den darauf folgenden Jahren blühte der Kakaohandel.

Die Suche nach Öl, die Trinidad wie ein Fieber erfasste, erreichte bald auch Tabaquite. 1911 ließ sich die Gesellschaft Trinidad Central Oilfields um Alex Duckham hier nieder. Der Niedergang der Kakaowirtschaft Anfang der 20er-Jahre, ausgelöst durch den Preisverfall, konnte teilweise durch die Ölindustrie kompensiert werden, so dass Tabaquite davor bewahrt wurde, in der Bedeutungslosigkeit zu versinken.

Ein bedeutendes Ereignis war auch der Bau des **Navet Dam & Reservoir**, der 1962 fertig gestellt wurde. Wer den 320 m langen Staudamm besuchen möchte, biegt in Tabaquite links auf die Carry–Nariva Road ab und folgt ihr über 6,5 km. Mit dem hier gespeicherten Wasser wird fast der gesamte Süden Trinidads versorgt. Das Gebiet um den Damm und den dahinter liegenden, 2 km langen Stausee wurde zum Nationalpark deklariert und eignet sich hervorragend für Tierbeobachtungen. Der Navet Dam ist täglich von 9–14 Uhr geöffnet. Wer das Wasserwerk besichtigen möchte, benötigt jedoch eine Genehmigung der **WASA**, Farm Road, St. Joseph, ✆ 662-2302. Das Permit (TT$10) muss im Voraus gekauft werden. Leider besteht keine öffentliche Verkehrsanbindung, so dass man auf einen Mietwagen oder ein Taxi angewiesen ist.

Central Plains

Die Caroni-Ebene, deren höchste Erhebungen etwa 30–40 m über dem Meeresspiegel liegen, wird im Norden durch die Ausläufer der Northern Range und im Süden durch die Central Range begrenzt. Hier erstrecken sich weites Flachland, Savannen und fruchtbares Kulturland.

Valsayn

Einen km östlich der Kreuzung mit dem Uriah Butler Highway erblickt man vom Churchill Roosevelt Highway aus die **Valpark Shopping Mall**, ein hochmodernes Einkaufszentrum, mit einem auch sonntags bis 13 Uhr geöffneten Supermarkt, Cafés, Boutiquen, Buchläden, einer Wäscherei und einem **Food Court**. Die sehr preiswerten, kleinen Selbstbedienungsrestaurants des Food Court, ⊙ 9–21 Uhr, offerieren sämtliche kulinarischen Spezialitäten der Insel.

Übernachtung

Norma's Bed & Breakfast, 2 Aruac Rd, Valsayn South, ✆ 663-4137, ✉ www.normasbb.com. Komfort und sehr nette Atmosphäre herrscht in Normas riesigem Haus mit hübschem Garten, Pool, Terrasse; etwa 500 m von der Shopping Mall entfernt und in ruhiger Wohngegend gelegen. Vermietet werden 6 DZ mit AC, TV, Kühlschrank und Bad. Tolle Menüs und Flughafentransfer auf Anfrage sowie jede Menge lokaler Infos. Frühstück inkl. ❸–❹ **Casa Blanca**, 3 Parima Rd, Valsayn South, ✆ 663-3863. Ebenfalls sehr ruhig gelegen. Neben einigen AC-Zimmern mit privatem Bad existieren auch günstigere DZ, die sich Du/WC teilen. Einrichtungen wie Wohnraum, TV, Küche, Garten dürfen genutzt werden. Pool leider out of order. ❷–❸

Caroni

5 km südöstlich von Valsayn entlang der Caroni Road passiert man die kleine Ortschaft Caroni. Die vorwiegend indischen Gemeinden rund um Caroni leben zum größten Teil von der Landwirtschaft.

Wer sein Fenster bei der Fahrt geöffnet hat, riecht förmlich die kurz hinter La Paille Village angesiedelte Rumbrennerei. Die Caroni Road führt nun direkt nach St. Helena und weiter zum Flughafen.

St. Helena

Für Leute, die in der Nähe des Flughafens übernachten oder Trinidad von einem relativ zentralen Punkt aus bereisen möchten, ist St. Helena ein guter Standort. Die kleine, indisch geprägte Ortschaft verfügt über ein recht ordentliches Guesthouse, zwei, drei Supermärkte, Apotheke, Geldautomat, Tankstelle, zwei preiswerte Restaurants, einen KFC und einige Straßenverkäufer, die Obst, Gemüse, Rotis, Doubles und gegrillte Hähnchenteile verkaufen. Auch eingelegte *tree oyster* oder *oyster shells* (Baumaustern), die an den Wurzeln der Mangroven wachsen, werden feilgeboten. Ist in jedem Fall ein Versuch wert, die roh aus den Schalen gekratzten Austern, eingelegt in verschiedene Pfeffersoßen, zu probieren.

Die Kreuzung, die **St. Helena Junction**, ist sehr belebt und Mittelpunkt der Ortschaft. Reger Minibus- und Route-Taxi-Verkehr verteilt die Pendler in die zahlreichen umliegenden Dörfer des Flachlandes. Die in dieser Gegend lebenden Menschen arbeiten überwiegend auf den Zuckerrohrfeldern, am Flughafen, in der nahe gelegenen Rumbrennerei, oder sie halten Vieh und bauen Reis und Gemüse an.

Völlig problemlos gelangt man von St. Helena zum etwa 2–3 km entfernten Flughafen (TT$2).

Übernachtung und Essen

Airport View Guesthouse, St. Helena Junction, ✆ 669-4186. Das Guesthouse liegt direkt an der sehr belebten St. Helena Junction. Es verfügt über insgesamt 17 recht ordentliche DZ mit Bad, TV, AC, Ventilator und Kühlschrank; Terrasse mit Blick auf das hektische Alltagstreiben des kleinen Ortes. Kostenloser Kaffee und Abholung vom Flughafen (20–8 Uhr). ❷
Hard Rock Restaurant & Pub, ✆ 669-0047. Wenige Schritte von der St. Helena Junction entfernt betreibt Mr. Ramsingh ein wirklich angenehmes, immer gut besuchtes Restaurant mit gemütlicher Pub-Atmosphäre. Tägliche Rituale sind das gemeinsame Verfolgen der Ziehung der Lottozahlen und der Glücksspiele Play Whe oder Pick 2. Serviert werden Fischgerichte, Lamm- und Schweinegulasch oder Hähnchengerichte, meist inkl. einer Suppe, mittags auch preiswerte Rotis und andere indische Gerichte.

New Hong Kong City Restaurant, ✆ 669-4461, auch sehr beliebtes chinesisches Lokal mit reichhaltiger Speisekarte.

Saleem's, direkt unter dem Airport View Guesthouse, ist ein hochfrequentierter Roti Shop.

Piarco

Bis auf den internationalen Flughafen und einige wenige Hangars hat Piarco nicht viel zu bieten. Mitten in der zentralen Ebene Trinidads, etwa 25 km östlich von Port of Spain, liegt der 1931 eröffnete **Piarco International Airport**, dem jüngst für einige Millionen US-Dollar ein neues Outfit verpasst wurde.

Der Flughafen ist recht überschaubar, so dass man nach Abholung des Gepäcks im **Touristenbüro**, ✆ 664-5196, vorbeischauen kann. Die Mitarbeiter sind ausgesprochen freundlich, packen den Besuchern eine Plastiktüte voller Infomaterial und sind bei der Suche nach einer Unterkunft behilflich, ⏰ Mo–Fr 8–23.30, Sa und So 8.30–10.30 Uhr.

Geld tauscht man in der **First Citizens Bank**, ⏰ tgl. 6–22 Uhr oder an den Geldautomaten – vorausgesetzt man besitzt eine Kredit-, Cirrus- oder Maestrokarte. Sollte die Bank schon geschlossen haben, keine Bange, US-Dollar-Scheine werden auch akzeptiert. Wer sein Gepäck einschließen möchte, geht zum **Left Baggage Service** (TT$15/Tag).

Neben einigen Souvenirshops gibt es einen Infoschalter und wer hungrig ist, wird 24 Stunden von diversen Schnellrestaurants verpflegt. Für Leute, die nach Hause fliegen: An die Ausreisesteuer in Höhe von TT$100 denken!

Übernachtung

Bel Air Airport Hotel, ✆ 669-4771, 💻 www.bel airairporthotel.com. Sehr in die Jahre gekommen; 56 wenig ansprechende AC-Zimmer, einige mit Blick zum Pool, einige ohne Fenster, TV in den Suiten; kostenloser Airport-Shuttle; Restaurant und Bar; überteuert. ❺
Piarco International Hotel, 8-10 Golden Grove Rd, ✆ 669-3030. Wenige Schritte vom Flughafen; 3-stöckig, mitten drin ein Pool; 56 Standard- und Superior-Zimmer mit Bad, TV und AC, die den Preis nicht rechtfertigen; Restaurant. Kostenloser Flughafentransfer. ❻

Airport Suites, 7 Factory Rd, ✆ 669-0362.
3 Min. vom Flughafen, 5 Min. von der Trincity
Mall; 7 DZ mit AC, TV, Bad; Restaurant.
Transfers inkl. ❶

Transport

Busse

Es verkehren nur wenige Busse zwischen
PORT OF SPAIN und dem Flughafen. Ab Piarco
Mo–Fr 7.15, 7.45, 16.10 und 18 Uhr. Die Tickets
(TT$4) müssen normalerweise im Voraus gekauft
werden, aber leider existiert keine Verkaufstelle
mehr im Flughafen. Eventuell helfen die Mitarbeiter des Touristenbüros ja weiter.

Taxi

Preisbeispiele für **private Taxis** (ab 22 Uhr plus
50 %): ARIMA US$20; ASA WRIGHT US$35;
CHAGUARAMAS US$40; MANZANILLA US$56;
MAYARO US$60; POINTE-À-PIERRE US$40; PORT
OF SPAIN US$25; BLANCHISSEUSE US$70.
Alternativ könnte man zur Golden Grove Road
laufen, ein Arouca **Route Taxi** (zu erkennen am
„H" auf dem Nummernschild) zur Eastern Main
Road (TT$2) nehmen und in Arouca ein Red
Band **Maxi Taxi** (TT$4) zum City Gate in Port of
Spain. Oft nennen die Route-Taxifahrer jedoch
den normalen Taxipreis, wenn sie voll bepackte
Touristen an der Straße stehen sehen; auch ist
es sehr aufwendig, also lieber die US$25 für das
Taxi nach Port of Spain einkalkulieren.

Flüge

Nach Tobago

Tobago Express, 🖥 www.tobagoexpress.com,
fliegt von 5.45–21.30 Uhr; 12x tgl. vom Piarco
Domestic Airport nach CROWN POINT, TT$300
hin und zurück, Flugzeit 20–30 Min.

Nach Grenada

LIAT, 🖥 www.liatairline.com, 3 x tgl. Liat/
Caribbean Star; US$150–300.
Caribbean Airlines, 🖥 www.caribbean-airlines.
com. Zurzeit keine Direktflüge; nur mit Umstei-
gen in Tobago/Barbados; sehr teuer.
Tickets sind am Flughafen oder in den Büros der
Fluggesellschaften in POS erhältlich. Buchun-
gen über das Internet sind auch möglich.

Autovermietungen

Siehe auch S. 58.
Die Mietwagenpreise sind etwas niedriger als
auf Tobago (ab US$35). Econo und Kalloo's Car
Rental sind die Günstigsten. Alle Verleihfirmen
haben lange Öffnungszeiten; Budget, Thrifty und
Singh's sogar 24 Stunden.
Econo Car Rentals, ✆ 669-2342,
🖥 www.trinidad.net/econocar;
Kalloo's Auto Rentals, ✆ 669-5673,
🖥 www.kalloos.com;
Singh's Auto Rentals, ✆ 664-5417,
✉ singhs@trinidad.net;
Thrifty, ✆ 669-0602, 🖥 www.thrifty.com;
Budget, ✆ 669-1635, 🖥 www.budget.com.

San Rafael

San Rafael war Schauplatz des traurigen **Arena-
Massakers** im Jahre 1699, einer Zeit, als die
Spanier lediglich in Puerto des los Hispanioles
(Port of Spain) und San José de Oruña (St.
Joseph) siedelten.

1687 trafen auf Bitte des damaligen Gouverneurs Ponce de León die ersten Missionare in
Trinidad ein und errichteten die Mission **San
Francisco de las Arenales**, etwa 3 km südwestlich des heutigen Zentrums San Rafaels. Die
Missionierungsbestrebungen schienen jedoch
nicht so recht zu fruchten. Die Indianer zeigten
wenig Interesse am römisch-katholischen Glauben und waren noch weniger bereit, sich für den
Kirchenbau zur Zwangsarbeit heranziehen zu
lassen. Die Priester sahen sich genötigt, dem
Gouverneur José de León y Echales über die Auf-
sässigkeit der Indianer und das schlechte Vorankommen der Bauarbeiten Bericht zu erstatten.
Den Indianern drohten sie eine Bestrafung durch
den Gouverneur an.

Am Tag, als der Gouverneur erwartet wurde,
am 1. Dezember 1699, eskalierte die Situation.
Die aufgebrachten Indianer erschlugen die Missionare und warfen ihre Leichen in das Fundament der Kirche. Aus einem Hinterhalt töteten sie
anschließend die eintreffenden Gouverneur und
seine Truppe, bis auf einen Mann, der flüchten
konnte und in San José Bericht erstattete. Die

Spanier entsandten sofort Soldaten, die die Verfolgung der flüchtigen Indianer aufnahmen. An der Ostküste stießen sie aufeinander. Die Spanier verfolgten die in die Sümpfe und ins offene Meer flüchtenden Indianer unnachgiebig, ermordeten die meisten und brachten 22 Gefangene mit zurück nach San José. Hier wurden sie für schuldig befunden und gehängt. Anschließend zerteilte man ihre Körper in Stücke und stellte sie öffentlich zur Schau.

Mit diesem tragischen Ereignis geriet das Gebiet um die Mission über eineinhalb Jahrhunderte in Vergessenheit. Erst mit dem Aufblühen der Kakaowirtschaft und der Einweihung der Eisenbahnstrecke nach Arima im Jahre 1876 wagten sich die ersten Kakaobauern auch in diese sehr entlegene Ecke. Ungefähr 3,2 km südwestlich von San Rafael markiert heute ein Kreuz das historische San Francisco de las Arenales.

Der spanische Name „Arena" (von *arenal*, dem sandigen Boden) geriet nach Wiederentdeckung der Region in Vergessenheit. Man benannte das Gebiet und das entstehende Dorf nach dem Fluss **Tumpuna**. Im Jahre 1880 zählte der erste Schullehrer Tumpunas 55 Einwohner. Die fast ausschließlich katholische Gemeinde erhielt 1895 ihre erste Kirche, die der Erbauer Pater Perdomo dem Schutzheiligen des Distrikts San Raphael widmete. Auch errichtete der Pflanzer Algeron in der Umgebung Tumpunas eine riesige Kakaoplantage, den San Raphael Estate. Wer auch immer für den Namenswechsel von Tumpuna in San Rafael verantwortlich war, die Einwohner begrüßten ihn, denn oft genug hatte die Namensähnlichkeit zum Dorf Tunapuna im Norden Anlass zur Verwirrung gegeben, die etwa in fehlgeleiteter Post resultierte.

Bei Beginn des 20. Jhs. war San Rafael eine der produktivsten Kakaoregionen Trinidads. Heute sind viele – jedoch nicht alle – Kakaoplantagen verschwunden. San Rafaels Zentrum dominiert die 1895 erbaute **Church of San Rafael** und eine geschäftige Kreuzung, die San Rafael mit Arima, Cumuto, Caroni und Talparo verbindet. Wer San Rafael besuchen möchte, biegt vom Churchill Roosevelt Highway auf der Höhe von Arima (von Westen kommend zweite Kreuzung hinter der Pferderennbahn) rechts ab und folgt der Tumpuna Road über 3 km bis zum Ort.

Arena Dam & Reservoir

1970 begann der Bau des etwa 4 km südlich San Rafaels liegenden, wundervollen Arena Dam & Reservoir. Der Staudamm weist eine eindrucksvolle Länge von 760 m auf. Der 7 km^2 umfassende Stausee versorgt etwa 70 % der Bevölkerung Trinidads mit Wasser. Schwimmen ist zwar nicht erlaubt, aber der See ist trotzdem ein ausgesprochen schönes Ausflugsziel mit vielen hübschen Plätzchen zum Picknicken und herrlichen Blicken über den See. Unzählige Vögel, darunter Bussarde, Pelikane, Tukane und wundervolle Schmetterlinge suchen das Ufer auf und mit etwas Glück vielleicht auch ein Kaiman.

Um den Arena Dam zu besuchen, biegt man in San Rafael nach der Kirche links in die Cumuto–Tumpuna Road ein und folgt der Straße etwa 1 km bis zu einer Kreuzung. Hier geht's rechts ab in die sehr holprige und während der Regenzeit äußerst matschige Arena Road, die zum Reservoir führt. Die wundervolle Vegetation ist schon einen Besuch wert. Bambuswäldchen, Mango-, Papaya, Brotfruchtbäume, herrliche Poui-Bäume, Bananenstauden und Heliconia-Pflanzen pflastern den Weg.

Am Eingang muss das Permit der Water and Sewerage Authority of Trinidad and Tobago vorgezeigt werden. Erhältlich ist die Genehmigung direkt bei der WASA, Farm Road, St. Joseph, ✆ 662-2302; TT$10. Wer kein Auto gemietet hat, sollte mit einem Taxifahrer in Arima einen Preis aushandeln.

Cumuto

Auf halbem Weg zwischen San Rafael und Sangre Grande liegt Cumuto. Anfang des 20. Jhs. lebten in Cumuto nur wenige Familien. Zu Zeiten, in denen Kakao und Kaffee Exportschlager wurden, verließen viele indische Familien die Zuckerrohrplantagen Lower Caronis und versuchten ihr Glück weiter im Osten. So gedieh Cumuto, hatte jedoch nie mehr als ein paar hundert Einwohner. Dies änderte sich schlagartig, als während des Zweiten Weltkriegs 1941 amerikanische Soldaten in Trinidad landeten und in **Waller Field** ihren Militärstützpunkt aufbauten.

Mount Tamanas (303 m) Gipfel, baumlos und windig, gibt spektakuläre Blicke frei bis hin zum Gulf of Paria. Das Innere des Berges, eine geologische Besonderheit. Ein über Jahrmillionen angehobenes Korallenriff mit seinem porösen Kalksteinuntergrund ließ ein bizarres Höhlensystem entstehen, das einen idealen Lebensraum schuf für wahrscheinlich 12 Arten von Fledermäusen, u. a. den Insektenfressenden Schnurrbartfledermäusen, Blutleckenden Vampirfledermäusen oder den Allesfressenden Lanzennasen, aber auch Fröschen, Schlangen, Kakerlaken und anderen Kriechtieren. Ein etwa 30-minütiger Fußweg führt zum Haupteingang der Mount Tamana Bat Caves, die sich in etwa 230 m Höhe befindet und deren Erkundung wirklich abenteuerlich ist. Beweglich sollte man sein, feuchten, schlammigen, rutschigen und mit Exkrementen übersäten Untergrund bewerkstelligen und Kakerlakenscharen ignorieren können. Was man hört, sieht, riecht und ab und an zu spüren vermag, sind lärmende, schlafende und flatternde Fledermäuse. Wie auch immer, der Höhepunkt kommt bei Einbruch der Dämmerung, in der 1,5 Millionen Fledermäuse die Höhlen durch einen Spalt verlassen, um auf Nahrungssuche zu gehen. Das Schauspiel dauert etwa 1–2 Stunden und keine Angst, wer keine abrupten Bewegungen macht, hat nichts zu befürchten. Der abschließende nächtliche Abstieg ist dann nochmals ein Abenteuer für sich. Auf alle Fälle sollte man sich einer geführten Tour anschließen, z. B. von Courtenay Rooks, ☎ 628-1525, 🖥 www.pariasprings.com, oder Ivan Charles, ☎ 667-5636; Preis etwa US$75–85.

Viele Menschen strömten in die Gegend von Cumuto, um für die Amerikaner zu arbeiten. Waller Field zählte während des Zweiten Weltkriegs zu einem der größten Luftstützpunkte der Welt. Bis auf die Landebahn, die heute für sportliche Rennen jeglicher Art genutzt wird, ist nicht mehr viel geblieben. Den Trinis waren die Amerikaner durchaus willkommen, gab es doch nach ihrer Ankunft keinen Grund mehr, sich in der Landwirtschaft abzuplagen, da der „Yankee-Dollar" einfacher verdient war. Die in den 70er-Jahren in und um Cumuto erbauten, zum Teil sehr stattlichen Häuser sollen noch mit dem einen oder anderen Yankee-Dollar bezahlt worden sein.

Die Ostküste

Sangre Grande

Sangre Grande (1770 erstmals erwähnt, als die Spanier die ersten Karten zeichneten), knapp 50 km östlich von Port of Spain, ist die größte Stadt im Osten Trinidads.

Mit der Etablierung riesiger Kakaoplantagen (El Reposo, San José, Wehekind) im Distrikt Cunapo entstanden Ende des 19. Jhs. die beiden Dörfer Sangre Grande und Cunapo, das etwa 3 km westlich von Sangre Grande lag. Am 25. August 1897 fuhr die erste Eisenbahn, die Trinidad Goverment Railway, mit ausschließlich geladenen Gästen der Oberschicht Port of Spains, in der Sangre Grande Railway Station ein. Diese lag nun aber nicht in Sangre Grande, sondern in Cunapo. Auch Warner, Schwiegersohn des früheren Gouverneurs Sir William Robinson, gehörte zu den geladenen Gästen. Er besaß viel Land in der Gegend um Cunapo und so packte er die Gelegenheit beim Schopfe und hielt eine Rede, in der er auf die große Bedeutung und den anstehenden Wohlstand „Sangre Grandes" (eigentlich Cunapos) hinwies. Die Menschen strömten daraufhin nach Cunapo, aus Cunapo wurde schließlich Sangre Grande und Warner machte ein gutes Geschäft, indem er große Teile seiner Ländereien verkaufte. Sangre Grande wuchs und Kakaoplantagen wie der La Mariquita Estate überlebten bis heute.

Die Dollars der während des Zweiten Weltkrieges in der Umgebung von Cumuto stationierten Amerikaner lockten auch die Bewohner Sangre Grandes, so dass die Arbeit auf den Plantagen unattraktiv wurde und blieb. Heute ist Sangre Grande eine relativ große, geschäftige Stadt mit vielen Geschäften, Roti Shops, chinesischen Take-aways, Fastfood-Läden (KFC, Mario's, Royal Castle), Rumshops, Banken, Tankstellen, Straßenverkäufern und einigen alten

Kolonialhäusern. Vor allem freitags, wenn die Arbeiter der Umgebung ihren hart verdienten Lohn auf die Banken tragen, herrscht in der Stadt ein hektisches Treiben.

Sangre Grande (gesprochen Sandy Grandy) ist Drehkreuz des Bus-, Maxi- und Route-Taxi-Verkehrs. Von hier aus gelangen die Menschen aus allen Himmelsrichtungen in die Hauptstadt, nach Manzanilla und in den äußersten Südosten. Der Maxi-Taxi-Stand befindet sich in der Parallelstraße zur Eastern Main Road, etwa in Höhe des KFC.

Manzanilla

Spanische Segler gaben der kleinen, nördlich des heutigen Dorfes gelegenen Landzunge erstmals den Namen Manzanilla, in Anlehnung an die dortigen giftigen Strandapfelbäume (S. 70). Das wilde und unzugängliche Gebiet wurde 1822 von Soldaten des auseinander gefallenen 3. Westindischen Regiments besiedelt, nachdem Gouverneur Woodford ihnen und ihren Familien jeweils 6,4 ha Land gewährt hatte. Abgeschnitten vom Rest der Insel, bauten sie Reis an und waren lange Zeit sich selbst überlassen.

Heute prägen vereinzelt hübsch verzierte Holzhäuser den ruhigen Ort, der in **Upper** und **Lower Manzanilla** unterteilt ist. Lohnenswert ist ein Abstecher von Upper Manzanilla in die **North Manzanilla Road**. Die Straße ist zwar schlecht, mit vielen Schlaglöchern durchsetzt und am Ende sogar ungeteert, aber die Vegetation ist einmalig schön. Zu entdecken sind Heliconia-Pflanzen, Bananenstauden, Kanonenkugelbäume, Bambuswäldchen, Kakao-, Mango-, Papaya- und Zitrusbäume und herrliche Palmen. Am Ende erwartet die Besucher eine kleine hübsche Bucht und ein schöner Strand.

Manzanilla Bay

Verlässt man Lower Manzanilla auf der Manzanilla–Mayaro Road Richtung Süden, taucht man auf einer Strecke von 18 km entlang der Manzanilla Bay in einen einzigen Kokospalmenhain, wohin das Auge auch blickt. Die windschiefen Palmen, ständig in Bewegung aufgrund der Passatwinde, erreichen eine stattliche Höhe. Mit

The Cocal wird kollektiv die Gesamtheit aller Kokosnussplantagen bezeichnet.

Manzanilla Beach, der feine, bräunliche Sandstrand, der die Bucht über ihre gesamte Länge säumt, ist weitgehend wild, ungepflegt, mit Treibgut durchsetzt und vor allem unter der Woche völlig verlassen. Das Meer ist aufgrund des sumpfigen Hinterlandes und der Flussmündungen fast nie klar und blau, jedoch sehr erfrischend. Beim Schwimmen sollte man ein wenig Vorsicht walten lassen, denn hier herrschen starke Unterwasserströmungen. Aufgestellte Fahnen zeigen an manchen Strandabschnitten an, wo das Schwimmen ungefährlich ist. Am nördlichen Ende des Strandes stehen den Besuchern von 10–18 Uhr Umkleidekabinen, Duschen und Toiletten (TT$1) zur Verfügung.

Am Manzanilla Beach geht ebenso wie an der Maracas Bay an Aschermittwoch die Post ab. Wer keine Lust zum Schwimmen hat, kann einen Picknickkorb mitbringen und sich auf den herrlichen Sonnenuntergang freuen. Sehr lecker soll übrigens der cascadura, ein Süßwasserfisch sein, den die Einheimischen mit einer einfachen Angelleine oder einem Netz in dem sumpfigen Hinterland fangen. Wer Glück hat, kann eventuell einen frischen Fisch an der Straße kaufen. Und wer noch mehr Glück hat, bekommt ihn vielleicht auch gegrillt.

Manzanilla liegt etwa 9 km südöstlich von Sangre Grande und 60 km von Port of Spain entfernt. Für die Fahrt mit dem Mietwagen sollte man etwa 1 1/2 Stunden einplanen.

Übernachtung und Essen

Dougie's Guesthouse, Eastern Main Rd, ☎ 668-1504. Fährt man auf der Eastern Main Road nach Lower Manzanilla, liegt Dougie's nicht zu übersehen auf der rechten Seite, 10 Min. zu Fuß vom Strand entfernt. Er vermietet 3 einfache DZ mit Bad und Ventilator, 1 Apartment mit 3 einzeln zu mietenden Zimmern sowie 2 Apartments mit je 2 Schlafzimmern. Nebenan ist ein kleiner Shop, eine Snackbude eine überaus beliebte Bar, wo vor allem am Wochenende gelimt und getrunken wird. ❶

Hotel Carries on the Bay, Eastern Main Rd, ☎ 668-5711. Etwas liebloser Bau unweit des

Manzanilla Bay –
Kokospalmen wohin
das Auge schaut

Strandes mit mittlerweile 16 großen Zimmern, die über TV, AC und Bad verfügen; Restaurant anbei. ❸

Amelia's Guesthouse, Calypso Rd, ☎ 662-6087, ⌨ www.ameliasguesthouse.com. Anil Mohammed vermietet direkt am Strand 3 schöne Apartments mit TV, AC, Kühlschrank und Veranda. Klasse Aussicht und auf Anfrage wird sehr lecker gekocht. ❷ – ❸

Coconut Cove, Calypso Rd, ☎ 691-5939, ⌨ www.coconutcovehotel.com. Liegt am geschützten nördlichen Ende des palmengesäumten, kilometerlangen Manzanilla Beaches. Wer Ruhe sucht, wird diese sicherlich finden. Das zweistöckige Gebäude verfügt über 12 große Zimmer mit Bad, Kühlschrank, teilweise AC, TV, Terrasse oder Balkon. 2007 fanden einige Renovierungsarbeiten statt, u. a. des Restaurants und der Bar; netter Pool. Ab ❹

Brigand Hill Lighthouse

Der herrlichen Aussicht wegen lohnt sich der kleine Abstecher zum Brigand Hill Leuchtturm. Nachdem man Upper Manzanilla hinter sich gelassen hat, überquert man eine Brücke und biegt rechts in die Plum Mitan Road ab. Hält man sich nun an der nächsten Gabelung links, führt nach etwa 800 m eine schmale Straße steil der Berg hinauf. Am besten lässt man das Auto unten stehen und ertüchtigt sich ein wenig. Je nach Kondition dauert der Aufstieg 15–30 Minuten. Die Belohnung für das Erklimmen des Leuchtturms ist eine grandiose Aussicht. Im Norden erblickt das Auge die Northern Range, im Nordosten die Balandra und Matura Bay, im Südosten den Manzanilla Beach und den Nariva Swamp und westlich den Mount Harris. ⊙ 8–17 Uhr; Eintritt frei.

8 HIGHLIGHT

Nariva Swamp

Der **Nariva Swamp**, weitgehend unerschlossen, ist eine Sumpflandschaft, die sich unmittelbar westlich der Manzanilla Bay über 15 km^2 erstreckt. Inmitten des Sumpfgebietes liegt **Bush Bush Island** und der **Bois Neuf Forest**. Mangroven bilden mit ihren bizarren Stelzwurzeln undurchdringliche Dickichte, und auch Palmen, Kapok- und Feigenbäume sind in dem Naturschutzgebiet beheimatet. Insgesamt leben hier 59 Säugetierarten, 171 verschiedene Arten von Vögeln, Fischen und Reptilien – und jede Menge Moskitos. Neben **Kapuziner-** und **Brüllaffen** bewohnen auch **Anakondas** das Sumpfgebiet. Das Schuppenkleid der Riesenschlangen ist olivbraun bis hell olivgrau und mit großen schwar-

zen, runden Flecken durchsetzt. Sie werden etwa 8–9 m lang und verspeisen gerne Vögel, Nager und kleine Kaimane. In gereiztem Zustand können sie auch dem Menschen gefährlich werden. Normalerweise sind die Anakondas jedoch scheu und flüchten.

Die außergewöhnlichsten Bewohner sind jedoch die **Manatis**. Die massigen, irgendwie liebenswerten Seekühe haben gerundete Flossen, werden etwa 2,50–3,50 m lang und wiegen 300–400 kg. Sie vertilgen täglich bis zu 20 kg Wasserpflanzen. Leider ist der Bestand in den letzten beiden Jahrzehnten drastisch gesunken.

Der Besuch des Nariva Swamp erfolgt per Boot, in der Trockenzeit zu Fuß. Auch hier benötigt man ein (kostenloses) **Permit**, erhältlich bei der Wildlife Divison des **Forestry Departments** in St. Joseph, Farm Road, ✆ 662-5114. Das Department hat Mo–Fr von 8–16 Uhr geöffnet und vermittelt gerne einen geeigneten Tourguide.

Ansonsten offeriert **Mr Broadbridge**, c/o Caribbean Discovery Tours, ✆ 624-7281, 🖳 www.caribbean discoverytours.com, eine interessante Kayaktour durch die Sumpflandschaft (US$110 inkl. Mahlzeiten).

Und wer in der Gegend wohnt, sollte **Kayman Sagar**, c/o Lime Land Tours, Old Plum Rd, Manzanilla, ✆ 668-1346, kontaktieren. Seine Nariva Swamp-Touren kosten US$90 p. P.

San
Fernando

Der Süden

Stefan Loose Traveltipps

San Fernando Durch die geschäftige Stadt schlendern und auf Spurensuche der Kolonialzeit gehen. S. 200

Pitch Lake Inmitten eines Kraters in Küstennähe über den größten Asphaltsee der Welt wandeln. S. 206

Der Südwesten Verschlafene Dörfer und einsame Strände erkunden. S. 206

Devil's Woodyard Exkursion zu den Schlammvulkanen – Zeugnisse reicher Erdöl- und Erdgasvorkommen. S. 219

Mayaro- und Guayaguayare Bay Limen mit den Trinis entlang der beiden Buchten. S. 219

Trinity Hills Eine geführte Tour durch das entlegenste Naturschutzgebiet. S. 224

San Fernando

Geschichte

Lange bevor die europäischen Eroberer San Fernando in Besitz nahmen, galt der **Anaparima** (heute der San Fernando Hill), „der einzelne Berg", wie ihn die Indianer liebevoll nannten, als heilige Stätte und war über Jahrtausende Ziel indianischer Pilgerer vom südamerikanischen Festland. Erstmals erwähnt wurde der Anaparima (oder auch Naparima) von Sir Walter Raleigh im Jahre 1595. Dabei blieb es dann auch, denn Raleigh verschrieb sich der Suche nach El Dorado, dem sagenhaften Land des Goldes, und segelte weiter. In den folgenden zwei Jahrhunderten widmeten sich lediglich einige spanische Kapuzinermönche mit ihrer 1687 errichteten Mission Purissima Concepcion de Naparima der Bekehrung der Ureinwohner zum Christentum.

Der letzte spanische Gouverneur, José María Chacón, war im Rahmen der Cedula de Population mit der Aufgabe betraut, Neuankömmlingen, sofern römisch-katholischen Glaubens und loyal der spanischen Krone gegenüber, Land zu bewilligen. Er übertrug erstmals 1784 einem Mann namens Isidore Vialva ein Stückchen Land. Dieser verkaufte es an Jean-Baptiste Jaillet, der die erste Zuckerrohrplantage mit Namen Mon Chagrin errichtete. Im Jahre 1792 gab Chacón der mittlerweile kleinen Siedlung zu Ehren des Sohnes des spanischen Königs Carlos III. den Namen San Fernando.

Nach der Machtübernahme der Briten 1797 ergab eine Bestandsaufnahme der Region eine Einwohnerzahl von 1394 (166 Weiße, 346 freie Schwarze und 882 Sklaven), die 20 Zuckermühlen, 8 Rumbrennereien, 25 Kaffee- und 28 Baumwollfabriken betrieben. 1811 hatte sich die Bevölkerung schon mehr als verdreifacht und San Fernando wurde langsam aber sicher zur Drehscheibe des Südens. Die offizielle Anerkennung als Stadt folgte 1846.

Die Einführung des Dampfschiffverkehrs zwischen Port of Spain und San Fernando im Jahre 1818 und die Eröffnung der Eisenbahnstrecke im Jahre 1859, die vom Hafen San Fernandos nach Princes Town verlief, gaben der Stadt weitere Impulse. Um die Jahrhundertwende ging es dann Schlag auf Schlag. Feierlich eröffnete Sir Hubert Jerningham am 27.02.1899 das erste Wasserwerk der Stadt. Ein Jahr später hielt der Unternehmer James Wharton das erste Telefon in seinen Händen. Platziert war es in der Krankenhausapotheke The Naparima Dispensary, High Street, Nummer 5 und die Telefonnummer lautete schlicht 1. 1911 zählt man schon 8700 Einwohner. Am 24 Juli 1915 eröffnete der Geschäftsmann G.J. MacDaugall das erste Kino, das Palace Cinema und 1919 öffneten sich die Türen der neu errichteten Bücherei The Carnegie Free Library. Beide Einrichtungen zogen die Menschen der Region magisch an.

Am 15.12.1923 wurde das erste Elektrizitätswerk in Betrieb genommen und 1926 tauchten die ersten Autos in San Fernando auf. Timothy Roodal besaß einen Dodge und Canon W.S. Doorly ebenso wie John James Waddell rasten mit knapp 30 km/h in ihren Fords durch die Stadt. Im gleichen Jahr folgte auch die Installation der ersten „Tankmaschine" in der Coffee Street. Ebenfalls im Jahre 1926 erklärte sich der Manager der Ste. Madeleine Zuckerfabrik, G. C. Skinner bereit, der Stadt einen Teil des Geländes von Les Efforts, den heutigen **Skinner Park**, als Erholungsgebiet zur Verfügung zu stellen.

Anfang der 40er-Jahre mussten die Zuckerrohrfelder südlich der Rushworth Street den dringend benötigten Wohnhäusern weichen. Die Stadt wuchs seitdem unaufhörlich und erreichte ihre Blütezeit in den 60er- und 70er-Jahren, als das schwarze Gold in Strömen floss.

San Fernandos Straßennamen verweisen auf zahlreiche politische Akteure Trinidads. Die **Keate Street** ist nach Sir William Robert Keate benannt, der 1857–1864 Gouverneur von Trinidad war. Die **Sutton Street** trägt den Namen des Gouverneurs J.H.T. Manners-Sutton (1864–1866). Sir Edward Everard Rushworth (**Rushworth Street**) übernahm das Amt des Gouverneurs 1866. Sir Arthur Hamilton Gordon (**Gordon Street**) löste Rushworth ab (1866–1870), und die **Lewis Stree**t widmete man dem Gouverneur Lewis Grand (1829–1833) – um nur einige zu nennen.

Die Stadt

Die etwa 45 000 Einwohner zählende Stadt wird als Industriezentrum des Landes tituliert und findet vielleicht deshalb wenig touristische Beach-

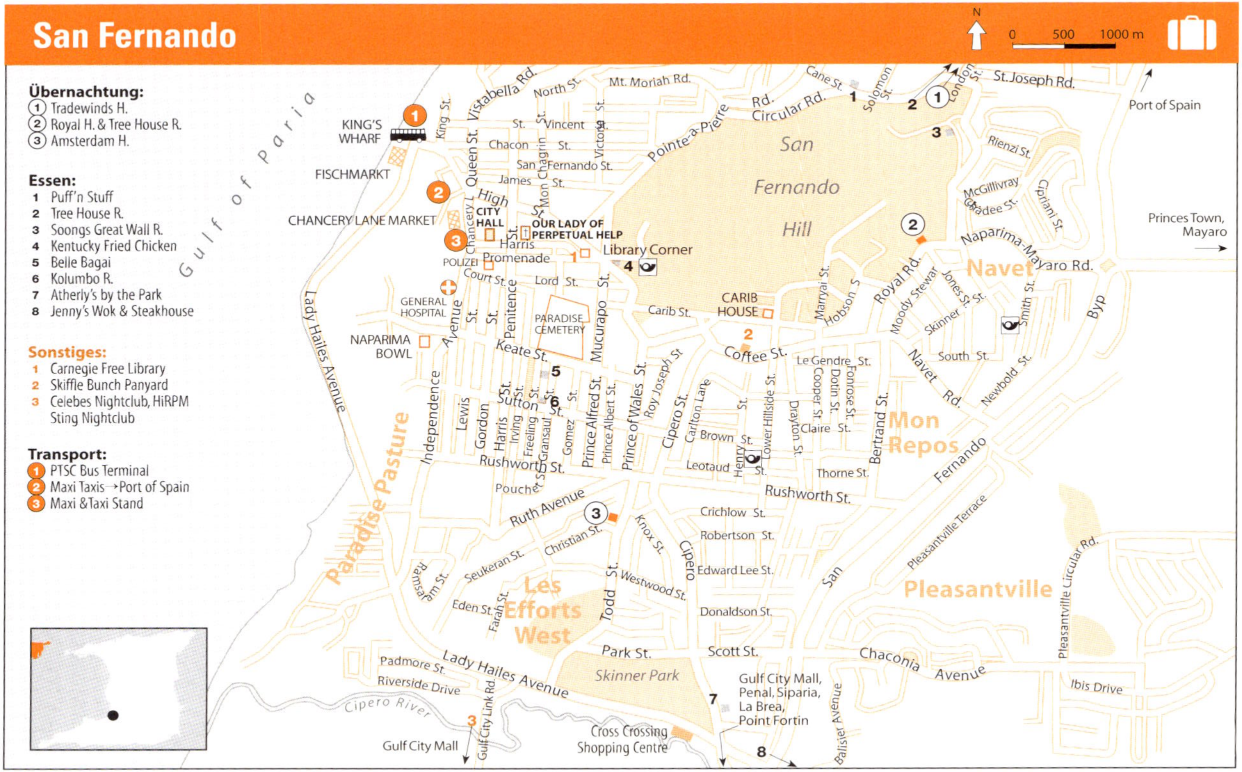

San Fernando

Übernachtung:
1. Tradewinds H.
2. Royal H. & Tree House R.
3. Amsterdam H.

Essen:
1. Puff'n Stuff
2. Tree House R.
3. Soong's Great Wall R.
4. Kentucky Fried Chicken
5. Belle Bagai
6. Kolumbo R.
7. Atherly's by the Park
8. Jenny's Wok & Steakhouse

Sonstiges:
1. Carnegie Free Library
2. Skiffle Bunch Panyard
3. Celebes Nightclub, HiRPM
   Sting Nightclub

Transport:
1. PTSC Bus Terminal
2. Maxi Taxis → Port of Spain
3. Maxi & Taxi Stand

Map labels:

Port of Spain · Princes Town, Mayaro · St. Joseph Rd. · London Rd. · Cipriani St. · Rienzi St. · McGillivray · Chedee St. · Naparima-Mayaro Rd. · Smith St. · Newbold St. · Cane St. · Solomon · Royal Rd. · Moody Stewart · Skinner St. · South St. · Jones St. · Navet Rd. · Fernando · Mon Repos · Bertrand St. · Pleasantville terrace · Pleasantville · Chaconia Avenue · Ibis Drive · Pleasantville Circular Rd. · Balisier Avenue

San Fernando Hill · Pointe-à-Pierre Rd. · Circular Rd. · Hobson S. · Maryar St. · Fonrose St. · Le Gendre St. · Dotin St. · Cooper St. · Clarie St. · Drayton St. · Thorne St. · Rushworth St. · San · Crichlow St. · Robertson St. · Edward Lee St. · Donaldson St. · Scott St. · Gulf City Mall, Penal, Siparia, La Brea, Point Fortin

Mt. Moriah Rd. · Victoria St. · Vincent St. · North St. · Vistabella Rd. · San Fernando St. · Chacon St. · Mon Chagrin St. · James St. · High St. · Queen St. · King St. · CARIB HOUSE · Coffee St. · Lower Hillside St. · Henry St. · Brown St. · Leotaud St. · Carlton Lane · Cipero St. · Cipero · Knox St. · Westwood St. · Park St. · Skinner Park · Todd St. · Christian St. · Les Efforts West · Cross Crossing Shopping Centre

Library Corner · OUR LADY OF PERPETUAL HELP · CITY HALL · Harris Promenade · Pointe · Mucurapo St. · Prince of Wales St. · Roy Joseph's St. · Prince Albert St. · Prince Alfred St. · Gomez St. · PARADISE CEMETERY · Keate St. · Lord St. · Court St. · Penitence St. · Harris St. · Gordon St. · Lewis St. · Independence Avenue · St. Vincent St. · Ruth Avenue · Carib St. · St. James St. · Irving St. · Freeling St. · St. Saransau · St. Stratton · Pouchet St. · Seukeran's St. · Eden St. · Lady Hailes Avenue · Gulf City Link Rd. · Padmore St. · Riverside Drive · Ramsam St. · Cipero River · Gulf City Mall

KING'S WHARF · FISCHMARKT · CHANCERY LANE MARKET · NAPARIMA BOWL · GENERAL HOSPITAL · Lady Hailes Avenue · Paradise Pasture · Falah St. · Ram St. · Ratsam St.

Gulf of Paria

0   500   1000 m

N

tung. Trotzdem hat auch diese Stadt ihren ganz eigenen Charme. Nicht nur entlang der Harris Promenade findet man noch viele Häuser der Kolonialzeit, die trotz des schnellen Wachstums der letzten Jahrzehnte nicht achtlos niedergerissen, sondern vielmehr teilweise renoviert wurden.

Die Stadt, die westlich begrenzt wird durch den Gulf of Paria, ist stetig um den San Fernando Hill herum gewachsen. Das Leben pulsiert jedoch in der **Harris Promenade**, die nach dem britischen Gouverneur Lord Harris benannt wurde, der Trinidad von 1846 bis 1854 verwaltete. Sie besteht aus zwei Parallelstraßen, die von dem 1955 erbauten **General Hospital** im Westen bis hin zum **Library Corner** im Osten verlaufen. Das westliche Ende dominiert das 1930 im klassizistischen Stil erbaute Rathaus, die **City Hall**, und auf der gegenüberliegenden Seite das mächtige **Polizeigebäude**. Die katholische **Church of Our Lady of Perpetual Help** wurde im Mai 1849 geweiht. Zwischen den beiden Straßen der Promenade erhebt sich die **Statue von Mahatma Ghandi**, die 1952 von Indien nach Trinidad gebracht wurde. Anhänger der Ghandi Seva Sang Organisation feiern alljährlich an dem Denkmal Ghandis Geburtstag (2.10.1869) und seinen Todestag (30.1.1948).

Die Statue am östlichen Ende der Promenade stellt **Marcus Garvey** dar, der in den 20er-Jahren mit seiner Kritik an Kolonialismus und Rassismus der afrokaribischen Bevölkerung zu neuem Selbstbewusstsein verholfen hatte. Nicht nur Lord Kitcheners Calypso Song Last Train to San Fernando erinnert an die letzte Zugfahrt von Port of Spain nach San Fernando im Jahre 1968, sondern auch eine der ersten Dampflokomotiven Trinidads, die an ihrem Originalschauplatz hinter der Bibliothek zu bewundern ist.

Es ist herrlich, die trinidadische Geschäftigkeit einfach auf einer der zahlreichen Parkbänke der Promenade an sich vorbeiziehen zu lassen.

Die beiden Straßen der Harris Promenade laufen an dem roten Ziegelbau der 1918 errichteten **Carnegie Free Library** zusammen. Die Bibliothek trägt der Name ihres Stifters Andrew Carnegie. Insgesamt sieben Straßen laufen am **Library Corner** zusammen, dem beliebtesten Treffpunkt der „Sandos". Eine der Straßen, die in den Library Corner mündet, ist die **High Street**,

eine belebte Einkaufsstraße, in der sich ein Geschäft an das andere reiht und es vor Straßenverkäufern nur so wimmelt.

Kulturzentrum der Stadt ist das 1962 errichtete **Naparima Bowl**. Nach einem verheerenden Brand im Jahre 1977 baute man es originalgetreu wieder auf. Hier finden Ausstellungen ebenso wie Steelband- und Calypso- Konzerte statt. Der San Fernando Hill wird im Süden von der **Carib Street** gesäumt. Unter den vielen, zum Teil baufälligen Kolonialhäusern ist das **Carib House** aus dem 18. Jh. das älteste von den Spaniern erbaute Gebäude San Fernandos.

Die etwas weiter südlich liegende **Coffee Street** erinnert ebenfalls an vergangene Zeiten. Als die Stadt Anfang des 19. Jhs. Form annahm, führte die erste Straße ostwärts durch eine Kaffeeplantage. Das Gebiet rund um die Coffee Street wird noch heute einfach **The Coffee** genannt. Die Anfänge vieler Panyards liegen hier, versinnbildlicht in verblassten Wandmalereien und der Statue eines Pan-Spielers.

Über den **San Fernando Bypass** gelangt man problemlos vom Norden der Stadt, vorbei an dem betuchteren Wohnviertel St. Joseph Village und dem neueren Wohngebiet Pleasantville, in den Süden der Stadt. Der San Fernando Bypass trifft im Süden auf eine weitere Umge-

Der San Fernando Hill

Ob der 200 m hohe Anaparima Schandfleck oder Wahrzeichen San Fernandos ist, darüber lässt sich sicherlich streiten. Lange Zeit war er in Privatbesitz. Während ein Teil des Berges noch relativ ursprünglich ist, erkennt man deutlich, an welchen Stellen jahrelang hochwertiger Kies abgebaut wurde. Erst 1980 stoppte die Regierung den Abbau und erklärte den kargen Berg zum Nationalpark. Heute führt eine Straße hinauf zum „Gipfel". Neben Parkplätzen und Toiletten stehen den Besuchern auch Picknicktische und -bänke zur Verfügung. Unbestritten hat man in jedem Fall einen grandiosen Ausblick auf San Fernando und den Gulf of Paria. Am Horizont erblickt man sogar die Northern Range und Venezuela.

hungsstraße, die Lady Hales Avenue (auch bekannt als Rienzi-Kirton Highway), die ins Zentrum und an den Hafen führt. Die Wohn- und Einkaufsviertel **La Romain** und **Gulf City** liegen südlich der Stadt.

Übernachtung

Die Anzahl der Betten in und um San Fernando ist sehr begrenzt. Das Hauptgeschäft der Hotelbesitzer zielt dabei auf Geschäftsleuten der Ölindustrie und anderer Wirtschaftszweige ab. **Tradewinds Hotel**, 38 London St, St. Joseph Village, ☎ 652-9463, ▭ www.tradewindshotel. net. Auf einem kleinen Hügel in St. Joseph Village, im Norden San Fernandos gelegen. Zum Teil brandneu, nett eingerichtete DZ mit hübschem Ausblick, Bad, AC und TV, die Executive Rooms sind geräumiger, einige auch mit Küchenzeile. **Tree House Restaurant**, das seinem Namen gerecht wird, und **Landing Sports Bar** mit großem TV und Billardtischen, Pool und Fitnessraum. Frühstück inkl. ➎
Royal Hotel, 46-54 Royal Rd, ☎ 652-3942, ▭ www.royalhotelt.com. Anfang des 20. Jhs. das Wohnhaus von James Mc Lelland, Sohn des von 1917–1919 amtierenden Bürgermeisters Hugh Mc Lelland. Liegt etwas erhöht unterhalb des San Fernando Hills mit wunderschönem Ausblick und verfügt über 60 große Zimmer mit Bad, AC, TV und Balkon sowie 4 Apartments mit zusätzlicher Küchenzeile. Schöner Pool; das hübsche Open-Air-Restaurant serviert von 6.15–22 Uhr gute karibische und internationale Küche. Frühstück inkl. ➏
Amsterdam Hotel, 11 Todd St. 16 einfache Zimmer mit Du/WC. Für Leute mit kleinerem Budget o.k. Aus der Tatsache, dass die Zimmer auch stundenweise vermietet werden, sollte man keine Rückschlüsse ziehen. Es ist kein Bordell. ➊–➋
Erline's, 143 Pond St, La Romain, ☎ 657-3749. In La Romain auf der South Trunk Road ist auf das Straßenschild Pond Street zu achten. Mrs. Alexander vermietet in ihrem Haus 1 Zimmer mit Bad und Ventilator. Am besten vorher anrufen. Frühstück inkl. ➋
Paria Suites Hotel, South Trunk Rd., La Romain, ☎ 697-1442, ▭ www.pariasuites.com. Nettes

Hotel, einige Kilometer westlich San Fernandos mit 22 schönen Superior Zimmern mit AC, TV, Bad und Balkon mit Meerblick. Im Nebengebäude weitere 24 Deluxe-Zimmer und 1- Bettzimmer-Apartments mit Küchenzeile. Pool, das Schelles-Surf & Turf Restaurant und die Southern Edge Bar & Grill, nett zum Lunchen und einem Drink an der Bar. ➎–➏

Essen, Limen und Nachtleben

Preiswert

In San Fernando konzentrieren sich Anbieter von preiswerten Lunch-Gerichten in der High St, z. B. **Tasty Flavours**, High, Ecke Chagrin. **KFC** und **Pizza Hut** sind sowohl am Library Corner als auch in der Gulf City Mall südlich der Stadt vertreten, das **Rituals Café** in der High St und nochmals, ebenso wie die **Pizza Boys** und **Mario's Pizzeria**, in der Gulf City Mall. **Puff 'n Stuff**, 40 Long Circular Rd, ⏰ tgl. 6-20/21 Uhr, und die **D & S Maharay Bakery**, 22 Coffee St, haben leckere Backwaren. **Kramath's Roti Shop**, 157 Coffee St, hat die besten Rotis.

Restaurants und Bars

Atherly's by the Park, 104 Gooding Village, ☎ 652-7373. Gegenüber vom Skinner Park kann man mittags preiswert kreolisch/indisch essen, sowohl klimatisiert als auch open-air. Populärer jedoch als After Work Lime Spot, vor allem am Wochenende, wenn auch DJs Soca, Dancehall etc. auflegen. ⏰ Di–So ab 10 Uhr (bis der Letzte geht).
Belle Bagai, 20 Gransaul St, ☎ 652-1068. Schönes Gingerbread House mit Veranda zum Limen, aber auch Mittag- und Abendessen; moderat, ⏰ Mo–Do ab 15, Fr und Sa ab 13 Uhr.
Canton Palace, Cross Crossing Shopping Centre, ☎ 652-5993. Großes chinesisches Restaurant, auch Take away; moderat. ⏰ Mo–Sa 11–22 Uhr.
Jenny's Wok & Steak House, 175 Cipero Rd, Victoria Village, ☎ 652-1807. Liegt etwas außerhalb im Süden San Fernandos und bietet neben internationalen Steakgerichten chinesische Spezialitäten. Ähnlich wie in Port of Spain frönt man hier dem After Work Lime

an der Bar, moderat–gehoben, ◷ Mo–Sa 11–22/23 Uhr.

Kolumbo Restaurant, 36 Sutton St, ✆ 653-7684. Untergebracht in einem restaurierten Kolonialgebäude serviert das atmosphärische Restaurant internationale Küche. Für entspannte Atmosphäre sorgt am Abend ein Klavierspieler. ◷ Di–Sa 16–24 Uhr.

Royal Hotel Restaurant, 46-54 Royal Rd, ✆ 652-4881. Gemütliches Restaurant am Fuße des San Fernando Hills. Serviert wird karibische und internationale Küche. Gehobene Preise. ◷ tgl. 6.15–22 Uhr.

Soong's Great Wall Restaurant & Lounge, 97 Circular Rd, ✆ 652-2583. Pagodenförmiges, reich verziertes chinesisches Restaurant mit einer reichhaltigen Speisekarte. Jeden Mittwoch Buffet; gehobene Preise. ◷ Tgl. 11–22/23 Uhr.

Kultur und Unterhaltung

Kinos

Hobosco 2, 21–23 Mucurapo St, ✆ 652-4543, **New De Luxe Cinema**, 45 Harris Promenade, ✆ 652-0028, **National Cinema**, Gomez, Ecke Keate St, ✆ 652-2343.

Mas Camps

Firework Productions, 46 Independence Ave, ✆ 685-2232, **Ivan Kallicharan**, 17 Harris St, ✆ 652-4727.

Panyards

Antillean All Stars, 8-10 Carib St, **Hatters**, 100 Lady Hailes Ave, **Skiffle Bunch**, Coffee St.

Sportveranstaltungen und Konzerte

Der **Skinner Park**, Lady Hales Ave, ✆ 657-7188, saniert für das Panorama Festival 2007, ist Schauplatz von Sportveranstaltungen und Konzerten. Wann was los ist, erfährt man aus der Zeitung.

Theater

Theater, folkloristische Veranstaltungen und Konzerte kommen im 2007 wieder eröffneten

Nightlife

Celebs Night Club & Sports Bar, in der Gulf City Mall, ✆ 652-7641. *In*-Club und Sportbar auch mit Chart-Musik. ◷ So–Do 16–23, Fr und Sa 11–4 Uhr.

HiRPM, Gulf City Mall, ✆ 652-3760. Beliebt hier sind die Rock-Partys und Live Events.

Sting Nightclub, Gulf View, La Romain, 🖳 www.stingnightclub.com. Ist der neue (2006 eröffnet) Party-Club in San Fernando, mit Live-Musik am Wochenende, mittwochs mit kostenlosen Drinks, Freitagnachmittag After Work Lime und in der Nacht Party mit dem richtigen Mix aus *music and vibes.*

Naparima Bowl, 19 Paradise Pasture, auf die Bühne. Termine sind der Presse zu entnehmen.

Einkaufen

Die größte Einkaufsmeile Süd-Trinidads ist die High Street. Daneben findet man das ein oder andere Souvenir auf dem **Chancery Lane Market** am Ende der High Street. Ansonsten bieten sich die beiden Einkaufszentren **Cross Crossing Shopping Centre** gegenüber dem Skinner Park an der Lady Hales Avenue und die größere **Gulf City Mall** südlich der Stadt an. Dort findet man Apotheken, Drogerien, Boutiquen, Buchläden, Sportgeschäfte, Schuhläden, Restaurants und Take-aways.

Bücher

R.I.K. Services, 102-104 High St, ✆ 652-3830, und Gulf City Mall, ✆ 653-9892. **Mohammed's Bookstore**, 49 High St, ✆ 657-1012.

CDs

Crosby's Musik Centre, 5C Pointe-à-Pierre Rd, ✆ 653-7622.

Supermärkte

Der **HI-LO Food Store**, Gulf City, und der **Southern Food Basket**, 99–101 Coffee St, haben beide sonntags geöffnet.

Der Süden

Sonstiges

Apotheken

Numbers Drugs, Gulf City Mall, Lord und Mucurapo St, ☎ 653-3835, ⊙ Mo–Sa 8–18.30 Uhr;
Sinanan's Drug, 51 Independence Ave, ☎ 653-2394, ⊙ Mo–Sa 7–19 Uhr.

Geld

First Citizens Bank, ☎ 652-2757,
Republic Bank, ☎ 652-0125,
RBTT Bank, ☎ 652-2233.
Alle genannten Banken sind auch mit Geldautomaten in der Gulf City Mall und in der High Street vertreten.

Internet

Browwwsers Cyber Cafe, 12 Coffee St, Library Corner, ☎ 653-4663, ⌨ www.browwwsers.com;
Associated Communication Technologies (ttsurfcybercafe), Gulf City Mall, ☎ 657-8737.

Medizinische Hilfe

General Hospital, Independence Ave, ☎ 652-3581.

Polizei

Das Polizeigebäude befindet sich am westlichen Ende der Harris Promenade, ☎ 652-2561.

Post

La Pique Rd, ☎ 652-3431, ⊙ Mo–Fr 8–16 Uhr.

Wäschereien

Elegant Dry Cleaners, Cross Crossing Shopping Centre, ☎ 652-8993;
NG Pack Laundry, 4 Mucurapo St, ☎ 652-3276.

Nahverkehr

Völlig problemlos ist der Transport innerhalb der Stadt mit dem **Route Taxi**. Einfach in gewünschter Fahrtrichtung an die Straße stellen und dem Fahrer ein Handzeichen geben. Die Fahrt kostet TT$2–3. Die Route Taxis sammeln ihre Fahrgäste entlang der belebteren Straßen ein und für gewöhnlich lassen sich die Fahrgäste auch an einer Hauptstraße wieder absetzen. Für TT$2 extra kann man sich aber auch in jede beliebige Seitenstraße fahren lassen. Route Taxis zu den großen Einkaufszentren **Cross Crossing** und **Gulf City** fahren am Library Corner ab.
Wer eine ganz private Taxi-Sightseeing-Tour machen möchte, kontaktiert **Williams Call Taxi Service**, 10 A Princes St, ☎ 657-7408.

Transport

Der **Busbahnhof** und das **Ticketbüro**, ⊙ Mo–Fr 4.45–20, Sa 6–19 und So 12–19 Uhr, befinden sich am Ende der Queen Street unweit des Fischmarktes. Die Tickets müssen im Voraus gekauft werden. Von hier fahren sowohl die schnelleren komfortableren **ECS-Busse** als auch die langsameren, nicht AC-gekühlten **Blue-Transit-Busse** ab. Die **ECS-Busse** fahren Mo–Fr von 4.45–19.30 (alle 15 Min.), Sa von 6–18.30 Uhr (alle 30 Min.) nach CHAGUANAS (TT$4) und PORT OF SPAIN (TT$6). Nach LA BREA (TT$3) fährt etwa jede Stunde ein Bus.
Die **Blue-Transit-Busse** fahren alle 45 Min. nach CHAGUANAS (TT$2,50) und PORT OF SPAIN (TT$4). Nach POINT FORTIN (TT$3) etwa jede Stunde Mo–Fr von 3–19.30, Sa und So 6, 9, 12, 15.30 und 18.30 Uhr und PRINCESS TOWN (TT$4) auch jede Stunde. RIO CLARO (TT$6), MAYARO (TT$9) und GUAYAGUAYARE (TT$12) werden auch 3-4x tgl. bedient. **Aktuelle Abfahrtszeiten** bei **PTSC**, Lady Hailes Ave, ☎ 652-3705.
Um weiter in den Süden Trinidads vorzudringen, fährt man am besten mit dem **Maxi Taxi** oder dem etwas teureren **Route Taxi**. Der Stand für beide liegt oberhalb des General Hospital in der Chancery Lane. Von hier aus gelangt man mit dem Maxi Taxi nach LA BREA (TT$5), VESSIGNY (TT$5), PENAL (TT$4), SIPARIA (TT$6), FYZABAD (TT$4) und POINT FORTIN (TT$6).
Die Route Taxis sind etwas teurer, fahren jedoch gegen einen Aufpreis auch in entlegenere Ortschaften wie PALO SECO oder ERIN. Wer nach GRANVILLE oder ICACOS möchte, muss erst nach Point Fortin. Von dort fahren Route Taxis in den äußersten Südwesten.

Route Taxis nach PENAL (TT$6) fahren von der High Street ab, nach PRINCES TOWN (TT$4) von der Mucurapo, Ecke Lord St.

Die Maxis bedienen auch entferntere Destinationen. Abfahrt nach PORT OF SPAIN (TT$8) ist hinter dem Chancery Lane Market. Der Maxi Taxi-Stand für PRINCES TOWN (TT$3) befindet sich in der Coffee Street und für COUVA (TT$4) und CHAGUANAS (TT$4) in der St. James Street.

Wer nach MAYARO oder MORUGA möchte, muss in Princes Town umsteigen.

Der Südwesten

Oropuche Lagoon

Wenige Kilometer südwestlich von San Fernando passiert man die mehrere Quadratkilometer umfassende Oropuche Lagoon, die sich um die Mündung des Oropuche und östlich davon erstreckt. Die fast unberührte Sumpf- und Mangrovenlandschaft ist Lebensraum einer beachtlichen Tier-, Vogel- und Pflanzenwelt. Die relative Unzugänglichkeit der Lagune ließe auf eine intakte Natur schließen, wäre da nicht die Ölindustrie, deren schleichende Auswirkungen dieses Fleckchen Natur bedrohen.

Nur wenige Touristen verirren sich hierher, die meisten ziehen einen Besuch der touristisch erschlosseneren Caroni-Sümpfe vor. An der Mündung des Oropuche River liegt außerdem **St. Patrick's Shore of Peace**, ein Ort, an dem gläubige Hindus ihre Verstorbenen mit der Feuerbestattung in den ewigen Kreislauf der Wiedergeburt schicken.

Touren

Wer Interesse an einer Boots- oder Kajaktour durch die Oropuche Lagoon hat, kontaktiert **Caribbean Discovery Tours**, 9 B Fondes Amandes Rd, St. Ann's, ✆ 624-7281, **The Pathmaster**, c/o Andy Whitwell, 13 Idlewild Rd, Cascade, ✆ 621-0255, **Nanan's Tours**, Bamboo Grove Settlement, No 1, Uriah Butler Highway, Valsayn, ✆ 645-1305.

La Brea und der Pitch Lake

21 km südwestlich von San Fernando entlang der Southern Main Road gelangt man nach **La Brea**. Charakteristisch für den Ort sind seine überaus holprigen Straßen, die anscheinend durch kleinere Eruptionen ständig beschädigt werden. Ausgebessert werden sie jedenfalls materialkostenfrei und mit einem „1 a"-Asphalt, denn der spanische Name des Dorfes (*brea* = Teer, Pech) verweist auf ein etwas weiter südwestlich liegendes Naturwunder: Der kreisrunde, küstennahe **Pitch Lake** inmitten eines Kraters ist der größte Asphaltsee der Welt. Seinesgleichen gibt es nur noch zweimal auf unserem Globus – in Los Angeles (Rancho La Brea) und in Venezuela (Lago de Guanoco).

Im März 1595 entdeckte Sir Walter Raleigh, eigentlich auf der Suche nach El Dorado, den Asphaltsee und dichtete die lecken Fugen seiner hölzernen Schiffswände mit dem Pech ab. Weitere zwei Jahrhunderte blubberte der See jedoch ziemlich unbeachtet vor sich hin. La Brea hingegen galt im Jahre 1797 mit 555 Einwohnern als eine der am dichtesten besiedelten Gegenden des Südens.

Die Engländer begannen Anfang des 19. Jhs. den Asphaltsee zu untersuchen und versuchten den Asphalt als Brennstoff und auch als Straßenbelag nutzbar zu machen. Ende des 19. Jhs. begann man den Asphalt industriemäßig abzubauen. Einen regelrechten Boom erlebte der Industriezweig mit dem weltweiten Siegeszug des Automobils. Unzählige Straßen der Welt wurden geebnet mit dem Naturasphalt des Pitch Lake. Die Asphalt Company in La Brea wurde zu einem attraktiven Arbeitgeber, und so zählte der Ort im Jahr 1921 2616 Einwohner.

In den 1930er-Jahren ließ das Interesse an dem Abbau von Asphalt etwas nach, da die Suche nach Öl die schnellere Mark versprach. Anfangs bohrten in La Brea die Lake Petroleum Company und die Trinidad Leaseholds Limited. Später errichteten die Antilles Oil Company und die Texaco weitere Bohrtürme. Während 1964 noch jährlich 189 000 t Asphalt abgebaut wurden, war es 10 Jahre später nur noch etwa die Hälfte. In den 90er-Jahren pendelte sich der Abbau auf etwa 20 000 t jährlich ein.

Es war einmal eine kleine paradiesische Insel namens Ieri – „Insel der Kolibris". Lange bevor Menschen aus anderen Teilen der Erde dieses Land entdeckten, lebte hier ein friedvolles Volk in Einklang mit der Natur. Die Menschen respektierten einander und erfreuten sich Tag für Tag an dem Anblick ihrer bunt schillernden Vogelfreunde, der Kolibris, die ihnen der höchste Geist zum Geschenk gemacht hatte. Sie vergaßen nie, dem höchsten Geist für ihr Dasein zu danken. Hass und Neid waren ihnen fremd. Angst kannten sie keine, bis eines Tages ein kriegerisches Volk, dessen Leben von Kampf und Kannibalismus bestimmt war, das Eiland entdeckte. Die Eindringlinge überfielen aus dem Hinterhalt die Bewohner der Insel, töteten Kinder, Alte und Schwache und vergewaltigten die Frauen. Sie machten Jagd auf die Kolibris, rissen ihnen die Köpfe ab und schmückten ihr Haar mit den bunten Federn. Sie verspeisten das zarte Fleisch des heiligen Vogels ebenso wie die stärksten Männer ihrer Feinde, da sie glaubten, sich auf diese Weise die Kraft ihrer Gegner einverleiben zu können.

Was das kriegerische Volk nicht vorausahnen konnte, waren der Zorn und die Rache des höchsten Geistes. Während sie ihren Triumph ausgelassen feierten, verdunkelte sich der Himmel. Blitz und Donner gingen hernieder, die Erde grollte, bebte, tat sich auf und riss die kriegerische Meute in die Tiefe. Schlamm strömte aus dem Innern empor, bedeckte den Ort des Grauens mit einem See und färbte sich ob der Untaten pechschwarz. Viele Jahre vergingen, bis der höchste Geist wieder Kolibris auf die Insel schickte. Lange Zeit beobachtete er das Treiben auf dem großen Meer und beschloss auch wieder Menschen auf die Insel zu bringen. Er befahl den Winden, die Segelboote an die Strände der Insel zu treiben. Die Menschen, entzückt von dem Paradies, das ihnen beschert wurde, siedelten sich an. Lange Zeit hielt die Idylle jedoch nicht an. Der Wunsch jedes Einzelnen, über dieses Paradies zu herrschen, war stärker als das friedliche Miteinander. Machtkämpfe bestimm-

ten wieder das Leben auf der Insel, Menschen wurden versklavt und getötet. Erzürnt dachte der höchste Geist über das Schicksal nach, das diese Unmenschen ereilen sollte. So ließ er die Oberfläche des pechschwarzen Sees erstarren. Im Morgengrauen entdeckten die Menschen dieses Wunder. Neugierig betraten sie den See, nicht wissend, dass die Oberfläche nur die guten Menschen tragen würde. So versank ein großer Teil der Bevölkerung und der See quoll über. Der höchste Geist befahl den Menschen, den Schlamm über die Wege zu gießen, damit die erstarrte Masse die Menschen immer daran erinnere, was mit ihnen passiert, wenn sie sich nicht gegenseitig achten.

Auch heute noch quillt der Schlamm unaufhörlich aus der Tiefe nach oben und ab und zu tauchen auf geisterhafte Weise Gegenstände aus dem See empor, die ebenso schnell wieder in der Tiefe verschwinden. Nehmt euch in Acht!

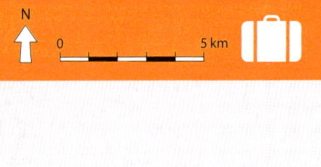

Bei der Herstellung von Asphaltdecken hat die Verwendung von Trinidad-Asphalt eindeutige Vorteile gegenüber der Verwendung reiner Bitumen gezeigt, so dass auch viele Autobahnen und Bundesstraßen Deutschlands, Österreichs und der Schweiz Trinidad-Asphalt enthalten. So wurde die Gussasphaltstrecke der A7 Hamburg–Flensburg nach 22 Jahren wie folgt beurteilt: Textur: gut, Grifffestigkeit: gut, Ebenheit: makellos.

Wer gerne in die ganz und gar unwissenschaftliche Welt der Mythen und mündlichen Überlieferungen abtaucht, sollte einfach nur die Legende um den Asphaltsee lesen (s. Kasten).

Für alle anderen gibt es natürlich auch eine wissenschaftliche Erklärung für die Entstehung des Asphaltsees. Asphalt ist sozusagen ein Symptom für ehemalige und auch noch vorhandene Erdöllager. Der Naturasphalt entsteht durch die Verdunstung leichtflüchtiger Bestandteile des Erdöls und durch Oxidation und Polymerisation schwerflüchtiger Bestandteile.

Der Anblick des 38 ha großen Sees ist eher trostlos, der Kraterrand mit Gestrüpp bewachsen, dazwischen Abbaumaschinen und der sogenannte See, eine runzelige, schwarze Fläche, an der wohl jeder achtlos vorbeifahren würde. Der As-

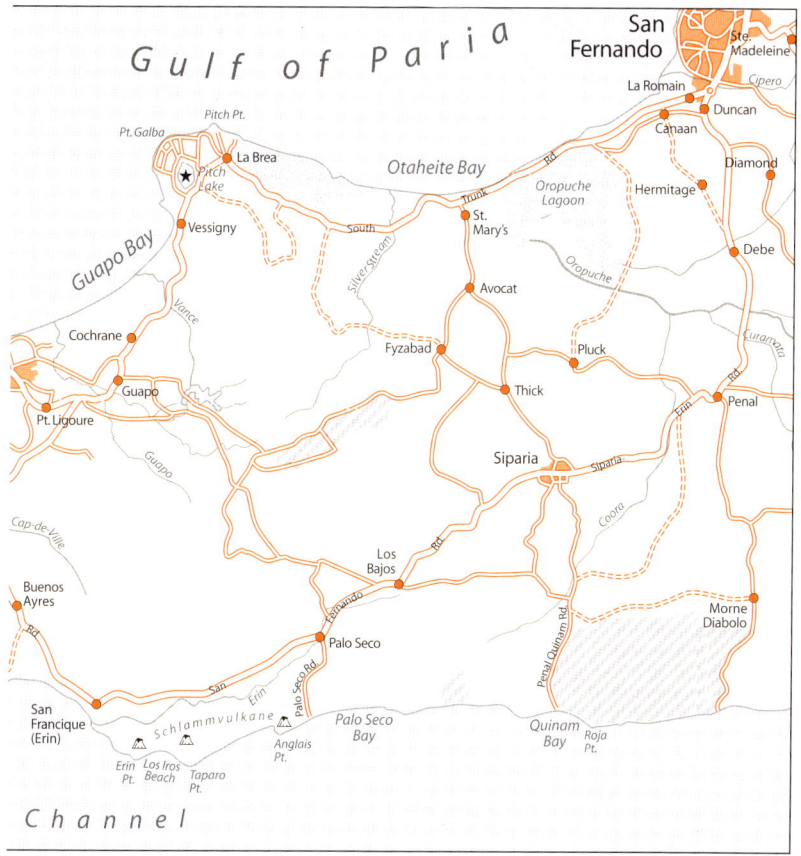

phalt selbst ist stellenweise zähflüssig, meist jedoch fest, so dass er gebaggert werden kann. In einer Aufbereitungsanlage wird der Asphalt später für den Export verfeinert. Der Asphaltsee unterliegt einem stetigen Zufluss, d. h. aus einer Tiefe von schätzungsweise 80–90 m quillt der zähflüssige Brei ständig nach oben und es kann wohl passieren, dass der See lange Zeit Verschlungenes eines Tages auch wieder ausspuckt.

Der See ist also begehbar. Je weiter man sich der Mitte des Sees *(Mother of the lake)* nähert, umso flüssiger wird das verwitterte Erdöl. Bei einer Führung wird an diesen Stellen mit

Hilfe eines Stocks demonstriert, wie sich aus der zähflüssigen schwarzen Masse fette Fäden ziehen lassen. Risse in der Oberfläche enthalten schwefelhaltiges, mineralstoffreiches Wasser, dem man heilende Kräfte nachsagt und in dem sich Guppys und unzählige Wasserpflanzen heimisch fühlen.

Wer mit dem Auto am Pitch Lake ankommt, sollte Ausschau halten nach einem kleinen Infohäuschen unterhalb der Straße, wo auch eine Parkmöglichkeit besteht. Wer oben an der Straße auch nur kurz hält, wird sofort von selbst ernannten, mitunter sehr penetranten „Tourguides"

La Brea und der Pitch Lake 209

bedrängt. Zeigt man kein Interesse, werden sie auch schon mal aggressiv und halten zumindest die Hand auf für das angebliche Bewachen des Autos. Man fährt also am besten gleich hinunter zum Infohäuschen, ⏱ tgl. 9–17 Uhr; Eintritt TT$30. Keinesfalls sollten zwecks Begehung des Sees die beste Kleidung, die liebsten Schuhe und vor allem keine hochhackigen Schuhe angezogen werden. Kleine Andenken in Form von Teerspuren nimmt man schon mal mit nach Hause. Während der etwa 45-minütigen Führung wird die unterschiedliche Beschaffenheit des Sees erläutert und den „Stocktest" bekommt auch jeder zu sehen. Am Ende der Tour erwartet der Guide zusätzlich zur Eintrittsgebühr ein Trinkgeld. Um Missverständnisse zu vermeiden, sollte dies am besten vor der Führung geklärt werden.

Vessigny Beach

Passiert man den Pitch Lake, erreicht man nach etwa 2–3 km den Vessigny Beach, einen eher mäßigen Badestrand, der meist an Wochenenden von Einheimischen frequentiert wird. Nicht nur der Vance River sorgt in der Regenzeit für eine bräunliche Brühe, auch die umliegende Industrie und die Meeresströmungen haben ihren Teil dazu beigetragen, dass der Strand an Attraktivität verloren hat. Gegen eine kurze Abkühlung an schwülheißen Tagen spricht jedoch nichts. Duschen, Toiletten und Umkleidekabinen stehen zur Verfügung. Eine kleine Snackbar ist nur an Wochenenden, Feiertagen und in den Ferien geöffnet. Selbstversorger können sich an den Picknicktischen niederlassen.

Point Fortin

Weitere 10 km südlich von Vessigny erreicht man Point Fortin. Ihren Namen verdankt die Stadt dem Franzosen Fortin, dem die spanische Krone im 18. Jh. Land bewilligte. Der Name, den die Spanier nicht nur dem Fluss (Rio Guapo), sondern auch der Landzunge (Punta del Guapo, später Point Fortin) verliehen, gibt Aufschluss über die damalige Schönheit dieser Gegend, denn *guapo* lässt sich mit „hübsch" übersetzen.

Auf die Abschaffung der Sklaverei reagierte der damalige Besitzer der Perseverance-Zucker-rohrplantage, William Burnley, indem er nach Amerika reiste und freie schwarze Arbeiter mit auf seine Plantage brachte. In den 80er-Jahren des 18. Jhs. nochmals gebeutelt von fallenden Zuckerpreisen und fehlender Infrastruktur, blühten die Plantagen Ende des 18. Jhs. erneut auf. Die Perseverance-Plantage, die mittlerweile den Stollmeyers gehörte, setzte in dieser Zeit erfolgreich auf die Pflanzung von Kakao und Kokosnüssen.

Im Jahre 1906 kam der Geologe **Arthur Beeby Thompson** nach Point Fortin. Seiner Theorie zufolge musste sich in der näheren Umgebung des Pitch Lake zwangsläufig Öl befinden. Entschlossen stellte er an die Regierung ein Gesuch mit der Bitte, Land in der Region von Guapo pachten zu können. Gleichzeitig erwarb er die beiden Plantagen Adventure und La Fortunée (ehemals Perseverance), um genügend Platz für Werkhallen, Raffinerien und Zulieferbetriebe zur Verfügung zu haben. Der Fortunée-Besitz umfasste zudem einen Handelshafen.

Im Mai 1907 stieß der erste amerikanische Bohrer in einer Tiefe von 210 m auf Öl. Zwei Jahre später gründete man die Trinidad Oil Company, welche im folgenden Jahr erstmals Öl in einem so großen Umfang förderte, dass der Handel nun attraktiv wurde. 1913 übernahm United British Oilfields of Trinidad das Unternehmen, investierte enorme Summen und betrieb den Bau der ersten Raffinerie. Die Gewinne, welche die Gesellschaft in den folgenden Jahrzehnten erzielte, förderten Wachstum und Wohlstand Point Fortins. Eine Zählung aus dem Jahre 1946 erfasste 6127 Einwohner. Neben Siedlungen wie Fanny Village oder Techier erwarb die Gesellschaft die ehemalige Clifton Hill-Plantage und errichtete für ihre Mitarbeiter ein sogenanntes „Camp". Im Jahre 1954 leistete die Gesellschaft Pionierarbeit mit der ersten erfolgreichen Offshore-Bohrung. 1957 erfolgte der Namenswechsel zu **Shell**.

Nach den turbulenten 60er- und beginnenden 70er-Jahren, die geprägt waren von stagnierenden Erdölpreisen, steigender Arbeitslosigkeit, niedrigen Löhnen und der Black-Power-Bewegung, deren Proteste u. a. gegen die Konzentration des Auslandskapitals und damit des erneuten Ausverkaufs der Insel richtete, erwarb die Regierung 1974 Shell Trinidad und gründete die staatseigene **Trinidad & Tobago Oil Company** (**TRINTOC**).

Auch heute noch präsentiert sich Point Fortin als Ölstadt. Wer hier am Nachmittag ankommt, erlebt zum einen eine extrem geschäftige Atmosphäre im Stadtkern, zum anderen Ölarbeiter, die ihren Feierabend mit einem Mahl bei KFC oder einem kühlen Carib einläuten. Das damals von der Ölgesellschaft errichtete „Camp" zeigt sich ebenso wie das Camp Pointe-à-Pierres als hübsche Parkanlage mit Tennisplätzen, Clubs und ansehnlichen Wohnhäusern, allerdings umgeben von unzähligen Öllagertanks, Pipelines, Raffinerien, Bohrtürmen und rhythmisch arbeitenden Pumpen.

Die von der Atlantic LNG (einem Flüssig-Erdgas produzierenden Unternehmen), initiierte Ankopplung des Hafens verursachte, dass die Gezeitenströmungen den **Clifton Beach** zerstörten, der Teil des Camps war. Wer hier mal hin möchte, biegt an der Hauptkreuzung in Point Fortin, deren Mittelpunkt eine Uhr darstellt, rechts ab und fährt anschließend vorbei an einigen Öltanks bis zur Küste.

Berühmt ist Point Fortin allerdings auch für seinen **Borough Day** im Mai. Eigentlich ein fast zweiwöchiges Fest, das Steelband-Wettbewerbe, Chutney Nights, zügellose Karnevals-Feten, Straßenparaden, jede Menge Partys und vieles mehr einschließt.

Übernachtung

Wer sich für die Ölindustrie interessiert, hat die Möglichkeit im Camp zu übernachten. Als Shell sich zurückzog, bot die Gesellschaft ihren Mitarbeitern die Häuser zum Kauf an und viele nahmen das Angebot an. Lässt man den Clifton Beach links liegen, gelangt man zum Rotary Club. Hier erfragt man am besten den Weg.

Cinnamon Court & Cinnamon House, 148 Clifton Hill & 118 Cinnamon Drive, ℘ 648-0752/2349. Das Cinnamon House ist ein kleines, gepflegtes Hotel mit hübschem Restaurant, sehr nettem Personal und gemütlichen Sitzgelegenheiten zum Relaxen.

Insgesamt verfügt das Hotel über 12 Zimmer und 5 Suiten, die in 3 Gebäuden (Cinnamon House, Cinnamon Bridge und Cinnamon Court) untergebracht sind. Die Zimmer sind hübsch eingerichtet und verfügen über Bad, AC, TV und Kühlschrank. Die Suiten sind sehr groß, zum Teil mit geschmackvoll eingerichtetem Wohnbereich und riesigem Bad.
Eine Alternative: **South Western Court**, 16 Cap-de-Ville Main Rd, ℘ 648-4734, ▭ http://innsouth.tripod.com. Nettes Hotel gegenüber dem Markt mit 15 komfortablen AC-Zimmern mit Bad, TV und zum Teil Balkon, ausgerichtet auf die Bedürfnisse von Geschäftsleuten; Restaurant, Konferenzraum. ❺

Cedros und der Icacos Point

Cedros wurde von den Spaniern benannt nach dem aromatisch duftenden, fein strukturierten Holz der imposanten Zedern, die hier einst die Küsten säumten. Zucker war im frühen 19. Jh. auch hier das wichtigste Anbauprodukt. Sieben Rumbrennereien, die 2260 Gallonen Rum jährlich produzierten, zählte die Region. Neben Zucker und nicht wenigen Kakaoplantagen galt das Hauptinteresse dem Handel mit der Kokosnuss. Regelmäßig ging in Cedros das die Insel umrundende Dampfschiff vor Anker, um die Ernteerträge zu laden. 1871 siedelten in Cedros schon 3500 Menschen, fast zehnmal so viel wie Anfang des Jahrhunderts.

Abgesehen von den verbliebenen Kokosnussplantagen erinnern heute nur noch einige Straßennamen an die einstmals blühenden Plantagen (Union Street, Sainte Marie Street) und ihre Besitzer (Hughes Street, Gardieu Street). Die Bevölkerung, die in diesem Jahrhundert auf etwa die Hälfte geschrumpft ist, widmet sich inzwischen vorwiegend der Fischerei.

Wer sich von Port of Spain auf den Weg zur äußerst entlegenen Südwestspitze macht, sollte sehr früh aufstehen. Legt man noch einen Abstecher am Pitch Lake ein, benötigt man garantiert 4 Stunden, ehe man die palmengesäumte **Columbus Bay** zu Gesicht bekommt. Relativ flott brettert man die gut 60 km von Port of Spain nach San Fernando über den Beetham, Uriah Butler und

Solomon Hochhoy Highway. Hat man das Glück und trifft immer auf die korrekte Straße, schafft man die 34 km lange Strecke San Fernando–Point Fortin in weniger als einer Stunde. Von dort aus weitere 31 km bis Fullerton, 34 km bis zur Columbus Bay und 38 km zum Icacos Point – also gut 130 km, die sich wirklich hinziehen.

Fährt man nun auf der Southern Main Road und lässt Point Fortin rechts liegen, gelangt man nach einigen Kilometern an eine beschilderte Kreuzung. Links ab führt die Chatham Road nach ca. 5 km zur Erin Bay (s. weiter unten) und nach rechts führt die Chatham Road 3 km bis zur lang gezogenen Irois Bay. Zurück auf der Southern Main Road lohnt sich ein Abstecher auf die Coco Street, die vorbei an herrlich tropischer Vegetation zum hübschen Örtchen **Granville** führt. Folgt man dem Schild „Granville Beach Resort", was nicht etwa bedeutet, dass sich hier eine Unterkunft befindet, sondern lediglich Umkleidekabinen, Duschen und Toiletten, gelangt man an den kilometerlangen **Granville Beach**. Das Meer scheint sauber zu sein, lediglich etwas aufgewühlter Sand lässt es nicht in den gewohnt kräftigen Farben erscheinen.

Die Granville Road führt anschließend wieder auf die Southern Main Road. Wenige Kilometer sind es nun bis **Bonasse**. Das gepflegte, verträumte Dorf liegt unmittelbar an der **Cedros Bay**. Vorbei an einem Fußballplatz, der Schule, einer Bäckerei und einigen Rumshops, fallen die lustigen Bänke zwischen Strand und Southern Main Road auf. Sie sind nicht etwa auf das herrliche Meer hin ausgerichtet, sondern erlauben den Dorfbewohnern, die wenigen Fahrzeuge zu zählen, die ihr Dorf durchqueren. Die unendlich lange Cedros Bay ist hauptsächlich Arbeitsplatz der Fischer. Ein etwa halbstündiger Spaziergang entlang dem Strand oder eine 5-minütige Autofahrt verbindet Bonasse mit dem ebenso verschlafenen Nachbardorf **Fullarton**.

Nun sind es noch etwa 3 km (rechts halten) bis zur wunderbaren, von unzähligen Palmen gesäumten **Columbus Bay**. Hier hat man das Gefühl, fernab jeglicher Zivilisation zu sein. Umso überraschter und enttäuschter ist man jedoch, erblickt man eine dieser zahllosen, zum Teil schon lange ausgemusterten Ölpumpen, die im gesamten Süden Trinidads ihr rostiges Dasein fristen. Trotzdem ist die Columbus Bay so wild und romantisch, dass sich ein Besuch lohnt.

Vorgelagert ist der **Soldado Rock** (wörtlich: Soldatenfelsen), ein von kleinen Klippen umgebener Felsen, der die Grenze zwischen den Hoheitsgewässern Trinidads und Venezuelas markiert. Die Venezolaner patrouillieren den zu Trinidad gehörenden Felsen regelmäßig und kennen bei Grenzüberschreitungen kein Pardon. Nicht wenige Fischer kennen den Anblick eines südamerikanischen Gefängnisses. Der Soldado Rock ist nicht nur ein 60 m hoher Grenzstein, sondern seit den 30er-Jahren auch Naturschutzgebiet und Brutplatz jeder Menge Fregattvögel, brauner Pelikane und anderer Seevögel.

Nun bleibt noch der Besuch von **Icacos**, einem Fischerdorf am entlegensten Winkel der südwestlichen Halbinsel. Die Fahrt führt entlang der Columbia Road durch spektakuläre Kokosnussplantagen. Kolumbus ankerte nicht nur vor Moruga, sondern auch am heutigen Icacos Point, denn er Punta del Arenal nannte. Während er in Moruga nur auf Spuren menschlicher Existenz traf, bekam er am Icacos Point erstmals Indianer zu Gesicht, die sich, bewaffnet mit Pfeil und Bogen, in einer Piroge seinem Schiff näherten. Kolumbus versuchte durch Tanz und Trommeln die Indianer neugierig zu machen. Diese interpretierten die Willkommensgeste jedoch als Kriegstanz – und traten die Flucht an.

Die Meerenge zwischen dem trinidadischen Icacos Point und Venezuela, die Kolumbus Boca de Sierpe taufte, heißt heute übersetzt **Serpent's Mouth**. Die Entfernung zum venezolanischen Festland beträgt hier lediglich 11 km, was sich auch schon einige Drogenschmuggler zunutze gemacht haben.

Während die Columbus Bay einen Parkplatz und Beach Facilities aufweist, findet man am **Icacos Beach** eventuell einen Shrimpverkäufer. Und wer am Health Center in Bonasse links abfährt, findet den **Balieau Beach** und den **Galfa Beach** vor, beides unberührte oft von Campern und Surfern aufgesuchte Strände.

Von San Fernando nach Point Fortin fahren Maxi Taxis und Busse. Weiter nach Granville, Bonasse, Fullarton oder zum Icacos Point geht es per Route Taxi. Am besten man handelt mit einem Fahrer einen Preis aus.

San Francique und Umgebung

Die ausgesprochen dünn besiedelte Gegend besticht durch ihre landschaftliche Schönheit und die hübschen Holzhäuschen, die den Straßenrand zieren.

Dass sich in der Umgebung des heutigen San Francique vermutlich Arawak heimisch fühlten, zeigte ein Grabfund des Archäologen John Carter im Jahre 1941. Der alte, vereinzelt noch heute gebräuchliche Name **Erin** stammt offenbar auch von den indianischen Ureinwohnern. Erst als franziskanische Missionare 1758 ihre Kirche Franz von Assisi weihten, wurde aus Erin San Francisco und später unter dem Einfluss der Franzosen **San Francique**.

Handel betrieben die frühen Siedler über das Meer. Angebaut wurden vor allem Kakao, Kaffee und Baumwolle. Mit dem Bau einer unbefestigten Straße, der heutigen Cap-de-Ville–Erin Road, im Jahre 1881 ermöglichte die Regierung den Einwohnern eine bessere Anbindung an die angrenzenden Regionen und damit einen ausgedehnteren Handel. San Francique entwickelte sich und zählt heute zu Trinidads wichtigstem Fischereidorf. Am **Puerto Grande** genannten Strand ist vor allem während der Fischsaison von Anfang Juni bis Ende Dezember einiges los. Alle Einwohner scheinen irgendwie in den Fang und Handel von Fisch involviert zu sein. Auf alle Fälle kann man sicher sein, hier den besten und frischesten Fisch zu bekommen.

Hübsche Fischerboote dominieren fast die gesamte **Erin Bay**. Wer Lust zum Schwimmen verspürt, kann an der Kreuzung Southern Main Road–Chatham Road links abbiegen. Die geteerte, jedoch sehr holprige Straße führt durch herrliche Vegetation, vorbei an spielenden Kindern und einigen Häusern, durch Chatham an die zum größten Teil palmengesäumte Erin Bay. Mittags ist es hier sehr ruhig. Das Meer ist sauber, in der Regenzeit jedoch ab und zu etwas stürmisch. Der breite, dunkle, ewig lange Sandstrand lädt außerdem zum Picknicken oder einem einsamen Spaziergang ein.

Auch sehr beliebt unter Trinis, vorwiegend am Wochenende, ist die 2 km lange **Los Iros Bay**, rund 2 km östlich von San Francique. Hier können sich Besucher nach dem Beach Boy Guesthouse, ☎ 657-9826, ❶, erkundigen, das über vier sehr einfache Apartments verfügt, die jedoch auch gerne von Trinis angemietet werden.

Ein weiteres sehr hübsches Dorf ist das ungefähr 8 km östlich von San Francique gelegene **Palo Seco**. Um an den etwa 4 km langen, hübschen Strand der **Palo Seco Bay** zu gelangen, biegt man im Dorf am YKC&Sons Supermarkt rechts auf die Palo Seco Road ab, parkt hinter dem Petrotrin Beach Club und läuft die restlichen Meter. In der Umgebung trifft man auch vereinzelt auf die sogenannten Schlammvulkane *(mud volcanoes),* deren kleine Ausbrüche unmittelbar mit den vorhandenen Gas- und/oder Erdölvorkommen zusammenhängen (s. S. 219, Devil's Woodyard).

Von San Fernando besteht die Möglichkeit, mit dem Maxi Taxi bis Siparia zu fahren und anschließend mit dem Route Taxi weiter bis Palo Seco oder San Francique.

Siparia und der Quinam Beach

1758 errichteten spanische Kapuziner aus Aragon in Siparia eine Mission. 1797 zählte man 140 Indianer und einen Spanier – vermutlich der Kapuzinermönch. Häufige Besucher waren anscheinend auch die venezolanischen Guarahoon-Indianer, die am Quinam Beach landeten und über die etwa 8 km lange Siparia–Quinam Road zur Mission gelangten. Einige suchten Zuflucht, die meisten betrieben jedoch Handel. Nachdem 1913 die Eisenbahnstrecke San Fernando–Siparia eröffnet worden war, erwachte Siparia mit dem Ölboom in den 20er-Jahren endgültig aus seiner Schläfrigkeit.

Siparia ist heute vor allem bekannt durch seine Statue **La Divina Pastora**, der schwarzen Madonna von Siparia, oder auch heiligen Schäferin, welche die katholische Kirche auf einem Berg Siparias ziert. Angeblich 1795 von Papst Pius VI. zur Schutzheiligen aller Kapuzinermissionen dekretiert, gelangte die Madonna im 19. Jh. durch einen spanischen Kapuzinermönch, dem sie das Leben gerettet hatte, aus Venezuela nach Siparia. Welche Mythen und Legenden sich auch immer um die Figur der heiligen Schäferin drehen, das freudige Fest der La Divine Pastora findet alljährlich am zweiten Sonntag nach Ostern in der Straßen Siparias statt. Auch Hindus, die der Statue den Namen der Göttin Kali Soparee Kay Mai verliehen, und andere Glaubensgemeinschaften verehren sie. Opfergaben verdeutlichen, wie fest viele Menschen an die Heilige glauben. So bringen ihr hinduistische Frauen die erste Haarsträhne des ersten Haarschnitts ihrer Kinder dar. Während des Festes, das auch als Siparee Fête bekannt ist und von dem sich niemand ausschließt, wird die Holzfigur in einer von Trommelmusik begleiteten Prozession durch die Straßen getragen.

Siparia liegt etwas erhöht mit schönem Rundumblick. Zwischen den vielen eilig hochgezogenen Betonklötzen findet man auch noch das ein oder andere Kolonialhaus. Im belebten Stadtkern Siparias passiert man entlang der High Street unzählige Geschäfte, Kirchen und einen Sportplatz. Hungrige finden bestimmt einen indischen Snack, einen chinesischen Take away oder landen im stets gut besuchten Kentucky Fried Chicken. Die großen Banken sind in der High Street vertreten. Wer vom äußersten Südwesten Trinidads kommt, freut sich über die vor Siparia endlich wieder besser werdenden Straßen. Die rund 22 km lange Siparia–Erin Road nach San Fernando führt durch das ebenso geschäftige **Penal**. Die Grenze zwischen den beiden Städten ist kaum auszumachen.

Beliebtestes Ausflugsziel der hier lebenden Städter ist der etwa 8 km entfernte und 1,6 km lange **Quinam Beach**. Die holprige Coora, später Quinam–Penal Road, führt durch Teakholzwälder hinunter ans Meer. Ein Parkplatz, Picknickeinrichtungen und das Quinam Bay Interpretive Center, ⊙ tgl. 9–18 Uhr, stehen den Gästen zur Verfügung. Hier erhält man auch Informationen über mögliche Wanderungen in die Umgebung.

An Wochenenden feiern die Trinis am Quinam Beach gerne Strandpartys, grillen, nehmen ein kühles Bad, tanzen zur Musik, die aus ihren Rekordern dröhnt, oder verfolgen auch mal eine Predigt. Ab und zu verdienen sich einige Strandverkäufer durch den Verkauf von Softdrinks oder Eis ein paar TT$ dazu. Normalerweise ist das Meer hier recht ruhig und gut zum Schwimmen geeignet. Bei Flut verschwindet jedoch der eine oder andere Abschnitt des braunen Strandes.

Übernachten kann man bei Owen Sylvestre in **The Nest Visitor Accomodation**, 7 Hunte St, Extension De Gannes Village, Siperia, ✆ 336-0521. Er vermietet 1 DZ und ein Studio Apartment mit Küchenzeile, AC, Bad. ❶ – ❷

Fyzabad

Besiedelt von indischen Kontraktarbeitern, wird Fyzabad erstmals 1871 erwähnt. Die Siedlung war ein Projekt der Canadian Mission to the Indians (CMI), deren Intention die Bekehrung der Hindus zum presbyterianischen Glauben war. Viele der Inder mussten aus dem nordindischen Uttar Pradesh gekommen sein, denn der Name Fyzabad (indisch: Faizabad) wurde dem dortigen gleichnamigen Distrikt entlehnt. Ende des 19. Jhs. zählte man einige hundert Einwohner, die sich ausschließlich auf den Anbau von Reis, Gemüse, Kakao und Kaffee konzentrierten.

In den 1920er-Jahren änderte sich der Charakter Fyzabads radikal. Die Apex Trinidad Oilfields und später weitere sieben Ölgesellschaften bohrten erfolgreich nach dem schwarzen Gold und lockten damit unzählige Arbeit Suchende nach Fyzabad. Das indische Flair verlor das Städtchen ganz und gar, nachdem die Ölgesellschaften nach und nach die als „hart arbeitend" bekannten Grenadier nach Fyzabad holten.

Einer dieser aus Grenada stammenden Arbeiter war **Tubal Uriah „Buzz" Butler**. Er kam 1921 nach Trinidad, um auf den Ölfeldern zu arbeiten. Nachdem er 1929 durch einen Arbeitsunfall gelähmt wurde, trat er auf der politischen Bühne als Gewerkschaftsaktivist in Erscheinung. Desillusioniert von Cipranis Trinidad Labour Party (TLP), welche den Apex-Streik der Ölarbeiter 1935 nicht unterstützt hatte, gründete er die **British Empire Workers**. Die Partei trat für bessere Arbeitsbedingungen für die Ölarbeiter ein, für höhere Löhne, Schutz vor Entlassung und höhere Sicherheitsvorkehrungen auf den Ölfeldern. Butler forderte „britisches Recht für britische Schwarze in einer britischen Kolonie".

Im Juni 1937 kam es dann zum Sitzstreik. Die Polizei griff ein und die Aufständischen setzten zwei Ölquellen auf dem Apex-Gelände in Brand.

Gegen Butler erging Haftbefehl. Bei dem Versuch des von den Massen zutiefst gehassten Polizisten **Charlie King**, Butler am 19. Juni 1937 in Fyzabad festzunehmen, kam es zum Handgemenge zwischen der Polizei und den Versammelten. Die Menschenmenge ging auf King los, der in ein Geschäft flüchtete und bei dem Versuch aus dieser Falle zu entkommen, aus dem Fenster sprang und sich ein Bein brach. Die Situation eskalierte und die erzürnte Menschenmenge steckte King lebend in Brand. Butler hielt sich versteckt, wurde jedoch aufgegriffen und zu zwei Jahren Haft verurteilt.

Weitere Streiks mussten erst weitere Opfer fordern, bevor die Regierung Zugeständnisse an die Gewerkschaften machte, u. a. den 8-Stunden-Tag und einen Mindestlohn.

Während Butlers Haft nahm ein anderer, nämlich **Cola Rienzi**, das Zepter in die Hand. Er wurde Präsident der Gewerkschaften der Erdöl- und Zuckerindustrie. Butler, 1939 wieder auf freiem Fuß, wurde als Held gefeiert. Seine kompromisslose Linie und Rienzis besonnenere Art gerieten aneinander. Unbeeindruckt von Rienzis Aktivitäten, rief Butler gegen einen Beschluss der Gewerkschaft erneut zum Streik auf. Man schloss Butler daraufhin aus der Gewerkschaft aus und während er weiter Stimmung gegen die Arbeitgeber machte, inhaftierte man ihn abermals.

1950, fünf Jahre nach seiner erneuten Entlassung, erreichte Butler zwar nochmals die Mehrheit seiner Partei, der aufstrebende Eric Williams mit seinem People's National Movement ließ Butler jedoch verblassen.

Zu Ehren Butlers benannte man einen Highway nach ihm. Auch verlieh man ihm 1971 die höchste Auszeichnung des Staates, das Trinity Cross. Ein Feiertag ist bis heute der 19. Juni, an dem seither der Tag der Arbeit (**Labour Day**) begangen wird.

Heute erinnern in Fyzabad die nach Charlie King benannte Kreuzung und die Statue von Tubal Uriah Butler an die Ereignisse. Auch ist Fyzabad noch immer Sitz der Gewerkschaft Oilfield Workers Trade Union. Ansonsten präsentiert sich das 5 km nordwestlich von Siparia gelegene Städtchen sehr lebhaft, mit den üblichen Geschäften und Rumshops.

Penal

Penal ist ein indisch, aber auch afrikanisch geprägtes Städtchen am Fuße des Sumpfgebietes der Oropuche Lagoon gelegen. Schon immer galt es als ein Zentrum des Reis- und Gemüseanbaus. Der Name Penal, ursprünglich Peñal, stammt von den Spaniern und bedeutet „sumpfiges Gelände". Der Übergang zwischen den Städten Siparia und Penal ist fast nicht auszumachen. Penals Stadtkern ist ebenso geprägt durch viele Straßenverkäufer, einen großen Markt, Kirchen, eine Moschee, Banken, Restaurants, das Regent Kino und die bekannten Fastfood-Ketten entlang der Siparia–Erin Road und der Penal Rock Road. Mittelpunkt ist eine große Kreuzung, die Penal Junction.

Der zentrale Süden
Ste. Madeleine

Wer auf der Manahambre Road von San Fernando nach Osten Richtung Princes Town fährt, kommt an Ste. Madeleine vorbei, das einstmals zu den größten Zuckerrohrraffinerien der britischen Kolonialwelt zählte. Nach der Abschaffung der Sklaverei im Jahre 1838 gab die Besitzerin Marie Madeleine ihrer Plantage den Namen „Ste. Madeleine". Ob Marie Madeleine heilig war oder nicht, es gehörte jedenfalls Mut und Geduld dazu, angesichts der katastrophalen und während Regenzeit unpassierbaren Straßen in dieser Gegend eine Zuckerrohrplantage zu führen. Marie machte sich den Cipero River zunutze, der ihre Plantage durchfloss, um die Ernte zur Verschiffung ans Meer zu bringen.

1872 kaufte die Colonial Company sämtliche Plantagen der Gegend auf, errichtete eine Zuckerfabrik auf der Plantage Marie Madeleines und gab ihr den Namen **Usine Ste. Madeleine**. Die Besitzer begannen Zucker nach einer neuen effizienteren Methode zu produzieren, die sie Vacuum Pan Process nannten. Die Nachfrage war groß. Mittlerweile löste auch die Cipero Tramway, die Ste. Madeleine und San Fernando verband, den mühsamen Transport des Zuckers über den Cipero River ab.

Was den Zucker so beliebt machte, war die erstmalige Verarbeitung in Form von Kristallen. Ein Pfund beste Qualität brachte 9 Cents. Während die Gesellschaft kräftig kassierte, streikten die Arbeiter für mehr Lohn. Es kam zu Auseinandersetzungen und im Jahre 1880 ersetzte die Gesellschaft die trinidadischen Arbeiter kurzerhand mit Arbeitern aus Barbados. Noch heute ist angeblich ein Barbados-Akzent bei den Bewohnern zu hören.

Die Zuckerraffinerie Usine Ste. Madeleine gehört heute zu **Caroni Limited** und hat schon lange nicht mehr die Bedeutung, die sie in vergangenen Zeiten besaß. Wunderbar sind jedoch immer noch die endlosen Zuckerrohrfelder und der süße Geruch, der während der Erntezeit über dem Städtchen liegt. Von Ste. Madeleine hat man einen hübschen Blick auf den Hügel von San Fernando.

Wer von Mayaro oder Rio Claro kommt und zurück nach Port of Spain möchte, biegt an der Kreuzung in Ste. Madeleine erst rechts und am Hinweisschild gleich wieder links ab, überquert die Brücke und fährt rechts auf den Highway.

Princes Town

Die Manahambre Road von San Fernando über Ste. Madeleine nach Princes Town erstreckt sich über etwa 10 km und ist meist ziemlich stark befahren.

Im Jahre 1687 hatten spanische Kapuzinermönche La Misión de Savana Grande errichtet. Nachdem der Gouverneur Sir Ralph Woodford Mitte des 19. Jhs. von der Bildfläche verschwand (er war einer der wenigen, der die Arbeit der Missionen förderte) und viele Plantagenbesitzer mehr an der Arbeitskraft als am Seelenheil der Menschen interessiert waren, geriet die Mission ein wenig in Vergessenheit.

Um die Mission bildete sich jedoch eine kleine Ansiedlung, die man ebenfalls **Mission** nannte. Signifikant für Mission war die Eröffnung der ersten Schienenbahnstrecke Trinidads 1859 mit dem Ziel, das Zuckerrohr der entlegenen Gebiete in der Naparima-Region zur Verschiffung nach San Fernando zu bringen. Mission blühte auf und der englische Schriftsteller Charles Kingsley,

nach dem auch eine Straße benannt wurde, schrieb: „The village, with the tramway, stood high and beautiful".

Es war jedoch der 20. Januar 1880, auf den Mission heute noch stolz zurückblickt. An diesem Tag nämlich trafen die beiden 15- und 16-jährigen Enkel von Königin Viktoria, Prinz Albert und Prinz George mit der *S.S. Bacchante* auf dem Weg von Australien nach England in San Fernando ein. Mit der Cipero Tramway gelangten sie nach Mission und bestiegen ein Pferd, um dem Schlammvulkan Devil's Woodyard einen Besuch abzustatten. Als sie die **St. Stephens Church** passierten, bat man sie zwei Poui-Bäume vor der Kirche zu pflanzen, zur ewigen Erinnerung an diesen historischen Besuch. Und tatsächlich – die beiden Bäume sind noch heute vor der Kirche zu bewundern. Aus „Mission" wurde natürlich zu Ehren der beiden Prinzen „Princes Town".

Die Stadt ist kontinuierlich gewachsen und eigentlich ist man ganz froh, wenn man dem hektischen Stadttreiben wieder entfliehen kann. Auffällig in Princes Town sind einige Kirchen, eine riesige Moschee direkt an der Hauptstraße und das strahlend blauweiß gestrichene Polizeigebäude. Daneben sind so gut wie alle Banken und Fastfood-Ketten vertreten. Das Globe Cinema befindet sich in der Railway Road und an Straßenverkäufern, Snackbars, Rumshops, einer super leckeren Bäckerei **The Bread Bin**, ☉ tgl. 8.30–21 Uhr, an der Hauptstraße, dem daneben liegenden **Pizza Boys & Rituals Café** sowie Geschäften fehlt es auch nicht.

Die Mayaro Road

Von Princes Town führt die Mayaro Road (später Naparima–Mayaro Road) vorbei an Indian Walk, durch Tableland, Fonrose, Poole, Rio Claro bis nach Mayaro. Die Strecke ist etwa 50 km lang und sehr abwechslungsreich. Das ständige Auf und Ab und die herrlichen Ausblicke von den Hochebenen auf die endlosen Weidelandschaften entschädigen für die Strapazen der Fahrt. Der Name der kleinen Ortschaft **Indian Walk** erinnert an indianische Händler, die an der Küste Morugas strandeten und den beschwerlichen Weg auf sich nahmen, um ihre handgefertigten

Waren an den Mann zu bringen. Die Attraktion der hübschen Ortschaft **Tableland** ist der 1904 von Pundit Mahant Moose Bhagat Dass erbaute zweitälteste Hindutempel der westlichen Hemisphäre.

First, Third, Fourth, Fifth, Sixth Company

Wer Princes Town in Richtung Osten verlässt und das Dorf Moruga ganz im Süden besuchen möchte, fährt etwa 3 km entlang der Mayaro Road und biegt in St. Julien rechts ab auf die Moruga Road. Hier passiert man die kleinen Dörfer First, Third, Fourth, Fifth und Sixth Company, was nichts anderes bedeutet als 1., 3., 4., 5. und 6. Kompanie. Im Krieg gegen die USA 1812–1814 um den Besitz Kanadas wurden die Briten unterstützt von genau diesen Kompanien, die sich aus amerikanischen Ex-Sklaven zusammensetzten. Nach (ergebnisloser) Beendigung des Krieges stellte Gouverneur Ralph Woodford ein Gesuch an das British Secretary of State for the Colonies, mit der Bitte, einige dieser schwarzen Ex-Soldaten nach Trinidad zu senden. Woodford, der 1813 nach Trinidad kam, war bestrebt bislang unberührte Landesteile zu erschließen und urbar zu machen. Dem Gesuch wurde stattgegeben und die Kompanien machten sich zusammen mit ihren Familien auf den Weg.

Für alle, die ein Dorf des Namens Second Company vermissen, sei erwähnt, dass diese Kompanie während der Überfahrt Schiffbruch erlitten haben muss. 1816 siedelte Woodford Kompanie für Kompanie in völlig unwegsamem Gebiet an, dicht bewaldet und ohne Straßen, östlich der damaligen Misión de Savana Grande. Er bewilligte den Familienoberhäuptern der insgesamt 574 Ankömmlinge 16 acres (6,4 ha) Land. Ohne weitere Unterstützung gelang es den Siedlern durch eisernen Willen und harte Arbeit, in dem unwegsamen Gelände Kaffee-, Kakao- und Zuckerrohrplantagen aufzubauen. Ihr Hauptproblem blieb jedoch noch viele Jahrzehnte die Unpassierbarkeit der spärlichen und unbefestigten Pfade während der Regenzeit und damit die Isoliertheit, die es ihnen nicht ermöglichte, Handel zu betreiben.

Heute sucht man nach Zuckerrohr-, Kaffee- oder Kakaoplantagen vergebens. Was jedoch in seiner Ursprünglichkeit erhalten geblieben ist, sind einige 6,4 ha große Parzellen, auf denen die Nachkommen der Einwanderer noch heute leben. Auch waren es diese Soldaten, die den heute auch in anderen Ecken der Insel anzutreffenden baptistischen Glauben nach Trinidad brachten.

Moruga

Moruga ist eines der entlegensten Dörfer Trinidads. Nur sehr selten verirrt sich ein Tourist in diese Gegend. In die Geschichte ging der Ort durch die Landung Kolumbus' ein, der auf seiner dritten Reise entlang der Südküste Trinidads segelte und hier kurz an Land ging. Wenn man manchem Geschichtsschreiber Glauben schenken darf, dann wirkten die drei Gipfel der Trinity Hills auf Kolumbus so imposant, dass er der Insel den Namen Trinidad (span. *trinidad* = Dreifaltigkeit) gab. Andere vertreten die Auffassung, dass Kolumbus sich und seine Mannschaft unter den Schutz der heiligen Dreifaltigkeit stellte und aus christlicher Dankbarkeit das Land Trinidad taufte. Sicher scheint jedenfalls, dass Trinkwasserknappheit Kolumbus veranlasste, am 31. Juli 1498 vor der Küste Morugas zu ankern.

Unbeirrt feiern die Bewohner Morugas bis heute am 1. August den **Discovery Day**, trotzdem dieser Feiertag 1985 offiziell durch den Emancipation Day (Tag der Freilassung der Sklaven) ersetzt wurde. Die Festivitäten finden am Strand statt. In einem hübschen Schauspiel stellen kostümierte Protagonisten vor geschmückten Schiffen das historische Zusammentreffen nach. Kolumbus betritt den Boden Trinidads, küsst die Erde und beansprucht die Insel im Namen des Königs und der Königin von Spanien. Das Spektakel endet mit dem friedvollen, neugierigen Austausch von Geschenken der Indianer und Eroberer. Wer also am 1. August in Trinidad ist, sollte sich diese Party nicht entgehen lassen.

Während die Region Ende des 18. Jhs. aufblühte (eine Zählung wies 27 Zucker-, 64 Kaffee- und 10 Baumwollplantagen aus), siedelten im Dorf Moruga selbst im Jahre 1861 lediglich 304 Einwohner. Heute sind es etwas mehr als

4–5 km östlich von Princes Town weist ein Schild in die Hindustan Road, die südlich von Indian Walk über eine unendlich schlechte, holprige Straße zum Devil's Woodyard führt. Hierbei handelt es sich um einen **Schlammvulkan**, aus dem von Zeit zu Zeit dunkler Schlamm herausblubbert. Seine Existenz führt man auf reiche Erdöl-, aber vor allem Erdgasvorkommen zurück.

Devil's Woodyard ist nicht der einzige Vulkan dieser Art auf Trinidad. Der gesamte Süden weist mehrere dieser auf unserem Erdball sehr selten vorkommenden Blubberlöcher auf. Einen Schlammvulkan, der 1997 regelrecht explodierte und dabei eine Straße völlig zerstörte, findet man im Zentrum Trinidads in Piparo. Wer sich unter Schlammvulkanen brodelnde Vulkankegel vorstellt, wird allerdings gewaltig enttäuscht sein. Die meist untätigen, verwitterten Hügel sind kaum einen Meter hoch.

Die erste heftigere Eruption an dieser Stelle versetzte die Bewohner 1852 in Aufregung. Ahnungslos sprachen sie das Ereignis dem Teufel zu und gaben dem mysteriösen Ort den Namen Devil's Woodyard. Heute ist Devil's Woodyard eine Opfer- und Pilgerstätte der Hindus. Es gibt einige Picknicktische und ab und zu lungern auch sogenannte „Guides" herum, die für ein paar TT$ Trinkgeld Besucher herumführen, Geschichten erzählen und die schwefelhaltige Masse als überaus heilsam für die Haut anpreisen (s. auch Kasten S. 219).

doppelt so viele Menschen, die von Kaffee, Kakao, Zitrusfrüchten und dem Fischfang leben.

Das Fischerdorf mit hübschen Holzhäusern besteht eigentlich nur aus einer Hauptstraße, Geschäfte rechts, öffentliche Gebäude links und zur Meerseite dominiert die katholische Church of St. Vincent Ferrer. Moruga ist ein spiritueller Ort und der **Obeah**-Kult spielt eine wichtige Rolle. Auch wenn die Einwohner teilweise dem katholischen oder baptistischen Glauben anhängen – den Fluch der Obeahfrau oder des Obeahmannes

fürchten sie wie die meisten Bewohner der Karibik, da diese im Gegensatz etwa zu den Kräuterfrauen die Fähigkeit besitzen, mit den Geistern zu kommunizieren.

Moruga, schon des Öfteren durch Erdrutsche vom Rest der Insel abgeschnitten, liegt etwa 23 km von Princes Town entfernt. Während bei Ebbe der Strand sehr breit wird, so dass die Fischerboote regelrecht im Sand versinken, tost das Meer in stürmischen Zeiten gegen die bizarren Felsformationen. Ein herrlicher Ort. Der **Gran Chemin Beach** ist etwa 1,2 km lang und in der Regenzeit ist das Wasser braun, anscheinend durch die Ausschwemmungen des Orinokos. Westlich von **Gran Chemin** liegt der **La Lune Beach**, und wer sich in östliche Richtung begibt, überquert auf der zweiten noch in Betrieb befindlichen Hängebrücke Trinidads den River of Hope und gelangt zum **La Ruffin Beach**.

Neben dem Discovery Day feiern die Einwohner am letzten Sonntag im Juni den **St. Peter's Day**, ein Fischerfest, an dem die Boote gesegnet werden.

Mit öffentlichen Verkehrsmitteln gelangt man von San Fernando nach Princes Town für TT$5. Maxi Taxis verkehren täglich zwischen Princes Town und Moruga für ungefähr TT$5.

Der Südosten
Rio Claro

Rio Claro, heute als Verwaltungshauptstadt des Südostens tituliert, galt die vergangenen Jahrhunderte hindurch als eher unbedeutend. Erst mit der Eröffnung der Eisenbahnstrecke am 1. September 1914 begann Rio Claro Form anzunehmen. 1925 zählte man 2055 Einwohner. Neben Schulen und der ersten Post errichtete man 1928 auch die erste römisch-katholische Kirche St. Theresa of the Child Jesus. Während die Einwohnerzahl 1946 auf 3000 stieg, zeigen die Zählungen nach Stilllegung der Eisenbahnstrecke im Jahre 1965 rückläufige Zahlen. Doch zeigt sich das 27 km östlich von Princes Town und 20 km westlich von Mayaro direkt an der Naparima–Mayaro Road liegende Rio Claro noch immer als sehr geschäftige Stadt. Sein spanisches Flair hat das Städtchen ein wenig bewahrt, was man vor allem in der Weihnachtszeit spürt, wenn die Parang-Sänger unterwegs sind (S. 105).

Neben dem regen Maxi-Taxi-Verkehr, den vielen Läden, Verkaufsständen, Fastfood-Ketten und Banken fallen die ungewöhnlich gestrichene katholische Kirche, der strahlend weiße Hindutempel und eine große Moschee auf. Für den "gewöhnlichen" Touristen ist Rio Claro allenfalls eine Durchgangsstation. Entsprechend gibt es keinerlei Übernachtungsmöglichkeiten.

Mayaro und die Mayaro Bay

Bis zur Verkündung der Cedula de Populacion, mit der die spanische Krone im Jahre 1783 karibisch-französischen Pflanzern Land in der Mayaro Bay bewilligte, lebten hier ausschließlich Arawak-Indianer. Nach der britischen Machtübernahme zählte man 65 Baumwollplantagen sowie einige Kaffee- und Zuckerrohrplantagen. Ende des 19. Jhs. hatten die meisten Plantagenbesitzer umgestellt auf die Pflanzung von Kokosnussbäumen. Die bedeutendsten Plantagen waren der Radix Estate, der Plaisance Estate und der St. Joseph Estate.

Für die Menschen hier war die einzige Verbindung zur Hauptstadt das 1818 von Sir Ralph Woodford initiierte Dampfschiff, das Trinidad umrundete und bis 1890 einmal die Woche vor Mayaro ankerte. Die Einweihung der Eisenbahnstrecke von Tabaquite nach Rio Claro im Jahre 1914 war für die Einwohner Mayaros ein Segen, konnte sich doch kaum einer die teure 2-Tages-Fahrt mit dem Dampfschiff leisten. Den kleinen Pfad von Mayaro nach Rio Claro bewältigte man mit Eselskarren oder Pferden und die Zugfahrt Rio Claro–Tabaquite–San Fernando–Port of Spain dauerte nur noch 2–3 Stunden. Zu dieser Zeit begann auch Pierreville, die ehemalige Plantage Mano Pierres, zu wachsen und wurde zum Mittelpunkt Mayaros.

Heute existieren die Dörfer **Pierreville** und **Plaisance** zwar noch auf einigen Landkarten und vor allem in den Köpfen der Bewohner, beide zusammen bilden jedoch das heutige „Städtchen" Mayaro. 25 km südlich von Manzanilla und etwa 20 km östlich von Rio Claro ist Pierreville eher der geschäftigere Teil des Städtchens mit einigen Läden und einem Markt. Plaisance dagegen liegt am Atlantik und ist der relaxtere, verschlafenere Teil Mayaros. Der Strand ist sehr beliebt und aufgrund der starken Strömungen zwischen 10 und 17 Uhr bewacht.

Wenig frequentiert von ausländischen Touristen ist die **Mayaro Bay**, von Point Radix bis zum rund 20 km südlich gelegenen Galeota Point, das Ausflugsziel der Trinis, die hier limen, den Grill anschmeißen und Spaß haben. Geprägt von endlosen Kokospalmenwäldern, die den braunen Sandstrand säumen, kann man hier überall zum Baden und Picknicken anhalten. Vor allem die **Indian Bay** im Süden hat es den Trini-Familien angetan.

Während der herrlichen Fahrt entlang der Mayaro Bay begegnet man Männern und Kindern, die frischen Fisch oder Krebse zum Kauf anbieten. Auch passiert man ein weiteres **Camp**, das die Amoco-Ölgesellschaft, heute BP, für ihre Mitarbeiter errichten ließ. Mit dem Mietwagen benötigt man etwa 2 Stunden für die rund 90 km lange Strecke Port of Spain–Mayaro. Am schnellsten fährt man über den Churchill Roosevelt Highway nach Arima, weiter nach Valencia, Sangre Grande und Manzanilla bis Mayaro. Eine direkte Verbindung zwischen Port of Spain und Mayaro gibt es nicht. Wer also mit öffentlichen Verkehrsmitteln unterwegs ist, sollte sich auf eine stressige Fahrt gefasst machen: von Port of Spain mit dem Bus nach Arima, umsteigen nach Sangre Grande und weiter per Maxi Taxi über Manzanilla nach Mayaro und Guayaguayare.

Vor der Küste wächst ein Schlammvulkan

Etwa 8 km vor Mayaros Küste verfolgen die Fischer das geologische Schauspiel, zitieren die Apokalypse. Die Geologen dagegen schließen Wetten ab, ob es der Schlammberg an die Oberfläche schafft. Immerhin ist er von Mai bis Juli 2007 um 12 m gewachsen. An einen Ausbruch glauben sie nicht, da keine Lava und kein Magma dahinter steckt, lediglich natürliche Gase wie Methan, die unter Druck aus oberflächennäheren Schichten der Erdkruste entweichen.

TRINIDAD Der Südosten

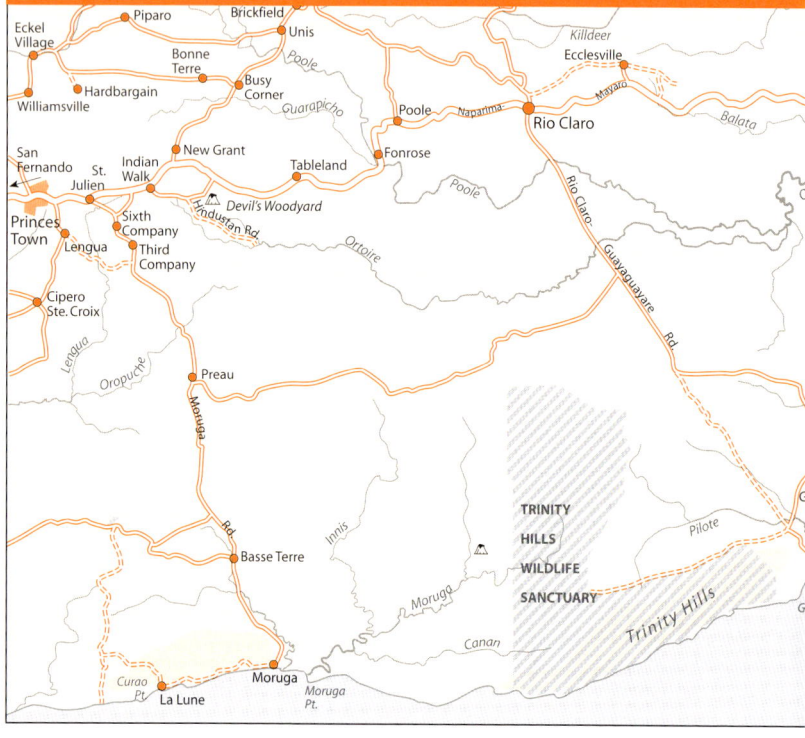

Der Süden

Übernachtung und Essen

Es gibt unzählige **Beach Houses**, deren Verfügbarkeit man in jedem Fall vorab telefonisch klären sollte. Die Besitzer wohnen meist in Port of Spain oder San Fernando und vermieten

Vorsicht Strömung!

Der **Mayaro Beach** ist aufgrund der Strömungsverhältnisse einer der gefährlichsten Badestrände Trinidads mit den meisten Badeunfälle.

vorwiegend an Trinis, was heißen soll, dass Trinis diese Strandhäuser lieben. In der Zeitung *Daily Express* sind täglich unter der Rubrik: „Resorts Local" oder „Beach Resorts" Angebote gelistet. Die meisten dieser Strandhäuser verfügen über Bad, Küche und mehrere Zimmer. Nicht immer gestellt werden Geschirr, Bettzeug oder auch ein Ventilator. **Westside House**, Beaumont Rd, ☎ 652-8276. Kurz hinter Pierreville, auf der Mayaro–Guayaguayare Road, führt die Beaumont Road links hinunter zum Meer. Dieses Strandhaus ist eines der oben beschriebenen, ist einfach und verfügt über Bad, Küche und 3 Zimmer. Vom Laken bis zum Geschirr muss alles selbst

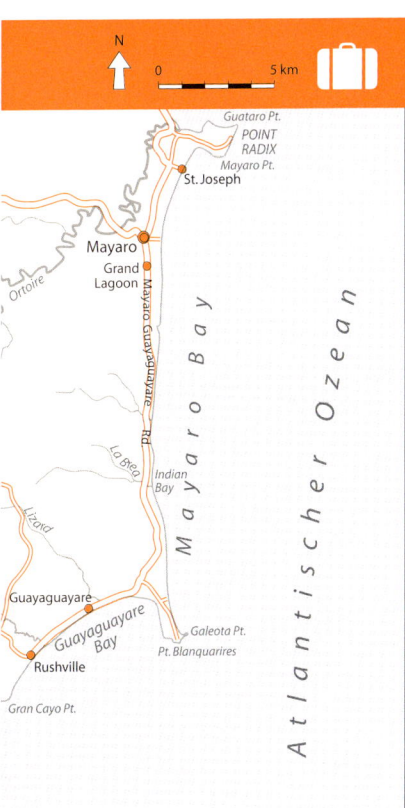

tainment Complex (ebenfalls brandneu) ist die Club Caribbean Bar, eine Bühne für Live-Events, und mit preiswertem Essen wird man auch versorgt. ❸

R.A.S.H Beachfront Resort, Gould St, Radix Village, ☎ 630-7274/7650. 💻 www.resorttrinidad. com. Nettes kleines buntes Resort direkt am Strand. 1-, 2- und 3-Bettzimmer-Apartments mit AC, TV, Bad und Küchenzeile, Balkon mit Hängematten – ideal zum relaxen auch der Pool und das Plätzchen für ein leckeres Barbecue. Am Wochenende oft ausgebucht. ❷

Radix Beach Resort, Gould St, Radix Village, ☎ 630-6676. Hat 2007 einige Renovierungsarbeiten angekündigt. Insgesamt 5 DZ ohne Küche, 2 1-Bettzimmer-, 21 2-Bettzimmer-, ein 3- und ein 4-Bettzimmer-Apartment mit AC, TV, Küche, Pool und einer etwas lieblosen Ära vor dem Strandzugang. ❸

Queen's Beach Hotel, Gould St, Radix Village, ☎ 630-5532. Liegt auch direkt am Meer in Radix Village und verfügt über 25 große Zimmer mit AC, TV, Kühlschrank und Bad sowie eine Bar mit Billardtischen und ein Restaurant. Frühstück inkl. ❸

Azee's Guesthouse, Restaurant & Bar, 3 1/2 mm, Guayaguayare Rd, Grand Lagoon, ☎ 630-4619. Einige Kilometer südlich von Mayaro weist ein Schild zu dem kleinen netten Guesthouse, wenige Minuten vom Strand entfernt. Insgesamt 8 saubere DZ mit Bad, AC, TV und Kühlschrank. ❷ – ❸

Harry's Guesthouse, The Seagull, ☎ 630-3188, Baywatch Boulevard. Liegt einige 100 m südlich von Azee'e, hat Studios, 2–4-Bettzimmer-Apartments mit Bad, AC und ist sehr familienfreundlich; man kann Volleyball/Basketball spielen oder sich in die Hängematte legen. ❷

B's Bed & Breakfast, 4 1/2 mm, Guayaguayare Rd, ☎ 630-8510. Kommt man von Norden, ist B's B&B das 3. Haus hinter dem Amoco/BP-Komplex. Leider weist kein Schild darauf hin. Ms. Parriag ist eine überaus gesprächige und lustige Dame, die insgesamt 4 hübsch eingerichtete Zimmer vermietet. Alle Zimmer mit Ventilator, 2 mit eigenem Bad. Nette Terrasse mit Blick auf das Meer und die Bohrinseln am Horizont. Reichhaltiges Frühstück inkl. ❷ – ❸

mitgebracht werden. 8 Personen finden Platz und zahlen ❸.

Amar's Beach Resort, ☎ 662-2499. Weiter in Richtung Süden auf der Mayaro–Guayaguayare Road weist ein Schild zu Amar's. Das Haus liegt direkt am Strand, hat 3 Zimmer, 2 Bäder und eine Küche. Hier muss man ebenfalls Betttücher, Geschirr usw. selbst mitbringen. Das Strandhaus ist an Wochenenden oft von stadtgeplagten Trinis ausgebucht. Etwa gleiche Preise wie das Westside House.

Tropical Guesthouse. Unmittelbar an der Mayaro–Guayaguayare Road trifft man auf das brandneue kunterbunte Guesthouse mit 14 Zimmern, die über AC, TV und Bad verfügen. Im nebenan liegenden Open-Air Mayaro Enter-

Beliebter Wochenendtreff der Trinis – die Indian Bay

Richtig gutes einheimisches und preiswertes Essen gibt's in Azee's (s. o.) Open-Air **Grill Xpress**, ✆ 630-6325, ◷ tgl. 6.30–20 Uhr. Ein klimatisiertes Restaurant gehört auch zum Guesthouse, ebenso ein kleiner Shop.

Guayaguayare und der Galeota Point

Der sehr eigentümliche Name **Guayaguayare** stammt offenbar noch von den Arawak-Indianern. Seine Bedeutung ist jedoch unklar. In dem Gebiet zwischen dem einstigen Rio de Iguana (heute Lizard River) und dem Rio de Pilotas (heu-te Pilot River) zählte man 1797 408 Personen, davon 61 Weiße (meistens französische Siedler), 301 Sklaven und der Rest waren sogenannte „freie farbige Siedler", die insgesamt 64 Baumwollplantagen betrieben. Die Baumwolle wich jedoch Ende des 19. Jhs. der Kokosnuss.

Über die Entdeckung des Erdöls in dieser Region erzählt man sich folgende Geschichte: Im Jahre 1870 fiel einem Jäger in den Wäldern von Guayaguayare, jedesmal wenn er Feuer machte, eine schwarze Substanz auf, die nach oben sickerte. Eines Tages brachte er ein wenig dieses schwarzen Breis zu dem Ladenbesitzer Lee Lum, der die Probe zur Analyse weiterleitete. Die Gutachter in der britischen Hauptstadt meldeten sich einige Zeit später und berichteten, dass es ihnen völlig unwahrscheinlich erschien, dass Erdöl dieser Qualität in der Natur vorkommen könne. Sie waren also überzeugt, es sei künstlich hergestellt worden und sahen ganz und gar von weiteren Untersuchungen ab.

Erst 23 Jahre später interessierte sich ein kanadischer Unternehmer namens Randolph Rust für den Fund und begann den Boden zu untersuchen. Es vergingen noch einige Jahre, ehe Rust mit Unterstützung des Oil Exploration Syndicate of Canada im Juli 1902 die erste erfolgreiche Bohrung am Ufer des Pilot River verzeichnen konnte. Während das gefundene Erdöl und Erdgas für Trinidad ein Segen war, entwickelte sich Guayaguayare nur unmerklich. Heute arbeiten die meisten Dorfbewohner auf den Bohrinseln der British Petroleum Company BP oder auf dem Gelände der Petrotrin.

Etwa 12,5 km hinter Pierreville weist ein Schild zum südöstlichsten Punkt Trinidads, dem **Galeota Point**, der auf dem Gelände der BP liegt und für die Öffentlichkeit inzwischen nicht mehr zugänglich ist.

Kurz hinter der Abfahrt zum Galeota Point erreicht man auch schon die etwa 4 km lange **Guayaguayare Bay** und das gleichnamige, verschlafene Dorf. In der Trockenzeit ist der braune Sandstrand am Wochenende ein äußerst beliebter Badetreff. In der Regenzeit dagegen verwandelt sich das Meer oft in eine braune, brackige, ölige Brühe. Wer am Wochenende hier vorbeikommt, wird im **Sea Wall Boat Club R & B**, ✆ 630-9255, heiße Rhythmen hören und wird versorgt mit kühlen Drinks, Chicken & Chips oder Bake & Shark. Im daneben liegenden **Sea Wall – The Action Beach**, einer weiteren Bar, kann man nach einer Übernachtungsmöglichkeit fragen, es existieren 3 einfache Zimmer. Und Taucher, die Interesse daran haben, eine Bohrinseln unter Wasser zu sehen, fragen hier einfach nach **The Eastern Diving Company**, ✆ 630-8572/2378.

Wer von Guayaguayare über Rushville nach Rio Claro fahren möchte, muss das Gelände der Petrotrin durchqueren. Eine nicht zu verfehlende Schranke darf man problemlos passieren, wenn man Rio Claro als Fahrtziel angibt und sich registrieren lässt. Die Petrotrin sucht in diesem Gelände vor allem nach Erdgas. Daher die Warnschil-

der, die das Rauchen untersagen. Die Natur ist hier von solch einer einzigartigen Schönheit, dass man fassungslos auf die kilometerlangen Pipelines starrt und die Berechtigung des Menschen in Frage stellt, hier einzugreifen. Gleichzeitig wundert man sich, dass der Natur äußerlich keine Schäden anzusehen sind. Die sich auf und ab windende Strecke ist jedenfalls herrlich, verlangt dem Fahrer jedoch einiges an Können ab, denn die Straßen befinden sich in einem außerordentlich schlechten Zustand.

Vor allem in der Regenzeit füllen sich die Schlaglöcher mit Wasser und lassen ihre Tiefe nicht erkennen. Für die Strecke bis Rio Claro sollte man großzügig 1 1/2 Stunden einplanen.

Trinity Hills

Westlich von Guayaguayare liegen die höchsten Erhebungen der Southern Range. Das ausgedehnte Gebiet um die **Trinity Hills** (304 m) und den **Mt. Derrick** (314 m) wurde 1934 zum **Trinity Hills Wildlife Sanctuary** erklärt. Die Berge sind von üppigem Regenwald bedeckt und eine Vielzahl von Tieren genießen hier ein ungestörtes Dasein. Neben unzähligen Vögeln, Schmetterlingen und Fledermausarten sieht man mit etwas Glück einen Ozelot, Rehe, Halsbandpekaris, einen Greifstachler oder ein Kapuzineräffchen.

Wer das Naturschutzgebiet erkunden will, sollte auf keinen Fall einfach drauflos marschieren, da die schnell wachsende Vegetation selbst vorhandene Pfade und Wege wieder in Grün verschwinden lässt. Unerfahrene wenden sich daher besser an einen der unten stehenden Tourveranstalter.

Es ist jedoch auch möglich, die Trinity Hills auf eigene Faust zu erklimmen. In dem Buch Nature Trails of Trinidad beschreibt Dr. Victor Quesnel sehr exakt die Route. Passiert man die Schranke der Petrotrin (Guayaguayare) und hält sich nach 500 m an einer Gabelung links, erreicht man nach weiteren 5,6 km westwärts einen Pfad (links ab), der zu einem der größten Schlammvulkane Trinidads führt – dem **Lagoon Bouffe**. Der Schlammsee ist fähig Dinge zu verschlucken, also Vorsicht, nicht überqueren. Der Marsch dauert etwa eine Stunde.

Wer nichts für Schlammvulkane übrig hat, lässt den Pfad links liegen und fährt weitere 1,4 km (links halten). Auf der Spitze des Gebirgskamms führt ein etwa 3,2 km langer Pfad in die Wildnis. Da einige Abschnitte recht steil sind, sollte man 1 1/2–2 Stunden für die Wanderung einplanen. Belohnt wird man mit einer überragenden Aussicht.

Ohne **Permit** ist es nicht erlaubt das Naturschutzgebiet zu betreten. Die Genehmigung ist kostenlos und erhältlich von der Petrotrin, ☏ 649-5539 oder 649-5500, die eine Pipeline durch das Gebiet laufen hat.

Touren

Am besten organisiert man den Trip einige Tage im Voraus, denn keiner der Veranstalter hat regelmäßig stattfindende Touren in die Trinity Hills im Programm. Die Ausflüge werden nach individuellen Wünschen zusammengestellt. Auf alle Fälle kann man in diesem Naturschutzgebiet sicher sein, keinen ausgetretenen Touristenpfaden zu folgen.

The Pathmaster, c/o Andy Whitwell, 13 Idlewild Rd, Knightsbridge, Cascade, ☏ 621-0255, ⌨ www.thepathmaster.com.
Caribbean Discovery Tours, 9 B Fondes Amandes Rd, St. Ann's, ☏ 624-7281, ⌨ www.caribbeandiscoverytours.com.

TOBAGO
Scarborough
TRINIDAD
Port of Spain

Tobago

Stefan Loose Traveltipps

9 Pigeon Point, Buccoo Reef und Nylon Pool Sonnenbaden an Tobagos karibischstem Strand, mit dem Glasbodenboot die Unterwasserwelt erkunden und sich im Nylon Pool verjüngen. S. 230

Sunday School Nicht verpassen: das sonntägliche Open-Air-Strandpartyspektakel. S. 254

Castara An einer der schönsten Buchten in einem der idyllischsten Dörfer von Tobago verweilen. S. 264

10 Englishman's Bay Ein Besuch des malerischsten Strands von Tobago. S. 268

11 Tobago Forest Reserve und Little Tobago Wandern und Vögel beobachten im ältesten Naturschutzgebiet der westlichen Hemisphäre und auf der Paradiesvogelinsel. S. 270 und 276

12 Charlotteville Sich verzaubern lassen von dem atemberaubend schön gelegenen Dorf im Nordwesten Tobagos. S. 279

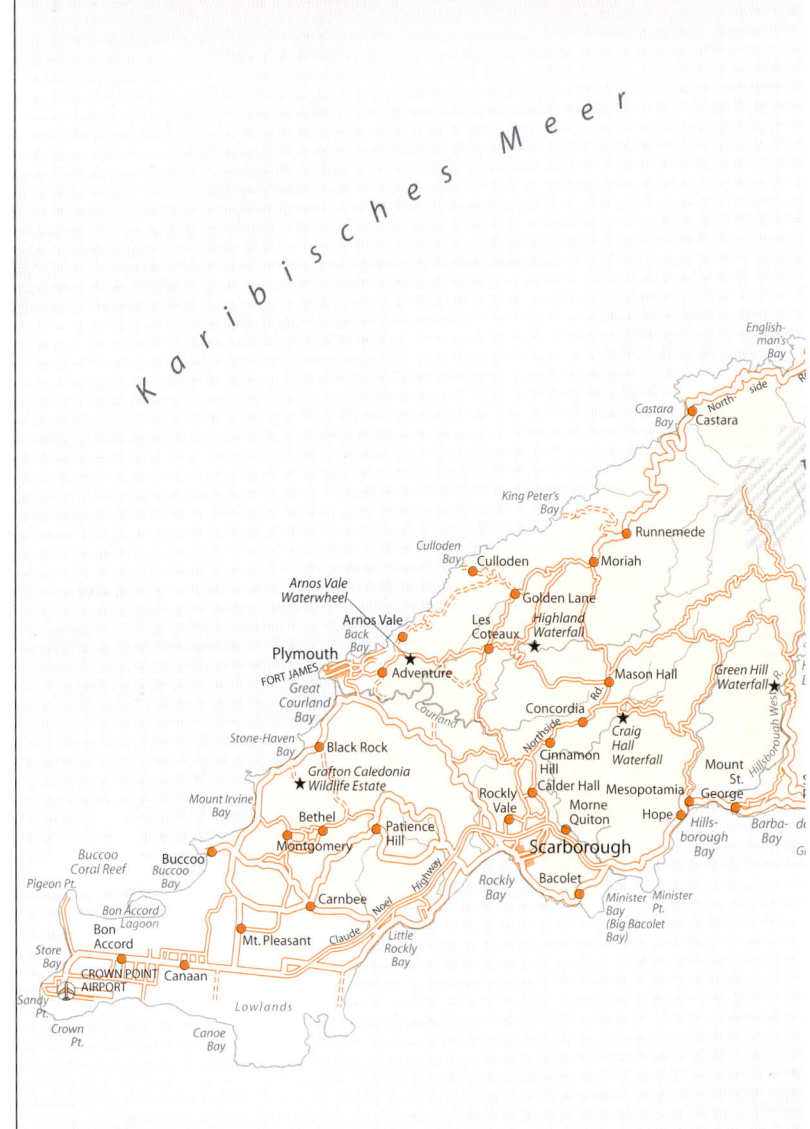

Tobago

Karibisches Meer

English-man's Bay

Castara Bay · Castara · North-side

King Peter's Bay

Culloden Bay · Culloden · Runnemede · Moriah

Arnos Vale Waterwheel · Arnos Vale · Golden Lane · Les Coteaux · Highland Waterfall

Plymouth · FORT JAMES · Adventure · Mason Hall · Green Hill Waterfall

Back Bay · Great Courland Bay · Courland · Concordia · Craig Hall Waterfall

Stone-Haven Bay · Black Rock · Northside Rd · Cinnamon Hill · Mount St. George · Hillsborough West

Grafton Caledonia Wildlife Estate · Rockly Vale · Calder Hall · Mesopotamia

Mount Irvine Bay · Bethel · Patience Hill · Morne Quiton · Hope · Hillsborough Bay · Barba-do · G...

Buccoo Coral Reef · Buccoo Bay · Buccoo · Montgomery · Scarborough

Pigeon Pt. · Bon Accord Lagoon · Carnbee · Rockly Bay · Bacolet · Minister Bay (Big Bacolet Bay) · Minister Pt.

Store Bay · Bon Accord · Mt. Pleasant · Claude · Noel · Highway · Little Rockly Bay

Sandy Pt. · CROWN POINT AIRPORT · Canaan · Lowlands

Crown Pt. · Canoe Bay

N

0 1 2 3 4 5 km

MARBLE ISLD.

London Bridge Rock

ST. GILES ISLAND

Sisters Rock

Brothers Rock

Anse Fourmi

Man of War Bay

Pirate's Bay

Charlotteville

Flagstaff Hill

Bobby Isld.

Cambleton

Starwood Bay

Belmont Bay

Black Rock

Bloody Bay

Dead Bay

L'Anse Fourmi

Water-wheel

Bateaux Bay

Parlatuvier Bay

Parlatuvier

Roxborough-Parlatuvier Rd

The Hut Main Ridge Creation Side

Speyside

Tyrrel's Bay

GOAT ISLD.

BIRD OF PARADISE ISLAND (LITTLE TOBAGO)

Rd

Reserve

Speyside Lookout

Tobago Forest

King's Bay Waterfall ★

South-Rock

Delaford

King's Bay

Cape Gracias-a-Dios

Great Dog

Argyle Waterfall ★

Rox-borough

Louis D'or

Pedro Pt.

Prince's Bay

Queen's Bay

Queen's Isld.

Rainbow Waterfall ★

Richmond

Carapuse Bay

Hillsborough Dam

Crow Foot

Glamorgan

Belle Garden

Pembroke

Mangrove Bay

RICHMOND ISLD.

Montrose

Goldsborough Bay

Rd

Studley Park

Windward

Goodwood

Pinfold Bay

dos

Granby Pt.

FORT GRANBY

SMITH'S ISLAND

Atlantischer Ozean

Der Südwesten

Crown Point

Das winzige Gebiet um den Flughafen im flachen südwestlichen Teil Tobagos bezeichnen die Inselbewohner mit Crown Point. An vergangene Zeiten erinnert hier lediglich Fort Milford. Ansonsten besteht das Gebiet aus einer Ansammlung von Unterkünften unterschiedlichster Ausstattung und Preiskategorien, Restaurants, Bars, Minimärkten, Fahrradverleihern, Mietwagen, Souvenirshops und der neusten Errungenschaft – der **Tobago Cigar Factory**, einem netten Einmannbetrieb, der wohl mehr Manufaktur als Fabrik ist!

Nur etwa 5–10 Minuten vom Flughafen entfernt liegt die überaus beliebte **Store Bay**, begrenzt durch einige Felsen im Westen und das Coco Reef Hotel mit hoteleigenem Strand im Osten, die hervorragend zum Schwimmen geeignet ist. Der nicht allzu große Strand bietet allerdings wenig Schatten. An manchen Tagen rollen ziemlich hohe spaßbringende Wellen an Land und die Lifeguards kontrollieren streng, ob auch jeder im abgesteckten Bereich schwimmt. Von hier aus starten Glasbodenboote zum Buccoo Reef und wer Lust hat, kann sich ein Kajak leihen. Die Bars gegenüber dem Strand sind perfekt, um ein kühles Carib zu trinken und an den Imbiss-Ständen von Miss Jean und ihren Kolleginnen lässt sich wunderbar preiswerte Hausmannskost à la Tobago testen (S. 123, Essen). Den Strandbesuchern stehen Duschen, Toiletten, Umkleidekabinen (TT$1) und Schließfächer zur Verfügung und die angrenzenden Verkaufshütten bieten allerlei karibische Souvenirs.

Ein weiterer Strand, der **Sandy Beach**, erstreckt sich westlich der Start- und Landebahn. Hier kann man ungestört baden und es macht Spaß, die Flugzeuge im Landeanflug über den Kopf hinwegsausen zu sehen. Trotz Flugplatz ist Fluglärm in Crown Point kein Problem.

Während bis heute im Dunkeln liegt, auf welcher Insel Daniel Defoes Romanheld **Robinson Crusoe** nun wirklich gelebt hat, haben die Bewohner Tobagos schon lange eine Antwort darauf: Es muss – allen Widersprüchen zum Trotz – Tobago gewesen sein. Und so haben sich die Inselbewohner auf die Suche nach der Höhle gemacht und wer sagt's denn, sogar eine gefunden. Wer der Crusoe Cave Road, südlich der Landebahn, folgt und am Hinweisschild rechts in den Feldweg abbiegt, gelangt zum Haus der Familie Crooks. Hier sind einige TT$ fällig. Ein wenig schmunzeln muss man dann doch, sieht man die winzige Höhle über den Klippen, in der man gerade so aufrecht stehen kann und wehe, man macht eine falsche Bewegung, schon schwirren die Fledermäuse umher. Ist man jedoch alleine oder zu zweit, kann **Crusoe's Cave** ein ganz lauschiges Plätzchen sein.

Zwischen Store Bay und Sandy Point liegt **Fort Milford**, das 1777 von den Briten zum Schutz der Store Bay errichtet und 1781–1793 von den Franzosen besetzt war. Die schattigen Bäume des Forts bieten eine herrliche Kulisse, um Eis schleckend den Sonnenuntergang zu genießen, bevor man sich in Tobagos Nachtleben stürzt.

Crown Point International Airport

Der Crown Point Flughafen ist ein luftiger, sehr offen gehaltener kleiner Flughafen, der es erlaubt wirklich hautnah die Landung einer Boeing oder einer Propellermaschine mitzuerleben.

Da hier nur wenige Jets landen, ist man meist recht schnell abgefertigt. Am Ausgang tummeln sich Taxifahrer und einige Guesthouse-Besitzer, die ihre Unterkunft anpreisen. Der Trubel hält sich jedoch in Grenzen. Schräg gegenüber befindet sich das **Touristenbüro**, ℡ 639-0509, das jede Menge Infos über Unterkünfte und Restaurants sowie Kartenmaterial bereithält. Interessant sind auch die Broschüren *Discover Trinidad & Tobago* und *What's on… in Tobago* und die Zeitung *Tobago Today*. Nicht allzu gerne gesehen sind Rucksacktouristen, die nach Campingmöglichkeiten oder Ähnlichem fragen. ⊙ tgl. 6–22 Uhr.

Neben dem Touristenbüro befinden sich einige Shops, eine **Wechselstube** (⊙ Mo–Fr 8.30–18.30, Sa und So 10–18 Uhr; Achtung Kurse vergleichen!), eine **Bank** (⊙ Mo–Do 8–14, Fr 8–12 und 15–17 Uhr) und ein **Geldautomat**. Mit US-Dollar lässt sich jedoch auch erst einmal zahlen. Gegenüber dem Tri Star Restaurant ist ein kleines schwarzes Fenster, an dem bei Ausreise die **Departure Tax** (Ausreisesteuer) in Höhe von TT$100 zu zahlen ist! Außerdem der kleine **Gone**

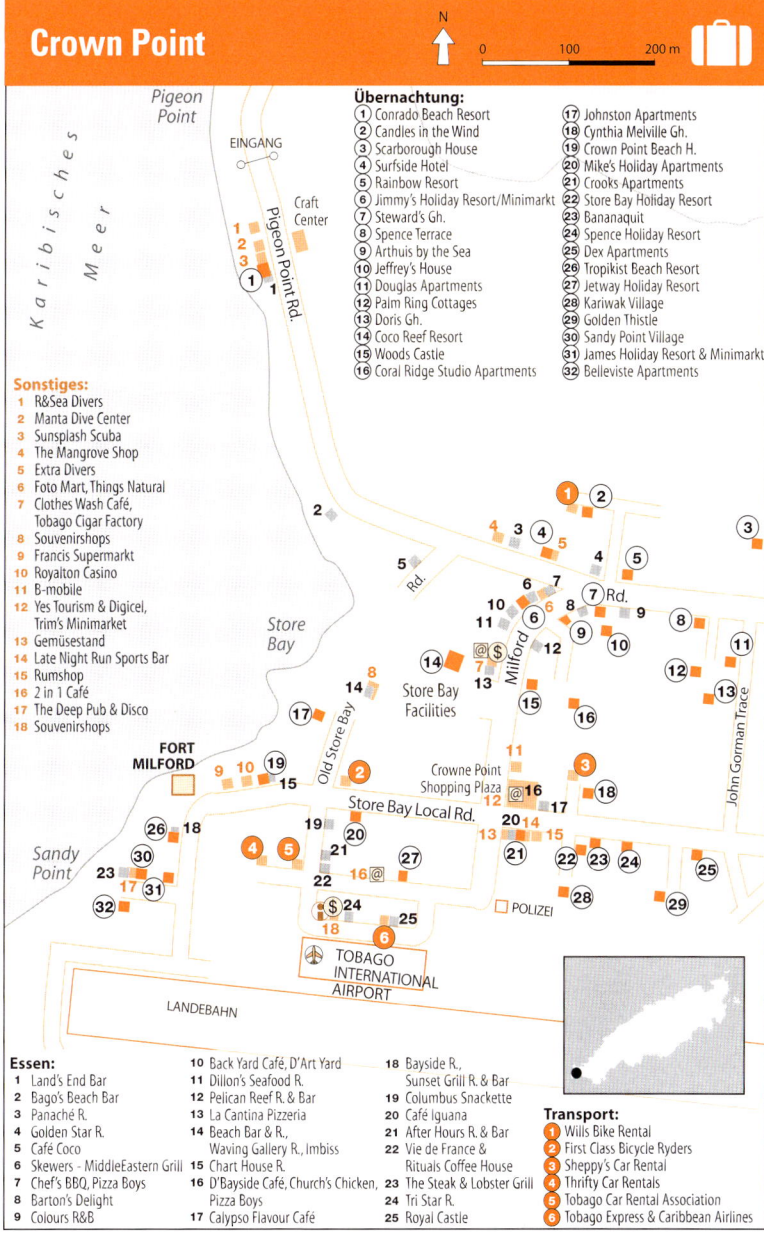

Crown Point

N

0 — 100 — 200 m

Übernachtung:
1. Conrado Beach Resort
2. Candles in the Wind
3. Scarborough House
4. Surfside Hotel
5. Rainbow Resort
6. Jimmy's Holiday Resort/Minimarkt
7. Steward's Gh.
8. Spence Terrace
9. Arthuis by the Sea
10. Jeffrey's House
11. Douglas Apartments
12. Palm Ring Cottages
13. Doris Gh.
14. Coco Reef Resort
15. Woods Castle
16. Coral Ridge Studio Apartments
17. Johnston Apartments
18. Cynthia Melville Gh.
19. Crown Point Beach H.
20. Mike's Holiday Apartments
21. Crooks Apartments
22. Store Bay Holiday Resort
23. Bananaquit
24. Spence Holiday Resort
25. Dex Apartments
26. Tropikist Beach Resort
27. Jetway Holiday Resort
28. Kariwak Village
29. Golden Thistle
30. Sandy Point Village
31. James Holiday Resort & Minimarkt
32. Belleviste Apartments

Sonstiges:
1. R&Sea Divers
2. Manta Dive Center
3. Sunsplash Scuba
4. The Mangrove Shop
5. Extra Divers
6. Foto Mart, Things Natural
7. Clothes Wash Café, Tobago Cigar Factory
8. Souvenirshops
9. Francis Supermarkt
10. Royalton Casino
11. B-mobile
12. Yes Tourism & Digicel, Trim's Minimarkt
13. Gemüsestand
14. Late Night Run Sports Bar
15. Rumshop
16. 2 in 1 Café
17. The Deep Pub & Disco
18. Souvenirshops

Pigeon Point

EINGANG

Craft Center

Pigeon Point Rd.

Karibisches Meer

Store Bay

Rd.

Milford Rd.

Old Store Bay

FORT MILFORD

Crowne Point Shopping Plaza

Store Bay Local Rd.

Store Bay Facilities

John Gorman Trace

Sandy Point

POLIZEI

TOBAGO INTERNATIONAL AIRPORT

LANDEBAHN

Tobago

Essen:
1. Land's End Bar
2. Bago's Beach Bar
3. Panaché R.
4. Golden Star R.
5. Café Coco
6. Skewers - MiddleEastern Grill
7. Chef's BBQ, Pizza Boys
8. Barton's Delight
9. Colours R&B
10. Back Yard Café, D'Art Yard
11. Dilion's Seafood R.
12. Pelican Reef R. & Bar
13. La Cantina Pizzeria
14. Beach Bar & R., Waving Gallery R., Imbiss
15. Chart House R.
16. D'Bayside Café, Church's Chicken, Pizza Boys
17. Calypso Flavour Café
18. Bayside R., Sunset Grill R. & Bar
19. Columbus Snackette
20. Café Iguana
21. After Hours R. & Bar
22. Vie de France & Rituals Coffee House
23. The Steak & Lobster Grill
24. Tri Star R.
25. Royal Castle

Transport:
1. Wills Bike Rental
2. First Class Bicycle Ryders
3. Sheppy's Car Rental
4. Thrifty Car Rentals
5. Tobago Car Rental Association
6. Tobago Express & Caribbean Airlines

Bananas Duty Free Shop und das **Airline Büro** von Tobago Express und Caribbean Airlines.

Die meisten Hotels in Crown Point sind zu Fuß erreichbar. Wer lieber Taxi fährt, zahlt TT$33. Weitere Fahrpreise s. u., Transport.

9 ┃ HIGHLIGHT

Pigeon Point, Buccoo Reef und Nylon Pool

Ganz anders als die tief eingeschnittenen, in Regenwald eingebetteten, palmengesäumten Buchten des restlichen Tobago präsentiert sich der Pigeon Point. Die flache Landzunge ist gesäumt von märchenhaften, geneigten Palmen, schneeweißem Sandstrand und dem smaragdgrünen, türkisblauen Meer, das sanft seine Wellen schlägt, geschützt durch das vorgelagerte Riff. Unbestritten ist der Pigeon Point einer der atemberaubendsten Strände der Karibik und genauso wird er auch vermarktet. Von der Regierung zurückgekauft, liegt er am Ende der Pigeon Point Road, die einige Tauch- und Souvenirshops, Snack-Buden, ein Fahrradverleih und der eine oder andere giftige Mancinelle Tree (S. 70) säumen. Hier sind TT$18 Eintritt zu zahlen, ☉ tgl. 8–19 Uhr. Ob man nun den Strand entlang oder mitten durch das Kokospalmenwäldchen spaziert, am Ende überwältigt der Anblick auf Tobagos meistfotografierten Pier, mittlerweile betoniert, früher ein verwitterter Holzsteg mit einer wundervollen palmblattgedeckten Hütte – ein wahr gewordener Karibiktraum.

Neben Duschen, Toiletten und Umkleidekabinen beherbergt die Landzunge einige Strandshops, die **Blue Marlin Beach Bar**, daneben **Pizza & Donut Boys** (es gibt aber auch Rotis und Sandwiches), **Rituals Coffee** mit leckerem Espresso Macchiato, Smoothies und zwei Tauchschulen. Bei **World of Watersports**, ✆ 660-7234, 🖥 www.worldofwatersports.com, kann man tauchen, Surfen lernen (US$50/90 Min.), ein Kajak mieten oder sich mit Schnorchel, Maske und Flossen ausstatten (US$10/Tag).

Die Kommerzialisierung des Pigeon Point zeitigt aber bereits Auswirkungen. Ein künstlich ins Meer hineingetragener Damm, der die Strand-

erosion eindämmen sollte, behindert die natürliche Wasserzirkulation und hat, begünstigt durch Umweltverschmutzung und Missmanagement, das Algenwachstum angeregt, so dass das Wasser der Lagune an manchen Tagen ein wenig milchig aussieht. Doch werden ständig Wasserkontrollen durchgeführt und der Schaden scheint bisher relativ klein zu sein.

Einer der schönsten Ausflüge, die man vom Pigeon Point, aber auch von der Store Bay aus unternehmen kann, ist eine **Glasbodenbootstour** an das **Buccoo Reef** und den **Nylon Pool**. Überall wird man ständig auf solch eine Tour angesprochen, die zweimal täglich gegen 11 und 14 Uhr stattfindet, 2–2 1/2 Stunden dauert und je nach Saison zwischen TT$90 und 120 kostet. Das Buccoo Reef, gewachsen in Millionen von Jahren, bildet einen etwa 12 km^2 großen, bezaubernden Unterwassergarten. Am Riff geht das Glasbodenboot vor Anker und die Teilnehmer werden mit Taucherbrille und Schnorchel ausgestattet. Nun heißt es eintauchen in diesen traumhaft schönen Mikrokosmos, den die farbenprächtigsten Doktor-, Kaiser-, Papagei- oder Grunzerfische bewohnen. Anschließend geht's zum Nylon Pool, einer wundervollen Sandbank, die sich durch den Zerfall von Korallenfragmenten gebildet hat und einen tollen Swimmingpool entstehen ließ. Es ist ein berauschendes Gefühl, in dieser stillen Lagune umgeben von hüfttiefem, türkisfarbenem Wasser zu baden. Übrigens soll das Baden im Nylon Pool eine Verjüngung um zehn Jahre bewirken!

Übernachtung

Jetway Holiday Resort, Crown Point Airport, ✆ 639-8504. Gegenüber dem Flughafen vermietet Mr. Chapman einige einfache Apartments, davon 4 mit AC, Ventilator, Bad, Küchenzeile und Balkon, sowie 3 DZ mit Ventilator und Bad. ❸
Mike's Holiday Apartments, Store Bay Local Rd, ✆ 639-8050. 2 Minuten zu Fuß vom Flughafen entfernt. Die 12 sauberen, auch preislich empfehlenswerten Apartments sind ausgestattet mit AC, TV, Bad, Küchenzeile und Balkon. Mehrere Personen können 2 Apartments mit einer Verbindungstür mieten. Minimarkt anbei. ❷
Crooks Apartments, Store Bay Local Rd, ✆ 639-8492. 8 recht große Apartments mit Küchenzeile,

Bad, AC, TV und Balkon, die zum Teil auch an Langzeitmieter vergeben werden. ❷ **Kariwak Village**, Store Bay Local Rd, ✆ 639-8442, 🖥 www.kariwak.com. Mit seinen 6 Rundhäusern eines der hübschesten Resorts Tobagos. Je Rundhaus 4 Cabañas mit AC, Ventilator, Bad und Terrasse. Die gesamte Anlage ist ein einziger tropischer Garten mit einem Swimmingpool, einem hübschen Outdoor-Whirlpool und einem fantastischen offenen Rundhaus, das für morgendliche Yogaübungen und Tai Chi genutzt wird. Gemütliches Restaurant und Bar mit tollen Skulpturen von Luise Kimme; am Wochenende oft Soca-Jazz und Buffet. ❺

Store Bay Holiday Resort, Store Bay Local Rd, ✆ 639-8810, 🖥 www.storebayholidays.com. Auch nur 5 Min. zu Fuß vom Flughafen entfernt liegt das gut geführte familiäre Resort, das über insgesamt 20 saubere Apartments für 2, 4 oder 8 Personen verfügt. Alle Apartments haben AC, TV, Bad, Küche oder Küchenzeile, Balkon bzw. gemeinsame Terrasse. Den Gästen steht ein Pool zur Verfügung. ❸

Cynthia Melville, ✆ 639-8497. Die sehr nette Mrs. Melville vermietet in ihrem Haus 1 großes 2-Bettzimmer- und 2 saubere 1-Bettzimmer-Apartments mit Küche, Bad, Ventilator und Terrasse. Gute Wahl. ❷

Spence Holiday Resort, Store Bay Local Rd, ✆ 639-8082. Das Schwesterresort des Spence Terrace in der Milford Road liegt unweit des Flughafens und verfügt über 10 unterschiedliche Apartments mit 1 oder 2 Schlafzimmern, AC oder Ventilator, TV, Bad, Küchenzeile und Balkon. Außerdem: kleiner Pool, Sonnendeck und Autoverleih. ❷

Toucan Inn, Store Bay Local Rd, ✆ 639-7173, 🖥 www.toucan-inn.com. 20 geschmackvoll eingerichtete Zimmer mit Teakholz-Mobiliar, Bad, AC, Ventilator und Terrasse in wundervollen Rundhäusern gruppieren sich um einen tollen Pool und das wunderbare Bonkers Restaurant, 12 davon überblicken den Garten. R&Sea Diver's anbei. Empfehlenswert. ❹ – ❺

Golden Thistle Hotel, Store Bay Local Rd, ✆ 639-8521, 🖥 www.caribbean-connexion.com/hotels/thistle.htm. In die Jahre gekommenes, recht einfaches Resort mit 36 kleinen Apart-

ments, ausgestattet mit AC, TV, Bad, Küchenzeile und kleiner Veranda. Das Hotel verfügt über einen Pool und ein Restaurant. ❸

Dex Apartments, Store Bay Local Rd, ✆ 639-7731. 8 nette Apartments mit Küche, Bad, TV, Ventilator und Veranda oder Balkon; Apartments mit AC etwas teurer. ❷

Sandy's Guesthouse, Store Bay Local Rd, ✆ 639-9221. Hugh und Valerie Sandy, 2 sehr nette Gastgeber, offerieren 7 einfache, aber saubere Zimmer mit Ventilator, 4 mit AC, TV, z. T. mit Bad und 2 großen Gemeinschafts-küchen, dazu oder Gemeinschaftsterrasse auf 2 Etagen. ❷ – ❸

Crown Point Beach Hotel, Old Store Bay Rd, ✆ 639-8781, 🖥 www.crownpointbeachhotel.com . Die 2-stöckige Apartmentanlage liegt direkt am Meer, mit Zugang zur Store Bay. Die insgesamt 46 Apartments und Studios sowie 18 Cabañas für 2 bzw. 4 Personen verfügen alle über AC, Ventilator, Bad, Küche oder Küchen-zeile und Balkon mit Blick auf Store Bay und Pigeon Point. Chart House Restaurant & Bar neben dem Pool; Tennisplatz. ❹ – ❺

Johnston Apartments, Old Store Bay Rd, ✆ 631-5160, 🖥 www.johnstonapartments.com. Gäste haben direkten Zugang zur Store Bay und können den Pool und das Restaurant des Crown Point Beach Hotels nutzen. 30 recht schöne,

Gute Unterkunft in Flughafennähe

Bananaquit, Store Bay Local Rd, ✆ 639-9733, 🖥 www.bananaquit.com. Dennis, ein super-netter Trini, und seine in England gebürtige Frau Elaine vermieten 4 Studio-Apartments mit AC, TV, Bad, Küchenzeile und Terrasse sowie 4 voll ausgestattete tolle Lofts für 2–3 Personen auf zwei Ebenen und 2 riesige Lofts, ❺, für 6 Personen mit großem Balkon, Dusche, WC, Küche und Schlafmöglichkeit sowohl auf der unteren Etage als auch unter dem Dach. Die Balkone überblicken einen Garten, der einen riesigen Schatten spendenden Mangobaum beherbergt. Wer im Pool planschen möchte, darf den des nebenan liegenden Store Bay Holiday Resorts nutzen. ❷ – ❸

Coco Reef Resort, Coconut Bay, ☎ 639-8571, ☐ www.cocoreef.com. Das stilvolle, offen gehaltene Luxusresort wurde 1995 eröffnet, liegt direkt an der künstlich angelegten Coconut Bay und wurde Gewinner des Caribbean World Travel Awards, d. h. es wurde zum besten Resort der Karibik gewählt. Die geschmackvoll im karibischen Stil errichtete Anlage ist umgeben von herrlich tropischer Vegetation und Kunstkenner erahnen den Wert der unzähligen Gemälde. Der Blick auf die Store Bay und den Pigeon Point ist klasse. Neben zwei Restaurants und zwei Bars, darunter die Champagner Bar Bobster's, bietet das Resort seinen Gästen Tennis, Fitness, alle erdenklichen Wassersportmöglichkeiten und einen tollen Pool. Ab US$380.

große Apartments mit 1 oder 2 Schlafzimmern verfügen über eine große Küche, Bad, AC, Aufenthaltsraum und Balkon, zum größten Teil mit Blick aufs Meer. ❹

Tropikist Beach Hotel, Old Store Bay Rd, ☎ 639-8512/3, ☐ www.tropikist.com. Hotelanlage mit netter Poollandschaft und *swim-up* Poolbar, 2 (teuren) Restaurants (Bayside & Sunset Grill), einer Bar, Sonnenterrasse, hoteleigenem, jedoch nicht sehr attraktivem Strand und vielen Zimmern mit Meerblick, Bad, TV, AC und Kühlschrank. Superior- und Deluxe-Zimmer sind etwas größer. ❹–❺

James Holiday Resort, Old Store Bay Rd, ☎ 639-8084. Das Resort liegt Richtung Sandy Point und verfügt über 10 DZ mit AC, TV, Bad und Balkon, 14 Apartments sowie 2 große Apartments mit 3 Schlafzimmern für 12 Personen, ❺. Ferner verfügt das Resort über einen Minimarkt, einen etwas lieblosen Swimmingpool und einen Autoverleih. ❷–❸

Belleviste Apartments, Old Store Bay Rd, ☎ 639-9351, ☐ www.belleviste.com. Am Sandy Point gelegen. 20 geräumige Apartments unterschiedlicher Größe sind in 2 zweistöckigen Gebäuden um einen Pool untergebracht. Alle Apartments verfügen über AC, TV, Bad, Küche

und Balkon mit klasse Blick auf die ankommenden Flugzeuge. ❸–❹

Sandy Point Village, Old Store Bay Rd, ☎ 639-8533, ☐ www.sandypt.net. Insgesamt 45 geräumige Apartments, ausgestattet mit Bad, AC, TV, Küche und Balkon/Terrasse, unterscheiden sich in Größe, Ausstattung, Garten- oder Meerblick. Keine schlechte Wahl, vor allem was die Ausstattung des Resorts angeht: 2 Pools. Whirlpool, kleiner Fitnessraum, Diskothek, Tauchshop, Autoverleih und Open-Air Restaurant mit klasse Ausblick. ❸–❹

Surfside Hotel, Milford Extension Rd, ☎ 639-9702, ☐ www.surfsidetobago.com. Eine eher amerikanischen Motelcharme versprühende Anlage mit sehr hilfsbereiten Besitzern, einem Minipool und 45 funktionellen, sauberen Apartments, die mit AC, Ventilator, TV, Bad, Küchenzeile und gemeinsamer Veranda ausgestattet sind. Ruhesuchende finden von Mi–Sa leider weniger Erholung, wenn im nebenan liegenden Golden Star heiße Rhythmen aufgelegt werden. ❷

Conrado Beach Resort, Milford Extension Rd, ☎ 639-0145. Das leider wenig Atmosphäre ausstrahlende Beach Resort liegt in nächster Nähe zum beliebten Pigeon Point direkt am herrlichen Sandstrand. Die Zimmer unterschiedlicher Ausstattung sind wenig luxuriös, aber o.k., mit Bad, AC und Ventilator, TV und (nicht alle) Balkon mit Meerblick. Neben einem Restaurant lädt die Veranda der **Land's End Bar** zu einem Sundowner ein. ❸–❺

Woods Castle, Milford Rd, ☎ 639-0803. Viel Komfort sollte man in dem einfachen Guesthouse von Mr. Woods nicht erwarten. 10 Zimmer mit TV, AC, Ventilator, Kühlschrank und Balkon oder Patio. ❷

Coral Ridge Studio Apartments, Milford Rd, ☎ 639-0118. Folgt man der Milford Road vom Flughafen kommend, geht eine kleine Straße in der lang gezogenen Rechtskurve rechts ab. Nach etwa 50 m erreicht man die 8 gepflegten, empfehlenswerten Studio-Apartments, die ausgestattet sind mit AC, Küche, Bad und Balkon. ❸

Jimmy's Holiday Resort, Milford Rd, ☎ 639-8292, ☐ jimmys@tstt.net.tt. Auch nur 10 Min. zu Fuß vom Flughafen entfernt, verfügt Jimmy's über

Tobago

Herrlich karibisch – der Pigeon Point

18 große Apartments, ausgestattet mit 1, 2 oder 3 Schlafzimmern, Aufenthaltsraum, AC, TV, Bad und Küche bzw. Küchenzeile. Nicht alle besitzen einen privaten Balkon. Belebter Minimarkt anbei. ❸

Arthurs by the Sea, Milford Rd, ☎ 639-0196, 🖳 www.smallhotelstobago.com. Das nett aussehende Hotel, an der Milford Road gelegen, bietet 16 DZ mit AC, TV, Bad und Balkon sowie 4 Studios mit Küchenzeile, einen kleinen, aber netten Pool und ein kleines Restaurant. ❸–❺

Steward's Guesthouse, Milford Rd. ☎ 639-8319. Das sehr einfache Guesthouse verfügt über 3 riesige Apartments mit 3, 4 und 6 Zimmern, Aufenthaltsraum mit TV, Küche, Ventilator und in einigen Zimmern AC. Die Zimmer werden einzeln vermietet, des Weiteren ein Apartment mit Ventilator, Bad und Küchenzeile. ❶–❷

Jeffrey's House, Milford Rd, ☎ 639-0617. Ann-Marie vermietet insgesamt 10 preiswerte, einfache Zimmer, mit Bad oder Gemeinschaftsbad, AC oder Ventilator, Küchenzeile oder riesiger Gemeinschaftsküche; großer Aufenthaltsraum mit TV und Terrasse. Ann-Marie ist sehr hilfsbereit und aufgeschlossen. ❶

Rainbow Resort, Milford Rd, ☎ 639-9940, 🖳 www.rainbowresorttobago.com. Dieses Resort hat insgesamt 14 schöne, große Apartments in einem zweistöckigen Gebäude mit Blick auf den Pool, AC, TV, Bad, Küchenzeile, Aufenthaltsraum und Balkon. 2 der Apartments sind behindertengerecht gestaltet und 2 verfügen über 3 Schlafräume (6 Pers., ❺); Autoverleih. ❸

Tri Star Restaurant, am Flughafen. Nicht sehr romantisch, aber tgl. wechselndes gutes, preiswertes kreolisches Buffet.

Vie de France Bakery & Rituals Coffee House, ✆ 631-8088. Liegt gegenüber dem Flughafen und ist mit seinem Kaffee- und Kuchenangebot unbestritten etwas für den europäischen Gaumen. Des Weiteren leckere Bagels, Omelettes, überbackene Sandwiches, Donuts, leckere Ice Chillers und Smoothies und eine wirklich relaxte Atmosphäre, ⊙ So–Do 7–21, Fr und Sa 7–22 Uhr.
Cafe Iguana, Store Bay Local Rd, ✆ 631-8205, 🖥 www.iguanatobago.com. Nettes Freiluft-Restaurant, das karibische Küche zu moderaten

Zumindest einmal sollte man auf Tobago einen Teller *crab & dumplin'* oder *curry goat* mit *callaloo* und *macaroni pie, bake & shark* oder ein Roti testen – und zwar in einem der sechs kleinen hübschen Imbisshäuschen gegenüber der Store Bay. Ob bei **Miss Jean`s**, **Miss Trim's**, **Miss Joyces** oder bei **Al Ma's**, **Silvia's** oder **Miss Esmie's** – alle sind gut. Allerdings hört man, Miss Jean's Ruf, was *bake & shark* oder *salt fish* angeht, sei unübertroffen. Sie hat in jedem Fall auch in der Nebensaison geöffnet; ⊙ 8.30–20.30 Uhr Tobago-Zeit!
Die besten Sada Roti's zum Frühstück, Dahlpouri Roti's und Buss-up-shots am Mittag gibt's aber im **D' Bayside Café** im Crown Point Shopping Plaza, ✆ 631-8647, ⊙ Mo–Sa 7.30–23 Uhr; außerdem leckere Smoothies, frische Fruchtsäfte und meist gegrillte Hähnchen mit Beilagen, Burger und Hot Dogs. Ein komplettes günstiges und gutes Mittagessen in Buffetform zum Aussuchen (Pie, Callaloo, Huhn etc.) gibt's Mo-Sa auch im **Calypso Flavour Café** am Crown Point Shopping Plaza. Gut besucht und beliebt auch **Barton's Delight** in der Milford Rd. Bis spät in die Nacht bruzzelt der Grill: BBQ Chicken mit allerlei Beilagen, Crab & Dumpling, Bake & Shark, Callaloo …

Preisen anbietet – abends teurer. Ansonsten Live@Iguna stage, freitags Jazz, samstags Band Night und sonntags Latin Groove und dazu Cocktails. Die Kunst an den Wänden ist übrigens verkäuflich. ⊙ tgl. außer Mi 8–24 Uhr.
Bonkers Restaurant & Garden Theatre, c/o Toucan Inn, Store Bay Local Rd, ✆ 639-7173. Ein wirklich schönes Open-air-Restaurant, das internationale (Steaks) und lokale Gerichte von 7.30 Uhr bis spät in die Nacht serviert. Abends gehobene Preise. Täglich gibt's leckere Cocktails, mittags selbstgebackenes Brot, Callaloo, Pelau und den Fang des Tages. Montags ist Pleasure Pirates Night und jeden Freitag Livemusik mit Jaime Ramsey.
Kariwak, Store Bay Local Rd, ✆ 639-8442. Wundervolles, teures Open-air-Restaurant mit Speisen, deren Zutaten aus dem eigenen Kräuter- und Gemüsegarten kommen; Sa Buffet mit Live-Jazz-Calypso; ⊙ tgl. ab 7.15 Uhr.
Chart House Restaurant, c/o Crown Point Beach Hotel, ✆ 631-2006. Ob Tuna Moorea, Dorado Martinique oder Chicken Malaysia – die Speisekarte liest sich wie eine Weltkarte. Relaxte Open-air-, und wer möchte Sonnenuntergangs-Atmosphäre; recht teuer. Leichtere Kost in der Sundowners Bar; Live-Entertainment. ⊙ tgl. 7.30–22 Uhr.
The Steak & Lobster Grill, Sandy Point Village, ✆ 639-8533. Verspricht herrliche Aussicht auf den Pigeon Point. Neben Steaks, Fisch und Meeresfrüchten stehen auch preiswertere Menüs auf der Tageskarte. Specials: Caribbean Buffet (Di), featuring Les Corteaux Cultural Theater; Lobster Terminator (Do); Buccoo Buccaneers Steelband (Sa); Calypso (So); ⊙ tgl. 7.30–22 Uhr.
Dillon's Seafood Restaurant, Milford Rd, ✆ 639-8765. Einst hochfrequentierter; sicher aber immer noch exzellenter Fisch und Meeresfrüchte (moderat-gehoben); ab und zu Live-Steelbands. Offeriert auch Hochseefischen. ⊙ Mo–Sa.ab 18 Uhr.
Back Yard Café, Milford Rd, ✆ 639-8765. Nettes kleines Café, ideal um einen schnellen Snack zu sich zu nehmen, nachdem man nebenan im **D'Art Yard** nach T-Shirts gestöbert hat.
La Cantina Pizzeria & Wine Bar, ✆ 639-8242. Netter Italiener an der Milford Road mit gut

bestücktem Weinkeller und eigens importiertem Kubaner, der nicht nur für ihn nebenan in der Tobago Cigar Factory Zigarren rollt.

Pelican Reef, Milford Rd, ℡ 660-8000. In Seeräuber-Deko serviert das nette Freiluft-Restaurant Steak-, Lobster-, Fisch-, und Shrimpgerichte. Klasse Bar, gut bestückte Kuchentheke (Black Forest Cake), auch Weinliebhaber werden einen guten Tropfen finden und Entertainment ist auch angesagt. Preise: moderat/gehoben. ⊙ Di–So 11–24 Uhr.

Skewers – Middle Eastern Grill, Milford Rd. Stark frequentiert mit leckeren Hähnchen-Kebabs und unwiderschmlich gutem Baba Ganoush, einer orientalischen Auberginenpaste.

Chef's & BBQ, Milford, Ecke Pigeon Point Rd. Hier gibt's Gegrilltes mit sämtlichen Beilagen; preiswert.

Colours R & B, Milford Rd. Täglich wechselnde kreolische, preiswerte Menüs; ⊙ Mo–Sa 7–23 Uhr.

Panaché, Pigeon Point Rd, ℡ 631-8196. Deutscher Chefkoch Christian, der die bezauberndsten Abendessen kreiert; moderat bis gehoben; empfehlenswert!

Café Coco, 1st Left off Pigeon Point Rd, ℡ 639-0996. Man kann nur beeindruckt sein von diesem klasse designten Restaurant, das in jedem Fall einen Besuch wert ist.. Hand-gearbeitete importierte Fliesen und Statuen, tolle Marmorbäder, ein Wasserfall … und auf die Zubereitung des Menüs darf auch ein Auge geworfen werden. Tolle Speisekarte mit Ge-richten aus vielen Teilen unserer Erde. Und wer glaubt, dass dies alles nicht bezahlbar ist, wird eines Besseren belehrt. ⊙ Mo–So ab 16 Uhr. Natürlich sollen auch Fastfood-Freunde nicht zu kurz kommen: Das **Royal Castle** befindet sich am Flughafen, ⊙ Mo–Do 10–22, Fr und Sa 10–24 Uhr, **Church's Chicken** zusammen mit den **Pizza Boys** im Crown Point Shopping Plaza, ⊙ Mo–Fr 10–23, Sa und So 10–24 Uhr, und eine weitere Filiale der **Pizza Boys** an der Milford, Ecke Pigeon Point Rd.

Nachtleben

The Deep, c/o Sandy Point Village Hotel, ℡ 741-3792. Klimatisierte Nichtraucher-Discothek, in

Klasse zum Limen, für einen kleinen Snack und einen Sundowner: die **Waving Gallery** an der Store Bay, ⊙ tgl. ab 10 Uhr, freitags BBQ, mit super Blick, ebenso wie die daneben liegende **Beach Bar** der Taxi Co-op. Auch sehr beliebt die **Columbus Snackette** in der Nähe des Flug-hafens und **The Late Run Sports Bar** neben dem Store Bay Holiday Resort mit Soca-Rhythmen und Gegrilltem, vor allem freitags. Im **After Hours** am Flughafen limt man klimatisiert mit Bar, riesigem TV und Billiard, ⊙ Mo–Sa ab 9 Uhr. Am Wasser sitzt man in der **Land's End Bar** des Conrado Beach Resort und super zum Chillen – **Bago's Beach Bar** in der Pigeon Point Rd, ℡ 631-8487, ⊙ Di–So 10 Uhr bis sonstwann; eine fröhliche Beach Bar und Restaurant in su-per Lage; Strandaccesoirs werden vermietet; Sa oft Live-Musik, Happy Hour gibt's natürlich auch. Und wie kommentieren Traveller: Klasse Spot mit leckere Chicken-Rotis!

der Fr und Sa auf jeden Fall Party angesagt ist; Frauen haben meist freien Eintritt.

Green Light Bar, Milford Rd, Canaan, ℡ 660-8468. Kleine Outdoor-Bar, in der man v. a. freitags und samstags mit den Einheimischen limen und tanzen kann.

Golden Star, Milford, Ecke Pigeon Point Rd, ℡ 639-0873. Events wie Karaoke, Reggae Boys vs. Soca Queens, Latin Nights oder Liveauftritte auf der Open-air-Bühne werden lautstark über ein Megafon angepriesen. Aber richtig was los ist jeden Mittwochabend, dann startet nämlich der Talentwettbewerb Scouting for Talents, bei dem sich jeder präsentieren darf, ob Calypsonian, Hip-Hopper oder Performer; am Ende eines Jahres winkt als Hauptpreis ein Auto. Für viele noch besser: die Party danach, zu der irgendwann jeder den Wine tanzt.

Und wer der Spielleidenschaft frönt, für den gibt's zwei Kasinos:

Das **Kaiso Club Casino**, Milford Rd, Canaan, ℡ 631-1000, und das **Royalton Casino** im Crown Point Beach Hotel.

Tobago

The Shade in Bon Accord ist eine super Open-Air Dance Location inmitten einiger uralter riesiger Samaan-Bäume, toll gestaltet, mit Flaschen jonglierenden Barkeepern, Megawatt-Boxen und einer Bühne für Liveauftritte. Das Motto der Macher: „Reggea Vibes and A Cool Scene." Mi und Do eher gemischtes, auch älteres Publikum, Fr und Sa dann alles, was Beine hat, viele junge Leute, die Party lieben. Ganz klar ist das Shade Dancehall-lastig, aber es werden auch andere Rhythmen gespielt. Das Shade kämpft oft um seine Lizenz. Nicht zu unrecht beschweren sich die Anwohner, denn die Beats lassen die Scheiben klirren. Ansonsten gibt's hier auch ab und zu Ärger, also ein wenig aufpassen und Hände weg von Drogen! ◷ Mi–So von 16 Uhr bis der Morgen graut.

Einkaufen

Eine Reihe kleiner Minimärkt befinden sich in der Store Bay Local Road, u. a. **Francis, James** oder **Trims Mini Market**.
Jimmy's Mini Mart, Milford Rd. Verkauft auch **Telefonkarten** und **Bustickets**, ◷ tgl. 7–23 Uhr.
Penny Saver, Milford Rd, Canaan. Der größte Supermarkt liegt 3 km vom Flughafen entfernt, mit Geldautomat und Spirituosenabteilung, ◷ Mo–Fr 8–20, Sa 8–20.30, So 8–13 Uhr.
Sea Food Shop, Milford Rd, Canaan. Hier finden Selbstverpfleger Shrimps, Hummerschwänze, Krebsfleisch oder Fischfilets. Ansonsten reihen sich einige **Obst- und Gemüsestände** an der Milford, Ecke Store Bay Local Road.
Souvenirs gibt's an der Store Bay und am Pigeon Point. Ganz nette Läden auch: **Natural Things**, **D'Art Yard** und **The Mangrove Shop** an der Milford und Pigeon Point Road.

Sonstiges

Autovermietungen
Siehe auch S. 58, Traveltipps A–Z.
Es gibt auf Tobago und vor allem in Crown Point eine Vielzahl von Autoverleihfirmen.

Sheppy's Car Rental, Store Bay Local Rd, ☎ 639-1543, ▭ www.tobagocarrental.com; **Thrifty Car Rentals**, Crown Point Airport, ☎ 639-8507, ▭ www.thrifty.com (teuer, aber international) und **Sherman's Auto Rentals**, ☎ 639-2292, ▭ www. shermansrental.com, genießen den besten Ruf. Letzterer ist am günstigsten, sitzt in Lambeau und bringt kostenfrei das Auto. Ab etwa US$40 sollte man kalkulieren; Wochenpreise oft günstiger.
Yes Tourism, ☎ 631-0286, ▭ www.yes-tourism.com; Deutsch sprechend (!), im Crown Point Shopping Plaza, sind auch behilflich bei der Autosuche.

Geld
Republic Bank, Crown Point Airport, ☎ 639-0808, ◷ Mo–Do 8–14, Fr 8–12 und 15–17 Uhr; Geldautomat (Blue Machine).
RBTT Bank, Milford Rd, ☎ 660-8616, ◷ Mo–Do 8–15, Fr 8–13 und 15–17 Uhr.
Scotiabank, Milford Rd, ☎ 639-2761; Geldautomat Milford, Ecke Pigeon Point Rd.

Fahrräder
First Class Bicycle Ryders, Store Bay, Ecke Old Store Bay Rd, TT$60/Tag.
Wills Bike Rental, Anthony Charles Crescent, Bon Accord, ☎ 731-5516.

Handy
Am einfachsten und auch günstig telefoniert man mit einer SIM Karte von T&T untenstehender Anbieter, die knapp TT$100 kostet, Guthaben (Credit) zahlt man extra. Ab und an gibt's sogar Sonderangebote: TT$99 inkl. Handy!
Digicel, Crown Point Shopping Complex, ◷ Mo–Fr 8–17, Sa 9–14 Uhr.
B-Mobile, Milford Rd, ◷ Mo–Fr 8–17, Sa 8–12 Uhr. B-Mobile schien die bessere Verbindung zu haben (Achtung: SMS-Vorwahl 49; anrufen 01149).

Internet
Richie's Computer Systems, Crown Point Shopping Plaza, ☎ 631-8597. Neben Internetservice (TT$15/Std.), bietet RCS Fax-, Kopier- und Druckservice, auch das Brennen von CDs oder DVDs, ◷ tgl. 9–18 Uhr.

Clothes Wash Café, Milford Rd, ✆ 639-0007.
Surfen oder E-Mails checken an einem der vier
Terminals für TT$10/30 Min.; ⏱ tgl. 8–21 Uhr.
2 in 1 Café, Crown Point Airport. Klimatisiertes
Internetcafé, TT$15/Std., mit kleiner Snackbar.
⏱ Mo–Sa 8–19 Uhr.

Informationen

S. 228, Crown Point International Airport.

Motorradverleih

Fun Bikers, Milford Rd in Canaan, ✆ 631-0352,
vermieten Geländemotorräder (XT600 TT$180,
XT250 TT$160) und Motorroller (TT$140).
Sheppy's (s. Autovermietungen).

Wäscherei

Clothes Wash Café, Milford Rd, ✆ 639-0007.
Klasse Idee – Kaffee trinken, E-Mails checken
und währenddessen für TT$32 Wäsche
waschen und trocknen. Wer waschen lässt,
zahlt TT$45; ⏱ tgl. 8–21 Uhr; *last wash* 19 Uhr!

Touren und Aktivitäten

Es gibt jede Menge lizenzierter Tourguides und
Tourveranstalter. Hier nur eine kleine Auswahl:
Yes Tourism, Crown Pont Shopping Plaza,
✆ 631-0286, 🖥 www.yes-tourism.com. Yes
Tourism ist deutschsprachig und arbeitet sehr
professionell. Haben sämtliche Touren im
Programm, u. a. um die Insel; Jeep Safaris
(US$80), auch Segeln, Trinidad Trips, Flug- und
Hotelbuchungen. ⏱ Mo–Fr 8–16, 9–12 Uhr.
Frankie Tours, Mt. Irvine Beach Facilities,
✆ 631 0369, 🖥 www.frankietours-tobago.com,
offeriert u. a. 4-stündige Vogelbeobachtungs-
touren (US$35) und eine Little Tobago plus
Regenwaldtour inkl. Mittagessen (US$100).
Ganz nett ist es auch mit
Harris Mc Donald, ✆ 639-0513, 🖥 www.
harris-jungle-tours.com, unterwegs zu sein.
In seinem Programm etwas Exotisches: der
Regenwald bei Nacht inkl. Mythen und Sagen
(US$50).
Richtig gute Naturführer sind
David Rooks, ✆ 631-1630, 🖥 www.rookstobago.
com, oder Darren Henry, c/o **Nature Lovers**,
✆ 767-9298, 🖥 www.tobagobirding.com.

Wer mit einem Fischer aufs Meer will, sollte am
Pigeon Point nach Stallion fragen. Und Freunde
des Hochseefischens sollten mit **Captain Frothy**,
Buccoo, ✆ 639-7108, 🖥 www.hardplay.net, an
Bord gehen; US$400/4 Std.

Segeln

Natural Mystic & Island Girl, Bon Accord,
✆ 639-7245, 🖥 www.sailtobago.com. Spaß auf
dem Natural Mystic Trimaran oder dem Island
Girl Katamaran versprechen Heidi und Scott
Clarke. Die Tagestour „Fun in the Sun Sail"
kostet inkl. Barbecue US$80. Los geht's um
9.30 Uhr von der Mt. Irvine Bay. Gesegelt wird in
die Cotton (Big!) Bay. Hier gibt's Barbecue, es
wird geschnorchelt, gelimt. Das Tempo der
Musik bestimmen die Gäste, ebenso was sie
trinken möchten, und wer Glück hat sieht
Delphine, eine Schildkröte oder einen Wal.
Klar sind die Boote auch zu chartern und es
werden Sunset Touren angeboten.
Sand Dollar Sailing Charter, ✆ 680-7175,
🖥 www.sanddollarsailing.com, offeriert unter
Captain Gary Luke ähnliche Touren mit seiner
Jacht: Day Charter US$350, Sunset Cruises
US$250, Wochenende um Tobago US$800/Jacht.
Kalina Cats, c/o Surfside Hotel, ✆ 639-6309,
🖥 www.kalinacruises.com, wirbt ebenfalls
nicht nur mit Tagestouren (US$75; Mo, Mi, Fr).
Gleiche Preise verlangt Ellis John. Sein Unternehmen **Splash Sports**, ✆ 639-4697, unterhält
einen motorisierten Katamaran. Sonnenunter-
gangstouren (15–19 Uhr) kosten US$50.
Und wer lieber mit dem Speedboot loszieht,
fragt bei **Coco Motion**, ✆ 639-2449, 🖥 www.
cocomotion.net, nach.

Tauchen

R & Sea Diver's, c/o Toucan Inn und Pigeon
Point Rd, ✆ 639-8120, 🖥 www.rseadivers.com.
Tauchschule von Tracy, John und Wendy.
1–5 Tauchgänge kosten US$40, 6–10 Tauch-
gänge US$35 pro Tauchgang, und ab 10 Tauch-
gängen zahlt man US$33. Der Open Water-
Anfängerkurs kostet US$400 und der Open
Water für Fortgeschrittene US$300. Klar gibt's
weitere PADI-Kurse.
Weitere Tauchanbieter: **Manta Dive Centre**,
Pigeon Point Rd, ✆ 639-9209, 🖥 www.manta

Extra Divers, Pigeon Point Rd, ✆ 639-7424, 🖥 www.extra-divers.de. Absolut empfehlenswerte Tauchschule unter Leitung des supernetten deutschen Markus Baumgartner, der auf viele Jahre Berufserfahrung zurückblickt und darauf brennt, Euch Diver's Dream zu zeigen – his favourite Spot! Für Kids: Bubblemaker-Kurs ab 8 Jahren. Ansonsten ist jedes PADI-Zertifikat möglich; Open Water (US$400); Advanced Open Water (US$290) bis hin zum Dive Master (14–21 Tage/US$800).

dive.com. Ebenfalls renommierter Tauchanbieter, der auch Bootscharter (Ganztagestour US$55 p. P./mind. 6 Personen) und Fischcharter im Programm hat.

Wild Turtle Dive Safari, Pigeon Point, ✆ 639-7936, 🖥 www.wildturtledive.com,
Undersea Tobago, c/o Coco Reef, ✆ 631-2626, 🖥 www.underseatobago.com,
World of Watersports, Pigeon Point, ✆ 660-7234, 🖥 www.worldofwatersports.com (s. auch S. 230).

Transport

Busse
Bushaltestellen gibt es an der Milford Rd, Ecke Store Bay Local Rd, am Flughafen und kurz vor Bon Accord. Von und nach SCARBOROUGH (TT$2): Mo–Sa 5–20, So 6–20 Uhr stündlich, Tobago-Zeit! Fahrzeit etwa 15 Min. Wer in den Norden Tobagos möchte, muss in Scarborough umsteigen.

Fahrscheine müssen **vor** Fahrtantritt in Jimmy's Supermarkt in der Milford Road gekauft werden, ansonsten hat man keine Chance mitgenommen zu werden.

Taxis
Offizielle Fahrpreise:
CROWN POINT/SANDY POINT TT$33; BON ACCORD/CANAAN TT$40; SCARBOROUGH. MT. IRVINE TT$60; BLACK ROCK TT$65; ARNOS VALE TT$80; GOLDEN LANE TT$100; KING'S BAY

TT$190; CASTARA TT$245; SPEYSIDE TT$265; L'ANSE FOUMI TT$290; CHARLOTTEVILLE TT$330. Nach 22 Uhr zahlt man 50 % mehr.

Route Taxis
Fahren meist Richtung SCARBOROUGH (TT$6–7), BUCCOO, MOUNT IRVINE und PLYMOUTH und sind normalerweise mit einem „H" auf dem Nummernschild gekennzeichnet (jedoch nicht alle!). Route Taxis stoppt man per Handzeichen an der Straße und fragt den Fahrer nach Fahrtziel und Fahrpreis.

Flüge
Nach Trinidad
Tobago Express, Crown Point Airport, ✆ 631-8015, 🖥 http://sutra111.airkiosk.com/cgi-bin/tabx/181002i, ⏱ 5.30–20.30 Uhr, 12x tgl. zwischen 6.40 und 21.55 Uhr; TT$150 einfach, TT$300 hin und zurück.Die Flugzeit beträgt etwa 20–30 Min., einchecken sollte man 1 Std. vorher.

Nach Grenada
LIAT fliegt 1x tgl. die Strecke Tobago–Grenada–Tobago (US$150–300).

Bon Accord und Canaan

Bon Accord und Canaan schließen im Osten nahtlos an Crown Point an. Das Zentrum bildet die belebte Milford Road, gesäumt von Rumshops, Bäckereien, Supermärkten, Snackbars und Wohnhäusern. Abgesehen davon, dass die Dörfer in akzeptabler Entfernung zu Tobagos Hauptattraktion, dem Pigeon Point liegen, bieten sie wenig Spektakuläres. Zeugnis des einstigen Zuckerrohranbaus und späterer Kakao- und Kokospalmenpflanzungen legen ausgediente Wind- und Wassermühlen, baufällige Kakaotrockenhäuser und die noch immer zahlreich vorhandenen Kokospalmenhaine ab.

Zwischen dem Pigeon Point und der Landzunge, die unter dem Namen **No Man's Land** bekannt ist, erstreckt sich die **Bon Accord Lagoon**, ein Mangrovensumpfgebiet, das einer Vielzahl von Fischen, Krebsen, Austern, Garnelen und weiteren Pflanzen und Tieren einen idealen Lebensraum bietet. Nach dem Schaden, den eine nahe Kläranlage bereits angerichtet hat, bleibt nur zu hoffen, dass sich Umweltschützer zur Erhaltung dieses Biotops erfolgreich gegen geplante Hotelbauten durchsetzen. Zum Besuch der Lagune bietet sich ein Ausflug mit dem Boot an, das die meisten Veranstalter mit einem Barbecue auf der einsamen Landzunge des No Man's Land verbinden.

Beliebtester Treffpunkt motorisierter Touristen ist der **Penny Saver Supermarkt** in Canaan. Magisch angezogen scheinen wir Europäer von der Supermarktatmosphäre, obwohl viele Lebensmittel ebenso günstig im behelfsmäßigen Lebensmittellädchen um die Ecke zu haben sind und das Obst billiger und vor allem frischer von den Gemüseständen am Straßenrand.

Auf ein kühles Carib und ein Schwätzchen trifft man sich in einem der zahlreichen Rumshops und wer Lust hat auszureiten, besucht **Friendship Riding Stables**, ☎ 660-8563, 🖥 www. friendshipridingstables.com, auf dem Friendship Estate; US$50/2 Std.

Übernachtung

Bon Accord

Crusoe's, 33 Store Bay Branch Rd,
☎ 639-7789, ✉ janmac@tstt.net.tt.
Ansprechende Apartmentanlage mit Pool. 8 schöne große Apartments mit einem Schlafzimmer, Küche, Bad, AC, TV und Balkon sowie 4 Apartments mit 2 Schlafzimmern und gleicher Ausstattung auf 2 Ebenen. ❸

The Mermaid Hotel, Store Bay Local Rd,
☎ 631-5195, 🖥 www.themermaidhotel.com. Gepflegtes Hotel mit Pool unter flämischer Leitung, das für seine Gäste 19 nette Zimmer mit TV, AC, Bad, Kühlschrank und Balkon bereithält. Anbei Ziggy's Kitchen, ein schönes Restaurant, das zurzeit nur für Hotelgäste öffnet. ❹

The Hummingbird, Store Bay Local Rd, ☎ 635-0241, 🖥 www.thehummingbirdonline.com. Netter walisischer Besitzer vermietet 6 DZ mit AC z. T. TV und Bad sowie 3 etwas größere Familienzimmer und 1 Suite mit Küche; Gemeinschaftsterrasse zum Pool plus kleines Restaurant für Gäste. ❷–❸

V.I.P. Holiday Resort, Store Bay Local Rd,
☎ 639-9096. Etwa 1,8 km vom Flughafen entfernt, ein wenig abseits, dafür sehr ruhig gelegen und etwas für Budget Traveller. Das V.I.P. verfügt über 10 1- und 2-Zimmer-Apartments mit großer Küche, Bad, AC, TV, Aufenthaltsraum, Balkon oder Terrasse. ❶

Rovanel's Resort, Store Bay Local Rd,
☎ 639-9666, 🖥 www.trinidad.net/rovanels. Rund 2,5 km von der Store Bay entfernt liegt das sehr weitläufige Resort. In 2 doppelstöckigen Gebäuden um einen schönen Garten und einen großen Pool stehen 6 Zimmer mit Bad, AC, Ventilator, TV, Telefon und Balkon sowie 24 Apartments zur Verfügung. Konferenzraum, Restaurant und ein nicht ganz artgerechter Haltung entsprechender kleiner „Zoo" mit Manicous, Hasen, einem Affen und Ziegen. ❺

Jordine's House, Store Bay Local Rd, ☎ 639-1032. Eine gute Wahl für schmale Geldbeutel ist das ziemlich am Ende der Store Bay Local Road gelegene Guesthouse. 7 Apartments mit Bad, Küche, Ventilator, AC und Balkon oder Terrasse, 2 davon sind etwas größer. Vorher anrufen, da das Büro nur selten besetzt ist. ❶

Coconut Inn, Store Bay Local Rd, ☎ 639-8493. Weitläufige Anlage mit 24 voll ausgestatteten Apartments und 8 Zimmern mit AC, TV und Bad, sowie 2 Cottages für Gruppen. Die Küchenzeile im neueren Gebäudeteil wurde in den hinteren Balkon integriert. Ansonsten sind der Managerin wohl ein wenig die Hände gebunden, was die Pflege der Anlage und der früher sehr gut besuchten Bar angeht. Alle Apartments mit Balkon oder Veranda; Pool. ❸

Spence Terrace, Milford Rd, ☎ 639-8082. Das Spence verfügt über 9 Apartments mit 1 bzw. 2 Schlafzimmern, TV, AC, Ventilator, Küchenzeile, z. T. Balkon/Terrasse; kleiner Pool, Autoverleih. Wenig spektakulär, aber bezahlbar. ❷

Candles in the Wind, 145 Anthony Charles Crescent, Bon Accord ☎ 631-5335, 🖥 www. candlesinthewind.8k.com. Großes Haus mit 8 DZ (Bad, TV, AC) und 2 Küchen. Backpacker können unter dem Dach mit Ventilator und Gemeinschaftsbad schlafen. ❷

Scarborough House, 24 Dillon St, ☎ 639-9039, 🖥 www.scarboroughousejs.com. Nettes Haus mit Pool und Veranda. 1 DZ, 1 Zweibettzimmer-Apartment und 3 Apartments mit AC, Bad, Küche und TV. ❷

TOBAGO Südwesten

Übernachtung:

1 King Solomon Mine
2 Cocrico Inn
3 Tropical Trasure Resort
4 Rex Turtle Beach H.
5 Jema's Gh.
6 Birdie's Nest
7 Duke Robinson's Gh.
8 Lindsay's Apartments
9 Over Seas Cottage
10 The Seahorse Inn H. & R.
11 Plantation Beach Villas
12 Grafton Beach Resort
13 Stonehaven Villas
14 Le Grand Courland Beach & Spa
15 Hill View Cottage
16 Two Season's Gh.
17 Hibiscus Hights
18 Sanctuary Villa Resort
19 Mt. Irvine Bay H. & Golf Club
20 Casablanca
21 Aunty Flo's Gh.
22 Seaside Garden
23 Miller's Gh.
24 Rusty's
25 Villas on the Green
26 Blue Horizon Resort
27 Bijou de Caraibes
28 Rolita's Gh.
29 Tobago Island Suites
30 Old Grange Inn & Papillon R.
31 Enchanted Waters Resort & Patino's Cortyard Café

32 Quality Inn
33 Sherwood Park Apartments
34 Inn on the Bay
35 Tara's Beach House
36 Coral Sea Villas, Sea Shells Vacation Villas
37 Christina's Gh.
38 Summerland Suites
39 Harris Gh. & Jungle Tours
40 Twilight Inn
41 Ocean Point H.
42 Hampden Inn
43 Viola's Place
44 Beverly's Luxus Apartments
45 Serenity Apartments
46 House of Pancakes
47 Coral Inn Gh.
48 Sunshine Holiday Apartments
49 Horsford's House
50 Merles House
51 Jo-den's Apartments
52 Toucan Inn & Bonkers R. & Sea Divers
53 Sandy's Gh.
54 The Mermaid H., Ziggy's Kitchen
55 Crusoe's
56 The Hummingbird
57 Coconut Inn
58 Jordine's House
59 V.I.P. Holiday Resort
60 Rowane's Resort
61 Tobago Plantations Beach & Golf Resort
62 Tobago Hilton H.

Essen:

1 Mon Cherie R.
2 Pizza Boys, Rituals Café
3 Moon over Water Bar
4 Surfers R. & Bar
5 Mt. Irvine Bay Hotel Beach Bar & R.
6 La Tartaruga
7 Mot Mot R.
8 Ru-B-Lou's
9 Me Shell's
10 Mélange & Caribbean Chulha
11 Shirvan Watermill
12 Cat & Fiddle
13 Shore Things Café & Crafts, Petit Trou Bar & R.
14 Phoenix Dinner Theatre
15 Bamboo Mile
16 Fortune Chinese R.
17 Lindsay's Bar
18 Rosie's Bakery
19 Alphamega R.
20 Golden Girl's Bakery
21 Green Light R. & Bar
22 Marcia's R.

Sonstiges:

1 Ocean View Bar
2 Marie's Supermarket, Signature Lounge Sports Bar
3 Batiki Point Batik Shop, Hendrix Bar
4 Penny Saver
5 D'Alternative
6 The Shade
7 Tobago Art Gallery

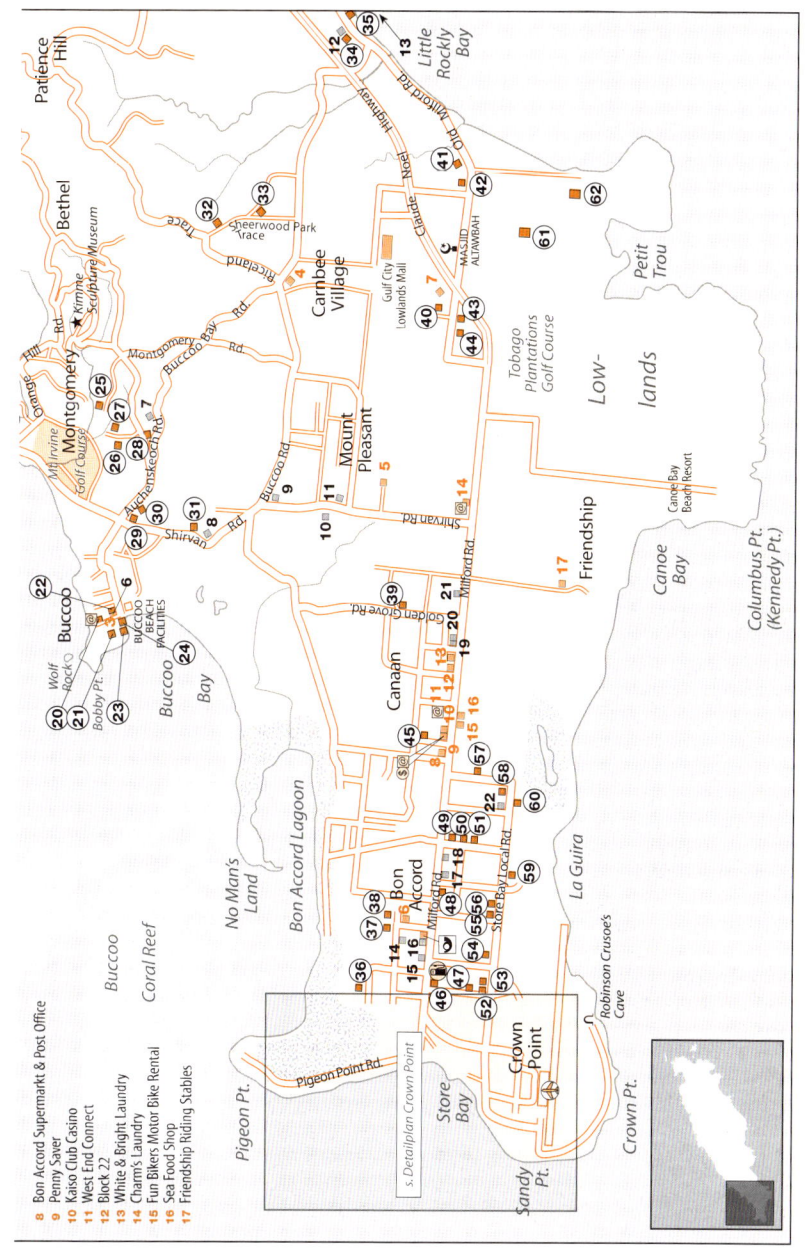

8 Bon Accord Supermarkt & Post Office
9 Penny Saver
10 Kaiso Club Casino
11 West End Connect
12 Block 22
13 White & Bright Laundry
14 Charm's Laundry
15 Fun Bikers Motor Bike Rental
16 Sea Food Shop
17 Friendship Riding Stables

Tobago

Palm Rings Cottages, Milford Rd, ☎ 639-8851. Hinter dem Spence Terrace (kleiner Pfad rechts ab) liegen die beiden Cottages. Da der Vermieter in Mt. Pleasant lebt, kann sich hier nur einmieten, wer ihn vorher telefonisch kontaktiert. Die sehr großen Cottages verfügen über 2 oder 3 Schlafzimmer für 4 bzw. 6 Personen, Ventilator, Küche, Bad und TV und bieten viel Privatsphäre. ❸–❹

Douglas Apartments, John Gorman Trace, ☎ 639-7723, 🖥 www.douglastobago.com. Die empfehlenswerten Apartments und Lofts, sichtbar der von der Milford Rd am Anfang von Bon Accord, sind gepflegt, nett eingerichtet und verfügen über 1 oder 2 Schlafzimmer, AC, TV, Bad, Küche/Küchenzeile, Aufenthaltsraum und luftige Balkone. Das Plus: ein herrlicher Pool! Preise bei längerem Aufenthalt evtl. verhandelbar. ❸

Doris Guesthouse, John Gorman Trace, ☎ 660-8428. Familiäres Guesthouse mit insgesamt 9 einfachen, unterschiedlich großen Apartments ausgestattet mit Bad, Ventilator, Küche oder Kochnische und Gemeinschaftsveranda. ❶

House of Pancakes, Milford Rd, Ecke John Gorman Trace, ☎ 639-9866, ✉ kittycat@tstt. net.tt. Familiäres Guesthouse von Catherine und Wayne, die schon sehr lange im Geschäft sind. Mehrbettzimmer oder DZ mit AC oder Ventilator, Bad bzw. Gemeinschaftsbad und gemeinsamer Küche; netter Aufenthaltsraum mit TV und populäres Frühstücks-Restaurant (s. Essen).

Coral Inn Guesthouse, John Gorman Trace, ☎ 639-0967. Das sehr ruhig gelegene Guesthouse mit kleinem Pool gehört Veda Gopaul. Sie vermietet 4 saubere Apartments ausgestattet mit 2 Schlafzimmern, Bad, TV, AC, Ventilator, Küche und Terrasse. ❸

Preiswertes familiäres Guesthouse

Merle's House, 7 Kilgwyn Bay Rd, ☎ 639-7630, 🖥 www.tobagoplacestostay.com/merle. Empfehlenswert für den schmalen Geldbeutel: Irvings freundliches Guesthouse. 5 ältere und 2 neue Apartments ausgestattet mit Bad, TV, AC, Küchenzeile und Veranda (US$38) plus 2 neue Lofts (US$50/4 Personen); Rollerverleih US$20.

Sunshine Holiday Apartments, Milford Rd, ☎ 639-7482. Gepflegte Anlage bestehend aus 26 sehr großen, geräumigen Apartments mit 1–3 Schlafzimmern, AC, TV, Bad, Küche, Veranda und erfrischendem Pool. Günstig und groß genug für 4 Personen. ❸

Christina's Guest House, 3 Roberts St, ☎ 639-7834, 🖥 www.christinasguesthouse.com. Hübsches Guesthouse unter deutscher Leitung. 9 große, schön eingerichtete Zimmer mit tollen Betten, AC, TV, Bad und Balkon; gepflegter Garten, Restaurant und Bar u. a. mit deutschen Speisen. Gute Kunden-Feedbacks. ❸

Summerland Suites, Roberts St, ☎ 631-1096. Neben Christina's und gegenüber vom Shade (kann also etwas lauter werden), brandneue Anlage mit Pool. Die 20 sehr schönen 1- und 2-Bettzimmer-Apartments lassen nichts vermissen. ❹–❺

Horsford's House, 3 Kilgwyn Bay Rd, ☎ 639-8700. Ehemaliger *Goat Race Winner* vermietet hier 3 große saubere Apartments mit Küche, AC, TV und kleiner Veranda sowie Jeeps. ❶–❷

Jo-Len's Apartments, 29 Kilgwyn Bay Rd, ☎/✆ 660-8219. Mr. und Mrs. Darlak vermieten in ihrem schönen Haus 2 große, nett eingerichtete Apartments mit Bad, AC, Küche, TV, Wohnraum und Balkon, in denen 2–4 Personen (Nichtraucher und kinderlose Paare) Platz finden. ❷ Wer ein hübsches Haus mieten möchte, kann einen Blick werfen auf die im spanischen Stil erbauten **Coral Sea Villas**, 🖥 www.coralsea villastobago.com, oder die im Kolonialstil errichteten **Sea Shells Villas**, 🖥 www.seashells villas.com, in Bon Accord. Ansprechpartnerin: Christine Charbonné, ☎ 639-9600.

Canaan

Serenity Apartments, 14 Centre St, Canaan, ☎ 639-0753. Von Bon Accord über die Milford Road kommend biegt man kurz vor dem Penny Saver Supermarkt links in die Centre Street ab; rechter hand liegt nach etwa 100 m gegenüber der Schule das Guesthouse. Vermietet werden 7 Apartments mit Bad, Küchenzeile, AC und zum Teil eigener Terrasse. ❷

Harris Guesthouse, Golden Grove Rd., ☎ 639-0513. Liebenswertes, familiäres Guesthouse von Harris McDonald (einem der Lifeguards der

Store Bay) und seiner Frau, das leider etwas
außerhalb liegt. Tolle Gemeinschaftsküche und
5 nett eingerichtete Zimmer mit Kühlschrank,
AC, TV und Bad. Bleibt man eine Woche, gibt's
eine Tour (🖳 www.harris-jungle-tours.com)
gratis. ❷–❸

Essen, Limen und Sonstiges

Bon Accord

House of Pancake, Milford Rd, Ecke John
Gorman Trace, ✆ 639-9866. Gehört einfach
dazu – einmal frühstücken im House of
Pancake. Internet. ⏱ ab 7 Uhr.
Bamboo Mile, Milford Rd, ✆ 631-8484. Klasse
Ambiente; Open-air Bamboo Restaurant mit
preislich moderaten karibischen Gerichten. Das
Beste aber ist die Cocktail Bar – richtig belebt
Fr und Sa, bevor es ins Shade geht. ⏱ Mi–Mo
ab 16 Uhr.
Phoenix Dinner Theatre, 7 Roberts St,
✆ 639-0287. 2007 neu eröffnet. Die Idee: Jazz,
Blues, R&B und Calypso auf der Bühne und
nebenbei elegant dinieren, später tanzen, limen
und an die Bar; nettes Ambiente; Eintritt.
⏱ Di–Sa 18–1 Uhr.
Fortune Chinese Restaurant, Milford Rd, ✆ 639-
8818. Liegt 1,6 km vom Flughafen entfernt, direkt
an der Hauptstraße von Bon Accord. Serviert
wird preisgünstige, schmackhafte, chinesische
Küche. ⏱ Mo–Sa 11–23, So 17–22 Uhr.
Marcia's Restaurant, Store Bay Local Rd,
✆ 639-0359. Fest in tobagonischer Hand und
sehr beliebt. Original kreolisch zubereitete
Suppen, Shrimp-, Fisch- oder Hähnchengerichte; moderat. ⏱ tgl. ab 19 Uhr.
Rosie's Bakery in der Milford Rd, hat leckeren
Kuchen, Pies und Salt Fish & Bake.

Canaan

Alphymega, mit Billardtisch, und **Block 22**,
beide an der Milford Rd, sind beliebte Treffs
bei Einheimischen. In der Block 22 Bar stehen
die Leute zu mancher Abendstunde Schlange
für die leckeren „fried chicken" und das
dazugehörige Carib.
Golden Girl's Bakery, Milford Rd. Neben Brot,
leckeren Coconut Drops und Kuchen muss
man einen kleinen Imbiss probieren, z. B. eine

traditionelle Cornsoup oder Bake & Saltfish.
⏱ Mo–Sa 6–21.30 Uhr.

Sonstiges

Internet

Rontech Computers, über dem Penny Saver,
✆ 631-0484.
West End Connect, in der Robert St; ✆ 639-0382,
TT$18/Std.

Wäscherei

White and Bright Laundry, an der Milford Rd,
✆ 639-7744, ziemlich am Ortsende von Canaan.
Waschen und trocknen TT$38; ⏱ Mo–Sa
8–17 Uhr.

Canoe Bay und Lowlands

500 m hinter der Abfahrt in die Shirvan Road führt
eine Abzweigung vom Claude Noel Highway über
eine sehr holprige, etwa 1,5 km lange Straße zur
Canoe Bay und dem **Canoe Bay Beach Resort** –
einem Privatstrand mit Duschen, Toiletten, Palm-
schirmchen, Picknicktischen, einer kleinen Bar
und einer großen Rasenfläche. Im Gegensatz zu
den meisten Stränden der Atlantikküste liegt die
Canoe Bay sehr geschützt. Das Meer ist ausgesprochen seicht, also ideal für Kinder. Für die hier
zu erwartende Ruhe zahlt man TT$15 Eintritt,
⏱ 9–17 Uhr. Recht nett ist das **Canoe Bay Resort**,
✆ 631-0367, 🖳 www.canoebaytt.com, der Familie James. Sie vermieten 3 große, luftige Apartments mit 1 oder 2 Schlafzimmern, Bad, AC,
Wohnbereich, Küche und toller Veranda mit Blick
auf die Bucht, ❺, sowie 14 voll ausgestattete
1-Bettzimmer-Apartments mit 100-prozentigem
Sunset-View! ❸
Zurück auf dem Highway weist ein Schild
nach wenigen 100 m auf das **Tobago Plantations
Beach & Golf Resort**, die wohl größte Baugrund-
erschließung Tobagos der letzten Jahre. Wer
sich für einen Golfurlaub in eine der luxuriösen
Villen einquartieren möchte, kann sich vorab informieren unter 🖳 www.tobagoplantations.com.
Inmitten dieses immensen Komplexes befindet
sich auch das im Jahre 2000 eröffnete, im Kolonialstil errichtete **Tobago Hilton**, ✆ 660-8500,

www.hilton.com, das über 200 Deluxe-Zimmer mit Meerblick und 22 Suiten mit Whirlpool verfügt. Standesgemäß gibt's mehrere Restaurants, Pools, Pubs, Bars, einen Tennisplatz, Fitnessraum, Sauna und Kinderbetreuung. Ab ➏

Unweit des Resorts zweigt die **Old Milford Road** rechts ab, verläuft entlang der **Little Rockly Bay**, mündet in die Milford Road und endet in Scarborough. Entlang der Little Rockly Bay haben sind einige Hotels und Guesthouses niedergelassen, außerdem die **Masjid al Tawbah**, die wohl einzige Moschee Tobagos. Fährt man dagegen weiter entlang des Highways, weist ein Schild auf die wirklich sehenswerte **Tobago Art Gallery**, Hibiscus Drive, ✆ 639-0457, 🖳 www.tobagoartgallery.com, mit Teegarten, die Werke einheimischer Künstler ausstellt. Am imposantesten sind die Gemälde von Martin, dem Besitzer. ◷ Mo–Fr 9–17 Uhr.

Leider zählen weder der relativ schmale Strandabschnitt der Little Rockly Bay noch die Strände um das Tobago Hilton zu den schönsten Tobagos.

Übernachtung

Viola's Place, Hampden Rd, Lowlands, ✆ 639-9441, 🖳 www.violasplace.com. Auf halbem Weg zwischen Crown Point und Scarborough liegt Viola's Place. Die geräumigen 1-Bettzimmer-Apartments und Studios sind ausgestattet mit TV, AC, Ventilator, Bad, Küche/Küchenzeile, Balkon oder Terrasse zum Pool. Riesige Lofts bieten Platz für 6 Personen. Supermarkt und die Lowlands Mall liegen unweit und zur Little Rockly Bay läuft man etwa 15–20 Min. ➍–➏

Beverly's Luxury Apartments, Lowlands, ✆ 639-7928, 🖳 www.beverlysluxuryapartments.com. Schritte von Viola's Place entfernt, orange-

Die Gulf City Lowlands Mall

War doch Einkaufen nie ein Thema auf Tobago, so gibt es sie nun, die **Gulf City Lowlands Mall** am Claude Noel Highway, ein hochmodernes klimatisiertes Einkaufszentrum mit Food Court und doch einigen netten Geschäften.

mintgrünes Gebäude, das 6 neue, stilvoll eingerichtete Apartments mit 2, 3 und 4 Betten beherbergt, denen es an nichts fehlt: tolle Küchen und Bäder, AC, TV, DVD, angenehmer Wohnraum, separater Raum für Waschmaschine und Trockner, kleine Terrasse oder Balkon. Preise pro Apartment (4–8 Pers.) ➎–➏

Twilight Inn, Church St. Lowlands, ✆ 639-0917, 🖳 www.twilight-inn.com. Ebenfalls unweit von Viola's (auf Beschilderung achten), vermietet Joanne 6 ganz ordentliche Apartments mit kleiner Küche, Bad, AC, TV, Terrasse oder Balkon und kleinem Garten mit Grillmöglichkeit. ➋

Hampden Inn, Old Milford Rd, ✆ 639-7522, 🖳 www.hampden-inn.com. Liegt an der Old Milford Road, 400 m vom Strand entfernt. Insgesamt 12 große Zimmer mit AC, Bad, TV, gemeinschaftliche Terrasse und Hängematten; erfrischen kann man sich auch im Pool; großer Garten und ein hübsches, strohgedecktes Open-Air-Restaurant. ➋–➌

Ocean Point Hotel, Old Milford Rd, ✆ 639-0973, 🖳 www.oceanpoint.com. Nur einige Minuten vom Lowlands Beach entfernt. Hübsche kleine, ruhig gelegene, gepflegte Anlage mit Pool, Sonnendeck, Restaurant, Bar, Garten, Poolside-, Palmside-, Oceanview Attic Studios und Palmview Apartments. Die meisten haben Blick aufs Meer, alle herrliche Hängematten, Bad, AC, TV, Küche/Küchenzeile und Balkon/Veranda. Interessante Angebote für mehrtägige Aufenthalte mit oder ohne Tauchen findet man auf der Webseite des Hotels. ➌–➍

Inn on the Bay, Old Milford Rd, ✆ 639-4347, 🖳 www.toucan-inn.com. Schwesterresort des Toucan Inn, das am östlichen Ende der Little Rockly Bay zu finden ist. Wird in anderen Ländern als *all-inclusive* und *no kids* verkauft; sehr beliebt bei älteren Semestern. Neben 20 recht netten Zimmern mit Teakholzböden, Bad, AC, TV und Meerblick-Balkon werden noch 3 luxuriösere Villas vermietet. Internationale und lokale Küche serviert das Calypso Café, Abkühlung findet man am Strand oder im Pool und für Pubatmosphäre sorgt das Cat & Fiddle (siehe Essen). ➍–➎

Tara's Beach House, Old Milford Rd, ✆ 639-1556, 🖳 www.tarasbeachhouse.com. Studios sowie 2- und 3-Bettzimmer-Apartments, alle mit Küche/

Klasse Café und Souvenirshop

Shore Things Café & Crafts, Old Milford Rd, Lambeau, ☎ 635-1072, ▭ www.tobagotoday.com/shorethings. Schönstes und gemütlichstes Veranda-Café auf Tobago. Toll dekoriert, open-air und mit Blick auf den Atlantik. Leckere Quiches, Pizza, Salate, selbstgebackenes Brot und Desserts, frische Fruchtsäfte und Cappuccinos. Nach der lime-time stöbert man gemütlich im Craft Shop – tolle Bilder, Schnitzereinen, CDs, Kinderbücher … ⏱ Mo–Sa 10–18 Uhr.

Küchenzeile, Bad, AC, TV, Balkon oder Veranda. Kleiner Pool und Platz zum Relaxen und Sonnen; mit schönem Blick über die Bucht. Ab ❸

Essen, Limen und Sonstiges

Cat & Fiddle, Old Milford Rd, ☎ 639-4347. Klasse Freiluft-Restaurant/Pub/Bar an der Little Rockly Bay. Ideal zum Limen, Billardspielen, Leute treffen oder den Hunger stillen; kreolische Küche mit Callaloo-Suppe, Shrimps oder Fisch (Spezialität: Grouper); tgl. wechselnde Mittagsmenüs; moderate Preise. Beliebt bei Einheimischen und Touristen, vor allem freitags. ⏱ Di–Sa 11.30 bis mind. 21.30 Uhr.

Petit Trou Bar & Restaurant, Old Milford Rd, Lambeau, ☎ 639-6005, ▭ www.members.lycos.co.uk/petittroutobago. Kurz vor Tara's Beach House liegt die nette Open-air-Bar von Wyndell Moses. Tgl. Snacks und Lunch, freitags Chicken BBQ. Sehr beliebt, luftig und klasse um Leute kennen zu lernen.

Charm's Laundry & Internet, an der Milford Rd, ☎ 784-5878. Hier kann man waschen und ins Internet. Internet TT$10/30 Min.; waschen und trocknen TT$35. ⏱ 7–20 Uhr.

Auf dem Highway nach Osten

8,5 km vom Flughafen entfernt zweigt vom Highway die gut beschilderte Auchenskeoch–Buccoo Bay Road ab, führt nach **Carnbee** und endet in Buccoo. Wer keine Lust hat, in der touristischen Hochburg Crown Point zu wohnen, dem bietet diese ländliche Gegend eine echte Alternative. 1,3 km hinter der Abzweigung Carnbee/Patience Hill geht's rechts hoch in die Sherwood Park Trace. Diese wunderbare Straße führt 600 m steil bergauf zum **Quality Inn Guesthouse**, ☎ 639-0930, das über fünf saubere DZ mit Ventilator und Bad verfügt. Für alle Gäste stehen eine große Küche, ein großer Wohnraum mit TV, ein Garten und eine Terrasse zur Verfügung; ❶. Unterwegs sollte man einen Blick zurück werfen, um die fantastische Aussicht auf die südwestliche Ebene Tobagos, die Atlantik- und die Karibikküste nicht zu verpassen.

Eine weitere Übernachtungsmöglichkeit in der Sherwood Park Trace bieten die **Sherwood Park Apartments**, ☎ 639-7151, ▭ www.sherwoodpark.com. Karibisches Flair strahlt diese doppelstöckige Anlage mit herrlichem Pool, klasse Fernblick und nettem Garten mit Grillmöglichkeit auf jeden Fall aus. Zehn Apartments verfügen über Küchenzeile, Ventilator (vier mit AC), Bad und Balkon. Gelobt trotz, aber vielleicht auch aufgrund der Lage und der sympathischen Mitarbeiter. ❸–❹

Die nächste Abfahrt vom Highway führt zu einem ebenso großartigen Aussichtspunkt, dem **Signal Hill**, der auch schon in der Kolonialzeit als Beobachtungsposten diente. Heute befindet sich hier eine der größten Gesamtschulen der Insel, in der auch Dwight York – der ehemalige Fußballstar der englischen Premier League – gepaukt hat. Daneben ist das T&T-Regiment hier oben stationiert.

Wer die folgende Abfahrt rechts abbiegt, gelangt zum **Shaw Park** Fußballplatz, der ab und zu Schauplatz von Konzerten ist. Meist wird jedoch das Leder getreten. An der nächsten mit Ampeln versehenen Kreuzung geht's vom Highway links ab in die Orange Hill Road. Vorbei an der 1856 errichteten Spring Garden Moravian Church und einer Abzweigung nach **Patience Hill** führt die Straße nach **Orange Hill**, nach Bethel und anschließend in die Mount Irvine Bay – eine tolle Strecke.

Wer Kontakt sucht, nimmt einfach die an der Straße stehenden Schüler oder Erwachsenen auf ihrem Heimweg mit und setzt sie in ihren Dörfern ab.

Dem einen oder anderen ist kurz vor Scarborough (links oben) eventuell eine riesige ockergelbe, ziemlich merkwürdige Rohr-Skulptur aufgefallen. Der *matchstick man,* wie er genannt wird, war ein einige Millionen TT$ teures Geschenk der Regierung an die Bevölkerung im Zuge der Millenniumsfeier.

Scarborough

Geschichte

Scarboroughs Vergangenheit ist eine Geschichte außergewöhnlich blutiger Kämpfe der europäischen Kolonialmächte um die Vormachtstellung auf Tobago. Die ersten Besiedlungen durch die Europäer gehen auf das Jahr 1654 zurück. Während sich an der Atlantikküste Kurländer niederließen, errichteten Adrian und Cornelius Lampsins, zwei niederländische Händler, an der Karibikseite eine Siedlung, die sie Lampsinsburg nannten und deren Fort noch heute bekannt ist als Dutch Fort.

Man lebte in friedlicher Eintracht, bis 1658 der Herzog von Kurland in schwedische Gefangenschaft geriet und die Niederländer dies zum Anlass nahmen, die Siedlung der Kurländer einzunehmen. 1666, zwei Jahre nach der Freilassung des Herzogs von Kurland, der eine enge Beziehung zu Englands König Charles II. pflegte, entsprachen die Engländer der Bitte des Herzogs und entsandten eine Flotte englischer Schiffe, griffen die Niederländer an und zerstörten Fort Lampsinsburg. Die Einmischung der Franzosen ließ nicht lange auf sich warten. 25 französische Soldaten täuschten vor, eine starke Armee anzuführen und schlugen die Engländer in die Flucht. Einige Jahre später, Lampsinsburg war verlassen, ließen sich erneut die Niederländer nieder und bauten ein neues, sternförmiges Fort, umgeben von hölzernen Palisaden. Neben dem Gouverneurshaus und einem Soldatenquartier enthielt es ein Munitionslager, ein Schießpulverarsenal und schwere Messingkanonen, die drohend in Richtung Lampsins Bay gerichtet waren.

1677 landete eine 100 Mann starke französische Armee in der Bucht und lieferte sich mit den Niederländern eine blutige Schlacht. Unglücklicherweise traf eine verirrte Kugel eines französischen Soldaten das Munitionslager. Die Explosion zerstörte weite Teile des Forts und riss Anführer, Offiziere und 250 Mann in den Tod. Da die Besiedlung Lampsinsburgs nicht im Interesse der Franzosen lag, zerstörten sie den Rest des sternförmigen Forts, brannten die Häuser nieder und brachten die Siedler fort.

Mit dem Frieden von Nimwegen 1679 fiel Tobago wieder an die Niederlande und Lampsinsburg erblühte zu neuem Leben. Nachdem 1762 die Briten die Macht übernahmen, strömten englische Siedler aus Barbados ins Land, ließen sich in Lampsinsburg nieder und gründeten in der Barbados Bay eine neue Siedlung. Sie nannten die Stadt Georgetown (heute Mount St. George), zu Ehren Königs George III. und erklärten sie zur ersten britischen Hauptstadt. In welcher Weise die Umbenennung von Lampsinsburg in Scarborough verlief, ist nicht ganz geklärt. Jedenfalls wurde Scarborough 1769 die neue Hauptstadt und das House of Assembly, wo erstmals 1768 in Georgetown die Mitglieder getagt hatten, wurde nach Scarborough verlegt. Zwei Jahrzehnte Friede folgten, in denen die Engländer Fort King George (1777–1779) errichteten.

Den Frieden brach eine französische Flotte, die an der Courland Bay landete und Scarborough eroberte. Der Stadt gaben die Franzosen den Namen Port Louis und Fort King George erhielt den Namen Fort Castries, nach einem hochrangigen französischen Beamten Tobagos, dem Duc de Castries. In dieser Zeit errichteten die Franzosen auch das French Fort in Calder Hall.

Die Französische Revolution ließ selbst die französischen Soldaten in Port Louis aufhorchen, die sich von den Forderungen nach Freiheit, Gleichheit und Brüderlichkeit anstecken ließen. Sie handelten, inhaftierten ihre Offiziere und brannten das Fort nieder. Die Rückeroberung Scarboroughs durch die Briten schien während der Unruhen 1793 ein Leichtes. Mit dem Frieden von Amiens, der den 2. Koalitionskrieg zwischen Großbritannien und Frankreich beendete, fiel Tobago wiederum in französische Hände. Ein Jahr später schlugen die Briten erneut zu und siegten über die stark fiebergeschwächten französischen Truppen. Tobago blieb von nun an britisch. Im Jahre 1814 besiegelte der Friede von Paris, der Frankreich auf die Grenzen von 1792

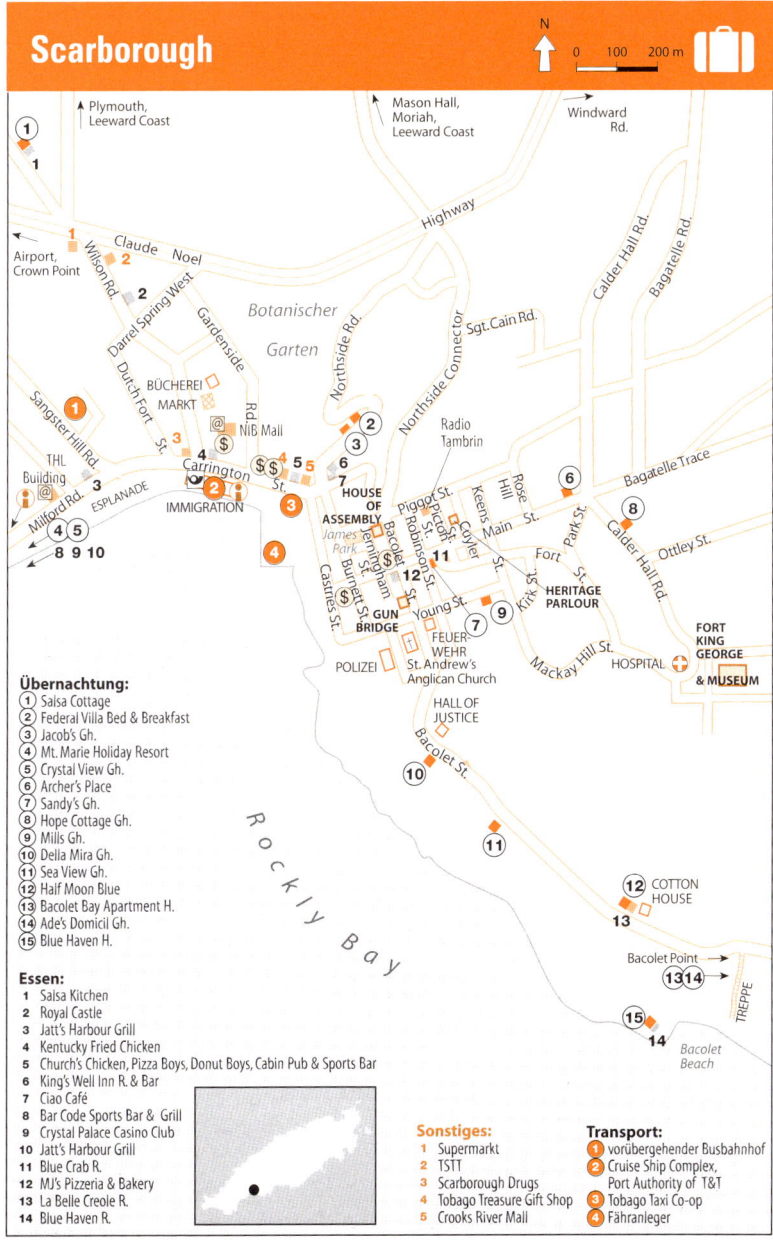

Scarborough

N

0　100　200 m

Plymouth, Leeward Coast

Mason Hall, Moriah, Leeward Coast

Windward Rd.

Airport, Crown Point

Claude Noel

Highway

Calder Hall Rd.

Bagatelle Rd.

Wilson Rd.

Darrel Spring West

Gardenside

Botanischer Garten

Northside Rd.

Sgt. Cain Rd.

Dutch Fort St.

Sangster Hill Rd.

BÜCHEREI MARKT

Niß Mall

Carrington St.

Northside Connector

Radio Tambrin

Bagatelle Trace

THL Building

ESPLANADE

Milfort Rd.

IMMIGRATION

HOUSE OF ASSEMBLY

James Park

Rose Hill

Piggot St.

Pratt St.

Robinson St.

Bacolet St.

Tennigham St.

Keens St.

Cuyler St.

Main St.

Fort St.

Park St.

Calder Hall Rd.

Ottley St.

Burnett St.

Castries St.

GUN BRIDGE

Young St.

HERITAGE PARLOUR

FEUER WEHR

St. Andrew's Anglican Church

POLIZEI

HALL OF JUSTICE

Mackay Hill St.

HOSPITAL

FORT KING GEORGE & MUSEUM

Bacolet St.

R o c k l y   B a y

COTTON HOUSE

Bacolet Point

TREPPE

Bacolet Beach

Übernachtung:
1. Salsa Cottage
2. Federal Villa Bed & Breakfast
3. Jacob's Gh.
4. Mt. Marie Holiday Resort
5. Crystal View Gh.
6. Archer's Place
7. Sandy's Gh.
8. Hope Cottage Gh.
9. Mills Gh.
10. Delia Mira Gh.
11. Sea View Gh.
12. Half Moon Blue
13. Bacolet Bay Apartment H.
14. Ade's Domicil Gh.
15. Blue Haven H.

Essen:
1. Salsa Kitchen
2. Royal Castle
3. Jatt's Harbour Grill
4. Kentucky Fried Chicken
5. Church's Chicken, Pizza Boys, Donut Boys, Cabin Pub & Sports Bar
6. King's Well Inn R. & Bar
7. Ciao Café
8. Bar Code Sports Bar & Grill
9. Crystal Palace Casino Club
10. Jatt's Harbour Grill
11. Blue Crab R.
12. MJ's Pizzeria & Bakery
13. La Belle Creole R.
14. Blue Haven R.

Sonstiges:
1. Supermarkt
2. TSTT
3. Scarborough Drugs
4. Tobago Treasure Gift Shop
5. Crooks River Mall

Transport:
1. vorübergehender Busbahnhof
2. Cruise Ship Complex, Port Authority of T&T
3. Tobago Taxi Co-op
4. Fähranleger

Tobago

beschränkte, endgültig die Vormachtstellung der Briten auf Tobago.

Die Stadt

Scarborough liegt an der **Rockly Bay** im Südwesten und ist die wichtigste und größte Handels- und Hafenstadt Tobagos. Die knapp 20 000 Einwohner zählende Stadt ist provinziell geblieben, und sieht man von den 1990 erweiterten Hafenanlagen und der **Esplanade** in der Milford Road ab, hat sie sich seit vielen Jahren in ihrer Struktur kaum verändert. Hoch über der Stadt thront **Fort King George** und am Hafen und in der Carrington Street pulsiert das Leben.

Upper Scarborough, der östliche Stadtteil um die Main Street, liegt steil am Hang, während sich das flache **Lower Scarborough** um die **NIB Mall** – den größten Einkaufskomplex – und den **Markt** erstreckt. In der NIB Mall befinden sich Geschäfte, kleine Restaurants, Apotheken und ein Reisebüro, südwestlich der immer belebte Kentucky Fried Chicken und eine Bank, südlich die **Vendors Mall**, eine Ansammlung baufälliger Verkaufshütten und oberhalb der Mall der Markt, die Bücherei (stand 2007 unter Renovierung) und der Busbahnhof, der 2007 vorübergehend in die Sangster Hill Road verlegt wurde, eventuell aber wieder hierher zurückkehrt. Um das Einkaufszentrum sind weitere kleine Geschäfte angesiedelt, Fastfood-Läden, Straßenverkäufer und einige Souvenirgeschäfte. Das größte Gedränge herrscht freitags und samstags, an den beiden Hauptmarkttagen, wenn alles was auf Tobago wächst, blüht und gedeiht und den Fischern in die Netze geht, lautstark angepriesen wird. Einzig aus dem Fleischmarkt strömt unangenehmer Geruch. Hat man die Lebensmitteleinkäufe erledigt, kann man das Angebot der übrigen Stände in Augenschein nehmen, die alles verkaufen, was der karibische Markt so hergibt – Kleidung, Rastahüte, gebrannte CDs, Sandalen, Uhren, Haarspangen …

Erholung findet man anschließend im **Botanischen Garten** im Norden der Stadt, auf dem Gelände einer ehemaligen Zuckerrohrplantage, die unter den Briten in ein kleines tropisches Paradies verwandelt wurde – eine Art karibisches Kew Gardens. Herrlich ist es sich auf einer Parkbank niederzulassen oder durch die Pflanzungen der exotischen Flamboyants, Poui-Bäume, Afrikanischen Tulpenbäume und Kokospalmen zu spazieren. ☉ tgl. von Sonnenauf- bis Sonnenuntergang; Eintritt frei.

Täglich legt vom Hafen in Scarborough die Fähre nach Trinidad ab (s. S. 252), und ab und zu ankert hier sogar ein mächtiges Kreuzfahrtschiff – Tage, an denen die Taxifahrer und Souvenirverkäufer besonders aufgeregt auf und ab marschieren. Eine neue Errungenschaft der Stadt – die **Esplanade** an der Milford Road, eine Ansammlung hübscher kleiner Verkaufshäuschen, die authentisch-tobagonisches Street Food, und Kunsthandwerk anbieten. Aber auch z. B. in Booth 9, **The Pan Jumbie**, gibt's CDs, Ministeelpans und man trifft vielleicht den Panvirtuosen Tony Williams.

Folgt man der Carrington Street am Taxistand vorbei und lässt sich im **King's Well Inn** nieder (siehe Essen), erfährt man auch etwas über das frühere Leben am Fluss, das genau hier stattfand. Über die schweißtreibende, steil ansteigende Burnett Street gelangt man zum kleinen **James Park**, dem früheren Marktplatz, den eine Statue von A.P.T. James ziert, einem ehemaligen und verdienten Minister Tobagos. Die schon mehrmals veränderte georgianische Fassade des zwischen 1816 und 1825 errichteten **House of Assembly**, des ehemaligen Parlamentsgebäudes und Sitz der britischen Kolonialregierung, begrenzt den Park im Norden.

Kirchenliebhaber können die ursprünglich aus dem Jahre 1819 stammende und nach der Zerstörung durch den Hurrikan im Jahre 1963 originalgetreu wieder aufgebaute **St. Andrew's Anglican Church** aufsuchen. In der Cuyler Street finden Besucher das kleine Privatmuseum **Heritage Parlour** des mittlerweile verstorbenen Mr. Leacock, der unzählige Gegenstände aus längst vergangenen Zeiten zusammengetragen hat.

Verlässt man Scarborough über die Bacolet Street, überquert man die **Gun Bridge**, eine mit Kanonen des Forts geschmückte Brücke, und gelangt nach **Bacolet**, einem Wohngebiet der Upper Class. Hier werden ständig neue Baugrundstücke erschlossen und individuell gestaltete Villen dem zahlungsfähigen Publikum zum Kauf angeboten. 1,5 km hinter dem Schild „Welcome to Bacolet" lädt das **Cotton House** zu einem Stopp ein. Hier kann man nach einem Souvenir stöbern, ein kleines **Tauchmuseum** bestaunen und anschließend am herrlich wilden, palmengesäumten **Bacolet Beach** ein erfrischendes Bad nehmen oder in der hübschen Strandbar relaxen. Am nordwestlichen Ende des Strandes erstrahlt das berühmte Blue Haven Hotel, das schon die Beatles beherbergte, dank österreichischer Investoren in neuem Glanz. Das Ende der Bacolet Street markiert der **Bacolet Point**. Ein Abstecher hierher lohnt schon der spektakulären Ausblicke wegen.

Fort King George

Über die Main und Fort Street, vorbei an der 1824 errichteten Methodistenkirche, gelangt man quer durch das Gelände des Krankenhauses zum etwa 140 m über dem Meeresspiegel liegenden Fort George. Auch wer sich nicht für Festungsanlagen interessiert, sollte dem Fort einen Besuch abstatten. Eine wundervolle Parkanlage und perfekt gelegene, schattige Parkbänke bieten einen grandiosen Ausblick auf Scarborough und das südwestliche Hinterland. Eine angenehme Brise und ein gefüllter Picknickkorb machen die Idylle perfekt. Die insgesamt 30 Gebäude, die das mächtige Fort einstmals umfasste, wurden zum größten Teil durch einen Hurrikan im Jahre 1847 zerstört. Zu sehen sind heute u. a. die Überreste des Gefängnisses, das Pulvermagazin, die Offiziersmesse, eine 1926 errichtete Süßwasserzisterne, der 1958 errichtete Leuchtturm, ein Soldatenfriedhof und jede Menge Kanonen.

Im ehemaligen Militärkrankenhaus wurde das **Fine Arts Centre** untergebracht, das Bilder und Skulpturen einheimischer Künstler ausstellt. ☉ Mo–Fr 9–17, Sa–So 14–17 Uhr. Im Zentrum des Forts befindet sich das **Tobago Museum**. Obwohl das Museum eher klein ist, kann man relativ lange darin stöbern. Ausgestellt sind viele Gegenstände der Indianer und Kolonisatoren, afrikanische Kunst, aber auch einiges zur jüngeren Geschichte der Insel. ☉ Mo–Fr 9–17 Uhr; TT$5.

Übernachtung

Jacob's Guesthouse, Carrington St, ☎ 639-2271. 10 einfache Zimmer mit Ventilator, davon 8 mit Bad. Viel sollte man für den günstigen Preis

Nett und etwas abgefahren

ist die 2006 neu errichtete „funky boutique style" **Salsa Cottage** in der Pump Mill Rd, ☎ 639-1522. Voll ausgestattetes 1-Bettzimmer-Apartment mit Veranda, etwas abseits, aber Gratistransport zum Bacelot Beach, nettes Restaurant anbei. ❷

jedoch nicht erwarten. Eine Küche kann auf Anfrage genutzt werden. ❶
Federal Villa, 1-3 Crooks River, ☎ 639-3926, ✉ maredwards@hotmail.com. Unweit des Stadtkerns liegt die Federal Villa. Mrs. Edwards vermietet in ihrem Haus 5 einfache, saubere Zimmer mit Ventilator. Du/WC und Küche werden gemeinschaftlich genutzt. Ein Fernseher steht auch zur Verfügung. ❶
Archer's Place, 37 Main Street, ☎ 639-3387. Familiäres Haus mit 3 sauberen Zimmern, die sich allerdings das Badezimmer teilen. ❸
Sandy's, Fort St, Ecke Main St, ☎ 639-2737, ✉ www.tobagobluecrab.com. Eine gute Wahl. Sandy's B&B inmitten der Stadt wird ebenso wie das Blue Crab Restaurant von der Familie Sardinha geleitet. Saubere DZ mit Bad und AC; inkl. leckerem Frühstück, serviert auf der Open-Air-Terrasse. ❷
Hope Cottage, Calder Hall Rd, ☎ 639-2179. Ältestes Guesthouse Tobagos, direkt unterhalb des Krankenhauses und des Forts. Mrs. Joan Marie vermietet einige ganz einfache DZ, die sich Du/WC teilen (eines mit Bad); Aufenthaltsraum mit TV; große Küche mit nummeriertem Kühlschrank und Garten. ❶
Mills Guesthouse, Young St, ☎ 639-2193. Steil steigt die Young Street an, die zu Mills Guesthouse führt. Von der Terrasse hat man einen schönen Blick auf Scarborough und den Hafen. 5 einfache Zimmer mit Bad und AC oder Ventilator, Küchennutzung und Aufenthaltsraum mit TV. ❷
Mt. Marie Holiday Resort, Mt. Marie Rd, ☎ 639-2014. Fährt man vom Pier in Scarborough die Milford Road in westliche Richtung entlang der Promenade, zweigt nach wenigen 100 m die Mt. Marie Road ab. Das Resort verfügt über

8 Zimmer mit AC und Bad und 3 Apartments mit Küchenzeile, AC und Bad. ❷

Crystal View Guesthouse, 128 Milford Rd, ✆ 639-2075. Ebenfalls westlich des Zentrums liegt dieses einfache Guesthouse. Insgesamt 10 etwas ungewöhnliche, sich gegenüberliegende Apartments, deren Eingangsbereich riesige, von Vorhängen bedeckte Glasschiebetüren bilden, verfügen über Küchenzeile, Bad und Ventilator, einige AC und TV. ❶–❷

Della Mira Guesthouse, 36 Bacolet St, ✆ 639-2531. Das im Kolonialstil erbaute Guesthouse liegt an der Bacolet Street unweit der Gun Bridge. Die insgesamt 14 Zimmer mit Bad und Ventilator oder AC haben schon bessere Zeiten gesehen. Bleibt abzuwarten, was die neuen Besitzer daraus machen. Einige Zimmer haben von ihrem kleinen Balkon einen hübschen Blick über die Rockly Bay. Daneben kann man im Aufenthaltsraum fernsehen, oder ein kühles Bad im Pool nehmen. Ein kleines luftiges Restaurant existiert auch. ❶–❷

Sea View Guesthouse, Bacolet St, ✆ 639-5613, 🖳 www.thinkhelp.com/seaview. Deon Lewis, ausgesprochen netter Besitzer dieses Guesthouses, vermietet 8 einfache, luftige Apartments mit Ventilator, Küchenzeile und Bad. Das Guesthouse liegt oberhalb einiger Klippen, die die Rockly Bay säumen. Der gemeinsame Balkon mit wunderbarem Blick auf die Klippen, der Garten und die Bucht haben in jedem Fall

Tobago

Stylisch und sündhaft teuer

Half Moon Blue, 73 Bacolet St, ✆ 639-3551, 🖳 www.halfmoonblue.com. Nur einige Schritte vom Zugang zum Bacolet Beach entfernt liegt das im 19. Jh. von französischen Kolonialisten errichtete Haus. Insgesamt 9 sehr geräumige, geschmackvoll eingerichtete Apartments mit Holzböden, traumhaften Betten, Rattanmöbeln, Bad, TV, Minibar, Ventilator, Telefon und wundervoller Veranda sind in 2 Gebäuden untergebracht. Das Nonplusultra ist das 110 m^2 große Penthouse, außerdem ein wundervoller, überlaufender Pool mit herrlichem Ausblick; Restaurant, Moon Bar, Internet. Ab ❻

etwas. Bacolet Beach und Stadt sind in etwa 10 Minuten zu Fuß erreichbar. ❷

Blue Haven Hotel, Bacolet Bay, ✆ 7400, 🖳 www.bluehavenhotel.com. Viele berühmte Persönlichkeiten, darunter Rita Hayworth, waren schon Gäste in dem legendären, inzwischen restaurierten und 2001 wieder eröffneten Luxushotel. Geschmackvolle Zimmer mit überwältigendem Ausblick; Tennisplatz, Swimmingpool, Restaurant; Bar und der herrliche Bacolet Beach mit einer tollen Strandbar und Umkleidekabinen. Sicher ein interessantes Refugium, nicht nur für Honeymooner, das sowohl die Kolonialzeit als auch die Moderne bedient. Ab US$220.

Bacolet Bay Apartment Hotel, Bacolet St, ✆ 639-2955. 200 m südöstlich vom Bacolet Beach liegt das recht große Apartment Hotel. Es verfügt über 4 Suiten und 24 einfache, aber saubere Standard-Apartments, die alle mit Küchenzeile, Bad, TV, AC und Gemeinschaftsterrasse ausgestattet sind. Hinter der etwas lieblosen Fassade des Hotels befindet sich ein recht netter Pool. ❷

Ade's Domicil Guesthouse, Bacolet Point, ✆ 639-4306, 🖳 www.adesdomicil.de. Fährt man von Scarborough die Bacolet Street entlang, weist ein Schild nach etwa 2,5 km (rechts ab) zur recht exklusiven Wohngegend des Bacolet Point. Hier hält man sich rechts, bis Ade's Schild auftaucht. Dona Ade, eine sehr sympathische Gastgeberin, die auch hier wohnt, vermietet 2 sehr schöne und empfehlenswerte 1-Bett-zimmer-Apartments mit großer Küche, AC, TV, Ventilator, Bad und schönen Balkonen mit klasse Ausblick auf die Bacolet Bay, sowie 2 etwas kleinere Studio-Apartments. ❷–❸

Essen und Unterhaltung

Salsa Kitchen, Pump Mill Rd, ✆ 639-1522. Richtig gute Atmosphäre bei Tapas, Pizza, Pasta und Gegrilltem zu moderaten Preisen. Am Wochenende wird – na was wohl – Salsa aufgelegt! ⏱ Di–So 6–23 Uhr.

King's Well Inn Restaurant & Bar, Kreuzung Upper Carrington und Burnett St. Am King's Well Inn läuft bestimmt niemand vorbei. Versteckt hinter dem hübschen, bunten Gebäude verbirgt sich ein großer, gemütlicher Biergarten. Neben kühlen Getränken und Snacks gibt's preiswertes Frühstück und tgl. wechselndes, lokales Mittag- und Abendessen. ◷ tgl. 8–24 Uhr.

Blue Crab Restaurant, c/o Sandy's Guesthouse, Robinson St, Ecke Main St, ℡ 639-2737. Sehr beliebtes und nicht ganz billiges Open-Air-Restaurant, dessen Besitzer Ken und Alison nach vorheriger Reservierung auch Abend-essen kreieren, z. B. ein Menü bestehend aus Callaloo- oder Kürbiskernsuppe, Brotfrucht- und Gemüsebananensalat, Kingfisch, Kartoffeln und Gemüse sowie Kaffee. ◷ Mo–Fr 11–15 Uhr. Exklusiv, unter freiem Himmel und teuer isst man in den beiden Restaurants **La Belle Creole** im Half Moon Blue und dem **Restaurant** des **Blue Haven Hotels**.

Aroma Salt & Pepper, Crooks River Mall. Stark frequentiert mit tgl. wechselndem Mittagstisch (sehr preiswert) zum Mitnehmen.

Eddie's, Dutch Ford St. Immer sehr belebt, vor allem zur Mittagszeit mit preiswertem Buffet-Lunch und Rotis, ◷ Mo–Sa 7–20 Uhr.

Chef's & BBQ, Carrington St. Hier heißt es auch: Menü selbst zusammenstellen, und das fast rund um die Uhr. ◷ Mo–So 4–23/24 Uhr.

Jatt's Harbour Grill, Milford Rd. Auch nicht teuer und etwas ruhiger gelegen, mit vorwiegend kreolischer Küche, ◷ 10.30–22 Uhr.

M J's Pizzeria & Bakery Main, Ecke Bacolet St. Für die Gelüste zwischendurch: süße Teilchen, Pies oder eine Pizza.

Last but not least: die **Essens-Verkaufshäus-chen** an der Esplanade, klar mit Tobago-Food und auf jeden Fall geöffnet. wenn ein Kreuz-fahrtschiff ankert.

Fastfood und Rotis

Wer Fast Food liebt: **KFC, Church's Chicken, Pizza Boys** und die **Donut Boys** sind in der Carrington Street. In **Rena's Chatak Roti Shop**, TLH-Gebäude, Milford Rd. gibt's angeblich die besten Rotis der Stadt. **Ram's Roti Shop,** Wilson St, auch sehr gern frequentiert; sämtliche Füllungen.

Bars und Kasino

Bar Code Sports Bar & Grill, Milford Rd, ℡ 635-2633. Vor allem am Wochenende richtig

Ciao Café, 20 Burnett St, ℡ 639-3001. Eine ech-te Bereicherung Scarborough's – italienisches Eis-Café mit herrlichen Eiscreme-Sorten, wun-derbarem (Illy) Espresso und Cappuccino, Cocktails, Weinbar, sündhaft leckeren und teu-ren Kuchen, aber auch Pizza- und Pastagerich-ten, Panini und Sandwiches zu moderaten Prei-sen; speisen im klimatisierten Inneren oder auf der Veranda mit Blick auf das Treiben der Hauptstadt.

gut besucht mit After Work Lime, ab und an Live-Entertainment, Billardtischen, riesigem Bildschirm und – wer möchte – Blick auf die Bucht. Mittags preiswerte Lunchgerichte, und die Bar, die ist enorm gut bestückt. ◷ Mo–Fr ab 10, Sa und So ab 17 Uhr.

Crystal Palace Casino Club, Milford Rd, ℡ 639-4829. Unmittelbar neben der Code Bar frönen die Einheimischen ihrer Spielleiden-schaft. Sein Geld aufs Spiel setzen kann man mit Poker, Black Jack, Bakkarat und Roulette. ◷ Di–So 19–2 Uhr.

Es gibt eine Reihe weiterer einheimischer Bars, u. a. **Cabin Pub & Sports Bar** neben den Pizza Boys.

Panyard

Tobago All Stars, Wilson Rd (S. 123, Panyards).

Einkaufen

In der Wilson Road sind 2 große Supermärkte: der **K-Mart Supermarket** und der **Penny Saver**, ◷ Mo–Fr 8–20, Sa bis 20.30, So bis 13 Uhr. Frisches Obst und Gemüse findet man auf dem **Markt.**
Souvenirs, CDs, Kleidung etc. in der **Vendors Mall**, entlang der **Wilson Street**, eventuell in der **Crooks River Mall**, und nicht zu vergessen an der **Esplande**.
Ganz nett ist auch das **Cotton House** in der Bacolet Street mit tollen Batiksachen und dem kleinen Tauchmuseum, das Reich von Kishon. ◷ Mo–Fr 9–16/17, Sa 8–12/14 Uhr.

Apotheke

Scarborough Drugs, Carrington St, Ecke Wilson Rd, ✆ 639-4161, ☉ Mo–Sa 8–20, So 8–12 Uhr.

Geld

RBTT Bank, Burnett St, ✆ 639-2404; **Republic Bank**, Main St, ✆ 639-2561, Carrington St, ✆ 639-2811. ☉ beide Mo–Do 8–14, Fr 8–12 und 15–17 Uhr.

Immigration

Port Authority Complex of T&T, ✆ 639-2681.

Informationen

Tobago House of Assembly, **Department of Tourism**, 197 Doretta's Court, Mt. Marie, ✆ 639-2125/4636, 🖳 www.visittobago.gov.tt. Ein weiteres Touristenbüro befindet sich im Port Authority Complex of T&T, ✆ 639-4333.

Internet

Pro-Computers, TLH Building, Milford Rd, ✆ 639-1100. ☉ Mo–Fr 9–19, Sa 9–14 Uhr; TT$/10 Std. **MG Photo Studios**, NIB Mall, ✆ 639-3456; TT$10/30 Min.

Medizinische Hilfe

Dr. Kumar (Praktischer Arzt), Rockly Vale, ✆ 639-3157. Dr. Moore (Zahnarzt), 2 Robinson St, ✆ 639-3568. Dr. Trinidade (HNO-Arzt), 34 Carrington St, ✆ 660-7382.

Post

Die Post befindet sich im Port Authority Complex of T&T, ☉ Mo–Fr 7.30–18, Sa 9–13 Uhr.

Busse

Der Busbahnhof wurde 2007 wegen Umbaus vorübergehend von der Gardenside St in die Sangster Hill Rd verlegt. Die Busse verkehren auf Tobago nicht immer planmäßig und Fahrpläne wurden des Öfteren schon geändert. Außerdem gilt an Wochenenden, Feiertagen und in den Ferien (Juli–Aug) ein eingeschränkter Fahrplan. Wer unbedingt mit dem Bus fahren möchte, sollte sich Abfahrtszeiten rückbestätigen unter ✆ 635-1470. Folgender Fahrplan galt bisher (Mo–Fr) von Scarborough nach: BUCCOO (TT$2) via Grange Road 7, 9, 12, 14, 15.35, 16, 18 Uhr; CHARLOTTEVILLE (TT$8) 4.30, 6, 9, 12, 14.30, 16.30, 18.30 Uhr; CROWN POINT (TT$2) via Claude Noel Highway 5–20 Uhr jede Stunde, via Plymouth Road 5, 6, 7, 8.30, 10, 12, 15, 16, 17 Uhr; L'ANSE FOURMI (TT$8) via Mason Hall 4.30, 5, 10, 12.30, 17, 18 Uhr, via Roxborough 12 Uhr; MASON HALL, MORIAH und MT. GOMERY via Bethel fast stündlich 5–19 Uhr. PLYMOUTH (TT$2) 5–20 Uhr jede Stunde; PARLATUVIER (TT$6) 5.30, 6.30, 7, 8.35, 12.30, 16.30, 18.30 Uhr; Tickets müssen im Voraus gekauft werden und sind am Busbahnhof in der Sangster Hill Road erhältlich. ☉ Mo und Fr 7.30–16.30, Di–Do 5–21, Sa und So 6–14 Uhr.

Maxi / Route Taxi

Maxi Taxis fahren 2–3x tgl. von der Burnett St nach CHARLOTTEVILLE (TT$13). **Route Taxis** stehen abfahrbereit nach CASTARA (TT$8) und PARLATUVIER (TT$10) in der Carrington St gegenüber den Pizza Boys; nach L'ANSE FOURMI (TT$13) auf dem Parkplatz der NIB Mall in der Greenside St; nach SPEYSIDE TT$12) in Höhe der Republic Bank in der Main St; nach CROWN POINT (TT$6–7) und BUCCOO (TT$5) vor dem Port Authority Complex in der Carrington St und nach BLACK ROCK (TT$5) und PLYMOUTH (TT$5) an der Wilson, Ecke Carrington St (Scarborough Drugs).

Taxi

Downtown Taxi Stand, Carrington St, ✆ 639-2692; z. B. nach CROWN POINT etwa TT$60.

Fähre

Die Fähren nach PORT OF SPAIN legen am Port Authority Complex in Scarborough ab. Um auf Nummer sicher zu gehen, sollte man sich das Ticket vorher besorgen. Vor allem am Wochenende ist die Fähre sehr gefragt. **Ticketing Office**

☺ Mo–Fr 7–11, 12–15, 16–18 und 19–22.30 Uhr. Beim Ticketkauf ist ein Lichtbildausweis vorzulegen. Ticketpreis: TT$50 einfach, TT$100 hin und zurück. Da sich die Fahrpläne alle 3 Monate ändern, sollte man den aktuellen Fahrplan nochmals erfragen bei der **Port Authority of T&T**, ☎ 639-2416/7, oder 🖳 www.patnt.com. Da das Gepäck durchleuchtet und die Tickets nochmals geprüft werden, empfiehlt es sich etwa eine Stunde vorher einzuchecken. Die Schnellfähre **T&T Express** verlässt Scarborough Mo–Sa um 6.30; Mo, Do, Fr 13.30; Di und Mi nicht immer 13.30, So 8.30 Uhr. Großes Gepäck ist im Unterdeck der Fähre abzulegen, d. h. nichts Wertvolles drin lassen. Die Fähre selbst ist sehr komfortabel und klimatisiert. Snacks und Getränke sind relativ preiswert. Grundsätzlich liegt die Fähre bei normalem Seegang relativ ruhig im Wasser. Für Leute, die Angst haben seekrank zu werden, gibt es im Hinterdeck eine Plattform im Freien mit einigen Sitzmöglichkeiten. Die Fahrzeit beträgt etwa 2 1/2 Std. und führt entlang der herrlichen Nordküste Trinidads. 3 Std. länger benötigen die beiden weiteren Fähren, die Warrior Spirit und die Panorama (TT$75). Abfahrtszeiten: Mo–So 23 Uhr (Sa nicht immer).

Die Leeward Coast von Buccoo bis zur Culloden Bay

Knapp 6 km östlich des Flughafens zweigt von der Milford Road die von Palmenhainen flankierte **Shirvan Road** nach Norden ab. Nach etwa 700 m weist ein Schild zum **D'Alternative**. Die Location stand schon einige Male unter anderem Management, wurde immer wieder geschlossen. Bleibt abzuwarten, ob sich das 2007 neu eröffnete Restaurant plus Bar etabliert. Freitags angesagt: After Work Lime, Move and Groove, samstags Party. Knapp 500 m weiter liegt eines der schönsten Restaurants der Insel, **Shirvan Watermill**, ☎ 639-0000. In der zauberhaften Atmosphäre einer wundervoll restaurierten alten Mühle werden die hübsch zubereiteten Speisen in einem Gartenpavillon serviert. Das Preisniveau ist

dem Ambiente angepasst. Cocktails gibt's ab 17, Abendessen ab 18 Uhr.

Buccoo

Etwa 3 km nach der Abzweigung von der Milford Road in die Shirvan Road geht die Buccoo Bay Road links ab und führt direkt zum kleinen Fischerdorf **Buccoo**. Wer am späten Nachmittag am Strand entlang schlendert, sieht die Fischer heimkehren und ihren Fang am Strand verkaufen. Vorgelagert, das atemberaubende **Buccoo Reef** und der **Nylon Pool** (S. 230).

Die **Buccoo Bay**, ist eigentlich eine wunderschöne Bucht. Im Westen ist die Silhouette des palmengesäumten Pigeon Points auszumachen. Bei den etwas heruntergekommenen Beach Facilities bietet sich ein Bad jedoch nicht an, vor allem, weil der Strandabschnitt sonntags als Pissoir herhalten muss. Das westliche Ende des Strandes ist wesentlich schöner, das Meer sauberer und am Strand kann man auf Muschelsuche gehen. Hier gilt es jedoch umsichtig zu sein, da es anscheinend schon zu Diebstählen gekommen ist.

Vom Ende der Battery Street hat man einen tollen Blick auf die Mount Irvine Bay und wer auf der Suche nach einem hübschen Souvenir ist, sollte im **Batiki Point Batik Studio & Shop** gegenüber den Beach Facilities vorbeischauen, ☺ Mo–Fr 11–18, So ab 18 Uhr. Am Osterwochenende findet in Buccoo nicht nur die größte Sunday School statt, sondern auch die legendären **Goat & Crab Races** (S. 36, Feste und Feiertage).

Übernachtung

Lage der Unterkünfte S. 240/41, Übersichtskarte „Der Südwesten".
Tobago Island Suites, Auchenskeoch, Ecke Shirvan Rd, ☎ 639-0979, 🖳 www.tobagosuites.com. Kleine, persönliche Anlage um einen netten Pool gebaut, mit herrlichem Blick auf den Golfplatz. Vermietet werden Zimmer, Lofts und Apartments mit 1, 2 und 3 Schlafzimmern. Der Standard ist in Ordnung, Jack Spaniard R&B anbei, netter Garten und die Mt. Irvine Bay ist auch zu Fuß erreichbar. ❸–❹

Tobago

Die **Sunday School** – keine Schule, nichts Religiöses, nein, eine riesige Open-Air-Strandparty, die Touristen und Einheimische jeden Alters gleichermaßen Sonntag für Sonntag anzieht. Kleine Imbiss-Stände säumen die Bay Street und es fließt viel Carib und noch mehr Rum. Die Party beginnt um 20 Uhr, wenn das Buccooneer Steel Orchestra in den Beach Facilities auf den Steeldrums loslegt. Der Eintritt ist kostenlos, zwischendurch sammeln die Musiker ein paar Scheinchen ein. Natürlich werden kräftig die Hüften geschwungen und das bunte Gemisch aus verschüchterten, den „Kick" suchenden Touristen, einheimischen Gigolos und Schnorrern sowie sonstigen ganz normalen Menschen lässt die Party immer zu einem Ereignis werden, über das man den Rest der Woche tratschen kann. Irgendwann kommt dann auch ein akustisches Bombardement aus **Hendrix Bar** (TT$10), in der die DJs die Turntables bearbeiten. Zurzeit ist Dancehall angesagt, aber auch die neuesten Soca, Hip Hop und R&B Titel laufen rauf und runter. Ab 1 Uhr etwa tanzt hier jeder den *Wine*, und wer noch nie so getanzt hat, findet schnell einen Lehrmeister, dann heißt es *roll it, shake it* und *be cool!*

Old Grange Inn, Auchenskeoch, Ecke Buccoo Rd Junction, ☎ 639-9395, ▢ www.trinidad.net/grangeinn. Oberhalb der Island Suites liegt das Old Grange Inn, mit Pool, Papillon Restaurant und Garten. Insgesamt 18 geräumige Zimmer mit Bad, TV, schöner Terrasse/Balkon und AC oder Ventilator, einige mit Küchenzeile. Service etwas langsam – aber hey, wir sind auf Tobago! ❷–❸
Rolita's Guesthouse, Jacamar Drive, ☎ 639-7970. Von der Auchenskeoch Rd links in den Jacamar Drive abbiegend, gelangt man direkt zu Rolita's. Die sehr nette ältere Dame vermietet 4 einfache Zimmer mit Ventilator, Bad, Wasserkocher, Terrasse und Gemeinschaftsküche. Der Blick von der Veranda ist klasse und ein kleiner Pool existiert auch. ❶
Blue Horizon Resort, Jacamar Drive, ☎ 639-0433, ▢ www.blue-horizonresort.com. Das

Resort liegt unweit von Rolita's, erhöht, ruhig und mit herrlichem Panoramablick über den Golfplatz und das Buccoo Riff. Die Apartments sind ausgestattet mit AC, TV, 1 oder 2 Schlafzimmern, Wohnraum und herrlichen Balkonen. Ein schöner Pool sorgt für Erfrischung. Die Deluxe und Luxurious Apartments sind für Familien und Gruppen gedacht. Bis zur belebten Auchenskeoch/Buccoo Bay Rd sind es etwa 600 m. Ab ❷–❸
Bijou des Caraibes, 3 Jacamar Drive, ☎ 639-9604, ▢ www.bijou-des-caraibes.com. Schräg gegenüber vom Blue Horizon Resort. Schönes, gesichertes Anwesen mit Pool und super Blick, eines netten Ehepaares aus der Schweiz und Tobago. Insgesamt 2 schlichte, voll ausgestattete und klimatisierte Studios, 1 Einbettzimmer- und 1 Zweibettzimmer-Apartment. ❷–❸
Villas on the Green, Jacamar Drive, ☎ 639-9748, ▢ www.golftobago.com. Für das zahlungskräftige Publikum stehen hier 5 exquisite Villen mit mehreren Schlafräumen, Badezimmern, Whirlpool, herrlichen Terrassen, geschmackvollen Wohnräumen und sonstigen Extras zur Verfügung. Ab US$295.
Enchanted Waters, Shirvan Rd, ☎ 639-9481, ▢ www.enchantedwaterstobago.com. Liegt unmittelbar an der Shirvan Rd. Recht hübsches Resort mit insgesamt 10 Apartments, die alle über Bad, Ventilator, AC, TV und einen schönen Balkon mit Sitzmöglichkeiten und integrierter Küchenzeile verfügen. Vom Balkon überblickt man den Pool und Patinos Restaurant. Die Apartments unterscheiden sich hauptsächlich nach Größe; die Honeymoon Suite hat zusätzlich ein fantastisches Himmelbett. ❸–❹
The Seaside Garden, Buccoo Pt, ☎ 639-0682, ▢ www.tobago-guesthouse.com. Liegt gegenüber des Buccoo-Strandes; hübsches, luftiges Haus der Deutschen Eleonore, die 2 tadellose DZ mit Bad und Ventilator, 2 DZ mit zusätzlich eigener Veranda und 1 Apartment, ❹, mit wunderschönem Wohnraum und Balkon mit Panoramablick an Nichtraucher vermietet; große schöne Gemeinschaftsküche, Fernsehzimmer, hübscher Garten und Veranda werden gemeinschaftlich genutzt. ❷
Millers Guesthouse, Miller St, ☎ 660-8371, ▢ http://millers-guesthouse.tripod.com.

Die erste Straße links ab hinter den Buccoo Beach Facilities vermietet Cecil Miller 3 einfache DZ mit Bad und Ventialtor, 2 DZ mit Bad und AC, 1 Fünfbettzimmer für Budget Traveller (TT$85 p. P.) sowie 1 Apartment mit Küchenzeile, Bad und AC. Fahrradverleih (TT$60), nette Gemeinschaftsterrasse direkt am Jetty mit Blick über die Bucht und zum Limen gibt's im Happy „lil" Vibe Rest & Bar. ❷–❸ Direkt neben Miller's liegt **Rusty's**, Miller St, ✆ 639-9461. Rusty, ein sehr netter Rasta, vermietet 3 saubere Apartments mit AC, TV, Bad, Küchenzeile und super Gemeinschaftsterrasse mit Blick über die Buccoo Bay. Außerdem bietet er Buccoo Reef Touren an auf der Miss Ayana. Bestes Preis-Leistungs-Verhältnis. ❷ **Casablanca**, 10 Battery St, ✆ 639-0081. Lässt man den Buccoo Strand links liegen, gelangt man direkt in die Battery Street. Hier warten einige Apartments mit Küchenzeile, Bad, AC und Gemeinschaftsveranda auf Gäste. Außerdem Internetcafé (TT$15/Std.) und Autoverleih (TT$250/Tag). ❷ **Aunty Flo's Guesthouse**, Galla Trace, ✆ 639-9192. Im Galla Trace, einer Parallelstraße zur Battery St, vermietet ein nettes älteres Ehepaar 5 einfache Zimmer mit Toilette, Dusche, Ventilator und Gemeinschaftsküche. ❶

Essen und Sonstiges

Mélange, 133 Shirvan Rd, ✆ 631-0121. Attraktives Freiluft-Restaurant, direkt an der Shirvan Rd. Chefkoch und Eigentümer Ashton Lutchman serviert kreolisch-internationale hübsch zubereitete Speisen zu gehobenen Preisen. Auch sehr nett und recht teuer das unter gleichem Management stehende **Caribbean Chulha**, ✆ 631-0121, über dem Mélange gelegen, das sich der ostindischen Küche verschrieben hat. Gemischte Kritiken, Dinner ab 18.30, Take-aways ab 14 Uhr. **Me Shell's**, Buccoo, Ecke Shirvan Rd, ✆ 631-0353. Kleines, angenehmes Restaurant mit überwiegend zufriedenen Gästen und Speisen mit karibischer Note. Für Leute mit dem nötigen Kleingeld ist das Restaurant einen Versuch wert! **Mot Mot Restaurant**, Auchenskeoch Rd, ✆ 660-8879. Lokales Restaurant mit

angenehmer Atmosphäre, knapp 1 km Richtung Carnbee. Von Travellern empfohlen; mit großer Cocktail-Karte; moderat–gehoben; ⏱ ab 18 Uhr. **Patino's Courtyard Cafe**, Shirvan Rd, ✆ 639-9481. Wohl eher frequentiert von Hotelgästen, sehr teuer mit bunt gemischter Speisekarte (Thai, Kreol, International, aber auch Pasta) und ebensolchen Kritiken; nette Gartenterrasse. **Papillon Restaurant**, im Old Grange Inn, Buccoo Junction, ✆ 631-1353. Günstiges chinesisches Restaurant mit reichhaltiger Speisekarte, u. a. Shrimp oder Fisch *any style* (Knoblauch, Curry, Spicy Pepper) und die üblichen chinesischen Nudel-, Hähnchen- und Reisegerichte. ⏱ Mo–Sa 11–23, So 12–21 Uhr. **Ru-B-Lou's**, Shirvan Rd, ✆ 639-8046. Nach einigen Jahren in Crown Point – neue nette Location, gemanaged von Lou's Neffen Mark; bekommt immer wieder gute Kritiken und ist einen Versuch wert; moderat–gehoben. In Buccoo Village entlang der Bay Street gibt's jede Menge **Tobago Street Food**, günstig und sättigend, meist ab die Mittagszeit. Der **Front Line Shop**, zu erkennen an der Aufschrift „Welcome to Buccoo", verkauft Mo–Sa bis etwa 15 Uhr Rotis, **Rosemarie's Eat & Drink** bietet tgl. wechselnde Mittagsmenüs und im **New Edition Rec Club** kann man neben Bake & Dolphin auch Rotis und Buss-up-shots ordern. Der New Edition Rec Club ist gleichzeitig ein **Panyard** und eine Bar. Hinterm Tresen arbeitet Samuel (meist 7–16 Uhr), der Steelpan-Fans auch gerne einmal unterrichtet. **Internet**-Zugang und **Autoverleih** im Casablanca (s. Übernachtung).

Immer wieder gelobt

La Tartaruga, Buccoo Bay, ✆ 639-0940, ▭ www.latartarugatobago.com. Tollstes und bestes italienisches Restaurant und Gelateria. Ob im Freien oder drinnen – leckere Pizza (moderat), daneben auch teure hausgemachte Pasta-Gerichte, wie Tagliatelle Napoletana mit Meeresfrüchten. Richtig stark jedoch, die italienische Weinauslese und die Dolcis: italienische Eisvariationen für Leckermäuler (teuer). ⏱ Mo–Sa 18.30– 22 Uhr.

Mount Irvine

Nördlich der Buccoo Junction kündigen herrliche Palmen und eine wundervoll gepflegte Rasenfläche den **Mount Irvine Golfplatz** an. Designt von John D. Harris, rangiert der 1968 eröffnete Platz unter den Top 50 der Welt. Er gehört zum luxuriösen **Mount Irvine Bay Hotel**, das auch Nichtmitgliedern erlaubt, auf der etwa 50 ha umfassenden Anlage den Treibschlag anzusetzen, die herrlichen Wasserläufe zu umgehen und schließlich erfolgreich zu putten. Wer 9 Loch spielen möchte, zahlt US$30, 18 Loch kosten US$48. Im Januar richtet das Hotel die Tobago Open und Pro Am Meisterschaften aus. Eventuell trifft man auch Harrison Ford und Calista Flockhart, deren exquisite Villa Romanza mit herzförmigem Swimmingpool oberhalb des Golfplatzes thront.

Der Museumsbesuch lässt sich gut mit einem Abstecher in das Dorf **Bethel** kombinieren – ein wundervolles Fleckchen Erde mit herrlichen Ausblicken und liebenswerten Menschen.

Nördlich des Mt. Irvine Bay Hotels erstreckt sich eine von einer Betonmauer gesäumten Bucht, die bekannt ist unter dem Namen **Mount Irvine Wall**. Der Strand, der **Grange Beach**, ist äußerst beliebt bei Einheimischen und die bizarren Felsformationen vor der Küste stellen ein attraktives Tauchrevier dar. Hinter der nächsten Kurve erwartet die Besucher der palmengesäumte **Mount Irvine Beach** mit Duschen, Toiletten und Umkleidekabinen (TT$1) und einem Lifeguard, der die sicheren Strandabschnitte absteckt. Zwischen Dezember und März rollen gewaltige Wellen an den Strand und locken Surfer aus allen Teilen Tobagos an. Souvenirs gibt's in der **Art & Craft Sales Gallery**, das **Mt. Irvine Bay Hotel** unterhält am Strand eine **Beach Bar & Restaurant** (Sandwiches TT$40, Salate TT$60), aber der netteste open-air Liming Spot ist **Surfers Rest & Bar**, das mit kühlen Drinks und günstigen Rotis oder Bake & Shark aufwartet.

Übrigens können Selbstversorger entlang der Mt. Irvine Bay ab etwa 16 Uhr **frischen Fisch** kaufen. Wassersportfreunde sollten bei **Tobago Bananas Watersports**, ✆ 639-9379, vorbeischauen. Vermietet werden Kajaks, Boogie Boards, Surfbrettern, Schnorchelausrüstung etc. Und wer nach einer organisierten Tour Ausschau

Die Skulpturen von Luise Kimme

Um das **Kimme's Sculpture Museum** der deutschen Bildhauerin Luise Kimme zu besuchen, biegt man auf die Orange Hill Road ab und folgt der Beschilderung nach Bethel. Luise Kimme, die bis 2002 einen Lehrstuhl an der Kunstakademie in Düsseldorf inne hatte, 1979 Tobago für sich entdeckte und heute fast ausschließlich hier lebt, kreiert in ihrem Fantasieschloss einzigartige, bis zu 3 m hohe, farbenfrohe, wirklich wundervolle Skulpturen aus Holz, u. a. Interpretationen sagenumwobener und einheimischer Figuren Tobagos. Die Besichtigung der Kunstwerke und des Museums, übrigens ein zauberhaftes Schloss, ihr Zuhause, ist eigentlich ein Muss. ⏰ So 10–14 Uhr, evtl. nach Vereinbarung unter ✆ 639-0257, 🖥 www.luisekimme.com, Eintritt TT$20.

hält, kann **Fankie Tours**, ✆ 631-0369, oberhalb der Beach Facilities aufsuchen. Im Programm sind u. a. eine Sunset Cruise (US$50), Island Tour (US$75) und Shark Fishing (US$350).

Übernachtung und Sonstiges

Mt. Irvine Bay Hotel & Golf Club, Mt. Irvine Bay, ✆ 639-8871, 🖥 www.mtirvine.com. Überreste einer ehemaligen Plantage, darunter die aus dem 17. Jh. stammende, restaurierte Zuckermühle, die den Mittelpunkt des Open-Air-Restaurants bildet, verleihen dem Hotel wundervollen Charme. Oberhalb der Mt. Irvine Bay gelegen, bietet das Hotel Massage, Sauna, Fitness, Tennis, Golf, Wassersport, Ausflüge, Pool, die Wahl zwischen 3 Restaurants, 5 Bars und 4 Zimmerkategorien, die z. T. luxuriös, jedoch immer elegant, klimatisiert und mit Balkon ausgestattet sind. US$180–550.

Pleasant Prospect und die Back Bay

Knappe 400 m hinter den Mt. Irvine Beach Facilities geht links (gegenüber dem Gleneagle Drive) ein kleiner Pfad zur **Back Bay** – wunderschön, idyllisch und viel zu isoliert gelegen, als dass man alleine losziehen sollte.

Wenig später erreicht man **Pleasant Prospect**, eine Ansammlung zahlreicher Unterkünfte, stattlicher Häuser und Villen. Die **Ocean View Bar**, nicht zu übersehen in Pleasant Prospect, ist ein zwar nicht sehr komfortables, aber doch lauschiges Plätzchen, um sich einem grandiosen karibischen Sonnenuntergang hinzugeben. Gegenüber befindet sich ein **Geldautomat**. Der gut bestückte **Marie's Supermarkt** und die Bars (s. u.) sind beliebter Treffpunkt der einheimischen und ausländischen Rasta-Szene.

Übernachtung

Lage der Unterkünfte S. 240/41, Übersichtskarte „Der Südwesten".
Hill View Cottage, Grafton Rd, ✆ 639-8993. Direkt an der Grafton Rd, schräg gegenüber der Ocean View Bar, vermietet das nette Ehepaar

Jane und Harold Legerton insgesamt 3 Zimmer mit Ventilator. Die Gäste nutzen gemeinsam den Wohnraum mit TV, Küche und Bad. ❶
Two Seasons Guesthouse, ✆ 639-7713. Dali, ein netter Rasta, vermietet 3 einfache, aber saubere Zimmer mit Ventilator und Gemeinschafts-Du/WC sowie ein Zimmer mit separatem Wohnbereich. Die Küche darf jeder nutzen und von der wunderbaren Veranda hat man den besten Blick auf das Treiben im Ort, aber auch aufs Meer. ❶
Hibiscus Heights, ✆ 635-1484, 🖥 www.hibiscus heights.com. In Hanglage mit super Blick aufs Meer steht dieses wunderbare Haus von Gill und Paul. Sie vermieten 1 schönes 3-Bett-zimmer-Apartment (US$210/250) mit 2 Bädern, super Veranda und eigenem Pool, eine ganz süße, separat stehende Cottage mit privater Terrasse, Küche, AC, Bad, BBQ-Platz und ein voll ausgestattetes Studio Apartment mit kleinem Balkon. Empfehlenswert. ❸–❹
Wer eine Villa sucht, folgt der Straße vorbei an Marie's Supermarkt einige 100 m. **Sanctury Villa Resort**, ✆ 639-9556, 🖥 www.sanctuaryvillas. com, schon viele Jahre im Bau, vermittelt einige luxuriöse Villen mit eigenem Pool. Ab ❻

Essen, Unterhaltung und Einkaufen

Marie's Supermarkt. Richtig gut bestückt. ◷ Mo–Sa 8.15–19.45, So 10–16 Uhr.
Signiture Lounge Sports Bar, über Marie's Supermarkt mit TV, Billard, Bar und Snacks.
Pizza Boys & Rituals Café, neben dem Supermarkt. Die Pizza Boys bereiten auch BBQ-Menüs zu und Rituals mit leckeren Kaffees, Donuts und Smoothies.

Party in der Nacht vor einem Feiertag

Immer in der Nacht vor einem Feiertag ab ungefähr 22 Uhr wird am Strand unter freiem Himmel zu Reggae, Dancehall und Soca dem Morgengrauen entgegen getanzt. Live-Musik lokaler Künstler sowie ein Tanzwettbewerb, aus der die Dancehall Queen of the Night hervorgeht. Natürlich auch – kühle Drinks und warme Spezialgerichte.

Tobago

Joanne's Finger Licking Tasty Food. Kleiner Imbiss vor dem Supermarkt mit tgl. wechselnden, recht leckeren Lunch-Menüs (TT$30).
Navine & Mom's Roti Shop, etwas weiter Richtung Black Rock, offeriert preiswerte Pies, Doubles, Rotis und Bake & Shark.
Moon over Water Bar. Richtig gut besucht. Über einen großen Bildschirm flimmern Sport- und Musikevents, die Billardtische sind meist belegt, von Mo–So wird preiswertes, lokales Mittag- und Abendessen angeboten, es wird drinnen und draußen gelimt und an den meisten Freitagen ist Party angesagt.

Stone Haven Bay

Die Stone Haven Bay ist eine lang gezogene Bucht, gesäumt von einem schönen, touristisch erschlossenen Strand, an dem sich die sonnenhungrigen Gäste der umliegenden luxuriösen Unterkünfte in ihren Liegestühlen aalen. Die Parallelstraße zum Strand ist die Old Grafton Road. Der sehr nette Souvenirladen **Primitive Arts** hat sich hier niedergelassen und Hungrige können direkt am Strand in der **Buccaneer's Bar** des Grafton Beach Resort ein kühles Carib trinken oder ein leckeres Mittagessen (TT$65) zu sich nehmen. Ansonsten finden Tauchfreunde die **Adventure Eco Divers**, ☎ 639-8729, 🖳 www.adventureecodivers.com, und am Ende der Old Grafton Road den netten Internetladen von Keston, **Tobago PC World**, ☎ 639-4291, ⏰ Mo–Fr 9–17.30, Sa 9–15 Uhr; TT$10/Std.

Oberhalb der Old Grafton Road verläuft die Grafton Road. Etwa 300 m vor dem Eingang des Le Grand Courlan Resorts führt ein Weg zum **Grafton Caledonia Wildlife Estate**. In den 60er-Jahren kümmerte sich die 1983 verstorbene Besitzerin des etwa 160 ha umfassenden Grafton Estates, Mrs. Eleanor Alefounder, um die Vögel, vor allem nach dem verheerenden Hurrikan im Jahre 1963. Sie begann Futterstellen einzurichten und die Cocricos wurden so zahm, dass sie aus der Hand fraßen. Nach ihrem Tode verfiel das Plantagenhaus ein wenig. Heute jedoch hat man die Tradition wieder aufleben lassen und täglich von 8–16 Uhr (Eintritt frei) kann man die sich den Futterstellen am Copra House nähernden Cocri-

cos, Diademsägeracken, Blautangaren, Gelbbrustzuckervögel und viele andere Vögel beobachten. Außerdem führen herrliche Wanderwege durch die ehemalige Plantage, am Rande des die Main Ridge überziehenden Regenwaldes.

Am Ende der Old Grafton Road weist ein Schild zum ehemaligen **Fort Bennet**, das 1680 vom britischen Leutnant Robert Bennet errichtet und während der Plantagenzeit erweitert wurde. Heute ist das Fort mit seinen zwei Kanonen ein netter Picknickplatz und bietet einen herrlichen Blick auf Plymouth, die Stone Haven Bay, die Back Bay und den Pigeon Point am Horizont. Unweit des Forts trifft man auf den kleinen Shop von Malcolm Melville, **Culture Barn**, ☎ 639-9022, den man keinesfalls verpassen sollte. Neben einigen Souvenirs verkauft Malcolm eine kleine, aber großartige Auswahl selbst gebauter Trommeln.

Übernachtung und Essen

Lage der Unterkünfte S. 240/41, Übersichtskarte „Der Südwesten".
Die Stone Haven Bay dominieren 2 all-inclusive Luxus-Resorts, die mit allen Annehmlichkeiten, die ein Pauschaltourist erwartet, aufwarten können: das **Grafton Beach Resort** (Grafton Rd, ☎ 639-0191, 🖳 www.grafton-resort.com, mit über 100 Zimmern, US$162 p. P., und das **Le Grand Courlan Resort & Spa**, (Grafton Rd, ☎ 639-9667, 🖳 www.legrandcourlan-resort.com, US$330 p. P.
Daneben gibt's an der Old Grafton Road noch 6 elegante, 2-stöckige Strandvillen:
Plantation Beach Villas, Old Grafton Rd, ☎ 639-9377, 🖳 www.plantationbeachvillas.com, die mit 3 Schlafräumen, wunderbaren Betten, 3 Bädern, AC, Waschmaschine und einer großen, luftigen Teakholz-Veranda mit Blick über die Bay ausgestattet sind. US$310–735.
Stonehaven Villas, Grafton Estate, ☎ 639-0263, 🖳 www.stonehavenvillas.com. Etwas zurückversetzt auf dem Grafton Estate warten noch weitere 14 wundervolle, luxuriöse, im französischen Kolonialstil erbaute Villen, inklusive Pool, auf das zahlungskräftige Publikum. World Travel Award Winner 2005. Ab US$500.
The Seahorse Inn, Old Grafton Rd, ☎ 639-0686, 🖳 www.seahorseinntobago.com. 4 geschmack-

volle Zimmer mit AC, Bad und Meerblick-Balkon. Außerdem ein wunderschönes. mit Teakholzmöbeln ausgestattetes Restaurant. Gepfefferte Preise, jedoch genießt das Restaurant einen ausgezeichneten Ruf. Steaks und Meeresfrüchte mit kreolisch-internationaler Note. Frühstück inkl. ❹

Over Seas Cottage, ☎ 639-7995/0819. Folgt man der Straße zum Fort Bennet und biegt am Barber Shop links ab, gelangt man rechter Hand zu Mr. Cruickshanks 4 großen Apartments mit 1 oder 2 Schlafzimmern, Küche, Du/WC, AC, Wohnraum, Waschmaschine, Balkon oder Sonnenterrasse mit Meerblick und wenigen Stufen zum Strand. ❸

Black Rock und die Great Courland Bay

Die Landzunge, auf der Fort Bennet liegt, trennt die Stone Haven Bay von der Great Courland Bay. **Black Rock** ist ein hübsches kleines Dorf mit einigen belebten Rumshops, einer kleinen Post, zwei, drei Minimärkten, einem Tennisplatz und einer verfallenen Kirche. Direkt hinter **Michael's Place**, einer Bar, führt ein kleiner Pfad ans westliche Ende der etwa 2 km langen **Great Courland Bay**. Die Bucht ist wunderschön, palmengesäumt und am westlichen Ende ist man meist völlig für sich.

Zu gewissen Jahreszeiten donnern gewaltige Wellen an den Strand, die in manchen Nächten den riesigen **Lederschildkröten** (S. 81) den nötigen Schub geben, um an Land zu kommen. Die imposanten Meeresschildkröten frequentieren den **Turtle Beach**, wie er auch genannt wird, zwischen März und August, und sechs Wochen später schlüpfen die kleinen Schildkröten und wuseln dem Meer entgegen. Alle Hotels der Umgebung veranstalten Touren, bei denen man dieses Schauspiel erleben kann. Wer alleine den Strand aufsucht, sollte sich distanziert und ruhig verhalten, vor allem wenn die Schildkröten nach einem geeigneten Brutplatz suchen und wenn sie sich zurück ins Meer schleppen.

Das Schwimmen im Meer ist aufgrund des Wellen- und schnellen Tiefgangs ungeeignet für Kinder. Eine Alternative bietet ein kleiner natürlicher Pool am unteren Teil des Strandes. Von der Great Courland Bay hat man einen schönen Blick auf Plymouth. Wer Lust hat auf einen Ausritt zu Pferde, kann mit **Looking out Stables**, ✆ 639-4008, Kontakt aufnehmen. Ein Strandausritt am Turtle Beach von 7–11.30 Uhr kostet US$80.

Übernachtung und Essen

Lage der Unterkünfte S. 240/41, Übersichtskarte „Der Südwesten".
Birdies Nest, ✆ 639-7988, ⌨ www.birdiesnest tobago.com. Unterhalb von Duke's Haus vermieten Princess und ihr Sohn Prince Robinson 3 Apartments direkt am Strand. Das Schmuckstück im oberen Stock mit 2 großen Schlafräumen, 2 Bädern, Wohnraum, Küche, AC, TV, herrlicher Terrasse und Sonnendeck (US$125/5 Personen). Ebenerdig gibt's noch 2 kleinere, ebenso gut ausgestattete 1-Bettzimmer-Apartments mit kleiner Terrasse. Exklusive Lage und sicher auch empfehlenswert! ❸
Lindsay's Apartments, 19B Courland Bush Trace, ✆ 635-0623, ⌨ www.lindsaystobago.

Klasse Lage und klasse Gastgeber

Duke Robinson's Guesthouse, ✆ 639-8626, ⌨ www.dukerobinson.com. Biegt man in Black Rock hinter Michael's Place links Richtung Strand ab und nochmals links, bevor man die Great Courland Bay erreicht, führt ein kleiner holpriger Weg nach wenigen Metern zu Duke's Haus. Es liegt wunderbar erhöht und nur Schritte entfernt vom südwestlichen Ende der Great Courland Bay. Duke und seine Frau Dorleen vermieten ein Studio und 3 sehr schöne, große Apartments mit jeweils 2 Schlafzimmern, Ventilatoren, AC, TV, Bad, Küche, Wohnraum und herrlichen Terrassen. Ein kleiner Pfad führt zum Strand, den man sich aber mit niemandem teilen muss. Duke und Dorleen versuchen wirklich alles für ihre Gäste möglich zu machen – tolle familiäre Atmosphäre. ❷–❸

piczo.com. Etwas oberhalb der beiden eben beschriebenen Guesthouses findet man das hübsche Haus des netten Ehepaars Lindsay und Liz. Mieten kann man hier 4 saubere, nette Apartments mit 1 oder 2 Schlafzimmern, Balkon oder Terrasse, Küche und Ventilator. ❶–❷
Jema's Guesthouse, ✆ 639-7724, ⌨ www.jemas-guesthouse.de. Hinter dem Courland Supermarkt weist ein Schild auf Jema's hin. In wunderbar tropischer Umgebung und unweit vom Strand steht dieses schöne 3-Bettzimmer-Haus mit großer Küche, Bad, Waschraum und herrlicher Veranda. US$140/5 Pers.; verhandelbar, wenn man zu zweit kommt.
Rex Turtle Beach Hotel, US$200, ✆ 639-2851, ⌨ www.rexresort.com. Das Rex Turtle Beach ist ein echtes Strandresort. Von einem der insgesamt 125 Zimmer mit Bad, AC und Balkon oder Terrasse fällt man fast ins kühle Nass. Das Hotel ist in den meisten Programmen deutscher Reiseveranstalter vertreten und somit stark frequentiert von Pauschaltouristen. Es bietet Wassersport, Tennis, Swimmingpool und Poolbar, Restaurant und Coffee Shop.
Mon Cherie, Main Rd, ✆ 785-3709. Freundliches Restaurant direkt an der Main Rd serviert Frühstück und landestypische Gerichte zu moderaten Preisen. Wer Shrimps oder Prawns möchte, sollte „Straw" vorher Bescheid geben.

Plymouth

Plymouth liegt am nordöstlichen Ende der Great Courland Bay und blickt auf eine sehr wechselhafte und blutige Historie zurück. Die ersten Europäer, die an der Great Courland Bay und überhaupt auf Tobago einen Besiedlungsversuch unternahmen, waren die Niederländer im Jahre 1628. Vertrieben von den Kariben unternahmen sie einen weiteren Versuch 1632. Sie gaben der Insel und der Siedlung den Namen **Niew Walcheren** und errichteten zwei Forts. Zwei Jahre später legten die auf Trinidad siedelnden Spanier Niew Walcheren in Schutt und Asche. Nach zwei gescheiterten Besiedlungsversuchen des Herzogs Jacobus von Kurland in den Jahren 1639 und 1642, die durch grassierende Krankheiten und ständige Angriffe der Kariben zunichte gemacht wurden, entsandte der Herzog 1654 eine dritte Expedition in die nun Jacobus Bay benannte Bucht.

Die Kurländer errichteten Fort Jacobus und die angesiedelten Familien pflanzten, von den Indianern unbehelligt, Tabak, Zuckerrohr und Ingwer. 1655 erreichte erstmals ein mit der Ernte Tobagos beladenes Schiff Europa. Von nun an bestimmten die Kriege und Beziehungen der Mutterländer in Europa den Frieden und die Machtkämpfe auf Tobago. 1658 griffen die Niederländer nach der Macht, 1664 mischten sich die Briten ein und anschließend die Franzosen. Bis sich die Briten Anfang des 19. Jhs. auf Tobago etablierten, wechselte die Flagge noch mehr als ein Dutzend Mal.

Am einstigen Standort des Fort Jacobus errichteten die Briten 1768 **Fort James**, das als Kaserne diente und nach König James II. benannt wurde. Biegt man an der Tankstelle in Plymouth links ab, stößt man direkt auf das Fort. Die wenigen Überreste inklusive der vier Kanonen bilden heute einen Picknickplatz mit herrlichem Blick auf die Great Courland Bay, Black Rock und Fort Bennet. Neben dem Fort steht das **Great Courland Bay Monument**, eine Skulptur, 1978 erschaffen von einem polnischen Künstler zu Ehren der mutigen Kurländer, die sich hier im 17. Jh. niederließen. An der Shelbourne Street, kurz vor dem Sportplatz, weist ein Schild zum **Mystery Tombstone**, einer rätselhaften Hinterlassenschaft aus der Sklavenzeit. Die schwarze Grabplatte trägt die Inschrift: *„She was a mother without knowing it, and a wife without letting her husband know it, except by her kind indulgences to him"*. Alex Stiven, ein wohlhabender niederländischer Pflanzer, errichtete 1783 den Grabstein für die 23-jährige Betty Stiven und ihr Kind, von dem niemand weiß, wie alt es war. Von Betty wird erzählt, sie sei eine afrikanische Haushälterin und die Geliebte Stivens gewesen. Die Interpretation dieses Mysteriums sei an dieser Stelle jedem Besucher selbst überlassen.

Vereinzelte hübsch verzierte Holzhäuser, einige Rumshops, kleine Geschäfte, ein Health Centre, eine Schule für Gehörlose, die St. David Anglican Church und eine Tankstelle säumen die doch sehr planmäßig angelegten Straßen von Plymouth. Wer sich hier einmietet, erreicht die Great Courland Bay und die kleine idyllische,

3. Plymouth Jazz Festival

Tobago war ausgebucht und über 20 000 Besucher promenierten gestylt und voller Vorfreude die Shelbourne Street entlang. Stars wie Sir Elton John, Diana Ross, Mary J. Blige, Earth Wind & Fire, Al Green, Machel Montano und viele mehr gaben sich im April 2007 die Ehre und beglückten ein begeistertes Publikum. 3-Tage-Tickets gab's für US$340. Bleibt abzuwarten, wen die Macher 2008 an Land ziehen.

nicht einfach zu findende Plymouth Back Bay zu Fuß. Busse in Richtung Scarborough (TT$2) fahren in der Shelbourne Street zwischen 6 und 20 Uhr mindestens stündlich ab.

Übernachtung und Essen

Lage der Unterkünfte S. 240/41, Übersichtskarte „Der Südwesten".

King Solomon Mine, George St, ✆ 639-2545. Biegt man an der Tankstelle links ab in die Shelbourne St und eine der nächsten Querstraßen rechts ab, gelangt man in die George St, an deren Ende sich das Guesthouse befindet. Mr. Solomon vermietet in seinem Haus 7 saubere Zimmer bzw. Apartments mit AC, TV, Küchenzeile, Bad. Terrasse oder Balkon sind auch vorhanden. ❶–❷

Cocrico Inn, North, Ecke Commissioner St, ✆ 639-2961, ▭ www.hews-tours.com. Von der Shelbourne St biegt man noch vor dem Sportplatz rechts in die Commissioner St ein (auf Schild achten). Ruhig gelegenes Hotel mit Pool und Restaurant, verfügt über Zimmer mit Bad, Ventilator oder AC, teils mit Küchenzeile, einige mit Balkon, Gemeinschaftsterrasse. Etwas überteuert, im Sommer günstiger. ❸–❹

Tropical Treasure Resort, ✆ 660-2222. Liegt etwas außerhalb des Ortes; nagelneu und noch nicht ganz fertig gestellt, verfügt es über 10 Studios, 2 Einbettzimmer und 2 Zweibettzimmer-Apartments, alle nett eingerichtet mit Küchenzeile, TV, AC, Bad, Balkon oder Terrasse. ❹

Cocrico Inn Restaurants, North, Ecke Commissioner St, ✆ 639-2961. Hat zumeist einheimische

Gerichte sowie Frühstück auf der Speisekarte. Günstiger isst man in den beiden Restaurants **L'Orraines** und **TJ's Bar & Restaurant** in der Shelbourne St.

Von Plymouth nach Culloden

Verlässt man Plymouth in nordöstlicher Richtung auf der Arnos Vale Road, weist ein Schild nach wenigen hundert Metern zur **Adventure Farm & Nature Reserve**, ℡ 639-2839, 🖥 www.adventure-ecovillas.com. Wer hier nächtigen möchte, hat die Wahl zwischen zwei sehr schönen, offen gehaltenen Cottages ❺ mit Bad, AC, TV, Küche und herrlichem Wohn- und Schlafraum sowie dem Coco Apartment ❸ mit Bad, Ventilator, Küche und Balkon.

Nur wenige hundert Meter weiter entlang der vegetationsreichen Arnos Vale Road gelangt man zum **Arnos Vale Hotel**, ℡ 639-2881, 🖥 www.arnosvalehotel.com, an der wundervollen kleinen **Arnos Vale Bay**, das den Glanz kolonialer Zeiten ausstrahlt. Das umgebaute Plantagenhaus steht inmitten einer ehemaligen 180 ha umfassenden Zuckerrohrplantage und ist wunderschön eingebettet in den mit scharlachroter Ixore und zart-

rosa Bougainvillea bepflanzten Hang. Schnorchler erwarten Papagei-, Doktor- und Trompetenfische, Barrakudas und Fächerkorallen, und wer lieber Vögel beobachtet, kann entweder entlang der angelegten Pfade wandern oder sich auf der Veranda des Hotels niederlassen. Die Futterstellen dort werden von einer Vielzahl der auf Tobago beheimateten Vögel frequentiert. Das Hotel verfügt außerdem über einen schönen Swimmingpool mit Poolbar direkt am Meer, einen Tennisplatz und ein Restaurant. Insgesamt stehen 32 Standard-Zimmer, Juniorsuiten und Suiten mit Bad, AC, Ventilator und Balkon zur Verfügung. Einige der Suiten wurden in den Hang gebaut und haben einen traumhaften Ausblick, andere stehen in unmittelbarer Strandnähe. US$145–335.

Auch wenn es so scheinen mag, ist der Strand der Arnos Vale Bay kein hoteleigener Privatstrand. Ohne durch die Hotelanlage zu müssen, gelangt man entlang eines kleines Pfades (hier mündet auch ein kleiner Fluss ins Meer) am südwestlichen Ende der Bucht auf die Arnos Vale Road. Setzt man die Fahrt fort, führt ein Hinweisschild zum **Top O' Tobago**, einer tollen Unterkunft auf einem Hügel oberhalb der Arnos Vale Bay. Mrs. Dow, ℡ 639-3166, 🖥 www.topotobago.com, vermietet diese kleine exquisite Villa, bestehend aus einem nach allen Seiten offenen Haupthaus, in dem 4 Personen unterkommen (ab US$200), und 3 Cabañas (ab US$100), die alle mit wundervollen Mahagonimöbeln und sehr ansprechenden Küchen und Bädern ausgestattet sind. Zudem hat man einen herrlichen Pool, eine grandiose Aussicht und weit und breit keine Nachbarn. Zum Strand sind es 5–10 Minuten bergab!

Knapp 1,5 km weiter in Richtung Nordosten weist ein Schild zum **Arnos Vale Waterwheel**, ℡ 660-0814, einem leider nur noch sehr selten geöffneten Restaurant, in dem Überreste der Plantagenära zu bewundern sind. Inmitten der ehemaligen Arnos Vale Zuckerrohrplantage und umgeben von herrlicher tropischer Vegetation steht das gut erhaltenen Wasserrad, mit dessen Hilfe der Zuckerrohr gepresst wurde. Außerdem sieht man einen alten Dampfmotor und weitere Gegenstände, die zur Zucker- und Rumherstellung benötigt wurden. Hübsche Pfade führen in die nähere Umgebung. Der Eintritt in das kleine Museum beträgt TT$12. Auch wenn das Restaurant geschlossen hat, es ist immer jemand anzu-treffen und Besucher sind willkommen.

Zurück auf der Arnos Vale Road begrüßt das Schild „Welcome to Franklyn's" die Besucher. Vorbei am Sportplatz und der Schule wird die Straße immer schmaler. Nach etwa 1,5 km ist **Le Coteaux** erreicht, ein winziges Dorf, dessen Bewohner sich vor allem zum Obeah-Kult bekennen und deren Legendenerzähler während der Heritage-Festivitäten geschätzt werden. Terrassenförmig werden Heilpflanzen, Kräuter, Maniok, Okra und weitere Gemüsearten angebaut. Hier bietet sich ein Ausflug zum **Highland Waterfall** an. Bleibt man in Le Coteaux auf der Arnos Vale Road (nicht nach Golden Lane, Mt. Thomas abbiegen!) und achtet im Dorf in einer Linkskurve auf eine geradeaus führende Abzweigung, gelangt man über eine ungeteerte Straße nach gut einem km zu einer großen Brücke. Jenseits der Brücke biegt eine Straße links ab und verläuft am Courland River entlang. Wo der Fluss die Straße kreuzt, parkt man das Auto, überquert den Fluss und folgt dem schmaler werdenden Pfad.

Nach etwa 1/2 Stunde und der viermaligen Durchwatung des Flusses ist der Wasserfall erreicht. Orientieren sollte man sich immer am Flussbett und gelegentlich darauf achten, ob der Pfad eventuell am gegenüberliegenden Ufer weitergeht. In der Regenzeit steht man schon mal brusttief im Wasser. Versteckt zwischen zwei steilen Felsen, stürzt der Wasserfall aus über 30 m in einen herrlichen Pool. Wer sich nicht zutraut den Wasserfall zu finden, fragt am besten im Dorf nach einem Guide oder kontaktiert Darren Henry, ✆ 767-9298. Aufmerksame Wanderer werden unterwegs viele Vögel beobachten. Den Picknickkorb nicht vergessen! Zurück in Le Coteaux geht es links wieder auf die Arnos Vale Road und anschließend rechts ab in Richtung Golden Lane und Culloden Bay.

Das herrlich auf einer Bergkuppe gelegene **Golden Lane** ist ein wundervoller kleiner Ort mit einer Post, einer Kirche, einer Schule und den üblichen Rumshops. Hier leben zum Teil Nachkommen afrikanischer Sklaven, die an ihren Traditionen bis heute festhalten und beispielsweise einem sonntags geborenen Sohn den Namen „Quashie" geben. Freunde von Mythen können

sich in Golden Lane auf die Suche nach dem sagenumwobenen Grab der Hexe Gang Gang Sarah machen. Vielleicht fesselt den einen oder anderen die Geschichte der afrikanischen Sklavin, die auf Tobago ihre Fähigkeit zu fliegen verlor, da sie Salz aß und somit nie wieder ihre afrikanische Heimat zu Gesicht bekam.

In Golden Lane sollte man nun an einer sehr markanten Kreuzung der Aufschrift **Culloden Bay Road** folgen. Die hübsche Straße säumen Brotfrucht- und Papayabäume, blühende Flamboyants und Gelbe Poui-Bäume, die gegen den wohl legendärsten Baum Tobagos winzig wirken. Der mächtige, sich aus einer Schlucht erhebende **Silk Cotton Tree** (Kapokbaum) ist übersät mit Schmarotzerpflanzen. In ihm vereinigen sich die Geister des alten afrikanischen Glaubens und die Seelen der Verstorbenen, ein Ort haarsträubender Geistergeschichten.

Die Culloden Bay Road führt nach etwa 2–3 km in die gleichnamige Bucht. Kakaobäumchen säumen den Weg, Papageien schwirren durch die Lüfte und die Ausblicke sind wahrlich grandios. Die idyllische **Culloden Bay** ist nicht breiter als 200–300 m und das vorgelagerte Riff ist ein Paradies für Schnorchler und Taucher. In der Bucht hat sich das **Footprints Eco Resort**, ✆ 660-0118, 💻 www.footprintseco-resort.com, niedergelassen. In dem etwa 24 ha umfassenden Resort findet man herrliche Wanderwege, Teiche, natürliche Pools, kleine Pflanzungen, mit Naturmaterialien traumhaft schön gestaltete Unterkünfte und das open-air **Cocoa House Restaurant**. Von der Lovers' Retreat Cottage oder der King of the Woods Villa, die sogar einen eigenen Pool besitzen, hat wohl jeder schon einmal geträumt. Wenn auch alles oben Geschriebene stimmt, ist die Anlage jedoch in die Jahre gekommen. Viele Reparaturarbeiten wären nötig und es bleibt zu hoffen, dass das Resort erhalten bleibt. US$150–300.

Die Northside Road

Vom Claude Noel Highway nördlich von Scarborough führt die gut beschilderte Abfahrt Northside Road in das hügelige Innere Tobagos und verbindet die beiden Küsten. Die erste Ortschaft, die man nach etwa 1,5 km erreicht, ist **Calder Hall**. Von gepflegten Hecken umgeben steht hier das Haus des Präsidenten. Nördlich von Calder Hall gabelt sich die Straße. Links führt die Providence Road nach Plymouth und Golden Lane, rechts ab folgt man der Northside Road nach **Cinnamon Hill** und anschließend nach **Concordia**.

Die Fahrt auf der weiter ansteigenden Northside Road und die herrlichen Ausblicke über die grünen Hügel sind ein wahrer Genuss. **Mason Hall**, etwa 1 km nördlich von Concordia, beherbergt die 1938 erbaute erste staatliche Schule Tobagos. Wer Lust hat den **Highland Waterfall**, manchmal auch **Mason Hall Waterfall** genannt, zu besuchen, passiert die St. Peter Anglican Church und biegt kurz nach einer sehr scharfen Linkskurve links in die Mason Hall Estate Road ein. Nun folgt man der unbefestigten, zum Teil sehr schlechten Straße etwa 2–3 km, bis an eine Brücke, die den Courland River überspannt und zum Highland Waterfall (S. 263) führt. In der Umgebung von Mason Hall gibt es noch weitere Wasserfälle, u. a. den hübschen **Craig Hall Waterfall**, der sich in kleinen Kaskaden in erfrischende Pools ergießt und von einem herrlichen Bambuswäldchen umgeben ist.

Etwa 1 km hinter Mason Hall beginnt bereits **Moriah**. Das hübsche Dorf hat eine wundervolle Lage und die Bewohner widmen sich zum überwiegenden Teil der Landwirtschaft oder frönen dem herrlichen Nichtstun vor den Rumshops. Die hier Mitte des 19. Jhs. errichtete Moravian Church zählt zu den ältesten Missionen Tobagos.

Etwa 2 km nordöstlich der Kreuzung in Moriah beginnt **Runnemede**. Eine etwa 2 km lange, unbefestigte Straße führt in die meist nur von Fischern oder einheimischen Familien frequentierte **King Peter's Bay** mit ihrem schwarzen Strand. In Runnemede besteht die Möglichkeit im sehr abgelegenen **Cuffie River Resort**, ☎ 660-0505, 🖥 www.cuffie-river.com, zu nächtigen; ein Resort ausgelegt für Vogelbeobachter. Das 2-stöckige Gebäude verfügt über 10 geräumige, schön eingerichtete Zimmer mit Bad und Balkon, außerdem existieren 2 Apartments und ein Pool. Die Preise verstehen sich inkl. aller Mahlzeiten, Flughafentransfers und eines persönlichen Guides zur Erkundung der Umgebung. Ab US$200.

Die Northside Road nähert sich nun langsam wieder der Küste und führt ungefähr 5 km hinter Runnemede nach Castara.

Castara

Etwa 8 km nordöstlich von Moriah entlang der Northside Road liegt das 500–600 Einwohner zählende, wundervolle Fischerdorf Castara, das eine der schönsten Buchten Tobagos säumt. Hier herrscht nicht nur eine wunderbar entspannte Atmosphäre, es scheint auch einen außergewöhnlichen Zusammenhalt zwischen den Dorfbewohnern zu geben. Der Tourismus hat zweifelsohne in den letzten Jahren zugenommen, vor allem auch aufgrund des Zuwachses exklusiver Unterkünfte, trotzdem scheint er immer noch eine untergeordnete Rolle zu spielen.

Der Strand selbst ist herrlich, zum Teil palmengesäumt und zweifelsohne Dorfmittelpunkt. Der Castara River teilt den Strand vor allem in der Regenzeit in zwei Hälften. Bei starkem Regen verwandelt sich das sonst kristallklare blaue Meer auch schon mal für kurze Zeit in eine braune Brühe. Ein kleiner Felsvorsprung trennt die Castara Bay von der kleinen wundervollen **Little Bay** (auch **Heavenly Bay**), die viele nette Unterkünfte aufweist und die super zum **Schnorcheln** ist. Und wer eine noch abgelegenere Bucht sucht, der fragt nach der **Sorry Bay**, benannt nach dem außerordentlichen Umstand, dass man lediglich per Boot in die Bucht gelangt.

Die meisten Menschen hier leben vom Fischfang. Im Gebäude der **Fishermen's Co-op** wird der Fang des Tages gewogen, gesäubert und verkauft, daneben liegen die Strandeinrichtungen (TT$1). Wer Lust hat, einmal mit zum Fischen zu fahren, fragt am Fishermen's Co-op nach Rusty oder Anakonda. Am südlichen Ende der Castara Bay befindet sich die nette **Cascreole Beach Bar** mit dem herrlichen „Palmbaumhaus-Restaurant" und die Schule.

Im August verwandelt sich auch Castara in ein Tollhaus, wenn die **Castara Fishermen's Fete** am Strand steigt. An diesem Tag wird getanzt und gefeiert, es herrscht fröhliche Ausgelassenheit und nicht wenige Liter Bier und Rum finden ihre Abnehmer.

Wer von Moriah kommt, überquert die Brücke über den Castara River. Biegt man direkt hinter der Brücke rechts ab, gelangt man zum Fußballplatz, wo am späten Nachmittag meist kräftig gebolzt wird. Die Belohnung nach dem Spiel ist eine Dusche unter dem herrlichen Wasserfall. Dazu muss man rechts am Fußballplatz vorbei, hinunter zum Castara River und dem Flussbett folgen. Nach etwa 10 Minuten ist der zwar weniger spektakuläre, jedoch herrlich erfrischende Wasserfall, der sich in einen kleinen Pool ergießt und zum Abtauchen einlädt, erreicht.

Wer sich entschlossen hat, in Castara längere Zeit zu bleiben, sollte auf jeden Fall einen Trip ins Hinterland unternehmen. Der an das Dorf grenzende üppige Regenwald ist schlicht gesagt fantastisch. Außerdem gibt es noch einen weiteren Wasserfall entlang dem Castara River, etwa eine Stunde Fußmarsch entfernt.

Übernachtung

Mama's House, ✆ 736-6038. Am Ortseingang von Castara, etwa 10–15 Min. (bergab!) zu Fuß vom Strand entfernt. Tolles Haus, in dem im unteren Teil 2 Apartments mit Küchenzeile, Moskitonetz, Bad und Terrasse vermietet werden. Ist nett, o.k. und der Preis unschlagbar. ❶
Sun Deck Apartments, ✆ 639-1410, 🖥 www. sundeckapartments.com. Unterhalb von Mama's House stehen insgesamt 4 Apartments (eines etwas größer) mit Ventilator (eines mit AC), Bad, Küchenzeile, Moskitonetz und TV. Die niedrigen Decken sind etwas drückend, der gemeinsame Garten sowie die Sonnenterrasse mit tollem Blick dagegen sehr nett; Minimarkt. ❷–❸
Sandcastles, ✆ 635-0933, 🖥 www.sandcastles tobago.com. Gegenüber dem Sun Deck Apartments, steil am Berg, vermietet Adam und seine kleine Familie ein 2-Bettzimmer-Apartment mit Bad, Ventilator, Moskitonetz, offen gehaltenem Wohnbereich und Küche sowie 2 herrlichen Balkonen mit klasse Blick. Außerdem ein geräumiges Apartment ohne Küche mit kleiner Terrasse. Adam's Restaurant genießt einen guten Ruf (s. Essen). ❸–❹
Sea Level Guesthouse, Second Bay Rd, ✆ 635-1358, 🖥 www.tobago.de. 100 m vom Strand stehen die beiden doppelstöckigen Gebäude

Fantastisches Eco-Resort

Castara Retreats, ✆ 660-7702, 🖥 www.castararetreats.com. Man kommt aus dem Schwärmen gar nicht mehr heraus, betritt man eine der 3 wundervollen, offen designten Haiku (What I feel)-Lodges mit herrlichen Wohnbereichen, Terrassen mit Panoramablick – alles aus Holz, einmalig! Auch die 3 Apartments sind wunderbar und das Anwesen selbst, ein tropischer weitläufiger Garten. Porridge und seine Frau Jeanelle erweisen sich als tolle „Caretaker"! Viel gelobte Unterkunft, die auch ihren Preis hat (US$152–356).

oberhalb der Castara Bay. Vermietet werden 8 Apartments mit Bad, Ventilator, Moskitonetz, Küchenzeile und Balkon zum Relaxen. Einige wurden renoviert; netter Garten; Preis-Leistung stimmt. ❷
Castara Cottage, Second Bay Rd, ✆ 757-1044 (Brigitte). Gegenüber dem Sea Level, in Hanglage und der Little Bay zugewandt; auch mit vielen zufriedenen Gästen. Auffälliges Holzhaus mit 2 Zweibettzimmer- und einem Studio-Apartment, geräumig, schön, voll ausgestattet und herrlichen Balkonen. ❸–❺
Blue Mango Cottage, ✆ 639-2060, 🖥 www. blue-mango.com. Liegt unterhalb der Castara Cottage. Etwas in die Jahre gekommen, aber immer noch mit Flair und Privatsphäre. Insgesamt 3 eigenwillige Holz-Cottages: Die Blue Mango Cottage hat 1 DZ mit Bad und Balkon, ❷, und ein 1-Bettzimmer-Apartment mit Bad, TV, Küche und Terrasse, ❹, zusammen ❺; die Sea Steps, ❺, und Sea Perch, ❸, wurden verbunden und hängen wunderbar über ihrer eigenen Bucht, zusammen, ❻, und die Sweet Point Cottage mit ihrem oberen und unteren Level strahlt ihren eigenen Charme aus, ❹.
The Naturalist Beach Resort, ✆ 639-5901, 🖥 www.naturalist-tobago.com. Liegt am Castara Beach und genießt einen guten Ruf, auch aufgrund des netten Managers Ancle. Er zeigt Besuchern gerne seine 5 nett eingerichteten Apartments mit Bad, AC, TV und Küchenzeile, ❷–❸. Nur eins besitzt eine Veranda; die

übrigen Gäste nutzen die Gemeinschaftsveranda mit Blick auf den Strand. Das Schmuckstück jedoch ist die Blue Marlin Suite über dem Delight Café – sehr offen, hell, geräumig, voll ausgestattet, direkt am Meer und mit herrlicher Veranda. Inkl. Frühstück und Handy. ❺

Nature View Apartments, ✆ 660-7310. Liegt rechts ab von der Main Rd, steil bergauf in Hanglage; deutsch-tobagonisches Paar mit Namen Wolf und Jesma vermietet in ihrem Haus 2 ordentliche Apartments (eines etwas größer) mit Küchenzeile, Bad, Wohnbereich, Ventilator und herrlicher Veranda. Nette familiäre Atmosphäre; Essen auf Anfrage. ❶–❷

Hidden Cottage, ✆ 639-2376, 🖥 www.hidden cottagetobago.com, ist ein wunderschönes Holzhaus. Ab ❺

Toad Hall & Toad Heights, ✆ 733-6829, 🖥 www.castaravillas.co.uk. 2 weitere Holz-Cottages, zu erreichen auf einem kleinen Pfad hinter dem Golden Post. ❸–❺

Porridge's Place, ✆ 660-7702, 🖥 www.por ridgesplace.com. Porridge (den auf Tobago wohl jeder kennt) vermietet auch ein voll ausgestattetes 1-Bettzimmer-Apartment mit Veranda in seinem Zuhause am östlichen Ende Castaras. Aufgrund der Gastgeber auf jeden Fall empfehlenswert. ❷

Heavenly Bay

Lillibets, 🖥 www.lillibets.co.uk. Wer hier wohnen möchte, sollte das Boat House oder die Angel Apartments kontaktieren. Insgesamt 4 geräumige 1-Bettzimmer-Apartments mit

Ein kleines Idyll

Beach House, ✆ 660-7702, 🖥 www.tobago beachhouse.com. Wundervolles Holz-Beach House in fantastischer Lage. Toll offen gehaltenes 1-Bettzimmer-Apartment, ❻, mit super Ve randa, Küche und viel Liebe zum Detail eingerichtet im oberen Stock. Darunter 2 süße Studio-Apartments, ❹, mit Küchenzeile, Bad und ebenfalls super Veranda mit Hängematte. Auch hier kümmern sich Porridge und Jeanelle um die Gäste.

Küche, Wohnraum, Bad und toller Terrasse mit herrlicher Aussicht. ❻

Alibaba's Sea Breeze Apartments, ✆ 635-1017, 🖥 www.alibaba-tours.com. Wundervolle Lage an der Little Bay mit herrlichen Balkonen und Hängematten zum Chillen. Brian „Alibaba" und Stefanie (seine deutsche Frau) vermieten hier 4 nette Apartments mit Bad, Moskitonetz und Küchenzeile. Ansonsten gibt's hier jede Menge Touren zu buchen. ❸

Angel Apartments, ✆ 639-5291, 🖥 www.angelapartments.com. Die Lage ist auch super, mit Pool. Insgesamt 12 1-Bettzimmer-Apartments auf 3 Ebenen. Die unteren sind leider etwas muffig. Je höher man jedoch steigt umso schöner werden sie; riesige Bäder, Küchen, AC, Wohnraum, gut ausgestattet und große Gemeinschaftsterrassen mit klasse Blick. Preisangaben schwanken sehr: für die unteren 8 Apartments ab ❹, für die oberen ❺. Dexter, der Besitzer, ist ein ganz Netter, ihm gehört auch das Cascreole, hat sicher hier zu hoch gepreist, aber alles ist verhandelbar!

Essen und Unterhaltung

Cascreole Beach Bar & Restaurant. Direkt am südlichen Strand liegt das Cascreole. Relaxte Atmosphäre herrscht in der riesigen Bar mit Billard, Tischfußball, Tischtennis, Beamer und Projektionsleinwand für Sportevents im XXL-Format und lautstarker Musikanlage; Livebands oft freitags oder samstags, So geschlossen. Dexters Frau Debbie kocht leckere kreolische Gerichte, die in den Wipfeln der Palmen, sozusagen einem „Baumhaus-Restaurant" über dem Strand, serviert werden; moderat.

Café Delight, c/o Naturalist Beach Resort. Herrlicher Platz zum Frühstücken und für einen anständigen Kaffee, preiswerte Sandwiches oder einen Salat. ⏱ etwa 8–17 Uhr. In der Hauptsaison: So BBQ-Dinner mit Live-Musik.

Adam, c/o Sandcastle, ✆ 635-0933, hat sich einen sehr guten Ruf erarbeitet. Seine Dinnermenüs (nur nach vorheriger Absprache) sind zwar nicht günstig, aber anders, reichhaltig und von vielen gelobt.

Marguarite's Local Cuisine liegt an der Hauptstraße und ist empfehlenswert, falls

Castara – eines der idyllischsten Dörfer Tobagos

Tobago

geöffnet. Offeriert u. a. leckere Pies, Rotis, Fish & Chips, selbst gemachte Pizza. Am günstigsten isst man jedoch bei **Sherma's**, das neben der Post an der Main Rd liegt und eher nach einer Bar aussieht. Um 17 Uhr gibt's frisches Brot und ansonsten fast tgl. (außer So) Rotis (TT$15).

Preiswert essen (z. B. Callaloo, Hähnchen oder Fisch) kann man auch auf dem Balkon über dem kleinen Supermarkt **L&H Sunset** gegenüber den Beach Facilities. Man muss nur vorher Bescheid geben.

The Clay Kitchen, c/o Blue Mango Cottage. 2007 wieder eröffnet, recht gemütlich und sicher einen Versuch wert.

D'Almond Tree (Vera's). Kleines, lokales, überdachtes Restaurant am Beach. Moderate Preise für ein abendliches Fisch- oder Hähnchengericht. Mittags vergleichsweise teure Rotis, aber natürlich bezahlbar, und Frühstück scheint auch recht teuer zu sein. ◷ Ab 9 Uhr mit Unterbrechungen bis …

Boat House Restaurant, ☎ 660-7354. Super Beach Bar und Restaurant mit echtem Urlaubsfeeling direkt an der Little Bay. Sa ist geschlossen, Di und Do nur zum Lunch geöffnet, Sonntagmittag gibt's Pizza, abends Pelau und ansonsten wechselnde Mittag- und Abendgerichte zu moderaten Preisen. Mittwochs ist *der* Tag: Steelpan-Musik ab 19 Uhr, danach Drumming und was sich halt ergibt, und für TT$150 darf reichlich gegessen und getrunken werden. Ein kühles Carib trinkt man auch in der **Bar von Codrington Wallace**, Ecke Second Bay Rd,

Traditionelles Brotbacken

Jeden Donnerstag- und Samstagmorgen werden hinter dem Cascreole in einem riesigen Lehmofen von vielen älteren Damen **leckeres Brot und Brötchen** gebacken.
Fotografieren wird nicht so gerne gesehen, also vorher fragen!

✆ 635-0040. Er vermietet übrigens auch Toni's Guesthouse in Parlatuvier (S. 269). Viel los ist auch immer in **D Lime**, der Bar von Marvin Lewis in der Castara Bay Rd.

Sonstiges

Autovermietung

Wer ein Auto braucht, sollte **Porridge**, ✆ 660-7702, kontaktieren.

Internet

Wer ins Internet will, geht ins **Café Delight** (TT$20/Std.) oder in **The Big Fish & Craft** an der Main Rd.

Liegestühle

Liegestühle (TT$20) verleiht das **Naturalist Beach Resort**, ✆ 639-5901

Wäscherei

Quick Spin Laundry, an der Main Rd, ✆ 703-2616. Waschen und trocknen TT$35; mit eigenem Waschpulver TT$24. ⊙ 9–19 Uhr, letzte Ladung 17.30 Uhr.

Touren

Tourveranstalter gibt's in Castara jede Menge. **King David Tours**, Castara Bay Rd, ✆ 660-7906, 🖳 www.kingdavidtobago.com, offeriert Schnorcheltrips und Regenwald-Touren (US$50/halber Tag), privates Beach BBQ (US$40) und einiges mehr.
Die **Nature Boys Tours**, am Castara Beach, bieten Sunset-Touren, Fishing Trips und eine Donkey Safari mit Übernachtung im Regenwald an.

Alibaba Tours, ✆ 635-1017, 🖳 www.alibaba-tours.com, hat auch alles im Programm, Rainforest- und Off-Road-Safaris, Boot- und Inseltouren; Tagestouren US$90.

Transport

Die Busse von Scarborough fahren i. d. R. über MASON HALL (TT$2) nach CASTARA (TT$5) und PARLATUVIER (TT$6). Auf Abfahrzeiten von Castara sollte man sich nicht verlassen, d. h. hinsetzen, warten und wenn ein Route Taxi (einige TT$ teurer) oder ein Bus kommt – einsteigen!

10 HIGHLIGHT

Englishman's Bay

Fährt man weitere knapp 4 km entlang der wundervollen Northside Road, führt ein kleiner ungeteerter Weg zur **Englishman's Bay**. Sie ist der Inbegriff karibischer Naturschönheit und mit das Schönste, was Tobago zu bieten hat. Dem Schild am Straßenrand folgend, findet man in einem herrlichen, knarrenden und quietschenden Bambuswäldchen einen geeigneten Parkplatz. Neben **Eula's** nettem Restaurant und Souvenir Shop (hier gibt's leckere, preiswerte Lunchgerichte, Pelau, Rotis Kuchen und Eis sowie eine Toilette) existieren noch einige wenige Verkäufer, die ihr Bambus- und Calabashhandwerk zum Kauf anbieten oder Liegestühle (TT$20) und Schnorchelausrüstung verleihen.

Ansonsten gibt es nichts außer dem herrlich kristallklaren, tiefblauen Meer, vorgelagerten Riffen, dem satten Grün des unberührten Regenwaldes, einem herrlichen weißen Sandstrand und einer Menge ins Meer platschender Pelikane und Fregattvögel. Zu Zeiten, in denen das Meer etwas aufgewühlter ist und die Wellen stärker brechen, ist das Schwimmen allerdings vor allem für Kinder nicht immer ungefährlich. Wer die Englishman's Bay für sich alleine haben möchte, kommt am besten früh am Morgen. Und nicht vergessen: „Leave nothing but footprints …"

Parlatuvier

Passiert man die Englishman's Bay, kommt wenig später **Kurt Glasgow's Bar** in Augenschein mit toller Sitzmöglichkeit und grandiosem Blick auf die Bucht und das verträumte Örtchen Parlatuvier. Vorbei an einer Art betoniertem Sportplatz geht's hinunter zur Bay. Wundervoll säumen vereinzelte, sich in den Hang schmiegende Häuser die Bucht. Ein kleiner Fluss mündet ins Meer, Fischerboote schwanken in den seichten Wogen und der zum Teil palmengesäumte, goldgelbe Strand lädt zum Baden ein. Am Horizont erblickt man **Sisters Rock**, einige von Seevögeln bewohnte Felsen.

Mittelpunkt des Dörfchens ist das **Parlatuvier Tourist Resort**, das nicht nur eine Unterkunft, sondern auch ein echter Tante-Emma-Laden ist. Mr. Chance verkauft in seinem „Variety Store" von Nägeln bis zum Brot alles, was die Bewohner benötigen. Natürlich wickelt er auch die Post ab und versorgt die Durstigen mit einem kühlen Carib. Gegenüber dem Resort, direkt am Strand, befindet sich eine kleine Grundschule. In den Pausen lärmen und toben die Kinder, stürmen den gegenüberliegenden „Book Store" und übertönen für kurze Zeit das Rauschen des Meeres. Es macht Spaß hier zu verweilen, den Alltag zu beobachten und die Gegend zu erkunden.

Übernachtung und Essen

Parlatuvier Tourist Resort, ✆ 639-5629. Mr. Chance vermietet einige Zimmer mit Bad, Ventilator oder AC, gemeinsamer Küche und Balkon, ❶ und 1 Apartment, ❷. Keine schlechte Wahl.

Toni's Guesthouse, am südlichen Ende der Bucht, ist auch empfehlenswert. Die 4 recht neuen Apartments (obere sind schöner) mit Küchenzeile, Bad, einige TV, Ventilator und super Terrasse gehören Mr. Wallace, ✆ 635-0040 (er hat eine Bar in Castara) und Gango, ✆ 721-2384, passt darauf auf, er wohnt etwas unterhalb – einfach im Dorf nachfragen! ❶–❷

Gloria & Anthony Joseph's Riverside Restaurant, ist das einzige Restaurant und befindet sich an der Northside Rd. Hier wird einheimisch gekocht: frischer Fisch, Geflügel

oder Shrimps mit vielerlei Beilagen (TT$60–100). Glorias Tochter Michelle hat vor dem Restaurant einen **Pastry & Roti Shop** eröffnet und bietet ihren Gästen preiswerte Rotis, Pies und selbstgebackenes Brot; Samstagabend ab und an BBQ.

Bloody Bay und L'Anse Fourmi

2–3 km nach der Ortschaft Parlatuvier gelangt man an eine Kreuzung. Rechts ab windet sich die Roxborough–Parlatuvier Road hinauf zum ältesten Naturschutzgebiet der westlichen Hemisphäre. Folgt man jedoch der Northside Road, stößt man auf die Bloody Bay, die ihren Namen einem blutigen Gemetzel zu verdanken hat. 1666 stieß der britische Kapitän Sir John Harman hier auf die gemeinschaftliche Flotte von Niederländern und Franzosen. Die Seeschlacht endete zugunsten der Briten – und das geflossene Blut färbte das Meer tiefrot.

Die wenigen Häuser der Bloody Bay konzentrieren sich um die besagte Kreuzung. Viele Einheimische weisen mit einem Schild vor ihrer Haustür auf die Möglichkeit einer Regenwaldtour hin. Unterkünfte gibt es allerdings keine. Etwas mehr als 2 km hinter der Kreuzung erreicht man einen hübschen Aussichtspunkt. Wer Glück hat, kann die Fischer beim Einholen ihrer Netze beobachten. Ansonsten tummeln sich an der zum Schwimmen und Schnorcheln geeigneten Bucht lediglich einige Seevögel. Vom Aussichtspunkt führt eine ungeteerte Straße hinunter zum Strand. Kurz hinter der Abfahrt nach L'Ansi Fourmi, taucht das nette **Sunshine Restaurant & Bar**, ✆ 639-1979, auf. Oft legen Tourgruppen hier eine Mittagspause ein und stärken sich auf der Veranda mit lokalen Speisen; moderat.

Wer im Oktober hier ist, sollte sich keinesfalls das **Blue Food Festival** (S. 40) entgehen lassen. Lässt man das Restaurant links liegen und folgt der Northside Road, überquert man zunächst zwei Brücken, wobei die erste über den hübschen Bloody Bay River führt. Etwa 3,5 km windet sich die Straße hinauf auf die Klippen, bevor man das sehr abgeschiedene Örtchen L'Anse Fourmi erreicht. Das Dorfbild prägen zwei, drei Rumshops, einige Kirchen, eine Methodisten-

Schule, kleine Häuschen und ein Health Center. Kinder spielen auf der Straße und neugierige Blicke folgen den Touristenjeeps. Wer der nunmehr seit zwei Jahren wunderbar geteerten Straße folgt, gelangt nach knapp 10 km durch fast unberührte Natur nach Charlotteville.

11 HIGHLIGHT

Tobago Forest Reserve

Eine der schönsten Straßen Tobagos, die Roxborough–Parlatuvier Road, verbindet die Bloody Bay an der karibischen Küste mit Roxborough auf der Atlantikseite und führt durch das älteste Naturschutzgebiet der westlichen Hemisphäre. Der seit 1765 geschützte Regenwald bedeckt die sich über fast zwei Drittel der gesamten Insellänge hinziehende Main Ridge, deren höchste Erhebung – der **Pigeon Hill** – 572 m über dem Meeresspiegel liegt. Etwa 180 Vogel- und 120 Schmetterlingsarten sind in dem knapp 5600 ha umfassenden Tobago Forest Reserve bekannt. Die Existenz des Naturschutzgebietes ist dem Briten Soame Jenyns zu verdanken.

Nachdem der britische Wissenschaftler Stephen Hales im 18. Jh. die Beziehung zwischen Niederschlag und Vegetation erforscht und Jenyns, der zu damaliger Zeit verantwortlich für die Entwicklung Tobagos war, Bericht erstattet hatte, begann dieser den Pflanzern Tobagos klarzumachen, dass eine weitere Rodung des Waldes irreparable Folgen haben würde. Seine Bemühungen hatten Erfolg und man erklärte das Gebiet zum Naturschutzgebiet. Während der Mensch das Reservat fast zwei Jahrhunderte unberührt ließ, richtete **Hurrikan Flora** am 30. September 1963 verheerende Schäden an, die jedoch ohne die vorherige Erhaltung des Waldes noch schlimmere Auswirkungen gehabt hätte. Sämtlich Kakao-, Kokosnuss- und Bananenplantagen wurden vernichtet, viele Baumriesen hielten dem Sturm nicht stand, 30 Menschen kamen zu Tode und hunderte wurden verletzt. Während Tobago zu dieser Zeit fast ein Jahr auf die Hilfe anderer Staaten angewiesen war, erinnert heute nahezu nichts mehr an den verheerenden Wirbelsturm.

Passiert man die Bloody Bay, biegt an der Kreuzung links ab auf die Roxborough–Parlatuvier Road und folgt der ansteigenden Straße etwa 3 km, erreicht man am höchsten Punkt **The Hut–Main Ridge Creation Side**, einen atemberaubenden Aussichtspunkt mit Blick auf das karibische Meer und die **Sisters Rocks**. Einige Frauen von der Bloody Bay verkaufen selbst gebackenen Kuchen und leckere Fruchtsäfte. Von The Hut führen eindrucksvolle Wanderwege in den tropischen Regenwald, begrenzt von undurchdringlichem Dickicht und vorbei an zahlreichen Flüssen, Bächen und kleinen Wasserfällen. Das Forestry Department sieht es nicht gerne, wenn sich Touristen auf eigene Faust in den Regenwald aufmachen, außerdem entgehen einem unzählige, versteckte Schönheiten des Regenwaldes, welche die Guides natürlich kennen. Ein Mangel an nicht registrierten sowie lizenzierten Naturführern und Tourveranstaltern besteht nicht.

Etwa 3 km weiter in Richtung Roxborough markiert ein Stein den **Gilpin Trace**. Hier warten meist lizenzierte Tour Guides (z. B. Junior Thomas, ✆ 660-7847) auf die Touristen. Ausgestattet mit Gummistiefeln hat man die Wahl zwischen zwei Touren. Die etwa 1 1/2-stündige Tour entlang eines Flusses kostet ungefähr TT$140. Für eine knapp 3-stündige Tour zu den kleinen **Gold & Silver Waterfalls** zahlt man etwa TT$260 – handeln nicht vergessen! Hier heißt es sich verzaubern lassen vom herrlichen, dichten und schwülen Regenwald, dessen Untergrund kaum ein Sonnenstrahl erreicht. Die Gummistiefel sind unerlässlich, will man seine Schuhe vor allem in der Regenzeit nicht gänzlich ruinieren. Vom Gilpin Trace führt die Roxborough–Parlatuvier Road stetig bergab in das etwa 8 km entfernte Roxborough.

Die Windward Road

Mount St. George und Umgebung

Östlich von Scarborough und Bacolet führt der Highway am neu errichteten Bacolet (auch Dwight York) Stadion vorbei und mündet in die schmale Windward Road. Vom hübschen, auf einer Hügelkuppe liegenden Dörfchen **John Dial**

Tobago

hat man erstmals einen wundervollen Blick auf die lang gezogene, von dunklem Sandstrand und Palmen gesäumte **Hillsborough Bay**. Die Fahrt entlang der Bucht führt in das winzige Dorf **Mount St. George**, das einstige **Georgetown** (zu Ehren des britischen Königs George III. so benannt). Heute erinnert hier nichts mehr an die Tatsache, dass die Briten nach ihrer Machtübernahme im Jahre 1762 und dem initiierten Zustrom britischer Siedler aus Barbados Georgetown besiedelten, das House of Assembly errichteten und die Ansiedlung zur ersten britischen Hauptstadt erklärten. Vielleicht auch deshalb, weil der Ort den Status bereits 1769 wieder verlor.

Wer in Mount St. George wohnen möchte, kann sich in **Vicky's Guesthouse**, ☎ 660-2089, einem beliebten Treffpunkt einheimischer Hochzeitsgesellschaften einmieten. Das einfache Guesthouse verfügt über insgesamt sieben saubere Zimmer mit Bad und Ventilator oder AC, teilweise mit eigener Küche, ❶. Vicky ist ausgesprochen nett und kocht auf Anfrage. Mitunter nächtigen hier die Leibwächter des Premierministers von T&T, dessen hübscher, offizieller Amtssitz oberhalb des Dorfes liegt, jedoch selten genutzt wird und der Öffentlichkeit nicht zugänglich ist.

Von Mount St. George führt die äußerst schlechte, in der Regenzeit auch schlammige Mount St. George–Castara Road zum **Hillsborough Dam**, der etwa die Hälfte der Einwohner Tobagos mit Trinkwasser versorgt. Unterwegs gibt ein lauschiges, mit Bänken versehenes Plätzchen den Blick frei auf eine kleine Schlucht mit herrlicher Vegetation, die zum **Green Hill Waterfall** führt. Für diesen Abschnitt sollte man einen Guide mitnehmen, s. u.

Mount St. George und Umgebung   271

3–4 km weiter erreicht man den Staudamm, zu dessen Besuch man eigentlich eine Genehmigung der WASA, ✆ 639-8093, benötigt. Das Sicherheitspersonal am Eingang drückt jedoch meist ein Auge zu und lässt Besucher passieren. Das Reservoir ist ein Paradies für Vogelbeobachter, aber auch Kaimane lassen sich sehen und verharren am Ufer gerne in der Sonne. Wer lieber mit fachkundiger Begleitung die Vogelwelt, das Reservoir oder den selten besuchten Green Hill Waterfall erkunden und entlang der Flussläufe, die das Reservoir speisen, wandern möchte, sollte sich an einen der folgenden Naturführer wenden oder im Dorf nach einem ortskundigen Führer fragen. Darren Henry, ✆ 767-9298, David Rooks, ✆ 631-1630, oder Harris Mc Donald, ✆ 639-0513.

Granby Point und Umgebung

Etwa 2 km östlich von Mount St. Georges entlang der Barbados Bay kommt das Dörfchen **Studley Park** in Sichtweite. Von hier aus führt eine weitere Straße landeinwärts zum Hillsborough Dam. Folgt man der Windward Road und achtet auf das Schild Granby Point (rechts ab), endet die ungeteerte Straße nach wenigen hundert Metern an einem ausgesprochen hübschen ruhigen Plätzchen. Auf der hügeligen kleinen Landzunge thronte einst das von den Briten im 18. Jh. errichtete **Fort Granby**, an das außer einer Grabplatte nichts mehr erinnert. Die herrliche Aussicht auf die Barbados Bay, Smith's Island und die palmengesäumte **Pinfold Bay** sowie einige schattige Picknickplätze lohnen aber den Abstecher.

Etwa 200 m östlich der Abfahrt zum Granby Point führt links eine Straße hinauf zum **Castle White Hotel**, ✆ 660-2905, 🖥 www.castlewhitehotel.com. Das ruhig gelegene, familiäre Hotel verfügt über 21 etwas unterschiedlich ausgestattete Zimmer mit Ventilator, einige AC, Bad, Balkon und einem kleinen Pool. Die oberen Zimmer haben einen fantastischen Ausblick auf die Pinfold Bay und Fort Granby. Frühstück inkl. ❷–❸

Genau gegenüber dem Hotel trifft man auf die **Eco Spot Bar** – klasse zum Limen, mit super Blick auf die Pinfold Bay. Weitere 100 m östlich entlang der Windward Road kommt das legendäre

First Historical Café in Sicht, das hoffentlich irgendwann wieder seine Türen öffnet.

Goodwood bis Pembroke

Etwa 12 km östlich von Scarborough führt die enge, sehr kurvige Windward Road in das kleine Dörfchen **Goodwood**. Das spektakuläre Panorama über die Küstenlandschaft ist ein echter Genuss. Vom Dorf führt ein kleiner Pfad in die oft menschenleere, palmengesäumte **Goldsborough Bay**. Wer den **Genesis Nature Park & Art Gallery**, ✆ 660-4668, besucht, wird auf einer kleinen Fläche verschiedene tropische Bäume, Cocricos, Agoutis, Schildkröten, Papageien oder eine Boa zu Gesicht bekommen. Die Art Gallery ist nicht der Rede wert. Zum Abschluss gibt's gratis ein kühles Getränk. ☉ Mo–Sa 9.30–17 Uhr; US$5.

Hat man die hübschen Häuschen, die Dorfschule und das gepflegte Fußballfeld hinter sich gelassen, weist ein Schild nach etwa 3-4 km zum **Rainbow Waterfall**, der in der ehemaligen Lure-Plantage in Goldsborough liegt. Die holprige, von Kakaowäldchen und Bananenplantagen gesäumte Straße führt nach gut 2 km zum **Cocoa House Restaurant & Guesthouse**. Mr. McKenna begleitet Besucher zu dem imposanten Rainbow

Waterfall (15–20 Min., TT$60, ohne Führung TT$30) und bietet auch 5–6-stündige Regenwaldtouren (US$100) an, die morgens um 6 Uhr beginnen.

Zurück auf der Windward Road, gelangt man stetig bergauf nach etwa 2 km ins idyllische Fischerörtchen **Pembroke**. Das Dorf zieren eine hübsche anglikanische Kirche und einige kleine Rumshops. Grandios ist auch hier der Ausblick auf den Atlantik und die kleine Insel Richmond. Am Ende Pembrokes (links oberhalb der Straße) lohnt ein Stopp in der originellen **Kountree Forest Cocktail Lounge**, ☎ 660-5380. Dieses aus Naturmaterialien designte Haus hat den Charakter eines Baumhauses. Neben Cocktails und leckeren frischen Fruchtsäften wird eine reichhaltige Speisekarte geboten. Spezialität des Hauses ist frischer Shellfish oder Lobster. Abends gehobene Preise. In Kürze wird es hier auch 5 nette Apartments geben.

Richmond Great House und Argyle Waterfall

An Pembroke schließt sich nahtlos das ebenso herrlich auf einem Hügel liegende Dörfchen **Glamorgan** an. Wer eine Rast nötig hat, sollte sich in **Gee Bee's Bakery** mit leckeren Kokosnussdrops eindecken, der Windward Road einige hundert Meter bergab folgen und Ausschau halten nach dem hübschen Picknickplatz auf der linken Seite. Hat man das Tal passiert, weist ein Schild zum **Richmond Great House**, Belle Garden, ☎ 660-4467, dem etwa 200 Jahre alten, restaurierten Herrschaftshaus einer ehemaligen Kakao- und Zuckerrohrplantage. Vornehm liegt das Herrschaftshaus auf einer Hügelkuppe mit einem herrlichen Ausblick über die grünen Hügel bis hin zum Meer.

Der Besitzer, Professor Hollis Lynch, ein Tobagonier, der an der Columbia Universität in New York lehrte, hat eine wundervolle Kollektion afrikanischer Kunst- und Gebrauchsgegenstände zusammengetragen, die hier zu bewundern sind. Für eine Führung zahlt man TT$20, ☼ tgl. 9–15 Uhr. Wer Ruhe sucht, kann sich in eines der 12 im Kolonialstil eingerichteten DZ einmieten, ab ❸. Den Gästen stehen außerdem ein Pool, ein Tennisplatz und ein herrliches Terrain für Wanderungen zur Verfügung.

Etwa 1,5 km hinter Kendall weist ein Schild zum **Argyle Waterfall**. Am Eingang, bei Roxborough Estate Visitor Services, ☎ 660-4154, sind Tickets (TT$40) erhältlich. Auch ein kleines Internetcafé (TT20/Std.) und ein Minimarkt sind vorhanden. Der Eintrittspreis beinhaltet eine geführte Tour, die ab 9 Uhr etwa jede halbe Stunde startet. Mit dem Auto folgt man zunächst noch einer holprigen, von Kakaobäumen gesäumten Straße etwa 500 m bis zum Parkplatz und einem Holzhaus. Hier gibt's Souvenirs, Gummistifel (TT$20), Umkleidekabinen und Toiletten. Das Obergeschoss beherbergt die beiden **River View Apartments**, ❷, mit Singleküche, Bad und netter Veranda. Zum Wasserfall ist es ein herrlicher, 15-minütiger Fußweg und man hört ihn schon plätschern, bevor man ihn zu Gesicht bekommt. Von tropischer Vegetation umgeben, ergießt sich der zu Tobagos höchsten Wasserfällen zählende und aus drei Kaskaden bestehende Argyle Waterfall in herrliche tiefe Pools und erzeugt kleine natürliche Whirlpools. Wer Lust auf eine kräftige Rückenmassage hat, klettert rechts vom Wasserfall einen steilen Pfad hinauf. ☼ Mo–So 9–17 Uhr.

Hinter Richmond kehrt die Windward Road in **Belle Garden** zurück zur Küste. Im Osten erblickt man die herrliche **Queen's Bay** und **Queen's Island**. Am langen Strand vor **Kendall** kann der ein oder andere eventuell einem Brauch Tobagos folgen und den Fischern beim Einholen der schweren Netze zur Hand gehen (len han wie es auf Tobago heißt) oder sich an einer eiskalten Kokosnussmilch erfreuen.

Roxborough

Roxborough, 27 km nordöstlich von Scarborough, zählt zu den größten Gemeinden Tobagos und ging mit dem **Belmanna-Aufstand** in die Geschichte ein. Im 18. und 19. Jh. war Roxborough, ebenso wie die meisten Ansiedlungen Tobagos, geprägt durch die Plantagenwirtschaft. Nach der

Freilassung der Sklaven im Jahre 1834 geriet auch die Plantage Roxborough in eine schwere Krise. Auf die befreiten Arbeiter konnte man sich nicht mehr verlassen und die niedrigen Löhne stellten keinen Anreiz für Einwanderer dar. Ein Hurrikan im Jahre 1847, der viele Plantagen verwüstete, und fallende Zuckerpreise in den folgenden Jahrzehnten schmälerten die Gewinne der Plantagenbesitzer. In der Folge sanken die Löhne rapide und die Arbeitsbedingungen auf den Plantagen verschlechterten sich zunehmend.

Im Mai 1876 eskalierte die Situation und die Arbeiter der Roxborough-Plantage brannten das Gutshaus nieder. Als die Polizei unter Colonel Belmanna versuchte die Brandstifter festzunehmen, gerieten die Arbeiter noch mehr in Rage und eine Frau kam zu Tode. Die Rebellen belagerten das Polizeirevier und forderten Belmanna auf herauszukommen und sich seiner Verantwortung zu stellen. Sie drohten das Polizeigebäude in Brand zu stecken. Als Belmanna vor die Tür trat, tötete man ihn auf grausame Weise.

Benachbarte Plantagenarbeiter sympathisierten in den folgenden Tagen mit den Aufständischen, die Tumulte gerieten weiter außer Kontrolle und auf Tobago herrschte Gewalt und Anarchie. Ein britisches Kriegsschiff sorgte schließlich wieder für Ordnung und die Rebellen wurden zu lebenslanger Haft verurteilt oder des Landes verwiesen. Die Pflanzer Tobagos, immer noch in Angst und Schrecken versetzt, befürworteten die Aufgabe der autonomen Regierung Tobagos zugunsten einer Kronkolonie. So kam es, dass am 1. Januar 1877 die damals 215 Wahlberechtigten ihr demokratisches Recht, Repräsentanten zu wählen aufgaben und Tobago in die Verantwortlichkeit der britischen Regierung legten.

Heute ist Roxborough ein friedliches, verschlafenes Nest. Westlich führt die wundervolle Roxborough–Parlatuvier Road vorbei an der Bücherei und einer großen Mittelschule und weiter mitten durch die Tobago Forest Reserve bis an die karibische See. Fährt man die Roxborough–Parlatuvier Road nach Schulende, strömen Massen grünweiß uniformierter Schulkinder auf die Straße, belagern die Gemüsehändler, stürmen den Süßigkeitsladen, warten auf den Bus oder halten die Touristenjeeps an um mitgenommen zu werden.

Das Zentrum Roxboroughs konzentriert sich jedoch um die Windward Road, die parallel zur **Prince's Bay** und dem Strand verläuft, vorbei an einem kleinen Stadion, einigen Rumshops, kleinen Supermärkten, der Feuerwehr und einer hübschen Post. Für die meisten Touristen ist Roxborough nur eine Durchgangsstation mit Gelegenheit zum Tanken. Das Polizeirevier thront einige Meter über dem Meeresspiegel und in der Umgebung liegt eine der größten Kakaoplantagen Tobagos.

Hinter Roxborough windet sich die Straße wieder steil bergauf. In einer etwa 2 km östlich von Roxborough gelegenen Großgärtnerei, der ehemaligen Zuckerrohrplantage **Louis D'or**, findet man Setzlinge einer Vielzahl der hier beheimateten Pflanzen und Bäume: Louis D'or Nurseries, ☎ 660-4329, ⊙ tgl. 9–17 Uhr.

Delaford und die King's Bay

Wundervoll schlängelt sich die Windward Road von Louis D'or 1–2 km hinauf nach **Delaford**, einem malerischen kleinen Dorf mit spektakulären Ausblicken auf die palmengesäumte **King's Bay** und den Regenwald.

Folgt man der Straße einige hundert Meter bergab, führt ein etwa 5-minütiger Fußpfad ohne Hinweisschild zum **King's Bay Waterfall.** Während sich der Wasserfall früher aus etwa 30 m an einer steilen Felswand in einen Pool ergoß, ist er heute nur noch sichtbar, wenn der King's Bay River, der zur Sicherstellung der Wasserversorgung gestaut wurde, größere Mengen Wasser ins Tal transportiert. Der Wasserfall liegt inmitten der ehemaligen Kakaoplantage von James und Dorothy Rosenwald, die einen Teil ihres Besitztums, darunter das Gebiet um den Wasserfall, der Bevölkerung von Trinidad und Tobagos 1974 zum Geschenk machte. Rund um die fruchtbaren Täler und Hügel der King's Bay leben Scharen von ohrenbetäubend kreischenden Papageien, die sich sehr zum Ärger der Bewohner über die Früchte und Samen der Kakaoplantagen hermachen und daher ab und zu geschossen werden.

Ziemlich am Ende von Delaford weist ein Schild zum **King's Bay Beach**. Die Fahrt führt durch herrliche Kakao- und Kokospalmenhaine direct zu den Beach Facilities (TT$1). Die tief eingeschnittene, geschützte und palmengesäumte Bucht sowie der dunkle Strand sind ein beliebter Treffpunkt von Seglern, die vor der Küste ankern und zum Strand paddeln. Der Strand zählt zu den besten der Windward Coast und das seichte, von Riffen durchsetzte Wasser eignet sich wunderbar zum Tauchen, Schnorcheln oder einfach nur zum Baden. Da sich nur wenige Touristen hierher verirren, teilt man den Strand meist nur mit einigen Fischern. Ab und zu hat die Strandbar geöffnet oder ein Einheimischer verkauft frische Früchte.

The Portuguese Man-O-War

Die Portugiesische Galeere besteht aus einer Vielzahl von Polypen und hat die Erscheinungsform einer Qualle. Die bläulich schimmernde Gasblase treibt auf dem Wasser und ihre zahlreichen weißen, blauen und rotvioletten Tentakeln sind bis zu 15 m lang. An ihnen befinden sich Nesselzellen, die ein Giftgemisch enthalten. Sie kommt nicht nur in der Karibik vor, sondern auch vor Portugal oder der niederländischen Küste. Wird man berührt: – nicht mit Süßwasser spülen (regt die Zellen zum Platzen an), nicht versuchen abzureiben (vermehrt den Giftausstoß), sondern mit trockenem Sand bedecken und vorsichtig mit einem Spatel abstreichen. Essig oder Zitrone lindert den Schmerz. Sofort ins Krankenhaus, um einen allergischen Schock zu vermeiden.

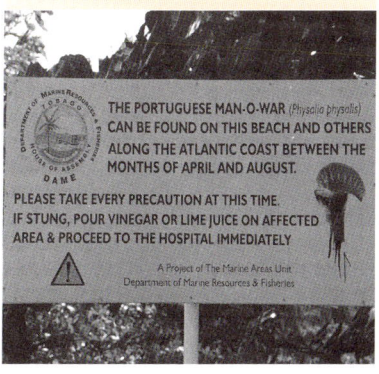

THE PORTUGUESE MAN-O-WAR *(Physalia physalis)* CAN BE FOUND ON THIS BEACH AND OTHERS ALONG THE ATLANTIC COAST BETWEEN THE MONTHS OF APRIL AND AUGUST.

PLEASE TAKE EVERY PRECAUTION AT THIS TIME. IF STUNG, POUR VINEGAR OR LIME JUICE ON AFFECTED AREA & PROCEED TO THE HOSPITAL IMMEDIATELY

A Project of The Marine Areas Unit Department of Marine Resources & Fisheries

Vor der King's Bay weist ein Schild in einer sehr scharfen Rechtskurve auf einige Unterkünfte in der Delaford Bay hin. Folgt man dem holprigen Weg, geht es an einer Gabelung rechts zum **Carib Inn Guesthouse**, ✆ 660-4285; Mr. Edward (evtl. vorher anrufen) vermietet etwa 5 Min. vom Strand 8 einfache DZ mit Ventilator, Bad, Gemeinschaftsterrasse und Kochmöglichkeit. ❶ Wer dagegen Richtung Meer fährt, trifft auf die **Ocean View Cottage**, ✆ 660-4220; Mrs. Buntin Orr (wohnt direkt daneben) vermietet hier insgesamt 10 einfache Apartments mit Küchenzeile, Du/WC und Ventilator. ❷ Der Familie gehört außerdem das **Restrite Sea Gardens Guesthouse**. Die 3 Zimmer mit Ventilator, Du/WC, kleiner Küchenzeile und Terrasse sind nicht so sehr einladend, die Strandlage ist jedoch toll; beliebt bei Trini-Familien. ❶ Leider sind die Einkaufsmöglichkeiten in der Bucht sehr beschränkt. Bis auf das *Sea* **View Cottage**, wo man ein kühles Getränk zu sich nehmen, die fantastische Aussicht genießen oder ein Schwätzchen halten kann, sieht es sehr mau aus. Aber wer gerne läuft – Delaford hat natürlich einen Shop.

Speyside

Nordöstlich der King's Bay windet sich die Windward Road etwa 4 km landeinwärts über üppig bewachsene Hügel, bevor ein grandioser Aussichtspunkt – der **Speyside Lookout** – auftaucht. Das unterhalb liegende, rastafarben gestrichene **Roots Café** sieht zwar sehr einladend aus, hat aber horrende Fruchtsaftpreise. Im Tal erblickt man **Speyside**, die **Tyrell's Bay** und die vorgelagerten Inseln **Goat Island** und **Little Tobago**.

Speyside ist das letzte Dorf an der Windward Coast und hat, trotzdem es sehr stark als neues Tauchparadies der Karibik vermarktet wird, den Charakter eines kleinen Fischerdorfes nicht verloren. Zu Speyside gehören drei Buchten. Die unbefestigte Lucy Vale Road führt vom Sportplatz an die südlichste Bucht, die **Bishop's Bay**. Hier findet man Umkleidekabinen, Duschen, Toiletten (TT$1) und die **Speyside Beach Bar**. Viele

Little Tobago (Bird of Paradise Island)

Etwa 2 km vor der Küste Speysides liegt die knapp 1,8 km^2 umfassende Paradiesvogelinsel. Im Jahre 1909 hatte der englische Zeitungsverleger, Besitzer Little Tobagos und begeisterte Ornithologe Sir William Ingram die rühmliche Idee, den vom Aussterben bedrohten Paradiesvögeln eine neue Heimat zu geben. Also importierte er 24 Vogelpärchen von den Aru-Inseln Neuguineas. Die Göttervögel, wie sie auch genannt werden, ausgestattet mit einem märchenhaften Prunkgefieder, wurden jedoch über die Jahre durch Hurrikane und vielleicht auch Jäger so stark dezimiert, dass sie schließlich ausstarben. Nach seinem Tod 1924 hinterließ Sir Ingram die Insel der Regierung, die sie zum Vogel- und Naturschutzgebiet machte.

Vegetation und Vogelwelt der Insel sind heute auch ohne Paradiesvögel etwas ganz Besonderes. Little Tobago ragt bis etwa 60 m über dem Meeresspiegel aus dem Atlantik und ist überzogen von herrlichen Wanderwegen. Schon vom Bootsanleger führt ein wundervoller Pfad vorbei an exotischen Farnbäumen und unterschiedlichen Palmarten zum Besucherzentrum, das neben einem grandiosen Ausblick lediglich Darstellungen einiger hier vorkommender Seevögel und ein Gästebuch bietet. Ein überragender Aussichtspunkt befindet sich an einer Steilküste im Osten der Insel. Hier können neben **Pelikanen** (brown pelican) auch **Fregattvögel** (frigatebird), **Tölpelseeschwalben** (brown noddy), **Rotschnabeltropikvögel** (red-billed tropicbird), **Braune Tölpel** (brown booby) und andere Vogelarten beobachtet werden. Fernglas mitnehmen! Das vor Little Tobago liegende **Goat Island** ist für die Öffentlichkeit nicht zugänglich. Das hübsche Haus in der Mitte der Insel wurde ursprünglich als Feriendomizil des Engländers Ian Fleming, Autor der James Bond-Romane, errichtet und hat seine Besitzer schon mehrfach gewechselt. Die angebotenen Touren mit dem Glasbodenboot verbinden einen kurzen Besuch der Insel mit einer Fahrt über die vorgelagerte Riffwelt und einem kurzen Schnorcheltrip über das fantastische **Angel Reef** (s. Touren).

pirogues säumen den Strand und einige Fischer warten auf Touristen, um einen Bootsausflug anzubieten. Wenn der Strand auch nicht der allerschönste ist, Schnorchler werden auf alle Fälle an den vorgelagerten Riffen ihre Freude haben.

Die Main Road Speysides verläuft parallel zur **Tyrell's Bay** und dem Strand. Hier befinden sich die meisten Unterkünfte, Restaurants, Shops, die Post, die St. John's Anglican Church und einige Tauchanbieter. Am nördlichen Ende Speysides gabelt sich die Straße. Rechts ab passiert man zunächst ein altes, aus der Plantagenzeit stammendes Wasserrad und anschließend einen mit Kanonen bestückten Aussichtspunkt, der den Blick freigibt auf die traumhaft schöne, türkis schimmernde, palmengesäumte **Batteaux Bay**, in der sich das luxuriöse Blue Waters Inn niedergelassen hat. Oberhalb der Batteaux Bay ist deutlich die in den Berg geschlagene, unbefestigte Straße zu erkennen, die in die malerische **Belmont Bay** und **Starwood Bay** führt. Ist die Straße aufgrund heftiger Regenfälle nicht passierbar, besteht auch die Möglichkeit sich mit einem Fischerboot übersetzen zu lassen. Beide Buchten sind ausgezeichnete Tauch- und Schnorchelreviere. Das Hinterland Speysides bietet auch herrliche Wanderwege und gute Plätze zur Vogelbeobachtung.

Speysides Küste weist fantastische **Tauchgründe** auf, die ihren Ursprung in dem warmen nährstoffreichen Wasser finden, das Tobago umgibt und somit einer Vielzahl Meerespflanzen und Fischschwärmen einen idealen Lebensraum bietet. Das Wasser bringt die Guayana-Strömung, die gespeist vom Orinoko an der Ostküste Südamerikas entlangfließt, sich um Trinidad teilt und somit die Ost- und Südküsten Tobagos umspült. Es gibt eine Vielzahl von Tauchgebieten um Goat Island, Little Tobago, St. Giles oder Melville Island, Marble Island, London Bridge Rock und direkt vor Speysides Küste das Batteaux Reef, Angel Reef, Bookends, Japanese Gardens oder das Blackjack Hole. Neben Papagei-, Doktor-, Kaiser-, oder Falterfischen sieht man Riffbarsche, Barrakudas, Drücker- und Tarpunfische. Wer Glück hat, begegnet auch einem Ammenhai, einer Meeresschildkröte oder einem Manta-Rochen. Außerdem bergen die Gewässer vor Speysides Küste eine der größten Hirnkorallen der Welt, die einem Durchmesser von etwa 5 m und eine Höhe von knapp 4 m aufweist (s. weiter unten, Tauchen und Touren).

Übernachtung

Country Haven Guesthouse, Top Hill St, ℡ 660-5901. Kommt man von Süden über die Windward Road nach Speyside, fährt man noch bevor man hinunter ans Wasser gelangt, links die steile Top Hill Street hinauf. Earl, der sehr nette Besitzer, vermietet 2 Zimmer mit Bad, Ventilator, Moskitonetz und Terrasse und 1 Apartment mit Bad, Ventilator, Küchenzeile und Balkon. Inkl. ist ein klasse Ausblick. ❶–❷

Top Ranking Hillview Guesthouse, Top Hill St, ℡ 660-4904, 🖳 www.caribinfo.com/toprank. Liegt noch steiler am Berg. 5 ordentliche Apartments mit Küchenzeile, Bad, Ventilator (eines AC), Gemeinschaftsterrasse (einige Balkon). Außerdem Minimarkt, Autoverleih, Touren. Preis je nach Ausstattung und Lage. ❶–❸

Ocean Splendor Guest House, Top Hill St, ℡ 660-5293. Zwei, drei Kurven hinter dem Top Ranking kann man sich in eines der Zimmer, eigentlich einer kleinen 3-Zimmer-Wohnung mit gemeinschaftlicher Küche, Dusche, WC und kleiner Veranda einmieten. Nette Familie, Touren und Abendessen auf Anfrage. ❷

Clyde Denoon's Guesthouse, Lucy Vale, ℡ 660-5625. Vorbei an der Speyside Beach Bar liegt das Guesthouse, das über 2 Apartments mit 2 Schlafzimmern und großem Balkon verfügt. ❶

Davis Atlantic View Guesthouse, Windward Rd, ℡ 660-4231/5891. Gegenüber Jemma's direkt an der Windward Rd und verfügt über 2 einfache, aber saubere Zimmer mit Ventilator, die sich Bad, Küche, Aufenthaltsraum und Terrasse teilen. Daneben gibt es noch ein komplett eingerichtetes Apartment. Da am Guesthouse oft niemand anzutreffen ist, am besten vorher anrufen oder in Jemma's Restaurant nachfragen. ❶–❷

Sun Crest Guesthouse, Windward Rd, ℡ 660-6027. Direkt über der gleichnamigen Bar stehen 3 saubere Zimmer mit Ventilator, Moskitonetz, Bad und nettem Balkon mit Blick auf Straßenleben und Meer zur Verfügung. Die Bar ist ein beliebter Treff, aus dem Soca-Rhythmen nicht wegzudenken sind. ❶

Speyside Inn, Windward Rd, ℡ 660-4852, 🖳 www.speysideinn.com. Liegt nicht zu verfehlen an der Windward Road. 7 AC-Zimmer, 14 weitere mit Ventilator, Bad, Balkon und grandiosem Blick auf die Bucht. Einige der Zimmer – und nach denen sollte man fragen – haben ein tolles Flair: hohe Giebel, runde oder vieleckige Zimmer. Für Selbstversorger gibt's auch noch 3 Cabins (US$121–170), d. h. Apartments mit Bad, Ventilator, Küche, Wohnraum und Terrasse mit herrlichem Buchtblick. Außerdem Restaurant, Internet, kleiner Pool und Tauchschule. Frühstück inkl. ❹–❺

Manta Lodge, Windward Rd, ℡ 660-5268, 🖳 www.mantalodge.com. Am Ende von Speyside liegt die durch ihr himmelblaues Dach sehr auffällige Manta Lodge. Alle Zimmer verfügen über Bad, Ventilator und großen Balkon oder Terrasse mit Meerblick. Die Superior Rooms haben zusätzlich AC und sind etwas größer. Daneben gibt es noch 4 nette Lofts mit eigenem Sonnendeck auf dem Dach. Anbei: Moray Eel Restaurant, Pool und Tauchschule. Hinter dem Hotel kann man auf einer großen Terrasse Kolibris beobachten. Alles in allem eine nette kleine Anlage, die aber was Preis-Leistung betrifft einige Pinselstriche und Nachbesserungen nötig hätte. Frühstück inkl. ❺–❻

Blue Waters Inn, Batteaux Bay, ℡ 660-4341, 🖳 www.bluewatersinn.com. Am nördlichen Ende Speysides liegt das wunderschön in die Batteaux Bay eingebettete Hotel. Tauchfreaks, Badehungrige und Naturliebhaber kommen hier auf ihre Kosten. 31 hübsch eingerichtete Zimmer sind in einem zweistöckigen Gebäude direkt am Strand untergebracht, haben Bad, AC, Ventilator und Balkon mit Blick auf Goat Island und Little Tobago. Daneben gibt es noch 4 Apartments mit 1 bzw. 2 Schlafzimmern sowie 3 Bungalows (US$205–320) mit viel Privatsphäre. Das Angebot des Hotels reicht von Sportfischen, Tauchen, Schnorcheln, Windsurfen, Tennis bis hin zu Wandertouren in das herrliche Hinterland. Restaurant und Bar siehe Essen. Ab ❺

Essen

Bird Watcher's Rest & Bar, Windward Rd, ℡ 639-5438. Hübsch gestrichenes Restaurant

Sicher eine Institution: Jemma's

Jemma's, ☎ 660-4066, ein Baumhausrestaurant, liegt direkt an der Tyrell's Bay und ist das von Ausflüglern wohl am häufigsten frequentierte Restaurant der Umgebung – am Mittag also oft belebt. Die meisten Tourveranstalter, die Little Tobago oder eine Inselrundfahrt im Programm haben, stoppen hier, nicht nur aufgrund der Tatsache, dass ein uralter Almond Tree mitten durchs Restaurant wächst, sondern auch aufgrund des fantastischen Meerblicks und der kreolischen Küche. Bier gibt es leider nicht (d. h. selbst mitbringen), dafür aber jede Menge Säfte. Die ungeschriebene Speisekarte bestimmt, was die Fischer morgens leisten – also man kann sich sicher sein: fangfrische Ware! Mittags sind Fisch- und Hähnchengerichte, auch Shrimps mit allerlei Beilagen, etwas preiswerter – nur der Lobster nicht. Wie auch immer; während viele Traveller Jemma's lieben, ist es anderen zu kommerziell. ☉ So-Do ab 8.30, Fr 8.30–18 Uhr.

mit netten Angestellten und der üblichen kreolischen Küche; moderat.

Redman's Kitchen, Windward Rd. Redman's ist eine gute Alternative zu Jemma's, serviert ebenfalls kreolische Küche; Lobster oder Shrimps auf Anfrage; moderat.

Speyside Inn Restaurant, hat eine internationalere Speisekarte; moderat–gehoben.

Fishpot Restaurant, im Blue Waters Inn, serviert neben einem reichhaltigen Frühstücksbüffet internationale und karibische Küche, allerdings zu gehobenen Preisen, und Cocktails an der **Shipwreck Bar** direkt am herrlichen Strand.

Moray Eel Restaurant, in der Manta Lodge. Hier sitzt man auch ganz nett; gute, aber nicht ganz billige Fischgerichte.

Wem das nötige Kleingeld fehlt, isst einfach leckere Rotis in **Marlene's Roti Shop** auf der rechten Seite, kurz bevor man die Tyrell Bay erreicht, und trinkt sein Carib anschließend in der **Sun Crest Bar** zu Soca und was sonst noch angesagt ist.

Geld

Der nächste Geldautomat steht in Charletteville. Die großen Hotels wechseln auch US-Dollars und Reiseschecks zu einem etwas ungünstigeren Kurs.

Tauchen

St Anthony's Dive Shop, Lucy Vale, ☎ 660-5749, **Extra Divers**, c/o Speyside Inn, ☎ 660-4852, 🖳 www.extra-divers.de (S. 238), **Aquamarina Dive**, c/o Blue Waters Inn, ☎ 660-4341, 🖳 www.bluewatersinn.com, **Tobago Dive Experience**, c/o Manta Lodge, ☎ 660-4888, 🖳 www.tobagodiveexperience.com.

Touren

Wer nicht nass werden möchte, kann sich die Unterwasserwelt vom **Glasbodenboot** aus anschauen. Folgende Anbieter operieren vom Blue Waters Inn in der Batteaux Bay: **Frank's Glass Bottom Boat Tours**, c/o Birdwatchers R&B, ☎ 660-5438; **Top Ranking Glass Bottom Boat Tours**, c/o Top Ranking Guesthouse, ☎ 660-4904, und bei Jemma's findet man **Fear Not**, ☎ 6660-4654. Die **Little Tobago Tour** startet (je nach Nachfrage/Anbieter) 2x tgl. um 10 oder 10.30 Uhr sowie um 14 bzw. 14.30 Uhr, kostet US$20–25 und dauert knapp 2 1/2 Stunden. Man bestaunt ein wenig die Riffwelt, stattet Little Tobago einen Besuch ab und schnorchelt zum Schluss über dem Angel Reef.

Weitere Touren: Schnorcheln und Glasbodenboot US$17, Strömungsschnorcheln vor Little Tobago US$20–25, Bootstouren um St. Giles Island US$50.

Wer das Hinterland Speysides oder Little Tobago intensiver erkunden und dabei etwas über Flora und Fauna erfahren möchte, kann folgende erfahrene **Naturführer** kontaktieren: Newton George, 3 Top Hill St, Speyside, ☎ 660-5463, Ellis Clarke (9B Prince St. Roxborough, ☎ 660-4851, oder den berühmten Ornithologen David Rooks, ☎ 631-1630, 🖳 www.rookstobago.com.

Tobago

Bustickets gibt's in Ann's Minimarkt und Cord-
ner's Grocery: Nach CHARLOTTEVILLE (TT$2),
SCARBOROUGH (TT$8). Da zurzeit die Fahrpläne
des Öfteren wechseln (S. 252), sind in den genannten Shops eventuell die aktuellen Abfahrtszeiten zu erfahren, ansonsten unter ☎ 635-1470.

12 HIGHLIGHT

Charlotteville

Atemberaubend schön liegt Charlotteville 5 km
nordwestlich von Speyside, eingebettet in die
Ausläufer der Main Ridge, an der tief eingeschnittenen, traumhaft schönen **Man of War
Bay**. Schon die Fahrt nach Charlotteville lässt erahnen, warum Charlotteville zu den idyllischsten
Dörfern Tobagos zählt. Die Straße windet sich
zunächst steil bergauf durch dichten, feuchten,
üppig grünen Regenwald, bevor sie sich ebenso
steil und extrem kurvig dem karibischen Meer
zuwendet. Starke Regenfälle und dadurch verursachte Erdrutsche blockieren ab und zu für wenige Stunden die Straße, was die Bewohner im
Gegensatz zu so manchem Touristen gelassen
hinnehmen.

Bevor die Straße bergab führt, weist ein
Schild zum **Flagstaff Hill**. 1,7 km windet sich die
asphaltierte Straße (bevorzugter Schlafplatz von
einigen Kühen!) zum höchsten, mit einem Fahrzeug zugänglichen Punkt des Nordostens, der
schon britischen und französischen Soldaten als
exzellenter Aussichtspunkt diente. Vom Flagstaff
Hill sieht man nicht nur das smaragdgrün schimmernde Meer der Man of War Bay, **Bobby Island**
oder die **Cambleton Battery**, sondern auch das
der unberührten Nordostküste vorgelagerte **St.
Giles Island** und **London Bridge Rock**. Ein grandioser Ausblick, der am Abend, wenn sich die
Sonne senkt, am schönsten ist. Charlottevilles
Häuser scheinen in den Berghängen zu kleben
und im kristallklaren Wasser, das den Sandstrand der 2 km langen Man of War Bay seicht
umspült, schaukeln die Fischerboote in der mit-
täglichen Hitze.

Das kleine Fischerdorf zählt zu den ältesten
Gemeinden Tobagos. Die Niederländer landeten
1633 erstmals in der bereits von den Kariben besiedelten Bucht. Sie tauften die Bucht Jan de
Moor Bay, zu Ehren des Mannes, der viele Be-
siedlungsversuche u. a. auch in Brasilien und
Guayana unternahm und finanzierte. Während in
den folgenden beiden Jahrhunderten die Flagge
Tobagos mehr als ein Dutzend Mal wechselte,
fanden immer wieder Piraten in der **Pirate's Bay**
einen Zufluchtsort. 1865 vereinigte die Familie
Turpin die bis dahin wichtigsten Zuckerrohrplantagen, den Charlotteville Estate und den Pirate's
Bay Estate zu einem Besitz. Teile des damals 4400
ha umfassenden Gebiets sind bis heute im Besitz
der Familie. Der Zuckerrohr wich über die Jahre
Kakao- und Bananenpflanzungen und der tiefe
Naturhafen ermöglichte den problemlosen Ab-
transport der Ernte. Heute ist Charlotteville
Tobagos wichtigste Fischereigemeinde. Etwa 50–
60 % des gesamten Fischfangs der Insel ziehen
die Fischer hier aus den Gewässern und liefern
den Fang an die kleine Fischmanufaktur an der
Man of War Bay.

Das „Zentrum" des Dorfes ist die Bay Street,
die parallel zum Strand verläuft. Hier konzentrieren sich kleine Restaurants, Läden und Gemüsestände, das Gebäude der Fishermen's Co-op
und die Tankstelle. Die erste Straße Charlottevilles war die Chapel Street, heute Spring Street,
in der sich die 1923 errichtete Methodistenkirche
befindet. In der New Street, der Parallelstraße
zur Bay Street, ist ein Health Centre, die Polizei
und eine kleine Bücherei. An der Beach Bar stehen Toiletten, Duschen und Umkleidekabinen
(TT$1) zur Verfügung.

Einer der schönsten Strände der gesamten
Insel befindet sich jedoch in der **Pirate's Bay**.
Folgt man der unbefestigten Pirate's Bay Road
entlang der Küste, führen nicht zu übersehen
etwa 150 Stufen steil bergab in die traumhafte
Bucht. Der breite feinsandige Strand ist gesäumt
von einer einzigartigen Vegetation und das kristallklare Meer strahlt in seinen prächtigsten Farben. Angesichts dieses kleinen Paradieses ist es
unschwer nachzuvollziehen, warum Piraten und
Freibeuter ausgerechnet diese Bucht als Zufluchtsort wählten. Die westliche Küstenstraße
führt zunächst nach **Cambleton**. Drei Brücken

Tobago

sind zu überqueren, ehe man Ausschau halten sollte nach einem kleinen Fußpfad, der rechts abzweigt und vorbei an wenigen Häusern zur **Cambleton Battery** führt. Zwei aus dem Jahre 1777 stammende Kanonen, die zur Verteidigung der Bucht dienten, schmücken heute diesen von den Briten auserkorenen Platz. Von hier oben hat man einen sagenhaften Blick auf Charlotteville, die Pirate's Bay und die westliche Küste.

Wer die Strände an der Westküste der Man of War Bay erkunden möchte (Lover's Bay, Hermitage Bay, Cambleton Bay oder Waterfall Bay), fragt am besten einen Einheimischen nach dem Weg oder lässt sich von einer *pirogue* in eine der Buchten schippern. Weiter entlang der westlichen Küstenstraße erreicht man nach etwa 10 km L'Anse Fourmi.

Übernachtung

Man-O-War Bay Cottages, Man of War Bay, ℡ 660-4327, ⌨ www.man-o-warbaycottages.com. In die Jahre gekommene, leider etwas vernachlässigte, weitläufige Cottage-Anlage am südwestlichen Teil der Man of War Bay, direkt am Strand. 10 Cottages mit 1–4 Schlafzimmern, die sich nach Lage, Baujahr und Größe unterscheiden, verfügen über Ventilatoren, Bad, Küche und große Terrassen. Die Cottages sind ihr Geld zurzeit nicht wert, man zahlt für die Lage. Ab ❸

Charlotte Villa, Cambleton Rd, ℡ 660-5919, ⌨ www.travel-tobago.net. Hübsches Haus mit schönem Garten gegenüber den Man-O-War Bay Cottages. 1 großes 2-Bettzimmer-Apartment mit herrlicher Terrasse und Hängematte und 2 gemütliche 1-Bettzimmer-Apartments mit Küche, Bad, Ventilator, Moskitonetz und Balkon. Einziger Wermutstropfen: zu wenig Ventilatoren! Unter obiger Nummer erreicht man Darlin und Yolanda, die am Flagstaff Hill wohnen. ❷–❸

Banana Boat, Cambleton, ℡ 660-6176, ⌨ www.banana_boat_tobago.com. 2007 renoviertes Guesthouse, nur Schritte vom Meer entfernt, von Caroline Hardie, die nun 4 DZ mit Bad, davon 2 mit AC vermietet plus eine große Gemeinschaftsküche; außerdem Sonnenterrasse, ein kleines Bistro und Tauchschule. Ancil – *the*

world's greatest cocktail mixer – ist auch noch da, zurzeit jedoch ohne Schanklizens. ❷–❸

Bungalow Cottage, 28 Cambleton Rd, ℡ 660-6109, ⌨ bungalow@prodigy.net. Das nette Cottage gehört einem New Yorker und kann je nach Saison für US$60–100/6 Pers. komplett gemietet werden: 3 Schlafzimmer, Bad, Küche, Balkone, Garten. Kontakt in Charlotteville: Catherine Mitchel.

Caroline's Guesthouse, Cambleton Rd, ℡ 660-4891. Mr. und Mrs. Dillon (s. Ocean View) vermieten dieses Haus komplett. Für das obere Apartment mit 2 Zimmern, Du/WC und Küche verlangt das Ehepaar US$45; das untere ist etwas kleiner und kostet US$20 p. P.

Ocean View, 11 Mission Rd, ℡ 660-4891. Der Lehrer Mr. Dillon und seine Frau vermieten 3 saubere Apartments in Hanglage mit Küche, Bad, AC und Balkon mit atemberaubendem Blick über die Bucht. ❸

Nicoville, Spring Street, ℡ 639-8553. Gehört zu den Cholson Chalets. Nettes 2-Bettzimmer-Apartment und ein kleineres Studio, voll eingerichtet mit Veranda im oberen Stock und 2 ebenerdige 1-Bettzimmer-Apartments, die mit US$40 (das ganze Jahr über) am günstigsten sind. ❷

Cholson Chalets, Bay St, ℡ 639-8553, ⌨ www.cholsonchalets.com. Einige der Apartments, die Pat Nicholson vermietet, gehören wohl zu den charmantesten der gesamten Insel. Die Cholson Chalets bestehen aus 2 über 100 Jahre alten, reizvollen Holzhäusern inmitten des Ortsgeschehens gegenüber dem Strand. Die tollsten Apartments sind die beiden "upstairs units" an der Man of War Bay, mit Holzböden, 2 bzw. 3 liebevoll eingerichteten Schlafzimmern, Küche, Bad, Ventilatoren, vielen kleinen, mit

Blumen dekorierten Fenstern, einer Essecke und einer kleinen Terrasse oder Veranda. Tadellos auch die restlichen Apartments verschiedener Größe. Die Cholson Chalets sind sehr oft ausgebucht, deshalb ist eine Reservierung anzuraten. Empfehlenswert! ❶–❹

Green Corner Guesthouse, Bay St, ✆ 739-6917. 2 einfache Zimmer mit Gemeinschaftsbad. ❶

Pirate Bay Eco Home, ✆ 660-6051/639-3425. Liegt inmitten herrlicher Papaya-, Grapefruit- und Mangobäume, recht isoliert, aber wunderbar erhöht über der Pirate's Bay. Mr. Moore vermietet hier 4 einfache Apartments mit 1 oder 2 Schlafräumen, Ventilator, Bad, Küche und kleiner Veranda. Gedacht ist die Unterkunft für Naturfreaks und Nichtraucher. Insektenschutzmittel nicht vergessen! ❶–❷

Alleyne's Guesthouse, Belle Aire Rd, ✆ 660-4423. Die nette, ältere Mrs. Alleyne vermietet im unteren Stock ihres Hauses 3 saubere Zimmer mit Ventilator, die sich 2 Toiletten, 2 Duschen und eine Küche teilen. Ist Mrs. Alleyne nicht zu Hause, kümmert sich Gail um die Vermietung.

Seaville Chateau, 4A Belle Aire Rd, ✆ 660-6146/5244. 6 saubere Zimmer mit Bad, AC und Ventilator teilen sich auf 2 Ebenen 2 große Küchen. ❶

Michelle Jack, Pirate's Bay Rd, ✆ 660-4419. Liegt direkt am Wasser; Mrs. Jack vermietet in ihrem Haus 4 Zimmer mit Ventilator, eines mit Bad, die restlichen teilen sich Du/WC und eine große Küche. ❶

Belle Air Inn, Belle Air Rd, ✆ 660-5984. Der sehr nette Mr. Neptune vermietet 4 saubere Zimmer mit Bad, Ventilator, Gemeinschaftsküche und Aufenthaltsraum. Ein kleiner Garten bietet Sitzmöglichkeiten. ❶–❷ Hier kann man auch fragen nach **Rosa's House** (2 einfache Apartments in guter Lage), das am Anfang der Pirate's Bay Rd liegt. ❷–❸

Moore's Guesthouse, Belle Air Rd, ✆ 660-4749. Mr. Moore vermietet im Kellergeschoss seines Hauses ein relativ dunkles Apartment mit 2 Schlafzimmern, Ventilatoren, Bad und Küche sowie, unmittelbar daneben, ein Studio und 3 DZ mit Bad und gemeinschaftlicher Küchen- und Wohnraumnutzung. ❶–❸

Dr. P's Resort, ✆ 660-4470/5907. Dr. P's liegt weit oberhalb der Man of War Bay. Der Belle Air oder

Pirate's Bay (noch steiler) Road folgend fragt man sich am besten durch. Der Aufstieg ist zwar anstrengend, der Ausblick über die Bucht jedoch grandios. Insgesamt 5 unterschiedliche, einfache Apartments mit 1 oder 2 Schlafzimmern, Ventilator Bad, Küchenzeile und herrlichen kleinen Balkonen. Nichts für etepetete Leute, der Rest aber sagt: „die Aussicht ist es wert." Außer den genannten Unterkünften besteht auch die Möglichkeit, **privat** unterzukommen oder ein kleines **Cottage** zu mieten, u. a. bei Mrs. McKenna, ✆ 660-4446, Mrs. Budd, ✆ 660-5607, Sharon's, ✆ 660-5036. Weitere Telefonnummern sind in der Zeitung *Tobago Today* gelistet, die 6x im Jahr erscheint und in jedem Touristenbüro zu haben ist.

Essen und Unterhaltung

Sharon & Pheb's Restaurant in der Bay Street, gut frequentiert; mit kreolisch zubereiteten Fisch-, Hähnchen- und Shrimpsgerichten (TT$60–110 am Abend); Mi BBQ.

Beach Bar, an der Man of War Bay. Hier kann man nicht nur Billard spielen. Zu essen gibt es oft Fisch und Pommes, Bake & Shark, Crab und Dumpling; preiswert, ⏱ ab 9 Uhr. Mi und vor allem Freitag (oft sehr belebt) ist After Work Lime mit den coolsten Hits angesagt.

Eastman's, schräg gegenüber dem Pier, serviert preiswert den Fang des Tages mit Pommes, Hamburger oder Sandwiches (falls geöffnet).

Kreolische Küche – gelobt von Travellern

Gail's, liegt in Richtung Pirate's Bay. Auf ihrer Speisekarte stehen Mo–Sa ab 19 Uhr immer 3–4 leckere kreolische, bezahlbare Gerichte (inkl. Suppe); Shrimps sind etwas teurer.

Kauntry Kitchen Snack Shop, ✆ 354-7841. Für alle, denen mittags der Magen schon knurrt: Nichts wie hin zur Kauntry Kitchen, nicht zu übersehen in der Cambleton Road. Leckere und preiswerte Buss-up-shots am Freitag, Barbecue donnerstags und auf alle Fälle jeden Tag gute Rotis sowie Hähnchen und Pommes. ⏱ So–Do 11.30–23, Fr 11.30–17, Sa 19–23 Uhr.

Michelle Jack, Pirate's Bay Rd, ☎ 660-4419, kocht auf Anfrage. Sie holt ihre Gäste dann ab oder bringt das Essen vorbei. Fisch mit viel Sauce und Dumpling, dazu gibt's einen frischen Fruchtsaft (etwa TT$50).

Jane's Quality Kitchen. Liegt mit Sitzmöglichkeit ganz nett an der Man of War Bay; mittags auch Rotis und Abendessen auf Anfrage.

Ya Dee's Pastry, an der Bay Street, empfiehlt sich zum Kaffeehunger, denn hier gibt's leckeren Bananen- und Kokoskuchen.

Frisches **Obst und Gemüse** wird täglich an der Man of War Bay angeboten, und wer einen frischen Fisch selbst zubereiten möchte (TT$10–12 pro Pfund Thunfisch), geht in die **Fischmanufaktur**.

Cappuccino Bar, Spring St. Nett zum Frühstücken, Open-air, natürlich mit Cappuccino; Milchshakes und leichte Snacks auch am Mittag; macht oft gegen 16/17 Uhr zu; So geschlossen.

Sonstiges

Autovermietung
Ocean View Car Rental, 11 Mission Rd, ☎ 660-4891. Mr. Dillon verlangt US$50/Tag.

Einkaufen
Die beiden „größten" Einkaufsmärkte sind der neben der Tankstelle, ⊙ Mo–Do 8–18, Fr und Sa 8–19 Uhr, und der **Bay View Shopping Mart** in der Bay Street.

Feste
Am St. Peter's Day im Juni/Juli wird in Charlotteville kräftig das **Fishermen's Festival** gefeiert.

Geld
Nun gibt es ihn endlich, den Geldautomaten in der New St, der Parallelstraße zur Bay St. Ist ab und an auch mal leer (!), also genügend Bargeld mitnehmen. Viele Guesthouses akzeptieren auch Reisechecks.

Internet
Multi Media Café, Bay St; TT$10/30 Min.; hat auch CDs;
Workshop Sea Tours, Bay St, TT$15/30 Min.

Post
Die Post befindet sich im Bay View Shopping Mart in der Bay St.

Wäscherei
In der Bay Street, bei Workshop Sea Tours. Waschen und trocknen TT$35.

Touren

Carib Stu, ☎ 733-1298, 🖥 www.CaribStu.com, hat einen guten Ruf, was das Tauchen angeht. Stuart Sampson operiert von Crown Point aus.

Son Son, ☎ 759-6108, bietet Glasbodenboottouren (TT$100/2 1/2 Std.) an mit den Zielen Pirate's Bay, St. Giles, Lover's Bay und zu 2 weiteren Stränden.

Tobago Sea Kayak Experience, ☎ 660-6186, 🖥 www.seakayaktobago.com. Neben einem How to do – Play in the Bay-Kurs für Leute, die mehr über die Paddeltechnik lernen möchten (US$40), gibt's Halb- und Ganztagestouren (US$40–60), bsw. vom Pigeon Point zur Bon Accord Lagoon, rein in die Mangrovenlandschaft, inkl. Lunch und Schnorcheln.

Workshop Sea Tours, ☎ 660-6281, 🖥 www.workshopseatours.net, bietet Schnorcheltrips (US$45) und Fischcharter (US$200/1/2 Tag) an.

Transport

Direkt an der Tankstelle können Bustickets gekauft werden; Charlotteville–SCARBOROUGH (TT$8). Da die Busse zurzeit sehr unregelmäßig fahren, am besten an der Tankstelle oder unter ☎ 635-1470 nach dem aktuellen Fahrplan fragen.

Grenada

Stefan Loose Traveltipps

St George's Bummeln durch die kleine idyllische Hauptstadt. S. 286

13 **Muskatnussfabrik** Die Verarbeitung der Muskatnuss in Gouyaves Nutmeg Processing Station verfolgen S. 298

14 **Fish Friday** Kulinarisches Highlight in Gouyave. S. 300

15 **Grand Anse Beach** Relaxen an Grenadas berühmtestem Strand. S. 306

Grenada Chocolate Company Bei einer Naschtour durch die wohl kleinste Schokoladenfabrik der Welt in süßes Schwelgen geraten. S. 332

16 **River Antoine Rum Distillery** Besuch der ältesten Rumbrennerei der Karibik inmitten herrlicher Zuckerrohrfelder. S. 333

17 **Carriacou** Abtauchen ins „Land der Riffe" und die magische Welt unter Wasser erkunden. S. 336

GRENADA

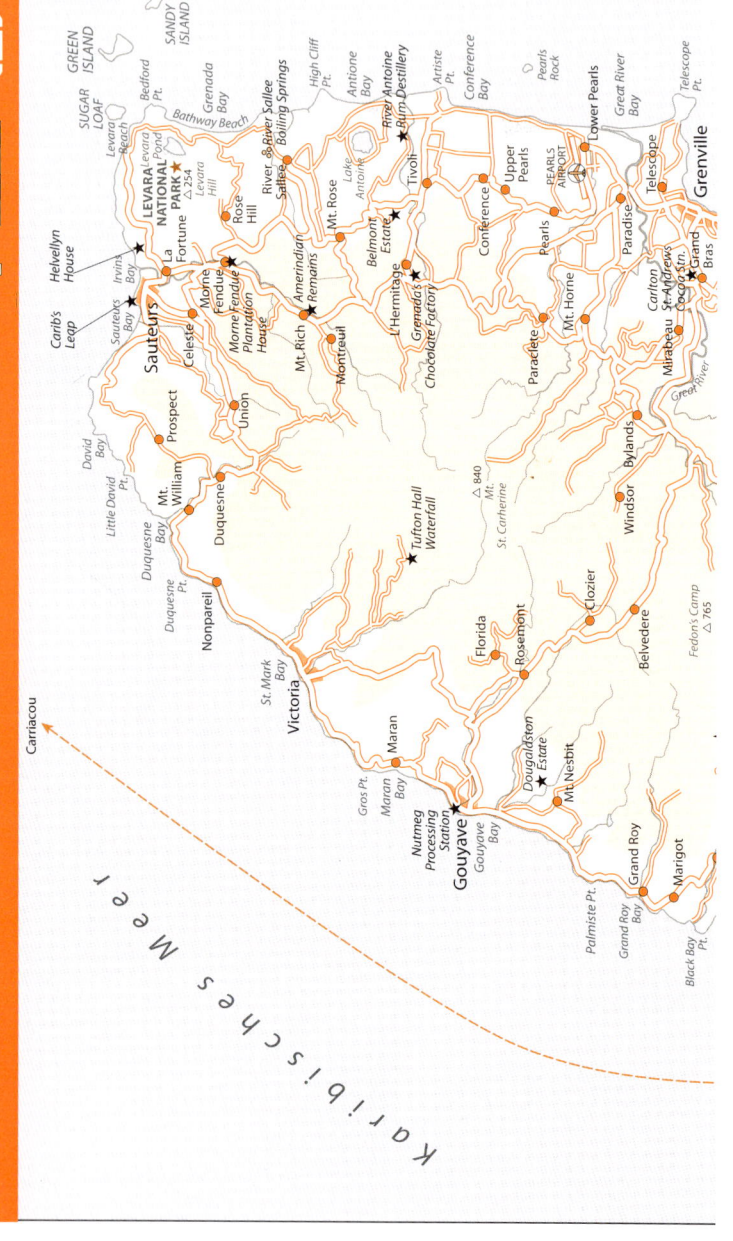

N

0   1   2 km

GREEN ISLAND

SANDY ISLAND

SUGAR LOAF

Bedford Pt.

Grenada Bay

Bathway Beach

Levara Beach

Levara Pond

High Cliff Pt.

Antoine Bay

Artiste Pt.

Conference Bay

Pearls Rock

Great River Bay

Telescope Pt.

Irvin Bay

Helvellyn House

LEVARA NATIONAL PARK

△ 254

Levara Hill

River & River Sallee

Boiling Springs

Mt. Rose

Lake Antoine

Burn Distillery

River Antoine

Tivoli

Lower Pearls

Telescope

Sauteurs Bay

Carib's Leap

Sauteurs

La Fortune

Celeste

Morne Fendue

Rose Hill

Belmont Estate

Upper Pearls

PEARLS AIRPORT

Conference

Grenville

Morne Fendue Plantation House

Amerindian Remains

Mt. Rich

L'Hermitage

Grenada's Chocolate Factory

Pearls

Paradise

Grand Bras

David Bay

David Pt.

Prospect

Union

Montreuil

Paraclete

Mt. Horne

Carlton

St-Andrews

Cocoa Stn.

Mirabeau

Little David Pt.

Mt. William

Duquesne Bay

Duquesne Pt.

Duquesne

Byrands

Windsor

△ 840

Mt. St. Catherine

Great River

Nonpareil

Tufton Hall Waterfall

Clozier

St. Mark Bay

Florida

Rosemont

Belvedere

Fedon's Camp △ 765

Victoria

Maran

Gros Pt.

Maran Bay

Dougaldston Estate

Mt Nesbit

Nutmeg Processing Station

Gouyave

Gouyave Bay

Grand Roy

Marigot

Palmiste Pt.

Grand Roy Bay

Black Bay Pt.

Carriacou

Karibisches Meer

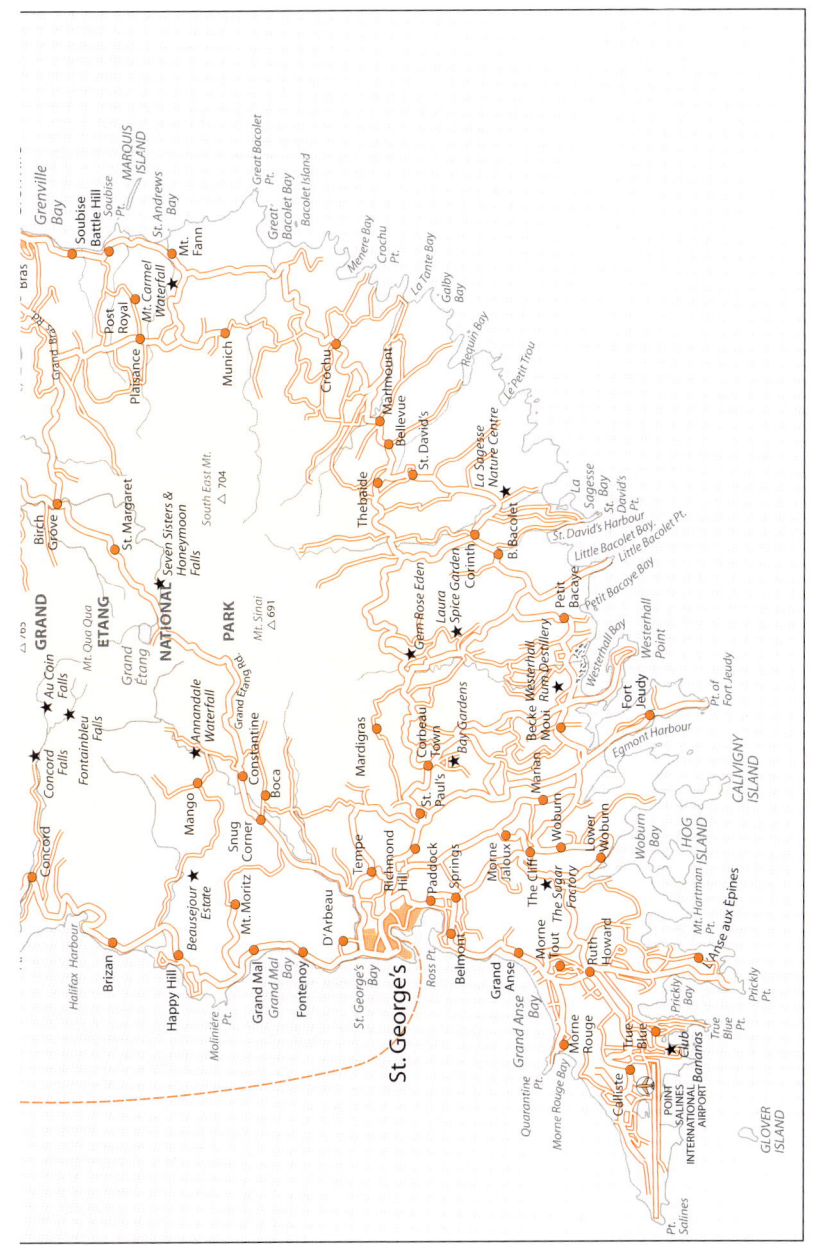

St. George's

Grenville Bay

MARQUIS ISLAND

Soubise Battle Hill

Mt. Carmel Waterfall

Post Royal

Plaisance

Mt. Fann

St. Andrews Bay

Soubise Pt.

Great Bacolet Pt.

Great Bacolet Bay

Bacolet Island

Munich

Menere Bay

Crochu Pt.

La Tante Bay

Galby Bay

Crochu

Marlmount

Bellevue

St. David's

Requin Bay

Le Petit Trou

Birch Grove

GRAND ETANG

St. Margaret

Thebaide

La Sagesse Nature Centre

South Est Mt. △ 704

Seven Sisters & Honeymoon Falls

NATIONAL

Mt. Qua Qua

B. Bacolet

La Sagesse St. Bay

St. David's Pt.

St. David's Harbour

△ 763

GRAND

Au Coin Falls

Grand Étang

PARK

Mt. Sinai △ 691

Gem Rose Eden

Corinth

Little Bacolet Bay

Little Bacolet Pt.

Petit Bacaye Bay

Fontainbleu Falls

Annandale Waterfall

Grand Etang Rd.

Laura Spice Garden

Petit Bacaye

Concord Falls

Constantine

Mardigras

Corbeau Town

Bay Gardens

Becke Westerhall

Mount Rum Distillery

Westerhall Bay

Westerhall Point

Concord

Mango

Snug Corner

Boca

St. Paul's

Marian

Fort Jeudy

Pt. of Fort Jeudy

Beausejour Estate

Mt. Moritz

D'Arbeau

Tempe

Richmond Hill

Paddock Springs

Morne Jaloux

The Cliffs

Woburn

Lower Woburn

Egmont Harbour

CALIVIGNY ISLAND

Brizan

Happy Hill

Grand Mal

Grand Mal Bay

Fontenoy

St. George's Bay

Ross Pt.

Belmont

Grand Anse

Grand Anse Bay

Morne Tout

The Sugar Factory

Ruth Howard

Woburn Bay

HOG ISLAND

Mt. Hartman Bay

Anse aux Epines

Halifax Harbour

Molinière Pt.

Quarantine Pt.

Morne Rouge Bay

Morne Rouge

Callivigny

Morne Rouge

Prickly Bay

Prickly Pt.

Molinière Pt.

True Blue

Ross Club

Bananas

POINT SALINES INTERNATIONAL AIRPORT

True Blue Pt.

GLOVER ISLAND

Pt. Salines

St. George's

Dass die Hauptstadt des Inselstaats Grenada mit knapp 5000 Einwohnern als einer der idyllischsten Schauplätze der Karibik gilt, hat sie vor allem ihrem inneren Naturhafen, der hufeisenförmigen **Carenage** zu verdanken. Malerisch ist die tief eingeschnittene Bucht in die umgebenden Hügel eingebettet. Grenadas erste, Mitte des 17. Jhs. unter den Franzosen erbaute Stadt trug den Namen Port Louis und wurde auf einer Landbrücke, die zwischen der heutigen Carenage und der Lagoon verlief, errichtet. Die **Lagoon**, damals noch ein Süßwasserkratersee, verschmolz erst später durch Absinken der Landbrücke mit dem inneren Hafen St. George's. Der Aufbau St. George's begann Anfang des 18. Jhs. unter den Franzosen. Zeitgleich errichtete man das für die damalige Zeit militärstrategisch wichtige **Fort George**. Sowohl Fort George als auch St. George's trugen damals den königlichen Namen Royal.

Erst im Jahre 1763, nach der Machtübernahme der Engländer, tauften diese die Stadt zu Ehren ihres damaligen Königs George III. St. George's. Zweimal noch galt es im 18. Jh. die Stadt neu aufzubauen, denn 1771 und 1775 vernichteten riesige Brände die Stadt fast völlig. In Minutenschnelle gingen die Holzhäuschen in Flammen auf. Das in Schutt und Asche liegende St. George's vor Augen, beschlossen die Engländer ein Gesetz, das den Bau von Holzhäusern im Stadtbereich untersagte. Fortan baute man die Häuser aus Stein, deckte sie mit den roten Ziegelsteinen, den sogenannten *fishscale tiles* und pflasterte die Straßen. Das Material für den Stadtaufbau gelangte als Ballast im Bauch der Galeonen völlig kostenlos über den Atlantik nach Grenada.

Der Fortberg teilt St. George's in zwei Stadtteile und verleiht der Stadt ihr einzigartiges Aussehen. Schmale, gefällreiche, bürgersteiglose Sträßchen prägen das Stadtbild und je höher man aufsteigt, umso fantastischer ist der Blick. 1895 durchstieß man den Fortberg und stellte die direkte Verbindung zwischen dem Outer Harbour, dem Stadtteil Baytown und der Carenage her, nicht zuletzt um den Bewohnern den leidigen Weg über den steilen Fortberg zu ersparen.

Von hauptstädtischer Atmosphäre ist wenig in St. George's zu spüren. Hektisch und verstopft ist die Stadt allenfalls, wenn ein Kreuzfahrtschiff anlegt. Dann erwacht in den Bewohnern der Geschäftssinn: Hunderte von Taxifahrern und Gewürzverkäuferinnen warten auf die ankommenden Kreuzfahrttouristen und bieten ihre Waren und Dienstleistungen feil. An solch einem Tag relaxt man am besten am Strand oder hängt sich ein Schild um mit der Aufschrift: „I am not a cruise ship tourist". An anderen Tagen geht es eher beschaulich zu und man kann sich getrost auf die Erkundung der Stadt stürzen. Die zahlreichen Sehenswürdigkeiten sind problemlos zu Fuß erreichbar.

Im September 2004 beschädigte und zerstörte der Hurrikan Ivan etwa 90 % der Gebäude in St. George's, und die Schäden sind leider noch sichtbar, so dass beispielsweise die Geschäfte, die ehemals die Carenage zierten, hier nicht wieder eröffnet wurden und die gesamten Kirchen bis heute auf frei werdende Gelder zum Wiederaufbau warten.

Sehenswertes

Beginnen sollte man seinen Spaziergang an der **Carenage**, dem idyllisch gelegenen inneren Hafen von St. George's. Am östlichen Ende der Carenage liegt der Pier, an dem sich neben den Hafeneinrichtungen für den Überseeverkehr auch der noch nicht ganz ausgediente Cruise Ship Centre befindet. Hier gehen Kreuzfahrttouristen an Land, wenn der Cruise Port an der Esplanade belegt ist. Einige Schritte östlich des Komplexes findet man das recht gut ausgestattete Touristenbüro und die Post. Entlang der Carenage spaziert man vorbei an der Polizei, der Feuerwehr und dem Traffic Department. Wer ein Auto mieten möchte, kann sich hier seine lokale Fahrerlaubnis besorgen. Auf dieser Seite der Bucht fährt auch das Schnellboot nach Carriacou ab und man hat einen wunderschönen Blick auf die schmale Halbinsel, die vom Viereckturm der anglikanischen Kirche überragt wird.

Das **Marryshow House** in der Tyrrel Street ist heute der University of the West Indies angegliedert, wobei jedoch lediglich Einführungsseminare für bestimmte Studiengänge angeboten werden. Das sehenswerte Gebäude war einst das

Zuhause des Staatsmannes T.A. Marryshow, der sich energisch für die Einheit der westindischen Inseln einsetzte und als „The Father of the Federation" bekannt wurde. Im Marryshow House finden außerdem Kunstausstellungen statt und es wird als Theater und für weitere kulturelle Veranstaltungen genutzt. Termine sind im Touristenbüro oder aus der Presse zu erfahren.

Die Uferpromenade wird im weiteren Verlauf seit Hurrikan Ivan nur noch von wenigen Geschäften, einigen Restaurants und Snackbars gesäumt, hier finden sich auch das Wireless & Cable Telefondienstleistungsunternehmen und das Büro der LIAT. Die lebensgroße bronzene Statue **Christ of the Deep**, der man an der Promenade begegnet, wurde von der Costa Cruise Line gestiftet, zum Dank für die Rettung sowohl der Besatzung als auch aller Passagiere ihres gesunkenen Schiffes, der Bianca C. Das italienische Schiff brannte 1961 im Hafenbecken lichterloh und sank. Heute befindet sich das Wrack etwas außerhalb des Hafenbeckens und ist im Programm der Tauchveranstalter fester Bestandteil.

Auf der westlichen Seite der Carenage richtete ein verheerender Brand im Jahr 1990 großen Schaden an. Unter anderem musste die im Jahre 1846 gegründete und seit 1892 in einem früheren Lagerhaus untergebrachte **Grenada National Library** komplett restauriert werden. Nahe der Nationalbibliothek zerstörte das Feuer teilweise den **Financial Complex**. Das Gebäude wurde wieder aufgebaut und die viktorianisch geprägte Architektur beibehalten. Heute beherbergt der Komplex einige Regierungsministerien und das Büro des Premierministers.

Auf dieser Seite des Hafenbeckens legen die Frachtschiffe nach Carriacou ab. Lässt man seinen Blick schweifen, so entdeckt man doch noch das eine oder andere im Kolonialstil erbaute Haus. Wundervoll schmiegen sich die Häuschen in die Hänge um die Bucht. Wer hier oben wohnt, hat nicht nur eine unbezahlbare Aussicht, sondern ist bezüglich des Treibens im Hafenbereich immer up to date.

Über die steil ansteigende, von einigen Geschäften und Snackbars gesäumte Young Street geht es hinüber ins **Geschäftsviertel**. Einen unerwarteten Anblick bieten die perfekt, wohl nach englischem Vorbild gekleideten Polizisten und

Grenadas National Museum

Der Privatinitiative einiger Bürger Grenadas ist es zu verdanken, dass 1976 das **Grenada National Museum** gegründet wurde. Anliegen der Grenada Historical Society ist die aktive Beteiligung der Öffentlichkeit an der Museumsarbeit. Das Fundament des Gebäudes stammt aus dem Jahre 1704. Von den Franzosen erbaut, diente es anfänglich als Kaserne. Unter der Herrschaft der Briten wurde das Gebäude bis 1880 zu einem Frauengefängnis umfunktioniert, später diente es als Lagerhaus. Der Oberbau beherbergte wechselnde Hotelbetriebe, heute hat der Minister für Bildung hier seinen Sitz. Das kleine, aber lohnenswerte geschichtsorientierte Museum enthält neben diversem Anschauungsmaterial über Flora und Fauna aktuelle und historische Karten sowie Dokumentationen über Geologie und Aufbau der Insel. Präkolumbische Funde, darunter Töpfereiprodukte und vorgeschichtliche Felszeichnungen, sind ebenso zu bestaunen wie afrikanische Kulturzeugnisse. Aus der Kolonialzeit zeigt das Museum militärische Relikte, aber auch Gerätschaften aus der Plantagenwirtschaft. Der Hit des Museums ist jedoch eine aus Martinique stammende Badewanne. Nicht irgendeine Badewanne, sondern die der aus Martinique stammenden, 1804 gekrönten Kaiserin Joséphine von Frankreich, Gattin Napoléon Bonapartes. Das Museum befindet sich an der Young, Ecke Monckton St. ☉ Mo–Fr 9–16.30, Sa 10–14 Uhr; EC$5.

manchmal auch Polizistinnen auf der Höhe Church Street. Sie regeln (heute leider nur noch ab und zu) den Verkehr. Mit ihren blitzsauberen, strahlend weißen Handschuhen weisen sie ohne eine Miene zu verziehen den Verkehrsteilnehmern den Weg. Kommt man mit dem Mietwagen aus nördlicher Richtung die Halifax Street entlang, sollte man schon an der Kreuzung Halifax und Cross Street auf die Zeichen des Polizisten achten, sonst gibt's Ärger oder zumindest einen bitterbösen Blick. Rund um die Halifax, Grenville und Granby Street bis hinauf zum Market Hill

Religiöse Zeitzeugen

Stolz sind die Einwohner von St. George's auf ihre zwar weniger spektakulären, aber doch sehenswerten **Kirchen** aus dem 19. Jh. Schwer getroffen von Hurrikan Ivan, konnten die Schäden aufgrund fehlender Gelder leider noch nicht wieder behoben werden. Die St. Andrew's Presbytery Church, besser bekannt als Scots' Kirk, wurde 1830 mit Unterstützung der Freimaurer erbaut. Sie liegt am Fuße von Fort George und überragt mit ihrer Turmspitze die Stadt. Folgt man der Church Street in nördliche Richtung, erreicht man die St. George's Anglican Church, die 1825 von den Engländern erbaut wurde. Im Innern dieser hübschen, mit Stuckarbeiten verzierten Kirche befinden sich neben einem Marmoraltar auch historische Gedenktafeln. Vorbei an der anglikanischen Kirche folgt man der Church Street und stößt direkt auf die St. George's Roman Catholic Church. Die im neuromanischen Stil erbaute Kirche wurde 1884 konstruiert, der Turm stammt jedoch von 1818. Folgt man oberhalb dem Market Hill ein Stückchen der Lucas Street, biegt dann rechts in die H.A. Blaize Street ein und danach links in die Green Street, kommt die 1820 konstruierte St. George's Methodist Church, die älteste Kirche von St. George's, in Sicht.

findet man die meisten Banken, Restaurants, Snackbars, Fastfood-Läden, Supermärkte, Souvenirshops und den Markt. Hier ist außer sonntags und spät abends immer etwas los.

Der **Market Square** ist Mittelpunkt sowohl händlerischer als auch politischer und religiöser Aktivitäten. Lärmend und farbenfroh präsentieren die Obst-, Gemüse- und Gewürzverkäufer von Montag bis Samstag ihre Papayas, Mangos, Passionsfrüchte, Muskatblüten, Nelken, Feigen, eingelegte Früchte usw. Daneben werden an einigen wenigen Ständen einheimische Korb- und Flechtwaren oder auch Batik- und Rastakleidung verkauft. An Sonn- und Feiertagen dient der Marktplatz politischen oder religiösen Rednern als Ort der Kundgebung oder es werden Paraden abgehalten.

Die von Kaimauern begrenzte **Esplanade** im Nordwesten St. George's ist, neben dem Market Square und den belebten Young und Granby Streets, das geschäftigste Viertel St. George's. Brandneu und klimatisiert präsentiert sich hier die **Esplanade Mall**. Die meisten Kreuzfahrttouristen gehen in der Mall am neuen Cruise Ship Terminal an Land. In und vor dem Einkaufszentrum finden sie alles, was ihr Herz begehrt: Fastfood-Läden, Restaurants, Souvenirgeschäfte, Boutiquen, Internetcafé, Toiletten, ein Tourist-Board, Taxi- und Touranbieter, einen Wassertaxistand und natürlich jede Menge fliegender Händler. Der **Minibusbahnhof** liegt ebenfalls nur wenige 100 m entfernt. Die Destinationen kleben zwar an den Windschutzscheiben, trotzdem wird das Fahrtziel noch lautstark ausgerufen. Nördlich des Bahnhofs wurde ein neues Gebäude für den täglich (außer sonntags) stattfindenden **Fischmarkt** errichtet und gegenüber hält der Meat Market frisches Fleisch bereit. Oberhalb des Fleischmarktes befindet sich zudem die Einwanderungsbehörde.

In der Church Street, oberhalb des Market Hill, kann man die im 18. Jh. in georgianischem Stil erbauten **Parlamentsgebäude** (York House und Registratur) bewundern. Das 1801 so benannte York House beherbergt das Repräsentantenhaus und den Senat, die gemeinsam den Kongress bilden. Auch das oberste Gericht, der Supreme Court, ist hier untergebracht.

Bis zum Ende des 19. Jhs. mussten die Bewohner der Hauptstadt, um von der Carenage zum Outer Harbour und der Esplanade zu gelangen, den Weg über den steilen Fortberg antreten. Mit der Fertigstellung des nach dem damals regierenden Gouverneur benannten **Sendall Tunnels** im Jahre 1895, einer für die damalige Zeit außerordentlichen Leistung, stellten die Konstrukteure eine direkte Verbindung zwischen den Stadtteilen her. Heutzutage wäre es nicht vorstellbar, den gesamten Verkehr über die engen Gassen des Fortberges zu leiten. Der circa 100 m lange Tunnel wird einspurig von der Carenage aus in Richtung Norden befahren.

In jedem Fall ist äußerste Vorsicht in dem kleinen Tunnel geboten, da dieser nicht nur von Autos, sondern auch von Fußgängern benutzt wird.

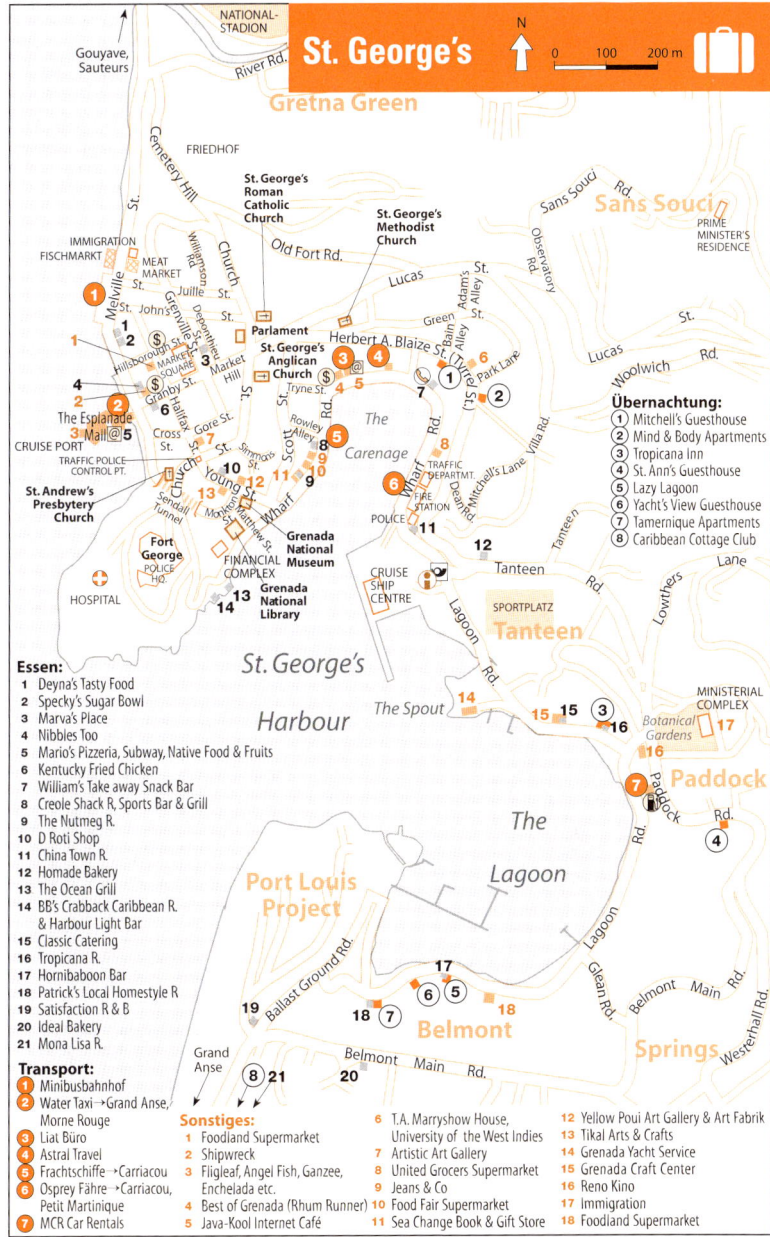

St. George's

N

0 100 200 m

Gouyave, Sauteurs
River Rd.
NATIONAL-STADIO

Gretna Green

Sans Souci

PRIME MINISTER'S RESIDENCE

FRIEDHOF

Cemetery Hill

IMMIGRATION
FISCHMARKT

MEAT MARKET

St. George's Roman Catholic Church

St. George's Methodist Church

Old Fort Rd.

Lucas

Sans Souci Rd.

Observatory Rd.

St.

Lucas Rd.

Woolwich Rd.

Church St.

St. John's St.

Melville St.

Williamson Rd.

Juille St.

Green St.

Herbert A. Blaize St.

Bain Alley

Tyrrel St.

Adam's Alley

Park Lane

Parlament

MARKET SQUARE

St. George's Anglican Church

Market Hill

Tryne St.

Hillsborough St.

Depradine St.

Granby St.

Gore St.

Cross St.

Rowley Alley

Scott St.

The Carenage

TRAFFIC DEPARTMT.

Wharf Rd.

Dean Rd.

Mitchell's Lane

Villa Rd.

Übernachtung:
(1) Mitchell's Guesthouse
(2) Mind & Body Apartments
(3) Tropicana Inn
(4) St. Ann's Guesthouse
(5) Lazy Lagoon
(6) Yacht's View Guesthouse
(7) Tamernique Apartments
(8) Caribbean Cottage Club

The Esplanade
Mall
CRUISE PORT
TRAFFIC POLICE CONTROL PT.

St. Andrew's Presbytery Church

Young St.

Simmons St.

Church St.

Sendall Tunnel

Morne St.

Matthew St.

Wharf

FIRE STATION

POLICE

Grenada

Fort George
POLICE H.Q.

FINANCIAL COMPLEX

Grenada National Museum

Grenada National Library

HOSPITAL

CRUISE SHIP CENTRE

Tanteen Rd.

Tanteen Rd.

Lowthers Lane

MINISTERIAL COMPLEX

SPORTPLATZ

Tanteen

St. George's

Harbour

The Spout

Lagoon Rd.

The Lagoon

Botanical Gardens

Paddock
Paddock Rd.

Springs

Glean Rd.

Lagoon Rd.

Belmont Main Rd.

Westerhall Rd.

Port Louis Project

Ballast Ground Rd.

Grand Anse

Belmont Main Rd.

Belmont

Essen:
1 Deyna's Tasty Food
2 Specky's Sugar Bowl
3 Marva's Place
4 Nibbles Too
5 Mario's Pizzeria, Subway, Native Food & Fruits
6 Kentucky Fried Chicken
7 William's Take away Snack Bar
8 Creole Shack R, Sports Bar & Grill
9 The Nutmeg R.
10 D Roti Shop
11 China Town R.
12 Homade Bakery
13 The Ocean Grill
14 BB's Crabback Caribbean R. & Harbour Light Bar
15 Classic Catering
16 Tropicana R.
17 Hornibaboon Bar
18 Patrick's Local Homestyle R
19 Satisfaction R & B
20 Ideal Bakery
21 Mona Lisa R.

Transport:
1 Minibusbahnhof
2 Water Taxi →Grand Anse, Morne Rouge
3 Liat Büro
4 Astral Travel
5 Frachtschiffe →Carriacou
6 Osprey Fähre →Carriacou, Petit Martinique
7 MCR Car Rentals

Sonstiges:
1 Foodland Supermarket
2 Shipwreck
3 Fliigleaf, Angel Fish, Ganzee, Enchelada etc.
4 Best of Grenada (Rhum Runner)
5 Java-Kool Internet Café

6 T.A. Marryshow House, University of the West Indies
7 Artistic Art Gallery
8 United Grocers Supermarket
9 Jeans & Co
10 Food Fair Supermarket
11 Sea Change Book & Gift Store

12 Yellow Poui Art Gallery & Art Fabrik
13 Tikal Arts & Crafts
14 Grenada Yacht Service
15 Grenada Craft Center
16 Reno Kino
17 Immigration
18 Foodland Supermarket

Fort George (damals Fort Royal) wurde 1705 von dem französischen Ingenieur de Callius konstruiert und später erweitert. Nach der Machtübernahme der Engländer 1763 wurden zusätzliche Festungswerke am Hospital Hill zur Unterstützung des Feuergefechtes errichtet. Am 19. Oktober 1983 wurde das Fort (damals nach Bishops Vater, Fort Rupart benannt) zur Hinrichtungsstätte des sozialistischen Premierministers Maurice Bishop und einiger seiner Anhänger (S. 97, Geschichte). Heute beherbergt das Fort die Polizei und der Besuch ist kostenlos. Sowohl von der Esplanade als auch von der Church Street gelangt man hinauf zum Fort. Von hier eröffnet sich ein wundervoller Blick auf St. George's, den Hafen, die Kirchen, Fort Frederick und die in den Hang gebauten Häuschen.

Nach der Zurückeroberung der Macht im Jahr 1779 begannen die Franzosen mit dem Bau weiterer Festungen am Richmond Hill. Da durch das immer raschere Vorrücken der Artillerie die Verteidigungsfähigkeit von Fort George nicht mehr ausreichte, benötigte man höher positio-

nierte Geschütze. Nachdem die Franzosen 1783 vertraglich gezwungen wurden, Grenada wieder an die Engländer zurückzugeben, vollendeten diese die Festungen am Richmond Hill und nannten sie Fort Matthew, Frederick, Lucas und Adolphus. Von den beiden noch erhaltenen Festungen ist **Fort Frederick**, das bei der US-Intervention 1983 von der People's Revolutionary Army besetzt war, die sehenswertere. Irrtümlicherweise verschonten die Amerikaner das Fort und griffen stattdessen Fort Matthew an, damals eine psychiatrische Klinik. Ziemlich anstrengend ist in der Mittagshitze der Aufstieg über die Lucas Street zum Fort Frederick. Belohnt wird man jedoch mit einem fantastischen Panoramablick. Und Liebhaber von Sonnenuntergängen werden hier allemal ihre Freude haben.

Am südlichen Ende St. George's begrenzt ein weiteres hübsches Hafenbecken die Stadt – die **Lagoon**. Friedlich im Wasser liegen Jachten, Segelschiffe, Kutter und Holzschoner aus aller Welt. Wer mit dem Boot unterwegs ist und vor Anker gehen möchte, wendet sich an den Grenada Yacht Service am südlichen Ende der Lagoon. Nicht mehr lange, dann bekommt die Lagoon ein völlig neues Gesicht. Peter de Savary, der schon über 25 Fünf–Sterne–Resorts und Clubs entwickelt hat, konzentriert sich zurzeit auf das 500 Millionen US-Dollar teure Port Louis Projekt, das die gesamte südliche Landzunge in ein pulsierendes mediterranes Luxusviertel verwandeln soll, mit einem Jachthafen, einem Fünf-Sterne-Hotel, einem Mittelklassehotel, einem Geschäften, zahlreichen Luxusapartments und einem künstlichen weißen Sandstrand an der Westküste, dem Pandy Beach.

Rund um die Lagoon gibt es einige Unterkunftsmöglichkeiten, einen Supermarkt, einige Restaurants, ein Kino und unweit den Botanischen Garten. Hoch oben über der Lagoon auf dem Richmond Hill erblickt man ein großes gelbes Gebäude, das Richmond Hill Gefängnis, in dem die Mörder Bishops ihre lebenslange Haft absitzen (S. 97, Geschichte). Ungeachtet seiner Funktion ist die Lage des Gebäudes, mit Blick auf St. George's, wohl einzigartig schön. Ähnlich wie im Fall einiger RAF-Terroristen diskutiert die Öffentlichkeit hier ebenfalls sehr kontrovers eine von staatlicher Seite ins Auge gefasste Begnadigung der Inhaftierten.

Der Queen's Park

Der **Queen's Park** am nördlichen Ende der Stadt, der das pünktlich zum Cricket World Cup 2007 fertig gestellte prächtige **Nationalstadion** beherbergt, ist Schauplatz zahlreicher Sportevents, Karnevalsveranstaltungen und Konzerte. Termine erfährt man im Touristenbüro oder aus der Presse. Das Gehadere der Volksrepublik Chinas und Taiwans, die schon seit vielen Jahren um den politischen Einfluss in der Karibik wetteifern, brachte vermutlich nicht nur Grenada ein Geschenk, das sie dringend benötigten. Die Pekinger Regierung schenkte nämlich der Bevölkerung das neue Nationalstadion, das 2004 durch Hurrikan Ivan völlig zerstört wurde. Grenada brach die seit 1989 bestehenden Beziehungen zu Taiwan ab und nahm 2005 seine diplomatischen Beziehungen zur Volksrepublik China wieder auf. Sozusagen führte China's Cricket-Diplomatie dazu, dass neben Grenada auch Domenica nun die Volksrepublik China anstelle Taiwans diplomatisch anerkennt.

Hobbybotaniker werden von der Parkanlage des **Botanischen Gartens**, in dem nur kleine Teile der einheimischen Pflanzenwelt zu entdecken sind, eher enttäuscht sein. Wer dagegen lediglich ein lauschiges Plätzchen unter einem Schatten spendenden Baum sucht, ist genau richtig. Pflanzenliebhaber kommen eher im Grand Étang Nationalpark auf ihre Kosten oder sollten die **Bay Gardens** (S. 325), die herrlichen tropischen Gärten im Vorort St. Paul's, aufsuchen.

Übernachtung

Mitchell's Guesthouse, Herbert A. Blaize St (Tyrrel St), ☎ 440-2803. Einfaches Guesthouse, oberhalb der Carenage. Insgesamt 11 Zimmer mit Ventilator. Du/WC, Aufenthaltsraum mit Kühlschrank und TV werden gemeinschaftlich genutzt. Die Besitzerin ist ausgesprochen nett und hilfsbereit. ❷

Mind & Body Apartments, H.A. Blaize St, ☎ 439-9343, 🖥 www.grenadaexplorer.com/spa. Kleines Haus oberhalb der Carenage, in dem neben Massage und Wellness 2 sehr teure 2-Bettzimmer-Apartments mit Küche, Bad und kleinem Balkon angeboten werden; US$150–175.

Tropicana Inn, Lagoon Rd, ☎ 440-1586, 🖥 www.tropicanainn.com. Beliebtes, etwas überteuertes Hotel und von einheimischen Geschäftsleuten gerne besuchtes Restaurant. 20 einfache Zimmer mit AC, TV, Kühlschrank, Bad, Balkon und Blick auf die Lagoon oder den Garten. ❹

Yacht's View Guesthouse, Lagoon Rd, Spring's, ☎ 440-3607. 3 einfache Apartments mit Ventilator, Bad, Küchenzeile, Wohn- und Schlafzimmer sowie Balkon mit schönem Blick auf die Lagoon. Günstiger sind die 4 DZ, die sich 2 Duschen, Toiletten und die Küche teilen. ❶

Tamernique Apartments, Lagoon Rd, ☎ 440-3675, 🖥 www.grenadaguide.com/tamernique. Insgesamt 5 einfache Apartments mit Bad, Ventilator, Küchenzeile, Terrasse bzw. Balkon. Auch Patrick, Grenadas bekannter „Homestyle"-Koch, wohnt hier. ❷

Essen

Deyna's Tasty Foods, Melville St, ☎ 440-6795. Nettes, preiswertes, lokales Restaurant gegen-

Sehr einfach, dafür familiär und immer o.k. für 1–2 Nächte wohnt man im **St. Ann's Guesthouse**, Paddock Rd, ☎ 440-2717, 🖥 www.stannsguesthouse.com, oberhalb der Lagoon. Insgesamt 12 einfache, saubere Zimmer mit Ventilator, privatem WC und Dusche oder gemeinschaftlich genutzten sanitären Einrichtungen und Gemeinschafts-TV. Inklusive ist ein leckeres „local" Frühstück. ❷

Backpacker werden sich im **Lazy Lagoon**, Lagoon Rd, ☎ 443-5209, 🖥 www.grenadaexplorer.com/lazylagoon, am wohlsten fühlen. In Nigel Fleming's „Tropical Cottages" herrscht relaxte Atmosphäre. 6 bunte aneinander gereihte Cottages mit Bad, Ventilator, kleiner Küchenzeile, Moskitonetz und Veranda mit Blick auf die Lagune. Für kühle Drinks und Livemusik sorgt Nigel's „The Hornibaboon Watering Hole"-Bar. ❷

Unweit der Lagoon, zwischen St. George's und Grand Anse, liegen die tollen, empfehlenswerten Holz-Cottages des **Caribbean Cottage Clubs**, ☎ 444-5676, 🖥 www.grenadacottages.com, designed von Vittoria, einer Italienerin. Man verliebt sich sofort in Veranda und Hängematte. Zur Verfügung stehen eine 2-Bettzimmer-Cottage und vier 1-Bettzimmer-Cottages, ausgestattet mit Küchenzeile, Bad, TV, Ventilatoren, Moskitonetzen und Wohnbereich. Veranda mit Blick aufs Meer und Garten. Hauptsächlich italienische Küche serviert Vittorias **Restaurant Mona Lisa**. ❷–❹

über der Esplanade. Mrs. Diana Hercules kocht traditionell, z. B. Grenadas Nationalgericht *Oil Down*, aber auch abenteuerlich, d. h. sie bereitet ab und an *Agouti* oder *Manicou* zu. Für den kleinen Hunger gibt's leckere Snacks wie Kokosnussbrot mit Käse oder kleine Fladen mit Fisch; ⏰ Mo–Sa 8–21, So 10–16 Uhr.

Specky's Sugar Bowl, Melville St, ☎ 440-1741. Leckere preiswerte lokale Snacks, Mittagsmenü, aber auch Bäckereiprodukte.

Marva's Place, ☎ 435-3184. Kleines Restaurant oberhalb vom Market Square mit ebenfalls preiswerten Mittagsgerichten.

Grenada

Nibbles Too, Melville St, ✆ 435-5551. Nettes einheimisches Restaurant, das leckere Rotis, wirklich preiswerte und gute Mittagsmenüs, aber auch Pizzas und guten Kaffee anbietet; ⊙ Mo–Do 8–17, Fr–Sa 8–19 Uhr.

BB's Crabback Caribbean Restaurant, The Carenage, ✆ 435-7058, 🖥 www.bbscrabback. com. BB'S steht für den Afro Caribbean Masterchef Brian Benjamin, der 1993 in London sein erstes Restaurant eröffnete und seit 2006 für seine Landleute die Speisekarte kreiert. Ob Salzfisch oder Eier – Frühstück gibt's von 7–10 Uhr (Mo–Fr). Von 11.30–15.30 Uhr (Mo–Fr) darf man am Buffet essen so viel man möchte (EC$30) oder sich eine Take away Lunchbox (EC$12) füllen lassen. Am Abend (⊙ Mo–Sa 17–22 Uhr) wählen die Gäste zwischen verschiedenen Gerichten à la carte und werden berieselt von Sweet Caribbean Music.

Creole Shack Restaurant & Sports Bar, The Carenage, ✆ 435-7422. Mit Sicherheit eine der besten und preiswertesten Gelegenheiten die kreolische Küche zu testen. Das nette Selbstbedienungs-Restaurant hat eine täglich wechselnde Speisekarte, wobei das Menü selbst zusammengestellt wird. Man zahlt sozusagen pro Bestandteil des Gerichts. Je nach Hunger sind mit EC$10–25 zu rechnen; ⊙ Mo–Do 11–20, Fr und Sa 11 Uhr bis spät in die Nacht. Ein großer TV-Bildschirm sowie ab und zu Musik und Karaoke sorgen für Unterhaltung.

The Ocean Grill, The Carenage, ✆ 440-9747. Herrlich über dem Wasser sitzt man in diesem an der Westseite der Carenage gelegenen netten Restaurant, das neben westindischer Küche auch internationale Gerichte wie T-Bone Steak anbietet; mittlere bis gehobene Preise; ⊙ Mo–Sa 8–23 Uhr.

The Nutmeg, The Carenage, ✆ 440-2539. Alteingesessenes Restaurant direkt an der Carenage. Von einem Fensterplatz eröffnet sich ein wunderbarer Blick über den Hafen. Sehr beliebt auch bei Einheimischen, und vom Frühstück bis zum Abendessen wird gute westindische Küche serviert; mittlere bis gehobene Preise; ⊙ Mo–Sa 8–23, So 16–23 Uhr.

Tropicana, Lagoon Rd, ✆ 440-1586. Liegt an der Lagoon und gehört zum gleichnamigen Hotel. Offeriert neben einer reichhaltigen Speisekarte mit westindischen und chinesischen Gerichten auch jeden Tag ein Special. Zu empfehlen ist beispielsweise der Freitag mit Buffetessen und Steelbandmusik (EC$35 am Mittag, EC$45 am Abend). Ansonsten werden viele Gerichte auch nebenan als Take-away preiswert angeboten. Das Tropicana hat keinen Ruhetag, was wirklich erfreulich ist, da sonntags fast kein geöffnetes Restaurant zu finden ist. ⊙ Mo–So 7.30–24 Uhr.

Satisfaction Restaurant & Bar, Lagoon Rd, ✆ 435-1635. Preiswerte Snacks (z. B. Rotis und Sandwiches) für den Hunger zwischendurch, aber auch günstige Mittagessen.

Mona Lisa Restaurant, Grand Anse Rd, ✆ 439-6555. In Richtung Grand Anse auf der linken Seite weist ein Schild zu dem netten italienischen Restaurant, das zum Caribbean Cottage Club gehört. Die Italienerin Vittoria kocht authentische italienische Gerichte, manchmal auch asiatische Spezialitäten. mittlere bis gehobene Preise; ⊙ Di–So 18–22 Uhr.

In der **Esplanade Mall** finden Hungrige die Fastfood-Ketten **Mario's Pizzeria** und das **Subway**, und sehr zu empfehlen sind die super leckeren Fruchtshackes und die Callaloo-Suppe im kleinen **Native Food and Fruits** Laden. Feurig gewürzte Hähnchenteile gibt's im **Kentucky Fried Chicken**, ⊙ Mo–Sa 9.30–21/22, Sa 12.30–21 Uhr, und leckere Rotis im **D Roti Shop**, ✆ 435-0437, in der Young St. An der Carenage gibt's Kleinigkeiten in **William's Take away Snack Bar**, chinesische Gerichte im **China Town Restaurant** an der Ostseite der Carenage und in der Lagoon Rd im Grenada Craft Centre das **Classic Catering** mit preiswerten Mittagsgerichten.

Ansonsten existieren noch zwei Bäckereien, die **Homade Bakery**, ✆ 440-2375, in Tanteen, ⊙ Mo–Fr 7–17, Sa 7–13 Uhr, und die **Ideal Bakery**, ✆ 440-3131, in der Belmont Main Rd. Und wer am Abend nur noch etwas Unterhaltung und einen kühle Drink braucht, stattet einfach Nigel's **Hornibaboon Bar** in der Laggoon Rd einen Besuch ab.

Grenada

Einkaufen

Vor allem wenn ein Kreuzfahrtschiff anlegt, bieten Straßenverkäufer rund um St. George's und an den meistfrequentierten Zielen der Landgänger ihre wundervoll gearbeiteten Gewürzkörbchen- und ketten, Hüte, CD's usw. an. Die Stände vor der Esplanade Mall sind alle geöffnet und es herrscht allgemein reges Verkaufsinteresse. Etwas ungestörter nach einem Mitbringsel stöbert man in folgenden Geschäften:

Art Fabrik, 9 Young St. Wer Batik liebt, ist hier richtig. ☉ Mo–Fr 8.30–16.30, Sa 9–13 Uhr.

Tikal Arts & Crafts, Young St, ☏ 440-2310. Hübsches Geschäft zum Stöbern: Accessoires, Postkarten, Bücher, Bilder, Skulpturen und Schmuck. ☉ Mo–Fr 8.30– 16.30, Sa 9–13 Uhr.

Shipwreck, Granby's St, ☏ 440-1521. Das Shipwreck führt allerlei Geschenk- und Souvenirartikel.

Jeans & Co, The Carenaga, ☏ 435-999. Wesentlich günstiger als bei uns gibt's hier Levi's und Dockers-Klamotten.

In der Esplanade Mall finden Edelstein- und Schmuckliebhaber die Geschäfte **Lisa's Jewellery**, ☏ 435-3355, und **Colombian Emeralds**, ☏ 440-1746. Das **Fligleaf**, ☏ 435-9771, bietet neben einheimischem Kunsthandwerk, T-Shirts, Schmuck und kubanischen Zigarren auch aus Pflanzen gewonnene ätherische Öle zu Heilzwecken an. Das **Ganzee**, ☏ 444-5073, hat u. a. eine große Auswahl an T-Shirts, die **Enchelada**

Abenteuer Essen

Patrick's Local Homestyle Cooking Restaurant, Lagoon Rd, ☏ 440-0364. Patrick ist ein ziemlich schräger Vogel, der seinen Gästen sehr viel Hunger abverlangt Er kreiert – nach vorheriger Anmeldung – für EC$50 ein 20-Gänge-Menü, bestehend aus Callaloo- und Kürbissuppe, Hummer-, Krebs- und Hähnchensalat, mit Ingwer gebratenem Fleisch, Fisch, Spinatreis, Oildown und noch einigem mehr. Auf Fragen wie „was ist das?" antwortet Patrick gerne „you will taste it!" ☉ tgl. 12–14 und 18–23 Uhr.

Boutique, ☏ 444-5064, ist auch recht nett, und im **Angel Fish**, ☏ 435-1212, gibt's tolle schrille Souvenirs aus Blech, z. B. Klopapierhalter.

Bücher

Standard Bookshop, Grenville St, ☏ 440-4567; **Sea Change Book & Gift Shop**, The Carenage, ☏ 440-3402.

Supermärkte

Foodland, Lagoon Rd, ☉ Mo–Do 9–19, Fr 9–20, Sa 9–21 Uhr. Am Market Square befindet sich ein weiterer Foodland Supermarkt, der jedoch früher seine Tore schließt, ☉ Mo–Do 7.30–17, Fr 7.30–18, Sa 7.30–16 Uhr.

Food Fair, The Carenage, ☉ Mo–Do 8–17.30, Fr 8–18.30, Sa 8–14 Uhr.

Sonstiges

Apotheken

Gittens Pharmacy, Halifax St, ☏ 440-2165, ☉ Mo–Fr 8–18, Sa 8–15 Uhr;

Low Budget Drug Mart, Young St, ☏ 440-8565, ☉ Mo–Fr 8.30–17, Sa 8.30–13 Uhr.

Autovermietungen

Spice Isle Rentals (AVIS), Paddock und Lagoon Rd, ☏ 440-3936, nach Geschäftsschluss: ☏ 403-4226. Vom Jeep bis zum klimatisierten Viertürer ist alles zu haben. Die Autos werden kostenlos zum Flughafen oder Hotel gebracht;

General Rent-A-Car, Lagoon Rd, ☏ 440-2894;

Jerry's Auto Service, Lagoon Rd, ☏ 440-1730. Nach Geschäftsschluss ☏ 444-5318;

MCR Car Rentals, Paddock Rd, ☏ 440-5398/5513, ⊠ www.spiceisle.com/mcr. Werkstatt und Autoverleih neben der Tankstelle in der Lagoon. Die örtliche Fahrerlaubnis, die man zusätzlich zum Führerschein benötigt, ist entweder von den Mietwagenfirmen oder im Traffic Department an der Carenage erhältlich (US$12).

Geld

First Caribbean International Bank, Halifax und Church St, ☏ 440-3232, ☉ Mo–Do 8–14, Fr 8–13 und 14.30–17 Uhr.

RBTT Bank, Halifax, Ecke Cross St, ☏ 440-3521, Geldautomat;

Grenada

Grenada Co-operative Bank, Church St, ✆ 440-2111, ⏰ Mo–Do 8–14, Fr 8–16 Uhr; Geldautomat; **Republic Bank**, Halifax, Ecke Hillsborough St, ✆ 440-3566, ⏰ Mo–Do 8–15, Fr 8–17 Uhr, und 24-Std.-Geldautomat (Blue Machine in der Granby St und der Carenage).

Galerien und Kunst

Yellow Poui Art Gallery, Young St, ✆ 440-3001. 1968 von Jim Rudin eröffnet, zeigt die Galerie Bilder, Skulpturen, Kunstobjekte und Fotografien vieler Künstler verschiedener Nationen, deren Arbeiten karibisches Lebensgefühl widerspiegeln. ⏰ Mo–Fr 9.30–15.30, Sa 9.30–12.15 Uhr.
Artistic Art Gallery, Halifax St, ✆ 444-3532. Galerie von Freddy Paul, der hier arbeitet und einige seiner Bilder ausstellt. Er malt auch tolle Postkarten.
Grenada Craft Center, Lagoon Rd. Hier finden Besucher handgefertigtes Kunsthandwerk, u. a. Kerzen, Seifen (**Spice Island Plantation**), Keramik und Töpfereiprodukte (**Classic Ceramics & Pottery**) und die **Gallery of the Grenada Arts Council**, ✉ www.grenadaartcouncil.org, in der vielen Künstlern die Möglichkeit gegeben wird, ihre Werke dem Publikum zu zeigen.

Immigration Office

Die Einwanderungsbehörde befindet sich gegenüber dem Fischmarkt in der Melville Street und im Ministeral Complex im Botanischen Garten, ✆ 440-2456/4765.

Informationen

Das Touristenbüro, **Grenada Board of Tourism**, befindet sich an der Ostseite der Carenage, ✆ 440-2279/2001, ✉ gbt@spiceisle.com, ✉ www.grenadagrenadines.com; ⏰ tgl. 8–16 Uhr. Ein weiteres Touristenbüro in der Esplanade Mall am Cruise Ship Terminal, ✆ 435-5831, versorgt Besucher ebenfalls mit Infos und Broschüren.

Internet

Java-Kool Internet Cafe, The Carenage, ✆ 435-3506, ⏰ Mo–Fr 10–18, Sa 10–14.30 Uhr. Internetcafé, das auch Snacks und Getränke anbietet. EC$8/Std.

Internet Plaza, The Esplanade Mall, ✆ 435-5944. Hier werden die Kreuzfahrttouristen abgezockt; US$10/Std.; ⏰ Mo–Sa 10–18 Uhr.

Medizinische Hilfe

General Hospital, Richmond Hill, ✆ 440-2051, Ambulanz ✆ 434.
St. Augustine's Medical Services, St Paul's, ✆ 440-6173/4/5. Privates Krankenhaus mit 18 Betten.

Post

Das Hauptpostamt befindet sich an der Ostseite der Carenage, ⏰ Mo–Fr 8–18 Uhr.

Touren

Adventure Jeep Tours & Tourism Services, ✆ 444-5337, ✉ www.adventuregrenada.com. Hat viele Touren im Programm, u. a. eine Jeeptour rund um Grenada inkl. Mittagessen und Eintrittsgebühren US$70 p. P., geführte Mountainbike-Touren US$10/Std. oder das Adventure River Tubing (S. 330) US$45 p. P. Außerdem können Mountainbikes ausgeliehen werden US$15/Tag, und im Mai und Juni finden Touren zur Eiablage der Schildkröten statt.
Henry's Safari Tours, Woburn, ✆ 444-5313, ✉ www.spiceisle.com/homepages/safari. Angeboten werden 4- bis 6-stündige Wanderungen zu verschiedenen Wasserfällen (US$60 p. P./mind. 2 Personen); eine Tour von Concord über Fedon's Camp zum Dörfchen Mt. Qua Qua (US$80 p. P./mind. 2 Personen) und verschiedene Ganz- und Halbtagestouren (US$75 bzw. 55 p. P./ mind. 2 Personen).
K & J Tours of Grenada, St. Paul's, ✆ 440-4227, ✉ www.grenadaguide.com/kjtours. Der Tourveranstalter offeriert ebenfalls einige 3 1/2– 5-stündige Halb- und 7-stündige Ganztagestouren.
Mandoo Tours, ✆ 440-1428, ✉ www.grenada tours.com. Ganz- und Halbtagestouren durch Grenada kosten US$70 bzw. US$45 p. P.; Wanderungen zu den Wasserfällen auf Anfrage.
Best of Grenada, The Carenage, ✆ 440-4386. Wann in der Carenage liegende Glasbodenkatamaran *Rhum Runner* im Einsatz ist, erfährt man im Büro. Wenn er ausläuft, geht's in die

Morne Rouge Bay (3 1/2 Std., US$22) und versprochen wird Spaß, jede Menge Rumpunsch und Calypso. Best of Grenada organisiert auch weitere Touren, u. a. kann man sich nach der Adventure River Tubing Tour (S. 330) erkundigen. **Astral Travel**, The Carenage, ✆ 440-5127/4616, ✉ astral@caribsurf.com. Auf Flug- und Hotelbuchungen spezialisiertes Reisebüro.

LIAT, The Carenage, ✆ 440-5428, 🖳 www. liatairline.com.

Transport

Minibusse

Am nordwestlichen Stadtrand von St. George's, oberhalb der Esplande, befindet sich der Minibus-Bahnhof. Es ist recht einfach sich hier zurechtzufinden. Zum einen klebt die Destination an der Frontscheibe der meisten Minibusse, zum anderen, wird das Fahrtziel oft noch zusätzlich lautstark angepriesen. Die Kleinbusse fahren meist ab, wenn sie voll sind. Es gelten folgende Fahrpreise:

GRAND ANSE, ANNANDALE, RIVER ROAD, TEMPE, ST. PAUL'S, CALIVIGNY: EC$2; CONCORD: EC$3; St. DAVID'S, GRAND ÉTANG: EC$3,50; GOUYAVE: EC$4; VICTORIA, BIRCH GROVE: EC$4,50; SAUTEURS, GRENVILLE: EC$6.

Fähre

Die Überfahrt von Grenada auf die rund 30 km entfernte, nordöstlich von Grenada liegende Schwesterinsel Carriacou lohnt in jedem Fall. Schon bei der Ausfahrt aus der Carenage hat man einen wundervollen Blick auf St. George's. Und hat man zuvor schon einmal Victoria und Gouyave gesehen, erkennt man die beiden Fischerdörfer sofort und erfreut sich ihrer malerischen Lage. Vorbei an vielen kleinen Inselchen, dem schneeweißen Sandstrand von Sandy Island, erblickt das Auge schließlich die idyllische Bucht der kleinen Hauptstadt Hillsborough.

Osprey Lines Ltd., ✆ 440-8126, 🖳 www.osprey lines.com. Das Schnellboot nach Carriacou legt an der Ostseite der Carenage ab, benötigt je nach Wetterverhältnissen etwa 1 1/2–2 Std. und fährt anschließend weiter nach Petite Martinique.

GRENADA – CARRIACOU (PETIT MARTINIQUE): Mo–Fr 9 und 17.30, Sa 9, So 8 und 17.30 Uhr; CARRIACOU – PETIT MARTINIQUE: Mo–Fr 10.30 und 19, Sa 10.30 und 15, So 9.30 und 19 Uhr; PETITE MARTINIQUE – CARRIACOU: Mo–Sa 5.30 und 15, So 15 Uhr; CARRIACOU – GRENADA: Mo Sa 6 und 15.30, So 15.30 Uhr.

Fahrpreise: Grenada – Carriacou oder Grenada – Petite Martinique EC$70 einfach, EC$140 hin und zurück (Kinder bis 12 Jahre: EC$40 einfach, EC$80 hin und zurück); Carriacou – Petite Martinique EC$20/40 (Kinder EC$15/20). Die Tickets erhält man entweder auf dem Boot oder in einem kleinen Büro der Osprey Lines an der Westseite der Carenage. Spätestens wenn das Schnellboot die schützende Westküste Grenadas verlässt, klatschen (bei stürmischem Wetter) die Wellen an Deck, die Türen werden verschlossen, Brechtüten verteilt und wer nicht seetauglich ist, der wird diese Katamaranfahrt nicht so schnell vergessen.

Frachtschiffe

Da Carriacou täglich mit Gütern von Grenada beliefert wird, sind auch Frachtschiffe im Einsatz, die gleichzeitig den normalen Fährverkehr abwickeln. Somit bieten die 3 Frachtschiffe Adelaide B, Amelia A.I., Alexia III eine Alternative zum Schnellboot. Die Fahrzeit beträgt 3–4 Std.

Mit dem Frachtschiff nach Trinidad

Es besteht die Möglichkeit mit der **Alexia III** von Grenville nach Trinidad zu kommen. Die Alexia III verlässt Grenville dienstags und kommt mittwochs in Trinidad an. Donnerstags verlässt sie Trinidad und erreicht Grenville freitags. Am Samstag fährt sie weiter nach Carriacou, bleibt hier liegen bis Montag. Montags läuft sie wieder aus Richtung Grenville. Ungefähre Abfahrtszeiten sind bei der Port Authority in Grenville, ✆ 438-7678, und in Carriacou, ✆ 443-7678, zu erfragen. Ob man mitfahren darf und was es kostet, entscheidet der Kapitän.

Adelaide B: GRENADA – CARRIACOU (Hillsborough): Mi und Sa 10 Uhr; CARRIACOU (Hillsborough) – GRENADA: Mo und Do 10 Uhr.

Amelia A.I.: GRENADA – CARRIACOU (Tyrell Bay): Mi 11 und Sa 9.30 Uhr; CARRIACOU (Tyrell Bay) – GRENADA: Mo 10.30 und Do 10.30 Uhr.

Der Preis für die einfache Fahrt beträgt etwa EC$30. Am Wochenende wird manchmal etwas mehr verlangt. Die Fährschiffe liegen an der Westseite der Carenage. Mitfahrer zahlen am Abfahrtstag auf dem Schiff. Verladen wird übrigens alles, von Gasflaschen bis zu Hühnern. Die angegebenen Abfahrtszeiten können sich manchmal um ein bis zwei Stunden verzögern, je nachdem, wie lange die jeweilige Be- und Entladung dauert. Ab und zu wird ein Frachtschiff auch gechartert, so dass es eventuell für ein Woche den Fahrplan ändert.

Wassertaxi

Wassertaxis bedienen vor allem Kreuzfahrttouristen. Liegt ein Kreuzfahrtschiff vor Anker, starten Wassertaxis vom Pier in der Carenage und dem neuen Cruise Ship Terminal an der Esplanade. Pro Person sind US$3 nach Grand Anse und US$5 nach Morne Rouge zu zahlen.

Taxi

Taxis erkennt man ebenso wie die Minibusse an ihrem Nummernschild, das mit einem „H" gekennzeichnet ist. Die aufgeführten Taxipreise können variieren, da nicht überall grundsätzlich das Gleiche verlangt wird. Daher sollte man sich nicht scheuen auch einmal zu verhandeln. Zwischen 18 und 6 Uhr wird in der Regel ein Aufschlag berechnet. Wer ein Taxi für einen ganzen Tag mietet, zahlt in etwa US$60 pro Person. Die Stunde kostet etwa US$30.

Einfache Strecke (von der Esplanade):
• St. George's/Botanischer Garten US$10
• Belmont/Grand Anse/Morne Rouge US$15
• True Blue/L'Anse aux Épines US$20

Ausflüge (Rundfahrt ab und bis St. George's):
• Westküste – Grand Étang US$100
• Annandale Falls – Grand Étang – Fort Frederick US$70
• Morne Jaloux – Woburn – Grand Anse US$60

• Grand Étang – Grenville – Ostküste US$100
• Arawak Island – Bay Gardens – Laura Spice Garden US$50
• Dougaldston – Gouyave – Spice Factory US$75
• Concord US$60
• Inselrundfahrt US$150

Die Westküste von St. George's bis Sauteurs

Von St. George's bis Sauteurs schlängelt sich die zum Teil schmale, etwas holprige Straße entlang der Küste bis zur Duquesne Bay und weiter durchs Landesinnere bis Sauteurs, der größten Stadt des nördlichsten Distriktes. Für die insgesamt knapp 40 km benötigt man etwa 1–1 1/2 Stunden reine Fahrzeit. Mit dem Mietwagen ist die Strecke hin und zurück mit all ihren Sehenswürdigkeiten gut als Tagesausflug zu bewältigen. Jedoch sei erwähnt, dass man an den Concord Falls, aber auch in den Dörfern Gouyave, Victoria und Sauteurs mehrere Stunden, sogar Tage verbringen könnte. Daneben lädt die Duquesne Bay zu einem Bad im Meer ein und viele kleine Rumshops zu einem kleinen Schwätzchen.

Durch den **Sendall Tunnel** verlässt man St. George's in nördliche Richtung, überquert die Green Bridge, die den kleinen St. John River überspannt, und fährt vorbei am **Queen's Park**, der das neue, prächtige Nationalstadion der Insel beherbergt. Es fasst 20 000 Menschen und ist ein Geschenk der chinesischen Regierung an die grenadische Bevölkerung. Entlang der Küste passiert man viele kleine Fischerdörfer (Grand Mal, Molinère, Happy Hill), den Beauséjour Estate, die einst größte Plantage der Insel, und weiter nördlich die Halifax Bay, einen hübschen geschützten Hafen, bevor man nach knapp 10 km den Bezirk St. John's erreicht. Der einzig unschöne Anblick auf dem Weg Richtung Gouyave ist ein stinkender Müllplatz hinter einer traumhaften Bucht.

Übernachten und essen kann man im **Sunset View Beach House & Restaurant**, ☏ 440-5758, 🖥 www.tropicanainn.com/sunsetview.htm, nicht zu verfehlen am Ortseingang von Grand Mal. Das Guesthouse verfügt über vier Zimmer mit AC, Bad, TV und Balkon, ❸. Das Restaurant liegt sehr schön am Meer. Abendessen ab EC$25 + Tax + S/C; auch günstige Gerichte zum Mitnehmen. ☺ Mo–So 7.30–1 Uhr.

Von der Esplanade in St. George's fahren mehrmals täglich Minibusse über Gouyave (EC$4) nach Victoria (EC$4,50) und Sauteurs (EC$6).

Concord Falls

Knapp 12 km nördlich von St. George's taucht das verschlafene Örtchen **Concord** auf. In Concord weist ein Schild (rechts ab) auf die Concord Falls hin. Über 2,5 km windet sich die sehr schmale Straße am Black Bay River entlang, vorbei an kleinen Lädchen, einigen Häusern und am Fluss spielenden Kindern. Es ist ein regelrechtes Eintauchen in die tropische Vegetation des Concord Valley, bis die Straße ihr Ende findet und die **Concord Falls** in Sichtweite kommen. Unmittelbar vor dem Wasserfall finden sich Souvenirstände und einige Männer bieten sich als Führer zu den beiden anderen, nur zu Fuß zu erreichenden Wasserfällen an. Wer eine Führung in Anspruch nehmen möchte, zahlt zwischen EC$20 und 30 (Verhandlungssache!).

Wer mit dem Minibus von St. George's kommt, in Concord abgesetzt wird und damit schon etwa eine Dreiviertelstunde durch das Concord Valley gewandert ist, den dürstet es wahrscheinlich schon hier am ersten Wasserfall nach einem erfrischenden Bad. Da dieser sich auf Privatgrund befindet, ist ein geringes Entgelt zu zahlen. Dafür stehen Umkleidekabinen und Toiletten zur Verfügung.

Es besteht nicht nur die Möglichkeit über Concord zu den Wasserfällen zu gelangen, sondern es werden von verschiedenen Tourveranstaltern auch 5–6-stündige Wanderungen vom Grand Étang National Park über Mt. Qua Qua angeboten. Der Preis liegt bei etwa US$60–80 (mindestens 2 Pers.). Eine weitere, etwa 3-stündige Wanderung, stetig bergauf, führt von den Concord Falls zu **Fedon's Camp** (S. 305), das etwa 750 m über dem Meeresspiegel liegt. Den Regenwald zu durchqueren erfordert festes Schuhwerk und ein wenig Kondition. Wer beides mitbringt, wird garantiert seinen Spaß haben, denn durch den Regenwald zu laufen gehört

(S. 305)

Au-Coin und Fontainbleu Falls

Lohnenswerter ist jedoch die Wanderung zu den beiden anderen Wasserfällen, den in östlicher Richtung liegenden **Au-Coin Falls** und den in südöstlicher Richtung liegenden **Fontainbleu Falls**. Man spaziert zunächst unter Schatten spendenden Muskatnuss- und Kakaobäumen, vorbei an Gemüsepflanzungen und überquert einige Male den Black Bay River. Nach etwa 800 m, man hat gerade eine Brücke überquert, gabelt sich der Weg in schwer erkennbare Pfade. Leider steht hier kein Hinweisschild: Der etwas ersichtlichere Weg führt nach links zu den Au-Coin Falls. Hier beginnt dann auch nach einigen 100 m die Kraxelei über Stock, Stein und Fluss, die mit gutem Schuhwerk kein Problem darstellt. Vorsicht ist dennoch geboten, denn je nach Jahreszeit kann es mehr oder weniger morastig und glitschig sein. Nach 35–40 Minuten hat man es dann geschafft und wird mehr als entlohnt. Der Wasserfall ergießt sich aus einigen Metern in einen eiskalten, glasklaren Pool, umgeben von üppiger Vegetation. Am frühen Morgen hat man dieses kleine Paradies ganz für sich. Wer sich nun noch die Fontainbleu Falls anschauen möchte, muss dieselbe Strecke wieder ungefähr 700 m zurück. An der oben beschriebenen Weggabelung hinter der Brücke hält man sich nun etwas weiter südlich. Der Weg ist ebenso schmal, schwer erkennbar, zum Teil glitschig und steil. Wer sich jedoch konzentriert, spürt den Verlauf des Trampelpfades schnell auf und läuft geradewegs zu den herrlichen Fontainbleu Falls, die an einer Felswand hinabstürzen. Auch hier ist Baden angesagt. Vom den Concord Falls bis zum Fontainbleu läuft man auch ungefähr 35–40 Minuten. Die Wasserfälle gleichen kleinen Oasen inmitten der Wildnis. Also – Proviant nicht vergessen!

sicherlich zu den schönsten Dingen, die man auf Grenada unternehmen kann.

Kurz vor Concord besteht die Möglichkeit in einer der **Mango Bay Cottages**, Woodford, ☎ 444-3829, 🖥 www.mangobaygrenada.com, zu nächtigen. Noch nicht ganz fertiggestellt, stehen die beiden Doppel-Cottages (ausgestattet mit Bad, Ventilator, Küchenzeile und herrlichem Balkon) und das Restaurant der beiden Deutschen Anja und Kai, steil über den Klippen der Westküste, mit Zugang zu einem kleinen Sandstrand. ❹

Gouyave (Charlotte Town)

Zurück auf der Küstenstraße taucht nach wenigen Kilometern das malerische Städtchen Gouyave auf. Gouyave liegt wunderschön zwischen zwei Buchten – schon von weitem reizt es, ein Foto der Distrikt-Hauptstadt St. John's zu schießen.

Unter den Briten hieß Gouyave Charlotte Town. Die Franzosen verliehen dem Städtchen den Namen der apfelgroßen, wohlschmeckenden Frucht Guajave, welche es im Überfluss gab. Die Bewohner leben heute vom Fischfang, der Muskatnussverarbeitung und den Gewürzpflanzungen der näheren Umgebung (S. 300, Dougaldston Estate). Des Öfteren sieht man am Palmiste Beach Männer und Frauen, die in der Mittagshitze die riesigen Fischernetze einholen. Es wird gerne gesehen, wenn man mit anpackt. Als kleines Dankeschön winkt dann auch der eine oder andere Fisch.

Mittelpunkt des Ortes und zugleich Touristenattraktion ist die 1952 gegründete Gouyave

13 HIGHLIGHT

Grenada

Muskatnussverarbeitung in Gouyave

Wer einmal sehen möchte, wie eine Fabrik von innen aussieht, sich für die Verarbeitung des Gewürzes interessiert oder einfach nur Einblick in den grenadischen Arbeitsalltag haben möchte, sollte auf jeden Fall einen Stopp in der **Nutmeg Processing Station** (S. 299) einlegen. Für ein paar EC$ Eintritt und ein kleines Trinkgeld für den Führer bekommt man alles erklärt und gezeigt. Wer fotografieren möchte, sollte die ISO-Zahl erhöhen oder einen Blitz mitbringen und die Arbeiter und Arbeiterinnen vorher fragen.

Die Muskatnussbauern trennen den Samenmantel vorsichtig von der Muskatnussschale und bringen sowohl Blüten als auch Nüsse in der Schale in eine der 16 Sammelstellen der Insel oder zu einer der drei Muskatnussverarbeitungsfabriken in Gouyave, Grenville oder Victoria. Die Fabriken sind zu einer Kooperative zusammengeschlossen. Pro Pfund Muskatblüte erhalten die Bauern derzeit etwa 90 Cent. Vor einigen Jahren noch erhielten sie lediglich 30–40 Cent pro Pfund. Der Preisanstieg ist auf eine Verknappung infolge der verheerenden Waldbrände in Indonesien zurückzuführen.

6–8 Wochen schwitzen die Muskatblüten in Holzkisten. Dieser Prozess, bei dem sich Öl ab-

lagert und verdunstet, wird *seasoning* genannt. Danach erfolgt die Qualitätssortierung: Die 1. Wahl hat eine gelbliche Farbe angenommen, die 2. Wahl ist rotgelb gefärbt und die schlechteste Qualität ist schwärzlich.

Die noch in der Schale befindlichen Muskatnüsse werden auf Insektenbefall kontrolliert, bevor sie auf riesigen Holzregalen 2–3 Monate gelagert werden. Die Lagerung ist dann beendet, wenn der Kern, also die Nuss, so weit geschrumpft ist, dass man sie klappern hört. Danach knackt man die Schalen. Wer von Grenada ungeöffnete Muskatnüsse mit nach Hause nimmt, kann sicher sein, dass diese noch Jahre danach frisch sind. Sackweise werden die Nüsse anschließend in den Trichter einer elektrischen „Knackmaschine" geschüttet. Die schon etwas ältere Maschine, übrigens die einzige der Fabrik, knackt die Nüsse, indem sie diese gegen ein hartes Gummi schleudert.

Geknackt, aber nicht von der Schale getrennt, fallen die Nüsse über eine Rutsche eine Etage tiefer, in einen hölzernen Sammelbehälter. Ringsum sitzen die Arbeiterinnen tagtäglich auf kleinen unbequemen Holzhockern, vor sich eine Klappe des Sammelbehälters, aus der ihnen die ge-

Nutmeg Processing Station der Grenada Cooperative Nutmeg Association, eine Muskatnussverarbeitungsfabrik (s. u., Muskatnussverarbeitung), an deren Verarbeitungsverfahren sich kaum etwas geändert hat.

Die meisten Touristen, die einen Ausflug rund um Grenada gebucht haben, machen hier Halt, um den Betrieb zu besichtigen. Länger als eine halbe Stunde verweilt hier niemand, was eigentlich sehr schade ist, denn Gouyave lädt dazu ein, abseits der Touristenströme Land und Leute kennenzulernen. Das Dorf besitzt neben zwei südlich und nördlich von Gouyave liegenden Stränden ein Guesthouse, eine Bank, Post und Feuerwehr, eine Apotheke, die aus dem Jahre 1834 stammende anglikanische Kirche, einige historische Gebäude wie das Melrose House unmittelbar neben dem Polizeigebäude, kleine Einkaufsläden, ein Internetcafé, den Key West Nightclub und die üblichen Rumshops. Fisch und Gemüse gibt's täglich frisch auf dem Markt und wer Lust auf gegrillte Hähnchenteile oder Maiskolben hat, wird garantiert auch fündig.

Von Gouyave aus fährt man entweder weiter Richtung Norden nach Sauteurs oder wählt die schmale, traumhaft schöne Belvidere Road vorbei an Rosemont, St. Mary und dem Belvidere Estate in Richtung Grenville oder St. George's. Zu beiden Seiten der holprigen Belvidere Road bestimmen Gewürz-, Kakao- und Zitrusplantagen

knackten und manchmal auch ungeknackten Nüsse entgegenfallen. In mühevoller Handarbeit wird nun die Schale von den Nüssen entfernt sowie beschädigte und ungeöffnete Nüsse aussortiert. Letztere durchlaufen ein zweites Mal die Knackmaschine. Der Job ist recht begehrt, da ein Akkordlohn gezahlt wird. Pro Pfund einwandfreier Nüsse zahlt die Kooperative den Arbeiterinnen 11,3 Cent. Sind sie flink, liegt ihr Lohn weit über dem eines „normalen" Arbeiters der Fabrik. Männliche Arbeiter verdienen EC$18 und weibliche EC$16 pro Tag.

Die beschädigten Nüsse kommen in eine Fabrik im Norden der Insel, wo sie gemahlen und durch ein Destillationsverfahren zu Muskatnussöl weiterverarbeitet werden. Um die Qualität der geschälten, unbeschädigten Nüsse zu bestimmen, taucht man sie in ein Wasserbad. Qualitativ hochwertige Nüsse sinken aufgrund ihres höheren Ölgehalts sofort nach unten. Die ölärmeren Nüsse, die durch ihren erhöhten Luftgehalt an der Oberfläche schwimmen, werden ebenso zu Muskatnussöl weiterverarbeitet. Eine gute Qualität erkennt man auch an ihrem intensiven Geruch.

Die Trocknung der aus dem Wasserbad entnommenen Nüsse dauert etwa 24 Stunden. Danach schüttet man die Nüsse auf ein erstes Sieb. Hier fallen lediglich kleine Muskatnüsse durch, welche die Grenadier auch 110er Nüsse nennen, d. h. dass im Durchschnitt 110 Nüsse ein englisches Pfund ergeben. Durch das nächstgrößere Sieb fallen die 80er Nüsse und von den größten Nüssen benötigt man 60–65 Stück für ein englisches Pfund. Der letzte Schritt besteht darin, die Nüsse für die verschiedenen Exportländer in Säcke zu verpacken, zuzunähen und zu beschriften.

das Landschaftsbild. Der Belvidere Estate zählte in den 30er-Jahren zu den weltweit größten Muskatnussplantagen. Besonders ausgelassen und fröhlich feiern die Bewohner Gouyaves am 29. Juni das **Fisherman's Birthday Celebration Festival**. Neben der traditionellen Segnung der Fischerboote und Netze werden Bootsrennen veranstaltet und auf den Straßen wird kräftig getanzt. Eine feste Institution ist auch die alljährlich stattfindende **Gouyave Eastern Regatta**. Am südlichen Ende von Gouyave freut sich Anthony Joseph, der Leiter des **Mabouya Fisherman's Museum**, auf Besucher. Dargestellt werden das Leben und die Arbeit eines Fischers, seine Ausrüstung, die Ressourcen des Meeres und das Leben am Strand.

14 HIGHLIGHT

Fish Friday – freitags ausgelassen feiern

Das großartigste Event Gouyaves, der „Hauptstadt der Fischerei", ist jedoch der seit knapp zwei Jahren jeden Freitag stattfindende **Fish Friday**. Gegen Nachmittag beginnen in der St. Francis und St. Dominic Street die Aufbauarbeiten. Unzählige lizenzierte Anbieter schmeißen sich in ihre schneeweißen Kochanzüge, und wer gegen 19 Uhr eintrifft, den erwartet ein wirklich kulinarisches Highlight. Alles was das Meer hergibt und jede erdenkliche Zubereitungsart wird hier angeboten: gegrillter Lobster, Lobsterlasagne, Fischpizza, Fisch- und Shrimpkebabs, Shrimps, Muscheln, Jerked Marlin, Fishcake, Fishpockets, gegrillter Snapper usw. Die Auswahl ist toll und man würde am liebsten alles probieren. Die Stimmung ist grandios und das Fest ein Anziehungspunkt vor allem auch für die Grenadier. Nette Gespräche, ein kühles Carib, ab und an heiße Rhythmen und das alles bis spät in die Nacht, machen den Freitag zu einem perfekten Tag. Wer nicht selbst fahren will, **Caribbean Horizons Tours**, ☎ 444-1550/1555, 🖥 www.caribbeanhorizons.com, offerieren Fish Friday-Touren für US$25 pro Person.

Dougaldston Estate

Etwa 1 km südlich von Gouyave weist ein Schild rechts ab zum **Dougaldston Spice Estate**. Nach einem weiteren Kilometer gelangt man zu der Plantage, die nur noch von wenigen Menschen bewirtschaftet wird. Neben Kakao werden auch einige Gewürze geerntet und anschließend einem ersten Verarbeitungsprozess unterzogen. In den 60er-Jahren wurde die mit Dampfkraft angetriebene Anlage zur Weiterverarbeitung von Kakao stillgelegt. Dougaldston Estate ist heute eher ein historisches Denkmal, das an längst vergangene Zeiten erinnert, an Zeiten, in denen etwa 200 Sklaven, der unbarmherzigen Sonne ausgesetzt, die Plantage bewirtschaften mussten. Wer hier auf eigene Faust herkommt, findet schnell jemanden, der für ein paar EC-Dollar bereit ist, Anbau, Ernte und Verarbeitung der verschiedensten Gewürze zu erläutern.

Übernachtung und Sonstiges

Willie's Court Apartment, St. Bennit St, ☎ 437-0235 (nach William oder Grace fragen). Insgesamt 9 helle, saubere, funktionelle Apartments zur Kurz- und Langzeitmiete, mit Ventilator, Bad, Küchenzeile und kleiner Terrasse bzw. Balkon. ❶
Rose Mount Great House, ☎ 444-8069. Versteckt im Hinterland Gouyaves liegt dieser historische Landsitz, den viele Tourveranstalter im Programm haben. Mrs. Jane Duncan bewirtet hier ihre Gäste, verkauft Gewürze und bietet Ruhesuchenden 3 DZ. ❷
Republic Bank, ☎ 444-8353, ⏰ Mo–Do 8–14, Fr 8–17 Uhr, 24-Stunden-Geldautomat (Blue Machine).

Victoria

Hinter Gouyave windet sich die Straße weitere 7 km entlang der Küste, bis das hübsche Fischerdorf Victoria mit seinen engen Gässchen auftaucht. Die Hauptstadt des Bezirks St. Mark's, mit etwa 2000 Einwohnern, ist sicherlich keine Touristenattraktion. Badehungrige kommen leider auch nicht auf ihre Kosten. Wer jedoch auf beides keinen Wert legt, wird sich hier wohl fühlen.

Die Menschen leben vom Fischfang, der Landwirtschaft und arbeiten in einer von nur wenigen Touristen frequentierten Muskatnussverarbeitungsfabrik. Neben einigen Rumshops, kleinen Läden, Kirchen, Schulen, einer Post und einem kleinen Markt sorgt das **Victoria Hotel** für eine passable Unterbringung. Einige Tage hier zu verweilen bedeutet sicherlich stadtbekannt zu sein.

Wer sich für vorgeschichtliche Funde interessiert, lässt sich die indianischen Felszeichnungen *(Amerindian petroglyphs)* zeigen, die etwas außerhalb Victorias auf einem Felsen im Meer zu entdecken sind. Und wer das üppige Hinterland Victorias durchstreift, findet den lange Zeit wenig bekannten **Tufton Hall Waterfall**. Dies wird sich jedoch bald ändern. 2008 verwirklicht Peter de Savary (S. 290) an dieser Stelle ein weiteres Projekt. Mitten im tropischen Regenwald gelegen, mit einem atemberaubenden Blick auf das karibische Meer, wird die frühere Tufton-Plantage das erste umweltverträgliche, ganzheitliche Spa der Insel werden. Untergebracht in einem restaurierten Plantagenhaus, werden die Gäste dann mit Naturprodukten und traditionellen Behandlungen verwöhnt werden.

Übernachtung

Victora Hotel, Queen St, ℘ 444-9367. Liegt im Zentrum des netten Dörfchens Victoria direkt am Meer, allerdings ohne Strand. 10 Zimmer, die sich über dem Restaurant befinden, sind ausgestattet mit Ventilator, TV, Bad und Balkon. Im Restaurant gibt's Frühstück, Mittag- und Abendessen zu moderaten Preisen. ❷

Sauteurs

Verlässt man Victoria in nördlicher Richtung, erblickt das Auge nach etwa 5 km eine wundervolle Bucht, die **Duquesne Bay**. Ein idealer Ort für ein kühles Getränk und etwas Badespaß. Nun verlässt man die Küstenstraße und fährt landeinwärts, vorbei an Duquesne, dem Union Estate (einer Plantage) Chantimelle und Welcome Hall. Im Zweifelsfall sollte man sich auf dieser Straße immer links orientieren. Nach 5–6 km gabelt sich

---

Relaxt nächtigen

Etwas westlich von Sauteurs, steil über den Klippen der Nordwestküste mit Zugang zu einem kleinen Sandstrand, liegen die **Almost Paradise Cottages & Restaurant**, ℘ 442-0608, 🖥 www.almost-paradise-grenada.com. Der Deutsche Uwe und seine kanadische Frau Kate haben sich hier ihr kleines Paradies geschaffen. Auf die Gäste warten ein gutes Restaurant mit klasse Aussicht und herrliche Cottages unterschiedlicher Größe, mit Galerieschlafzimmern, Ventilatoren, Küchenzeile, Wohnbereich, Outside-Dusche und tolle Veranden mit Hängematten. Etwas günstiger sind die Zimmer (ohne Küchenzeile). Allen gemeinsam sind ein wundervoller Meerblick und viel Ruhe. ❸–❺

---

die Straße und ein Schild weist den Weg nach Sauteurs und Grenville.

Sauteurs, die Hauptstadt des nördlichsten Bezirks St. Patrick's, ist sehr eng mit dem Schicksal der Karibindianer verbunden. Erstmals gelang es 1650 dem wohlhabenden Franzosen Compte du Parquet auf Grenada Fuß zu fassen. Aus Martinique kommend, erschlich sich du Parquet durch windige Tauschgeschäfte Land. Die Besitzansprüche der Franzosen ließen nicht lange auf sich warten und ehe sich die Kariben versahen, mussten sie sich in erbitterten Kämpfen gegen die drohende Versklavung zur Wehr setzen. Der Kampf gegen die gnadenlosen, übermächtigen Franzosen dauerte etwa drei Jahre. In den Norden der Insel zurückgedrängt und die Franzosen im Nacken, beschlossen die Kariben, sich nicht zu unterwerfen. Gemeinsam sprangen sie von einer Klippe aus etwa 40 m in den Tod.

Der französische Ortsname Sauteurs (Springer), ebenso wie die berüchtigte Klippe **Morne des Sauteurs** (kleiner Berg der Springer) oder **Caribs' Leap**, erinnern noch heute an das tragische Ereignis. Wer nachempfinden möchte, wie den Indianer zumute war, biegt etwa in der Ortsmitte an dem Schild Caribs' Leap links ab. Eine weitere Kehre (links ab) führt zur katholischen St. Patricks Church. Nur noch wenige Schritte durch den Friedhof führen zum oberen Ende des

Morne des Sauteurs. Da die Klippe früher einen Felsvorsprung aufwies, ist es heute nicht mehr möglich genau an der Stelle zu stehen, an der die Kariben dem Tode ins Auge sahen.

Der wunderbare Fernblick von hier oben erlaubt die Sicht auf die Silhouette Carriacous und einiger vorgelagerter Inselchen. Die größte ist die **Isle des Ronde**, Heimat einiger kleiner Fischerfamilien, mit einem netten Badestrand an der Südküste. Weiter östlich liegt in unmittelbarer Nachbarschaft zur Isle des Ronde die Inselgruppe **La Tante**, **Diamond Island** und etwas weiter unterhalb **Caille**. Noch weiter östlich und näher an der Küste ragt **London Bridge Island** aus dem Meer. Schweift der Blick westwärts, so erkennt man kleine unbewohnte Inselchen, die von den Einheimischen **The Sisters** genannt werden.

Sauteurs ist ein sehr hübsches Städtchen, mit einem Bäcker, den üblichen Rumshops, Kirchen, einem Internetcafé (Easy Access, ✆ 438-3859) und einem täglichen Markt, der die Bewohner mit frischem Gemüse und Fisch versorgt. Ob Lunchpaket oder einfach nur ein Roti – **Newman's Top of the Town Eatery**, ✆ 442-9790, hat Mo–Sa von 8–24 Uhr geöffnet.

Im Nordwesten von Sauteurs erstreckt sich ein etwa 2 km langer Sandstrand, die **Sauteurs Bay**. Wer Lust hat, kann hier recht ungestört baden oder zum 2,5 km entfernten David's Point, dem nördlichsten Zipfel Grenadas, spazieren.

Ein weiteres Übernachtungs- und Ausflugsziel ist das **Morne Fendue Plantation House**, ✆ 442-9330, südlich von Sauteurs. Das ehemalige Herrschaftshaus der Mascolls wurde Anfang des 20. Jhs. von Betty Mascolls Vater errichtet. Nicht nur für den Rum stellte die Melasse zu damaliger Zeit den Grundstoff dar, sondern auch für die Herstellung von Mörtel, der aus Melasse und Kalk angerührt wurde. Dass die Zutaten des Mörtels einwandfrei waren, davon kann man sich bei Betrachtung des Herrschaftshauses überzeugen. Millionen von Muskatnussschalen säumen den Weg zum Plantagenhaus. Im unteren Geschoss befindet sich der Speisesaal, der für Besucher zugänglich ist. Über eine knarrende Treppe gelangt man in das Obergeschoss, dessen vier Atmosphäre ausstrahlende Zimmer (eines davon mit antiker Badewanne) bis vor Kurzem noch vermietet wurden. Heute nächtigen

Gäste in einem der DZ mit Bad, Ventilator und Balkon in einem Anbau. Frühstück inkl. ❸

Seit Jahren ist das ehemalige Plantagenhaus ein beliebtes Ausflugsziel und im Programm mehrerer Tourveranstalter vertreten. So kann es sein, dass mehrmals täglich kleine Gruppen ankommen, das Haus mit seinen vielen kleinen Dingen aus der Vergangenheit besichtigen, ein Mittagsmenü zu sich nehmen und zum nächsten Programmpunkt übergehen. Das Herrschaftshaus ist relativ einfach zu finden. Verlässt man Sauteurs in südöstlicher Richtung und folgt der Hauptstraße etwa 1 km (nicht abbiegen!) vorbei an einer kleinen Tankstelle (linke Seite), biegt anschließend links ab und folgt der Straße nochmals etwa 500 m, weist ein kleines Schild auf das Plantagenhaus hin. Wer mit öffentlichen Verkehrsmitteln die Insel bereist, sollte daran denken, dass die letzten Minibusse Sauteurs zwischen 16 und 17 Uhr verlassen.

Südlich von Morne Fendue führt die Straße über Elie Hall in das fruchtbare Tal des Landgutes von **Mt. Rich**. Ein großer, von den Arawak behauener Felsen trotzt hier den Fluten des St. Patrick Rivers. Die ersten Bewohner Grenadas ließen ihrer Kreativität freien Lauf und meißelten Köpfe und Werkzeuge in die Felsen.

Auch südöstlich von Sauteurs, in La Fortune/Castle Hill thront eine etwas feudal wirkende, an ein Herrschaftshaus erinnernde Herberge oberhalb der Marli-La Mode Road auf einem kleinen Berg: **Barry's Country Retreat**, ✆ 442-0330, 🖥 www.barrysresort.com. Im 1. Stock werden insgesamt vier geräumigen Superior- und Deluxe-Zimmer mit AC, TV, großem Bad, hohen Decken, schönen Holzböden und Balkon vermietet. Die fünf Standard-Zimmer liegen im unteren Bereich; Gemeinschaftsterrasse. Außerdem existiert noch ein 1-Bettzimmer-Apartment. Netter Pool, Restaurant (wahrscheinlich nur geöffnet, wenn Gäste da sind), tolle Aussicht. ❸ – ❹

Weitere Ausflugsziele s. S. 328, nördlich von Grenville.

Weitere Ausflugsziele s. S. 328, nördlich von Grenville.

Sonstiges

Apotheke

Frames' Pharmacy, Main St, ✆ 442-0161.

Von Barry's Country Retreat aus erblickt man in nordöstlicher Richtung, per Luftlinie etwa 1 km entfernt, ein weiteres hübsches Ausflugsziel, das **Helvellyn House**, ✆ 442-9252. Karen Maaroufi's Großvater errichtete dieses wunderbare Haus auf einem Hügel mit fantastischem Panoramablick. Die grenadische Gastgeberin und ihr marokkanischer Mann Badre, servieren ihren Besuchern in ihrem tollen Garten in der Regel täglich von 11–15 Uhr ein karibisches 3-Gänge-Menü (EC$55). Ausflügler mit eigenem Lunchpaket relaxen im Garten bei einer Tasse Kaffee, lassen sich den Weg zum Strand zeigen oder genießen nur die Aussicht. Wer eine Übernachtungsmöglichkeit sucht, kann hier auch nach einem Gästezimmer fragen. Eine Passion Karens ist die Töpferei. In einer kleinen Werkstatt wird das Handwerk gelehrt und unterschiedliche Töpfereiprodukte zum Kauf angeboten.

Geld

Grenada Co-operative Bank, ✆ 442-9247, ⏱ Mo–Do 8–14, Fr 8–16 Uhr, Geldautomat; **Republic Bank**, Main St, ✆ 442-1045, Mo–Do 8–14, Fr 8–17 Uhr.

Die Grand Étang Road

Man verlässt St. George's durch den Sendall Tunnel und biegt vor der Brücke am Mt. Gay Kreisverkehr die zweite Straße links ab, in Richtung Grand Étang National Park. In Serpentinen geht die Fahrt hinauf auf etwa 580 m. Die recht schmale Grand Étang Road führt vorbei an den Ortschaften Beaulieu, Snug Corner und Constantine, hinein in den unwegsamen tropischen Regenwald, ehe man nach rund 10 km den grandiosen Grand Étang National Park erreicht. Feuchte Schwaden umhüllen am Morgen das grüne Blattwerk der Baumfarne, Mahagoniriesen und bildschönen Blüten seltener Pflanzen, welche die Straße zu beiden Seiten begrenzen. Je weiter man sich dem Nationalpark nähert, umso angenehmer wird das Klima.

Annandale Falls

Fährt man die Grand Étang Road bis Constantine (rund 6,5 km), ist im Dorf auf der linken Seite die große Methodistenkirche nicht zu übersehen. Hier geht es links den Berg hinunter. Nach etwa 800 m erreicht man das Besucherzentrum, von wo ein Fußweg in etwa 5 Minuten zum Wasserfall führt. Die Annandale Falls sind die am meisten frequentierten Wasserfälle auf Grenada. Nicht etwa weil sie die schönsten sind, wie man durchaus mutmaßen könnte, nein, sie sind lediglich die am schnellsten zu erreichenden Wasserfälle. Dies spielt vor allem eine Rolle, wenn die Kreuzfahrttouristen an Land gehen und die Devise heißt, in kürzester Zeit viel von Grenada zu sehen. So ist der Ausflug nicht zu empfehlen, wenn ein Kreuzfahrtschiff im Hafen von St. George's ankert.

An solch einem Tag werden hunderte von Touristen hierher gekarrt. Schon auf dem Weg zum Wasserfall stehen die Souvenirverkäufer und versuchen ihre hübschen Gewürzkörbchen an den Mann zu bringen. Ihre Rufe klingen wie ein endloses Echo: „Spices, Spices, Spices …". Steigt man aus dem Auto, steht auch schon ein Calypsosänger bereit, der das Lied von Glück und Reichtum für ein paar EC-Dollar trällert. Der Nepp gipfelt dann am Wasserfall. In der Felswand des aus einigen Metern in die Tiefe stürzenden Wasserfalls sitzen Jugendliche und Männer, die mit den Touristen um das Entgelt für ein Foto feilschen, für das sie sich wagemutig hinabstürzen in den natürlichen Pool. Manchen Touristen mag der Trubel gefallen. Wem dies jedoch zu viel ist, der besucht die Annandale Falls einfach an einem ruhigeren Tag. Sehenswert sind sie in jedem Fall, und der Pool lädt zu einem erfrischenden Bad ein.

Am Besucherzentrum, ✆ 440-2452, gibt es Toiletten und Umkleidekabinen. Eintritt wird nicht verlangt. Wer Lust auf Natur und Wanderungen hat, kann sich im Besucherzentrum kundig machen. So ist es möglich, von hier zum Grand Étang National Park zu laufen. Gutes Schuhwerk nicht vergessen! Das Besucherzentrum hat bis 16 Uhr geöffnet. Für kühle Getränke und Snacks sorgen die Waterfalls- und Kings Arms Bar. Wer kein Auto gemietet hat, steigt einfach in einen

Grenada

Minibus Richtung Grand Étang. Von der Methodistenkirche benötigt man zu Fuß etwa 15 Minuten zu den Fällen.

Grand Étang National Park

Knapp 4 km hinter der Abzweigung zu den Annandale Falls begrüßt ein Hinweisschild die Besucher des mehrere km² umfassenden Grand Étang National Parks. Wenige Meter weiter eröffnet sich auf der linken Seite eine grandiose Aussicht auf die Westküste Grenadas. Weiter entlang der Grand Étang Road erreicht man nach wenigen Minuten den **Welcome Center**, ✆ 440-6160, ◷ tgl. 8–16 Uhr; Eintritt US$2. Die Lage des Besucherzentrums ist herrlich, vor allem der Blick auf den Grand Étang Lake, einen herrlichen

Außer Atem kommen im Nationalpark

Wanderfreunde sollten sich im Besucherzentrum über den Zustand der Wanderpfade informieren, die zu manchen Jahreszeiten aufgrund heftiger Regenfälle und damit verbundener Erdrutsche unpassierbar werden können. Für einige Trails benötigt man keinen Führer. Zieht man alleine los, ist es üblich, sich im Besucherzentrum auf jeden Fall an- und abzumelden. Matschig sind die Pfade fast zu jeder Jahreszeit, sodass gutes Schuhwerk unerlässlich ist. Für Snacks, kühle Getränke und Souvenirs ist rund um das Vistor Centre reichlich gesorgt.

Der einfachste und kürzeste Trail ist der zum **Morne La Baye Lookout** (5–10 Minuten), einem kleinen Naturlehrpfad, der zu einem Aussichtspunkt führt. Wer Glück hat, begegnet einem *Mona Monkey* (Monameerkatze), einem ursprünglich in Afrika beheimateten Affen, der mit der Verschleppung der Sklaven aus Afrika nach Grenada kam.

Unwegsamer, aber ebenfalls relativ einfach, ist der 1 1/2-stündige **Shore Line Trail**, eine schöne, oft matschige Wanderung durch leider aufgrund von Hurrikan Ivan lichter gewordenes tropisches Blattwerk rund um den Kratersee. Der Shore Line Trail beginnt eigentlich am Kratersee, wo es auch einen Parkplatz und einige tolle Picknickplätze gibt. Wer den Trail gemeistert hat, entledigt sich seiner Schuhe, nimmt Platz auf dem Steg am See, streckt die Füße ins Wasser, füttert die Fische oder hält die Angel hinein. Am späten Nachmittag ist man hier oft völlig alleine.

Der zum Mt. Qua Qua führende **Mt. Qua Qua Trail** erweist sich als schwieriger, ist jedoch auch noch ohne ortskundigen Führer durchführbar (zu erfragen nochmals im Visitor Centre). Während der knapp 2 1/2–3-stündigen Wanderung (hin und zurück) entlang dem Bergrücken wird man entlohnt mit atemberaubenden Ausblicken.

Vom Mt. Qua Qua Trail zweigt unterwegs ein beschilderter Pfad links ab, der zu den **Concord Falls** (S. 297) und zu **Fedon's Camp** (s. u.) führt. Die insgesamt etwa 4 1/2-stündige (einfacher Weg) Trekking-Tour entlang dem **Concord Falls Trail** sollte nicht ohne ortskundigen Führer unternommen werden. Dieser Trail ist sicherlich der anstrengendste Route, die zur Auswahl steht, offenbart jedoch die im Innern verborgene, unberührte Seite Grenadas. Von den Concord Falls sind es noch etwa 1 1/2 Stunden Fußmarsch bis ins Dörfchen Concord. Hier fahren Minibusse in Richtung St. George's oder Grand Anse.

Wer solch eine Tour in Angriff nehmen möchte, wendet sich am besten an einen Mitarbeiter des Nationalparks (Guides verlangen US$25 p. P.) oder an einen der folgenden **Tourveranstalter**: **Mandoo Tours**, ✆ 440-1428, ▯ www.grenadatours.com. **Sunsation Tours**, Ottway Building, Grand Anse, ✆ 444-1594, ▯ www.grenadasunsation.com. Individuelle zusammenstellbare Touren auch in deutscher Sprache; US$17/pro Stunde bei 1–4 Personen. **Henry's Safari Tours**, ✆ 444-5313, ▯ www.spiceisle.com/safari. Der Tourveranstalter verlangt US$80 p. P. von Concord und den Concord Falls über Fedon's Camp nach Mt. Qua Qua (ab 2 Personen). Je größer die Gruppe ist, umso günstiger wird der Ausflug!

Kratersee, um den sich einige Mythen ranken – super zum Picknicken. Während viele Menschen glauben, der See sei bodenlos (s. auch unten, Fedon's Camp) und Anhänger des Obeah-Kultes am See der Wassergöttin Mama Glean die Ehre erweisen, scheint es Forschern bis heute nicht bekannt, woher eigentlich das Wasser kommt. Dass es einen Grund des Sees gibt, haben Forscher durch die Entnahme von Bodenproben bewiesen, die bis zu 25 000 Jahre alte Sporen und Pollen enthielten.

Neben diversem Anschauungsmaterial über Flora und Fauna des Nationalparks und die Entstehung der Insel informiert das Besucherzentrum über viele der insgesamt 85 einheimischen Baum- bzw. Holzarten, die im Naturschutzgebiet zu finden sind. Außerdem sehen Besucher Bilder des Nationalparks kurz nach Hurrikan Ivan im Jahre 2004 – eine unvorstellbare Zerstörung, die der Hurrikan anrichtete und von der sich das Naturschutzgebiet wahrscheinlich nie ganz erholen wird.

Fedon's Camp

Eine Abzweigung vom Concord Falls Trail führt zu Fedon's Camp, einem Relikt vergangener Zeiten, das an den Sklavenaufstand im Jahre 1795 erinnert. Zur damaligen Zeit standen die Briten in der Gesellschaftshierarchie ganz oben, danach folgten die französischen Pflanzer, freie schwarze und farbige Grenadier galten als Menschen zweiter Klasse und auf der untersten Stufe standen die afrikanischen Sklaven. Die Willkür und Herrschsucht der britischen Elite ging so weit, dass sie das passive Wahlrecht einzig sich selbst zusprachen, indem sie es an der Hautfarbe und dem Einkommen festmachten.

So war es nicht verwunderlich, dass Julien Fedon, ein schwarzer Plantagenbesitzer, Sohn einer Sklavin und eines Franzosen, zusammen mit einigen französischen Pflanzern die Rebellion gegen die Briten anzettelte. Er und seine Anhänger attackierten im März 1795 gleichzeitig Grenville und Gouyave, nahmen den britischen Gouverneur und weitere Briten in ihre Gewalt. Es gelang ihnen ganze Landstriche zu kontrollieren und die Briten in St. George's einzukesseln. Die

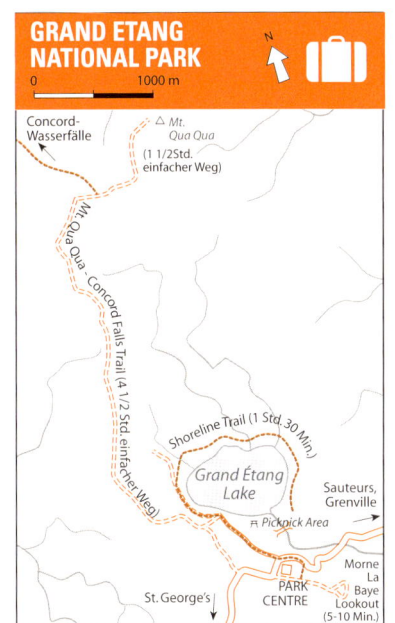

Briten schafften es jedoch, mit Verstärkung durch nach und nach anrückende Marine, den Nachschubhafen der Rebellen an der Ostküste zu erobern. Die Aufständischen, abgeschnitten von der See, mussten sich ins Landesinnere zurückziehen. Einer ihrer Zufluchtsorte war das Camp. Die über 15 Monate andauernde Rebellion kostete viele Briten, Franzosen und Sklaven das Leben.

Unter dem militärischen Kommando des britischen Generals Nicholls wurde der Aufstand schließlich am 19. Juni 1796 niedergeschlagen. Der General ließ das Camp stürmen und die Rebellen durch den Strang hinrichten. Alle Nichtbriten wurden enteignet und vom politischen Leben ausgeschlossen. Viele flüchteten nach Trinidad. Über das Schicksal Julien Fedon's ist nichts bekannt und man kann nur vermuten, dass er entweder ertrunken ist oder auf eine nahe gelegene Insel flüchten konnte.

Wie auch immer Gelehrte Julien Fedon sehen, als Held oder Verbrecher, sicher ist, er ging ruhmreich in Grenadas Folklore ein. Menschen

heute erinnern sich, dass ihnen als Kinder erzählt wurde, sie sollen des Nachts den Lauten
des umherstreifenden weißen Hengstes Fedons
lauschen, der seine Runden drehe, um alle
Kinder vor jeglichem Übel zu bewahren. Auch
glauben nicht wenige Menschen bis heute,
Fedon habe nur deswegen fliehen können, da
er die Fähigkeit besaß in den Kratersee einzutauchen, die unterirdischen Kanäle zu durchschwimmen und in der Black Bay wieder aufzutauchen.

Seven Sisters Falls und Honeymoon Fall

Ungefähr 2 km nordöstlich des Grand Étang
Besucherzentrums entlang der Grand Étang
Road weist ein Schild auf die Seven Sisters Falls
hin. Ein kurzer befahrbarer Weg führt zu einem
kleinen Parkplatz und Shop, ⊙ ab 9 Uhr. Pearl
kassiert hier EC$5 Eintritt. Um alle sieben
Wasserfälle zu sehen, benötigt man je nach Zustand des Weges und eigenem Tempo etwas
45 Min. bis 1 Std.

Unweit der Seven Sisters Falls, gut versteckt
und damit nicht so leicht zu finden, ist ein weiterer, wenig frequentierter und erst seit wenigen
Jahren überhaupt entdeckter Wasserfall, der
Honeymoon Fall. Es ist also zu überlegen, ob man
nicht einen lizensierten Tourguide, der etwa
EC$25 pro Person verlangt, mitnimmt. Ob sich
vielleicht schon an der Straße ein lizensierter
oder unlizensierter Tourguide angeboten hat,
kann man im Shop erfragen.

Ansonsten führt ein toller, 20–25-minütiger,
gut ersichtlicher Pfad zum Teil steil bergab zu
den ersten beiden traumhaft schön gelegenen
Wasserfällen. Sie sind zwar nicht besonders
hoch, ergießen sich jedoch in wunderbare, eiskalte und zum Schwimmen perfekte Pools. Am
besten man geht früh los, um dieses tropische
Paradies in aller Ruhe und ganz alleine genießen
zu können.

Wer den anstrengenden Rückmarsch nicht
scheut, kann sich danach noch auf den Weg zu
den restlichen fünf, flussaufwärts liegenden
Wasserfällen machen . Pearl erläutert gerne den
Weg.

Grand Anse Beach

Etwa 5 km südlich der Hauptstadt St. George's
liegt der beliebteste Strand Grenadas – der
Grand Anse Beach, ein etwa 2 km langer, sehr
breiter, weißer Sandstrand. Der wunderschöne
Grand Anse Beach ist nicht nur der Vorzeigestrand der Insel, sondern auch die touristische
Hochburg Grenadas. Hier befinden sich jede
Menge Hotels, Guesthouses, Einkaufszentren,
Restaurants, Banken, Tourveranstalter, der Craft
and Spice Market usw.

Daneben findet am Strand jedoch auch noch
ein Leben statt, das an die Zeit erinnern mag, bevor der Tourismus hier Einzug hielt. Es ist schön
zu sehen, dass die Schule, der Friedhof und das
Altersheim den Hotelanlagen nicht weichen
mussten. Einige Palmen spenden Schatten und
das türkisblaue Meer ist hervorragend zum
Schwimmen geeignet. Neben Faulenzen und Inder-Sonne-Braten kann man jede Art von Wassersport betreiben, im Hinterland Golf spielen
oder es unzähligen Grenadiern in den Morgen-
und Abendstunden gleichtun und den Strand
entlang joggen.

Dass die Bucht vor gar nicht allzu langer Zeit
Schauplatz kriegerischer Auseinandersetzungen
war und einige Hotels als Kasernen dienten, ist
heute nur noch schwer vorstellbar. Stattdessen
dümpeln Fischer- und Segelboote im herrlichen
Wasser und den Küstenabschnitt patrouillieren
höchstens Liegestuhlvermieter und einige Strandverkäufer.

Übernachtung

Lexus Inn, Belmont, ✆ 444–4780, ✉ lexusinn@
spiceisle.com. 14 Apartments mit 1 oder
2 Schlafzimmern, AC, TV, Bad, Küchenzeile,
Wohnraum und Balkon mit Blick aufs Meer.
Einen Sandstrand gibt es hier nicht, man kann
jedoch über eine Treppe ins Wasser springen
oder etwa 20 Min. zum Grand Anse Beach
laufen. ❸–❹
Beach Inn, Grand Anse Rd, ✆ 444-4216,
⌨ www.beachinngrenada.com. Liegt unweit

Grenada

den Hideaway Apartments. Saeed Maghami vermieten hier 10 recht kleine, einfache Zimmer mit AC, Ventilator, zum Teil Kühlschrank und Bad. Gemeinschaftlich wird die Veranda mit famosem Blick auf Grand Anse genutzt. ❸

Jenny's Place, ✆ 405-6073, 🖳 www.jennysplace grenada.com. Jennifer Hosten, Grenadas Miss World 1970, und ihr in England geborener Mann Shawn eröffneten 2005 Jenny's Place. Auf die Gäste warten 6 Suiten und Apartments mit AC, TV, Küchenzeile bzw. Küche, Bad und Balkon, sowie eine wirklich nette Beach Bar plus Restaurant unmittelbar am nördlichen Ende des Grand Anse Beaches. ❻

Grenada Beach Palace Hotel, ✆ 439-1412, 🖳 www.grenadabeachpalace.com. Im Juli 2006 fertig gestellt, vermietet Lennie sehr gepflegte, gut möblierte 1–5-Bettzimmer-Apartments mit AC, TV, Küche, Bad und Veranda mit schönem Ausblick. Die Atmosphäre ist familiär, mit kleinem Garten und Zugang zum nördlichen Strandabschnitt. ❺

Grenada Seaview Apartments, Grand Anse Beach, ✆ 444-3175, 🖳 www.grenadaexplorer. com/seaview/index.htm. Insgesamt 3 Apartments, ein richtig großes und ein kleineres Meerblick-Apartment mit Küchenzeile, Bad, TV, AC Ventilatoren und wunderbarer Veranda „to watch the sun going down over the sea." Dem Gartenblick-Apartment fehlt leider diese Veranda. Das Haus liegt am nördlichen Ende des Grand Anse Beaches und an familiärer Atmosphäre fehlt es auch nicht, mit Angela, der Frau, die hier alles managt. Wochenpreise liegen bei US$400–800, sind aber verhandelbar, bleibt man länger; ansonsten ❸–❺

Roydon's Apartments, Grand Anse Rd, ✆ 444-4476, ✉ roydons@spiceisle.com. Der nördlichste Zugang zum Grand Anse Beach führt über einen kleinen gepflasterten Weg hinunter zum Strand. Oberhalb, noch an der Grand Anse Rd, vermietet Roydon einige 2- und 3-Bettzimmer-Apartments auch zur Langzeitmiete. Seine alte Apartmentanlage, einige 100 m weiter Richtung Grand Anse an der Abfahrt zum Golfplatz, hat er komplett neu errichtet. 2007 eröffnet, offeriert er hier 6 kleine, brandneue Studios mit Küchenzeile, Bad und kleinem Balkon sowie einige 1-und 2-Bettzimmer-Apartments ❸–❺

Gutes Preis-Leistungs-Verhältnis

Hideaway Apartments, Grand Anse Rd, ✆ 444-0011, 🖳 www.grenadaexplorer.com/hideaway. Unter deutscher Leitung steht diese 3 große Apartments umfassende Anlage. Jedes Apartment verfügt über 2 zweckmäßig eingerichtete Schlafzimmer, Wohnraum, Ventilator, Bad, Küche und Veranda. Die beiden Seafront-Apartments haben außerdem einen herrlichen Blick. Großer Garten mit Grillmöglichkeit direkt am Meer, das – überwindet man die Steine – von der Anlage aus zugänglich ist. Das nördliche Ende von Grand Anse ist in 5–10 Minuten zu Fuß erreichbar, St. George's in 5 Minuten mit dem Minibus. ❸

Caribbean Breeze, ✆ 439-0897, 🖳 www. caribbeanbreeze.net. Gut beschildert, in den Hügeln nordöstlich des Grand Anse Beaches unweit des Golfplatzes, findet man diese kleine gepflegte Anlage mit Pool. Neben 1- und 2-Bettzimmer-Apartments, ausgestattet mit Bad, Küche, TV, Ventilatoren, Wohnbereich, Waschmaschine und Balkon mit Blick über den Golfplatz, existiert noch eine 2-stöckige Cottage mit gleicher Ausstattung, Balkon und Sitzmöglichkeit im Garten. ❸

Windward Sands Inn, Grand Anse Rd, ✆ 444-4238, 🖳 www.windwardsandsinn.quickon thenet.com. Neben 7 sehr einfachen, etwas schmuddligen DZ mit Ventilator oder AC, TV, Bad, und z. T. Balkon stehen 5 ebensolche Apartments mit 1 oder 2 Schlafzimmern, AC oder Ventilator, TV, Bad, Küchenzeile und Balkon zur Verfügung. ❸

Blue Orchid Hotel, Grand Anse, ✆ 444-0999, 🖳 www.blueorchidhotel.com. Ziemlich abgewohntes, einfaches Hotel in zentraler Lage. Neben einigen DZ mit Bad, AC, TV und Balkon, mit und ohne Küchenzeile, vermietet Mr. Damghani noch jeweils ein 2- und 3-Bett-zimmer-Apartment ❸–❺.

South City Plaza Hotel, Grand Anse, ✆ 439-3949, ✉ nativehut@yahoo.com. Zentral gelegener Shoppingkomplex, der im Obergeschoss 24 ordentliche Hotelzimmer mit AC, Bad, TV,

Kühlschrank, Mikrowelle und kleinem runden Balkon mit unterschiedlicher Aussicht sowie eine Präsidentensuite beherbergt. ❺–❻

Crowne Plaza Resort (Grenada Grand Beach), ☎ 444-4371, ⌨ www.grenadagrand.com. Die erstklassige zentrale Lage am Grand Anse Beach und die Weitläufigkeit sprechen sicher für das Resort. Knapp 240 Zimmer verteilen sich auf 7 doppelstöckige Gebäude. Alle verfügen über AC, TV, Bad und Balkon und Garten- bzw. Meerblick. Sich hier die Zeit zu vertreiben fällt bestimmt nicht schwer. Das Hotel verfügt über Souvenirgeschäfte, Freiluft-Restaurants, Snackbars, Strandbars, Fitnesscenter, großes Wassersportangebot, Pool-Landschaft und Tennisplatz. Im Zuge der Übernahme durch die Crowne Plaza Gruppe sind einige Renovierungsarbeiten geplant. Ab US$260

Allamanda Beach Resort & Spa, ☎ 444-0095/96, ⌨ www.allamandaresort.com. Mit ca. 50 Zimmern, recht große, etwas lieblose Anlage mit Pool und dem Sapphire Restaurant, direkt am schönsten Strandabschnitt des Grand Anse Beaches. Alle DZ sind ausgestattet mit AC, Ventilator, Kühlschrank, TV, Fön, Safe, Bad und Balkon. Außerdem gibt es Suiten mit Whirlpool, ein rollstuhlgerechtes Zimmer und ein 2-Bettzimmer-Apartment mit Kinderbett und Küche. Ab ❺

Wohnen – luxuriös und exklusiv

Spice Island Beach Resort, ⌨ www.spiceislandbeachresort.com, ☎ 444-4258. Luxuriöse, weitläufige Anlage, eingebettet in einen tropischen Garten, mit herrlichem Pool und sehr exklusiven, stilvollen, offen gehaltenen Beach-front Bungalows und Pool Suiten. Während die günstigste Oleander Suite für US$990 zu haben ist, kostet die Royal Pool Suite mit eigenem Swimmingpool, Whirlpool und Sauna stolze US$1950, inkl. Vollpension und diverser Sportangebote. Für Gourmets ist das dazugehörige Oliver's Restaurant ein Muss. Das Spice Isle, ebenso wie das Blue Horizons ist im Besitz der Familie um Sir Royston Oliver Hopkin, dem einzigen karibischen Hotelier, der 2005 von Queen Elisabeth II zum Ritter geschlagen wurde.

Coyaba Beach Resort, ☎ 444-4129, ⌨ www.coyaba.com. Liegt ebenfalls am herrlichen Grand Anse Beach und ist im Pauschalpaket eines deutschen Reiseveranstalters sicher günstiger. Westindisches Flair ist das Motto der 80 komfortablen Zimmer, die ausgestattet sind mit AC, Bad, TV, Ventilator und schönem Balkon. Dafür sind in der Hochsaison US$310 + Tax + S/C zu zahlen. Mit Swimmingpool, *swim-up* Bar, Tennisplatz, Fitnessraum, 2 schönen Restaurants, Massageangeboten und Garten.

Bougainvillea Apartments, ☎ 444-4930, ⌨ www.spiceisle.com/bougainvillea. Zentral gelegenes doppelstöckiges Gebäude, zur Kurz- und Langzeitmiete, mit 20 Ein- und Zweibettzimmer-Apartments. Alle Apartments sind ausgestattet mit AC, TV, Küche, Bad und kleiner Veranda. Monatliche Miete: US$600–900 inkl. Wasser, TV, Gas, exklusive Strom und Telefon; pro Tag ❸

Village Hotel, Morne Tout, ☎ 457-3117. Das alte Village Hotel, von Hurrikan Ivan völlig zerstört, musste der nette Besitzer Keith aufgeben, und so baute er mit Hilfe einiger Investoren ein neues mit völlig anderem Gesicht. 2007 eröffnet, verfügt es über 5 Ein- und 2 Zweibettzimmer-Apartments mit AC, TV, Bad, Küche und Balkon. Wer Keith's Schwäche für BMWs teilt oder Motorsportfan ist, ist hier besonders willkommen. Ab ❺

Palm Grove Guest House, Morne Tout, ☎ 444-4578, ⌨ www.palmgrovegrenada.com. In Hanglage, oberhalb des Grand Anse Beach, etwa 10 Min. zu Fuß zum Strand. 7 relativ kleine, sehr einfache Zimmer mit Ventilator, TV, Bad und gemeinsamer Veranda teilen sich 2 Küchen (Küchennutzung gegen Gebühr). 3 Apartments mit insgesamt 2 Küchen, Ventilator, Bad und Veranda kosten ein paar Dollar mehr. ❸

Grand Anse Heights, Morne Tout, ☎ 439-5334, ⌨ www.grandanseheights.com. In guten Händen weiß man sich bei Basil und Tony, die 5 sehr nett eingerichtete 1-Bettzimmer-Apartments mit schöner Küche, AC, TV, Bad und Balkon vermieten. ❸–❹

Siesta Hotel, ☎ 444-4646, ⌨ www.siestahotel.com. Das Schwesterresort des Allamanda Beach Resorts ist eine eher zweckmäßige Anlage mit Pool und dem Green Flash Restaurant. Das Hotel verfügt über insgesamt 37 Zimmer (US$70–125), Studios (US$105–140),

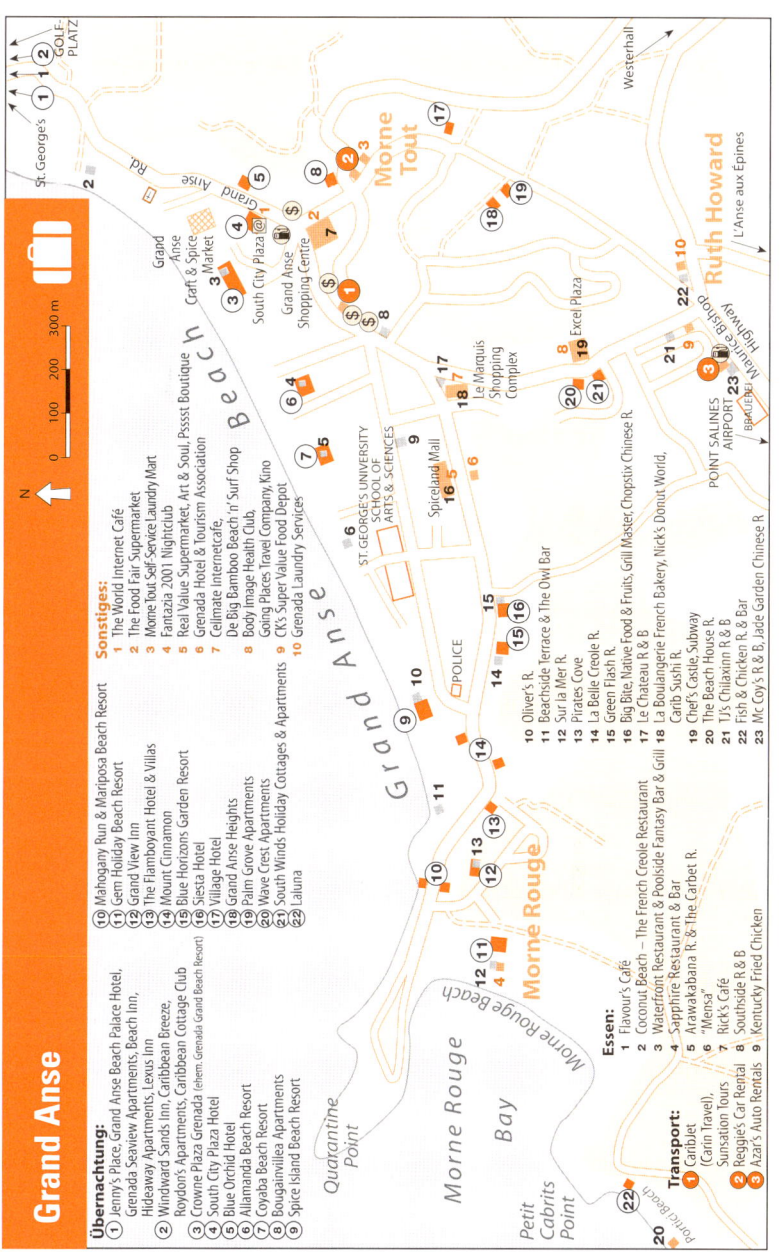

Grand Anse

Übernachtung:
① Jenny's Place, Grand Anse Beach Palace Hotel, Grenada Seaview Apartments, Beach Inn, Hideaway Apartments, Lexus Inn
② Windward Sands Inn, Caribbean Breeze, Roydon's Apartments, Caribbean Cottage Club
③ Crowne Plaza Grenada (ehem. Grenada Grand Beach Resort)
④ South City Plaza Hotel
⑤ Blue Orchid Hotel
⑥ Allamanda Beach Resort
⑦ Coyaba Beach Resort
⑧ Bougainvillea Apartments
⑨ Spice Island Beach Resort
⑩ Mahogany Run & Mariposa Beach Resort
⑪ Gem Holiday Beach Resort
⑫ Grand View Inn
⑬ The Flamboyant Hotel & Villas
⑭ Mount Cinnamon
⑮ Blue Horizons Garden Resort
⑯ Siesta Hotel
⑰ Village Hotel
⑱ Grand Anse Heights
⑲ Palm Grove Apartments
⑳ Wave Crest Apartments
㉑ South Winds Holiday Cottages & Apartments
㉒ Laluna

Sonstiges:
1 The World Internet Café
2 The Food Fair Supermarket
3 Morne Tout Self Service Laundry Mart
4 Fantazia 2001 Nightclub
5 Real Value Supermarket, Art & Soul, Pssst Boutique
6 Grenada Hotel & Tourism Association
7 Cellmate Internetcafe, De Big Bamboo Beach 'n' Surf Shop
8 Body Image Health Club,
9 Going Places Travel Company, Kino CK's Super Value Food Depot
10 Grenada Laundry Services

Essen:
1 Flavour's Café
2 Coconut Beach – The French Creole Restaurant
3 Waterfront Restaurant & Poolside Fantasy Bar & Grill
4 Sapphire Restaurant & Bar
5 Arawakabana R. & The Carbet R.
6 "Mensa"
7 Rick's Café
8 Southside R & B
9 Kentucky Fried Chicken
10 Oliver's R.
11 Beachside Terrace & The Owl Bar
12 Sur la Mer R.
13 Pirates Cove
14 La Belle Creole R.
15 Green Flash R.
16 Big Bite, Native Food & Fruits, Grill Master, Chopstix Chinese R.
17 Le Chateau R & B
18 La Boulangerie French Bakery, Nick's Donut World, Carib Sushi R.
19 Chef's Castle, Subway
20 The Beach House R.
21 TJ's Chilaxinn R & B
22 Fish & Chicken R & B
23 Mc Coy's R & B, Jade Garden Chinese R

Transport:
1 Cariblet (Carin Travel), Sunsation Tours
2 Reggie's Car Rental
3 Azar's Auto Rentals

Grenada

1-Bettzimmer-Apartments (US$130–200) und 2-Bettzimmer-Apartments (US$190–280) mit unterschiedlicher Ausstattung. Alle haben AC, Ventilator, TV, Kühlschrank, Bad und Balkon und die meisten eine Küchenzeile. Zimmer und Apartments in den oberen Etagen haben Fernblick auf das karibische Meer.

Blue Horizons Garden Resort, ☎ 444-4316, 🖥 www.grenadabluehorizons.com. Diese schöne, gepflegte, in den Hang gebaute Anlage liegt einige Minuten vom Strand entfernt und ist das Schwesterresort des Spice Island Beach Resorts, dessen Einrichtungen die Gäste nutzen dürfen. Die 32 geräumigen Deluxe und Superior Suiten verfügen alle über Ventilator, AC, TV, Bad, Küche bzw. Küchenzeile und Balkon mit schönem Ausblick. Die Suiten sind nett einge-richtet und recht beliebt. Zum Resort gehört das schöne Restaurant La Belle Creole, ein toller Garten und ein Swimmingpool mit Pool Bar. Auch pauschal in Deutschland buchbar. Ab US$170.

Mount Cinnamon, 🖥 www.mountcinnamon grenada. com. Ein weiteres Projekt von Peter de Savary (S. 290) auf Grenada ist Mount Cinna-mon. Noch nicht ganz fertig gestellt wird es 21 exklusive Bungalows und Apartments umfassen, ein Clubhaus mit vielfältigen Sport-, Freizeit- und Wellnessmöglichkeiten, ein 200-Zimmer-Hotel im 3–4-Sterne-Bereich mit attraktiver Architektur, tropischer Gartenland-schaft sowie 300 Ferienapartments.

The Flamboyant Hotel & Villas, ☎ 444-4247, 🖥 www.flamboyant.com. Pauschal über einen Reiseveranstalter gebucht, ist das Flamboyant wohl die beste Alternative. Es liegt herrlich in den Hang gebaut am südlichen Ende des Grand Anse Beaches. Alle 55 Zimmer, Suiten und Cotta-ges verfügen über AC, TV, Bad und Balkon mit klasse Aussicht. Viele haben eine Küche oder Küchenzeile, einige 2 Schlafräume und manche 2 Bäder. Je höher die Unterkunft liegt, umso fan-tastischer ist der Ausblick, den man dann nicht nur in barer Münze zahlt, sondern auch mit einer größeren Entfernung zum Strand – etwa 150 Stufen. Hier fehlt's an nichts: schöner Pool mit Blick auf den Strand und das Beachside Terrace Restaurant, The Owl Bar (S. 312), einige Sonnen-decks, auch mit Whirlpool, Fitnessraum, Tauch-

schule, Spieleraum, und kostenlos darf man z. B. kajaken, golfen oder schnorcheln. Für tägliche Unterhaltung wird natürlich auch gesorgt. Ab ❺

Wave Crest Holiday Apartments, ☎ 444-4116, 🖥 www.grenadawavecrest.com. 18 Apartments (1 bzw. 2 Schlafzimmer) ausgestattet mit AC, Bad, TV, Küche bzw. Küchenzeile und zum größten Teil Balkon. Meerblick hat man nur von wenigen 1-Bettzimmer-Apartments. ❹–❺

South Winds Holiday Cottages & Apartments, ☎ 444-4310, 🖥 www.southwindsgrenada.com. Zweckmäßige Anlage, knapp 1 km vom Grand Anse Beach entfernt, mit 19 recht geräumigen 1- und 2-Bettzimmer-Apartments, die über AC, Ventilator, Bad, Küche oder Küchenzeile, TV, Radio und Balkon verfügen. Die großen Apartments für bis zu 4 Personen direkt an der Straße sind eventuell etwas laut. ❹–❺

Villen in Grenada

Spice Isle Villas, ☎ 439-2486, 🖥 www.spiceisle villas.com.

Villas of Grenada, ℡ 444-1896, 🖥 www.villas
ofgrenada.com. Unter diesen Adressen werden
Villen unterschiedlicher Ausstattung und Lage
auf Grenada vermittelt. Kosten: US$1000–7000
pro Woche.

Essen

Flavour's Cafe, ℡ 444-0361. Auf halbem Weg
Richtung Golfplatz liegt dieses kleine Cafe und
Restaurant mit überwältigender Aussicht. *Local
Lunch* gibt's zwischen 12 und 14 Uhr für EC$15
auf der Terrasse und ein günstiges Abendessen
nach Vorbestellung.
Coconut Beach, The French Creole Restaurant,
℡ 444-4644. Das Open-air Coconut Beach
Restaurant von Mr. Dennot „Stretch" McIntyre
liegt direkt am Grand Anse Beach. Hier kann
man endlich einmal die Füße in den Sand
strecken, unter den strohgedeckten Schirmen
ein Carib schlürfen und den Kindern der angrenzenden Schule bei ihren Pausenspielen
zuschauen. Ein wirklich schönes Fleckchen
zum Verweilen. Mittags bieten sich Sandwiches, Omelettes oder Salate an und zum
Abendessen gibt's Hähnchen, Pfeffersteak,
T-Bone Steak, gegrillten Lobster oder ein
Fischgericht; mittlere bis gehobene Preise;
🕐 Mi–Mo 12.30–22 Uhr.
Rick's Cafe, ℡ 444-4597. Rick's Cafe – *walk in &
dance out* – ist ein kleines Fastfood-Restaurant
im Grand Anse Shopping Centre. Hier gibt's Eis,
Burger, Baked Potatoes und leckere Pizza.
Southside Restaurant & Bar, ℡ 444-3263.
Preiswerte Mittagsmenüs sowie leckere Rotis.
Le Chateau Restaurant & Bar, ℡ 444-2552. Das
vor dem Marquis Einkaufskomplex liegenden
Freiluft-Restaurant serviert westindische und
internationale Gerichte (Garlic Lobster, Steak,
Thai curried Chicken) zu mittleren bis gehobe-
nen Preisen. 🕐 Mo–Sa 10–24, So 18–24 Uhr.
Carib Sushi, Le Marquis Mall, ℡ 439-5640.
Kleine Sushi und Sashimi Bar. Für eine Sushi-
platte aus 6 Teilen sind EC$24–29 zu zahlen;
🕐 Mo–Sa 11.30 bzw. 12–14 und 18–21 Uhr.
**La Boulangerie French Bakery & Coffee Shop &
Pizzeria**, Le Marquis Mall, ℡ 444-1131. Recht
nette französische Bäckerei und italienische
Pizzeria. Für das Frühstück stehen z. B. leckere

Croissants oder Apfelteilchen auf der Karte.
Mittags und abends gibt es Pizza (EC$25–33)
und Pasta (EC$18–25). Gerichte werden von
19–21 Uhr auch ins Haus gebracht. 🕐 Mo–Sa
8.30–21.30, So 9–21.30 Uhr.
Nick's Donut World, Le Marquis Mall,
℡ 444-2460. Wie der Name schon sagt, gibt's
hier Donuts, aber auch Sandwiches, kühle
Getränke und recht früh einen heißen Kaffee.
Kentucky Fried Chicken, Grand Anse, ℡ 440-
3821. Liegt nahe der Spiceland Mall. Liebhaber
des Fast Food dürfen sich hier über *spicy
chicken wings* freuen. Menüs (Kenner wissen,
was gemeint ist: ab etwa US$5; 🕐 Mo–Do
9.30–21, Fr–Sa 9.30–22, So 12.30–21 Uhr.
In der **Spiceland Mall** existiert ein kleiner
Foodcourt mit klimatisierter Sitzmöglichkeit:
Big Bite, ℡ 439-1988, bietet preiswerte Doubles,
Kuchen, Omelettes, Sandwiches und Milch-
shakes an. Sehr beliebt am Mittag ist auch
On the Grill, ℡ 439-3377. Hier isst man preiswert
Sandwiches, Burger und Wraps sowie Hähnchen mit Beilage. Wer lieber chinesisch speist,
lässt sich im **Chopstick Chinese Restaurant**,
℡ 444-7849, bedienen.
Die besten und erfrischendsten Fruit Shakes
mixen die Angestellten am **Native Foods &
Fruits**-Stand in der Spiceland Mall. Extrem
lecker sind hier auch die Pumpkin (Kürbis)- und
Callaloo-Suppen.
Im **Excel Plaza** sind noch 2 Fast-Food-Ketten
zu finden: **Chef's Castle Restaurant & Bakery**,
℡ 440-4778, 🕐 Mo–Sa 8-21, So 17–22 Uhr,
und das auch bei uns bekannte **Subway**,
℡ 439-7827, 🕐 Mo–Sa 7–21 bzw. 22 und
So 11–22 Uhr.

Etwas für Gourmets

Oliver's Restaurant, c/o Spice Island Beach
Resort, ℡ 444-4258. Mark Banthorpe, einer der
angesehensten Köche der Insel, kreiert in
diesem wundervollen Freiluft-Gourmetrestau-
rant am Strand internationale, aber auch kreolische 5-Gänge-Menü-Köstlichkeiten. Gehobenes Preisniveau; nur für Nichtraucher; Besucher sollten sich ankündigen.

Grenada

TJ's Chilaxinn, ☎ 439-6423. Liegt Richtung Ruth Howard Kreisverkehr. Mittagstisch, aber auch Dinner nach Vereinbarung. Ansonsten ist dieser kleine Laden Club, Bar, Restaurant, Internet-café, Tattoo und Massage Parlour in einem. Es wird gechillt und relaxt von 12–24 Uhr; donnerstags ist Livemusik, freitags Karaoke.

Fish & Chicken Bar & Restaurant, ☎ 444-4132. Hier ist immer was los. Bei einem kalten Carib findet man an der Bar recht schnell Kontakt. Täglich flimmern Sportevents über die Matt-scheibe, und wer Hunger verspürt, für den gibt's preiswert Huhn oder Fisch mit Pommes, Burger, Sandwiches oder Rotis. Das Fish & Chicken ist in einer alten Zuckermühle untergebracht und liegt am Sugar Mill Roundabout, dem Kreis-verkehr in Ruth Howard.

Jade Garden Chinese Restaurant, ☎ 444-5161. Kleines Restaurant am Maurice Bishop Highway mit ganz preiswerten (EC$10–15) chinesischen Gerichten. ☉ Mo–Sa 11.30–15 und 16–21.30 Uhr.

Außerdem verfügen fast alle Hotels und Apartmentanlagen über schöne Restaurants gehobener Preisklasse, aber auch gehobenen Standards: **Waterfront Restaurant** und **Poolside Fantasy Bar & Grill** im Crowne Plaza Resort Grenada (Grenada Grand Beach Resort), **Sapphire Restaurant** im Allamanda Beach Resort & Spa, **Arawakabana & Carbet Res-taurant** im Coyaba Beach Resort, **Oliver's Restaurant**, c/o Spice Island Beach Resort, **Green Flash Restaurant** im Siesta Hotel, **La Belle Creole Restaurant** im Blue Horizons Cottage Hotel, **Beachside Terrace Restaurant & Bar** im Flamboyant Hotel. Die Restaurants werben mit täglich wechselndem Unterhaltungs-programm: Calypso- und Limbo-Tanzshows, Barbecue, Brunch, Late Night Jazz, Steelbands, Happy Hour usw.

Nightlife auf Grenada

Unter der Internetadresse 🖳 www.party grenada com finden Nachtschwärmer einen aktuellen Eventkalender.

Richtig was los ist fast täglich im **Club Bananas** (S. 321) in True Blue und im **Fantazia 2001 Nightclub** (S. 316) in der Morne Rouge Bay. Ganz nett ist es auch, den Abend in Nigel's **Hor-nibaboon Open-air Bar** (S. 291) in der Lagoon bei einem kühlen Drink und fetziger Musik zu verbringen. Authentischer ist vielleicht **TJ's Chilaxinn** (siehe Essen). Größere Konzerte fin-den ab und an im ausgedienten Drive Inn Cinema am Maurice Bishop Highway, oder am Dr. Groom's Beach statt. Sie werden in Zeitun-gen bekannt gegeben und plakatieren auch großflächig die Touristenpfade. Ansonsten bie-ten die größeren Hotels natürlich ihr wöchentli-ches Entertainment Programm an. Empfehlens-wert ist sicherlich auch ein Besuch in **The Owl Bar**, c/o Flamboyant Hotel, ☎ 444-4247, am süd-lichen Ende des Grand Anse Beaches. Entwe-der streckt man hier die Füße in den Sand und genießt neben dem abendlichen Rumpunsch das Rauschen des Meeres, oder man gesellt sich ganz im Stile des Pubs zu den an der Bar sitzenden TV-Sportfans, spielt eine Runde Dart oder Pool. Daneben gibt's jede Menge Events: das legendäre Krabbenrennen montags, Live-Steelbandmusik am Mittwoch, Karaoke don-nerstags, Calypso am Freitag und samstags spielt im Winter eine Liveband Calypso oder Reggae. Happy Hour tgl. von 17–19 Uhr. Und last but not least: **Fish Friday** in Gouyave (S. 300), mittlerweile eine Institution auf Grena-da und eigentlich ein Muss für jeden Besucher.

Touren und Aktivitäten

Golf

Grenada Golf & Country Club, Grand Anse, ☎ 444-4128. Für ein Spiel (9 Loch) auf Grenadas Golfplatz sind EC$40 zu zahlen. Für EC$25 bekommt man den passenden Schläger dazu. ☉ Mo, Fr, So 8–14, Di, Do, Sa 8–19 Uhr.

Tauchen

Rund um Grenada gibt es natürlich wundervolle Tauchreviere, viele Wracks und den einzig-artigen Unterwasser-Skulpturenpark (S. 314, Tippkasten). Für einen Tauchgang zahlt man etwa US$45, für 10 Tauchgänge um US$375. Der PADI Open Water-Kurs kostet etwa US$450.

Touristische Hochburg und klasse für Strandfreaks – der Grand Anse Beach

Nachttauchen, Strömungstauchen und Wracktauchen stehen ebenfalls auf dem Programm. Anbieter:
Dive Grenada, c/o Flamboyant Hotel, ☎ 444-1092, 🖥 www.divegrenada.com;
Eco Dive, c/o Coyaba Beach Resort, ☎ 444-7777, 🖥 www.ecodiveandtrek.com;
Aquanauts, c/o True Blue Bay Resort und Grand Anse Beach, ☎ 444-1126, 🖥 www.aquanauts grenada.com.

Segeln etc.

Zu den schönsten Dingen, die man in der Karibik unternehmen kann, gehört sicherlich auf's Wasser zu gehen, unberührte Inseln zu entdecken und der farbenfrohen Unterwasserwelt näher zu kommen. Das Unternehmen **First Impressions**, c/o Allamanda Beach Resort, ☎ 440-3678, 🖥 www.catamaranchartering.com, besitzt 4 Katamarane, die bereit stehen zur Wal- und Delfinbeobachtung (Nov–Mai/4 Std. US$65 p. P./ mind. 5 Pers.), Halb- und Ganztagessegeltörns und Schnorcheltrips (West Coast Sailing 7 Std./US$70 p. P./mind. 4 Pers.; Around Grenada & Sandy Island 7 Std./US$110 p. P./mind. 15 Pers.), Hochseefischen (7 Std./US$700), aber auch für eine romantische Sunset Cruise (2 Std./US$35 p. P./mind. 5 Pers.) oder einer Karaoke-Diner Cruise (4 1/2 Std./US$55/mind. 8 Pers.). Ein Spezialist für Hochseeangeln ist Gary Clifford, **True Blue Sportfishing Grenada**, ☎ 444-2048, 🖥 www.worldwidefishing.com.

Die Unterwasserwelt Grenadas ist um eine geniale Attraktion reicher, nämlich die Unterwasserskulpturen des englischen Bildhauers Jason Taylor. Fantastisch z. B. *The Lost Correspondent* – der verloren in den unendlichen Weiten des Meeres auf seiner Schreibmaschine tippt. Auf seinem Schreibtisch Zeitungsartikel über die Beziehung zwischen Grenada und Kuba in den 70er-Jahren, die uns zeigen sollen, wann in etwa diese Art des Daseins zum Relikt wurde. Infos unter ✆ 534-2228, 💻 www.under watersculpture.com.

Wer eine **Jacht** mit oder auch ohne Skipper einen oder mehrere Tage **chartern** möchte, sollte folgende Unternehmen kontaktieren:
Foodloose Yacht Charters, Lagoon Rd, ✆ 440-7949, 💻 www.grenadasailing.com/ sailing_charters.htm; Tagestouren US$75–100 inkl. Getränke und Lunch.
Horizon Yacht Charters, True Blue Bay Marina, ✆ 439-1000, 💻 www.horizonyachtcharters.com, **The Moorings**, c/o True Blue Bay Resort, True Blue, ✆ 443-8783, 💻 www.moorings.de, **Island Yacht Charters**, Westerhall, ✆ 443-5624, **Flying Fish Sailing Ventures**, ✆ 407-4388, oder **Island Dreams**, c/o Mark und Anita Sutten, ✆ 443-3603, ✉ islanddreams@spiceisle.com.

Touren

Sunsation Tours, Ottway Building, Grand Anse, ✆ 444-1594, 💻 www.grenadasunsation.com. Der sehr professionell arbeitende Tourveranstalter hat diverse Touren fest in seinem Programm: z. B. Ganztagestouren (US$75 inkl. Mittagessen und Eintritt): Concord Falls, Gouyave Muskatnussfabrik, Carib's Leap, River Antoine Rumbrennerei, Belmont Estate, Pearls Airport und Grand Étang Nationalpark; Halbtagestouren (US$50); Segeln nach Mayreau, Palm Island und den Tobago Cays, inkl. Flug nach Union Island und Mittagessen (US$295). Die Touren werden auch in deutscher Sprache durchgeführt. **Let's Go Grenada**, ✆ 449-2652, 💻 www.grenada explorer.com/letsgo. Hat 2 Ganz- und eine Halb-

tagestour im Programm. Die Fun & Adventure Tour (9.30–15.30 Uhr) kostet US$120 p. P. (max. 4 Pers.) inkl. Mittagessen im Sunset View Restaurant und beinhaltet das Grenada National Museum, Kayaking mit Glasbodenkanus und Fahrt mit dem Speedboot nach Hog Island zum Schnorcheln und Sonnenbaden.
Carib Jet & Carin Travel, Grand Anse, ✆ 444-4363/4, 💻 www.caribjet.com. Hier wird alles vermittelt – Flugtickets (Condor, LIAT, Caribbean Star Airlines …), Jachtcharter, Kreuzfahrten, Mietwagen, Hotelzimmer; ⏰ Mo–Fr 8.30–17 Uhr.

Einkaufen

Souvenirs

Wer auf der Suche nach einem Souvenir ist, wird garantiert am **Grand Anse Craft & Spice Market** (Grand Anse Beach), den Geschäften des **Grand Anse Shopping Centres**, des **South City Plazas**, des **Le Marquis Shopping Complexes**, des **Excel Plazas** oder in den Läden der **Spiceland Mall** fündig.

Supermärkte

In der Spiceland Mall befindet sich der beste Supermarkt: der **Real Value Supermarket**. Neben frischen Backwaren gibt es auch frisches Fleisch, Wurst und Käse. ⏰ Mo–Do 8–21, Fr und Sa 8–22, So 10–19 Uhr.
Im Grand Anse Shopping Centre befindet sich **The Food Fair Supermarket**, ⏰ Mo–Do 9–19, Fr und Sa 9–20 Uhr, und am Ruth Howard Kreisverkehr ist **CK's Super Value Supermarket** vertreten, ⏰ Mo–Do 9–17.30, Fr und Sa 9–19 Uhr.

Sonstiges

Apotheken

Mitchell's Helth & Wellness Store & Pharmacy, Excel Plaza, ✆ 439-9355, ⏰ Mo–Sa 9–20, So 10–13 Uhr.
Mitchell's Pharmacy, Grand Anse Shopping Centre, ✆ 444-3845, ⏰ Mo–Sa 8.30–21, So 17–21 Uhr.

Autovermietungen

Azar's Auto Rentals, ✆ 439-2911, 414-2911, 💻 www.azarsrentals.com. Suzuki Jeeps US$50/55, US$300/325/Woche.

Grenada

Dabs Car Rental, c/o Wave Crest Holiday Apartments, ✆ 444-4116, 💻 www.dabscarrentals.com. Jeeps ab US$50/Tag.

Maitland's Motor Sales & Rentals, Grand Anse, ✆ 444-4022, vermietet auch Geländemotorräder.

Reggie's Car Rental, Morne Tout, ✆ 440-6374, 💻 www.reggierental.com. Kleiner Jeep US$300/Wo.

Sanvics 4&4, c/o Crowne Plaza Grenada, ✆ 444-4753, 💻 www.sanvics.com, ⊙ 8–16 Uhr. Jeeps ab US$50/Tag, US$285/Woche + 5 % Tax.

Geld

Scotiabank, Steel's Commercial Complex, 24-Std.-Geldautomat.

Grenada Co-operative Bank, Spiceland Mall, ✆ 440-2111, ⊙ Mo–Do 8–14, Fr 8–16 Uhr; 24-Std.-Geldautomat.

Republic Bank, Otway Complex, ✆ 444-2780, ⊙ Mo–Do 8–15, Fr 8–17 Uhr, 24- Std.-Geldautomat (Blue Machine).

Bücher und Kunst

Art & Soul, Spiceland Mall, ✆ 439.3450. Kleiner Buchladen mit hübscher Galerie der Künstlerin Susan Mains; ⊙ Mo–Sa 10–18 Uhr.

Fitness

Body Image Health Club, Excel Plaza, ✆ 444-3254. Für Leute, die Aerobic, Spinning oder Gerätetraining lieben; ⊙ Mo–Fr 5–9, Sa 10–17, So 10–13 Uhr.

Informationen

Grenada Hotel & Tourism Association, Ocean House, ✆ 444-1353, ✉ grenhota@spiceisle.com, 💻 www.grenadahotelsinfo.com.

Internet

The World Internet Cafe, c/o South City Plaza, ✆ 439-6664. Pro Stunde EC$6; 2 Stunden: EC$10.

Cellmate, Le Marquis Complex, ✆ 439-2355. ⊙ bis 17 Uhr; EC$10/Stunde.

Kino

Movie Palace, Excel Plaza, ✆ 444-6688.

Post

Ansichtskarten und Briefmarken gibt's im Grand Anse Shopping Centre. Ein Briefkasten befindet sich im Supermarkt The Food Fair.

Wäschereien

Morne Tout Self-Service Laundry Mart, ✆ 439-1745. Pro Waschmaschinenladung: EC$15; Gleiches gilt für die Nutzung des Trockners, ⊙ tgl. 6–20 Uhr.

Grenada Laundry Servives, ✆ 444-4747. Die Wäscherei befindet sich am Kreisverkehr in Ruth Howard, neben der alten Zuckermühle (Fish & Chicken).

Die Minibusse rollen tagsüber ununterbrochen durch Grand Anse – einfach auf die richtige Straßenseite stellen und dem Fahrer signalisieren, dass man mitfahren möchte. (Grand Anse – ST. GEORGE'S EC$2). Erst gegen Abend wird es schwieriger hier wegzukommen.

Grenada

Morne Rouge

Wem der Grand Anse Beach zu geschäftig ist, der sollte sich auf den Weg in die kleine idyllisch gelegenen Morne Rouge Bay (BBC Bay) aufmachen. Zu Fuß sind es etwa 20–30 Minuten. Beide Buchten trennt der Quarantine Point, eine weit ins Meer hinausragende Landzunge, von der man einen wundervollen Blick auf Point Salines im Süden und den Molinière Point im Norden hat.

Richtig was los ist eigentlich nur, wenn der Glasboden-Katamaran *Rhum Runner* in der Morne Rouge Bay eintrifft und die Party Gäste mit jeder Menge Rumpunch und viel Musik ausgelassen feiern, oder wenn ein Kreuzfahrtschiff in St. George's eingelaufen ist und die Landgänger sich für ein Strandbad auf Grenada entschieden haben.

Übernachtung, Essen und Unterhaltung

Mariposa Beach Resort und Mahogany Run, ✆ 444-3171 💻 www.mariposaresort.com. Diese beiden italienisch angehauchten, schönen Resorts werden gemeinsam verwaltet. Während das Mariposa seit Hurrikan Ivan noch

immer geschlossen hat, bietet das Mahogany
Run schöne 1- und 2-Bettzimmer-Apartments,
auch auf 2 Ebenen. Eventuell wieder geöffnet
hat auch das wunderbar gelegene Open-Air
Poolside Restaurant und die **Sunset Rouge
Bar**. Ab ⑤

Grand View Inn, ☎ 444-4989, 💻 www.grenada
grandview.com. Mit knapp 50 Zimmern, Studios
und 1- oder 2-Bettzimmer-Apartments. Kleine
familiäre Anlage, die wunderbar in den Hang
zwischen Grand Anse und die Morne Rouge
Bay gebaut wurde. Klasse Panoramablick von
den 1-Bettzimmer-Apartments mit kleiner
Küche, Wohnbereich, Bad, AC, TV und Balkon.
Die Zimmer sind mit Kühlschrank, die Studios
mit einer Küchenzeile ausgestattet und die
2-Bettzimmer-Apartments ganz neu. Pool und
Pirates' Cove Restaurant mit Blick auf die
Morne Rouge Bay; **L & A Car Rental**. ④–⑤

Gem Holiday Beach Resort, ☎ 444-4224,
💻 www.gembeachresort.com. Das Gem liegt
direkt an der schönen Morne Rouge Bay und
verfügt über 20 einfach ausgestatteten Apartments mit 1 oder 2 Schlafzimmern, AC, TV, Bad,
Küchenzeile, Aufenthaltsraum sowie einer
privaten Veranda mit zum Teil wundervollem
Blick auf das karibische Meer. Hotelzimmer ab
Ende 2007. Angeschlossen ist das **Sur la Mer
Restaurant**, eine Beach Bar und die Discothek
Fantazia 2001. Der Eintritt in die Discothek ist für
die Gäste meistens kostenlos. ④–⑤

Clubing in der Morne Rouge Bay

Fantazia 2001 Nightclub, ☎ 444-2288, 💻 www.
spiceisle.com/fatazia2001. Um 22 Uhr öffnen die
Türen dieses seit einigen Jahren sehr beliebten
Nachtclubs. Wer tanzen möchte, ist hier genau
richtig, entsprechend dem Samstags-Motto:
Dance the night away! Daneben ist vor allem
freitags Partynacht, beispielsweise Ladies
Night mit freiem Eintritt für alle Ladies, Männer
zahlen EC$15. Neben internationalen Hits wird
natürlich auch Reggea, Soca und Calypso aufgelegt, Steelbandmusik gespielt und Kabarett
inszeniert. Für ein Publikum, das Altbewährtes
liebt, gibt's mittwochs die Oldie Goldie Night.

Der Südwesten

Entlang des Maurice Bishop Highways, Point Salines und die Strände der Südwestküste

Vorbei an Grand Anse biegt man am Kreisverkehr in Ruth Howard in Richtung Südwesten ab
auf den einzigen Highway Grenadas – den Maurice Bishop Highway – und erreicht nach etwa
3–4 km den Flughafen.

Die Gegend um Point Salines ist relativ flach,
erschreckend trocken und gestrüppreich. Im äußersten Südwesten befindet sich der Flughafen,
dessen Bau schon 1954 von britischen Firmen
und der Weltbank gefordert wurde. Die feierliche
Eröffnung fand jedoch erst am 25.10.1984 statt.
Der Bau des Flughafens war auch eines der vielen sehr umstrittenen Argumente, welche die unter Ronald Reagan initiierte Invasion der US-
Streitkräfte 1983 in der Welt rechtfertigen sollten.
Die USA sahen sich durch den Bau bedroht, der
ihrer Meinung nach militärischen Zwecken dienen sollte.

Die Landzunge um den Point Salines Airport
weist einige schöne Sandstrände auf. Während
die Strände der Grand Bay und Cato Bay südlich
der Landebahn schwerer zugänglich sind, stellen
die kleinen Buchten an der Westküste zwischen
dem Flughafen und der Morne Rouge Bay eine
bessere Alternative dar. Hier finden sich gute
Schnorchelreviere und strahlend weiße Sandstrände umgeben von meist recht kargem Hinterland. Der südlichste Strand ist der **Pink Gin
Beach**, an dem sich das La Source Resort niedergelassen hat. Etwas weiter nordöstlich liegt der
Aquarium Beach mit einem der schönsten Restaurants der Inseln und den luxuriösen Maca Bana Villen. Danach folgen der **Magazin Beach**, an
dem sich das Rex Grenadian angesiedelt hat,
weiter nordöstlich der **Dr. Groom's** und **Dr. Ball's
Beach**, und nur durch eine Landzunge von der
Morne Rouge Bay getrennt findet sich der **Portici
Beach**, der das exklusive Laluna Resort und das
Beach House Restaurant beherbergt.

Die der Südwestküste vorgelagerte Insel **Glover Island** beherbergte früher eine Walfangstation. Am nördlichsten Punkt der Insel erstreckt

sich ein wundervolles Riff und an der Westseite
finden Badehungrige einen kleinen Strand.

Point Salines International Airport

In der Ankunftshalle hält ein kleines Touristenbüro jede Menge Informationsmaterial (Karten,
Broschüren etc.) für Besucher bereit. Wer schon
von zu Hause aus eine Unterkunft ins Auge gefasst hat, kann die sehr nette, hilfsbereite Mitar-
beiterin bitten, telefonisch die Verfügbarkeit des
Guesthouses/Hotels zu checken. Hat man die
Passkontrolle hinter sich und das Gepäck geholt,
geht's durch den Zoll. Wer Geld tauschen möchte, geht zum Geldautomaten (Blue Machine) der
Republic Bank. Da der US-Dollar in Grenada neben dem East Caribbean Dollar zweites Zahlungsmittel ist, genügt es jedoch, bei Ankunft einige Dollarscheine in der Tasche zu haben und
am nächsten Tag zur Bank zu gehen. Im Flughafengebäude befinden sich drei Mietwagenfirmen
(S. 318, Autovermietungen), eine Bar, die Bits &
Bites Snack Bar, ein Restaurant, einige Souvenirgeschäfte und eine herrliche Aussichtsplattform, von der man ankommende Jets und Propellermaschinen hautnah beobachten kann. Seit
dem 11. September werden leider keine Gepäck-
stücke mehr deponiert.

Übernachtung

La Source Grenada, Pink Gin Beach, ☎ 444-
2556/9, 🖥 www.lasourcegrenada.com. Sehr
weitläufiges Luxushotel mit Strandlage unweit
des Flughafens, das seit Hurrikan Ivan noch
immer geschlossen ist; soll jedoch Ende 2007
oder 2008 wieder eröffnet werden.
Rex Grenadian, Point Salines, ☎ 444-3333,
🖥 www.rexcaribbean.com. Knapp 1,5 km vom
Flughafen entfernt, liegt diese sehr weitläufige,
gepflegte Anlage direkt am Strand. Das größte
Hotel der Insel eröffnete 1994 mit 212 Zimmern
und Suiten unterschiedlicher Größe und Lage,
ausgestattet mit AC, Ventilator, Bad, TV, Balkon
bzw. Terrasse mit Meer- oder Gartenblick.
Tennis, Fitness, Sauna, Volleyball und Tischtennis sind gratis; Wassersportarten werden
separat berechnet. Spicers Restaurant & Pool
Bar und The Oriental sorgen für kulinarische
Leckereien und The Courtyard Cafe für den

Ausreisesteuer

Für Leute die abfliegen, sei nochmals auf die
bei Abreise fällige **Ausreisesteuer** (EC$50 Er-
wachsene; EC$25 Kinder 2–12 Jahre) hingewie-
sen. 2007 war diese Steuer noch im Ticketpreis
der Condor enthalten.

Afternoon Tea. Für Kinder existiert ein Kidsclub
und 2 hübsche Strände sowie ein schöner
Swimmingpool sorgen für das Urlaubsfeeling.
Das Rex liegt relativ abgelegen; Komfort wird
jedoch großgeschrieben. Ab US$250
Fox Inn, Point Salines, ☎ 444-4123, 🖥 www.
foxinn-grenada.com. Liegt am Maurice Bishop
Highway, vom Flughafen kommend auf der
linken Seite. Das Aparthotel hat 12 DZ mit AC,
TV, Bad, Gemeinschafts-Balkon sowie
10 Apartments mit zusätzlicher Küchenzeile und
kleinem Balkon/Terrasse nach hinten. Weitere
Einrichtungen: Pool, Restaurant, Bar und
Boutique. ❹–❺
Sunshine Tours, Rentals & Apartments,
Maurice Bishop Highway, ☎ 444-4296. Der
Touranbieter (hat die üblichen Touren im
Programm) vermietet hier 2 Einbettzimmer-
Apartments mit Küchenzeile, Bad und A/C. ❸
Laluna Resort, Portici Beach, ☎ 439-0001,
🖥 www.laluna.com. 16 offen gehaltene, toll
gestaltete Cottages mit 1 oder 2 Schlafzimmern
und herrlichen Terrassen mit Plungepool, eine
schöne Bar, ein Restaurant und die Sonnenterrasse sind das Werk eines italienischen
Architekten und Designers, der seiner Liebe zu
indonesischen und italienischen Materialien
und Elementen freien Lauf ließ. Klasse, exklusiv,
mal was anderes – und viel zu teuer (US$400–
800 im Sommer; US$800–1700 im Winter).
Anfahrt siehe The Beach House Restaurant.
Maca Bana, ☎ 439-5355, 🖥 www.macabana.
com. Harmonisch in die wundervolle Natur integriert wurden diese 7 luxuriösen ein- oder
zweistöckigen Villen, jede detailgetreu und
individuell nach einem tropischen Motto wie
Avocado, Mango oder Kokosnuss gestaltet.
Neben künstlerischem Ambiente, High-Tech-
Küchen und Audio-/Videogeräten ist das

Grenada

Highlight jedoch der private Jacuzzi, eingebettet in die Zedernholzterrasse mit wundervollem Panoramablick über das karibische Meer. Hängematten zum Entspannen, Spa- und Wellness-Angebote, ein toller Pool, der herrliche Magazin Beach, die La Sirena Beach Bar und das den Gaumen verwöhnende Aquarium Restaurant sind noch nicht alles. Rebecca Thompson, die Besitzerin, offeriert 3-tägige **Kunstkurse**. An den ausgefallensten Plätzen (Bambuswälder, Wasserfälle) werden den Teilnehmern verschiedenste Techniken vermittelt, die später unter Anleitung im Studio vertieft werden (US$560). Ihr deutscher Mann Uli Kuhn, gewährt dagegen Einblicke in die kulinarischen Raffinessen und bietet den Gästen für US$60 eine Hot & Spicy Kochstunde an. Insgesamt eine tolle Anlage, die natürlich ihren Preis hat; ab etwa US$500.

Essen

Liftoff Restaurant & Bar, Point Salines International Airport, ✆ 444-2896. Wer vor dem Abflug noch Hunger verspürt, kann im klimatisierten Liftoff Restaurant eine Kleinigkeit zu sich nehmen, z. B. Suppe, Burger, Rotis, aber auch Steak- und Fischgerichte sowie Frühstück. Wer kein Bargeld mehr hat, kann mit Karte bezahlen, ◷ tgl. 5–22 Uhr.

The Beach House Restaurant & Bar, Portici Beach, ✆ 444-4455, ✉ beachhouse@spiceisle. com. Vom Ruth Howard Kreisverkehr kommend, führt ein beschilderter Weg kurz hinter der Markierung „Point Saline International Airport" rechts ab zu diesem wirklich netten Open-Air-Restaurant direkt am Portici Strand. Auf der Speisekarte stehen u. a. Sandwiches, Rotis, Fisch- und Fleischgerichte, Salate und Pasta; mittlere bis gehobene Preiskategorie. Ab und zu sind Strandaktivitäten und Barbecue angesagt. ◷ Mo–Sa 11–22 Uhr.

Old „Skool" School Pub, Dr. Groom's, ✆ 407-4936, ◷ tgl. ab 17 Uhr. Die gleiche Abfahrt wie zum Beach House Restaurant führt auch zu diesem „english-styled" Pub mit Cocktails, Livemusik, Partys, Billard, Snacks und TV-Sport-Events.

The Grenada Coffee House, Maurice Bishop Highway, ✆ 439-6780. Liegt unmittelbar am

Sonntagsbrunch im Aquarium

Aquarium Restaurant & La Sirena Beach Bar, Magazin Beach, ✆ 444-1410, 🖥 www.aquarium-grenada.com. Der deutsche Besitzer Uli hat hier zusammen mit seiner englischen Frau Rebecca eines der schönsten Restaurants der Insel kreiert. Tropisches Ambiente, bemerkenswerte Bilder und Skulpturen, Teich und Wasserfall tragen ebenso dazu bei wie die weißsandige Magazin Beach – ein perfekter Ort zum Wohlfühlen und das nicht nur, wenn es ums Essen geht. Jeden Sonntag ab 12.30 Uhr wird am Strand Lobster gegrillt und Beach Volleyball gespielt. Jeder, der Lust hat, kann daran teilnehmen. Außerdem stehen Schnorchelausrüstung und Liegestühle zur Verfügung. Cocktails genießt man am schönsten in der La Sirena Beach Bar, einige Schritte entfernt. Die Angestellten sind ausgesprochen nett und das Essen schmeckt hervorragend. Mittags werden z. B. Suppen, Salate, Lobster mit Knoblauchbutter, Sandwiches und frischer Fisch serviert. Am Abend darf man sich bsw. auf das Aquarium Potpourri freuen: gegrillte Shrimps, Muscheln und Fisch, serviert mit köstlichen Saucen, Callaloo-Cannelloni oder raffiniert zubereitetes Filet Mignon; mittlere bis gehobene Preise; ◷ Di–So 10–23 Uhr. Anfahrt: Durch das Flughafengebäude fahren, wenige 100 m der Straße folgen und auf das Schild (rechter Hand) achten.

Highway, mit vielen leckeren Sorten Kaffee (Latte, Nutmeg Latte, Espresso, Eiskaffee usw.), Gebäck, Sandwiches, und den Laptop kann man auch mitbringen; ◷ Mo–Sa 8-20, So 17-22 Uhr.

Sonstiges

Autovermietungen

David's Car Rental, ✆ 444-3399/3404, 🖥 www. davidscars.com, ◷ 6–21 Uhr. Offeriert 2- und 4-türige Jeeps. Ab 3 Tage Miete US$55–65/Tag. **Dollar Rent-A-Car**, ✆ 444-4786, 🖥 www. dollargrenada.com. Ein kleiner Jeep kostet z. B. in der Hochsaison US$60/Tag, US$300/Woche + 5 % Tax, ◷ 8–16 Uhr.

Y & R Car Rentals, ☎ 444-4448, , 🖥 www.
y-r.com. Verfügt über alle gängigen
Wagentypen, z. B. 4-türiger AC-Jeep Suzuki
Vitara US$353/Woche, ⏱ 7.30–21 Uhr.
Archies Auto Rentals, ☎ 439-0086, 🖥 www.
archierentals.com. Toyota Starlet, Corolla, Pick-
ups, Suzuki Jeeps ab US$45/Tag.

Geld

Republic Bank, Point Saline Airport,
24-Std.-Geldautomat (Blue Machine)

Einkaufen

Arawak Islands, ☎ 444-3566, 🖥 www.
arawak-islands.com. Kurz vor der Abfahrt
Richtung True Blue (rechte Seite) hat diese
grenadische Firma im Frequente Industrial Park
ihre „Werkstatt". Hier werden tropische
Parfums gemischt und abgefüllt, Körperöle in
herrlichen Duftnoten (Zimt, Muskat, Limone,
Vanille, Orange) und handgefertigte Seifen aus
Kokosnussöl hergestellt. Es gibt Kerzen, jede
Menge Gewürze, Marmelade, Spicy Saucen,
verschiedene Sirup-Arten und vieles mehr. Alles
hübsch verpackt und 100 % „natural", darf man
hier erst einmal testen, bevor mal kauft.

Fluggesellschaften

American Eagle, ☎ 444-2222, 🖥 www.aa.com;
British Airways, ☎ 444-1664, 439-0681,
🖥 www.ba.com;
Caribbean Star Airlines, ☎ 439-4444,
🖥 www.flycaribbeanstar.com;
LIAT, ☎ 444-4121, 🖥 www.liatairline.com;
SVG AIR (St. Vincent-Grenada Air), ☎ 444-3549,
🖥 www.svgair.com;
Virgin Atlantic, ☎ 439-7471, 🖥 www.
virginatlantic.com.

Transport

Flughafentransport

Leider kommt man vom Flughafen mit dem
Minibus nur sehr schlecht weg und nach 18 Uhr
eigentlich gar nicht mehr. Es gibt keine offizielle
Buslinie vom Flughafen nach Grand Anse oder
St. George's. Es ist natürlich möglich, dass ein
Minibusfahrer Leute an den Flughafen gebracht
hat und sich wieder auf den Weg nach Grand

Anse oder St. George's macht. Wer Glück hat,
erwischt einen solchen Minibus. Anschließend
liegt es am Verhandlungsgeschick und der
Bereitschaft des Fahrer, was letztendlich für die
Fahrt zu zahlen ist – in der Regel EC$10 pro
Person. Ansonsten bleibt nur das **Taxi**.
Zurzeit verlangen die Taxifahrer nach L'Anse
aux Épines / Morne Rouge / Grand Anse /
St. George's EC$40–50.

Flüge

Nach Carriacou

Zwischen Grenada und Carriacou verkehren
2 kleine Propellermaschinen der **St. Vincent-
Grenada Air** (kurz SVG AIR), 🖥 www.svgair.
com. Der einfache Flug kostet US$37, das
Rückflugticket US$73 und ist 21 Tage gültig.
Hinzu kommen 5 % Tax und US$15 Treibstoff-
Aufschlag.
Grenada – Carriacou tgl. außer Do 7.45 und
16.20 Uhr; Do 9 und 15.15 Uhr; Mi und So 14 Uhr.
Carriacou – Grenada tgl. außer Do 17.25 Uhr;
Do 11 und 17 Uhr; Mi und So auch 14.40 Uhr.
Die Tickets werden am Flughafen, im Reisebüro
oder von der LIAT ausgestellt. Flugzeiten
werden manchmal kurzfristig geändert.

Fliegen zwischen Grenada und Carriacou

Der Flug zwischen Grenada und Carriacou dauert etwa 20 Minuten. Geflogen wird mit kleinen
Propellermaschinen, in denen nur 6–9 Personen Platz finden. Reservierungen sollten daher
frühzeitig vorgenommen werden. Entgehen lassen sollte man sich diesen Flug eigentlich nicht,
denn die kleinen Maschinen schaukeln sich gemächlich auf eine Höhe, aus der man die wun-
dervollste Aussicht auf Carriacou, das karibische Meer und Grenadas Küstenlandschaft hat.
Wer den besten Blick haben möchte, setzt sich
am besten neben den Flugkapitän. Die SVG AIR,
🖥 www.svgair.com, fliegt auch die Strecke
Grenada – Union Island (US$80/157 Rückflug-
ticket + 5 % Tax + US$15 Treibstoffzuschlag).
Von Union Island gibt's Anschlussflüge nach
St. Vincent (US$32/60 + US$4 pro Strecke) und
Barbados (US$150/300 + US$15 pro Strecke).

Grenada

Nach Trinidad und Tobago
LIAT/Caribbean Star fliegt 1x tgl. nach Tobago und 3x tgl. nach Trinidad. Preise variieren zwischen US$150 und US$300.

Flugtickets
In Grenada
Astral Travel, The Carenage, St. George's, ✆ 440-5127, ✉ astral@caribsurf.com;
Carib Jet & Carin Travel, Grand Anse, ✆ 444-4363/4, 🖥 www.caribjet.com;
Going Places Travel Company, Church St, St. George's, ✆ 440-2945;
Going Places Travel Company, Grand Anse, ✆ 444-3373;
LIAT, The Carenage, St. George's, ✆ 440-5428, Point Salines Int'l Airport, ✆ 444-4121/2.
In Carriacou
Going Places Travel Company, Hillsborough, ✆ 443-6666;
Prime Travel Incorporated, Lauriston Airport, ✆ 443-6677/7362, ☏ 443-7363.

True Blue

True Blue umschließt die tief eingeschnittene **True Blue Bay**, mit der Spice Island Marina und dem Jachthafen. Begrenzt wird die Bucht im Westen durch eine Landzunge am Ende der Landebahn, auf der sich die schon von Weitem sichtbare School of Medicine befindet, und im Osten mit der Landzunge, die im True Blue Point endet und die True Blue Bay von der Prickly Bay trennt. Aus der Entfernung hat man das Gefühl, die School of Medicine sei eine große Hotelanlage. Der Schein trügt jedoch. An diesem hübschen Ort, die True Blue Bay vor Augen, wird gepaukt für das Studium in den USA. True Blue ist wie Point Salines und L'Anse aux Épines sehr abgeschieden und vor allem in der Trockenzeit ausgedorrt. Einzige Möglichkeit direkt am Meer zu wohnen, mit künstlichem Strand, besteht im True Blue Bay Resort, einer sehr netten, aber auch teuren Anlage. True Blue besitzt keine nennenswerten Strände, so dass man entweder mit dem Swimmingpool vorlieb nehmen oder zum täglichen Strandbad pendeln muss. Ein Auto zu mieten lohnt sicherlich.

Wer keinen Minibus nach True Blue z. B. vom Grand Anse Beach oder St. George's (EC$2) erwischt, fährt einfach bis zum Kreisverkehr in Ruth Howard und läuft dann die restlichen 1–1,5 km.

Cool Runnings Apartments, ✆ 440-1276, 🖥 www.coolrunningapartments.com. Unter professioneller Führung stehen diese, unmittelbar vor der Marina (kleiner Weg links rein) liegenden Basic-, Luxury-, ❸, und Penthouse Apartments, ❺. Ausstattung und Größe variieren. Gemeinsam ist ihnen jedoch: 1 AC-Schlafzimmer, Bad, Küche, Lounge, kleine Terrasse/Balkon. Attraktive Monatsmieten, Waschmaschine kostenlos nutzbar, Elektrizität separat zahlbar.
Kiki Apartments, Old Mill Rd, ✆ 439-5137, ✉ kikiapartments@yahoo.com. Recht neuer Apartmentkomplex; 16 sehr geräumige, gut eingerichtete 1- und 2-Bettzimmer-Apartments

True Blue Bay Resort & Marina, ✆ 443-8783, 🖥 www.truebluebay.com. Charme, künstlerische Details, Farbenfreude und karibisches Flair zeichnen diese tolle Anlage aus. 31 gepflegte Bay View-, Tree Top-, True Blue- und Indigo-Zimmer (US$130–190), Water Front-Apartments (US$150–220) und die exklusiven 2-stöckigen Club True Blue-Villen (US$320–480) mit privatem Plungepool auf der oberen Meerblick-Veranda sind geschmackvoll eingerichtet mit voll ausgestatteten Küchen oder Küchenzeilen (Preise zzgl. 18 % inkl. Frühstück). Toll auch der Bay View Pool mit Kinderspielplatz und Sonnendeck, sowie ein kleiner künstlicher Pool mit herrlichem Strand, Palmen, Hängematten und Sonnenliegen. Zum Resort gehört eine kleine Marina, die Aquanauts Tauchschule (S. 321), ein Spa, eine Boutique, Indigo Car Rental, die Jachtchartergesellschaften Horizons und The Moorings, das tolle True Blue Waterfront Restaurant und zum Chillen The Dodgy Dock Bar (siehe Essen).

mit AC, TV, Küche, Bad, Wohn- und Schlafraum und Balkon mit Blick auf die True Blue Bay. Monatsmeiten verhandelbar, ansonsten ④–⑤.

Essen und Nachtleben

True Blue Waterfront Restaurant, ⏰ tgl. 7.30–23 Uhr, und **The Dodgy Dock Bar**, c/o True Blue Bay Resort, ☎ 443-8783. Tolles Restaurant über dem Wasser mit grenadischen Gerichten (Callaloo-gefülltes Hähnchen mit einer cremigen Muskatnusssauce, Lobster in Kokosnuss-Ingwer-Sauce) und mexikanischen Speisen wie Fajitas, Quesadillas, oder Tacos. Dienstags ist Grenadian Night, donnerstag Chef's Curry Night, freitags Mexican Night, samstags „Dance under the Stars to BJ's piano music" und sonntags Familienbrunch. In The Dodgy Dock Bar kann man sich auf Fingerfood stürzen, chillen und nicht alle der 50 Cocktails testen. Mittwochs ist Music Jam und Barbeque angesagt und freitags Barbeque und Margarita Day; Happy Hour tgl. 17–18 Uhr; Preisniveau mittel bis gehoben, ⏰ tgl. 15–23 Uhr.

De Big Fish Restaurant & Bar, ☎ 439-4401. Schönes Freiluft-Restaurant mit großer Terrasse über der True Blue Bay. Internationale Gerichte von Pizza bis zu raffiniert zubereiteten frischen Fischgerichten. Mittleres bis gehobenes Preisniveau; ⏰ Mo–So 11 bzw. 12–23 Uhr.

Sonstiges

Apotheke

True Blue Pharmacy, ☎ 444-3784, ⏰ Mo–Fr 9–19, Sa 9–17, So 10–14 Uhr. Die Apotheke ist gleichzeitig ein kleiner Einkaufsladen unmittelbar neben dem Club Bananas Restaurant.

Autovermietungen

B. Thomas & Sons Car Rental, True Blue, ☎ 439-3309, ✉ berthomas@caribsurf.com. Wer mindestens 2 Tage ein Auto mietet, zahlt US$43/Tag und US$258/Woche. Außerdem werden Kleinbusse US$420/Woche und Pick-ups US$360/Woche vermietet.

McIntyre Bros. Rentals, True Blue, ☎ 444-1555, 🖥 www.caribbeanhorizons.com. Mazda 323 US$50–60/Tag, US$270–315/Woche; kleiner

Für Nachtschwärmer ein Muss

Club Bananas & Restaurant & Sports Bar, True Blue Rd, ☎ 444-4662, 🖥 www.bananasgrenada.com. Toller Nightclub und Restaurant und Sports Bar in der True Blue Bay. Das Open-Air Restaurant serviert täglich (außer Di, dann erst um 16 Uhr geöffnet) ab 10 Uhr Frühstück, leckeres Mittagessen (etwa EC$20) und Abendessen. Gleich daneben liegt die Bar, an der die Cocktails geschüttelt und Finger Food serviert wird. Sonntags trifft man sich um die Sport Highlights gemeinsam zu schauen. Ansonsten heißt es vor allem freitags ab 22 Uhr *where the Caribbean Night takes place … Dance Dance Dance* und samstags ist natürlich auch Party angesagt (Eintritt EC$20). Der Sonntag ist meist reserviert für Special Events, ab und an auch geschlossene Gesellschaften und in einer gewissen Regelmäßigkeit finden Ladies Nights, Latin Nights, Student Nights aber auch Karaoke-Veranstaltungen an unterschiedlichen Tagen statt. Auch auf dem Programm stehen Latin- oder Tango-Tanzstunden.

Jeep: US$50–60/Tag, US$270–295/Woche zzgl. 5 % Tax.

Indigo Car Rentals, c/o True Blue Bay Resort, ☎ 439-3300, 🖥 www.indigocarsgrenada.com. Jeeps ab US$55/Tag; günstigere Wochentarife.

Geld

RBTT Bank, St. George's University, ☎ 444-3864, Geldautomat.

Rollervermietung

Sundance Scooter Rentals, c/o Club Bananas, ☎ 420-1428. US$30–35 kostet ein Roller pro Tag; pro Woche 1 Tag kostenlos.

Tauchen

Aquanauts, c/o True Blue Bay Resort, ☎ 444 1126, 🖥 www.aquanautsgrenada.com.

Touren

Caribbean Horizons Tours, True Blue, ☎ 444-1550, 🖥 www.caribbeanhorizons.com.

Der Veranstalter hat im Programm u. a. eine Stadtführung durch St. George's (US$35, Fr und Sa 9–12 Uhr), eine Regenwaldtour (US$45, Di, Do, So 8.30–13.30 Uhr), eine Trekkingtour (Mt. St. Catherine, Fedon's Camp oder von Grand Étang nach Concord (US$70, n. V. 8–13.30 Uhr), eine Grenadinen Fly & Sail Cruise (US$300, n. V. 8–17 Uhr), einen Segeltrip an der Südküste (je nach Dauer US$50–80) und eine Ganztagestour durch Grenada (US$70, Di, Do 8.30–16.30 Uhr).

L'Anse aux Épines

Wie in vielen Landstrichen der Karibik musste zu Zeiten des Zuckerrohranbaus die ursprüngliche Vegetation den Zuckerrohrfeldern weichen. Nachdem der Anbau nicht mehr rentabel war, lag der ausgelaugte Boden brach. Trockenzeit und Hurrikane taten ein Übriges. Daher war das Landschaftsbild der Halbinsel bis in die 50er-Jahre geprägt von niedrigem Gestrüpp. Einzig ein verfallenes Herrschaftshaus, oberhalb der Prickly Bay, erinnerte an die Zeiten des Zuckerbooms. Gordon Brathwaite erkannte die Zeichen der Zeit und kaufte das nutzlose Land, womit er den Spott der Leute auf sich zog. Er baute eine Straße und importierte einige Rinder aus Jamaika. Als im Zuge des aufkommenden Tourismus die Nachfrage nach Land wieder stieg, verkaufte Brathwaite Stück für Stück seiner Farm, so dass L'Anse aux Épines heute neben Grand Anse das zweitgrößte Touristenzentrum darstellt.

Am schönsten ist die palmenumsäumte **Prickly Bay**, an der sich das Calabash Hotel und die L'Anse aux Épines Cottages niedergelassen haben. Weiter südlich führt die L'Anse aux Épines Road vorbei an der Prickly Bay Waterside, einer noch im Bau befindlichen und 78 Einheiten umfassenden exklusiven Apartmentanlage. Highlight dieses Bauprojektes sind jedoch sieben über dem Wasser liegende, in Form einer Jacht gebaute Marine Houses mit privater Bootsanlegestelle. Momentan befinden sich hier noch ein nettes Open-Air Restaurant und ein kleiner Minimarket, die bestimmt früher oder später anderen Bauvorhaben, eventuell auch einem Hotel, weichen müssen.

Weiter entlang der L'Anse aux Épines Road führt der Weg vorbei an einigen luxuriösen Häusern mit zumeist kleinen Stränden, bis die Straße am südlichsten Punkt, dem **L'Anse aux Épines Point**, endet, an der sich die zerklüftete, raue Atlantikküste des Südens zeigt. Im Gegensatz zur recht flachen Westseite ist die Ostseite der Landzunge relativ steil und hat keine nennenswerte schöne Strände, dafür aber traumhafte Ausblicke auf **Calivigny Island**, **Hog Island**, die **Mt. Hartman Bay** sowie das mit Riffen durchsetzte, in allen Farben leuchtende Meer. L'Anse aux Épines ist sicherlich ein hübsches Fleckchen Erde, jedoch auch relativ abgeschieden, sehr luxuriös und damit ein ziemlich teurer Ort zum Verweilen.

Mit dem Auto erreicht man L'Anse aux Épines, von Grand Anse kommend, indem man am Kreisverkehr in Ruth Howard links und anschließend die nächstmögliche Straße wieder rechts abfährt. Wer mit dem Minibus von St. George's (EC$2) kommt, steigt entweder am Kreisverkehr aus oder – falls der Minibus die Südküste entlang fährt – an der Abzweigung nach L'Anse aux Épines. Leider fahren nur sehr vereinzelt Minibusse in die Prickly Bay. Vom Kreisverkehr in Ruth Howard bis zur Südspitze der Halbinsel sind es ungefähr 3 km.

Westküste

Calabash Hotel & Villas, ☎ 444-4334, 🖳 www.calabashhotel.com. Liegt direkt am schönen L'Anse aux Épines Strand in der Prickly Bay. Insgesamt 30 hübsch eingerichtete Suiten mit AC, Bad, Whirlpool und eine großzügige Terrasse. 8 Suiten haben sogar einen eigenen Pool. Preise gelten zzgl. Tax und S/C, inkl. Frühstück und Nachmittagstee. Dem Resort angeschlossen ist das exzellente, teure **Rhodes Restaurant**, das 2004 vom englischen Starkoch Gary Rhodes eröffnet wurde. Weitere Annehmlichkeiten: Swimmingpool, großer Garten, Fitnessraum, Billardzimmer, Aromatherapie Center, Beach Bar und Tennisplatz. Ab US$350.
Monmot Hotel, Samaan Drive, ☎ 439-3408, 🖳 www.monmothotel.com. 150 m von Strand liegt diese im Dezember 2006 fertiggestellte

True Blue / L'Anse aux Épines

N

0   100 200 300 400 500 m

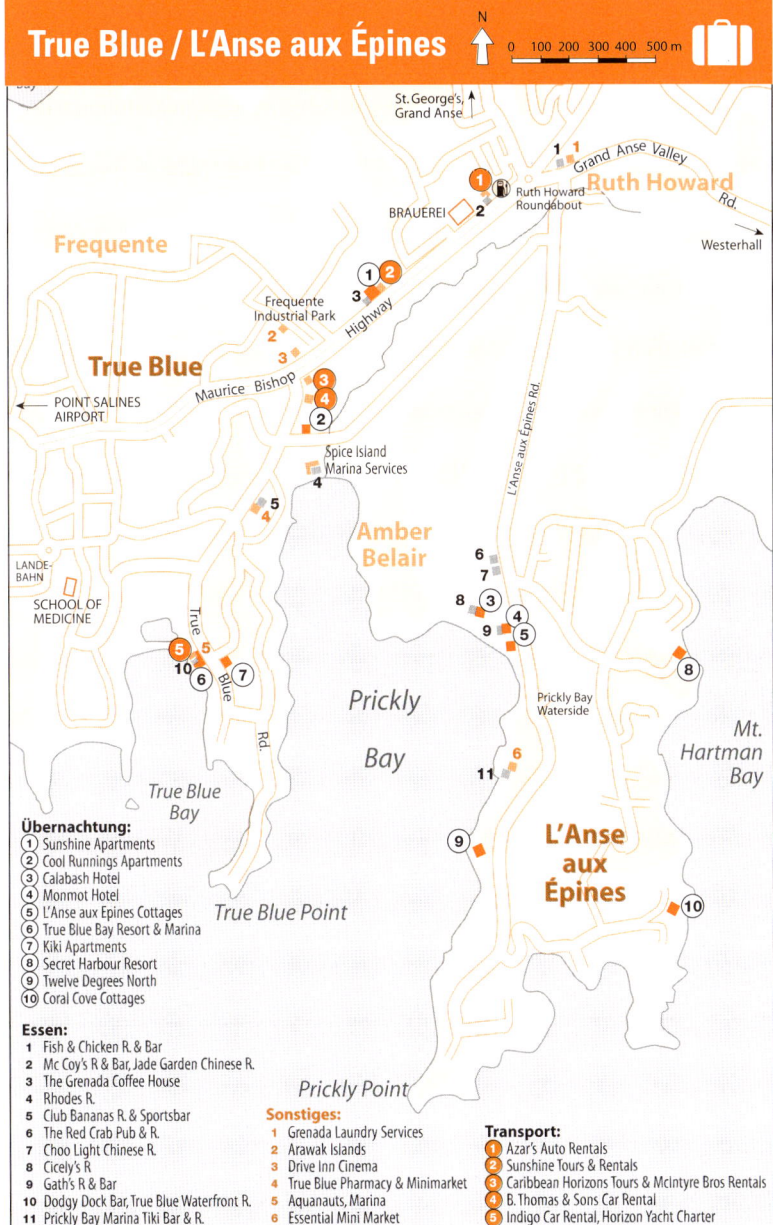

St. George's, Grand Anse

Grand Anse Valley

Ruth Howard

Ruth Howard Roundabout

BRAUEREI

Westerhall

Ruth Howard Rd.

Frequente

Frequente Industrial Park

Highway

True Blue

Maurice Bishop

← POINT SALINES AIRPORT

Spice Island Marina Services

L'Anse aux Épines Rd.

Amber Belair

LANDE-BAHN

SCHOOL OF MEDICINE

True Blue Rd.

Prickly Bay

Prickly Bay Waterside

Mt. Hartman Bay

True Blue Bay

True Blue Point

L'Anse aux Épines

Prickly Point

Grenada

Übernachtung:
1. Sunshine Apartments
2. Cool Runnings Apartments
3. Calabash Hotel
4. Monmot Hotel
5. L'Anse aux Epines Cottages
6. True Blue Bay Resort & Marina
7. Kiki Apartments
8. Secret Harbour Resort
9. Twelve Degrees North
10. Coral Cove Cottages

Essen:
1. Fish & Chicken R. & Bar
2. Mc Coy's R & Bar, Jade Garden Chinese R.
3. The Grenada Coffee House
4. Rhodes R.
5. Club Bananas R. & Sportsbar
6. The Red Crab Pub & R.
7. Choo Light Chinese R.
8. Cicely's R
9. Gath's R & Bar
10. Dodgy Dock Bar, True Blue Waterfront R.
11. Prickly Bay Marina Tiki Bar & R.

Sonstiges:
1. Grenada Laundry Services
2. Arawak Islands
3. Drive Inn Cinema
4. True Blue Pharmacy & Minimarket
5. Aquanauts, Marina
6. Essential Mini Market

Transport:
1. Azar's Auto Rentals
2. Sunshine Tours & Rentals
3. Caribbean Horizons Tours & Mcintyre Bros Rentals
4. B. Thomas & Sons Car Rental
5. Indigo Car Rental, Horizon Yacht Charter

kleine Anlage. Insgesamt 20 Zimmer und Studios sind unmittelbar um einen kleinen Pool herum gebaut. Während die DZ mit AC, Ventilator, TV und kleiner Terrasse zum Pool ausgestattet sind, verfügen die Studios zusätzlich über eine Küchenzeile und einen etwas privateren Terrassenbereich nach hinten, haben jedoch keine Klimaanlage. 2 Tower-Studios sind für Flitterwöchler gedacht. Auch am Pool liegt **Gath's Restaurant & Bar**. Serviert wird hauptsächlich karibische Küche; Happy Hour tgl. 17–19 Uhr. ❺

L'Anse aux Épines Cottages, Prickly Bay, ☎444-4565, www.laecottages.com. Weitläufige Strandlage mit großen, klimatisierten 1-, 2- und 3-Bettzimmer-Cottages und Apartments, die alle über eine gut ausgestattete Küche, ein oder zwei Bäder, TV, einen Wohnraum und eine Terrasse bzw. Balkon verfügen. Bei Bedarf wird ein Koch organisiert (US$5 p. P.), und wer Spaß am Grillen hat, kann dies am Strand tun. Günstigere Wochen-/Monatsmieten. ❺–❻

Twelve Degrees North, US$180–410, ☎444-4580, www.twelvedegreesnorth.com. Kleine, exquisite Apartmentanlage am südlichen Ende von L'Anse aux Épines. Jedes der 8 komfortablen 1- oder 2- Bettzimmer-Apartments verfügt über einen schönen Balkon mit Blick aufs Meer sowie einen eigenen Koch und ein Hausmädchen. Ein kleiner privater Strand, Tennisplatz und Pool sorgen für Urlaubsstimmung. Kinder unter 15 Jahren sind leider nicht willkommen.

Ostküste

Secret Harbour Resort, ☎444-4439, 🖳 www.secretharbour.com. Dieses romantische, elegante Resort liegt wunderschön an der Mt. Hartman Bay und umfasst 20 Suiten, alle mit Meerblick, AC, Kühlschrank, italienisch gestyltem Bad, wunderschönen Betten, Aufenthaltsraum und Veranda. Nicht nur vom Restaurant, sondern auch vom Swimmingpool hat man einen herrlichen Blick auf die Bucht. Der Strand ist ziemlich klein und nicht so schön, dafür wird man kostenlos zu den vorgelagerten Inseln Hog Island und Calivigny Island gebracht. Und wer das nötige Kleingeld besitzt, kann hier eine Jacht chartern. Nähere Infos unter 🖳 www.moorings.de. Ab ❻

Coral Cove Cottages & Apartments, ☎444-4422, 🖳 www.coralcovecottages.com. Auch an der Mt. Hartman Bay, mit einem fantastischen Blick auf die Korallenriffe und die vorgelagerten Inseln, liegen die 5 geräumigen Cottages und 6 Apartments, die über 1 oder 2 Schlafzimmer, Ventilator, TV, Bad, Küche, Aufenthaltsraum und Veranda bzw. Balkon verfügen. Ein wirklich schöner Platz zum Schnorcheln und Relaxen. Mit Pool, Tennisplatz und kleinem Strand. Ab ❺

Vor allem in L'Anse aux Épines werden sehr viele **Häuser** und private **Villen** zur Miete angeboten. Infos z. B. unter 🖳 www.spiceislevillas.com.

Essen

Essen

The Red Crab Pub & Restaurant, ☎444-4424. Liegt etwas nördlich des Calabash Hotels. Neben frisch gezapftem Bier gibt es u. a. westindische, aber auch internationale Gerichte. Montags und freitags ist meist Live-Entertainment angesagt; mittlere bis gehobene Preise; ◷ Mo–Sa 11–14 und 18–23 Uhr.

Choo Light Chinese Restaurant, ☎444-2196. Preiswerter und recht lecker essen hier Freunde der kantonesischen und Szechuan-Küche; ◷ Mo–Sa 11–15 und 18–23 Uhr.

Prickly Bay Marina Tiki Bar & Restaurant, ☎439-5265. An der Prickly Bay Waterside offeriert dieses nette Open-air-Restaurant

Speisen à la Gary Rhodes

Rhodes Restaurant, c/o Calabash Hotel, ☎ 444-4334. Das Restaurant liegt wunderschön an der Prickly Bay und wurde 2004 vom englischen TV Starkoch Gary Rhodes (www.garyrhodes.com) eröffnet. Vorspeisen kosten ab US$10,50 und Hauptgerichte ab US$23,50 + Tax + S/C. Erwarten darf man z. B. als *starter* eine pikant gewürzte grenadische Honigente mit Orangen- und Kochbananensalat und danach vielleicht einen warmen Lobstersalat mit selbst gemachter Mangomayonnaise. Weitere Gerichte unter 🖳 www.calabashhotel.com/cuisine.asp, ◷ tgl. 19–22.30 Uhr.

jede Menge Snacks wie Salate oder Burger (EC$15–25). Für ein Mittagessen zahlt man etwa EC$35. Ein Billardtisch sorgt für Kurzweile und recht beliebt sind die Freitagabende mit Livemusik.

Selbstversorger finden im kleinen **Essential Minimarket** an der Prickly Bay Waterside das Nötigste.

Entlang der Süd- und Südostküste

Wer Grand Anse in Richtung Süden verlässt und am Kreisverkehr in Ruth Howard links abbiegt, folgt der Grand Anse Valley Road entlang der Süd- und Südostküste. Ein riesiges Schild weist nach wenigen Kilometern in die Clarke's Court Bay, an der sich eine Marina niedergelassen hat, und wenig später zur **Grenada Sugar Factory**, 🖥 www.clarkescourtrum.com, s. S. 334, Rumherstellung. 1937 gegründet ist sie Zuckerraffinerie und zugleich Grenadas größte und modernste Destillieranlage. Am berühmtesten ist der Clarke's Court Pure White Rum, 69-prozentig, wichtigster Exportschlager und „a definite experience". Andere Rumsorten wie etwa der Old Grog, den seine Majestät Georg III. von England in Fässern mit der Aufschrift G.R.O.G (Georgius Rex Old Grenada) geliefert bekam, können Besucher in dem Gelände an einem kleinen Stand erst einmal probieren und dann natürlich auch kaufen.

Ein nächster Abstecher von der Grand Anse Valley Road, die im Zuge des Cricket World Cups in einen ausgezeichneten Zustand gebracht wurde, führt in das kleine Fischerdorf **Lower Woburn**. Von hier hat man einen großartigen Fernblick auf die beiden vorgelagerten, bei Seglern ausgesprochen beliebten Inseln **Hog Island** und **Calivigny Island**. Die Inseln sind umgeben von einer fantastischen Riffwelt, Lebensraum einer Vielzahl von Korallen und der farbenprächtigsten Doktor-, Kaiser-, Papageien- oder Grunzerfische und vieler anderer Meeresbewohner. Die Strände der Inseln sind meist völlig verlassen. Auf Hog Island wachsen Mangroven ebenso wie die von herrlich duftenden Blüten überhäuften Frangipanibäume. Neben dem Hauptstrand an der West-

seite erstreckt sich an der Ostseite eine idyllische, palmengesäumte kleine Bucht.

Wer die Inseln aufsuchen möchte, kann im Secret Harbour Resort in L'Anse aux Épines nachfragen, mit einem der unzähligen Tourveranstalter an der Südküste kreuzen oder in Lower Woburn in der Sea Quest Watersports & Bar einen Fischer nach einer Überfahrtmöglichkeit fragen. Die Fischer Lower Woburns fangen hier zwischen September und März fast ausschließlich Lobster. Interessierte können nachfragen, ob sie dem Spektakel einmal beiwohnen dürfen. Ansonsten nehmen die Fischer eine Lobsterorder (EC$16/Pfund) gerne entgegen, verkaufen die Delikatesse jedoch auch am gleichen Tag (ab etwa 13 Uhr), falls noch etwas übrig ist. Lower Woburn beherbergt noch eine kleine Marina, die Anykine Marina Services, ✆ 443-5187, die **Island View Bar**, **Roger's Restaurant**, ✆ 443-5963, wo internationale und lokale Speisen serviert werden (Seafood EC$30–45) und ein nettes vegetarisches Restaurant namens **Rumor's Vegetarian Restaurant**, ✆ 443-5650.

Zurück auf der Main Road, führt die nächste Abfahrt nach **Fort Jeudy**, einer weit ins Meer hinausragende Landzunge, die das ehemalige gleichnamige Fort beherbergte. Point Fort Jeudy vermittelt einen wunderbaren Eindruck der zerklüfteten rauen Südküste. An manchen Tagen donnert das Meer kraftvoll gegen die schwarzen Lavafelsen, die einen beeindruckenden Kontrast zu den strahlend weißen Schaumkronen des Meeres bilden.

Die nächste Landzunge nennt sich **Westerhall Point**. Schon durch die Schranke, die zu passieren ist, wirkt die Halbinsel wie eine separate kleine Welt. Hier stehen die prächtigen

Villen betuchter In- und Ausländer, die sich den Traum vom luxuriösen Leben in der Karibik verwirklicht haben.

Unweit der Abfahrt zum Westerhall Point kommt auf der Main Road die **Westerhall Rum Distillery**, ✆ 443-5477/5423, eine der ältesten Rumbrennereien Grenadas in Sicht, die einen Besuch wirklich lohnt. Die Brennerei wurde im frühen 19. Jh. errichtet. Während die Zuckerverarbeitung schon 1975 eingestellt wurde, legte die Familie Williams die Destillation 1991 still. Mittlerweile kommt der Alkohol aus Kostengründen aus Trinidad und es wird hier nur noch geblendet und abgefüllt. Gerne werden Besuchern die alte Wassermühle, das Kochhaus mit den Kupferkesseln, das Destillier- und Lagerhaus und das kleine Museum gezeigt. Die Attraktion des Museums ist sicherlich das erste motorisierte Taxi der Insel, ein Willy's Overland Model 79-1915, gekauft Anfang des 20. Jhs. von Arnold Williamson. Am Ende der Führung kommt natürlich das Beste – eine echte Westerhall-Rumprobe, und verkauft wird übrigens auch noch (S. 334, Rumherstellung). ☉ Mo, Mi, Fr 9–15 Uhr, Eintritt EC$5.

Weiter geht's entlang der Main Road bis zum Schild „Petit Bacaye". Hier biegt man rechts ab, fährt bis zum Hinweisschild Beach Cottages und folgt dem extrem steilen Weg hinunter in die traumhaft schöne, palmengesäumte **Petit Bacaye Bay**, an der sich ein wundervolles kleines Resort niedergelassen hat – das **Petit Bacaye Cottage Hotel**, ✆ 443-2902, 🖥 www.petitbacaye.com. Vier palmblattgedeckte, geschmackvoll eingerichtete Beach Cottages, eine tolle Plantation House Suite und The Spice House stehen unmittelbar unter den Schatten spendenden Kokospalmen am Strand. Fernab jeglichen Kommerzes (kein Fernseher, kein Radio …) ist dieses Fleckchen Erde der perfekte Ort für Romantiker und Ruhebedürftige. Den Strandhäuschen gemeinsam ist viel Privatsphäre, tolle Veranden und ein herrlicher Garten mit Hängematten. Außer den 1-Bettzimmer-Cottages, die über einen Kühlschrank verfügen, haben alle anderen eine Küchenzeile. Die 2-Bettzimmer-Cottage und The Spice House sind für 4 Personen quotiert. Wem das nötige Kleingeld für diese Unterkunft fehlt, der sollte sich einen Cocktail oder Snack im Beach Bar Restaurant gönnen, ein Sonnen-

bad nehmen und einfach nur die Idylle genießen. ➏

In Westerhall gelangt man an eine große Kreuzung, die Westerhall Junction, Einheimische nennen diese Kreuzung nur „Red Gate". Links ab weist ein Schild zum **Laura Spice Garden** (Eintritt EC$5). Der 15-minütige Rundgang führt durch die grenadische Welt der Gewürze – sehr interessant.

Ebenfalls links ab, gelangt man nach etwa 5 km (auf Beschilderung achten) in einen weiteren wundervollen Garten, den **Gem Rose Eden**, ✆ 443-5950. Gemma Flemming hat sich hier ihren Traum verwirklicht und führt Besucher unter Schatten spendenden Mangobäumen hinunter zum Baumhaus. Muskatnuss-gepflasterte Wege führen vorbei an den herrlichsten Blumen, den exostischsten Gewürzen, Kakaobäumchen, Muskatnussbäumen, Bananenstauden, Papayabäumchen, Ananasgewächsen und vielem mehr. Eintritt US$5 inkl. frisch gepresster Vitaminbombe. Daneben vermietet sie in ihrem Haus zwei sehr geräumige 2-Bettzimmer-Apartments, mit Küche, Ventilatoren, Bad, Aufenthaltsraum und Veranda. Keine Frage ein Platz zum Wohlfüllen. ➊–➋

Der nächste Abstecher vor der Grand Anse Valley Road führt zum **Little Bacolet Point** und der darauffolgende zum **St. David's Point**. Wer hier abbiegt, gelangt zum St. David's Habour, an der sich die Grenada Marina mit der einladenden **Baking Barracuda Beach Bar & Restaurant** niedergelassen hat. Kurz darauf folgt das **Bel Air Plantation Resort**, ✆ 444-6305, 🖥 www.belairplantation.com, mit insgesamt 11 sehr exquisiten, geschmackvoll eingerichteten Villen (83–139 m²) und Cottages (58 m²). Wenig nennenswerten Strand und die Abgeschiedenheit kompensiert die Anlage durch einen schönen Pool, eine herrliche Gartenlandschaft, einen kleinen Supermarkt und ein schönes Restaurant: The Water's Edge, ✆ 443-2822. Ab US$300.

Etwa 1 km hinter dem kleinen Dorf Corinth weist ein Schild zum **La Sagesse Nature Centre**, ✆ 444-6458, 🖥 www.lasagesse.com, das an einem schönen Palmenstrand im Bezirk St. David liegt. Der hiesige Landsitz wurde 1968 fertiggestellt und war einst in Besitz von Lord Brownlow, einem Cousin von Queen Elisabeth II. Lord Brownlow machte sich ausgesprochen unbeliebt, als er Anfang der 70er-Jahre durch eine Absperrung den Zugang zum Strand für die Öffentlichkeit unmöglich machte. Die anti-imperialistische Regierung des New Jewel Movement setzte diesem postkolonialen Gebaren ein Ende und enteignete den Besitz kurzerhand im Jahre 1979.

Erst 1986 wurde das Gelände zum La Sagesse Nature Centre erklärt und das Gutshaus in ein Gästehaus umgestaltet. Das einstige Plantagenhaus beherbergt 5 große, hübsch eingerichtete Zimmer mit Ventilator (eines mit AC), Balkon mit Meer- oder Gartenblick und Bad. Daneben existieren 2 Cottages mit Ventilator, Bad und schöner Veranda, und ein neueres Gebäude offeriert 2 Maisonette-Suiten und 3 Meerblick-Zimmer bzw. Suiten mit Bad und Ventilator und Veranda; ❺–❻. Eine alte Zuckermühle wurde zur Rezeption umfunktioniert und ein schönes Freiluft-Restaurant am Wasser verwöhnt die Gäste mit herrlich frischem Fisch, aber auch grenadischen Leckereien wie *Oil Down*. ◷ tgl. 8–22 Uhr.

Durch einen im Meer mündenden Fluss ist das Wasser etwas aufgewühlt, so dass man hier nicht schnorcheln kann. Von den Mitarbeitern des Nature Centres erhält man jedoch Wegbeschreibungen zu den angrenzenden, schnorchelfreundlicheren Badebuchten. Auch informieren sie gerne über Möglichkeiten, die Gegend ringsherum zu erkunden. Ungefähr 10 Minuten vom Nature Centre entfernt liegt ein von Mangroven umsäumter Salzteich. Zum Marquis Point benötigt man etwa eine halbe Stunde.

Setzt man die Fahrt weiter fort, passiert man **St. David's** – ein hübsches Dorf mit zum Teil famoser Aussicht. Wer Lust hat im Bezirk St. David's etwas familiärer zu wohnen, sollte sich vorab unter der Internetadresse 🖳 www.homestays grenada.com, ☎ 444-5845, informieren. Sowohl in Bailles Bacolet als auch in Bellevue steht jeweils ein voll ausgestattes Apartment zur Verfügung. Wer hier wohnt lebt abseits der Touristenströme, kann die kleinen Strände der Südostküste erkunden und Grenada vielleicht aus einer anderen Perspektive kennen lernen.

Kurz hinter **Malmount** führt eine Straße durch **La Tante** an die gleichnamige Bay. Die Bucht lädt nicht unbedingt zum Baden ein, eventuell jedoch zu einem kleinen Picknick. Ansonsten stehen hier noch die neun Villen des noch nicht ganz fertig gestellten **Paradise Bay Resorts**, 🖳 www.

Unterkunft mit Familienanschluss

Achtet man kurz vor der Crochu Junction auf das Schild **Cabier Ocean Lodge**, ☎ 444-6013, 🖳 www.cabier.com, führt eine etwa 2 km lange, holprige, unbefestigte Straße hinunter in das verträumte, sehr abgeschiedene Guesthouse, das dem Sohn des österreichischen Volksschauspielers Max Böhm gehört. Es liegt an einem schönen palmengesäumten Strand und verfügt über liebevoll eingerichtete Standard- und Superior-Zimmer mit herrlichen Meerblick-Veranden, einer Honeymoonsuite, einem Ocean Apartment mit Küchenzeile und einem Zimmer für Bugettraveller; ❷. Die Manager Eveline und Michael Vogel sind wundervolle Gastgeber. Beide setzen auf familiäre Atmosphäre, d.h. wer möchte, wird des Abends mit einem leckeren 3-Gänge-Menü (US$17) von Eveline bekocht. Gegessen wird gemeinsam und hier kommt Michael ins Spiel, dessen Passion das Geschichtenerzählen ist. Ansonsten können Gäste einen Koch-Workshop besuchen, mit Michael die Insel erkunden, sich einer Aromatherapie hingeben, am Strand liegen, schnorcheln, Lobster fangen, Bogenschießen lernen, an einer „Rumprobe" teilnehmen und noch einiges mehr. US$80–120. Acht Gehminuten entfernt am Mahot Beach verwalten beide außerdem noch das hübsche Mangihouse, 🖳 www.mangigrenada.com, eine Art Atelier mit riesiger Terrasse und Hängematte, für bis zu 6 Personen. US$800/Woche.

---

paradisebayresort.net, und das zugehörige Aloe Vera Restaurant. Die Villen können nicht nur gemietet werden (ab ❻) sondern werden auch zum Kauf angeboten.

Wenig später erreicht man **Crochu**, ein nettes kleines Dorf mit den üblichen Rumshops, einem kleinen Supermarkt, einer Post und einigen kleinen Handwerksbetrieben. Von hier aus lassen sich der **Crochu Point**, die **Menere Bay**, der **Mahot Beach** und der **Cabier Beach** erkunden.

Die gleiche Abfahrt kurz vor der Crochu Junction führt nach etwa 500 m zu einer weiteren Übernachtungsmöglichkeit, der **Big Sky Lodge**,

Crochu, ☎ 444,4277, 🖳 www.grenada-lodge.org. Der deutsche Besitzer Thomas und seine grenadische Frau vermieten hier zwei Doppel-Cottages mit je zwei Zimmern, Bad, Ventilator und Veranda mit schönem Fernblick aufs Meer. Die Cottages stehen in einem netten Garten, eine Gemeinschaftsküche darf genutzt werden, es wird auf Wunsch auch gekocht. Zum Strand sind es etwa 20 Minuten. Falls niemand anzutreffen ist: die Besitzer wohnen 50 m unterhalb der Cottages in einem blauen Haus. Frühstück inkl. ❸.

Wer Crochu hinter sich lässt, gelangt nach **Hope**. Hungrige können in **The Wright Bar & Hope Pizzeria**, ☎ 438-444, direkt an der Main Rd, einen Stopp einlegen. Hier gibt's riesige leckere Pizzen für EC$30. Über den Hope Estate geht's nun weiter nach Mt. Carmel und zum **Mt. Carmel Waterfall**, auch bekannt als Marquis Fall. Eine enge Kurve, begrenzt von einer mit Werbung übersähten Betonwand, sowie wild gestikulierende „Guides", markieren den Eingang zum Wasserfall. Ab und an wird Eintritt in Höhe von US$1 verlangt, da sich der Wasserfall auf privatem Gelände befindet. Verlaufen kann man sich hier nicht, das Rauschen des Falls weist den Weg. Wer sich dennoch begleiten lässt, sollte das „Honorar" vorher aushandeln.

Der etwa 10–15-minütige, wunderschön angelegte Fußweg, umgeben von kleinen Bambuswäldchen, Picknickplätzen und auf exotische Bäume hinweisenden Schildern, führt zum höchsten Wasserfall Grenadas. Der Mt. Carmel Waterfall stürzt aus einer Höhe von etwa 20 m an einer Felswand herab in einen Pool. Eine hübsche Szenerie, die in der Regenzeit ungleich imposanter wirkt. Während der Pool in der Trockenzeit noch nicht zu einem Bad verlockt, kann man sich dennoch jederzeit eine herrliche Dusche gönnen. Wer Lust hat, kann anschließend dem Flussbett folgen und an einem zweiten kleinen Wasserfall, der sich breit in einen größeren Pool ergießt, ein wenig planschen. Minibusse fahren von St. George's nach Grenville (EC$6) und anschließend nach Mt. Carmel (EC$2).

Zurück auf der Küstenstraße taucht bald das hübsche Dorf **Marquis** auf, vermutlich an der Stelle der ersten Siedlung der Kariben. Mit Schnorchel und Taucherbrille ausgerüstet, lohnt sich ein Ausflug nach **Marquis Island**, das von zum Teil herrlichen Korallenriffen umgeben ist. Die Überfahrt ist jedoch selbst zu organisieren, eventuell mit einem Fischer. Ansonsten gönnt man sich eben noch ein kühles Getränk und ersteht einen frischen Fisch am Strand von Marquis, ehe der Rückweg durch die wunderbare Landschaft über Grenville und die Grand Étang Road zurück nach St. George's oder Grand Anse ansteht.

Grenville und die Nordostküste

Grenville

Grenville, die drittgrößte Stadt Grenadas, ist das Handelszentrum der Ostküste. Die Stadt mit ihrem sehr dörflichen Charakter – sie zählt etwa 2400 Einwohner – liegt am nördlichen Ende der lang gezogenen Grenville Bay, deren vorgelagerte Riffe die Einfahrt in den Hafen überaus schwierig gestalten. Die vor der Küste dümpelnden Inselschoner bilden die Kulisse für den täglich stattfindenden Fischmarkt. Sicherlich lohnt ein kleiner Stopp in Grenville, sei es um den knurrenden Magen mit einem kleinen Snack zu versorgen oder sich mit frischem Obst auf dem Markt einzudecken. Außerdem befindet sich im Stadtkern eine weitere **Nutmeg Processing Station** (s. S. 298, Muskatnussverarbeitung) und etwa 1,5 km westlich von Grenville an der Grand Bras Road sollte man auf jeden Fall einen Blick in die **Carlton St. Andrews Cocoastation** (s. Kasten, Kakaoverarbeitung) werfen; Führungen Mo, Mi, Fr 8–12 und 13–16 Uhr.

Ausgiebig gefeiert wird in Grenville im August, wenn drei Tage lang das **Rainbow City Festival** tobt. Neben Musik, hochprozentigen Getränken und allerlei Leckereien, werden einheimische Produkte und Kunstgegenstände ausgestellt und zum Kauf angeboten. Mehrmals täglich wird die Strecke St. George's–Grenville und zurück von Minibussen befahren (EC$6).

Übernachtung und Essen

The Grenada Rainbow Inn, ☎ 442-7714, 📠 5332. Liegt etwa 1 km westlich vom Zentrum Grenvilles an der Grand Bras Road und ist eine sehr einfache Unterkunft mit 15 Zimmern, die über Ventilator, einige AC, Bad und Balkon bzw. Gemeinschaftsveranda verfügen. Manche Zimmer haben zusätzlich eine in die Terrasse integrierte kleine Küchenzeile. Für 4 Personen steht ein Apartment mit 2 Schlafzimmern zur Verfügung. Im 1. Stock des Gebäudes befinden sich ein großer Aufenthaltsraum mit TV und ein Restaurant, das neben dem Nationalgericht *Oil*

Kakaoverarbeitung

Die meisten Kakaobauern bringen die in das Fruchtmus eingebetteten Kakaobohnen (Samen) sofort zur Fermentation in die Kakaostation (s. S. 103, Kakao). Dort werden die Bohnen gewogen und die Bauern entlohnt. Einige Kakaobauern nehmen die Fermentation auch selbst vor, wobei primitive Fermentationsverfahren, etwa in Erdgruben, eine schlechtere Qualität hervorbringen. In riesigen Holzkisten, sogenannten „Schwitzkästen", die mit Bananenblättern bedeckt werden, findet die Fermentation bei Temperaturen zwischen 40 und 50 °C statt. Der Gärungsprozess verwandelt das Fruchtmus in Alkohol, eine essigähnliche Flüssigkeit und CO_2. Der Keimling stirbt ab. Wer schon einmal in einer Brauerei war, dem wird der dabei entstehende Geruch bekannt vorkommen. Im Laufe der Fermentation beginnt sich auch das Schokoladenaroma der Bohnen zu entwickeln. Damit die Flüssigkeit ablaufen kann, weisen die Behälter schmale Schlitze auf. Während der circa 6–7 Tage andauernden Fermentation müssen die Bohnen dreimal durchmischt werden, damit sich die Wärme gleichmäßig auf die Bohnen verteilt.

Nach etwa einer Woche wird die Gärung unterbrochen. Die Bohnen haben eine rötlich braune Farbe angenommen. Auf großen, flachen, auf Schienen stehenden Wagen aus Holz werden die Bohnen nun in Furchen zur Trocknung in der Sonne ausgelegt. Die Trocknung hat langsam, im Verlauf von etwa 7 Tagen, zu erfolgen. Würden die Bohnen sehr schnell getrocknet werden, könnte aufgrund der schnell zu hart werdenden Schale die Flüssigkeit nicht mehr austreten. Mehrmals täglich müssen die Bohnen gewendet werden; bei starker Mittagshitze, bei Regen und am Abend werden die Wagen unter ein Dach geschoben. Ist die Trocknung abgeschlossen, werden die Bohnen in eine riesige Trommel geschüttet und durch Rühren unter Zugabe von Wasser gewaschen. Während das schmutzige Wasser durch einen Rost nach unten abläuft, bläst man gleichzeitig heiße Luft von unten an die Bohnen. Durch dieses sogenannte Polieren der Bohnen erhalten sie ihren Glanz. Der Prozess beeinflusst den Geschmack jedoch nicht. Schließlich werden die Bohnen zum Sortieren in ein rotierendes Sieb geschüttet, so dass Hülsenstücke und kleine, nicht für den Export bestimmte Teilchen und Böhnchen durchfallen.

Neben der **Carlton St. Andrews Cocoastation** existieren noch weitere Verarbeitungsbetriebe in Mt. Horne, Bellevue und St. David's. Während der Haupterntezeit (Januar und Februar) herrscht hier Hochbetrieb. Dagegen kann es vorkommen, dass die Cocoastations außerhalb der Erntezeit nicht zugänglich sind.

Down auch andere einheimische Gerichte serviert. **❷ – ❸**

Sam's Inn, Dunfermline, ✆ 442-7853, ✉ samsinn@caribsurf.com. Etwa 2 km nördlich von Grenville (man überquert eine Brücke, wo der Verkehr durch eine Ampel geregelt wird, und biegt links ab) liegt inmitten des Dörfchens Dunfermline das Sam's Inn. Das einfache Guesthouse verfügt über 10 Zimmer mit Ventilator, Bad und Balkon sowie drei 2-Bettzimmer-Apartments mit Küchenzeile, TV, Bad und Aufenthaltsraum; Restaurant anbei. **❷**

Rins Restaurant, ✆ 442-7137, in der Jubilee St offeriert kreolische und indische Küche (auch Take-away), ☉ Mo–Sa 10–21 Uhr, und der **Kentucky Fried Chicken**, ist in der Victoria St zu finden.

Apotheken
Parris' Pharmacy, Victoria St ✆ 442-7330; **Gittens Pharmacy**, Ben Jones, Ecke Jubilee St, ✆ 438-0051.

Geld
Grenada Co-operative Bank, Victoria, Ecke George Patterson St, ✆ 442-7748, ☉ Mo–Do 8–14, Fr 8–16 Uhr; Geldautomat; **RBTT Bank**, Victoria St, ✆ 438-0880, Geldautomat; **Republic Bank**, Victoria St, ✆ 442-7618, Geldautomat, ☉ Mo–Do 8–15, Fr 8–17 Uhr.

Medizinische Hilfe
Princess Alice Hospital, ✆ 442-7251, Ambulanz ✆ 724.

Nördlich von Grenville

Das Landesinnere Grenadas ist wirklich einen Ausflug wert und so sollte man sich auf die Suche nach den heißen Quellen, den **Clabony Hot Springs** (S. 333, River Sallee Hot Boiling Springs) begeben, die in den Ausläufern des Mt. St. Catherine in Byelands zu finden sind. Folgt man der Grand Bras Road (westlich von Grenville) und biegt in St. Cloud rechts ab, führt

eine enge, sehr windige und steil ansteigende Straße vorbei an herrlichen Dörfern, wundervoller Vegetation und Plantagen und leider auch vielen Kreuzungen, an denen man sich durchfragen muss. Der Weg ist fast schöner als das Ziel. Ohne Hinweisschild liegen die aus dem Erdinneren aufsteigenden heißen Quellen an einem kleinen Fluss unweit der Straße. Ein hübsches, verstecktes Fleckchen, das nur wenige aufsuchen.

Die Stadt- bzw. Dorfgrenzen zwischen Grenville und dem etwas weiter nördlich liegenden Telescope, das früher eine bedeutende Pferderennbahn beherbergte, sind kaum auszumachen. Überquert man die Paradise Bridge, biegt zweimal links ab und folgt der wunderbaren Straße über La Filette, Mt. Horne bis **Mt. Hope**, das etwa 150 m über dem Meeresspiegel liegt, führt ein alter, stetig ansteigender Eselspfad zum höchsten Berg Grenadas, dem **Mt. St. Catherine** (840 m). Der Mt. St. Catherine ist ein erloschener Vulkan, der die atemberaubendsten Ausblicke über Grenada und die fantastischen Grenadineninseln gewährt, vorausgesetzt man ist oben, noch bevor sich der Gipfel in Wolken hüllt. Führer des Grand Étang National Park organisieren Touren zum

---

River Tubing auf dem Balthazar River

Unweit der Quellen liegt auch der Balthazar River, dessen Strömung sich ein Tourveranstalter zunutze gemacht hat und hier den neusten Thrill, das **Adventure River Tubing** (empfehlenswert ab 8 Jahren) anbietet. Ausgestattet mit Helm und Rettungsweste und sitzend auf einem Gummischlauch von der Größe eines Traktorreifens, wirbelt man stromabwärts. Dieser Spaß, der etwa 1–1 1/2 Stunden dauert (mit Unterweisung und chilling out am Ende in einem Pool, inklusive Rum- oder Fruchtpunch), kostet US$45 pro Person. Eine Reservierung (**Adventure Jeep Tours**, S. 294) ist normalerweise notwendig. Ist man jedoch schon mal hier: Touren starten in der Regel um 9, 11.30 und 14 Uhr (Balthazar Estate, New Bridge Entrance). Liegen den Veranstaltern keine Reservierungen vor, d. h. findet kein River Tubing statt, nimmt man eben ein herrlich kühles Flussbad.

Mt. St. Catherine, ebenso **Sunsation Tours**, Grand Anse, ☎ 444-1594, 🖥 www.grenadasunsation.com, oder **Mandoo Tours**, ☎ 440-1428, 🖥 www.grenadatours.com.

Zurück zum Kreisverkehr in Paradise (nördlich der Paradise Bridge), hält man sich links (von Grenville kommend rechts) und folgt der Hauptstraße. Nach etwa einem Kilometer verlässt man entweder die Hauptstraße in einer Linkskurve und biegt rechts auf eine unbefestigte Straße ein, bis das Auge den **Pearls Beach** und das östliche Ende der Landebahn des ausgedienten **Pearls Airport** erblickt oder man bleibt auf der Hauptstraße, die zum westlichen Ende der Landebahn führt. Wer nicht motorisiert ist und keine Lust hat, in der Hitze den etwa 3 km langen Weg von Grenville zu Fuß zu bewältigen, hat die Möglichkeit, den Minibus von Grenville in Richtung Tivoli/La Poterie zu nehmen und unterwegs auszusteigen (dem Fahrer Bescheid sagen!).

Der Pearls Airport wurde in den 40er-Jahren erbaut und 1984 stillgelegt. Den Bau des Flughafens fernab der Inselhauptstadt rechtfertigten die Verantwortlichen damals mit dem nur hier ausreichend vorhandenen ebenen Gelände. Präkolumbische Funde in der Umgebung des Flughafens, meist Töpfereiprodukte, für deren Herstellung die Arawak-Indianer bekannt waren, deuten darauf hin, dass sich hier ehemals größere indianische Siedlungen befanden. Trotzdem die Aneignung und erst recht der Verkauf dieser Artefakte illegal ist, bieten immer wieder Kinder und Jugendliche ihre Funde am Pearls Airport den Touristen zum Kauf an.

Die kurze Landebahn und das Fehlen technischer Einrichtungen beschränkten den Flugverkehr auf Propellermaschinen. Mangelnde Voraussetzungen für die Abwicklung von Luftfracht und Fremdenverkehr erweckten schon in den 60er-Jahren vor allem bei britischen Firmen den Wunsch nach einem neuen Flughafen. Ausländische Hilfszahlungen standen nur in begrenztem Maße zur Verfügung und wurden zu großen Teilen in den dringend erforderlichen Straßenbau gesteckt. Sowohl unter der britischen Kolonialregierung als auch unter Gairy blieb der neue Flughafen ein Traum. Erst 20 Jahre später, mit Unterstützung der befreundeten Linksregierungen Kubas und der Sowjetunion, ging der Wunsch in Erfüllung. Der Pearls Airport wurde ausgemustert. Lediglich ein kubanisches und ein sowjetisches Flugzeug fristen hier seit der US-Invasion 1983 ihr rostiges Dasein, und ab und zu ist der ausgediente Airport heute Schauplatz von Kartrennen. Die Landebahn des Flughafens beginnt hinter dem **Pearls Beach**, einem langen, wilden, mit Palmen durchsetzten Strand, an dem der Atlantik sein etwas raueres Gesicht zeigt. Neben der Landebahn befindet sich ein nettes, leider nicht immer geöffnetes Restaurant, das Air Strip Restaurant & Bar, ☎ 438-0245.

Belmont Estate

Nördlich des Flughafens gelangt man nach Tivoli und an die Tivoli-La Poterie-Kreuzung. Wer hier links abbiegt und der Straße etwa 3 Minuten folgt, erblickt rechter Hand den Belmont Estate, ☎ 442-9524, 🖥 www.belmontestate.net, eine 300 Jahre alte Plantage, die einen Besuch wirklich wert ist.

Über 170 Jahre im Besitz der ursprünglich aus Schottland stammenden Familie Houston, war Belmont die erste Plantage, die eine grenadische Familie indischen Ursprungs, die Nyacks, 1944 kaufte und die bis heute in deren Besitz verblieb. Das Gut war Anfang des 18. Jhs. eine von insgesamt 81 Plantagen, wo vorwiegend Kaffee angebaut wurde, später Zuckerrohr, aber auch Baumwolle, und ein Jahrhundert später Muskatnuss und Kakao, der heute zum größten Teil als Bioprodukt weiterverarbeitet wird in Grenadas „süßer" Schokoladenfabrik.

Heute ist Belmont ein Konglomerat aus grenadischer Plantagen-Historie, Tradition und Kultur inmitten einer voll funktionierenden Kakao- und Muskatnussplantage. Neben einem kleinen Museum, vollgepackt mit Artefakten, Antiquitäten, Dokumenten, Werkzeugen, Fotos etc., das nicht nur Einblicke in die Geschichte der Plantage, sondern auch Grenadas gewährt, vermittelt eine Tour auch Kenntnisse über Kakaoanbau und Fermentation. Daneben können sich Besucher auch anderen Aromen wie Nelken oder Lorbeerblätter hingeben oder einer kleinen Filmvorführung über „Cocoa – Food of Gods; From the Field to Chocolate" folgen. Zu sehen sind außerdem Überreste einer alten Zuckermühle, ein kleiner Friedhof und ein Garten.

Zunächst werden die Kakaobohnen geröstet (roasting). Anschließend folgt das Trennen (winnowing) der Schale von der Bohne. Nun werden die Kakaobohnen mit Hilfe einer Kaffeemühle (Melangeur) gemahlen (grinding). Dieser Vorgang setzt, verursacht durch Reibung und Wärme, das Fett der Kakaobohne frei. Eine zähflüssige Kakaomasse (cocoa liquid) entsteht. Einen Teil dieser Masse nutzt man zur Herstellung von Kakaobutter, einem wichtigen Bestandteil der Schokolade. Unter Zuhilfenahme einer Kakaobutterpresse fließt die flüssige Kakaobutter ab (liquifying) und übrig bleiben gepresste Kakao-

platten. Sie werden zu Kakaopulver zermahlen, das wiederum zur Herstellung von Gebäck, Schokoladeneis oder heißer Schokolade verwendet wird. Die zähflüssige Kakaomasse wird nun mit Zucker vermischt und weiter gemahlen. Mehr und mehr Fett entweicht, eine feine flüssige Schokoladenpaste entsteht. Anschließend folgt das Verfeinern (refining) und Chonchieren (conching), sozusagen das Top Secret eines jeden Schokoladenherstellers. In der Conchiermaschine wird die Schokoladenpaste zusammen mit der Kakaobutter weiter verfeinert, so dass kein noch so kleines Körnchen mehr auf der Zunge zu spüren ist.

Verfeinern und chonchieren läuft in einem gemeinsamen 23-stündigen Prozess ab. Es wird gerührt, gerieben, durchlüftet. Wärme- und Sauerstoffzufuhr entziehen der Schokolade hierbei unerwünschte Geruchs- und Geschmacksstoffe, aber auch Feuchtigkeit, die sonst zu einer leichten Verderblichkeit führen könnte. Im vorletzten Schritt erfolgt das Temperieren (tempering), ein Prozess des mehrfachen Erhitzens und langsamen, aber beständigen Abkühlens auf etwa 29 Grad, der die gewünschte kristalline Struktur für eine stabile, glänzende Tafel Schokolade gewährleistet. Schließlich soll die Schokolade im Mund und nicht in der Hand schmelzen. Im letzten Schritt, dem Formen und Verfestigen (molding), füllt ein Dosierer die flüssige Schokolade in Formen. Durch Vibration entweichen die Luftbläschen und die Masse läuft gleichmäßig aus. 20 Minuten etwa dauert das Abkühlen und Verfestigen der Tafeln, die anschließend entnommen, von Hand verpackt und für einige Wochen zur vollständigen Geschmacksentfaltung gelagert werden, bevor sie schließlich unsere Gaumen erfreuen.

Das **Restaurant** offeriert einheimische Gerichte, vorwiegend aus Zutaten des eigenen biologischen Anbaus, und eine Kostprobe einer Tasse „Cocoa Tea" – der einheimischen heißen Schokolade – sollte man sich nicht entgehen lassen. Das touristische Programm beinhaltet zusätzlich traditionelle Tänze und afrikanisches Trommeln, den Stockkampf, aber auch Spiele wie Pound Stone, das in Vollmondnächten zum Beat eines afrikanischen Songs oder der Trommel gespielt wurde, und in dem kein Spieler den Rhythmus bei der Übergabe des Steins verlieren durfte. ☉ So–Fr 8–16 Uhr. Eintritt US$5 (soll jedoch etwas angehoben werden).

Grenada Chocolate Company

Zurück im Auto geht's für wenige Minuten weiter entlang der Straße bis das kleine Dorf **Hermitage** auftaucht. An der Polizeistation (auf Hinweisschild achten) führt ein kleiner Weg (links ab) zur **Grenada Chocolate Company**, ☎ 442-0050, der vielleicht kleinsten Schokoladenfabrik der Welt. Es war ein megasüßer Traum, den Mott Green und Doug Browne 1999 in die Tat umsetzten, nämlich Schokolade genau da zu produzieren, wo der Kakao auch wächst. Profit stand dabei weniger im Mittelpunkt als vielmehr Fairness, das hieß vor allem eine gerechte Entlohnung für die Kakaobauern. Die kunterbunte Schokoladenfabrik ist eine Ansammlung selbst entworfener, zusammengebastelter Maschinen, deren Design an Zeiten Anfang des 20. Jhs. erinnert, die auf der anderen Seite jedoch hochmodern und umweltbewusst durch Solarenergie angetrieben werden.

Abgesehen von dieser tollen Fabrik ist die Schokolade eine Köstlichkeit. Sie ist völlig natürlich, sehr rar, auch teuer und sie wurde schon international ausgezeichnet. Eine Tour (siehe auch Kasten S. 332) durch die kleine Fabrik mit Edmont kostet nichts, ist eigentlich täglich möglich, aber am besten Mo–Fr von 10–15.30 Uhr. Am Wochenende sollte vorher Bescheid geben werden. Alle Besucher dürfen natürlich kosten, und es versteht sich sicher von selbst, hier eine Tafel zu kaufen. Wer nicht motorisiert ist, fragt in Grenville in der Nähe des Fischmarktes nach einem Bus nach Hermitage (ist einer von zweien in Richtung Sauteurs), lässt sich an der Polizeistation absetzen und folgt der Beschilderung.

16 | HIGHLIGHT

River Antoine Rum Distillery

Eine weitere Attraktion befindet sich zurück an der Tivoli-La Poterie-Kreuzung. Wer hier von Grenville kommend scharf rechts abbiegt, er-

reicht nach etwa einem Kilometer die River Antoine Rum Distillery, ☎ 442-4537/7109.

Inmitten herrlicher Zuckerrohrfelder liegt die 1785 errichtete, noch immer völlig intakte Rumbrennerei, an deren Herstellungsverfahren sich kaum etwas verändert hat. Führt der Bach genug Wasser, arbeitet das riesige Wasserrad, das Zuckerrohr wird ausgepresst und der Saft fließt in Strömen in Bottiche, der anschließend mit gebranntem Kalk geklärt wird. Der saubere Zuckersaft wandert nun in das von uralten Gemäuern umgebene Kochhaus (siehe auch Kasten S. 334). Jeder Schritt der Herstellung wird hier erläutert. Falls man nicht schon vom Geruch benebelt ist, sorgt vielleicht das abschließende Gratisgläschen des fast 80-prozentigen Rums dafür – ein wirklicher Hammer!

Wer ein Souvenir sucht, kann sich ein T-Shirt mit Label oder eine Flasche Rum mit nach Hause nehmen. Die brennende Kehle löscht man anschließend am besten mit einem alkoholfreien Getränk im angrenzenden, neu errichteten **Rivers Restaurant & Bar**. Abgesehen von der Eintrittsgebühr ist ein kleines Trinkgeld für den Guide sicher angemessen. Der Ausflug lohnt sich wirklich, vor allem, weil die Distillery des Antoine Estates zu den ältesten Rumbrennereien der gesamten karibischen Inselwelt zählt. ☉ Mo–Fr 8–16 Uhr; Sa nach Voranmeldung, Eintritt EC$5.

Weitere Sehenswürdigkeiten

Weiter in Richtung Norden weist ein Schild nach etwa 1–2 km zum **Lake Antoine**, einem Vulkankratersee, der sich im Endstadium der vulkanischen Tätigkeit Grenadas, vor etwa 12 000–15 000 Jahren gebildet hat und anscheinend irgendwie verbunden ist mit dem Grand Étang und St. George's Harbour. Der See liegt nur 6 m über dem Meeresspiegel und ist umgeben von einer sanften Hügellandschaft.

Etwa 1,5 km nördlich des Kratersees liegt das hübsche Dorf River Sallee. Hält man sich an der nächsten Kreuzung wiederum nördlich und folgt der bergabführenden Straße etwa 100–200 m, führt ein Pfad hinter einem weißen Holzhaus zu den **River Sallee Boiling Springs** (auch Sulphur Springs). Die heißen Quellen sind zwar nicht unbedingt spektakulär, jedoch ein weiteres Zeugnis

Grenada

vulkanischer Aktivität. Vorstellen kann man sich das System, das heiße Quellen entstehen lässt, ähnlich einem riesigen, unterirdischen Destillierkolben. Beheizt von Magma wird das bis zu einer porösen Gesteinsschicht sickernde Regenwasser in heißes, unter Druck stehendes Wasser verwandelt. Durch Kristallisation von geschmolzenem Gestein unter der Erdoberfläche werden Vulkangase (z. B. Schwefelgase) und Spurenelemente freigesetzt, die zusammen mit den ausgelösten Elementen (u. a. Schwefel) der porösen Gesteinsschicht in das heiße Wasser aufgenommen werden. Das überhitzte Was-

ser ist leichter als das nachsickernde, kühlere Regenwasser und steigt deshalb wieder zur Oberfläche.

Die Quellen besitzen seit Jahrhunderten für die Einheimischen eine eher spirituelle Bedeutung. Sie sind eine Stätte des Gebets, der Opfergabe und auch der Heilung, etwa von Rheumatismus. Insgesamt findet man auf dem Gelände sechs Öffnungen der Erdoberfläche, die von ausgelagerten Schwefelteilchen umgeben sind. Die Temperatur liegt bei etwa 35 °C.

Ein Stopp an der Küste östlich von River Sallee (einfach querfeldein fahren) lohnt aufgrund

Rumherstellung

Nachdem das Zuckerrohr gepresst und der Saft gereinigt wurde, landet der Zuckersaft in einem Siedekessel und wird gekocht. Aus den sich bildenden Rückständen (Schaum und Bodensatz), sowie dem Dunder (Rückstand der nach Brennen im Destillierkolben zurückbleibt) und der mit Wasser verdünnten Melasse (Rückstände aus der Zuckergewinnung), wird eine Rum-Maische angesetzt und in große Gärbottiche geleitet, wo sie für einige Zeit sich selbst überlassen wird. Um den Gärvorgang einzuleiten, infiziert man die Maische mit Gärfermenten (Hefe- und Bakte-

rienkulturen), die aus eigenen Brennrückständen gezüchtet werden und den Zucker in Alkohol und Kohlendioxid umwandeln.

Nach etwa 24 Stunden brodelt es in den Bottichen, es stinkt bestialisch und das Kohlendioxid entweicht. Der Gärvorgang ist nach wenigen Tagen abgeschlossen und die Destillation kann beginnen. Die unterschiedlichen Siedepunkte von Alkohol (78,3 °C) und Wasser (100 °C) gewährleisten, dass der Alkohol zuerst verdunstet, das Wasser jedoch flüssig bleibt. Damit der Alkohol nicht entweicht, wird er in einem Gefäß aufge-

fangen und so weit abgekühlt, dass er anschließend wieder flüssig wird. Die Kunst des Destillierens besteht nun darin, die unerwünschten Stoffe, die bei der Vergärung zusätzlich entstehen und ebenfalls einen gewissen Siedepunkt aufweisen, fernzuhalten und Aromastoffe hinzuzufügen.

Der so gewonnene Rum ist schon seit jeher das Öl im Getriebe des Insellebens und denkt man an die überlieferten Geschichten von Saufgelagen unter Seemännern, die meist in wilden Balgereien endeten, so erscheint die Deutung, dass sich das Wort „Rum" von *rumbullion* herleitet, was so viel bedeutet wie „großer Tumult", sehr passend.

der wunderbaren Aussicht auf den Bathway Beach und die vorgelagerten Inseln. Der **Bathway Beach** ist ein schöner, weitläufiger Sandstrand und perfekt für eine Erfrischung. Die küstennahen Riffe hemmen den heranrollenden Atlantik nicht immer, so dass man des Öfteren mit den spaßbringenden Wellen am Ufer Vorlieb nehmen muss. Vorsicht ist aufgrund der starken Strömungen zu jeder Zeit geboten. Der Atlantik ist ebenso verantwortlich für starke Erosionen um den **Bedford Point**.

Der Strand gehört schon zum **Levera National Park**, der sich bis zur äußersten Nordostküste erstreckt. Neben kleinen Verkaufsständen, die Besucher mit Getränken und leckeren Hähnchenteilen versorgen, stehen auch Picknicktische und -bänke bereit. Gegenüber dem Strand befindet sich das National Park Centre, das über Flora und Fauna des Nationalparks informiert und für Naturinteressierte Führungen organisiert. Toiletten und Umkleidekabinen stehen ebenfalls zur Verfügung.

Wer hier übernachten möchte, sollte kurz vor dem Bathway Beach auf das Schild „Manat Drive" achten. Mr. Keith Johnson, ✆/✆ 442-5353, vermietet hier die **Bathway Beach Cottages**, ❸, zwei tolle Cottages mit Pool und klasse Meerblick. Eine weitere Beach Cottage (Preis auf Anfrage) vermietet Mrs. Pitt, ✆ 416-3159. Ihr gehört der kleine Laden Island Images neben dem Levara Vistors Centre, ✆ 442-1018. In beiden Fällen sollte man vorher anrufen.

Verlässt man die von Kokospalmen und Kakteen geprägte Küstenlandschaft in nördliche Richtung, trifft man auf den **Levera Pond** – einen hübschen See, gesäumt vom bizarren Stelzwurzelgeflecht zweier Mangrovenarten, die Heimat einer Vielzahl von Vögeln und Fischen sind. Wer Glück hat, sieht einen knallroten Scharlachsichler *(scarlet ibis)*. Es ist schön hier zu verweilen oder den See zu umrunden. Auffällig sind die unendlich vielen Erdlöcher um den See, die von Landkrebsen bewohnt werden. Viele der Krebse fallen den hier ausgelegten Bambusfallen zum Opfer – die Einheimischen lieben das zarte Fleisch.

Ein weiterer Pfad führt zum gestrüppreichen **Levera Hill**, der etwa 250 m über dem Meeresspiegel liegt und eine tolle Aussicht auf **Sandy**

Chillen am Levara Beach

Etwa 1,5 km nördlich des Bathway Beach (20–30 Min. zu Fuß) liegt ein zweiter weitläufiger, wilder Sandstrand – der **Levera Beach**. Meist ist man hier völlig alleine mit den Pelikanen, die ihren Kehlsack nie voll genug bekommen können, und dem König der Segler – dem Fregattvogel.

Auch die imposanten Lederschildkröten (S. 81, Schildkröten) suchen zwischen März und August den Strand zur Eiablage auf, allerdings nur des Nachts. Seit einigen Jahren hat sich die uneigennützige Naturschutzorganisation **Ocean Spirits**, 🖥 www.oceanspirits.org, der vom Aussterben bedrohten Art angenommen. Mitarbeiter patrouillieren den Strand, überwachen die Nester und versehen die weiblichen Tiere mit einer Art Mikrochip, der eine Beobachtung und Zählung gewährleistet. Wer das Schauspiel der Eiablage einmal hautnah erleben möchte, der wendet sich am besten an einen der Tourveranstalter Grenadas. Die Tour selbst führen geschulte Mitarbeiter des Ocean Spirits Teams durch.

Island, **Green Island**, **Sugar Loaf Island** und die Umgebung gewährt.

Genau dieser Landstrich soll es gewesen sein, den Kolumbus 1498 auf seiner dritten Reise sichtete. Er landete zwar nicht, gab der Insel jedoch den Namen „Concepción". Wunderbar erkennt man hier, wie die aufeinander prallenden Strömungen des Atlantiks und des karibischen Meeres schaumgekrönte Wellen und Strudel verursachen. Niemand sollte aufgrund der starken Strömungen auch nur annähernd daran denken, zur greifbar nahen Sugar Loaf Island (auch Levera Island) schwimmen zu wollen. Vernünftiger ist es, sich mit Proviant zu versorgen, die Aussicht zu genießen und einen herrlichen Tag am Strand zu verbringen.

Von Grenville fahren Minibusse Richtung Norden. Wer bereit ist ein paar EC$ extra zu zahlen, wird auch direkt an das Park Centre gefahren. Ansonsten muss man einen Fußmarsch von River Sallee in Kauf nehmen.

Carriacou

Carriacou liegt knapp 32 km nordöstlich von Grenada und ist mit etwa 34 km^2 die größte Insel der Grenadinen. Unbestritten ist das **Land der Riffe**, wie die Übersetzung des indianischen Namens (ursprünglich *Kayryoũacou)* lautet, ein kleines Juwel in der Karibik. Die Insel ist zwar nicht mit tropisch üppiger Vegetation gesegnet, weist aber dafür schöne Strände, traumhafte vorgelagerte unberührte Inselchen und atemberaubend schöne Korallenriffe auf. Hektik kennt auf Carriacou kein Mensch und der Tourismus hält sich in Grenzen. Beliebt ist die Insel seit jeher bei Seglern, die am Tage die Einsamkeit der vorgelagerten Inseln suchen, am späten Nachmittag in den Buchten der Tyrrel und Hillsborough Bay einen idealen Ankerplatz finden und am Abend mit ihrem Dingi das Ufer aufsuchen und in den kleinen Restaurants den Tag Revue passieren lassen.

Der Tropenwald, der Carriacou einst völlig bedeckte, musste der Zivilisation weichen, so dass heute nur noch etwa 1,5 km^2 Waldrand an den oberen, steilen Hängen der nord-südlich ausgerichteten Bergkette zu finden sind. Sattes Grün darf man demzufolge hauptsächlich in der Regenzeit und in den höher gelegenen Regionen erwarten. Der Süden ist relativ trocken und gestrüppreich. Man findet hier viele Kakteen, aber auch herrlich blühende Bougainvilleen.

Während der Franzosen, später die Briten Anfang des 18. Jhs. die Insel kolonisialierten und anfänglich vor allem Baumwolle, dann Zucker, Rum, Kakao, Kaffee und Indigo erwirtschafteten, stolpert man heute bei einem Streifzug durch das Innere Carriacous auf einige Überreste dieser Zeiten: Ruinen von Steinbauten ehemaliger Herrschaftshäuser, Zuckermühlen und Rumbrennereien. Vor allem aber die eigenwillige Mischung teils englischer, teils französischer Ortsnamen lässt die koloniale Vergangenheit erahnen.

Die Jugend Carriacous kehrt der Insel schon einige Jahrzehnte den Rücken, um ihr Glück in den reichen Industrieländern und auf hoher See zu suchen. Viele kehren in gesetztem Alter in ihre Heimat zurück, weise und wohl wissend, dass es nirgends auf der Welt schöner sein kann als auf ihrer Insel. So hat sich die Einwohnerzahl wie auf vielen Karibikinseln drastisch reduziert und Carriacou zählt heute nur noch etwa 6000–7000 Einwohner, jede Menge Ziegen, Schafe, Kühe und streunende Hunde.

Die Nachkommen afrikanischer Sklaven pflegen bis heute ihre Traditionen und wenn es der Zufall will, kann man vielleicht sogar daran teilhaben. Unterschiedlichste Anlässe, beispielsweise das Maroon Music Festival im April, bewegen die Inselbewohner den **Big Drum Dance** aufzuführen, der von Gesängen und unter die Haut gehenden Trommelrhythmen bestimmt wird. Kleine, mit Ziegenfell überzogene Rumfässer dienen dabei als Trommeln. Auch die **Quadrille**, ein ursprünglich wilder, unstrukturierter, französischer Kontratanz, der zur Zeit Napoleons entstand und über die englische Pflanzerelite in den karibischen Raum gebracht wurde, ist fester Bestandteil kultureller Feste. Getanzt wird von vier Paaren, die begleitet werden von einem Tamburin, der großen Trommel, einer Violine und der Triangel.

Die beiden höchsten Erhebungen Carriacous **High North** und **Chapeau Carré** sind knapp 300 m hoch, und von vielen Ecken der Insel eröffnen sich atemberaubende Ausblicke auf die umliegende Inselwelt.

Hillsborough

Hillsborough ist das Zentrum Carriacous und es ist schwer vorstellbar, dass es seinen verschlafenen Charakter jemals verliert. Geschäftigkeit kommt allenfalls auf, wenn die Fähre oder ein Frachtschiff von Grenada mit Neuankömmlingen, wieder Heimkehrenden und den begehrten Gütern einläuft: Propangasflaschen, Bier- und Bananenkisten, die Post und einiges mehr. Danach kehrt schnell wieder Ruhe ein. In nur knapp zwei Minuten lässt sich vom Pier aus so ziemlich jede Einrichtung (Einwanderungsbehörde, Post, Bank, Touristenbüro, Museum, Minibusse, Taxis, Bäckerei …) erreichen, die Hillsborough zu bieten hat, und in der Main Road, die parallel zur Hillsborough Bay verläuft, erblicken Kenner noch das ein oder andere, aus dem 19. Jh. stammende Kolonialgebäude.

CARRIACOU

In der Patterson Street findet sich das **Carriacous Historical & Archeological Museum**, ✆ 443-8288, von der UNESCO als bestes kleines Museum der Karibik ausgezeichnet. Untergebracht in einem restaurierten Gebäude einer ehemaligen Baumwollspinnerei, wurde es von der Tochter des 2005 verstorbenen Künstlers Canute Caliste gegründet. Außer einigen Bildern des anerkannten grenadischen Altmeisters Caliste zeigt das Museum eine Sammlung indianischer Artefakte, z. B. Fragmente von Töpfereiprodukten, und weitere Exponate zeugen von den afrikanischen Wurzeln und der kolonialen Vergangenheit. ◷ Mo–Fr 9.30–16, Sa 10–16 Uhr.

Der Eintritt in Höhe von EC$5 dient vor allem der Pflege und Aufrechterhaltung des Museums.

Übernachtung

Viele der hier genannten Unterkünfte sind auf den Internetseiten 🖥 www.grenadines.net, 🖥 www.carriacoupetitemartinique.com und 🖥 www.grenadagrenadines.com vertreten.

Green Roof Inn, ☎ 443-6399, 🖥 www.Green RoofInn.com. In Richtung Bogles, etwa 10 Min. zu Fuß von Hillsborough entfernt, liegt das Guesthouse (unter schwedischer Leitung) mit insgesamt 5 individuell gestalteten Zimmern mit Ventilator und Bad, ❸–❹, bzw. Gemeinschafts-bad, ❸. Außerdem existiert noch eine schöne Cottage für Selbstverpfleger ❺. Das wunderbar offen gehaltene Guesthouse lädt seine Gäste ein, eine Terrasse, die Gemeinschaftsveranda, den herrlichen Garten und ein kleines hübsches Restaurant zu nutzen. Preise inkl. Frühstück.

Hibiskus & Fern Apartments, c/o Down Island Villa Rentals (S. 340), 🖥 www.islandvillas.com/villas/hilary.htm. Da die nette Besitzerin Hilary oft bei ihren Kindern in den USA und Kanada lebt, verwaltet Down Island Villa Rentals „Hilary's House". Die beiden Apartments, ausgestattet mit Küche, Bad, Schlaf- und Wohnraum, TV, Ventilator sowie Balkon, sind zwar etwa spärlich eingerichtet, jedoch bieten sie extrem viel Platz. ❷–❸

Wilson's Apartment, Beausejour, 🖥 www. grenadines.net/carriacou/wilson.html. Der Morris Street folgend, vorbei an der grünen Power Station und zweimal links abbiegend erreicht man nach etwa 10 Minuten schönem

Gute Location

Peace Haven Guesthouse, Main St, ☎ 443-7475/8365. Zwei einfache, empfehlenswerte Apartments mit Bad, Küchenzeile, Ventilator, Balkon und super Blick über die Hillsborough Bay. Man ist nur 10 Schritte vom kühlen Nass entfernt. Die nette Besitzerin, Mrs. Joseph, vermietet außerdem 3 DZ mit Ventilator; Küche und Bad werden gemeinschaftlich genutzt. ❷

Fußmarsch das Domizil des älteren Ehepaars Mr. und Mrs. Wilson (2. Haus auf der rechten Seite), die im unteren Stock ihres Hauses ein komplettes, einfach eingerichtetes 2-Bettzim-mer-Apartment mit Wohnraum, großer Küche, großem Bad, Ventilatoren und Terrasse vermieten. ❷

Silver Beach Resort, Beausejour Bay, ☎ 443-7337, 🖥 www.silverbeachhotel.net. Liegt am nördlichen Ende Hillsboroughs und hat schon bessere Zeiten erlebt. Die Spuren, die Hurrikan Emily hinterließ, sind noch deutlich erkennbar, u. a. sind einige Cottages nicht mehr da. Das Haupthaus verfügt über 10 DZ mit Ventilator, Bad und Balkon, einige Zimmer über eine zusätzliche Küchenzeile. Die Meerblickzimmer sind etwas teurer. Im Garten stehen noch 2 Cottages mit Bad, Küche, Ventilator und Veranda. Das Hotel liegt am Strand und verfügt über ein wenig ansprechendes Restaurant. ❸–❹

John's Unique Resort, Main St, ☎ 443-8345, ✉ junique@grenadines.net. Das zweistöckige Resort bietet seinen Gästen ein Restaurant, Autoverleih, einige Schildkröten im Garten, aber auch 12 Zimmer mit Ventilator oder AC, TV, Bad und Balkon sowie 5 Apartments – vier mit Ventilator eines mit AC, Bad, TV, Küchenzeile und Balkon. ❷–❸

Hotel Laurena, Middle St, ☎ 443-8759, 🖥 www.hotellaurena.com. Recht großes Hotel mit 9 DZ (TV, AC, Bad, Gemeinschaftsveranda), 4 Einbettzimmer- und 2 Zweibettzimmer-Apartments, die zusätzlich eine Küchenzeile und einen privaten Balkon aufweisen. Das Hotel ist recht neu, mit einem großen Restaurant und Fitnessraum. ❸–❹

Ade's Dream Guesthouse & Apartment Hotel, Main St, ☎ 443-7317, 🖥 www.grenadines.net/carriacou/ade.htm. Am günstigsten wohnt man in einem der 7 DZ mit TV und Ventilator. Dusche, WC und Küche werden gemeinschaftlich genutzt. Die 16 Apartments verfügen über Bad, Küche und Balkon, teilweise AC und TV. Den schönsten Blick auf das dörfliche Leben und das karibische Meer hat man von einem der Apartments im 2. Stock. Ade's ist aufgrund der professionellen Führung und der netten Atmo-sphäre empfehlenswert. Außerdem: Supermarkt, Restaurant, Internet und Autoverleih. ❶–❷

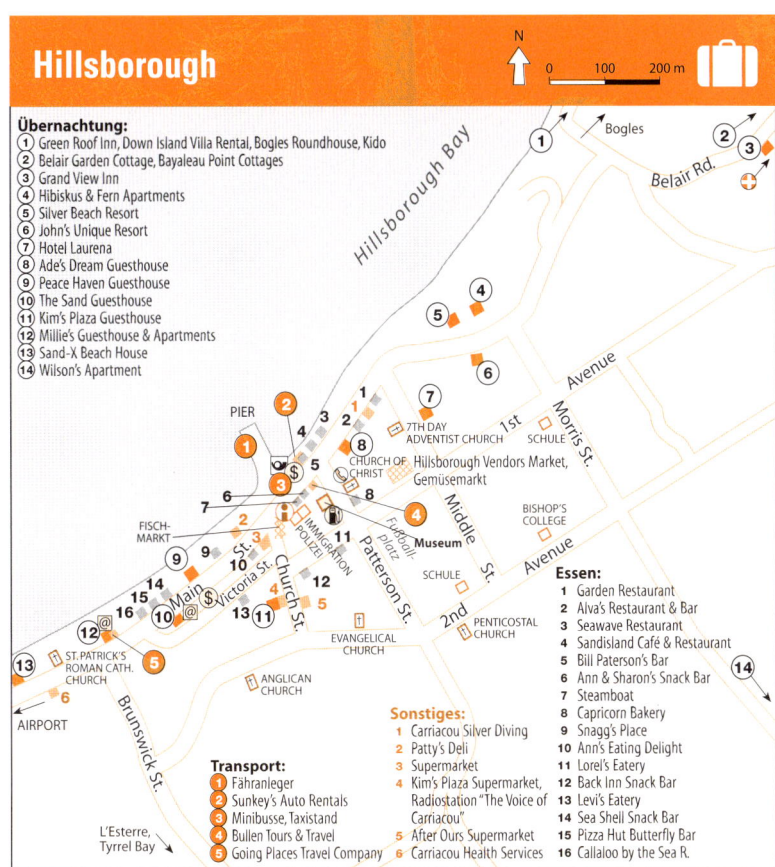

Hillsborough

N
0   100   200 m

Übernachtung:
1. Green Roof Inn, Down Island Villa Rental, Bogles Roundhouse, Kido
2. Belair Garden Cottage, Bayaleau Point Cottages
3. Grand View Inn
4. Hibiskus & Fern Apartments
5. Silver Beach Resort
6. John's Unique Resort
7. Hotel Laurena
8. Ade's Dream Guesthouse
9. Peace Haven Guesthouse
10. The Sand Guesthouse
11. Kim's Plaza Guesthouse
12. Millie's Guesthouse & Apartments
13. Sand-X Beach House
14. Wilson's Apartment

Bogles
Belair Rd.
Hillsborough Bay
Avenue
Morris St.
PIER
7TH DAY ADVENTIST CHURCH
SCHULE
CHURCH OF CHRIST
Hillsborough Vendors Market, Gemüsemarkt
1st
BISHOP'S COLLEGE
FISCH-MARKT
IMMIGRATION POLIZEI
Museum
Middle St.
Futbolplatz
Patterson St.
SCHULE
Avenue
2nd St.
Main St.
Victoria St.
Church St.
EVANGELICAL CHURCH
PENTICOSTAL CHURCH
ST. PATRICK'S ROMAN CATH. CHURCH
ANGLICAN CHURCH
AIRPORT
Brunswick St.
L'Esterre, Tyrrel Bay

Essen:
1. Garden Restaurant
2. Alva's Restaurant & Bar
3. Seawave Restaurant
4. Sandisland Café & Restaurant
5. Bill Paterson's Bar
6. Ann & Sharon's Snack Bar
7. Steamboat
8. Capricorn Bakery
9. Snagg's Place
10. Ann's Eating Delight
11. Lorel's Eatery
12. Back Inn Snack Bar
13. Levi's Eatery
14. Sea Shell Snack Bar
15. Pizza Hut Butterfly Bar
16. Callaloo by the Sea R.

Sonstiges:
1. Carriacou Silver Diving
2. Patty's Deli
3. Supermarket
4. Kim's Plaza Supermarket, Radiostation "The Voice of Carriacou"
5. After Ours Supermarket
6. Carriacou Health Services

Transport:
1. Fähranleger
2. Sunkey's Auto Rentals
3. Minibusse, Taxistand
4. Bullen Tours & Travel
5. Going Places Travel Company

Grenada

Kim's Plaza Guesthouse, Church St, ✆/📠 443-7733. Über dem Supermarkt vermietet Mr. Matheson 4 günstige DZ mit Bad, Kühlschrank, AC und TV, jedoch nur sehr kleinem Fenster, sowie 3 Apartments mit Küchenzeile, Bad, TV, AC und Balkon zur Church Street. ❶–❷
Peace Haven Guesthouse, Main St, ✆ 443-7475/8365. Zwei einfache, empfehlenswerte Apartments mit Bad, Küchenzeile, Ventilator, Balkon und super Blick über die Hillsborough Bay. Man ist nur 10 Schritte vom kühlen Nass entfernt. Mrs. Joseph, die nette Besitzerin, vermietet außerdem 3 DZ mit Ventilator;

Küche und Bad werden gemeinschaftlich genutzt. ❷
The Sands Guesthouse, Main St, ✆ 443-7100/8544, 🖥 www.grenadines.net/carriacou/sands.htm. Die nette Besitzerin Mrs. McLean vermietet 2 einfache Apartments mit Ventilator, Küchenzeile, Bad und Balkon sowie 3 DZ, die sich Küche und Bad teilen. Ein weiteres, dazugehöriges, doppelstöckiges Guesthouse mit 6 einfachen DZ (Bad und Küche werden auch hier gemeinsam genutzt) steht weiter südwestlich Richtung Airport, etwa 10 Minuten zu Fuß von Hillsborough entfernt

Sand-X Beach House, c/o Sunkey's Auto Rentals, Main St, ☎ 443-8382, 🖥 www.grenada explorer.com/sandx. Über Sunkey's Car Rentals (S. 340) werden die beiden 2-Bettzimmer-Apartments, ausgestattet mit Küche. Bad, TV, Ventilatoren, Waschmaschine und Balkon bzw. Terrasse, vermietet. Wer das Beach House vorher in Augenschein nehmen möchte: es ist das dritte Haus nach der St. Patrick's Church Richtung Flughafen. Zu zahlen sind US$350 bzw. 460/Woche oder inklusive Jeep US$600 bzw. 710/Woche.

(wird auch als 3-Bettzimmer-Apartment vermietet). ❶–❷

Millies's Guesthouse & Apartments, Main St, ☎ 443-7310, ✉ millies@spiceisle.com. Millie vermietet 3 DZ mit Ventilator (ohne Fenster) und 3 DZ mit AC und Fenster, die sich jeweils 2 Küchen und 2 Bäder teilen. Außerdem kann man sich in eines der beiden DZ mit eigenem Bad, AC oder Ventilator einmieten oder eines der beiden Apartments mit Ventilator, Küche und Bad nehmen. Die Zimmer haben keinen eigenen Balkon, nur eine gemeinsame Veranda zur Main St. ❶–❷

Down Island Ltd. Villa Rental, ☎ 443-8182, 🖥 www.islandvillas.com. Die Agentur hat ihren Sitz in einem wundervollen Haus kurz vor Bogles. Das Ehepaar Alexander vermittelt etwa 20 private Villen, Apartments, Cottages und Häuser. Die Objekte liegen zentral in Hillsborough, aber auch wunderschön abgelegen an der Küste oder beispielsweise in den Höhen Belairs. Die Preise für eine Doppelbelegung beginnen bei US$50/75–250/275 plus 10 % S/C pro Tag.

Essen und Nachtleben

Garden Restaurant, Main St, ☎ 443-7979. 2007 eröffnete dieses nette Restaurant mit hübschem Garten. Chefkoch und Besitzer Mr. Jensen präsentiert hier regionale, aber auch internationale Gerichte.

Seawave Restaurant, Main St, ☎ 443-7317. Das Seawave öffnet Mo–Sa ab 7.30 Uhr und schließt meist gegen 16 Uhr. Frühstück und Mittagessen ab etwa EC$15.

Sandisland Cafe & Restaurant, Main St, ☎ 443-6747. Hier sitzt man ganz nett mit Blick auf den Hillsborough Jetty. Recht preiswert werden u. a. lokales Frühstück, Rotis, Sandwiches, Pizza, Kuchen, aber auch lokale Gerichte serviert. ⊙ Mo–Sa 7.30–15 und 18–22, So 12–22 Uhr.

Callaloo by the Sea Restaurant, Main St, ☎ 443-8004. Freiluft-Restaurant mit schönem Blick auf Sandy Island. ⊙ Mo–Fr 10–14 und 18–22, Sa 18–22 Uhr; im September geschlossen; mittleres Preisniveau.

Etwas teurer isst man in den Restaurants des Grand View Hotels, des Hotels Laurena und im Restaurant von John's Unique Resort.

In Hillsborough gibt es eine Bäckerei, die **Capricorn Bakery**, gegenüber der Tankstelle in der Patterson Street. Wer sehr früh wach ist, kann direkt dort hingehen. Ansonsten vertreibt die Bäckerei ihre Waren in den umliegenden Supermärkten und im **Steamboat** an der Main Street.

Das **Nachtleben** auf Carriacou ist reduziert auf vereinzelt stattfindende *Blokoramas*, sogenannte „Outdoor Partys", die immer mal woanders stattfinden, sei es in einem Restaurant, einem Rumshop, auf der Straße oder in einem Gemeinschaftszentrum – also Ohren auf oder einfach mal nachfragen.

Sonstiges

Apotheken

Hills & Valley Pharmacy, Victoria St, ☎ 443-6904;
Low Budget Drug Mart, Main St, ☎ 443-6794.

Auto-/Rollerverleih

Die Wochenpreise aller genannten Anbieter sind natürlich günstiger und verhandelbar.
Ade's Dream Rentals, Main St, ☎ 443-7317. Hat wenige kleine Jeeps ab EC$85, ansonsten AC-Jeep EC$130.
Sunkey's Auto Rentals, Main St, ☎ 443-8382, AC-Jeep EC$120–130.

Martin & Wayne Car Rental, Patterson St (Tankstelle), ☎ 443-7221. EC$130–160. Hat auch 3 Roller der Marke Baccio für EC$75/Tag.
John Unique's Resort, Main St, ☎ 443-8345. 4-türiger AC-Jeep EC$126.

Geld

First Caribbean International Bank, Main St, ☎ 443-7232, ⊙ Mo–Do 8–14, Fr 8–17 Uhr; **Republic Bank**, Main St, ☎ 443-7289, ⊙ Mo–Do 8–15, Fr 8–17 Uhr, 24-Stunden-Geldautomat (Blue Machine).

Einkaufen

Patty's Deli, Main St, ☎ 443-8412. Netter kleiner Laden mit allerlei Wurst- und Käsespezialitäten, Kaffee, Kuchen und weiteren – auch importierten – Lebensmitteln.
Es gibt einige Läden und **Supermärkte**, man sollte sich jedoch darauf einstellen, dass fast alle gegen 17 Uhr schließen. Sonntags haben meist die beiden Supermärkte in der Church Street geöffnet.

Führerschein

Gegen Vorlage des (auch nationalen) Führerscheins und einer Zahlung in Höhe von EC$30 stellt ein Officer im Polizeigebäude die grenadische Fahrerlaubnis aus.

Informationen

Grenada Board of Tourism, Main St, ☎ 443-7948, 6127, ✉. carrgbt@spiceisle.com. Gut ausgestattetes Touristenbüro mit sehr hilfsbereiten Angestellten.

Internet

Grenadines.net Internet Café, Main St, ☎ 443-8207, ✉ ccc@grenadines.net. Nettes Internetcafé mit Bar. Preis: EC$10/30 Minuten inkl. eiskaltem Getränk, ⊙ Mo–Fr 9–18.30 Uhr.
Digi-Soft Computer Services, Main St, ☎ 443-8955. Zu finden ist dieses Internetcafé in Millie's Guesthouse; EC$10/Stunde; ⊙ 9–18 Uhr.

Medizinische Hilfe

Princess Royal Hospital, Belair, ☎ 443-7400, Ambulanz ☎ 774.
Carriacou Health Services, Main St, ☎ 443-8247.

Tauchen

Carriacou Silver Diving, Main St, Hillsborough, ☎ 443-7882, 🖥 www.scubamax.com. Ein Tauchgang kostet mit Ausrüstung US$50, 12 Tauchgänge US$520. Für einen Open Water Tauchkurs zahlt man US$400 und für den Advanced Open Water Tauchkurs US$300. Ein Tagesausflug nach Mayreau oder die Twin Sisters inkl. 2 Tauchgängen, Mittagessen und Getränken kostet US$130 (mind. 4 Personen). Außerdem kann sämtliches Tauch- und

Schnorchelequipment geliehen werden. Die Tauchkurse werden auch in Deutsch abgehalten.

Telefon und Fax

Das Bürogebäude der Grentel-Telefongesellschaft befindet sich in der Patterson Street. Hier kann man Telefonkarten kaufen, Faxe abschicken oder internationale Telefongespräche führen. ☉ Mo–Fr 7.30–18, Sa 7.30–13 Uhr. Außerdem gibt es noch Telefonapparate außerhalb des Gebäudes, die jederzeit verfügbar sind.

Touren

Going Places Travel Company, c/o Millie's Guesthouse, Main St, ✆ 443-6666, 💻 www.goingplaces.tv. Sämtliche touristische Leistungen (Flug-/Hotelbuchungen) werden hier angeboten.
Bullen Tours & Travel, Main St, ✆ 443-8590.
Linky Tour, c/o Lincoln Bedeau, ✆ 443-7566,
Leepee Tour ✆ 443-6790, **Keith Tour**, ✆ 443-8018: Diese Anbieter offerieren Halbtages- und Tagestouren über die Insel in einem Minibus zum Preis von EC$90/mind. 4 Personen bzw. EC$180/mind. 6 Personen.

Segeln, Wassertaxi, Fischen

Scooby Water Taxi & Water Sports, c/o Thomas Alexander, ✆ 443-6622, ✉ scoobytours@hotmail.com. Es gelten folgende Preise p. P. für einen Tagestrip hin und zurück, bei einer Mindestzahl von 4 Personen: Sandy Island US$15, Anse La Roche US$20, White Island, Petit Martinique US$50, Mopion US$55, Union Island US$80, Mayareau, Palm Island, Tobago Cays US$100. Im Programm hat Thomas auch einen Fishing Trip: Fische in den Tobago Cays/

Sandy Island, Tobago Cays, Mayareau …

Nirgendwo ist man näher an den traumhaften, von windschiefen Palmen bedeckten Eilanden, als auf Carriacou. Und so sollte man es sich nicht entgehen lassen, die umliegende Grenadinenwelt mit dem Segelboot oder dem Wassertaxi zu erkunden.

Sail Rock fangen, präparieren, am Strand grillen oder mit nach Hause nehmen für US$200 p. P.; Fischen um Carriacou US$75 p. P./2 Stunden.
Cuthbert Snagg, c/o Snagg's Place, ✆ 443-8293, hat ebenfalls ein Speedboot, das er einsetzt, um Leute auf die verschiedenen Inseln zu bringen. Am besten man geht kurz vorbei und handelt mit ihm einen fairen Preis aus.
Noel Joseph, Belmont, ✆ 443- 8075. Die günstigste Alternative um nach White Island zu gelangen ist mit Mr. Joseph, der EC$40 p. P. verlangt. Weitere Destinationen auf Anfrage.
Reginald Haemer alias Captain Bubb (Bogles, ✆ 443-8468) und **Brain Fletcher** (Windward, ✆ 443-7277, ✉ brainfletch@caribsurf.com) sind spezialisiert auf Segeltörns durch die Grenadinen. Tagestrips kosten ab etwa US$85 p. P. und 2-Tagesausflüge z. B. nach Palm Island, Mayareau, die Tobago Cays und noch einige kleine Inselchen US$385 für 2 Leute inklusive Immigration, Frühstück und Mittagessen.

Wal- und Delfinbeobachtung

Kido Project Ecological Research Station, (s. S. 348), ✆ 443-7936, 💻 www.kido-projects.com . Katamaran-Tages- bzw. 2-Tagestour US$160/340 p. P. + 5 % Tax.

Transport

Minibusse

Egal wohin man in Hillsborough mit dem Minibus fährt, es kostet eigentlich immer EC$3. Am häufigsten werden die Strecken von Hillsborough in die Tyrrel Bay, weiter bis Belmont und wieder retour sowie von Hillsborough über Bogles, Dover nach Windward und wieder zurück befahren. Während die meisten Minibusse am frühen Morgen, wenn die Kinder zur Schule gehen, und nachmittags, wenn sie sich auf den Nachhauseweg begeben, unterwegs sind, ist man ab 18 Uhr meist auf seine Füße oder ein Taxi angewiesen.

Taxi

Taxifahrer·erheben auf die unten aufgeführten Preise zwischen 18 und 6 Uhr einen Aufschlag. Von **Hillsborough** nach:

Carriacou bietet wundervolle Schnorchel- und Tauchreviere. Riffdächer und -kanten liegen in einer Tiefe von 7–9 m und die maximale Tauchtiefe beträgt etwa 22–40 m. Getaucht wird meist um Sandy Island, die Sisters Rocks, die Twin Sisters, Mabouya Island, Saline Island sowie Frigate Island und Jack a Dan Island. Erwarten darf man Wälder von Weichkorallen, Hummer, Viermeter-Haie, gigantische grüne Muränen, Schildkröten, Stachelrochen, Barrakudas, See-Anemonen und vieles mehr.

Zwischen Grenada und Carriacou liegt der Unterwasservulkan **Kick'em Jenny**. Auch Grenada lag einst unter Wasser und wurde durch Vulkantätigkeit vom Meeresboden gehoben. Diesen Vorgang des langsamen Auftauchens beobachtet man nun am Kick'em Jenny. Im Jahr seiner Entdeckung (1939) ließ der Vulkan eine 275 m hohe Rauchsäule in die Luft emporsteigen und war seitdem einige Male aktiv. Während sich das angenommene Zentrum der Eruption 1962 noch 232 m unter Wasser befand, lag der Vulkan 1966 nur noch 192 m unter der Meeresoberfläche. 1978 stellte man wiederum ein Wachstum von weiteren 32 m fest. In den späten 80er-Jahren brach die Kuppel, so dass Kick'em Jenny heute wieder etwa 180 m unter dem Meeresspiegel liegt. Wissenschaftler vermuten jedoch, dass sich der 1300 m hohe Vulkan Anfang bis Mitte dieses Jahrhunderts als Insel zeigen wird.

Belair / Bogles / Brunswick und Six Road / Cherry Hill	EC$20
L'Ésterre, / Belle Vue / Mt. Royal / Belvedere	EC$25
Tyrrel Bay / Belmont / Mt. Pleasant / Prospect / Grand Bay	EC$30
Windward / Dover / Bayaleau	EC$30
Petit Carenage	EC$35
zum Flughafen	EC$15

Fähren

Osprey Lines Ltd., ℡ 440-8126, 🖳 www.osprey lines.com, verbindet Carriacou mit Grenada und Petite Martinique, Fahrplan und Preise S. 295, St. George's.

Mail Boat. Das Postboot verkehrt zwischen Windward und Petite Martinique.

Windward nach Petite Martinique: Mo, Mi und Fr 12 Uhr. Petite Martinique nach Windward: Mo, Mi und Fr 8 Uhr.

Außerdem verkehren 3 **Frachtschiffe** zwischen Carriacou (Hillsborough bzw. Tyrell Bay) und Grenada (St. George's bzw. Grenville), die Adelaide B, die Amelia A.I. und die Alexia III; Abfahrtszeiten und Preise S. 295, St. George's.

Lauriston Airport

Verlässt man Hillsborough in Richtung Süden entlang der lang gezogenen, palmengesäumten Hillsborough Bay, gelangt man nach etwa 2 km an das winzige Flughafengebäude des Lauriston Airport. Während früher Sirenen den Landeanflug der Propellermaschinen ankündigten und das Überqueren der Landebahn nur für wenige Minuten nicht erlaubt war, ist heute ein völliges Durchfahrtsverbot verhängt, d. h. wer in Richtung L'Esterre oder Tyrrel Bay unterwegs ist, muss leider wieder nach Hillsborough zurück, der Brunswick Street und den Hinweisschildern folgen.

Von Hillsborough zum Paradise Beach

Es ist möglich, entlang des Strandes, später durch die Mangroven (Trampelpfad folgen) und das Meer (ziemlich nasse Angelegenheit) nach L'Esterre und zum Paradise Beach zu gelangen.

Taxi

Vom Flughafen nach:

Hillsborough	EC$15
Belair / Belle Vue	EC$25
L'Ésterre / Mt. Royal / Bogles / Belvedere / Cherry Hill	EC$30
Tyrrel Bay / Belmont / Mt Pleasant / Prospect / Grand Bay	EC$35
Windward / Dover / Bayaleau	EC$35
Petit Carenage	EC$40

Grenada

Flüge

Die **St. Vincent-Grenada Air** (kurz **SVG AIR**) verkehrt zwischen Grenada und Carriacou. Tickets gibt's am Flughafen: **Prime Travel Incorporated**, Lauriston Airport, ☎ 443-6677/7362, 📠 7363, oder im Reisebüro: **Going Places Travel Company**, Hillsborough, ☎ 443-6666. Flugverbindungen und Preise S. 317, Grenada, Point Salines International Airport.

L'Esterre

Von Hillsborough führt die Straße hoch hinauf zur Six Roads Junction, bevor die L'Esterre Bay in Augenschein kommt. **L'Esterre** ist ein winziges Dorf mit einigen Rumshops, Einkaufslädchen, einer Bäckerei und einer Vorschule. In der **Cross Road Bar** vertreiben sich die Männer die Zeit und diskutieren über Gott und die Welt. Wer sich für Sprache interessiert, findet in L'Esterre eventuell einige ältere Menschen, die des französischen Patois noch mächtig sind.

Das Dorf ist auch die Heimat des naiven, 2005 verstorbenen Malers **Canute Caliste**, der hier seine Visionen von Meerjungfrauen und dem Inselleben in Form seiner auch international anerkannten Bilder ausdrückte. Es ist schön in L'Esterre zu verweilen, die **L'Esterre Bay** entlangzuschlendern und am **Paradise Beach** – einem der schönsten Strände Carriacous – zu baden, zu picknicken und den Blick auf Sandy Island (S. 342, vorgelagerte Inseln) zu richten.

Übernachtung und Essen

Hope's Inn, ☎ 443-7457, c/o Samuel Bartholomew (Manager). Das Hope's Inn liegt direkt am Strand, mit Blick auf Sandy Island. 6 DZ mit Ventilator teilen sich 2 Küchen, 3 Toiletten und 2 Duschen. Es gibt auch ein Apartment mit Ventilator, Bad, Küche und Veranda. ❶-❷
Paradise Inn, ☎ 443-8406. Nur Schritte vom Strand entfernt liegt das Paradise Inn. Leider wurde noch kein Manager gefunden, der das etwas verwaiste kleine Resort wieder auf Vordermann bringt. Ingesamt 7 DZ mit Ventilator und Bad. 6 der 7 Zimmer haben eine gemeinsame Veranda. ❷-❸.

Plantain Dove, ☎ 443-7457, c/o Samuel Bartholomew (Manager). Herrlich am Paradise Beach liegt dieses nette Haus mit 2 Schlafzimmern, 2 WCs, Bad, Ventilatoren, großer Küche, Wohnbereich, herrlicher Terrasse und kleinem Garten. Das Haus ist keine Villa, aber es liegt am schönsten Strand und man hat sowohl vom Bett als auch von der großen Terrasse einen tollen Blick auf Sandy Island; US$1000/Woche.

Zum Resort gehört **Ali's Open-air-Restaurant**. Man sitzt hier nicht nur schön, Theresa kocht auch wirklich gut. Neben einheimischer Küche gibt's auch leckere Pizza zu moderaten Preisen (Abendessen EC$30).
Banana Joe's Guesthouse, ☎ 443-6379. Auch nur wenige Meter vom Strand vermietet Joe 3 kleine, einfache Zimmer mit Moskitonetz und Ventilator, die sich Dusche und WC teilen. ❶ Joe Adams bringt Gäste auch auf die vorgelagerten Inseln. Außerdem hat der in Rente gegangene Boxer am Strand noch eine Bar – die **Banana Joe Bamboo Bar**, die zwar nicht immer geöffnet hat, an der sich die Fischer jedoch oft nach ihrem morgendlichen Fang treffen, und in der ab und zu auch frischer Fisch auf dem Grill landet.
Snakepit Apartment, Bar & Gift Shop, ☎ 443-6039, 🖥 www.snakepit.carriacou.biz. Direkt neben Joe wohnen Cobra und Teena direkt über ihrem Souvenirshop. Sie vermieten ein nettes 1-Bettzimmer-Apartment mit Meerblick. In Arbeit ist eventuell noch ein günstigeres Backpacker-Apartment. Außerdem schmeckt in der Bar auch ein kühles Carib, sonntags ist

Fisch-Barbeque angesagt, und für EC$30 p. P. fährt Cobra nach Sandy Island. ❷

Hard Wood Bar & Restaurant, ✆ 443-6839/6304, 🖳 www.hardwood.carriacou.biz. Nette Open-Air-Strandbar und -Restaurant am Paradise Beach. Neben Mittagessen (ungefähr EC$15) gibt's Snacks (Rotis), aber auch Lobster- oder Barrakuda-Dinner zu moderaten Preisen. Die Besitzer Joseph und Jay Edmunds vermieten sämtliches Schnorchelequipment und fahren für EC$50 (hin und zurück) nach Sandy Island. Wer süße Teilchen oder mit „allerlei" gefüllte Teigwaren liebt, sollte unbedingt bei **Henrietta's Place** vorbeischauen – eine tolle **Bäckerei**!

Autovermietungen

Barba's Auto Rentals, ✆ 443-7454.
Talk Back Rental, c/o Bernard Lendore, ✆ 443-6721.
Quality Jeep Rental, ✆ 443-8307.

Tyrrel Bay

Verlässt man L'Esterre Richtung Süden kommt auch schon die Tyrrel Bay in Sichtweite, eine der schönsten Buchten Carriacous und gleichermaßen beliebt bei Seglern, Jachtbesitzern, Liebhabern von Austern, Schnorchlern, Tauchern und Leuten, die einfach nur relaxen möchten.

Die Orte **Harvey Vale** und **Hermitage** bieten einige Unterkünfte, Restaurants und Supermärkte. Während der Norden der Bucht mit Mangroven durchsetzt ist und zu hoffen bleibt, dass dieses Biotop durch den Bau einer Marina nicht zu sehr beschädigt wurde, findet man im Süden einen schmalen weißen Sandstrand.

Feinschmecker sollten sich von einem einheimischen Fischer die sogenannten *Tree Oysters* (Baumaustern) zeigen lassen, die an den bizarren Wurzelgeflechten der Mangrovenbäume wachsen und eventuell auch eine Auster probieren – eingelegt in verschiedene Pfeffersoßen. In Zeiten starker Stürme bietet die Tyrrel Bay zahlreichen Jachtbesitzern einen sicheren Ankerplatz, weshalb die tief eingeschnittene Naturhafen auch als „Hurricane Bay" bezeichnet wird und diese Tatsache sicherlich den Ausschlag

gab, hier eine Marina anzusiedeln. Die Hügel von Hermitage bieten einen fantastischen Ausblick auf die Tyrel Bay und die wundervollen Eilande White Island und Saline Island (S. 343, vorgelagerte Inseln) und das mit Korallenriffen durchsetzte Meer.

Die unwiderstehliche Farbenpracht des Meeres schlägt wohl jeden in ihren Bann und wen die Unterwasserwelt lockt, der sollte bei den Arawak Divers vorbeischauen. Conny und Georg kennen natürlich auch die besten Schnorchelreviere. Wer alleine zum Schnorcheln loszieht, sollte sich in jedem Fall nach den Strömungen erkundigen, die um Carriacou nicht ungefährlich sind. Hermitage ist zudem ein guter Ausgangspunkt, um beispielsweise über die Hügel nach Belmont zu laufen und die Südküste zu erkunden.

Übernachtung

Alexis Luxury Apartments, ✆/🖷 443-7179. In diesem Guesthouse sind 11 Apartments mit Ventilator, Bad und Küchenzeile sowie 5 DZ und 5 EZ, ausgestattet mit Ventilator und Bad, untergebracht, leider ohne eigenen Balkon. In der Ferne zu sehen stehen auf einem Hügel von Hermitage 4 weitere, schöne bunte und neue 1-Bettzimmer-Apartments mit Küchenzeile, Bad und Balkon mit herrlicher Aussicht. Supermarkt und Internet anbei. ❶–❷

Seaside Fountain Guesthouse, ✆ 443-7425. Das Seaside Fountain Guesthouse verfügt über 4 einfache DZ mit Ventilator und Gemeinschaftsbad; ❶. Hier kann man auch nach **Rico's Cottage**, ❷, fragen, die gleich daneben liegt und über 2 Schlafräume, Küche, Ventilator und Bad verfügt.

Scraper's Holiday Cottages, ✆ 443-7403. Mr. Scraper vermietet 2 Cottages, in denen

4 Apartments untergebracht sind. Die Apartments verfügen über Bad, Ventilator, Küchenzeile und eine kleine Terrasse. Das Restaurant liegt direkt daneben. ❷

Constant Spring Guesthouse, ✆ 443-7233. Das einfache Guesthouse besitzt 3 kleine Zimmer. Bad sowie Küche muss man sich teilen. ❶

Mom & Dad Holiday Apartments, Belmont, ✆ 443-8056, ✉ momand.dad @spiceile.com. Etwa 1–1 1/2 km landeinwärts, Richtung Belmont, unweit der Kreuzung zur Cassada Bay liegt diese Apartmentanlage. Alle Apartments sind ausgestattet mit Bad, Ventilator, Küche und Balkon; US$600/Woche.

After Ours Studio Apartments, ✆ 443-7310. Den Besitzern des After Ours Supermarkts gehören diese 4 Studio-Apartments mit TV, AC, Küchenzeile, Bad und Terrasse. ❷

Carriacou Yacht & Beach Club, ✆ 443-6292, ✉ carriyacht@spiceisle.com. Der Yacht Club besitzt 4 gemütliche DZ mit Bad, Ventilator, Balkon, Kühlschrank und Wasserkocher, sowie eine schöne Cottage mit Küchenzeile, AC, Bad und 2 Schlafräumen, wobei ein Schlafzimmer auf einer Empore liegt. Zur Anlage gehören auch das Saraca Restaurant, der Iguana Ice Cream Shop und ein Minimarkt plus Giftshop. Jachtbesitzer und Segler können hier für ein kleines Entgelt duschen, die Wassertanks füllen, Internet checken und Wäsche waschen (Ladung EC$30). ❷–❹

Essen und Unterhaltung

In der Tyrell Bay offerieren fast alle Restaurants preislich ähnlich gelagerte Gerichte, für die ab EC$30–35 + Tax + S/C am Abend zu zahlen sind.

Der gute alte Rumshop

Am günstigsten isst man in Tantee Robertina's **Old Rumshop**. Hier wird abends oft der Grill angeschmissen und für ein leckeres Hähnchenteil zahlt man ab EC$6. Komplette Hähnchen- oder Fischgerichte mit Beilage kosten zwischen EC$20 und 30.

Das **Saraca Restaurant**, ✆ 443-6292, ist ganz nett, mit Fisch-, Hähnchen-, Lambi- und Lobstergerichten. Ähnliches (auch Schweine- und Lammgerichte) bieten das **Twilight Restaurant**, **Scraper's Restaurant**, ✆ 443-7403, **Le Petit Gongh Shell Restaurant**, ✆ 443-6174, sowie **Liz's Restaurant**, ✆ 443-7425, die manchmal auch Rotis anbietet und wo man sich die Zeit mit einem Billardspiel vertreiben kann. Nette Besitzer kochen (nicht immer) im **Lambie Queen Restaurant & Bar**. Jede Menge Pasta- und Pizzagerichte gibt's am südlichen Ende der Tyrrel Bay, in der **Lazy Turtle Pizzeria**, ✆ 443-8322.

Wer die Möglichkeit hat selbst zu grillen, sollte sich mit frischem Fisch (umhören, wer in der Bucht gerade fischen war), z. B. einem Red Snapper (etwa EC$7/Pfund) eindecken und diesen gewürzt in Alufolie gepackt, grillen – ein Genuss für jeden Fischliebhaber!

Auf ein kühles Carib ist es ganz nett in **Joann's Bar** oder **Beck's Place** und – falls geöffnet – im **Club Indigo**, „the home of live music", in dem dienstags Cool House Music und donnerstags Jazz Night angesagt ist; Eintritt EC$5–10.

Sonstiges

Einkaufen

Lebensmittel findet man im **After Ours Supermarkt**, im **Alexis Supermarkt** und im **Carriacou Yacht Club**.

Fahrradverleih

Wild Track Cycles, ✆ 443-6472. Ein Mountainbike für einen ganzen Tag kostet EC$50.

Internet

Wer seine Mails checken möchte, kann zu **Alexis** (EC$12/Std.), den **Arawak Divers** (EC$10/Std.) oder in den **Carriacou Yacht Club** gehen.

Tauchen

Arawak Divers, ✆ 443-6906/8312, 🖥 www. arawak.de. Conny und Georg, zwei deutsche Tauchlehrer, leiten die neben dem After Ours Supermarkt liegende Tauchschule. Neben Tauchgängen (US$45), dem Open Water Diver

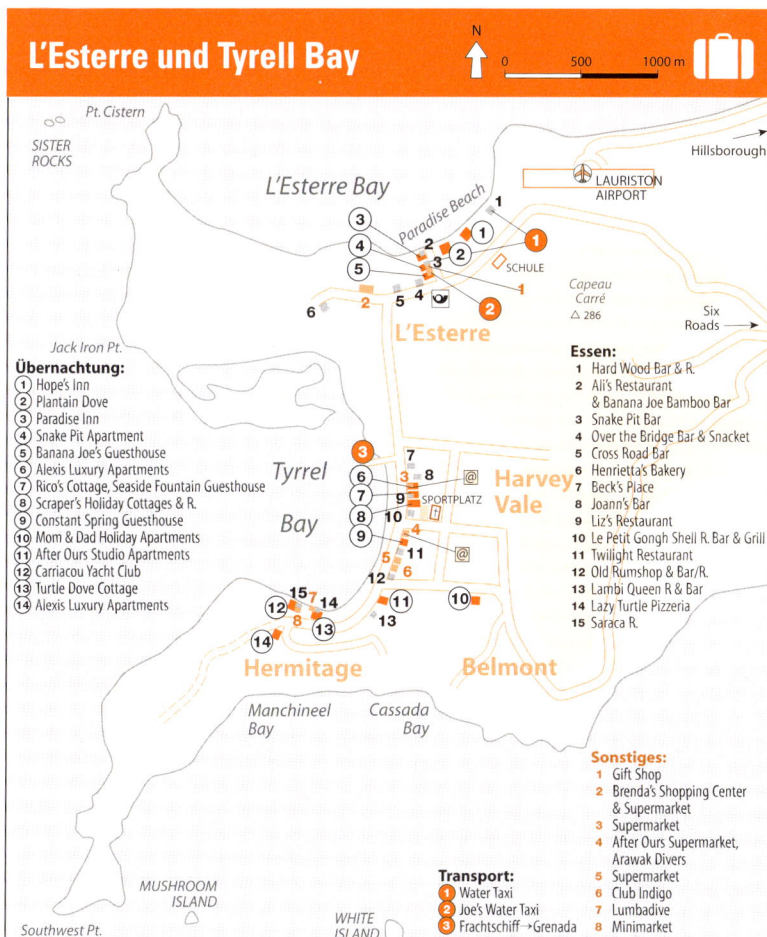

L'Esterre und Tyrell Bay

N
0   500   1000 m

Pt. Cistern

SISTER
ROCKS

Hillsborough

L'Esterre Bay

Paradise Beach

LAURISTON
AIRPORT

SCHULE

Capeau
Carré
△ 286

Six
Roads →

Jack Iron Pt.

L'Esterre

Übernachtung:
1. Hope's Inn
2. Plantain Dove
3. Paradise Inn
4. Snake Pit Apartment
5. Banana Joe's Guesthouse
6. Alexis Luxury Apartments
7. Rico's Cottage, Seaside Fountain Guesthouse
8. Scraper's Holiday Cottages & R.
9. Constant Spring Guesthouse
10. Mom & Dad Holiday Apartments
11. After Ours Studio Apartments
12. Carriacou Yacht Club
13. Turtle Dove Cottage
14. Alexis Luxury Apartments

Tyrrel

Bay

SPORTPLATZ

Harvey
Vale

Essen:
1. Hard Wood Bar & R.
2. Ali's Restaurant
   & Banana Joe Bamboo Bar
3. Snake Pit Bar
4. Over the Bridge Bar & Snacket
5. Cross Road Bar
6. Henrietta's Bakery
7. Beck's Place
8. Joann's Bar
9. Liz's Restaurant
10. Le Petit Gongh Shell R. Bar & Grill
11. Twilight Restaurant
12. Old Rumshop & Bar/R.
13. Lambi Queen R & Bar
14. Lazy Turtle Pizzeria
15. Saraca R.

Hermitage

Belmont

Manchineel
Bay

Cassada
Bay

Sonstiges:
1. Gift Shop
2. Brenda's Shopping Center
   & Supermarket
3. Supermarket
4. After Ours Supermarket,
   Arawak Divers
5. Supermarket
6. Club Indigo
7. Lumbadive
8. Minimarket

Transport:
1. Water Taxi
2. Joe's Water Taxi
3. Frachtschiff →Grenada

MUSHROOM
ISLAND

Southwest Pt.

WHITE
ISLAND

Grenada

(US$499/6 Tauchgänge) und dem Advanced Open Water Diver (US$350) warten noch jede Menge Adventure Dives (US$80), Tagesausflüge (US$130–150) und interessante Spezialkurse (US$150–300) auf alle Tauchverrückten – empfehlenswert.

Lumbadive, ☎ 443-8566, ▯ www.lumbadive.com. Die unter französischer Leitung stehende Tauchschule offeriert ebenfalls sämtliche Tauchkurse (Open Water US$370, Advanced Open Water US$290), aber auch Tagestouren (inkl. Mittagessen, Getränken und 2 Tauchgängen) z. B. zur Isle de Ronde (US$135) oder zu den Tobago Cays (US$165).

Transport

Das **Frachtschiff** *Amelia A.I.* fährt Mo und Do (ungefähr 10.30 Uhr) von der Tyrell Bay Richtung Grenada (S. 295, St. George's).

Belmont

Über Harvey Vale gelangt man mit dem Minibus nach **Belmont**. Eine hübsche Illustration heißt alle Besucher willkommen, weist auf die Einwohnerzahl (250), die Traditionen, Feste und die Erwerbsquellen des Dorfes hin. Von Belmont gelangt man in die **Cassada Bay**. Der Strand der Bucht ist nicht sehr attraktiv und das verwaiste Cassada Bay Resort bietet auch einen traurigen Anblick. Dafür ist der Ausblick auf die Grenadineninseln grandios.

Ausflug nach White Island

White Island ist hier zum Greifen nah und wer schon mal hier ist, sollte sich von Noel Joseph (Belmont, ✆ 443-8075) für EC$40 p. P. hinschippern lassen (Verpflegung nicht vergessen). Sollte es trocken bleiben, ist es auch wunderbar dort zu zelten, vorausgesetzt das nötige Equipment ist zur Hand.

Belair

Der Norden Carriacous bietet eine ausgesprochen hübsche Szenerie. Wer den atemberaubendsten Ausblick auf die Hillsborough Bay und Sandy Island genießen möchte, sollte sich auf den **Hospital Hill** begeben. Der Belair Road nordöstlich von Hillsborough etwa 1 km folgend, erreicht man das spärlich eingerichtete Krankenhaus, das neben dem wundervollen Ausblick einige Kanonen aufweist – Spuren britischer Kolonialzeit. Die blühenden Zuckerrohrfelder des Belair Estate gehören schon lange der Vergangenheit an, lediglich Überreste alter Zuckermühlen erinnern an die goldenen Zeiten des Zuckers und des Rums. Entlang der Straße, die sich über den Belvedere Hill zieht (nördlich des Krankenhauses) und in der Belvedere Cross Road mündet, gibt es neben unendlich vielen tollen Aussichtspunkten auch eine alte Zuckermühle zu besichtigen.

Wer Lust hat in der Abgeschiedenheit Belairs zu wohnen, kann Jed S. Marcus in New York kontaktieren, ✆ 001-718-643-6555, ✉ law@marcus attorneys.com. Ihm gehört **Wells House**, das etwa 230 m über der Hillsborough Bay mit wundervollem Blick auf die Karibik und den Atlantik liegt. Wells House verfügt über 2 Schlafzimmer, Wohnraum, Bad und voll ausgestattete Küche. In Carriacou ist Maureen Mathurine, ✆ 443-7656, Ansprechpartnerin. Sie sorgt nicht nur für frische Handtücher, sondern putzt, wäscht und kocht auch auf Wunsch für US$10 am Tag. Das Haus kostet pro Woche US$350 und im Monat US$1000.

Belair Garden Cottage, ✆ 443-6221, 🖥 www. belairgardencottage.com. Diese wundervolle, bunte Cottage, ausgestattet mit Küche, Bad, CD-Player, *Outside*-Dusche mit Blick auf die Grenadinenwelt, 2 Schlafräumen (einer auf einer Empore) und einer herrlichen Terrasse mit fantastischem Blick und Hängematte, liegt isoliert und versteckt in einer herrlich tropischen Gartenlandschaft, die niemandem Einblick gewährt. Die Besitzer sind ausgesprochen nett, Rebecca backt frisches Brot, es darf gegrillt werden, nur geraucht werden sollte nicht in der Cottage. Und das alles für US$665 die Woche.

Von Bogles bis Windward

Wer von Hillsborough kommend nicht in die Belair Road abbiegt, sondern weiter Richtung Norden fährt, gelangt in das hübsche Dorf **Bogles**. Hier befindet sich eine der nettesten Anlagen Carriacous, **The Bogles Round House & Restaurant & Bar & Bakery**, ✆ 443-7841, 🖥 www. boglesroundhouse.com, mit einem einzigartigen, wunderschönen Restaurant, einem herrlichen Garten und 3 Cottages (US$330–450/Woche/ Sommer; US$450–540/Winter inkl. Frühstück; auch für 3 Personen), ausgestattet mit Ventilator, Küche, Bad und Meerblick-Veranda, etwa 30 m vom kleinen Strand der Sparrow Bay und 5 Minuten vom nächsten Rumshop entfernt. Roxanne und Phil sind außerordentlich liebenswerte Gastgeber. Gäste schätzen nicht nur die selbst gemachten Backwaren im Roundhouse Restaurant, sondern auch die Köchin Roxanne, die zu Grenadas „Chef of the Year 2006/2007" gekrönt wurde und ihre Gäste mit allerlei Köstlichkeiten verwöhnt. Für ein 3-Gänge-Menü sind

EC$70–90 + Tax + S/C zu zahlen; ⏰ Do–Di 12–14 und ab 19 Uhr; Sonntagabend geschlossen.

Nördlich von Bogles kommt man leider nur zu Fuß, mit dem gemieteten Pkw oder mit einem Taxi weiter. Trotz Hitze ist es sicherlich am schönsten, die Strecke zu Fuß zu bewältigen (Getränke nicht vergessen!). Von Bogles nach Windward benötigt man etwa 1 1/2 Stunden. Nach etwa 15 Minuten taucht das sehr abgeschiedene **Caribbee Inn Country House**, ✆ 443-7380, ✉ caribbee@cacou net.com, auf, das nach dem schweren Hurrikan Emily im Juli 2005 immer noch erhebliche Schäden aufweist; US$150–250.

Unweit des Hotels befindet sich auch die **Kido Project Ecological Research Station**, ✆ 443-7936, 🖳 www.kido-projects.com, eine charmante Anlage inmitten eines privaten Naturreservats, die sich an Ökotouristen, Nichtraucher, Naturwissenschaftler und Studenten richtet. The Octopus House und The Villa kosten US$120/Nacht, allerdings für 4 Personen. Leute mit kleinerem Budget kommen vielleicht auch in The Pagoda, einer weiteren Cottage mit 2 Bädern und Gemeinschaftsküche unter, die normalerweise an Gruppen bis zu 10 Personen vermietet wird. Kido hat einige Projekte am Laufen, u. a. kümmern sie sich um die Eiablage der Schildkröten. Außerdem wird hier Wissen über Fauna und Flora des Landes in Form von geführten Ökotouren (US$20 p. P.) durch die Mangroven oder den High North Park vermittelt, Wal- und Delphinbeobachtungstouren (US$160 p. P.) durchgeführt und noch einiges mehr.

Während man vor dem Caribbee Inn Hotel gut schnorcheln kann (eigene Schnorchelausrüstung mitbringen), liegt das Hinweisschild zum **Anse La Roche Beach** etwa 15 Minuten zu Fuß entfernt. Rund um beide Resorts gibt es leider keine Geschäfte, so dass man zum Einkaufen bis nach Bogles laufen muss. Auch für Autofahrer gilt: Die geteerte Straße endet kurz hinter Bogles, und es kann zu einer sehr abenteuerlichen Fahrt werden, wenn es geregnet hat. Erst kurz vor Windward beginnt wieder eine befestigte Straße.

Wer den Weg auf sich genommen hat, wird im Norden der Insel belohnt mit einer fantastischen Aussicht auf Union Island, Palm Island, Petit St. Vincent, strahlend weißen Sandstränden, kristallklarem Wasser, funkelnd in allen Far-

---

Sonnenbaden am Anse La Roche Beach

Der Anse La Roche Beach zählt aufgrund seiner Isoliertheit noch zu den malerischsten Stränden Carriacous. Dies soll sich jedoch aufgrund einiger Bauprojekte bald ändern. Die Abgeschiedenheit dieses herrlichen Fleckchens haben sich angeblich auch einige Langfinger zunutze gemacht. Wertgegenstände sollten also im Auge behalten oder gar nicht erst mitgebracht werden. Vom Hinweisschild an der Straße ist es noch ein etwa 15–20-minütiger, manchmal etwas holpriger, in der Regenzeit schlammiger Abstieg in die Bucht. Aber man wird mehr als belohnt, das Baden hier ist einfach herrlich.

Eine Infotafel am Strand zeigt u. a. die hier ihre Eier ablegenden Meeresschildkröten, darunter die Karettschildkröte *(Hawksbill Turtle)* und die Lederschildkröte *(Leatherback Turtle,* S. 81*)*. Das Kido Turtle Conservation Project überwacht die Eiablage und führt organisierte Touren durch. Die Karettschildkröte ist eine vom Aussterben bedrohte Art, verursacht durch Überfischung, Verunreinigung, aber auch aufgrund ihres Fleisches, ihrer Eier und besonders des Schildpatts. Ähnliches gilt für die Lederschildkröte. Umso erfreulicher, dass sich Kido dieses Problems annimmt. Nähere Infos gibt's unter ✆ 443-7936.

---

ben und durchsetzt von unendlich vielen Korallenriffen. Durstige Wanderer finden in **Petite Carenage** eine kleine Bar.

Eine Abkühlung findet man jedoch auch am Petite Carenage Beach, besser bekannt unter dem Namen **Turtle Beach**. Ein etwas verstecktes Hinweisschild markiert einen kleinen Pfad, der gesäumt von vielen verlassenen Gehäusen der als *conch* bekannten Meeresschnecken und umgeben von einer Mangrovenlandschaft hinunter zum herrlichen Sandstrand führt. Wer Lust hat, folgt dem Mangroven-Trail. Meeresschildkröten kehren immer wieder zur Eiablage an denselben Strand zurück, d. h. auch, dass es hier möglich ist, im Mondschein die Eiablage zu beobachten. Mit etwas Glück schlüpfen vielleicht auch die Babys und huschen über den Strand dem Meer

Traditioneller Bootsbau
in der Watering Bay

entgegen. Wie auch immer, der Strand ist in jedem Fall einen Besuch wert, auch wenn hier eine etwas steifere Brise weht als an den Stränden der Westküste.

Die Leeward-Seite liegt nun hinter uns und man wendet sich, wie erwähnt, der etwas schrofferen Windward-Seite zu. Noch etwa 20 Minuten und das hübsche 400-Seelendorf **Windward** ist endlich erreicht. Farbenprächtige Holzhäuschen zieren den Straßenrand und in der **Watering Bay** dümpeln einige Schaluppen vor sich hin. Es waren Schotten, die sich in Windward niederließen und den Bootsbau begründeten. An der Küste schmirgeln und sägen die Männer. Ohne Bauplan, eventuell mit einem kleinen Modell, bestimmen bis heute das Gefühl für Wind und Wellen und das Augenmaß die Konstruktion der Boote. Leider ist der Bootsbau rückläufig. Das weiße

Zedernholz aus Grenada und Trinidad wird immer teurer und für manchen Fischer oder Schmuggler stellt ein ausgedienter Stahlkahn aus den USA oder Europa eine preisgünstigere Alternative dar. Dass die Linienführung der Boote etwas Besonderes ist konnten schon viele Schaluppen aus der „Werft" Carriacous bei der alljährlich im August stattfindenden Carriacou Regatta unter Beweis stellen.

Knapp 1/2 Stunde Fußmarsch von Windward entfernt, liegen die unter dänischer Leitung stehenden **Bayaleau Point Cottages**, Bayaleau Point, ℡ 443-7984, ⌨ www.carriacoucottages.com. Vermietet werden vier romantische, bunte und originelle Holzhäuschen, die sich in Farbe, Lage, Größe und Ausstattung unterscheiden. Alle verfügen über Ventilator, Bad, gut ausgestattete Küche und Terrasse. Die Anlage hat einen eigenen kleinen Strand und man hat einen fantastischen Blick auf Petite Martinique, Petit St. Vincent und die wundervolle Farbenpracht des Meeres. Dave stellt gerne Kajaks oder Surfbretter zur Verfügung oder hilft einen Segeltörn zu organisieren. Familien sind sehr willkommen. Kleine einheimische Einkaufslädchen liegen etwa 5–10 Minuten zu Fuß entfernt, ❸–❺.

Wer mit dem Minibus von Hillsborough kommt, sagt dem Fahrer Bescheid, der dann vor Windward stoppt. Nun hält man sich rechts und hinter dem Wasserloch links und die Cottages sind nicht mehr zu verfehlen.

Die vorgelagerten Inseln

Vor dem Hurrikan Emily präsentierte sich **Sandy Island**, diese winzig kleine, palmenbewachsene Sandbank, westlich der Hillsborough Bay hinreißend schön. Der Traum eines jeden Karibikurlaubers erfüllte sich genau hier und man wünschte sich, nur einen einzigen Tag lang diese Insel ganz für sich alleine zu haben – schneeweißer Sandstrand, herrliche Palmen, türkisblaues Wasser und die farbenprächtigsten tropischen Fische. Doch ein einziger Hurrikan genügte, um die über Jahre gewachsenen Palmen zu entwurzeln und mit sich zu reißen. Nichts desto trotz wurden schon wieder über 100 Palmen gepflanzt und in ein paar Jahren wird die Insel hoffentlich wieder ihren unwiderstehlichen Charme ausstrahlen.

Meist dümpeln einige Jachten vor Sandy Island, deren Besitzer auch dafür Verantwortung tragen, dass durch unsachgemäßes Ankerwerfen schon manche Teile des Korallengartens zerstört wurden. Es ist ziemlich einfach in Hillsborough ein Boot nach Sandy Island zu finden. Vielleicht hat man Glück und wird von einem Jachtbesitzer, der seine Einkäufe in Hillsborough getätigt hat, mit dem Dingi mitgenommen. Ansonsten verlangt z. B. Cobra, c/o Snakepit Apartment, L'Esterre Bay, EC$30 p. P. nach Sandy Island, EC$75 p. P. nach White Island. Das Chartern seines Bootes hängt vom Verhandlungsgeschick ab.

Ebenso unwiderstehlich ist **White Island**, 1,5 km südlich von Carriacou. Hier warten ein

herrlich weißer Sandstrand und ein ausgezeichnetes Riff zum Schnorcheln auf die Besucher. Einen riesigen Meeresschneckenfriedhof findet man an der Westseite der Insel. Das Fleisch wird in jedem Restaurant als *Conch* oder *Lambie* serviert. Am günstigsten gelangt man nach White Island mit Mr. Noel Joseph aus Belmont, ☎ 443-8075, der EC$40 p. P. verlangt. Auf alle Fälle sollte genügend Proviant und ausreichend Sonnenschutz im Gepäck sein, und wer ein Zelt besitzt, kann auch in Erwägung ziehen, auf White Island eine Nacht zu verbringen.

Petite Martinique

Petite Martinique liegt etwa 5 km nordöstlich von Carriacou, ist nahezu kreisrund und hat einen Durchmesser von etwa 1,5 km. Der Vulkankegel ragt knapp 230 m aus der Meeresoberfläche und seine 600 Einwohner, denen man nachsagt, das höchste Pro-Kopf-Einkommen der kleinen Antillen zu erwirtschaften, haben dies nicht etwa harter Arbeit zu verdanken, sondern dem Tatbestand, dass sie sich schlicht und einfach die Zölle vom Halse geschafft haben. Schmuggel heißt also das Zauberwort auf der Insel. Einer Legende zufolge begrüßten die Inselbewohner den letzten Zöllner, der die Insel betrat, mit ernster, trauernder Miene, um ein offenes und leeres Grab herumstehend. Der Zöllner begriff recht schnell, dass dieses Grab ihm zugeteilt war und suchte das Weite. Weise kehren die Zollbeamten Carriacous bis heute größeren Schiffsladungen, die Petite Martinique ansteuern, den Rücken.

Die wenig spektakuläre Insel bietet einige Fußwege, wenige Restaurants, Supermärkte und Läden, eine Zweigstelle der Republic Bank, ☎ 443-9005, ☉ Mo, Mi und Fr 9–13 Uhr, eine Kirche, eine Post, eine Schule und ein Health Centre, ☎ 443-9198, und wird hauptsächlich von Jachtbesitzern angelaufen. Schöne Ausflugsziele sind die Inseln **Mopion** und **Petit St. Vincent**.

Übernachtung und Essen

Melodies Guest House, ☎ 443-9052/9108, ▭ www.spiceisle.com/melodies. In Sichtweite des Anlegers liegt das insgesamt 10 saubere

Petit Martiniques Bevölkerung lebt ohne fließendes Wasser. Jedes Haus besitzt eine Zister-
ne. Bleibt der Regen aus, beschließen die Ältesten einen Tag für ein *Maroon,* eine traditionelle
Überlieferung afrikanischer Sklaven. Dabei
spielen Opfergaben, die Gott dargeboten werden und traditionelle afrikanische Folksongs (in
Patois gesungen) eine wichtige Rolle. Die Ältesten, begleitet von einigen Jüngeren, pilgern zur
höchsten Erhebung, dem **Piton**, streuen Zucker
(sugaring the Piton) und hoffen, dass der „süße"
Berg die Aufmerksamkeit des Regens auf sich
zieht. Nach der Rückkehr wird Reistee gekocht
und die Feier wird begleitet von Trommeln und
überlieferten Tänzen.

Zimmer umfassende zweistöckige Gebäude.
4 Zimmer verfügen über Bad, z. T. TV, Ventilator
und Balkon mit Meerblick. Die restlichen
6 Zimmer haben Bad, Ventilator und eine
Gemeinschaftsveranda. Alle Gäste können eine
große Küche nutzen. Im 1. Stock befindet sich
eine nette Bar, in der am Wochenende neben
Karaoke auch Live-Auftritte angesagt sind. ❷
Palm Beach Guest House, ✆ 443-9103, 🖥 www.
petitemartinique.com/aboutpalmbeach.html.

2 recht neue Apartments unterschiedlicher
Größe mit Terrasse, Bad, Küchenzeile, TV liegen
etwas erhöht mit wunderbarem Blick, knapp
10 Minuten vom Strand entfernt. Frühstück inkl.
❸–❹
Seaside View Holiday Cottages, ✆ 443-9007,
✉ logan@grenadines.net. Hinter dem gleichnamigen Supermarkt der Familie Logan, etwa
5 Minuten vom Jetty entfernt, befinden sich
die beiden Cottages, die über 1 bzw. 2 Schlafzimmer, Ventilator, Bad, Küche und Terrasse
verfügen. Hier kann man auch nach
Schnorchel- und Tauchtrips fragen. ❶
Außerdem besteht die Möglichkeit in der
Classic View Cottage (Pub und Museum)
zu nächtigen. Ansprechpartner ist Mrs. Cecilia
St. Ignac, ✆ 443-9234/9262.
Palm Beach Restaurant & Bar, ✆ 443-9103,
🕐 Mo–Sa 8–22, So 14–22 Uhr. Nettes Freiluft-
Restaurant direkt am Strand mit Blick auf die
Grenadineninseln. Auf der Speisekarte stehen
westindische und internationale Gerichte zu
mittleren bis gehobenen Preisen. Sehr
verlockend: die leckeren Cocktails.
Wer mit kleinerem Budget unterwegs ist, sollte
sich im **Standing Wave Supermarkt** ein leckeres
Roti holen.
Osprey Lines unterhält eine **Fährverbindung** von
Grenada über Carriacou nach Petite Martinique.
Fahrplan und Preise S. 295, St. George's.

Grenada

Anhang

Bücher

Allgemeines

Polyglott Apa Guide Karibik, Kleine Antillen, Langenscheidt Fachverlag, 2005. Ein tolles Buch mit exzellenten Bildern und vielen Hintergrundinformationen zu Land und Menschen, Geschichte und Kultur.

The Rough Guide to Trinidad & Tobago, D. De-Light, P. Thomas, Hrsg.: Rough Guides, 2005. Klasse Reiseführer in englischer Sprache.

Rum – Sonne der glücklichen Inseln, Pott, H.H. Nfgr. (Hrsg.), Rumhandelshaus, Flensburg, 1969. Ein tolles Buch, das die Geschichte des Rums erzählt.

Die folgenden Monatshefte enthalten sehr gute Berichte und Bilder und eignen sich ausgezeichnet zur Einstimmung oder als Einführung.

Merian – Karibische Inseln, Gräfe und Unzer, 2002; **Bildatlas Spezial – Kleine Antillen**, HB Verlags- und Vertriebsgesellschaft, Hamburg, 2001; **Buchers Fernreisen – Karibische Inseln**, C.J. Bucher GmbH, München 1993; **Geo Spezial – Karibik**, Verlag Gruner + Jahr, Hamburg, April 2001.

Natur

Die Westindischen Inseln, H. Blume, Georg Westermann Verlag (Hrsg.), 2. Auflage, Braunschweig, 1973. Ein umfangreiches Werk, das sich mit Geografie, Tektonik, Klima, Pflanzen- und Tierwelt, aber auch der Geschichte der Westindischen Inselwelt beschäftigt.

Birds of Trinidad & Tobago, Richard French, Macmillan Education Ltd. (Hrsg.), London and Basingstoke, 1986. Insgesamt 83 Vogelarten sind in diesem kleinen, handlichen Buch kurz, prägnant und informativ dargestellt und wunderbar bebildert. Für Laien wie für Kenner der Vogelwelt gleichermaßen interessant.

Fruits and Vegetables of the Caribbean, M.J. Bourne, G.W. Lennox, S.A. Seddon, Hrsg.: Macmillan Education Ltd, London and Basingstoke, 1988. Wer schon immer wissen wollte, wie Okra, Kaffee oder Brotfrucht aussehen, woher die Pflanzen stammen oder wie die Früchte wachsen, sollte sich dieses handliche Buch zulegen. Insgesamt sind 57 Obst- und Gemüsesorten erläutert und abgelichtet.

Flowers of the Caribbean, G.W. Lennox, S.A. Seddon, Hrsg.: Macmillan Education Ltd., London and Basingstoke, 1978. Wie alle Bücher der Macmillan-Reihe klein, handlich und sehr informativ, mit 67 Abbildungen der unterschiedlichsten Blumen, Sträucher und Bäume.

Nature Trails of Trinidad, Peter Bacon, Richard Ffrench, Revised and Edited by Dr. Victor Quesnal, SM Publications (Hrsg.), Trinidad, 1992. Für Wanderfreunde ein Muss! Insgesamt enthält das Buch 32 Nature Trails (Naturlehrpfade) mit Wegskizzen. Genaue Beschreibungen auch der Schwierigkeitsgrade, der Anfahrt und der einzelnen Wanderstrecken.

Trinidad & Tobago Diving & Snorkeling, Lawson, Wood, Hrsg.: Lonely Planet Publications, 2000. Toll bebildertes Buch rund ums Tauchen und Schnorcheln in Trinidad und Tobago.

Geschichte und Politik

Bericht von der Verwüstung der Westindischen Länder, Bartolomé de Las Casas, Hrsg.: Hans Magnus Enzensberger, insel taschenbuch 553, 1981. Las Casas' (1474–1566) Bericht ist eine Dokumentation über die früheste Form des Kolonialismus, über Raub, Plünderungen, Gräueltaten und einen Völkermord riesigen Ausmaßes.

Peter Labats Sklavenberichte, H. Pleticha (Hrsg.), Jean-Baptiste Labat, Thienemann Edition Erdmann, Stuttgart, 1984. Labat, der 1683 mit 20 Jahren in das Kloster der Dominikaner eintrat, verließ Frankreich im Jahr 1693 und lebte bis 1705 in Westindien. Jahre später schrieb er seine Erinnerungen nieder.

The Making of Port of Spain, volume one 1757–1939, Michael Anthony, Hrsg.: National Cultural Council of Trinidad & Tobago, Port of Spain, 1978. Interessanter historischer Abriss, der sich im Wesentlichen mit Port of Spains Entwicklung und Wachstum von der Besiedlung bis zum Beginn des Zweiten Weltkriegs befasst, aber auch Persönlichkeiten und Geschehnisse darstellt, die ganz Trinidad bewegten und beeinflussten.

Towns and Villages of Trinidad and Tobago, Michael Anthony, Hrsg.: Circle Press of Long Circular Road, St. James, Port of Spain, 1988. Michael

Anthony beschreibt die Entstehung und Entwicklung von 52 Städten und Dörfern in Trinidad & Tobago.

Tobago „Melancholy Isle", Volume One 1498–1771, Douglas Archibald, Westindiana Ltd. (Hrsg.), Port of Spain, 1987. Das englischsprachige Buch enthält viele Hintergrundinformationen über die geschichtliche Entwicklung Tobagos von 1498–1771.

Tobago „Melancholy Isle", Volume Two 1770–1814, Douglas Archibald, University of the West Indies, St. Augustine, 1995. Geschichtliches Kompendium Tobagos von 1770 bis zur endgültigen Machtübernahme der Briten im Jahre 1814.

Handbuch der Dritten Welt, Dieter Nohlen, Franz Nuscheler (Hrsg.), Bd. 3 Mittelamerika und Karibik, 3. Auflage, Bonn: Dietz, 1995. Beschreibt soziale, wirtschaftliche und politische Entwicklungen, Entwicklungsperspektiven und -problematiken der Karibik und der einzelnen Karibikstaaten.

Grenada – A History of its People, Beverley A Steele, Macmillan Publishers Limited, 2003. Detailliert und interessant geschriebene chronologisch-historische Analyse der Geschichte Grenadas und eine lesenswerte Hommage an dessen Bewohner.

Capitalism & Slavery, Eric Eustace Williams, University of North Carolina Press, 1994. Mit dieser Arbeit über wirtschaftliche Faktoren, die zur Abschaffung der Sklaverei führten, promovierte Eric Williams, der über 25 Jahre die Geschicke Trinidads & Tobagos lenkte.

History of the People of Trinidad & Tobago, Eric Eustace Williams, A & B Books Publishers Group, 1996. Prallvoll mit Hintergrundinformationen über die Entwicklung des Inselstaates.

Generalprobe Grenada – Augenzeugenberichte und Analysen, P. Agee, R. Fuchs, M. Ernst, Konkret Literatur Verlag (Hrsg.), Hamburg 1984. Vergriffen. Das Buch stellt die Bedingungen dar, unter denen sich die Revolution auf Grenada entwickelte, zeichnet die Wege der Revolution nach und dokumentiert das Scheitern.

Grenada's Unforgetable Past, Second Edition with varied additions, Mark, Randolph, Hrsg.: Anansi Publications, St. George's. Kurzer Bericht über die katastrophalen Ereignisse, die in Grenada vom 12.–31. Oktober 1983 stattfanden.

Gesellschaft und Kultur

Persönlichkeit und Kultur auf Trinidad – Vergleich zwischen Afrikanern und Indern, Hans-Georg Löber, Inauguraldissertation zur Erlangung des Doktorgrades an der Universität Köln, 1976. Diese sehr interessante Dissertation beschäftigt sich mit der Frage, wie sich in Trinidad lebende Afrikaner und Inder in ihrem soziomorphen, kulturabhängigen Verhalten unterscheiden.

Steelband Saga – A story of the Steelband, Gonzales, Sylvia, Hrsg.: Ministry of Education, First reprinting, Port of Spain, 1986. Sylvia Gonzales beschreibt in ihrer kleinen Broschüre Geburtsstunde, Entwicklung und Akzeptanz der Steelband ebenso wie die Herstellung der Instrumente.

Obeah – Hexerei in der Karibik – zwischen Macht und Ohnmacht, Nicola Götz, Inauguraldissertation zur Erlangung des Doktorgrades der Philosophie, Frankfurt am Main, 1995. Eine ambivalente Darstellung des Obeahmannes, welche die Grenzen zwischen schwarzer und weißer Welt widerspiegelt.

Kreol für Trinidad & Tobago Wort für Wort, Kauderwelsch Band 162, E. Seeliger-Mander, O. Mander, Reise Know-How. Sprachführer.

Bacchanal! The Carnival Culture of Trinidad, Temple University Press, US 1999, Peter Mason. Das ultimative Buch über Karneval, Calypso, Steelpan, Persönlichkeiten und Playing Mas; klasse geschrieben.

Zeitungsartikel

Die folgenden Zeitungsberichte haben die Invasion der US-Amerikaner in Grenada im Jahre 1983 zum Gegenstand.

Die Konterrevolution begann mit der Ermordung Maurice Bishops, in: Die Tageszeitung (Hrsg.), Matz, B., 1.11.1983.

Grenada – die sanfte Revolution, in Neue Züricher Zeitung, Hörler, E., 8.10.1983.

Hintergründe des innenpolitischen Machtkampfes in Grenada, Aktueller Informationsdienst Lateinamerika (Hrsg.), Stewen, Ulrich, Hamburg Nr. 19/20 – 83.

US Intervention in Grenada: Hintergründe zum Putsch vom 19. Oktober, in: Blätter des iz3w (Hrsg.), Nr.113, Grzesiek, W., November 1983, Freiburg, 1983.

Viele Berichte, Dokumentationen, Reportagen und Daten zur Entwicklung Grenadas nach der Revolution sowie zum Putsch und zur Invasion wurden vom **Aktuellen Informationsdienst Lateinamerika** (1983, 12–24, Hrsg.: Institut für Iberoamerika-Kunde, Dokumentations-Leitstelle Lateinamerika, Hamburg) zusammengetragen.

Belletristik

Vidiadhar Suraiprasad (V.S.) Naipaul wurde am 17. August 1932 in Chaguanas auf Trinidad geboren, machte seinen Abschluss am Queen's Royal College in Port of Spain und erhielt 1950 ein Stipendium der trinidadischen Regierung, das ihm das Studium der Philologie in Oxford ermöglichte. Seither lebt er in London. Ein zentrales Thema, mit dem sich der bedeutendste indischstämmige karibische Autor in seinen Romanen auseinandersetzt, sind Menschen, die sich ihrem Heimatland entwurzelt in der Fremde zurechtfinden müssen. In deutscher Übersetzung sind u. a. erschienen: **Ein Haus für Mr. Biswas**; **Ein Weg in die Welt**; **An der Biegung des großen Flusses**; **Auf der Sklavenroute – Meine Reise nach Westindien**; **Der mystische Masseur** (Naipauls erstes Werk); **Land der Finsternis – Fremde Heimat Indien**; **Das Rätsel der Ankunft**; **Eine islamische Reise – Unter den Gläubigen**; **In einem freien Land**; **In den alten Sklavenstaaten – Eine Reise**; **Herr und Sklave**.

Derek Alton Walcott wurde 1930 in St. Lucia geboren und lebt seit 1953 auf Trinidad. Walcott, der 1992 den Nobelpreis für Literatur gewann, schreibt vornehmlich Lyrik in englischer Sprache, in der Kultur und Tradition der Karibik mit europäischen Anregungen verschmelzen. Erschienen in deutscher Sprache sind u. a. **Erzählungen von den Inseln**; **Das Königreich des Sternapfels**; **Omeros**.

Twice upon a Time, Paul Keen-Douglas, Keensdee Productions Limited, Trinidad & Tobago, 2005. Klasse Kurzgeschichten und Gedichte über trinidadische Lebensweise. Wer genau wissen möchte, was Liming ist oder was es bedeutet am trinidadischen Verkehr teilzunehmen und dabei schmunzeln möchte, sollte sich dieses Buch nicht entgehen lassen.

Und morgen dann auf Trinidad, Zenga Longmore, Thienemanns Verlag, Stuttgart, 1990. In dem beschwingten karibischen Reisebericht erzählt die Autorin davon, wie sie ihrer despotischen trinidadischen Tante ausgeliefert ist.

Variationen eines Würgegriffs: Bericht über Trinidad und Tobago, Martin Walser, Radius Verlag, 1985. Walsers interessant geschriebenes Buch über seine Reise nach T&T widmet sich weniger der Schönheit der Inseln. Vielmehr beleuchtet er kritisch die gesellschaftlichen und politischen Probleme des Landes.

Ein Drachentanz – Roman aus Trinidad, Earl Lovelace, Lamuv Verlag, Göttingen 1984. Earl Lovelace, 1935 auf Trinidad geboren, stellt in seinem Roman ein Stück karibischer Kultur und Tradition dar – den Karneval, dessen Freiheiten und Calypsosongs ein alljährliches Ventil sind. Genau hier lässt Lovelace die Handlung eingreifen.

Reisemedizin zum Nachschlagen

Aids/HIV

Aids ist vor allem auf Tobago weit verbreitet und eine große Gefahr für alle, die Infektionsrisiken eingehen: ungeschützter Geschlechtsverkehr, verschmutzte Injektionsnadeln und Bluttransfusionen.

Cholera

Die Cholera wird vom Bakterium *Vibrio cholerae* verursacht und durch direkten Kontakt mit infizierten Personen, deren Ausscheidungen oder durch verunreinigte Nahrungsmittel übertragen. Die Symptome – wässrige Durchfälle und Erbrechen – treten nach ein bis fünf Tagen auf und können schnell zur Dehydrierung führen. Wer erkrankt, muss umgehend zum Arzt und die verlorene Flüssigkeit ersetzen.

Solange man auf eine saubere Umgebung und hygienische Nahrungsmittel achtet und nicht geschwächt ist, wird man kaum gefährdet sein.

Dengue-Fieber

Diese Viruskrankheit wird durch die tagesaktive *Aedes Aegypti*-Mücke übertragen Nach einer Inkubationszeit von bis zu einer Woche kommt es zu plötzlichen Fieberanfällen, Kopf- und Muskelschmerzen. Nach 3–5 Tagen kann sich ein Hautausschlag über den ganzen Körper verbreiten. Bei Stufe 1 klingen nach 1–2 Wochen die Krankheitssymptome ab. Ein zweiter Anfall (Stufe 2) kann zu Komplikationen (inneren und äußeren Blutungen) führen.

Der beste Weg der Vorsorge ist sicherlich ein Moskitonetz und der Schutz vor Mückenstichen. Es gibt keine Impfungen oder spezielle Behandlungen. Schmerztabletten, Wadenwickel und fiebersenkende Mittel lindern die Symptome.

Keinesfalls sollten ASS, Aspirin oder ein anderes acetylsalicylsäurehaltiges Medikament genommen werden, da diese einen lebensgefährlichen Verlauf herausfordern können.

Ein einfacher Test kann Dengue-Fieber verifizieren: 5 Minuten den Oberarm abbinden, öffnen und in der Armbeuge nachsehen – falls rote Flecken erscheinen, ist es zu 90 % Dengue-Fieber.

Durchfallerkrankungen und Verstopfungen

Reisediarrhöe, die wohl häufigste Gesundheitsstörung auf Reisen, wird durch Infektionen hervorgerufen. Verdorbene Lebensmittel, ungeschältes Obst, Salate, kalte Getränke, unreines Trinkwasser oder Speiseeis sind häufig die Verursacher.

Eine Elektrolyt-Lösung (Elotrans bzw. für Kinder Oralpädon), die verlorene Flüssigkeit und Salze ergänzt, reicht bei den meist harmlosen Durchfällen völlig aus. Man kann sich selbst eine Lösung herstellen aus 4 Teelöffeln Zucker oder Honig, 1/2 Teelöffel Salz und 1 l Orangensaft oder abgekochtem Wasser. Als schonendes Mittel gegen Durchfall ist außerdem Perenterol zu empfehlen, das aus natürlicher Hefe hergestellt ist. Zur Not, etwa vor langen Fahrten, kann auf Imodium zurückgegriffen werden. Zudem hilft eine Bananen- oder Reis-und-Tee-Diät und Cola in Maßen. Bei länger anhaltenden Erkrankungen empfiehlt es sich, einen Arzt aufzusuchen – es könnte auch eine bakterielle oder eine **Amöben-Ruhr** (Dysenterie) sein.

Verstopfungen können durch eine große Portion geschälter Früchte, z. B. Ananas oder eine halbe Papaya (mit Kernen essen), verhindert werden.

Erkältungen

Erkältungen kommen in den Tropen häufiger vor, als man denkt. Schuld sind vor allem Ventilatoren und Klimaanlagen, die krasse Temperaturwechsel und zu viel Zugluft bescheren. Nass geschwitzt in klimatisierte Räume zu flüchten ist nicht ratsam, wenn man nicht etwas zum Wechseln oder Überziehen dabei hat.

Giftige Pflanzen und Tiere

Während man auf Tobago, Grenada und Carriacou vergeblich eine Giftschlange sucht, leben auf Trinidad vier giftige **Schlangenarten** (S. 79). Überhaupt einer Schlange zu begegnen ist eher ein (Un-)glücksfall, denn sie sind äußerst scheu und greifen nur als Abwehrreaktion an. Trekker sollten immer knöchelhohe Wanderschuhe und

Anhang

lange Hosen tragen, um das Risiko eines Schlangenbisses so gering wie möglich zu halten. Niemals die Hand in Löcher oder Felsspalten stecken! Gefährlich ist die Zeit nach Sonnenuntergang. Einige Schlangen töten durch ein Blutgift, in diesem Fall benötigt man sofort ein Serum, andere töten durch ein Nervengift, dann ist außerdem eine künstliche Beatmung wichtig. Das Provinzkrankenhaus, in das der Betroffene schnellstens gelangen sollte, muss zudem sofort informiert werden, damit ein Arzt und das Serum beim Eintreffen bereit stehen.

In der Karibik gibt es eine ganze Reihe von **Skorpionen**, die sich tagsüber zwischen Steinen, unter Holz oder Blättern von der Nacht erholen. Die meisten Skorpionstiche sind harmlos und verursachen Schmerzen etwa einem Wespenstich vergleichbar. Es gibt jedoch auch gefährliche Arten, deren Stiche starke Schmerzen bis hin zu Lähmungserscheinungen des betroffenen Körperteils hervorrufen. Besonders gefährlich können Skorpionstiche für Kinder unter 5 Jahren werden. Auch hier gilt: Ruhigstellen des betroffenen Körperteils und dem Arzt eine möglichst exakte Beschreibung des Skorpions geben, falls die Verabreichung eines Antiserums notwendig wird. Harmlosere Bisse behandelt man mit Antihistamin-Tabletten und Schmerzmittel.

Auch bei der Begegnung mit einer bissigen **Tarantel** ist unbedingt ein Arzt aufzusuchen. Spinnenbisse führen ebenfalls eher selten zum Tod.

Der durch die giftdrüsendurchsetzten Klauen verursachte Biss eines tropischen **Hundertfüßers** (engl. *Centipede*) verursacht beim Menschen unangenehme Schwellungen und allergische Reaktionen. Der Biss ist schmerzhaft, jedoch nicht tödlich. Antihistamin-Salbe und Tabletten helfen.

Unangenehm sind auch die Stiche der **Moskitos** und der etwa 1 mm großen **Sandflöhe**. Damit es überhaupt nicht erst zu einem Stich kommt, sollte man sich am Abend mit heller Kleidung (lange Hosen, langärmlige Hemden, engmaschige Socken) schützen. Mückenabweisende Mittel helfen auch gegen Sandflöhe. Moskitonetze garantieren einen ruhigen Schlaf, und sollte man dennoch gebissen werden, hilft eine Juckreiz stillende Salbe.

Durchaus real ist in den Tropen die Gefahr, mit nesselnden und giftigen Meerestieren in Kontakt zu kommen. Gefährlich sind lediglich zwei Arten von Fischen, die man nur schwer vom Meeresboden unterscheiden kann: zum einen **Stachelrochen**, deren Gift fürchterliche Schmerzen verursacht, zum anderen **Steinfische**, die sehr giftige Rückenstachel besitzen. Beim Schnorcheln führt die Berührung von **Feuerkorallen** zu stark brennenden Hautreizungen, während giftige Muränen, Rotfeuerfische und Seeschlangen nur ganz selten gefährlich werden. **Seeigel** (engl. *Sea urchin*) sind zwar nicht giftig, ein eingetretener Stachel verursacht aber lang eiternde Wunden. Auch die Nesselzellen der Portugiesischen Galeere (**Portuguese Man-O-War**) enthalten ein Giftgemisch, das starke Schmerzen verursacht.

Vorsicht ist geboten bei der Berührung mit einem **Mancinelle-Baum** (auch Strandapfelbaum). Er zählt zu den giftigsten Bäumen der Welt. Schon kurzer Kontakt kann Hautentzündungen verursachen und ein Tropfen des Milchsaftes auf der Haut führt zu Brennen, Juckreiz, Bläschenbildung und Schwellungen. Im Bereich der Augen kann dies zu vorübergehender Erblindung führen und der Genuss einer der kleinen Früchte verursacht schmerzhafte Darmkoliken, S. 70.

Hauterkrankungen

Bereits vom Schwitzen kann man sich unangenehm juckende Hautpilze holen. Gegen zu starkes Schwitzen hilft Körperpuder, der angenehm kühlt und in Apotheken oder Supermärkten erhältlich ist. Gegen Hitzepickel hat sich das Prickly Heat Powder bewährt.

Hepatitis

Die infektiöse Lebererkrankung **Hepatitis A** (Gelbsucht) wird durch verunreinigtes Trinkwasser und Lebensmittel verursacht. Typische Symptome sind u. a. Gelbfärbung von Haut und Augäpfeln, Übelkeit, Fieber, dunkler Urin und heller Stuhlgang. Die Inkubationszeit beträgt etwa 4 Wochen. Eine spezifische Behandlung gibt es nicht.

Gefährlicher ist die schwere Lebererkrankung **Hepatitis B**, die sich überwiegend durch sexuellen Körperkontakt und durch Blut (ungenügend sterilisierte Injektionsnadeln, Bluttransfusionen, Tätowierung, Piercen, Akupunktur) überträgt. Der Krankheitsverlauf ist ähnlich wie bei Hepatitis A, meist jedoch schwerer und langwieriger. Die Inkubationszeit beträgt bis zu einem halben Jahr. Schutzimpfungen gegen Hepatitis A und B sind in Europa erhältlich.

Malaria

Trinidad und Tobago sowie Grenada sind malariafrei.

Sonneneinstrahlung

Die Sonneneinstrahlung auf den Karibikinseln ist wesentlich intensiver als in unseren Breiten, selbst bei bedecktem Himmel. Bester Schutz gegen Hautverbrennungen: Sonnencreme mit hohem Lichtschutzfaktor, Sonnenhut, Sonnebrille und sich in den Schatten legen. Wer doch einen Sonnenbrand bekommen hat, sollte sich eine Aloe Vera-Pflanze zeigen lassen, einige Zentimeter eines Blattes abschneiden, das Blatt querteilen und das antibakterielle, wundheilende Gel direkt auf die Haut auftragen.

Ein **Hitzschlag** kann eintreten, wenn der körpereigene Mechanismus zur Wärmeregulierung zusammenbricht und die Körpertemperatur gefährlich ansteigt. Hier gelten gleiche Präventivmaßnahmen: tagsüber im Schatten bleiben, viel trinken und nicht auf Sonnencreme und Sonnenhut verzichten.

Thrombose

Bei längeren Flugreisen verringert sich durch den Bewegungsmangel der Blutfluss vor allem in den Beinen, wodurch es zur Bildung von Blutgerinnseln kommen kann, die, wenn sie sich von der Gefäßwand lösen und durch den Körper wandern, eine akute Gefahr darstellen (z. B. Lungenembolie). Gefährdet sind vor allem Personen mit Venenerkrankungen oder Übergewicht, aber auch Schwangere, Raucher oder Frauen, die die Pille nehmen. Das Risiko verhindern Bewegung, viel trinken (keinen Alkohol) und Kompressionsstrümpfe.

Tollwut

Wer von einem streunenden Hund, einer Katze oder einem Affen gekratzt oder gebissen wird, muss sich sofort impfen lassen, da eine Infektion sonst tödlich endet. Eine vorbeugende Impfung ist sehr teuer und nur bei längerem Aufenthalt sinnvoll.

Typhus

Durch eine Salmonellenart wird die selten vorkommende bakterielle Darminfektion hervorgerufen. Typische Symptome sind u. a. über 7 Tage hohes Fieber einhergehend mit einem eher langsamen Puls und Benommenheit. Eine Schutzimpfung ist in Deutschland erhältlich. Der Impfschutz hält 3 Jahre.

Wundstarrkrampf

Wundstarrkrampf-Erreger findet man überall auf der Erde und Verletzungen kann man nie ausschließen. Wer noch keine **Tetanusimpfung** hatte, sollte sich unbedingt zwei Impfungen im 4-Wochen-Abstand geben lassen, die nach einem Jahr aufgefrischt werden müssen. Danach genügt eine Impfung alle 10 Jahre. Am besten ist die Kombiimpfung mit dem Tetanus-Diphterie-Impfstoff für Personen über 5 Jahre, um gleichzeitig einen Schutz vor Diphterie zu erhalten.

Anhang

Index

Duke Robinson Guest House

"Home Away From Home"

Contact Information: Dorleen & Duke Robinson
Phone/Fax: 001-868-639-8626
Website: www.dukerobinson.com
Email: dukerobinson@tstt.net.tt

Anhang

Anhang

Q

R

Anhang

Anhang

Notizen

USA Der Osten

Stefan Loose
Travel Handbuch
USA Der Osten
ISBN 978-3-7701-6165-2
24,95 €

STEFAN LOOSE
TRAVEL HANDBÜCHER

COSTA RICA

SÜD-NICARAGUA

Stefan Loose
Travel Handbuch
Costa Rica
ISBN 978-3-7701-6158-4
22,95 €

STEFAN LOOSE
TRAVEL HANDBÜCHER

Danksagung

For Helena

Ganz ganz arg **danken** möchte ich meiner kleinen Familie Uwe und Amy, meinen Eltern und meiner Schwester, Duke & Dorleen Robinson for the turtle night, the great hospitality and the fantastic weeks in their home, Katrin „Soca-Queen" Fidelis für die nächtlichen Streifzüge, die musikalische Aufklärung und die super Zeit auf Trinidad, Horace Brathwaite for his help, the feeling of being completely welcome and the great limes, Dennis & Elaine vom Bananaquit especially for their candidness and brilliant hospitality, Mericia Mitchell from the Tourist Board in Carriacou for great help, and her uncle McKenzie Mitchell for genial conversation, Simone, Tom und Lasse für die gemeinsamen Nächte auf Grenada, Eveline und Michael Vogel von der Cabier Ocean Lodge für die Gastfreundschaft, Anja und Jan Wolf für die geologisch-biologische Hilfe, die Bilder und die super Zeit in Charlotteville, Ivan Charles for his help and quick answers, Jason from the Grand Almandier for his big smile, useful informations and the delicious coconut bread, Stefan & Renate Loose und der ganzen Bintang-Truppe, Sabine Bösz, Gritta Deutschmann, Jan Düker, Klaus Schindler und meiner Lektorin Silvia Mayer, außerdem Sabine Stählin, Sylvia Gonzales, Dennis Tayé, Elenor Lewis vom Tobago Tourist Board, Conny von den Arawak Divers, Markus von den Extra Divers, Christian für ein wundervolles Essen im Panaché, and all the wonderful people who kept me smiling like the kids in Grand Riviere (learning how to cheat while playing Monopoly), Joane, Lloyd, David, Dexter, Toni, Ginger und natürlich allen Trinis und Grenadiern, die mir geduldig Rede und Antwort standen. Mein größter Dank gebührt allerdings Gunda Harewood, ohne die viele Insidertipps verborgen geblieben wären, und den vielen Lesern, die mit Tipps und Infos zur Aktualisierung dieses Buches beigetragen haben.

Bildnachweis

Umschlag

Titel: **Mauritius / AGE**
Klappe vorn: **Okapia / Konrad Wothe,** Klappe hinten: **Christine De Vreese**

Farbteil

Bildagentur Huber / Bertsch: S. 3
Christine De Vreese: S. 5 (oben), 6 (oben), 13 (oben), 14 (unten), 16 (oben)
Getty Images / Sigrid Estrada: S. 16 (unten)
Getty Images / Michael & Patricia Fogden / Minden Pictures: S. 5 (unten)
LOOK / Franz Marc Frei: S. 6 (unten)
Getty Images / Robert Harding: S. 15
laif / Gernot Huber: S. 2, 12, 13 (unten)
Getty Images / John Miller: S. 8/9
Getty Images / Donald Nausbaum: S. 11 (rechts)
Getty Images / Todd Warnock: S. 10/11
Jan Wolf: S. 7, 14 (oben)

Schwarz-Weiß

Christine De Vreese: S. 27, 29, 30, 31, 65, 69, 74, 77, 81, 83, 153, 155, 159, 163, 180, 181, 197, 199, 222, 256, 259, 267, 271, 275, 283, 310, 313, 332, 344, 350, 353
Jan Wolf: S. 21, 71, 73, 113, 136, 145, 186, 207, 225, 233, 299, 329, 334